MONUMENTA SERICA MONOGRAPH SERIES
LXII
Editor: ROMAN MALEK, S.V.D.
Sankt Augustin

JACQUES GERNET
Die Begegnung Chinas mit dem Christentum

Professor Jacques Gernet,
Collège de France

MONUMENTA SERICA MONOGRAPH SERIES
LXII

Jacques Gernet

Die Begegnung Chinas mit dem Christentum

Neue, durchgesehene Ausgabe
mit Nachträgen und Index
herausgegeben von Roman Malek

Institut Monumenta Serica • Sankt Augustin

Sumptibus Societatis Verbi Divini (S.V.D.)

Deutsche Originalausgabe: JACQUES GERNET, *Christus kam bis nach China. Eine erste Begegnung und ihr Scheitern*. Aus dem Französischen übertragen von CHRISTINE MÄDER-VIRÁGH. Wissenschaftliche Mitarbeit: PIERRE BRUN. Nachwort von JEAN-PIERRE VOIRET, Zürich und München: Artemis Verlag 1984, 341 S.
Französische Originalausgabe: *Chine et christianisme, action et réaction*, Paris: Éditions Gallimard 1982, 342 S.
Neue korrigierte französische Ausgabe: *Chine et Christianisme. La première confrontation*. Édition revue et corrigée, Paris: Éditions Gallimard 1991, 339 S.

Die Deutsche Bibliothek
Die Deutsche Bibliothek verzeichnet diese Publikation in der Deutschen Nationalbibliographie; detaillierte bibliographische Daten sind im Internet abrufbar.
http://dnb.ddb.de

Sankt Augustin 2012

Lektorat: BARBARA HOSTER, DIRK KUHLMANN, ROMAN MALEK und ZBIGNIEW WESOŁOWSKI

Umschlag und Layout: ROMAN MALEK

Technische Zusammenarbeit: GENESIS VELEZ und JOZEF BIŠTUŤ

Druck: Druckerei Franz Schmitt, Siegburg

Copyright: INSTITUT MONUMENTA SERICA
Arnold-Janssen-Str. 20, 53757 Sankt Augustin, Germany
Fax: +49-2241-237486
E-mail: institut@monumenta-serica.de • www.monumenta-serica.de

Distribution: STEYLER VERLAG
Arnold-Janssen-Str. 28
53757 Sankt Augustin, Germany
Fax: +49-2241-924817
E-mail: verlag@steyler.de • www.monumenta-serica.de

ISBN 978-3-8050-0603-3
ISSN 0179-261X

INHALTSVERZEICHNIS

Zeittafel ix

Abkürzungsverzeichnis x

Vorwort zur deutschen Neuausgabe xi

JACQUES GERNET: Vorwort zur französischen Neuausgabe (1990) xvii

Einführung 1

Quellen 7

I. Von Sympathie zu Ablehnung 21
    Annäherungsversuche 21
    Die Klassiker als Stütze 33
    Irrtümer und Missverständnisse 40
    Verschlechterung des Klimas 52
    Echte Konfuzianer? 61
    Wissenschaft und Religion 74

II. Religiosität und die Kraft der Tradition 83
    Gelehrte 83
    Buddhistische Mönche 92
    Einfache Leute 103

III. Religion und Politik 131
    Gott und Caesar 131
    Das Christentum als nicht anerkannte Sekte 140
    Subversive Lehren? 156

IV. Chinesische Sittlichkeit und christliche Moral 175
    Scheinbar Ähnliches 175
    Körper und Seele 182
    Menschliche Natur und Selbstvervollkommnung 187
    Lohn und Strafe 205
    Sie verachten das Leben 211
    Chinas Götter und Heilige in der Hölle 219
    Verletzung der Sitten 227

V. Himmel in China – Gott im Abendland 241
    Der Himmel der Chinesen 241
    Das All in Bewegung 251
    Die Schöpfung 260
    Kritik der Buddhisten 267
    Die Inkarnation 275
    Erbsünde? Göttliche Vollkommenheit? 288
    Denken und Sprache 297
    Anstelle einer Schlussfolgerung 306

Nachwort zur ersten deutschen Ausgabe von JEAN-PIERRE VOIRET 309

NACHTRÄGE

JACQUES GERNET:
Die ersten chinesischen Reaktionen auf die europäische Kultur 315

Stimmen zum Werk von JACQUES GERNET
    HEINRICH DUMOULIN SJ (1905–1995)
    Die Antwort der Chinesen
    – Die frühe Jesuitenmission: ein Versuch der Inkulturation 331
    HEINRICH BUSCH SVD (1912–2002)
    Jacques Gernet und seine Thesen 340
    NICOLAS STANDAERT in *T'oung Pao* LXIX (1983) 1-3 355
    JULIA CHING in *Monumenta Serica* 35 (1981–1983) 362
    PAUL A. COHEN in *Harvard Journal of Asiatic Studies* 47 (1987) 2 366
    KEITH PRATT in *Bulletin of the School of Oriental
    and African Studies* 51 (1981) 1 373
    WU XIAOLONG 吴小龙
    Der gescheiterte Dialog. Jacques Gernet und sein Werk *Der Konflikt
    der chinesischen Kultur und des Christentums.* 376

INHALTSVERZEICHNIS vii

Bibliographie 385
    Quellen 385
    Literatur 387

Index mit Glossar 397

Abbildungen

Umschlag	IHS Monogramm. Es wurde in dieser Form als Frontispiz für verschiedene christliche Werke in China verwendet, z.B. Franceso Brancati S.J., *Sheng jiao si gui* 聖教四規, Archivum Romanum Societas Iesu, Jap.Sin. I, 106 und Giulio Aleni, S.J., *Sizi jingwen* 四字經文, Biblioteca Apostolica Vaticana, Borgia Cinese 334, nos. 15 und 26.
Frontispiz	Professor Jacques Gernet, Collège de France.
11	Abb. 1. *Tianzhu shiyi, juan* 1, S. 1. Kopie aus *TXCH* 1, S. 377.
14	Abb. 2. Erste Seite aus Antonio Caballeros *Tianru yin*. Kopie aus *TZJDCWXXB*, S. 993.
17	Abb. 3. Erste Seite aus Yang Guangxians *Budeyi*. Kopie aus *TZJDCWXXB* 3, S. 1075.
19	Abb. 4. Porträt von Matteo Ricci aus *Fonti Ricciane*, Bd. 1, S. vi (Tavola I).
82	Abb. 5. Riccis Weltkarte aus *Fonti Ricciane*, Bd. 2, S. vi (Tavola II).

ZEITTAFEL

Xia-Dynastie 夏: etwa 21. Jh. – 1600 v.Chr.
Shang-Dynastie 商: etwa 16. Jh. – 11 Jh. v.Chr.
Zhou-Dynastie 周: 11. Jh. – 256 v.Chr.
    Chunqiu 春秋: 770–476 v.Chr.
Qin-Dynastie 秦: 221–207 v.Chr.
    Qinshi huangdi 秦始皇帝 221–209 v.Chr.
Han-Dynastie 漢: 206 v.Chr. – 220 n.Chr.
    Han Wudi 漢武帝 (141–87 v.Chr.)
Interregnum von Wang Mang 王莽: 9–25
Spätere Han (Hou-Han) 後漢: 25–220
    Huandi 桓帝 (147–168)
Die Zeit der Drei Reiche, Sanguo 三國: 220–280
Jin-Dynastie 晉: 265–420
Südliche und Nördliche Dynastien, Nanbei-Chao 南北朝: 420–589
Sui-Dynastie 隋: 581–618
Tang-Dynastie 唐: 618–907
Die Fünf Dynastien, Wudai 五代: 907–960
Liao-Dynastie (Kitan) 遼: 916–1124
Song-Dynastie 宋: 960–1279
Yuan-Dynastie (Mongolen) 元: 1261–1368
Ming-Dynastie 明: 1368–1644
    Longqing 隆慶: 1567–1573
    Wanli 萬歷: 1573–1620
    Tianqi 天啟: 1621–1627
    Chongzhen 崇禎: 1627–1644
Qing-Dynastie (Mandschu) 清: 1644–1911
    Shunzhi 順治: 1644–1662
    Kangxi 康熙: 1662–1722
    Yongzheng 雍正: 1723–1735
    Qianlong 乾隆: 1735–1796
    Jiaqing 嘉慶: 1796-1820
    Daoguang 道光: 1820–1850
    Xianfeng 咸豐: 1850–1861
    Tongzhi 同治: 1861–1874
    Guangxu 光緒: 1874–1908
    Xuantong 宣統: 1908–1912
Republik China 中華民國: 1912; seit 1949 in Taiwan
Volksrepublik China 中華人民共和國: seit 1949

ABKÜRZUNGEN

(Mit * versehene Einträge wurden vom Herausgeber hinzugefügt.)

*CCT ARSI	Chinese Christian Texts Archivum Romanum Societas Iesu
*CCT BnF	Chinese Christian Texts Bibliothèque nationale de France
*CCT Database	Chinese Christian Texts Katholieke Universiteit Leuven (see www.arts.kuleuven.be/info/eng/OE_sinologie/CCT)
*CCT Xujiahui	Chinese Christian Texts Xujiahui-Bibliothek, Shanghai
DMB	Goodrich, L.C. und Fang Chaoying: *Dictionary of Ming Biography 1368–1644*, 2 Bde., New York – London, Columbia University Press, 1976.
FR	Pasquale M. D'Elia, *Fonti Ricciane*, 3 Bde., Roma, Libreria dello Stato, 1942–1949.
HCC 1	Nicolas Standaert (ed.), *Handbook of Christianity in China I: 635–1800*, Handbook of Oriental Studies Section 4 China, 15/1, Leiden: Brill, 2001.
HECC	Ricci, Matteo – Nicolas Trigault, S.J.: *Histoire de l'expédition chrétienne au royaume de la Chine, 1582–1610*. Introduction par Joseph Shih, S.J., établissement du texte et annotations par Georges Bessière, tables et index par Joseph Dehergne, S.J. Paris: Desclée de Brouwer, 1978 (Neuauflage der französischen Version, erschienen 1617 in Lyon).
LEC	*Lettres édifiantes et curieuses écrites des missions étrangères par quelques missionnaires de la Compagnie de Jésus*, 31 Bde., Paris, 1717–1774.
PXJ	*Poxie ji* 破邪集 (1639), 8 Bde., japanische Neuaufl. von 1855.
TV	Tacchi Venturi, *Opere storiche del P. Matteo Ricci*, 2 Bde., Macerata, 1911–1913.
TXCH	*Tianxue chuhan* 天學初函 (1628), Ausg. Zhongguo shixue congshu, Taipeh, 1965.
TXCZ	*Tianxue chuzheng* 天學初徵 in *Pixie ji* 闢邪集.
TXZZ	*Tianxue zaizheng* 天學再徵 in *Pixie ji* 闢邪集.
TZJDCWXXB	*Tianzhujiao dongchuan wenxian xubian* 天主教東傳文獻續編, Ausg. Zhongguo shixue congshu, Taipeh, 1965.
TZSY	Matteo Ricci, *Tianzhu shiyi* 天主實義, in *Tianxue chuhan*, Bd. 1, Frz. Übers. in *Choix de lettres édifiantes* von Ch. Jacques, Bruxelles, 1938, Bd. II, S. 1-179.
ZP	Xu Dashou 許大受, *Zuopi* 佐闢, 10. Kapitel in *PXJ*, Bd. 4.

VORWORT ZUR DEUTSCHEN NEUAUSGABE

PARADIGMENWECHSEL IN DER HISTORIOGRAPHIE DES CHRISTENTUMS IN CHINA

Im Jahre 1982 erschien das französische Original des Werkes von Jacques Gernet *Chine et christianisme, action et réaction* (Paris: Éditions Gallimard, 342 S.), das seitdem die Sichtweise in dem Forschungsfeld der Historiographie des Christentums in China geändert hat. Diese neue Perspektive wollen wir mit dem Wort *Paradigmenwechsel* umschreiben.[1] Es geht vor allem um die beinahe ausschließlich chinesische Sichtweise dieses Werkes, die auf der Grundlage der einschlägigen chinesischen Materialien von Gernet erschlossen wurde. Bisher war im Westen eine mehr oder weniger eurozentrische Perspektive üblich, wie sie noch z.B. im Werk des Jesuiten George Dunne *Generation of Giants: The Story of the Jesuits in China in the Last Decades of the Ming Dynasty* (Notre Dame, 1962) zutage kam. Es wundert also nicht, dass Gernets Werk von Anfang an das intellektuelle Interesse von Gelehrten geweckt hat und die Thematik des Buches in zahlreichen Rezensionen[2] und Beiträgen[3] behandelt wurde.

---

[1] Der Ausdruck *Paradigmenwechsel* wurde 1962 von Thomas S. Kuhn geprägt und bezeichnet in seinen wissenschaftstheoretischen und wissenschaftshistorischen Schriften den Wandel grundlegender Rahmenbedingungen für einzelne wissenschaftliche Theorien, die Kuhn als Paradigma bezeichnet. Hierzu gehören z.B. Voraussetzungen in bezug auf Begriffsbildung, Beobachtung und Methoden (siehe sein Werk *Die Struktur wissenschaftlicher Revolutionen*, Frankfurt am Main: Suhrkamp, 1976, S. 76).

[2] Wie in den folgenden: Julia Ching, in: *Monumenta Serica* 35 (1981–1983), S. 669-671; Jonathan D. Spence, in: *China Quarterly* 108 (1986), S. 714-715; Paul A. Cohen, in: *Harvard Journal of Asiatic Studies* 47 (1987) 2, S. 674-683; Georg Evers, in: *Zeitschrift für Missions- und Religionswissenschaft* 71 (1987) 3, S. 235-236; Peter Ward Fay, in: *Journal of Asian Studies* 42 (1983) 4, S. 919-920; T.H. Barrett, in: *Journal of Ecclesiastical History* 38 (1987), S. 131-132; Keith Pratt, in: *Bulletin of the School of Oriental and African Studies* 51 (1988), S. 170-172; David E. Mungello, in: *Catholic Historical Review* 74 (1988) 1, S. 152-153; W. Kern SJ, in: *Zeitschrift für Katholische Theologie* 1986, S. 226-227; Nicolas Standaert, in: *T'oung Pao* 69 (1983) 1-3, S. 149-157.

[3] Wie in den folgenden: Howard L. Goodman – Anthony Grafton, „Ricci, the Chinese, and the Toolkits of Textualists", in: *Asia Major*, 3rd ser., 3 (1990) 2, S. 95-

Darüber hinaus erschienen auch viele Übersetzungen. Die erste deutsche Ausgabe kam 1984 unter dem Titel *Christus kam bis nach China. Eine erste Begegnung und ihr Scheitern* (wissenschaftliche Mitarbeit: Pierre Brun. Nachwort von Jean-Pierre Voiret, Zürich und München: Artemis Verlag) in einer Übersetzung von Christine Mäder-Virágh heraus. Noch im selben Jahr wurde eine italienische Übersetzung publiziert mit dem Titel *Cina e cristianesimo* (Casale Monferrato: Marietti, 1984). 1985 erschien dann die englische Ausgabe von *Chine et christianisme, action et réaction* mit dem Titel *China and the Christian Impact. A Conflict of Cultures* (Cambridge: Cambridge University Press, 1985), übersetzt von Janet Lloyd. In China wurden zwei verschiedene Ausgaben publiziert: Die erste im Jahr 1989 unter dem Titel *Zhongguo wenhua yu Jidujiao de chongzhuang* 中国文化与基督教的冲撞 (Der Konflikt zwischen der chinesischen Kultur und dem Christentum; Shenyang: Liaoning renmin chubanshe, 1989) in der Übersetzung von Yu Shuo 于硕, Hong Tao 红涛 und Dong Fang 东方. Dies war eigentlich eine Übersetzung der englischen Ausgabe des französischen Originals, d.h. von *China and the Christian Impact. A Conflict of Cultures*. Zwei Jahre später, d.h. im Jahre 1991, erschien die erste Übersetzung aus dem französischen Original durch Geng Sheng 耿升 mit dem Titel *Zhongguo he Jidujiao: Zhongguo yu Ouzhou wenhua zhi bijiao* 中国和基督教：中国和欧洲文化之比较 (China und das Christentum: Ein Vergleich der chinesischen und der europäischen Kultur, Shanghai: Shanghai guji chubanshe).

Im Jahre 1991 ist auch die zweite überarbeitete und korrigierte, französische Ausgabe des Originalwerkes von Jacques Gernet (chin. Xie Henai 谢和耐) erschienen, mit einem etwas veränderten Titel – *Chine et Christianisme. La première confrontation* (Édition revue et corrigée, Paris: Éditions Gallimard 1991, 339 S.). Auf der Grundlage der überarbeiteten Ausgabe aus dem Jahre 1991 ist 2003 in China eine dritte, erweiterte chinesische Ausgabe mit dem Titel *Zhongguo yu Jidujiao: Zhong-Xi wenhua de shouci zhuangji* 中国与基督教：中西文化的首次撞击 (China und das Christentum: Die erste Konfrontation zwischen der chinesischen und der westlichen Kultur;

148; Roger Hart, „Translating Worlds: Incommensurability and Problems of Existence in Seventeenth-Century China", in: *positions* 7 (1999) 1, S. 95-128; Marie-Theres Strauss, „Scholar on a Mission: A Reassessment of Jacques Gernet's *Chine et christianisme*", M.A. Freie Universität Berlin, 2007; Jean-Pierre Voiret, „Himmel der Chinesen – Gott der Christen. Frühe Jesuitenmission aus der Sicht chinesischer Zeitgenossen", in: *Orientierung* 1982, Nr. 23/24, S. 257-261; Wu Xiaolong 吴小龙, „Shiluo de duihua – Du Xie Henai *Zhongguo wenhua Jidujiao de chongzhuang*" 失落的对话—读谢和耐《中国文化与基督教的冲撞》, in: *Jidujiao wenhua xuekan* 基督教文化学刊 (Beijing) 1999/2, S. 319-332.

übersetzt von Geng Sheng, Shanghai: Shanghai guji chubanshe) herausgebracht worden. Auch die Publikation einer japanischen Ausgabe von Gernets Werk im Jahre 1996 ist zu vermerken. Angesichts dieser regen Publikations- und Wirkungsgeschichte erscheint eine neue deutsche, durchgesehene Ausgabe auf der Grundlage der revidierten französischen Ausgabe *Chine et Christianisme. La première confrontation* mit Anhängen, die jetzt vom Institut Monumenta Serica in der vorliegenden Studienausgabe herausgegeben wird, sinnvoll und wünschenswert, zumal die frühere deutsche Ausgabe von 1984 schon seit Jahren vergriffen ist. Allerdings wurde der deutsche Titel umgeändert und lautet nun: *Die Begegnung Chinas mit dem Christentum.*

Als Studienausgabe wird diese zweite deutsche Ausgabe durch einen Index und ein Glossar der chinesischen Zeichen ergänzt. Die Paginierung der Originalausgabe wurde im Haupttext fett und in eckige Klammern gesetzt. An manchen Stellen wurde die ursprüngliche deutsche Übersetzung verbessert. Eine Auswahl von Rezensionen und Stimmen zum Werk von Gernet gibt Einblicke in die Rezeptionsgeschichte. Damit wird eine erneute Einladung zur Beschäftigung mit der Problematik der Geschichte des Christentums in China ausgesprochen, und dies vor allem in den Bereichen, die in Gernets Monographie von manchen Gelehrten als unbefriedigend erachtet wurden, was bei ihren in unserer neuen deutschen Ausgabe angeführten Rezensionen auch zur Sprache kommt. Das Buch *Chine et christianisme, action et réaction* wusste von Anfang an zu provozieren. Wie bereits eingangs erwähnt, vollzog sich mit seiner Publikation ein Paradigmenwechsel nicht nur im Forschungsfeld der Historiographie des Christentums in China, sondern ebenso in ihrer Berücksichtigung in der Sinologie, und zwar mit der Fragestellung: „Inwiefern bringen die Reaktionen der Chinesen [auf das Christentum] ... die grundlegenden Unterschiede an den Tag, die zwischen Abendland und China in bezug auf Menschenbild und Weltanschauung bestehen?" (vorliegende Ausgabe, S. 1).

Jean-Pierre Voiret hat Recht behalten mit seiner Feststellung, dass das Jahr 1982 – das Jahr, in dem das französische Original des Werkes von J. Gernet veröffentlicht wurde – ein wichtiges Datum in der Geschichte der Ost-West-Kontakte auf religiöser und philosophischer Ebene bleiben werde („Himmel der Chinesen – Gott der Christen. Frühe Jesuitenmission aus der Sicht chinesischer Zeitgenossen", in: *Orientierung* 1982, Nr. 23/24, S. 257). Seitdem zeigen die Forschungsergebnisse von Wissenschaftlern wie Jonathan Spence, Willard J. Peterson, Nicolas Standaert, Adrian Dudink, Catharine Jami, Huang Yi-long und Eugenio Menegon – um hier nur einige zu nennen, dass man nunmehr etablierte Ansichten über die sino-christliche Begegnung und ihre Rolle in der Gestaltung der chinesischen Gesellschaft gründlich revidieren muss, denn auch wenn das Christentum – wie der niederländische Sinologe Erik Zürcher es bezeichnet – eine „marginale chinesische Religion einer Minderheit" war, besagt dies nicht, dass es bedeutungslos geblieben ist, denn es verfügte über ein Netzwerk, das ganz China umspannte und global war.[4]

Auf die Frage, warum es wichtig sei, das Werk *Chine et christianisme* von Jacques Gernet nochmals herauszugeben, antwortete richtig Voiret mit den folgenden Worten:

> Gernets Darstellung der Geschichte des Christentums in China arbeitet nicht nur die unzähligen Faktoren heraus, die in der Begegnung zwischen den beiden Kulturen eine Rolle gespielt haben und noch spielen (Philosophie, Moral, Weltanschauung, Vorurteile, Psychologie, Charakter, Bräuche, Traditionen, Erziehung usw.); sie erarbeitet auch einen neuen Standpunkt, indem hier von der Sicht der betroffenen Chinesen her Geschichte geschrieben wird. Beiläufig vermittelt sie auch dem Nichtsinologen Kenntnisse über Konfuzianismus, Buddhismus und Taoismus. In der Polemik und Auseinandersetzung der Chinesen mit der christlichen Mission und dem christlichen Glauben wurden viele Argumente und Themen (in der «Sprache» der Chinesen) vorweggenommen, die später in den Argumentationen der Christentumskritik des 18. und 19. Jahrhunderts in Europa erscheinen werden. (*Orientierung* 1982, Nr. 23/24, S. 261).

In den vielen Besprechungen des Werkes von Gernet gab es nicht nur Lob und Preis. Zahlreiche Kritikpunkte zum Buch Gernets nannte z.B. N. Standaert in seiner französischen Rezension (siehe seine Rezension in: *T'oung Pao* 69 [1983] 1-3, S. 149-157; in der vorliegenden Ausgabe S. 355-362). Vor allem ging es ihm um die Frage der „Sprache" für die Chinesen im Sinne von Thematisierungen und Argumentationsweisen (wie z.B. scholastische Beweisführungen), die in den chinesischen Werken der Missionare verwendet wurden. Gernet sah darin die Grenzen dessen, was in zwei radikal unterschiedlichen Sprachen an gedanklichem Ausdruck naheliegend und überzeugend ist. Natürlich bleiben die kritischen Punkte auch nach der Veröffentlichung unserer zweiten deutschen Auflage im Wesentlichen bestehen. Aber mit der vorliegenden neuen deutschen Ausgabe von *Chine et christianisme* werden durch die Auswertung der Rezensionen und Stimmen zu diesem Werk viele kritische Punkte schärfer ins Auge gefasst und zu weiteren Diskussionen dargereicht.

Zum Schluss noch etwas zum Autor selbst: Jacques Gernet, einer der führenden französischen Sinologen der Gegenwart, wurde am 22. Dezember 1921 in Algier (Algerien) geboren. 1942 erwarb er eine *licence de lettres*

---

[4] Siehe *Kouduo richao. Li Jiubiao's Diary of Oral Admonitions. A Late Ming Christian Journal*. Translated, with introduction and notes by Erik Zürcher (Sankt Augustin – Nettetal: Institut Monumenta Serica, 2007), 2 Bde., besonders Bd. 1, S. 51f.

classiques (Altphilologie) in Algier. Von 1942 bis 1945 nahm er als französischer Soldat am Zweiten Weltkrieg teil. 1947 erwarb er das Diplom für Chinesisch an der École nationale des langues orientales vivantes. Er wurde danach Mitglied der École française d'Extrême-Orient. Später war er Forscher am Centre national de la recherche scientifique und Stipendiat der japanischen Zeitung *Yomiuri Shimbun*. Er studierte an der École des Langues Orientales von Hanoi und lehrte jahrelang als Professor am Collège de France. Zu seinen frühen Veröffentlichungen zählen eine Monographie über die wirtschaftliche Stellung der buddhistischen Klöster in der Tang-Zeit (1956: *Les aspects économiques du bouddhisme dans la société chinoise du Ve au Xe siècle*, Saigon; engl.: *Buddhism in Chinese Society: An Economic History from the Fifth to the Tenth Centuries*, Neuauflage: Columbia University Press, 1995). 1972 erschien sein international bekanntes Werk *Le monde chinois*, das in viele Sprachen übersetzt wurde (deutsche Übersetzung: *Die chinesische Welt*, Frankfurt am Main: S. Fischer, 1979). Von Gernets späteren Werken sind besonders noch zwei zu erwähnen: sein 1994 erschienenes *L'intelligence de la Chine: le social et le mental* (Paris: Gallimard) und das 2005 veröffentlichte *La raison des choses: Essai sur la philosophie de Wang Fuzhi (1619–1692)* (Paris: Gallimard).

ROMAN MALEK
ZBIGNIEW WESOŁOWSKI

VORWORT ZUR FRANZÖSISCHEN NEUAUSGABE (1990)[*]

JACQUES GERNET

Um das Jahr 1600 sind zwei große Zivilisationen, die sich bis dahin gegenseitig ignoriert hatten, zum ersten Mal miteinander in Kontakt getreten. Von diesem so bedeutungsvollen, geschichtsträchtigen Ereignis hat man meistens nur einen der Aspekte in Erinnerung behalten. Als ob er überall sein eigenes Spiegelbild wiederfinden möchte, lässt sich der westliche Leser in einer natürlichen Neigung von den Dingen anziehen, die ihm am vertrautesten sind. Was ihn in diesem Fall zuerst interessiert, sind die mannigfachen Erfolge des Christentums, Einzelheiten der Missionsgeschichte und die Leiden der Missionare. Darüber hinaus genügt ihm ein stereotypes Bild von China. Doch das systematische Unterfangen der Konversion Chinas durch die katholischen Länder der Gegenreformation hat uns sowohl auf chinesischer Seite wie auf Seiten der Missionare einen so großen Reichtum an Informationen hinterlassen, dass man sich allerhand Fragen stellen kann über die Art und Weise, in der die Chinesen auf diesen für sie so fremden und fast unverständlichen Proselytismus reagiert haben, um dadurch China selbst an einem gegebenen Zeitpunkt seiner Geschichte besser zu verstehen, z.B. welches Bild seine Einwohner sich vom Menschen und der Welt machten, ihre sozialen und politischen Vorstellungen. Eine solche Vorgehensweise geht vielen gegen den Strich und ist bei weitem nicht immer richtig beurteilt und verstanden worden. Man hat dem Verfasser vorwerfen können, er habe die Unterschiede übertrieben herausgestellt. Ist der Mensch nicht doch überall der Gleiche und zwingt uns nicht die ganz elementare Logik dazu, an die Existenz eines Schöpfergottes zu glauben? Finden sich denn nicht bei allen menschlichen Wesen dieselben religiösen Bestrebungen? Mit Verlaub gesagt: eben nicht! In Europa wie in China haben die religiösen Erfahrungen und sogar die allergewöhnlichsten und fundamentalsten Begriffe ihre je eigene Geschichte. Was für die Missionare offensichtlich war, war es keineswegs auch für die Chinesen dieser Epoche. Es heißt: warum sollte Ricci die Chinesen, in deren Mitte er lebte und sich gut eingerichtet hatte, nicht besser verstanden haben als ein Historiker vom Ende des 20. Jahrhunderts?

---

[*] Übersetzt von P. FRANZ GÜNTHER GESSINGER SVD (Sankt Augustin).

Weil Ricci sowie seine Gefährten und Nachfolger selbstverständlich davon überzeugt waren, dass die Fragen, die wir hier heute debattieren, sich überhaupt nicht stellten. Sie meinten: wenn die Chinesen nicht die Religion, die ihnen das ewige Heil versprach, mit Begeisterung zu der ihren machten, dann deshalb, weil ihr Aberglaube, die Eifersucht der buddhistischen Mönche und die Feindseligkeit der Gebildeten dem im Wege standen.

Aber es lässt sich kaum eine Ähnlichkeit feststellen zwischen einer anonymen kosmischen Macht, die zugleich als Schicksal und Fundament der allgemeinen Ordnung des Universums fungiert, und einem persönlichen Gott, auf dessen Erbarmen man hoffen darf und dessen Zorn man fürchten muss. Es gibt kaum eine Ähnlichkeit zwischen dem intimen Dialog, den der Christ mit seinem Gott unterhält, und den Haltungen, die der Familienkult in China mit sich brachte, oder aufgrund deren man sich an gewisse Experten für religiöse Angelegenheiten wendete. Indem sich die Jesuitenmissionare gleichzeitig als Gelehrte und als Exorzisten darstellten, vermischten sie damit zwei Rollen, die in den Augen der Chinesen unvereinbar waren.[1] An den beiden äußersten Enden des eurasischen Kontinents waren die Beziehungen zwischen Religion und politischer Macht keineswegs auf einen Nenner zu bringen. Im Westen herrschten die Konflikte zwischen Pflichten und Leidenschaften vor, zwischen Gott und seinen Geschöpfen, zwischen dem Einzelnen und der Gesellschaft, zwischen den sozialen Klassen, zwischen Vater und Sohn. Diesen Konflikten stand die chinesische Auffassung von einer spontanen Anpassung, einem notwendigen Gleichgewicht und einer sich natürlich entwickelnden Ordnung entgegen. Der westlichen Vorstellung von einem äußeren Handlungsträger und einem Objekt der Handlung setzte man die chinesische Idee einer inneren, universellen und unerschöpflichen Energie entgegen. Für die Chinesen hat die Moral ihre Wurzeln im Herzen des Menschen. Wenn er nicht gerade gänzlich pervertiert ist, hat der Mensch natürlicherweise Mitgefühl mit seinem Nächsten, liebt seine Eltern und bezeigt Respekt gegenüber allen, die älter sind als er selbst. Der Mensch ist dazu geschaffen, in der Gesellschaft zu leben. Dazu ist er bestens mit allem ausgestattet. Er braucht nur alle seine Fähigkeiten aufs Gute hin zu entwickeln. Lassen sich solche Mentalitätsunterschiede schlicht und einfach vernachlässigen?

Man wird darauf zweifellos schnell entgegnen, dass dieses Auseinanderklaffen von Denkweisen weder im 17. noch im 18. Jahrhundert Konversionen verhindert hat, dass also auch Chinesen sich von der Gnade berühren

---

[1] Vgl. Erik Zürcher, *Bouddhisme, christianisme et société chinoise*, in: *Conférences, essais et leçons du Collège de France* (Paris 1990), 96 S., wo Vergleiche zwischen der freien Anpassung des Buddhismus an den chinesischen Kontext und dem planvollen und methodischen Unternehmen der Christianisierung angestellt werden.

ließen. Nichtsdestotrotz: die Unterschiede zwischen den sozialen, politischen und religiösen Traditionen Chinas und des christlichen Europa bleiben deshalb nicht weniger augenfällig; und in diesem Buch ist es uns einfach nur um den Versuch gegangen, diese Ausgangslage zu erhellen.

Doch man kann diesem Erklärungsversuch noch ein anderes Argument entgegenhalten, nämlich dass der Buddhismus, der ebenfalls den Traditionen Chinas sehr fremd war, dennoch einen bemerkenswerten Erfolg vorweisen konnte. In der Epoche zwischen dem 2. und 7. Jahrhundert unserer Zeitrechnung vollzog sich allmählich ein komplexer, wechselseitiger Anpassungsprozess sowohl des Buddhismus gegenüber China als auch Chinas gegenüber dem Buddhismus. Auf allen Gebieten hatten sich ohne großen Aufwand beiderseitig zufriedenstellende Optionen gefunden. Zwar lehnte diese Religion, die von Zentralasien und Indien gekommen war, blutige Opfer ab; doch sie tolerierte davon abgesehen alle anderen Kultformen. Ein analoger Anpassungsprozeß des Christentums an den chinesischen Kontext war überhaupt nicht vorstellbar. Die ganze Hierarchie der Gesellschaft Jesu, von Macao bis Goa und von Goa nach Rom, verfolgte mit akribischer Sorgfalt selbst geringfügigste Ereignisse in der chinesischen Mission. Man regte sich über alles auf, was irgendwie als Zugeständnis gegenüber chinesischen abergläubischen Praktiken ausgelegt werden konnte. Die Missionare achteten ihrerseits darauf, keine wesentliche Punkte des Christentums aufzugeben. Zwar erlaubte man den Konvertiten, ihren Familienkult weiterzuführen, aber diese Freiheit, die von vielen Einschränkungen begleitet war und von den anderen Orden heftig angeprangert wurde, konnte die Kluft zwischen dem Christentum und der chinesischen Kultur nicht überbrücken. Die dogmatische Strenge, die das Christentum der Gegenreformation auszeichnete, schloss jeglichen Versuch einer Anpassung aus.

Die abschließenden Gedanken dieses Buches nehmen Bezug auf die Bedeutung der Sprache für das Denken. Sie sollen auf keinen Fall als eine Art verallgemeinernder Schlussfolgerung verstanden werden. Diese Bemerkungen beziehen sich auf die scholastischen Beweisführungen, mit denen in den chinesischen Schriften der Missionare des 17. Jahrhunderts argumentiert wird. Sie haben ihr Gewicht, geben aber nicht vor, für alles eine Erklärung zu bieten. Heute weiß man: nach der intellektuellen Erneuerung, welche die Humanisten zuwege brachten, löste die Krise der Reformation erneut eine Suche nach logischen Argumenten zugunsten der Glaubenslehren aus. Es kam zu einem Neuerwachen der scholastischen Theologie. Die Denkweise der Missionare der Epoche war zutiefst von dieser maßgeblichen Schulung geprägt. Darin werden die Grenzen dessen deutlich, was in zwei radikal unterschiedlichen Sprachen an gedanklichem Ausdruck naheliegend oder zulässig ist.

Nur kurz gefasst habe ich mir hier Hinweise auf die umstürzenden Ereignisse erlaubt, die China im Jahr 1644, vor dem Fall Pekings in die Hände der großen Armeen der Aufständischen, von Grund auf erschüttert haben, auf die Charakteristika der damaligen Gesellschaft und auf die vielfältigen Denkschulen bzw. Denkweisen in dieser Epoche. China ist durchaus viel lebendiger und komplexer, als man es sich vorstellt. Was immer man eben nur recht und schlecht kennt, erscheint einfach. Aber um diese Komplexität zu verdeutlichen, hätte es weiterer Ausführungen bedurft, die über den Rahmen dieses schon umfangreichen Buchs hinausgingen.

Le vrai miracle, ce n'est pas de voler dans les airs ou de marcher sur les eaux: c'est de marcher sur la terre.

Entretiens de Lin-tsi (IXe siècle),
par Paul Demiéville, *Hermès* VII (1970), p. 12.

*

Das wahre Wunder besteht nicht darin, in den Lüften zu schweben oder auf dem Wasser zu wandeln, sondern auf der Erde zu gehen.

Gespräche des Linzi (9. Jh.),
von Paul Demiéville, *Hermès* VII (1970), S. 12.

EINFÜHRUNG

[5] Es geht hier nicht um die Geschichte des Christentums in China – sie ist schon in unzähligen Arbeiten untersucht worden –, sondern um ein neues Gebiet: um die Frage, wie die Chinesen diese Religion aufgenommen haben. Man weiß ziemlich genau, was die Missionare versuchten, um die Chinesen zu bekehren; man weiß kaum, was die Chinesen selbst dazu sagten. Ganz allgemein lautet die Frage: Inwiefern bringen die Reaktionen der Chinesen, die im 17. Jahrhundert zum ersten Mal mit der „Lehre vom Herrn des Himmels" (*tianzhujiao*) in Berührung kamen, die grundlegenden Unterschiede an den Tag, die zwischen Abendland und China in bezug auf Menschenbild und Weltanschauung bestehen?

Gibt es überhaupt Unterschiede? Manche werden wohl mit Nein antworten, da sie hinter allem eine immer und überall gültige Psychologie – unsere eigene! – entdecken, mit der sich auch alles erklären läßt. Für die Missionare selbst waren die Chinesen Menschen wie du und ich, nur eben verdorben durch Aberglauben und falsche Vorstellungen und unglücklicherweise von der Offenbarung nicht erreicht. Man mußte ihnen einfach die Augen öffnen. Und wenn das Christentum in China wenig Erfolg hatte und heftig angegriffen wurde, so konnte das nur in hinterhältiger Absicht geschehen. Man hat dafür die Eifersucht der buddhistischen Mönche verantwortlich gemacht, die in den Missionaren gefährliche Konkurrenten sahen, den Verdruß der Angestellten und Mandarine des astronomischen Dienstes, die vor den mathematischen Kenntnissen der an den Hof berufenen Jesuiten weichen mußten, die Rivalität zwischen Missionaren und chinesischen Gelehrten, den Zusammenhang zwischen Missionierung und Bedrohung von außen. Man sah in den Gegnern des Christentums fremdenfeindliche und neuen Ideen abgeneigte Konservative, während jene, die den Missionaren Sympathie entgegenbrachten oder sich sogar taufen ließen, toleranter und weltoffener erschienen. Man ging so weit, Christentum und [6] Modernität in einem zu nennen. Was man aber nicht gesehen hat: dass die christliche Religion die Gebräuche veränderte, die überlieferten Ideen in Frage stellte und am Aufbau der Gesellschaft rüttelte. Und dennoch sind die Jesuiten vom Beginn ihrer Mission Ende des 16. Jahrhunderts an bis um 1630 auf viel Interesse und Sympathie gestoßen. Nur gelangen ihnen dann weit weniger Bekehrungen als man nach diesem guten Anfang erwartet hätte.

Die Missionare befanden sich nicht in einem günstigen Wirkungskreis, und die besten Christen wurden immer jene, die sie von Kindheit an in ihren Schulen erziehen konnten. Pater Joseph Shih schreibt:

> ... die einzelnen hingen von der Gruppe ab, und die Gruppe fügte sich der Tradition ..., so dass die einzelnen Mitglieder der traditionellen Gesellschaft unfähig waren, etwas Neues, so etwa das Evangelium, anzunehmen. Ende des 19. Jahrhunderts standen die Missionare auf jeden Fall vor diesem Dilemma: Um den Chinesen das Christentum zugänglich zu machen, mußten sie entweder seiner Botschaft das Neue nehmen oder die chinesische Gesellschaft grundlegend verändern. Da sie weder das eine noch das andere tun konnten, gründeten sie „christliche Dörfer".[1]

Wirklich etwas erreichen konnten die Missionare nur in Enklaven, die von der chinesischen Umgebung abgeschirmt waren.

Doch beruht jede – nicht nur eine sogenannt traditionelle – Gesellschaft auf einem Geflecht von Traditionen, die allen so vertraut sind, dass man sie für natürlich hält. Diese Traditionen wurzeln in der Geschichte, bestimmen das Verhalten, Denken und Fühlen, ja selbst die Sprache. Wie die chinesischen Gelehrten trugen auch die Missionare eine ganze Kultur mit sich. So etwa hatten sie oft Übersetzungsprobleme, weil in verschiedenen Sprachen eine verschiedene Logik und auch verschiedene Weltanschauungen und Menschenbilder zum Ausdruck kommen.

Es ist kaum falsch zu sagen, die Chinesen seien vor dem Christentum, diesem Neuen und Fremden, zurückgeschreckt. Noch weniger könnte man sich ja vorstellen, dass Missionare aus China im Europa des 17. Jahrhunderts eine unbekannte Religion predigen und sagen, sie sei alleingültig. Doch um solche Gegenüberstellungen geht es nicht, vielmehr darum, zu sammeln und auszulegen, was die Chinesen Gutes oder Schlechtes über die Missionare, ihre Thesen und Aktivitäten zu sagen hatten, und herauszufinden, wo und warum sich Chinesen und Christen falsch verstanden haben. Man vergesse [7] dabei nicht, dass zwei große, voneinander völlig unabhängig gewachsene Kulturen um 1600 zum ersten Mal in Berührung kamen.[2] (Der Kontakt mit den präkolumbianischen Kulturen ist von geringerem Interesse: Das Wenige, was

---

[1] *HECC*, Einführung, S. 49.

[2] In der Geschichtsschreibung des Christentums in China ist es üblich, darauf hinzuweisen, dass es schon im 7. bis 9. Jahrhundert in der Hauptstadt der Tang-Dynastie eine Nestorianer-Gemeinde gab und dass zu Beginn des 14. Jahrhunderts im mongolisch besetzten Peking ein katholisches Erzbistum gegründet wurde. Das sind aber nur geschichtliche Kuriositäten. Einzig der Nestorianismus scheint von einiger Bedeutung gewesen zu sein, doch blieb er die Religion von Händlern syrischer Herkunft. [Zum Nestorianismus in China siehe u.a. R. Malek und P. Hofrichter (Hrsg.) 2006 (hier auch eine umfangreiche Bibliographie).]

man über sie weiß, kann nicht mit dem Vielen verglichen werden, was uns China – seit dem 10./11. Jahrhundert Land des gedruckten Wortes – überliefert hat.)

China gehört mit Bevölkerung und Geographie zum großen *ensemble* jenseits der Himalaya-Schranke. Eine andere Familie bilden die Völker zwischen Ganges und Mittelmeer, einem Raum, in dem Austausch und Bewegungen relativ leicht waren – daher die weite Verbreitung von indoeuropäischen Gebräuchen und Sprache.[3] Typisch für das Gebiet zwischen Indien und Mittelmeer sind der Reichtum an Mythen und ihre wichtige Funktion, eine genau umrissene, auch bildlich dargestellte Götterlehre, Begriffe wie Seele, Heil des Einzelnen, Beflecktsein und Sünde. Es ist die Welt des *homo theologicus*. Von China kann man das nicht sagen: Auch hier ist das Religiöse wichtig, doch hat die Religion einen anderen Platz und andere Funktionen.

Dieses Buch handelt nicht einzig von Religion, denn diese kann ja nicht aus ihrem Kontext gelöst werden: Man denke an die Verschiedenheit der Sprachen, der gesellschaftlichen Formen, der moralischen, politischen und religiösen Traditionen, und es wird offensichtlich, dass die erste Berührung zwischen den zwei Kulturkreisen Fragen aufwirft, die sich nicht – wie das versucht worden ist – einfach als die Probleme einer jeden Mission verstehen lassen. Vielmehr kommt die ganze Vergangenheit ins Spiel. Auch wenn Roger Bastide sagt, das Christentum sei von seiner „Verkörperung in der griechisch-römischen Kultur" unabhängig,[4] stimmt es doch, dass der wesentliche Unterschied von ewiger Seele und vergänglichem Körper, Gottesreich und Diesseits, die Vorstellung von einem wahren, ewigen, unwandelbaren Gott und das Dogma der Inkarnation den Erben des griechischen Denkens näher lagen als den Chinesen, die ganz andere Traditionen hatten. Die christlichen Vorstellungen mußten ihnen merkwürdig oder unverständlich vorkommen.

Das haben auch die Missionare gesehen, und der Gründer der Jesuitenmission, der 1610 in Peking verstorbene Matteo Ricci, hatte versucht, die Chinesen zuerst richtig denken zu lehren: Substanz und Akzidenz, geistige Seele und materieller Körper, Schöpfer und Schöpfung, das moralisch Gute und das natürlich Gute mußten [8] unterschieden werden ... Wie ließen sich sonst die christlichen Wahrheiten begreiflich machen? Die Dogmen des Christentums sind von der Logik nicht trennbar, und diese schien den Chinesen zu fehlen. Den Missionaren wäre nie eingefallen, dass es den Chinesen nicht an Logik mangelte, sondern dass sie in anderen Kategorien dachten. Und

---

[3] Es sei an dieser Stelle auf das Werk Georges Dumézils (1898–1986) verwiesen und auf die linguistischen Arbeiten, u.a. E. Benveniste 1969.
[4] R. Bastide 1956, S. 98.

auf die Idee, die Verschiedenheit der Sprachen könnte etwas damit zu tun haben, kamen die Botschafter Jesu schon gar nicht.

Die Chinesen stießen sich vor allem an dem – uns Abendländern so vertrauten – Gegensatz zwischen dem Rationalen und dem nur Fühlbaren, zwischen Geistigem und Weltlichem. Solche Trennungen haben sie nie gemacht und deshalb eine andere Anschauung vom Menschen und von der Welt, eine andere Moral, eine andere Beziehung zwischen Religion und Politik, eine andere Art zu philosophieren entwickelt. Was uns widersinnig scheint, gehört im Gegenteil zu einer lückenlosen Logik: Nach chinesischer Vorstellung ist alles verbunden und verkettet – ein großer Zusammenhang. Bei uns im Abendland löst ein geistiges System das andere ab – eine Geschichte in getrennten Stufen.

Natürlich sind große Kulturen vielfältig, aus den Elementen verschiedener Epochen zusammengesetzt und zu jeder Zeit von zahlreichen, manchmal entgegengesetzten Strömungen durchflossen. Wer möchte es wagen, auf alle Fragen zu antworten, die China stellt: zu unterscheiden, worin die alten religiösen und philosophischen Traditionen weiterleben, was buddhistischer Einfluß ist, was Erbe der großen neokonfuzianischen Synthese des 11./12. Jahrhunderts oder späterer Synkretismen. Dass es so viele gesellschaftliche Unterschiede gab, macht die Sache noch komplexer. Doch hier sollen Chinesen und Missionare fast immer das Wort haben: Gerade ihr Dialog legt grundlegende Unterschiede frei.

Auch wenn die Geschichte der Missionierung Chinas nicht Gegenstand dieser Studie ist, muß das Vorgehen der Missionare erwähnt werden. Anders lassen sich gewisse chinesische Reaktionen und die Entwicklung ihrer Beziehungen zu den fremden Priestern nicht erklären. Die Jesuiten, die sich 1583 als erste auf längere Zeit in China niederließen und mit Gelehrten und führenden Kreisen in Beziehung traten, hatten schon bald verstanden, dass sie sich an diese so verschiedene Kultur und Gesellschaft mit viel Mühe anpassen mußten. Es soll hier vorwiegend von ihnen die Rede sein, denn die [9] anderen Missionare machten sich mit den klassischen Traditionen Chinas kaum vertraut und nahmen den Dialog mit den gebildeten Kreisen nicht auf. Auch waren die Jesuiten am zahlreichsten.[5] Die anderen Orden haben meistens nur das Volk zu bekehren versucht. Im Volk aber geht es kaum um Doktrin.

---

[5] Le Comte, Brief an Pater de La Chaize, S. 356. Als Pater Le Comte China 1691 verläßt, schätzt er die Zahl der Jesuiten auf vierzig, denen hinzuzuzählen sind: „Vier Geistliche der Missions Étrangères ... ungefähr gleich viele Dominikanerpatres, 12 oder 15 Franziskaner, drei oder vier Augustiner; alles Spanier aus Manila." Zu dieser Zeit gab es anscheinend in China die meisten Missionare. [Zur Zahl der Missionare in dieser Zeit siehe *HCC* 1, bes. S. 286-308.]

Wichtig ist vielmehr, dass man die Priester als heilig erkennt und dass ihre religiösen Handlungen wirksam sind.

Die Jesuiten wollten die Chinesen mit den Erkenntnissen der europäischen Wissenschaften gewinnen und darauf aufbauen, dass chinesische und christliche Moral und Religion einiges gemeinsam haben. Damit waren sie zu Beginn nicht wenig erfolgreich.

Doch auf beiden Seiten begann man bald zu zweifeln, ob es mit diesen Ähnlichkeiten wirklich etwas auf sich hatte. Unter den Missionaren gab es – wie man sehen wird – zwei Typen: die Optimisten, die der „natürlichen Vernunft" vertrauten und annahmen, auch die Chinesen seien dem Glauben zugänglich; die Pessimisten, die in China nur Atheismus und Aberglauben zu finden meinten. Ebenso gab es auf chinesischer Seite Sympathisanten und Feinde der Missionare: Die einen waren verwundert, dass diese Männer aus weiter Ferne Ähnliches lehrten wie in China überliefert war; die anderen wiesen auf das hin, was in der „Lehre vom Herrn des Himmels" der gesellschaftlichen, politischen und moralischen Ordnung und den herrschenden Vorstellungen in China offensichtlich widersprach. Die ersteren vertraten einen Synkretismus, da sie den menschlichen Geist für universal hielten, die anderen argumentierten manchmal heftig und leidenschaftlich, was noch besser zeigt, wie verschieden zwei geistige Welten sein können.

QUELLEN

[10] Über die ersten Begegnungen und den ersten Austausch zwischen Missionaren und Chinesen lässt sich auf beiden Seiten aus verschiedenen Quellen viel erfahren. Von den Missionaren kommen Briefwechsel,[1] Denkschriften und Abhandlungen in europäischen Sprachen, dann auch zahlreiche Bücher auf chinesisch, die sie mit Hilfe von Gelehrten verfasst haben. Die Missionare waren sich nicht immer einig darüber, was die Chinesen dachten und wie viel man ihren Traditionen nachgeben durfte. Zuweilen ist es aufschlussreich, diese verschiedenen Meinungen einander gegenüberzustellen. Übrigens haben die Missionare China dem gemäß beurteilt, was sie im Europa des 16. und 17. Jahrhunderts an Erziehung, Vorurteilen und Überzeugungen mitbekommen hatten. In ihren Schriften geht es ihnen meistens um Apologie und religiöse Erbauung. Doch findet sich – trägt man den unterschiedlichen Gesichtspunkten Rechnung – in diesen Schriften einiges, was die chinesischen Quellen bestätigt und vervollständigt. Außerdem wird aus den Themen der Predigten ersichtlich, mit welchen Schwierigkeiten die Missionare vor allem zu kämpfen hatten und welche Argumente besonders wirksam waren.

Die chinesischen Quellen sind natürlich viel ergiebiger. Ja, es ist sogar unmöglich, in der äußerst reichen chinesischen Literatur des 17. Jahrhunderts die verstreuten Bemerkungen über die Missionare und ihre Lehre alle ausfindig zu machen. Doch ist kaum wahrscheinlich, dass Wesentliches verborgen geblieben ist und nicht schon in den Dokumenten erscheint, auf die sich vorliegende Analyse und Übersetzungen stützen. Diese Dokumente sind verschiedenster Art: Vorworte von Sympathisanten und Bekehrten zu den chinesischen Schriften der Missionare, Abschnitte in diversen gesammelten Aufzeichnungen, bibliographische Anmerkungen, Briefwechsel, kleine Schriften und Abhandlungen von Konvertiten, aber auch Pamphlete und Werke von Gegnern oder erklärten Feinden der Lehre vom [11] Herrn des Himmels. Die-

---

[1] Die Zeit zwischen dem Ende des 16. und dem Beginn des 17. Jahrhunderts ist in den Briefen der Patres Michele Ruggieri und Matteo Ricci belegt (hrsg. von Tacchi Venturi). Über das Ende des 17. Jahrhunderts und das 18. Jahrhundert finden sich nützliche, aber sehr verstreute Hinweise in den einunddreißig Bänden der *LEC*. Pater Louis Le Comte (1655–1728), in China von 1687 bis 1691, erweist sich in seinen Briefen als hervorragender Beobachter. Er ist zugleich einer der besten französischen Schriftsteller seiner Zeit. Die Patres in Peking hingegen waren zu sehr mit ihren wissenschaftlichen Arbeiten und ihrem Dienst am Kaiserhof beschäftigt: Ihre Briefe verraten wenig über die Reaktion der Chinesen.

se Literatur wider das Christentum, die nur zum Teil und zufällig erhalten geblieben ist, wurde für verleumderisch gehalten und nie gründlich studiert, obwohl sie eben zeigt, wie zwischen chinesischen und christlichen Traditionen ein Durcheinander entstand und inwiefern die Missionare mit ihrer Lehre die gesellschaftliche und politische Ordnung Chinas gefährdeten.

Die Chinesen haben von der Lehre vom Herrn des Himmels und den wissenschaftlichen Theorien der Missionare vor allem durch die Schrift Kenntnis erhalten. Bücher wurden dank Holzdruck schnell und billig hergestellt und spielten deshalb bei der Verbreitung von neuen Ideen und neuem Wissen eine wichtige Rolle,[2] zur Überraschung und auch zum Nutzen der Missionare.[3] Ricci bemerkt in seinen Erinnerungen, dass sich dank der gedruckten Bücher „die Kunde vom christlichen Gesetz schneller und weiter verbreitet".[4] „Das Schrifttum", schreibt er an anderer Stelle,

> ist in diesem Reich so blühend, dass es hier nur wenige gibt, die nicht etwas von den Büchern kennen. Und alle ihre Sekten haben sich eher durch Bücher entwickelt und verbreitet als durch Predigten und Reden im Volk. Das half den Unseren sehr, die Christen die notwendigen Gebete zu lehren, denn sie lernen sie sogleich auswendig, wenn sie die gedruckte *Christliche Lehre* entweder selbst lesen oder von ihren Verwandten oder Freunden vorlesen lassen, denn es fehlt nie an Leuten, die lesen können.[5]

Auch Pater Alfonso Vagnone, der von 1604 bis zu seinem Tod im Jahr 1640 in China gelebt hat, erkennt die wichtige Rolle, die das Buch hier spielt: „... bei den Chinesen haben die Bücher mehr Überzeugungskraft und machen die Lehre verständlicher als Dispute über unser Gesetz."[6] Mit Büchern also haben die Jesuitenmissionare ihre Lehre in ganz China verkündet, mit Büchern auch wurden sie vor allem bekämpft. Ein großer Unterschied zu Indien, wo kein bequemes Verfahren zur Vervielfältigung des Geschriebenen bekannt war und wo nur mündlich gelehrt werden konnte.[7]

---

[2] Auf diesem Gebiet war China Europa um mehr als fünf Jahrhunderte voraus.

[3] Die auf Chinesisch verfaßten Bücher der Missionare sind nach Japan, Korea und Vietnam gelangt, wo das Chinesische eine Hochsprache war.

[4] *FR*, I, S. 198.

[5] *Ibid.*, III, S. 283.

[6] *HECC*, S. 641.

[7] Das im Blockdruck hergestellte Buch scheint bei der Verbreitung des Christentums in Japan, wo der Handel mit chinesischen Büchern immer geblüht hatte, eine geringere Rolle gespielt zu haben. Nachdem die Tokugawa das Christentum verboten hatten, war es strafbar, chinesische Schriften der Missionare einzuführen. Ihre wissenschaftlichen Bücher waren ebenso verboten wie die religiösen. Vgl. Ito Tassaburo 1972. Über die in Japan herausgegebene christliche Literatur (die Jesuiten hatten hier 1590 eine europäische

Hier nun einige Angaben über die Werke in europäischen Sprachen oder auf chinesisch, auf die sich vorliegende Überlegungen hauptsächlich stützen.

Der flämische Jesuit Nicolas Trigault war 1610 nach China gekommen, reiste 1613 von Macao aus wieder ab und nahm ein Manuskript Riccis mit dem Titel *Della entrata della Compagnia di Giesù e Christianità nella Cina* mit. Es war in fünf Bücher aufgeteilt und vermittelte allgemeine Kenntnisse über China (Buch I) sowie die **[12]** Geschichte der Jesuitenmission von 1582 an bis zu den Monaten vor dem Tod des Autors am 11. Mai 1610 in Peking. Der Text gelangte 1614 nach Rom. Trigault selbst hatte ihn durch die Berichte vervollständigt, die Pater Longobardo, Pater Vagnone und Pater Cattaneo über ihre Missionen auf portugiesisch vorgelegt hatten sowie durch Auszüge aus Jahresbriefen auf lateinisch, die Pater Sabatino de Ursis für 1610 und 1611 verfasst hatte. Riccis Manuskript wurde erst 1909 wiedergefunden und in den folgenden Jahren zusammen mit dem Briefwechsel der beiden ersten Missionare in China, Ruggieri und Ricci, von Tacchi Venturi unter dem Titel *Opere storiche del P. Matteo Ricci* herausgegeben. Pasquale d'Elia hat die gleichen Texte ohne den Briefwechsel, aber mit zahlreichen Anmerkungen und Erläuterungen der Personennamen unter dem Titel *Fonti Ricciane* von 1942 bis 1949 in drei Bänden neu herausgegeben.

Wieder in Europa, gab Trigault 1615 in Augsburg eine lateinische Übersetzung von Riccis Werk mit seinen portugiesischen und lateinischen Zusätzen heraus. Diese nach dem Geschmack des europäischen Publikums neubearbeitete Übersetzung wurde ihrerseits zwischen 1616 und 1625 in verschiedene Sprachen übersetzt. Trigaults Werk – weniger genau als das Original – wurde in heutiger Zeit von Louis J. Gallagher auf englisch neu herausgegeben (*China in the Sixteenth Century: The Journal of Matthew Ricci*, New York: Random, 1953), ebenso in der 1617 in Lyon erschienenen französischen Version unter dem Titel *Histoire de l'expedition chrétienne au royaume de la Chine* (Paris: Desclée de Brouwer, 1978; im folgenden *HECC*). Das vorliegende Buch stützt sich zumeist auf das italienische Original, in dem aufschlussreiche Einzelheiten zu finden sind.

1593, zehn Jahre nach seiner Ankunft in China, hatte Ricci auf Befehl Valignanos, des Visitators für Japan, im Hinblick auf eine Neufassung des Katechismus die chinesischen Klassiker zu studieren begonnen. Der erste Katechismus war mit *Tianzhu shilu* (Wahrhaftige Aufzeichnung über den Herrn des Himmels) betitelt und nach der lateinischen Version von 1581, der *Vera et brevis divinarum rerum expositio,* 1584 herausgegeben worden. Ein erster Entwurf des neuen Katechismus war 1596 fertiggestellt und wurde im

---

Druckerei eingerichtet) siehe die Quellenangaben bei M. Debergh 1980, S. 402, Anm. 17.

folgenden Jahr dem Bischof von Japan, Luis Cerqueira, in lateinischer Übersetzung vorgelegt. Von diesem Entwurf ist jedoch die endgültige Fassung ziemlich verschieden und stammt erst von 1601. Ein bedeutender **[13]** Gelehrter namens Feng Yingjing (1555–1606) hatte sie stilistisch verbessert. Ricci ließ in dieses Werk seine Erfahrungen einfließen, die er zwischen 1599 und 1601 bei Gesprächen mit Gelehrten und buddhistischen Mönchen in Nanjing und Peking gemacht hatte. Die Schrift erhielt das Imprimatur der Inquisition von Goa nicht und konnte erst 1604 (oder im Dezember 1603) unter dem Titel *Tianxue shiyi* (Wahre Bedeutung der himmlischen Lehren) zum ersten Mal gedruckt werden. Sie wurde in der Folge unter dem Titel *Tianzhu shiyi* (Wahre Bedeutung [der Lehre] des Herrn des Himmels) mehrmals neu aufgelegt.[8]

Wie Ricci sagt, ist dieses Buch kein Katechismus. Es handelt nur von jenen christlichen Glaubenssätzen, die „mit natürlichen Vernunftschlüssen bewiesen werden konnten": Gott, Schöpfer des Himmels und der Erde, die Unsterblichkeit der Seele, die Existenz eines Paradieses und einer Hölle. Gleichzeitig ging es Ricci darum, die buddhistischen und daoistischen Vorstellungen offen zu widerlegen, ja auch jene des alten und zeitgenössischen Konfuzianismus – letztere allerdings nur verhüllt. Der Aufbau des Werks:

Erster Teil:
1. Dass der Herr des Himmels zuerst den Himmel, die Erde und die Zehntausend Wesen erschaffen hat, sie lenkt und erhält. Beweise für seine Existenz.
2. Wo erklärt wird, dass die Menschen heutzutage den Herrn des Himmels nicht mehr kennen. Dass Buddhismus und Daoismus in der Leere und im Nichts gründen.
3. Dass die Seele des Menschen nicht verschwindet, im Unterschied zu jener der Tiere.
4. Wo die falschen Vorstellungen über die Geister und die Seele des Menschen widerlegt werden und wo erklärt wird, dass der Himmel, die Erde und die Zehntausend Wesen nicht von einer einzigen Substanz sein können, wie das die Chinesen behaupten.

Zweiter Teil:
5. Wo die buddhistischen Lügen in bezug auf die sechs Wege der Wiedergeburt und das Verbot, Tiere zu töten, widerlegt werden und wo die richtige Bedeutung des Fastens erklärt wird.
6. Wo erläutert wird, dass die Absicht nicht aufgehoben werden darf (an der Absicht ist zu ermessen, ob eine Handlung gut oder **[14]** schlecht ist), und

---

[8] Vgl. H. Bernard 1945, S. 314. [Zu diesem Werk, den Neuauflagen, Bibliotheksstandorten und Literatur siehe CCT Database unter: Tian zhu shi yi.]

wo bewiesen wird, dass nach dem Tod die guten oder die schlechten Taten im Paradies oder in der Hölle vergolten werden.
7. Wo bewiesen wird, dass die menschliche Natur (soweit identisch mit der Vernunft) grundlegend gut ist.
8. Über die Moralvorstellungen des Abendlands, das Zölibat der Priester und Jesu Erscheinen auf der Welt.

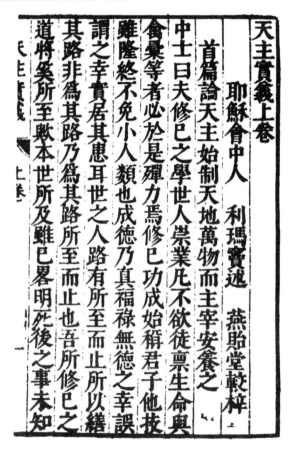

Abb. 1. *Tianzhu shiyi, juan* 1, S. 1. Kopie aus *TXCH* 1, S. 377.

Eine französische Version des *Tianzhu shiyi,* übersetzt von Pater Charles Jacques (1688–1728) ist in den *Choix de lettres édifiantes* (2. Ausgabe, Bruxelles 1838, Bd. 11, S. 1-179) unter dem Titel „Entretiens d'un lettré chinois et d'un docteur européen, par le P. Ricci" erschienen. Der „chinesische Gelehrte" und der „europäische Doktor" sprechen beide wie Europäer, und die Übersetzung lässt nur schlecht erahnen, wie das Werk von den Chinesen gelesen und aufgenommen werden konnte.

Einer der interessantesten Texte, was die chinesischen Reaktionen auf die christlichen Thesen betrifft, ist der Tatsache zu verdanken, dass sich die Jesuiten in China über ihr Vorgehen nicht einig waren. Er entstand als Resultat von Nachforschungen, die Pater Longobardo während mehrerer Jahre bei zahlreichen Gelehrten durchgeführt hat, und ist auf französisch mit *Traité sur quelques points de la religion des Chinois* betitelt. Die erste Version dieser Schrift war auf lateinisch geschrieben und trug den Titel *De Confucio ejusque doctrina tractatus*. Diese Abhandlung entstand zwischen 1622 und 1625 und widerlegte die These, wonach die Chinesen etwas gekannt haben, „was mit (den Begriffen) Gott, Engel und vernunftbegabte Seele zu tun hatte". Außerdem wies Longobardo auf die Gefahr hin, dass die Gelehrten zwischen chinesischen und christlichen Vorstellungen ein Durcheinander machten. Zwischen 1635 und 1641, als die Kompromissbereitschaft der Mission in China auf ihrem Höhepunkt war, ließ der Vize-Provinzial Francisco Furtado das Werk verbrennen, doch blieb es in einer spanischen Version erhalten und wurde 1676–1679 von Domingo Navarette in seinen *Tratados historicos, politicos, ethicos de la monarchia de China* in Madrid herausgegeben. Schließlich veröffentlichten die Missions étrangères 1701 in Paris eine französische Übersetzung der spanischen Version, und zwar unter einem scheinbar harmlosen und ungenauen Titel. Denn zu einer Zeit, als der Ritenstreit wütete, wurde der Text als Waffe gegen die Jesuiten benutzt. Diese **[15]** Abhandlung, die auf Leibniz einen tiefen Eindruck machte, hatte das Verdienst, zum ersten Mal die wichtigsten philosophischen Anschauungen der Chinesen in einer europäischen Sprache darzustellen und ziemlich genau wiederzugeben, wie die – bekehrten oder „heidnischen" – Gelehrten zur Zeit dachten. Longobardo legte dabei einen erstaunlich kritischen Geist an den Tag: Er wollte wissen, „was die reine Lehre der Gelehrten ist, ohne Vermischung mit der Auslegung, die wir Christen von ihr geben".[9] Damit gab er zu, dass sich die Missionare zumeist über die chinesischen Vorstellungen täuschten.

Im Anschluss an Longobardos Abhandlung erscheint 1701 in Paris der *Traité sur quelques points importants de la mission de Chine* (1668) von Pater Antoine de Sainte-Marie (Antonio de Caballero), der schon 1662 eine *Relatio Sinae sectarum* verfasst hat.

Der Spanier Antonio de Caballero, genannt Santa Maria (1602–1669), war 1618 dem Franziskanerorden beigetreten, zehn Jahre später auf die Philippinen gelangt und über Danshui, in der Nähe des heutigen Taibei in Taiwan, 1633 nach Fu'an in der Provinz Fujian gekommen. Bei einer Reise nach Nanjing von den Jesuiten völlig abgesondert, ließ er sich dann in Fu'an und Dingtou nieder, wo er erfuhr, dass die bekehrten Chinesen nach wie vor ihre

---

[9] N. Longobardo 1701, S. 93.

traditionellen Kulte ausübten, da ihnen dies der Jesuit Giulio Aleni unter gewissen Bedingungen erlaubt hatte. So entstand die erste Kontroverse zwischen den Jesuiten und den anderen Orden. Auf dem Rückweg nach Tainan an der Westküste Taiwans wird Caballero von den Holländern gefangen genommen und in Batavia (Djakarta) und Ternate zu Sträflingsarbeit gezwungen. Nach acht Monaten wird er freigelassen, erreicht im Juni 1617 Manila, wo er seinen ersten Bericht zur Frage der chinesischen Riten und Zeremonien abgibt. 1640 kommt er nach Macao, vier Jahre später wird er ausgewiesen. 1645 ernennt ihn der Papst zum apostolischen Präfekten, er kehrt nach China zurück und landet 1649 in der Nähe von Quanzhou in der Provinz Fujian, genau in dem Augenblick, da sich die Mandschu in der Provinz niederlassen. Er möchte in Korea eine Mission gründen, muss den Plan aber aufgeben und wohnt von 1650 an in der Gegend von Tianjin und in Jinan in der Provinz Shandong. 1659 ist er in Hangzhou, wo er Pater Martino Martini über das päpstliche Dekret von 1656 befragt, das zu den chinesischen Riten wohlwollend Stellung nimmt. Im September 1660 richtet Caballero an die Kardinäle [16] der Propagandakongregation eine Denkschrift über seine Fragen an Martini und die Antworten, die dieser gegeben hat. In Jinan schreibt er eine weitere Abhandlung über die Riten, vom 20. August 1661 datiert. Im Oktober des folgenden Jahres ist seine *Relatio Sinae sectarum* beendet. Sie hat drei Teile:
1. Die Schule der chinesischen alten und zeitgenössischen Philosophen.
2. Die Geistersekten, denen das Volk in großer Zahl anhängt.
3. Die Ankunft der Jesuiten und anderer Katholiken und die Spuren ihres Glaubens.

1665 wird Caballero verhaftet und im Rahmen eines allgemeinen Ausweisungsbefehls nach Canton geschickt, wo er 1669 stirbt. Das 1701 in Paris veröffentlichte Werk wird als Übersetzung aus dem Spanischen bezeichnet und trägt den Hinweis: „In China, in der Provinz und der Stadt Kham-tum (Canton), auf chinesisch Khamcheu-fu (Guangzhou fu) genannt, am 9. April 1668", dazu ein *Post Scriptum* vom 9. Dezember 1668. Ohne Zweifel werden hier Elemente aus der *Relatio* und noch früheren Werken aufgenommen. Eine sehr gute Biographie Caballeros findet sich im *Dictionary of Ming Biography, 1368–1644 (DMB)*, das allerdings den französischen *Traité* von 1701 nicht erwähnt.

Im zweiten Band der Sammlung *Tianzhujiao dongchuan wenxian xubian (TZJDCWXXB)* ist ein auf Chinesisch verfasstes Werk Caballeros aufgenommen, das *Tianru yin* oder *Von der Übereinstimmung zwischen den himmlischen Lehren und dem Konfuzianismus*. Caballero legt hier gewisse Sätze aus den *Vier Büchern* in christlichem Sinn aus.

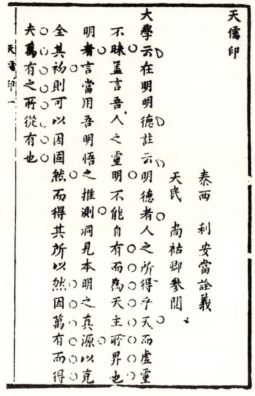

Abb. 2. Erste Seite aus Antonio Caballeros *Tianru yin*.
Kopie aus *TZJDCWXXB*, S. 993.

Das *Poxie ji* (*PXJ*) oder *Aufzeichnungen zur Zerstörung der Irrlehren* in acht Bänden ist die reichhaltigste Sammlung von Schriften wider das Christentum. Die zugänglichsten Exemplare befinden sich in der Bibliothèque Nationale in Paris und in der Library of Congress in Washington, in einer 1855 in Japan besorgten Neuauflage. Dem Werk gehen ein allgemeines Vorwort vom 28. Dezember 1639 von einem gewissen Xu Changzhi[10] und drei frühere Vorworte

---

[10] Xu Changzhi wird in der Lokalbeschreibung von Haiyan erwähnt, dem heutigen Haining an der Nordküste der Provinz Zhejiang, von wo er stammte (*Haiyan xianzhi*, Kap. 17, S. 18a). Nach klassischen Studien wurde er 1631 Schüler des buddhistischen Meisters Vollkommene Erleuchtung (Yuanwu, 1566–1642, Abt des Klosters Jinsu von Haiyan, der sich später in Ningbo niederließ), dann Schüler des Meisters Tongrong (1593–1661). Eben diese zwei Mönche haben die kleinen Schriften verfaßt, die im letzten Band des *PXJ* figurieren. Xu Changzhis Bruder, Xu Congzhi, ist bekannter. Er wurde 1574 geboren und bestand 1607 sein Doktoratsexamen. 1621 wurde er Präfekt von Jinan in der Provinz Shandong und zeichnete sich durch die Niederwerfung des Aufstandes aus, den die Sekte vom Weißen Lotus 1622 unter Xu Hongru durchführte. Als

voran (Band III des *PXJ*): von 1637 vom Zensor Yan Maoyou, von 1638 von Jiang Dejing, vom Frühling 1639 von Huang Zhen. An diesen vier aufeinanderfolgenden Vorworten und der Tatsache, dass im *PXJ* Texte vorkommen, die nach den zwei ältesten Vorworten verfasst [17] worden sind, ist ersichtlich, dass die Sammlung in mehreren Etappen zusammengetragen wurde.

In den ersten zwei Bänden stehen Texte, die mit dem Prozess von 1616 und 1617 gegen die Missionare in Nanjing zusammenhängen. Mit Ausnahme der drei ältesten bekannten Streitschriften (zwei Texte von Yu Chunxi, einem dem Buddhismus nahestehenden, 1621 verstorbenen Gelehrten, und ein Text von 1614 vom buddhistischen Meister Zhuhong) sind alle datierten Texte des *PXJ* aus den Jahren 1635 bis 1639. Viele dieser Texte stammen aus dem Süden der Provinz Fujian. Sie hatten zum Ziel, die Wirkung von Pater Alenis Missionstätigkeit zu bekämpfen. Diese Schriften müssen alle nach 1633 verfasst worden sein, denn laut Huang Zhens Vorwort ist Aleni zu diesem Zeitpunkt in die Gegend von Zhangzhou gekommen.

Das umfangreichste Werk im *PXJ* ist die *Anleitung zur Kritik, Zuopi* (ZP) in zehn Kapiteln von Xu Dashou. Die Schrift füllt einen ganzen Band der Sammlung. Vom Autor selbst weiß man so gut wie nichts, außer dass er aus Deqing in der Präfektur Huzhou südlich des Taihu-Sees in der Provinz Zhejiang stammte und Sohn des Beamten und Philosophen Xu Fuyuan (1535–1604) war. Ganz offensichtlich besaß Xu Dashou eine klassische Bildung, aber er selbst schreibt, er habe den Buddhismus und Daoismus studiert. Er berichtet – anscheinend genau – von seinen Diskussionen mit Pater Aleni, als dieser zwischen 1633 und 1639 im Süden der Provinz Fujian predigte.

Xu Dashous Vater, Xu Fuyuan, ist dagegen ziemlich bekannt. Er bestand 1562 sein Doktoratsexamen, wurde zu Beginn der Longqing-Zeit (1567–1573) nach Guangdong berufen und war dort verantwortlich für die Gefangennahme von japanischen Piraten. Er wurde Präfekt von Jianchang in der Provinz Jiangxi, 1592 Gouverneur der Provinz Fujian und bekleidete von 1594 an wichtige Posten in Nanjing. Er wurde zum Kriegsminister in Peking befördert, musste aber wegen einer Anklage gegen ihn demissionieren, bevor er die Stelle angetreten hatte. Während seiner zwei Jahre in der Provinz Fujian tat sich Xu Fuyuan mit einem Projekt hervor, wonach ein Sechstel der von den buddhistischen Klöstern angeeigneten Ländereien konfisziert werden sollte, und ebenso mit der Befestigung und Urbarmachung einer Insel vor der Küste der Provinz. Xu Fuyuan hatte vorgeschlagen, dieses Verteidigungssystem auf eine ganze Reihe von Punkten auf den Penghu-Inseln (den Pescadores) und an der

---

Als Gouverneur der Provinz Shandong wurde er während des Aufstands des Kong Youde in Laizhou belagert und 1634 von einer Kanonenkugel tödlich getroffen.

[18] Küste der Provinz auszudehnen. Er nahm rege an philosophischen Konferenzen (*jiangxue*) teil, die zu seiner Zeit Mode waren, und er folgte der Schule des Zhan Ruoshui, die mit jener des Wang Yangming rivalisierte. Über Xu Fuyuan gibt es im *Mingshi,* Kap. 283, eine biographische Notiz und im *Mingru xue'an,* Kap. 41, eine Aufzeichnung seiner philosophischen Anschauungen.[11]

Offenbar hat man in den gelehrten Kreisen die Streitschriften wider das Christentum nicht besonders sorgfältig aufbewahrt. Die Weitergabe des *PXJ* ist dem Zufall zu verdanken. Mehrere Autoren dieser Sammlung kannten sich und gehörten offensichtlich zu einem engen Kreis. Andere Schriften gegen die Christen wurden in neuester Zeit ebenso zufällig entdeckt, so etwa das *Pixie ji* 1946 oder 1947 von Msgr. Fang Hao bei einem Buchantiquar in Peking.[12] Das Werk trägt zwar den Titel „Sammlung", ist aber nicht sehr umfassend. Es beinhaltet ein Vorwort des buddhistischen Mönchs Gao'an, einen Briefwechsel zwischen einem Gelehrten namens Zhong Zhenzhi von Suzhou in der Provinz Jiangsu und einem Chan-Meister namens Jiming, außerdem zwei Streitschriften von Zhong Zhenzhi. Der ersten dieser Schriften, betitelt mit *Tianxue chuzheng* (*TXCZ*), *Erste Fragen zu den himmlischen Lehren* (gemeint sind die Lehren der Missionare), geht eine Einführung voran, in der das 1619 zum ersten Mal gedruckte *Shengxiang lüeshuo* (Allgemeine Erläuterungen zu den Heiligenbildern) von João de Rocha erwähnt wird. Die zweite Schrift, mit dem Titel *Tianxue zaizheng* (*TXZZ*), *Weitere Fragen zu den himmlischen Lehren,* zitiert ein Werk des Paters Aleni, das *Sanshan lun xueji,* gedruckt zum ersten Mal 1627 oder 1628, und das *Shengjiao yueyan, Allgemeines zur heiligen Lehre* von João Soerio (Erstdruck von 1600). Die den kalendarischen Zyklus betreffenden Zeichen, mit denen das Vorwort datiert ist, müssen also das Jahr 1643 bezeichnen, und alle Texte insgesamt können nicht sehr viel vor diesem Datum entstanden sein.

Genauso zufällig wurde das *Qingshu jingtan* eines gewissen Wang Qiyuan entdeckt, ein Buch von sechzehn Kapiteln, mit einem Vorwort von 1623. Ch'en Shou-i hat es 1930 ebenfalls bei einem Pekinger Antiquar gefunden. Im fünfzehnten Kapitel steht eine Kritik der Lehre vom Herrn des Himmels.[13]

---

[11] Dieser Xu Fuyuan sollte nicht – wie es im *DMB,* S. 272 und S. 1662, geschieht – mit einer anderen Person verwechselt werden, die den gleichen Vornamen trägt, aber einen anderen Familiennamen Xu und die von 1599 bis 1665 gelebt hat.

[12] Siehe die Notiz, die ihm Fang Hao zu Beginn des ersten Bandes von *TZJDCWXXB* widmet.

[13] Vgl. Ch'en Shou-i 1936.

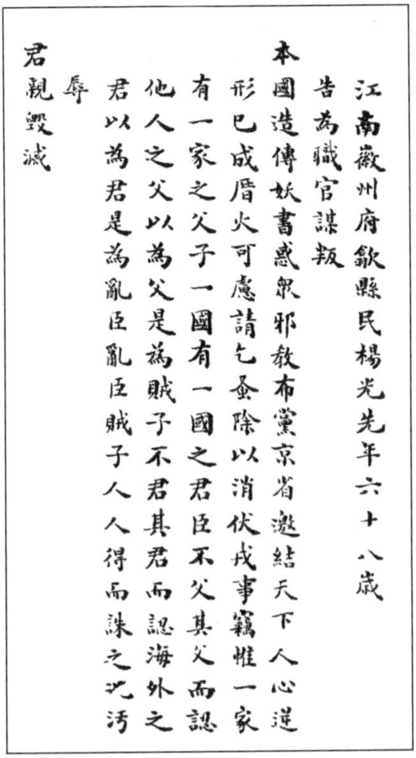

江南徽州府歙縣民楊光先年六十八歲

告為職官謀叛

本國造傳妖書惑眾邪教布黨京省邀結天下人心迷
形已成唇火可慮請乞盡除以消伏戎事竊惟一家
有一家之父子一國之君臣不父其父而認
他人之父以為父是為賊子不君其君而認海外之
君以為君是為亂臣亂臣賊子人人得而誅之況
君親毀滅

Abb. 3. Erste Seite aus Yang Guangxians *Budeyi*. Kopie aus *TZJDCWXXB* 3, S. 1075.

Das wichtigste Werk gegen die Christen vom Beginn der Mandschu-Zeit ist das *Budeyi* (Nun ist es genug) von Yang Guangxian (1597–[19]1669), dem Hauptfeind der Missionare damals. Es umfasst Texte, die der Autor zu verschiedenen Zeitpunkten geschrieben hat. Die erste kleine Schrift stammt von 1659, die letzten von 1664, darunter das *Niejing* oder *Spiegel gegen Geister*,[14] das die Astronomie der Missionare kritisiert. In Band 36 des *Chouren zhuan*, einem Werk des großen Gelehrten Ruan Yuan (1799) über chinesische und abendländische Astronomen und Mathematiker, steht eine Notiz über Yang Guangxian: zitiert wird Qian Daxin, der eine Äußerung des Philosophen Dai Zhen (1723–1777) wiedergibt. Dieser soll gesagt haben, dass die Europäer (*Ouluoba ren*) für teures Geld alle Exemplare des *Budeyi* aufkauften, um sie zu verbrennen. In einer modernen Ausgabe des *Budeyi* (phototechnische Wiedergabe von 1929) figuriert eine Schlussanmerkung eines gewissen Cheng

---

[14] Anspielung auf das volkstümliche Thema vom magischen Spiegel, mit dem man die Ungeheuer enthüllen kann, die sich hinter der Erscheinung von gewöhnlichen Menschen verstecken.

Mianzhuang, der berichtet, die Abendländer hätten für dieses Buch von seinem Erscheinen an bis zu zweihundert (!) Silberunzen ausgegeben, um es dann zu verbrennen, so dass „dieses Werk beinahe gänzlich verschwunden ist". In der Yongzheng-Zeit (1723-1735) und der Qianlong-Zeit (1736-1796) war es nur noch äußerst selten zu finden.[15] Das *Budeyi* ist in den dritten Band der Sammlung *TZJDCWXXB* aufgenommen worden.

Es gibt eine japanische Kritik am Christentum, mit der sich George Elison (1973) eingehend befasst hat. Diese Kritik trägt eigene Züge und spiegelt die Tatsache, dass die Missionare in Japan viel direkter vorgingen als in China, wo sie Vorsicht walten ließen, vor allem von Moral sprachen, die buddhistischen und konfuzianischen Vorstellungen zu widerlegen versuchten und Mysterien und Sakramente nur an Eingeweihte weitergaben. Doch gebraucht die japanische Kritik oft auch die gleichen Argumente wie die chinesische.

Neben einer Schrift des großen neokonfuzianischen Gelehrten Hayashi Razan (1583-1657), dem *Hai Yaso* oder *Anti-Jesus*[16] (1606), stammt das bemerkenswerteste Werk von einem Abtrünnigen namens Fukan (oder Fucan, wie ihn die Missionare schrieben). Er kam aus Kyoto und trat mit zwanzig unter dem Taufnamen Fabian 1586 in die Gesellschaft Jesu ein. Er wurde Frater Koadjutor und schrieb 1605 einen Dialog zwischen zwei japanischen Damen, die sich lobend über das Christentum äußern und mit Verachtung von den Irrtümern des Buddhismus, des Konfuzianismus und des Shinto sprechen. Doch dann wurde Fucan abtrünnig, da er das Christentum [20] für eine widernatürliche Religion befunden hatte, und er sagte nunmehr, die Reden der *Bateren* (der Patres) seien „geschickt und scheinbar vernünftig, in Wahrheit aber falsch". Vielleicht war er auch von der demütigenden Rolle eines Subalternen enttäuscht, die in der Societas den Japanern zugeteilt wurde. Auf jeden Fall wurde er zu einem gefürchteten Feind der Missionare. Sein 1620 erschienenes *Ha Daiusu* (wörtlich: Von der Vernichtung des Deus) ist eine regelrechte Widerlegung aller christlichen Thesen durch logische Argumente oder durch den Hinweis auf die konfuzianischen oder buddhistischen Vorstellungen.

Dem *Hai Yaso* und dem *Ha Daiusu* hat George Elison Texte hinzugefügt, die nach der Ächtung des Christentums und der völligen Abschließung Japans erschienen sind. Es handelt sich um das *Kengiroku* (1636) von einem japanischen Abtrünnigen namens Ferreira, um das *Kirishitan monogatari* (1639) und das *Ha Kirishitan* (1662). Diese Texte sind von geringerem Interesse.

---

[15] Eine Biographie von Yang Guangxian findet sich in Hummel 1943, S. 889-892. Hier wird vor allem das Dünkelhafte und Lächerliche an Yang Guangxian hervorgehoben, der jedoch keineswegs dumm war.

[16] Diese Übersetzung erscheint genauer als *Anti-Jesuit*, wie das Werk bei G. Elison 1973 genannt wird.

Abb. 4. Porträt von Matteo Ricci aus *Fonti Ricciane*, Bd. 1, S. vi (Tavola I)

I.
VON SYMPATHIE ZU ABLEHNUNG

ANNÄHERUNGSVERSUCHE

[21] Die ersten Jesuitenmissionare, die Italiener Michele Ruggieri und Matteo Ricci, ließen sich – es sollte auf Lebenszeit sein – 1583 in Südchina nieder. Die chinesischen Küsten waren streng bewacht, da man sich vor Seeräubern fürchtete und die schrecklichen Einfälle der *wokou*, Piraten japanisch-chinesischer Abstammung, in lebhafter Erinnerung waren. Portugiesen und Kastilier, bekannt für ihr kriegerisches Auftreten, waren hier unwillkommen, und die zwei Priester mussten klarstellen, dass sie mit diesen Leuten nichts gemeinsam hatten. Missionare anderer Orden hatten früher versucht, in China Fuß zu fassen, waren aber am eigenen Übereifer und wegen mangelnder Umsicht gescheitert. Nachdem nun Ruggieri und Ricci erreicht hatten, in Zhaoqing, dem Verwaltungssitz der Provinzen Guangdong und Guangxi westlich von Canton, wohnen zu dürfen, waren sie sehr darum besorgt, sich unter keinem Vorwand wieder ausweisen zu lassen. In einem Brief vom 25. Januar 1584 an den Jesuitengeneral schreibt Ruggieri:

> Zu Beginn muss man mit diesem Volk sehr behutsam umgehen und nicht in aufdringlichem Eifer handeln, denn es könnte leicht geschehen, dass wir die erworbenen Vorteile verlieren und nicht wieder gewinnen würden. Das sage ich, weil dieses Land Fremden sehr feindlich gesinnt ist und besonders die Portugiesen und Kastilier fürchtet, da diese als kriegerisch gelten ...[1]

In einem anderen, vom 30. Mai gleichen Jahres datierten Brief betont Ruggieri wieder, dass es nötig sei, „behutsam und unaufdringlich" vorzugehen, und er befürchtet, andere Missionare könnten nach China kommen und mit grober Ungeduld alles verderben.[2]

Von Anfang an lässt sich die Jesuitenmission von folgenden Prinzipien leiten: Niemanden vor den Kopf stoßen, unmerklich vorgehen **[22]** und zur Not Umwege machen. Denn es geht darum, zunächst die Freundschaft der gebildeten Kreise zu erwerben, um schließlich an den Hof zugelassen zu werden. Wäre einmal der Kaiser bekehrt, hätte man gewonnen, da ja die ganze chinesische Gesellschaft hierarchisch verbunden ist. Ein gutes Beispiel dafür

---

[1] Brief vom 25. Januar 1584, *TV*, II, S. 420.
[2] Brief vom 30. Mai 1584, *TV*, II, S. 422.

scheint Japan, wo sich mit den Daimyō von Kyūshū alle ihre Untertanen bekehrt haben.

„Die größte Schwierigkeit, das Königreich China zu bekehren", schreibt Ruggieri schon nach seiner Ankunft in Macao,

> beruht nicht in einem Widerstand ihres Willens, denn sie verstehen die Dinge, die Gott betreffen, ohne weiteres und auch, dass unser Gesetz heilig und gut ist[3]; sie beruht vielmehr darin, dass sie sich einander je nach Rang in Gehorsam unterwerfen – und das bis hinauf zum König. Deshalb geht es einzig darum, dass der König den Wunsch und das Verlangen verspüre, die Patres zu sich zu rufen, denn ich zweifle nicht, dass er ihnen sogleich die Erlaubnis erteilen würde zu predigen und alle jene zu belehren, die dies wünschten.[4]

Ricci gelangt später zur Auffassung, die Missionare könnten eines Tages auf Kaiser und Beamte dadurch Druck ausüben, dass sie diese vor ein *fait accompli* stellen:

> Wenn es schon ziemlich viele Christen gibt, wird es nicht unmöglich sein, dem König ein Gesuch zu stellen und damit zu erreichen, dass man die Christen wenigstens nach ihrem Gesetz leben lässt, da dieses ja den chinesischen Gesetzen nicht widerspricht.[5]

Nachdem später christliche Gemeinschaften entstanden waren, ging man tatsächlich so vor.

Die ersten Jesuitenmissionare hatten wie ihre Ordensbrüder in Japan Namen und Erscheinung von buddhistischen Bonzen angenommen. Sie hofften, so könnten sie leichter in China einreisen und die Chinesen bekehren. Zu ihrer Überraschung hatten aber Priester hierzulande weniger Einfluss und Ansehen als in Europa. Die Jesuiten wollten deshalb von nun an den Gelehrtenrock tragen und nicht mehr das Gewand buddhistischer Mönche, mit denen man sie bisher mehr oder weniger verwechselt hatte. Ricci studierte die chinesischen Klassiker und präsentierte sich im Mai 1595, zwölf Jahre nach seiner Ankunft in Zhaoqing, zum ersten Mal im Gelehrtenrock. Er hatte begriffen, dass er nicht als Geistlicher, sondern als Laie und „abendländischer Gelehrter" (*xishi*) auftreten musste, wollte er von der chinesischen Oberschicht gut aufgenommen werden.[6]

---

[3] Chinesen nahmen die Lehren der Missionare sehr oft günstig auf. Vgl. S. 26f. und 103f.

[4] *TV*, II, S. 403, Brief Ruggieris aus Macao (12. November 1581).

[5] *Ibid.*, II, S. 381; *HECC*, S. 40. Brief Riccis an den Visitator Francesco Pasio, Peking 1609.

[6] Ricci hätte das Bonzengewand schon früher ablegen wollen, aber er musste auf Ermächtigung von oben warten. Schon im Herbst 1592 beschließt er jedoch, sich nicht

[23] Um sich in diesen Kreisen, in denen man, wie Ricci bemerkt, „die Angelegenheiten der Religion" wenig schätzte, Achtung zu verschaffen, musste er sich als Moralist, Philosoph und Wissenschaftler ausgeben. Ebenso bemühte er sich, vor den Gelehrten in der Art eines Laien zu sprechen, wie es Ende der Ming-Zeit Mode war, das heißt anlässlich philosophischer Konferenzen (*jiangxue*). In einem seiner Briefe von 1596 sagt Ricci selbst:

> Da wir den Namen Bonze von uns gewiesen haben – bei ihnen gilt er gleichviel wie bei uns Frater, aber in sehr niedrigem und entwürdigendem Sinn –, werden wir vorläufig weder eine Kirche noch einen Tempel eröffnen, *sondern nur ein Haus zum Predigen, wie es ihre namhaftesten Prediger tun*.[7]

Was Ricci „Haus zum Predigen" nennt, entspricht dem chinesischen *shuyuan*, das man heute mit „Privatakademie" übersetzt. Ricci will also unter den chinesischen Philosophen als Philosoph erscheinen und nicht enthüllen, wer er ist: ein Priester, gekommen, den Heiden den wahren Gott zu verkünden. „Ich glaube", schreibt er wieder in einem anderen Brief, „wir werden keine Kirche einrichten, sondern ein Haus zum Predigen, und die Messe für uns in einer anderen Kapelle lesen, obwohl der Raum, wo wir Besuche empfangen, vorläufig diesem Zweck dienen kann; denn man lehrt mehr und erfolgreicher durch Gespräche als durch Kanzelreden."[8]

Zwar richten Ruggieri und Ricci schon 1583 bei ihrer Ankunft in Zhaoqing eine Kirche ein, doch dann gründet Ricci keine mehr. Ebenso haben sie sich 1584 um die Drucklegung eines Katechismus bemüht, der von den Mandarinen in Canton so höflich aufgenommen wurde, wie es fremden Kuriositäten gebührt. Nun aber, da er die Reaktionen der Chinesen besser kennt, beschließt Ricci, die christlichen Mysterien nur jenen zu enthüllen, die dem Glauben zugänglich sind. Er studiert die *Vier Bücher* der „Sekte des Konfuzius", die ihm „helfen sollen, einen neuen Katechismus zu schreiben, der sehr vonnöten ist, denn der erste wurde nicht so gut aufgenommen wie erwartet".[9] Doch das neue Werk, *Wahre Bedeutung* [der Lehre] *des Herrn des Himmels*, gleicht nur entfernt einem Katechismus.

---

mehr Bonze (*heshang*) zu nennen. Ein Jahr später bittet sein Gefährte Lazzaro Cattaneo den Visitator für Japan und China, Valignano, im Namen der Missionare um die Erlaubnis, einen Bart, lange Haare und das Seidengewand des Gelehrten tragen zu dürfen. Erst 1594 wird diese Erlaubnis erteilt, und im Mai 1595 macht Ricci zum ersten Mal von ihr Gebrauch. Vgl. *FR*, III, Chronologie, S. 25-26.

[7] *TV*, II, S. 215. Hervorhebung von J.G. Vgl. auch *ibid.*: „... wir haben den Ruf verbreitet, Theologen und gelehrte Redner zu sein, denn bei ihnen sind wir das ja."
[8] *Ibid.*, II, S. 211.
[9] *FR*, I, S. 379, Anm. 4.

Vor allem dieses behutsamen Vorgehens wegen hatte Ricci in den gelehrten Kreisen Erfolg. Deswegen auch brauchten die Chinesen so lange, die wahren Absichten der Missionare und die Ausschließlich-[24]keit des christlichen Glaubens zu erkennen. Sie sahen vor allem, dass die Missionare ähnlich lehrten, wie das in ihren Privatakademien (*shuyuan*) üblich war, wo Lehrer die Klassiker auf ihren moralischen und philosophischen Gehalt hin auslegten. Die Atmosphäre des *shuyuan* hatte, wie Erik Zürcher bemerkt, etwas Feierliches, beinahe Heiliges: Jede Versammlung wurde mit einer Zeremonie zu Ehren Konfuzius' und des Gründers der jeweiligen Privatakademie begonnen. Die Verhaltensregeln waren in Statuten (*huiyue*) festgelegt, die unter anderem vorsahen, dass Knabenchöre Hymnen auf die Tugend sangen. In regelmäßigen Abständen erschienen in den Statuten moralische Anweisungen in der Art von Schlagworten wie: „die vier wesentlichen Dinge", „die zwei Täuschungen", „die neun zu vermeidenden Dinge".[10] Nicht erstaunlich, sagt Zürcher, dass sich die Jesuiten in diesem Milieu wohlfühlten.

In einem Brief vom 4. November 1595 aus Nanchang, Hauptstadt der Provinz Jiangxi, zählt Ricci die Gründe für seinen guten Ruf auf, zuallererst, weil er, fremd und von sehr weit herkommend, ziemlich korrekt Chinesisch sprechen und schreiben kann; zweitens, weil er ein erstaunliches Gedächtnis hat und die „*Vier Bücher* der Sekte des Konfuzius" auswendig weiß; drittens, weil er in Mathematik bewandert ist; viertens, weil er Kuriositäten wie Uhren, Prismen aus venezianischem Glas, religiöse Gemälde und abendländische Bücher mit sich führt; fünftens, weil man denkt, er beherrsche die Alchemie; der letzte Grund schließlich liegt in seiner Lehre. Aber, fügt er hinzu, „jene, die deswegen kommen, sind am wenigsten zahlreich".[11]

Mit seinem vollen Bart und dem Gelehrtenrock erregte Matteo Ricci bei aller Bewunderung.[12] Sein bescheidenes und zurückhaltendes Auftreten, seine Achtung vor den chinesischen Bräuchen, seine Kenntnis der gesprochenen und geschriebenen Sprache ebenso wie der *Vier Bücher* und der Klassiker, seine kleinen Schriften zur Moral und seine große Abhandlung über fremde Philosophie, sein mathematisches Wissen – all das trug zu seinem Erfolg bei Gelehrten und Machthabern bei. Man nannte ihn den „besonderen Mann" (*jiren*). Viele wollten ihn sehen und einladen, und Ricci beklagt sich in einem seiner

---

[10] E. Zürcher 1971, S. 193. Über die Analogien zwischen chinesischer und christlicher Moral, vgl. S. 175-182.

[11] *TV*, II, S. 209.

[12] Das Aussehen der Missionare schien die Chinesen erstaunt zu haben. Huang Wendao beschreibt, wie Giulio Aleni bei seinem ersten Aufenthalt in der Provinz Fujian von 1625 bis 1639 aussah: „ein Mann mit blauen Augen und einem Drachenbart" (*Pixie jie*, in: *PXJ*, V, 19a).

Briefe, dass er keinen Augenblick mehr für sich hat: Es gehe so weit, dass er auch schon die Messe zu lesen vergessen habe.[13]

Eines der ersten chinesischen Zeugnisse über Ricci stammt vom Philosophen Li Zhi (1527–1602), der für sein unabhängiges Denken **[25]** und seine skandalträchtigen Schriften berühmt war. Er hatte Ricci mehrere Male in Nanjing getroffen. An einen Freund schreibt er:

> Ich habe eure Fragen in bezug auf Li Xitai (Ricci) zur Kenntnis genommen. Ricci kommt aus dem Großen Abendland und hat mehr als 100.000 *li* zurückgelegt, um nach China zu kommen. Er ist zunächst in Südindien angelangt, wo er erfahren hat, dass es den Buddhismus gibt – das nach einer Reise von mehr als 40.000 *li*.[14] Erst als er im Südmeer, in Canton, angekommen war, erfuhr er, dass es in unserem Reich der Großen Ming zuerst Yao und Shun, dann den Herzog von Zhou und Konfuzius gegeben hat.[15] Er hat ungefähr zwanzig Jahre in Zhaoqing gelebt,[16] und es gibt kein einziges unter unseren Büchern, das er nicht gelesen hat. Er bat einen älteren Mann, für ihn Klang und Bedeutung [der Schriftzeichen] festzulegen; er bat jemanden, der in der Philosophie der *Vier Bücher* bewandert war, ihm deren allgemeinen Sinn zu erklären; er bat jemanden, der die Kommentare zu den *Sechs Klassikern* studiert hatte, ihm die notwendigen Erläuterungen zu geben. Nun ist er vollkommen fähig, unsere Sprache zu sprechen, unsere Schriftzeichen zu schreiben und sich an unsere Anstandsregeln zu halten. Er ist ein höchst beachtenswerter Mensch. An sich ist er äußerst verfeinert, nach außen aber gibt er sich sehr einfach. Im lärmigen Durcheinander einer Versammlung, wo mehrere Dutzend Leute gleichzeitig ihre Meinung äußern, lässt er sich von all den Diskussionen nicht verwirren.[17] Von allen, die ich gesehen habe, gleicht ihm keiner. [In der Tat] sind die Leute entweder übertrieben steif oder übertrieben freundlich, entweder geben sie mit ihrer Intelligenz an, oder sie sind geistig beschränkt. Allen ist er überlegen. Aber ich sehe nicht genau, wozu er gekommen ist. Ich bin ihm schon dreimal begegnet, und ich weiß noch immer

---

[13] *TV*, II, S. 207f.

[14] Diese Zahlen sind einigermaßen aus der Luft gegriffen. 1 *li* = rund 500 Meter, 40.000 *li* sind also etwa 20.000 Kilometer.

[15] Das sind die heiligen Patrone des Konfuzianismus.

[16] Li Zhi gibt ungenaue Informationen: Ricci war in Zhaoqing, dem Verwaltungssitz der Provinzen Guangdong und Guangxi, am 10. September 1583 angekommen und hat die Stadt im August 1589 verlassen, um nach Shaozhou im nördlichen Guangdong zu gehen. Endgültig verlassen hat er die Provinz Guangdong im Mai 1595.

[17] Hier nun ist Li Zhis Bericht bewundernswert genau. Ricci selbst erzählt in seinen Erinnerungen, wie erstaunt die Teilnehmer einer solchen Versammlung waren, als er nach langem Schweigen das Wort ergriff und zeigte, dass ihm von der Diskussion nichts entgangen war. Siehe *FR*, II, S. 78.

nicht, wozu er gekommen ist. Wenn es ihm darum ginge, die Lehren des Herzogs von Zhou und des Konfuzius durch seine eigenen zu ersetzen, wäre das, so scheint mir, doch allzu dumm. Das kann es also nicht sein.[18]

So das Zeugnis eines großen chinesischen Gelehrten über Ricci um 1600. Man sieht: nicht nur Bewunderung für den Abendländer, sondern auch einige Verwunderung über die Gründe seiner Anwesenheit in China. Wie die letzte Bemerkung zeigt, hat Li Zhi beim Missionar eine merkwürdig starke Überzeugung gefühlt, ohne zu wissen, worauf sie zurückzuführen ist. Ricci hütet sich wohl, seine wahren Absichten zu enthüllen. Er beschränkt sich aufs Argumen-[26]tieren, zitiert die Klassiker und versucht dabei, sie im Sinn seiner Thesen auszulegen. 1596 schreibt er:

> Gewiss, wir legen jetzt noch nicht alle Mysterien unseres heiligen Glaubens dar, doch bauen wir schon an seinen wichtigsten Fundamenten: Gott, Schöpfer des Himmels und der Erde, Unsterblichkeit der Seele, Belohnung der Guten und Bestrafung der Schlechten – alles Dinge, die sie bis jetzt weder gekannt noch geglaubt haben. Und alle hören uns so befriedigt und mit so vielen Tränen zu, sie spenden uns so viel Lob, als hätten wir all das in einem glücklichen Augenblick selbst gefunden. Uns scheint, jetzt sei etwas in Gang gebracht, das sich später sehr wohl bestätigen könnte.[19]

Gleiche Bemerkungen Riccis in bezug auf seine große Schrift *Wahre Bedeutung* [der Lehre] *des Herrn des Himmels,* die sich als Auseinandersetzung mit chinesischen und buddhistischen Thesen präsentiert:

> Dieses Buch handelte nicht von allen Mysterien unseres heiligen Glaubens – diese sollten einzig Katechumenen und Christen erklärt werden –, sondern nur von einigen Grundbegriffen, die auf natürliche Weise bewiesen und vom natürlichen Licht eingesehen werden können ... etwa, dass es im Universum einen Herrn und Schöpfer aller Dinge gibt, der alles erhält; dass die Seele unsterblich ist und dass Gott im Jenseits die guten und die schlechten Taten vergilt; dass es falsch ist, an die Wanderung der Seele in den Körper anderer Menschen und auch in jenen von Tieren zu glauben, was hier viele tun – und anderes gleicher Art.[20]

Riccis große Abhandlung hatte seit ihrem Erscheinen beträchtlichen Erfolg: Sie war in gutem Chinesisch geschrieben – wofür Riccis Freunde gesorgt hatten –, bezog sich oft auf die Klassiker und bekämpfte den Buddhismus mit Hilfe neuer Argumente. Der „Gelehrte aus dem Abendland", der darin vorkommt, vertritt zwar höchst merkwürdige Thesen, doch die chinesischen

---

[18] *Xu fenshu* (Fortsetzung des zu verbrennenden Buches), Kap. I, Brief an einen Freund, S. 35 der Ausgabe Zhonghua shuju, Beijing 1975.
[19] *TV*, II, S. 225. Die Chinesen des 17. Jahrhunderts weinen schnell. Vgl. S. 127.
[20] *FR*, II, S. 291.

Gelehrten, die buddhistischem Einfluss abgeneigt und mit ethischen Problemen beschäftigt waren, konnten dem Werk gute Seiten abgewinnen. Ricci hatte sich offenbar beachtliche Mühe gegeben, den Vorstellungen der gelehrten Kreise gerecht zu werden, auch wenn er sie zuweilen falsch, im Sinn der eigenen Denkart, interpretierte. Mehrere Gelehrte wiesen auf Riccis geschickte Argumentation hin. Für einen Fremden war das auf jeden Fall eine Art Großtat.

Andere, weniger wichtige Werke hatten jedoch noch mehr Erfolg: Riccis kleine Schriften im Geist der stoischen Moral[21] und eine **[27]** Abhandlung von Pater Diego de Pantoja, in der praktische Ratschläge zur Bekämpfung der Leidenschaften erteilt wurden, nämlich das *Qike* oder *Sieben Siege* über die sieben Todsünden (zwischen 1610 bis 1615).

Doch genügte es Ricci nicht, als Philosoph und Moralist aufzutreten: Seine Weltkarte und seine Lehren in Mathematik und Astronomie trugen mindestens ebensoviel zu seinem Erfolg bei. Seinem Beispiel folgten auch die Jesuiten, die im 17. und 18. Jahrhundert nach China kamen und als Mathematiker, Geographen, Astronomen, Ingenieure, Ärzte, Maler und Musiker wirkten.[22] So

---

[21] Das *Jiaoyou lun* (Von den freundschaftlichen Beziehungen), 1595, das *Ershiwu yan* (Fünfundzwanzig Ansichten), 1604, und *Jiren shi pian* (Zehn Schriften eines besonderen Mannes), 1608.

[22] Unter den Mandschu vervielfältigten sich die wissenschaftlichen, technischen und künstlerischen Aktivitäten der Jesuitenpatres am Pekinger Hof auf Geheiß des Kaisers. Damit stellt sich die Frage nach dem Beitrag und Einfluss des Abendlandes im China des 17. und 18. Jahrhunderts, ein Thema, das den Rahmen der vorliegenden Studie sprengen würde und das erst jetzt zum Gegenstand vertiefter Forschung geworden ist. Schon von Anfang an hatten die Jesuiten mit europäischer Wissenschaft die Aufmerksamkeit der Chinesen auf sich ziehen wollen. Die Neugier, die sie bei ihnen weckten, überstieg jedoch alle ihre Hoffnungen. Die Jesuitenmissionare brachten unzweifelhaft wichtige Neuerungen: den Beweis von der Kugelgestalt der Erde, der allerdings zu früheren Zeiten in China auch schon geführt und angenommen worden war; die Einführung von neuen mathematischen Gebieten, sicherere und genauere astronomische Berechnungstechniken als jene, die seit dem 14. Jahrhundert in China bekannt waren. Aber nicht alles war völlig neu, denn auch China hatte wissenschaftliche Traditionen. Gewisse Mathematiker entdeckten Analogien zwischen dem, was aus dem Abendland kam, und dem, was seit der Han- oder Song-Zeit in China gelehrt wurde. Die Missionare warfen mit ihren Lehren keineswegs bestehende Vorstellungen um, wie das mangels Einsicht in die Geschichte der chinesischen Wissenschaften noch in der ersten Hälfte dieses Jahrhunderts angenommen wurde. Nichts von dem, was die Jesuiten den Chinesen beibrachten, trug den Stempel der modernen Wissenschaft oder vermittelte modernen Geist. Sie lehrten nur, was mit dem Unterricht in ihren Kollegien von Coimbra und Rom im Einklang stand. Weder Kopernikus noch Galilei zogen wirklich in China ein. Die Jesuiten lehrten die Chinesen, was im Europa vom Ende des 16. Jahrhunderts gängig war. Als man sie im astronomischen Dienst der Hauptstadt an-

konnten sie alle jene anlocken, die sich für Wissenschaft und Technik interessierten, und dann auch die Wertschätzung der Kaiser gewinnen, in deren Dienst sie traten. Außerdem haben Ricci und seine Gefährten schon zu Anfang auszunützen versucht, dass die Chinesen auf gewisse europäische Gegenstände neugierig waren. Wenn es ihnen vorteilhaft schien, verschenkten sie solche Gegenstände. So brachten sie sogar dem Kaiser Uhren und Gemälde als Tribut dar. Eine Beschreibung Pekings zu Ende der Ming-Zeit[23] erwähnt merkwürdige Objekte, die von den Abendländern mitgebracht worden waren: die Sanduhr (die Chinesen benutzten Klepsydren und Weihrauchuhren), das Astrolab, die Saugpumpe und das Galileische Fernrohr. Dieses Instrument beschreibt der Autor so: Wie Bambusrohre, die ineinander gleiten, ungefähr dreißig Zentimeter lang, wenn es zusammengeschoben ist, auseinandergezogen etwa einen Meter fünfzig lang. Setzt man es ans Auge, kann man das Kleine groß und das Entfernte nah sehen. Der Autor erwähnt auch das Klavichord, den Vorfahren unseres Klaviers. Die Liste ist bei weitem nicht vollständig, denn die Missionare führten auch venezianische Prismen aus Murano ein (zwei dieser Prismen schenkte Ricci den Eunuchen am Hof; diese sollten sie dem Kaiser überreichen); religiöse Gemälde, die auf die Chinesen großen Eindruck machten,[24] weil sie plastisch und lebendig schienen; gebundene und vergoldete europäische Bücher mit Illustrationen;[25] Waagbalkenuhren, an denen einzig beachtenswert war, dass sie die Stunden schlugen und die deshalb „Glocken, die von sich aus läuten" (*ziming zhong*) genannt wurden. In Tat und Wahrheit waren sie viel ungenauer als die Klepsydren und gingen oft kaputt.[26]

Ricci sah ein, dass er seinen guten Ruf bei den Gelehrten zu einem großen Teil seiner Weltkarte und seinen mathematischen und astro-[28]nomischen Kenntnissen verdankte. Die Wissenschaft – aber auch die Technik – lockte ziemlich viele Gelehrte zu den Missionaren, die an Ansehen und Beliebtheit gewannen. Ihre Freunde wie Gegner waren sich darüber einig, dass die „Barbaren aus dem Abendland" vor allem dank ihren Kalender-Berechnungen[27] er-

---

gestellt hatte, führten sie nur gerade jene Neuerungen ein, die für ihre Berechnungen nützlich, also von unmittelbar praktischem Interesse waren.

[23] *Dijing jingwu lüe* (Shanghai 1957), S. 60f. Das Werk war 1635 oder 1636 beendet worden. Zu der Biographie des 1637 verstorbenen Autors, Liu Tong, siehe *DMB*, S. 969f.

[24] Wie die italienischen Heiligen-Gemälde auf die Chinesen wirkten, siehe S. 108f.

[25] Nicht zu vergessen, dass die chinesische Buchdruckerkunst Ende der Ming-Zeit auf ihrem Höhepunkt ist. Ohne Zweifel überraschten die europäischen Bücher eher durch ihre Fremdheit und ihre Schrift als durch ihre technische Qualität.

[26] Zur Kritik an diesen Uhren, siehe S. 81.

[27] *Lifa lun*, in: *PXJ*, VI, 20a-25a: Überblick über die Geschichte der Astronomie und der Kalender in China vom Han-Kaiser Wudi (141–87 v. Chr.) an.

folgreich waren, dank ihren astronomischen Instrumenten auch,[28] mit deren Hilfe sie den Kalender erneuern konnten, und weil sie Kanonen herstellen halfen ... Man fand, sie seien dem Staat und der Verteidigung des Reiches nützlich. Deshalb konnten auch die Patres in Macao und Goa, die über so profane Beschäftigungen entsetzt waren, ihnen doch kein Ende setzen, und die Patres in China widmeten wissenschaftlichen Arbeiten und dem Unterricht weiterhin einen großen Teil ihrer Zeit.[29]

1614 hatte Valentim Carvalho, Provinzial von Japan und China, Manuel Dias beauftragt, alle bestehenden Missionen aufzusuchen und dort zu verbieten, dass „den Chinesen Mathematik oder sonst eine Wissenschaft außer dem Evangelium gelehrt" werde.[30] Damit war eine Politik verurteilt, die Ricci in fünfzehn Jahren als wirkungsvoll erkannt hatte: Am besten ließ sich den Chinesen Interesse und Sympathie abgewinnen, wenn man das Christentum als eine dem Konfuzianismus nahestehende Lehre präsentierte und mit wissenschaftlichen Studien in Zusammenhang brachte.

Carvalho trat zu einer Zeit auf den Plan, da sich die Politik der Missionare in China einigermaßen verhärtete. Man war nach allgemeiner Auffassung mit den Konzessionen zu weit gegangen, obwohl dann Carvalhos Befehl bald widerrufen wurde. Ebenso wenig hatte es Konsequenzen, als 1629 der Visitator für China und Japan, Palmeiro, unmutig bemerkte, die Missionare beschäftigten sich zu viel mit Wissenschaft und zu wenig mit Religion.[31] Man konnte nicht gut etwas verbieten, was hauptsachlich zum Erfolg der Missionare in China beigetragen hatte.

Die meisten der zu Anfang des 17. Jahrhunderts konvertierten Gelehrten waren aus wissenschaftlichem Interesse zu den Missionaren gekommen, denen sie auch halfen, aus Jesuitenkollegien stammende Lehrbücher ins Chinesische zu übersetzen. Der erste dieser Bekehrten, Qu Rukui, hatte 1590 und 1591 in Shaozhou bei Ricci Mathematik studiert. Xu Guangqi (1562-1633), Riccis berühmtester Schüler, hatte mit diesem die ersten sechs Kapitel der Euklid-Ausgabe von Clavius übersetzt, dann ein Trigonometrie-Buch, weiter eine kleine Abhandlung über Hydraulik ... Für Li Zhizao (1565- [29] 1630), der sich seit früher Jugend für Geographie begeistert hatte, gab Riccis Weltkarte den Ausschlag. Er lernte bei Ricci aber auch Mathematik und übersetzte mit ihm eine Schrift über Geometrie und eine Arithmetik-Abhandlung. Sun Yuan-

---

[28] *PXJ*, I, 7a.

[29] Die Missionare verteilten schon bald ihre Rollen: Jene in Peking beschäftigten sich am Hof mit Technik und Wissenschaft, jene in der Provinz versuchten, das Volk zu bekehren. Vgl. S. 58f. und 60f.

[30] D. Bartoli 1663, S. 150.

[31] H. Bernard 1945.

hua (1581-1632) studierte Mathematik unter Xu Guangqi, der ihn bei den Missionaren einführte. Ganz besonders interessierten ihn die abendländischen Feuerwaffen. Wang Zheng (1571-1644) seinerseits hatte von einem Onkel Begeisterung und Talent für die Mechanik geerbt: Ihn zog es zu den Missionaren, nachdem er herausgefunden hatte, dass sie illustrierte Schriften über Mechanik besaßen. Mit Pater Johann Schreck übersetzte er eine Abhandlung, die er mit *Qiqi tushuo* (Illustrierte Erläuterungen über die merkwürdigen Maschinen aus dem fernen Abendland) betitelte.[32]

So also sah Riccis Politik von Anfang an aus: Sich dem Gelehrtenmilieu anpassen, sie mit europäischer Wissenschaft beeindrucken und damit das Ansehen erwerben, das man braucht, um den wahren Gott zu verkünden; mit ihren Überlieferungen vertraut werden, um sie zu bekämpfen oder zu benützen – je nachdem, ob sie mit den christlichen Thesen übereinstimmen oder nicht. Ricci hatte dieses Vorgehen gewählt, weil sich die Gelehrten wenig um Dogmen und religiösen Glauben zu kümmern schienen und weil er früh schon gemerkt hatte, dass er zunächst die „Fundamente des Glaubens" festlegen musste: „Gott, Schöpfer des Himmels und der Erde, Unsterblichkeit der Seele, Belohnung der Guten und Bestrafung der Schlechten – alles Dinge, die sie bis jetzt weder gekannt noch geglaubt haben".[33] Wohl deshalb täuschten sich die meisten Chinesen, die Ricci zu Beginn des 17. Jahrhunderts begegneten: Sie dachten, er vertrete mit seinen vielen Reden über den Herrn des Himmels und die Geister eigene Thesen und nicht Wahrheiten, an die jeder zu glauben hatte. Die Gelehrten kannten von der Lehre vom Herrn des Himmels nur allgemeine Begriffe, die in den für sie verfassten Büchern standen, und es brauchte einige Zeit, bis ihnen klar wurde, dass es sich um eine offenbarte, ausschließliche und gebieterische Religion handelte, die in jenseits des menschlichen Verstandes liegenden Mysterien begründet war. In Riccis großer Schrift etwa wurde nur einmal kurz auf Jesus hingewiesen.[34] Mit weltlichen Dingen beschäftigten sich die Jesuiten in China zwar einzig in der Absicht, ihren Glauben zu verbreiten und zu vertreten, aber was für sie nebensächlich war, gehörte in den Augen der Chinesen untrennbar zusammen: Wissen-[30]schaft, Technik, Philosophie und Moral – von den Gelehrten „abendländische Lehren" oder „himmlische Lehren" genannt.

Die Umstände zu Beginn des 17. Jahrhunderts waren für Ricci und seine Gefährten günstig: Was sie lehrten, passte gut zu den Zeitströmungen. Seit Ende des 16. Jahrhunderts gab es eine orthodoxe Reaktion gegen den starken buddhistischen Einfluss, unter dem die gelehrten Kreise bis dahin gestanden

---

[32] Zu diesen Personen vgl. Hummel 1943, Fang Hao 1970 und *DMB*.
[33] Vgl. oben S. 26 und Fn. 19.
[34] *TZSY*, S. 628f.

hatten. Diese Reaktion war ebenso politisch wie philosophisch und moralisch, denn sie gehörte früh schon zu einem Feldzug gegen den Kaiserhof und seine allmächtigen Eunuchen. Geführt wurde er von Beamten und Gelehrten, denen der Verfall der politischen Sitten und die Machtlosigkeit des Staates eine Sorge war. Die Bewegung ging von der Donglin-Privatakademie in Jiangsu aus und nahm später immer weitere Beamten- und Gelehrtenkreise für sich ein.[35]

Verurteilt wurden nicht nur der Buddhismus, sondern auch buddhistisch gefärbte Strömungen, die von der Schule des großen Philosophen Wang Yangming (Wang Shouren, 1472–1529) ausgegangen waren. Die egoistische Suche nach Weisheit, wie sie im 15. und 16. Jahrhundert betrieben worden war, erschien nun eitel und unmoralisch, da im allgemeinen Verfall von Gesellschaft und Institutionen die Oberschicht sich ihrer sozialen Verantwortung wieder bewusst wurde. Neben Fragen der Moral stand die „pragmatische Schule" (*shixue*) wieder hoch im Kurs, das heißt all die praktischen Kenntnisse, die man ob schöngeistigen Spekulationen so lange vernachlässigt hatte.

Es entsprach durchaus den Bedürfnissen der Zeit, wenn Ricci dem Buddhismus vorwarf, die alte chinesische Tradition verdorben zu haben, und wenn ihm moralische Strenge und wissenschaftliche Kenntnisse wichtig waren. Schon Ende der Ming-Zeit wurde die Auffassung laut, dass der Neokonfuzianismus des 11. und 12. Jahrhunderts nicht der wirkliche Konfuzianismus der Antike war, oder zumindest, dass buddhistischer Einfluss einen Teil der neokonfuzianischen Tradition verfälscht hatte.[36] Diese Auffassung wurde in der Mandschu-Zeit von gewissen Philosophen und Philologen noch entwickelt und abgestützt. Aus Riccis Erinnerungen geht hervor, wie günstig seine prokonfuzianischen und antibuddhistischen Reden aufgenommen wurden. Ein gewisser Li Ruzhen hatte in einer Diskussion Ricci Argumente entgegengehalten, die der „Götzenlehre" – dem Buddhismus – entnommen waren, und wurde deshalb von [31] einem anderen Gelehrten für seine Inkonsequenz getadelt:

> Eine Schande, dass gelehrte und nach konfuzianischer Schule erzogene Chinesen vermessen genug waren, Konfuzius zu widerlegen und der Lehre fremder Götzen zu folgen. Darüber war der große Meister Xitai [Beiname Riccis] bestürzt, denn er pries die Lehre des Konfuzius und sagte öffent-

---

[35] Über die Donglin-Akademie und die von dort ausgehende politische Bewegung gibt es eine klassisch gewordene Studie von Heinrich Busch: „The Tung-lin Academy and Its Political and Philosophical Significance", in: *Monumenta Serica* 14 (1949–1955), S. 1-163.

[36] Das war auch die These der Missionare. Longobardo etwa schreibt am Anfang des zweiten Teils seiner Abhandlung, die „Deuter" – die Neokonfuzianer der Song-Zeit – seien von der „Götzensekte indischer Herkunft beeinflusst" gewesen.

lich, die Götzenlehre sei falsch und werde im Abendland nur von wenigen Leuten niedriger Herkunft befolgt.[37]

In seiner 1663 in Rom erschienenen Geschichte der Jesuitenmission weist Daniello Bartoli darauf hin, dass die Missionare Ende der Ming-Zeit unter den der Donglin-Akademie nahestehenden Gelehrten viele Freunde gewonnen haben.[38] Das war kein Zufall: Viele Zeugnisse belegen, dass die Mitglieder der Donglin-Akademie, beziehungsweise -Partei antibuddhistisch gesinnt waren.[39]

Die ersten Jahre des 17. Jahrhunderts waren also für die Missionare eine besondere Zeit. Kritik wurde noch kaum laut, und viele Gelehrte waren vom „Gelehrten aus dem Abendland" sehr eingenommen: Sie freuten sich über die Übereinstimmung, die sie zwischen ihren eigenen Anschauungen und seinen Lehren zu entdecken glaubten. Sie bewunderten natürlich auch, dass er die schwierigen Formen chinesischer Höflichkeit beherrschte, dass er mit den Klassikern vertraut war und die Sprache auch schreiben konnte, dass er ein erstaunliches Gedächtnis hatte,[40] Konfuzius lobte, den Buddhismus, den Daoismus und den chinesischen Aberglauben verwarf und ihnen seine stoische Moral und Maximen entgegenstellte,[41] dass er Kuriositäten wie Gemälde, Bücher, Uhren und astronomische Instrumente sowie eine Weltkarte besaß und sich auch auf Mathematik verstand. Dazu fügten Riccis unmittelbare Nachfolger genauere und sicherere Rechenmethoden als jene, die man in

---

[37] *FR*, II, S. 74.

[38] Vgl. *ibid.*, II, Anm. S. 156-158.

[39] Hier ein Zeugnis unter anderen: In seinem *Yiduan bian* (Gegen die Irrlehren), empört sich Gao Panlong, einer der Neubegründer der Donglin-Akademie, über die probuddhistischen Neigungen der Gelehrten von Hangzhou: „Im zweiten Mond des Sommers (1605) ging ich nach Wulin (Hangzhou) und logierte am westlichen See. Ich stellte fest, dass dort die Hälfte der Gelehrten Irrlehren anhing und wurde traurig. Ich fragte sie, wem sie folgten. Sie sagten, es sei Lianchi (der große buddhistische Meister Zhuhong, 1535–1615), und sie zeigten mir mehrere Bücher, die er geschrieben hat. In den meisten wurde der Konfuzianismus herabgesetzt und der Buddhismus gepriesen. Dieser Mönch war ursprünglich in der konfuzianischen Schule erzogen worden, aber eines schönen Tages hat er sich aufgelehnt und der Irrlehre zugewandt … Ich verstehe nicht, wie jemand gegenüber der Lehre unserer Heiligen und dem Unterricht an unseren Schulen so undankbar sein kann. Dieser Mönch hat ein Buch geschrieben, in dem er Zhu Xi (den herausragendsten Vertreter des Neokonfuzianismus, 1130–1200) mit aller Kraft angreift." *Gaozi yishu*, III, 52a ff.

[40] Ricci hatte auf Chinesisch eine *Jifa* (Mnemotechnische Methode), verfasst, die wahrscheinlich zwischen 1628 und 1631 gedruckt worden ist. Die Fähigkeit, Texte auswendig zu lernen, wurde in China sehr hoch eingeschätzt. [Zu dem Werk *Jifa*, seinen Editionen, Bibliotheksstandorten und relevanter Literatur siehe CCT Database (unter: Ji fa).]

[41] Siehe S. 175.

China kannte, und neue Erkenntnisse in bezug auf Artillerie und hydraulische Maschinen – alles Dinge, die der allgemeinen Wohlfahrt und der Verteidigung des Reiches dienten.

DIE KLASSIKER ALS STÜTZE

Um zuerst die Gelehrten für sich einzunehmen, musste Ricci mit ihren schriftlichen Überlieferungen vertraut werden und herausfinden, was davon mit dem christlichen Glauben in Einklang gebracht [32] und als Grundlage für die Missionsarbeit benutzt werden konnte. Seine Ausgangslage war nicht schlecht. In seinen Erinnerungen schreibt er zu Anfang des Kapitels „Über die verschiedenen Sekten in China, die der Religion zuwiderlaufen":

> In keinem der Heidenvölker, um die wir in Europa wissen, hat es weniger der wahren Religion zuwiderlaufende Irrtümer gegeben als im alten China. In der Tat finde ich in ihren Büchern, dass sie stets eine oberste Gottheit verehren, die sie König des Himmels oder Himmel und Erde nennen (Himmel und Erde schienen ihnen vielleicht ein belebtes Wesen zu sein, wie ein lebendiger Körper mit der obersten Gottheit als Seele) ... Vom König des Himmels und den anderen Geistern, seinen Dienern, nahmen sie nie so unanständige Sachen an, wie es unsere Römer, die Griechen, die Ägypter und andere fremde Völker taten. Man kann deshalb hoffen, dass viele ihrer Alten durch das natürliche Gesetz gerettet worden sind – und zwar dank der besonderen Hilfe, die Gott gewöhnlich gewährt, wenn sich jemand, soweit es ihm möglich ist, um diese bemüht.[42]

Dazu als Echo die Stelle in einem Brief, den Ricci 1609, ein Jahr vor seinem Tod, geschrieben hat:

> Um beim Anfang zu beginnen: In alter Zeit haben sie das natürliche Gesetz ebenso genau befolgt wie in unseren Ländern. Während tausendfünfhundert Jahren hat dieses Volk kaum die Götzen verehrt[43] oder nur solche, die nicht so verwerflich sind wie jene im alten Ägypten, Griechenland und Rom. Gewisse Gottheiten waren sogar sehr tugendhaft und für ihre guten Werke bekannt. In der Tat verehren sie in den einflussreichsten und ältesten Büchern ihrer Gelehrten nur den Himmel und die Erde *und den Herrn beider*.[44] Bei genauer Untersuchung findet man in ihren Büchern weniges, was dem Licht der natürlichen Vernunft widerspricht, und vieles,

---

[42] *FR*, I, S. 108f.
[43] Mit Götzenverehrung meint er den Buddhismus.
[44] Hervorhebung von J.G.

was ihr gemäß ist. Außerdem sind ihre Naturphilosophen nicht schlechter als andere.[45]

Den Ausdruck „und den Herrn beider" hat Ricci hinzugefügt. Gewisse Missionare erlagen offenbar der Versuchung, den Chinesen – vor allem den alten Chinesen – ihre eigenen Vorstellungen zuzuschreiben.

Besonders entzückt waren die ersten Missionare, als sie in den unter Gelehrten hochverehrten Klassikern die Bezeichnung „Herrscher in der Höhe" (*shangdi*) fanden, dazu Ausdrücke wie „dem **[33]** Himmel dienen" (*shi tian*) oder „den Himmel achten" oder „fürchten" (*jing tian, wei tian*). Sie waren so von der Universalität ihrer Religion überzeugt, dass es für sie nahelag anzunehmen, die Chinesen seien unglücklicherweise Atheisten geworden, nachdem sie früher schon einmal vom wahren Gott gewusst hatten oder zumindest, wie Ricci schreibt, vom „Licht der natürlichen Vernunft" erleuchtet worden waren. Die Ähnlichkeit gewisser Ausdrücke führte bei Chinesen wie Missionaren zu schweren Verwechslungen. Die daraus entstehenden Unstimmigkeiten haben sich dann bis zum Ritenstreit ausgeweitet. Zunächst hatten die Missionare bei den Gelehrten viel Erfolg damit, dass sie die Klassiker zitierten. Sorgfältig hoben sie alle Abschnitte hervor, in denen Wörter wie „Himmel" und „Herrscher in der Höhe" vorkamen. Im zweiten Kapitel seiner großen Streitschrift *Die wahre Bedeutung des Herrn des Himmels* zitiert Ricci selbst elf Stellen, wo der Ausdruck „Herrscher in der Höhe" steht. Seine chinesischen Freunde rieten ihm, diesen Ausdruck in gleicher Art zu benützen wie „Herr des Himmels" (*tianzhu*), die seit 1583 gebräuchliche Übersetzung für „Gott".[46] Ricci dachte, er habe da ein Mittel gefunden, mit dem er die Chinesen allmählich zum Christentum führen konnte. So zögerte er auch nicht zu schreiben: „Wenn man die alten Bücher liest, merkt man, dass der Herrscher in der Höhe und der Herr des Himmels [der Christen] sich nur durch den Namen unterscheiden."[47] 1603 wurde Riccis Standpunkt an einer Konferenz in Macao gutgeheißen: Die chinesischen Klassiker konnten bei der Einführung des Christentums in China durchaus von Nutzen sein. Schon 1595 schrieb Ricci:

> In den vergangenen Jahren habe ich mit guten Lehrmeistern ihre Werke ausgelegt und dabei vieles gefunden, was unserem Glauben günstig ist. So

---

[45] *TV*, II, S. 386, Brief von 1609 an den Visitator Francesco Pasio.

[46] Vgl. *FR*, I, S. 108, Anm. 1.

[47] *TZSY*, S. 416. Später stellten die Missionare fest, dass auch die Juden in China die Ausdrücke *tian* und *shangdi* benutzten, um den Namen Jahwe zu übersetzen. So etwa auf den Stelen in der Synagoge von Kaifeng in der Provinz Henan, die aus den Jahren 1489, 1612 und 1663 datiert sind. Vgl. *FR*, I, S. 108, Anm. 1b. Auch die protestantischen Missionare haben „Gott" mit *shangdi* übersetzt. [Siehe hierzu Eber 1999.]

etwa das Einssein Gottes, die Unsterblichkeit der Seele, die Verherrlichung der Auserwählten usw.[48]

Oft aber ist schwer auszumachen, ob sich die Missionare vorübergehend anpassen wollten, ob sie überzeugt waren, man müsse über Umwege vorgehen, ob sie die Dinge unwillkürlich vermischten oder sogar ehrlich glaubten, die alten chinesischen Vorstellungen entsprächen jenen in der Bibel. Es gab offenbar verschiedene Ansichten: Die einen verwarfen jegliche Ähnlichkeit zwischen chinesischer und biblischer Überlieferung, die anderen postulierten eine vollkommene Übereinstimmung, die für die Figuristen des 18. Jahrhunderts die kleinste Einzelheit betraf.[49] Bei Ricci stehen die Idee von der [34] „natürlichen Religion" und praktische Überlegungen im Vordergrund. Die Existenz eines einzigen Schöpfergottes, des Paradieses und der Hölle, die Unterscheidung zwischen Körper und Seele sind für ihn Wahrheiten, die von der Vernunft bewiesen werden können. Nicht erstaunlich also, dass diese Wahrheiten bei den alten Chinesen zumindest spurenweise zu finden waren: Der Buddhismus hatte diese ja noch nicht verderben können. Aber Ricci stützt sich nicht nur als erster auf Formulierungen, die in den chinesischen Klassikern den Himmel und den Herrscher in der Höhe betreffen, sondern er will auch „den Anführer der Sekte der Gelehrten, Konfuzius, auf die Seite unserer Auffassung ziehen (*tirare alla nostra opinione*) und gewisse, nicht eindeutige Schriften, die er hinterlassen hat, in unserem Sinn auslegen".[50] In einem Brief von 1604 an den Jesuitengeneral erklärt er deutlicher, wie er mit den chinesischen Texten verfährt: Wenn er sie zitiert, dann lässt er sie etwas anderes sagen, als sie eigentlich meinen. Dieser lateinische Brief befasst sich mit einem wichtigen Begriff der neokonfuzianischen Philosophie, nämlich mit dem *taiji*, Uranfang des Kosmos oder Gesamt der Energie, aus dem das Universum entspringt und das ein allgemeines Ordnungsprinzip enthält: „Diese Lehre vom *taiji*", schreibt Ricci,

> ist neu und erst vor fünfzig Jahren formuliert worden.[51] Für manche steht sie, untersucht man die Dinge genauer, im Widerspruch zu den alten

---

[48] *TV*, II, Brief vom 4. November 1595, S. 207.

[49] Die Figuristen, nämlich die Patres Bouvet (in China von 1687 bis 1693 und von 1707 bis 1730), de Prémare (in China von 1698 bis 1726), Foucquet (in China von 1699 bis 1720) und Gollet (in China von 1700 bis 1741), sahen in den chinesischen Klassikern kabbalistische Bücher, in denen alle christlichen Mysterien verborgen waren. [Siehe hierzu von Collani 1985.]

[50] *FR*, II, S. 296.

[51] Diese Angabe ist völlig falsch. Zum ersten Mal erscheint der Ausdruck *taiji* im Anhang des *Yijing*, dem „Xici", den man auf das 3. Jahrhundert v.Chr. zurückführt. Vor allem wichtig wurde der Begriff *taiji* für die neokonfuzianischen Denker; dies von Zhou Dunyi (1017–1073) an, bei dem er an zentraler Stelle steht.

Weisen Chinas, die von Gott eine genauere Idee hatten. So wie sie davon sprechen, handelt es sich meiner Meinung nach um nichts anderes als das, was unsere Philosophen erste Materie nennen, denn es ist keineswegs eine Wesenheit. Sie sagen sogar, es sei kein Ding, sondern ein Teil aller Dinge. Sie sagen, es sei kein Geist und nicht mit Verstand begabt. Und auch wenn einige sagen, es sei die Ursache der Dinge, meinen sie damit nichts Substantielles oder Vernunftbegabtes. Diese Ursache gleicht eher der verursachten Ursache als der verursachenden Ursache.[52] Nun, viele haben eine andere Meinung und bringen dazu auch viel Widersinniges vor.[53] *Deshalb schien es uns vorteilhafter, in diesem Buch* (dem *Tianzhu shiyi* oder *Wahre Bedeutung des Herrn des Himmels*) *nicht so sehr anzugreifen, was sie sagen, als es umzudeuten, bis es mit dem Gottesbegriff übereinstimmt.*[54] Es sollte weniger scheinen, dass wir den chinesischen Autoren folgten, sondern eher, dass wir sie unseren Vorstellungen folgen lassen. Und weil die Gelehrten, die China regieren, sehr beleidigt sind, wenn wir dieses Prinzip (das *taiji*) angreifen, haben wir uns **[35]** bemüht, ihre Auslegung des Prinzips und nicht das Prinzip selbst in Frage zu stellen. Würden sie schließlich einsehen, dass *taiji* das substantielle, vernunftbegabte und unendliche Urprinzip ist, wären wir alle einig, dass es sich um Gott handelt und um nichts anderes.[55]

So kam Ricci dazu, die Chinesen in bezug auf die Auslegung der Klassiker und der *Vier Bücher* zu belehren, nachdem diese im Lauf der Jahrhunderte von herausragenden Gelehrten unzählige Male kommentiert worden waren.

In den *Gesprächen des Konfuzius* steht etwa: „Die Geister und die Götter achten, aber sie von sich fernhalten", was laut Ricci bedeuten soll: „Nicht gegen den Himmel sündigen, indem man zu ihnen betet."[56] Ebenso vertritt er in bezug auf die Pflicht der Achtung vor den Älteren eine merkwürdige These. Die Pflicht bestehe gegenüber dem höchsten Vater, nämlich dem Herrn des Himmels, gegenüber dem Kaiser, Vater des Reiches, und gegenüber dem eigenen Vater.[57] An anderer Stelle kritisiert er Menzius, weil dieser gesagt hat, das größte Vergehen gegen die Achtung vor den Älteren sei, keine Nachkommen zu haben. (In der Tat war es die erste Pflicht, den Fortbestand des Ahnenkults zu sichern.) Ricci nennt für diesen „Irrtum" verschiedene Gründe

---

[52] Über das *li* oder universales Ordnungsprinzip, siehe S. 255-258.

[53] An anderer Stelle sagt Ricci, die Chinesen hätten keine Logik. Damit wird die grundlegende Frage nach der Beziehung Sprache–Denken berührt, siehe S. 297-307.

[54] Hervorhebung von J.G.

[55] Dieser Brief wird in der Biblioteca Casanatense in Rom aufbewahrt, Ms. Nr. 2136, zitiert von P. D'Elia, *FR*, II, Anm. S. 297f.

[56] *TZSY*, S. 468.

[57] *Ibid.*, S. 619.

und fügt hinzu, im *Buch der Riten* gebe es viele Äußerungen, die nicht aus dem Altertum stammen, sondern später angebracht worden seien.[58]

Die Interpretation der Klassiker war bei den Missionaren ein beliebtes Vorgehen, auch bei denen, die nicht glauben mochten, die Chinesen hätten jemals um den wahren Gott gewusst. So etwa verfasste der Franziskaner Antonio de Caballero eine Schrift, in der er einer ganzen Reihe von Sätzen aus den *Vier Büchern* eine christliche Bedeutung gibt.[59] Alles in allem ging es darum, die Chinesen zu überzeugen, dass sie ihre eigenen Überlieferungen falsch verstanden hatten.

Die Missionare konnten aber noch einen anderen Trumpf ausspielen: Ein Teil der alten chinesischen Tradition war der vom ersten Qin-Kaiser verordneten Bücherverbrennung im Jahr 213 v.Chr. zum Opfer gefallen, und das sei genau der Teil gewesen, in dem von einem allmächtigen Schöpfergott, von einer Hölle und einem Paradies und von der Unsterblichkeit der Seele die Rede gewesen war. Glücklicherweise konnten die Missionare mit ihren Lehren vervollständigen, was der klassischen chinesischen Überlieferung abhanden [36] gekommen war. So ungefähr erklärt auch Ricci in seiner *Wahren Bedeutung des Herrn des Himmels,* warum die Klassiker weder Hölle noch Paradies erwähnen: Die chinesischen Heiligen haben nicht ihre ganze Lehre überliefern können; oder: Man hat nicht alle ihre Äußerungen aufgezeichnet; oder: Man hat sie aufgezeichnet, aber später wieder verloren; oder: In ihrer Dummheit haben spätere Generationen, die nicht an diese Dinge glaubten, die Aufzeichnungen darüber vernichtet; auch ist zu bedenken, dass Dokumente leicht Schaden nehmen, und man kann nicht sagen, eine Sache habe nicht existiert, weil sie keine Spuren hinterlassen hat.[60]

Außerdem sei, sagten die Missionare, die chinesische Überlieferung nicht nur mangelhaft, sondern der schädliche Einfluss des Götzenkults habe sie auch noch verfälscht. Der Buddhismus habe die gute Lehre der Alten verdorben und in China Aberglauben und Atheismus eingeführt. Die „modernen Deuter", das heißt die neokonfuzianischen Philosophen des 11. bis 13. Jahrhunderts, die sich zu einer materialistischen Interpretation bekannten, hätten den eigentlichen Geist der Klassiker verraten. In der Tat konnte man zur Not noch behaupten, in den alten Texten beträfen die Hinweise auf den Himmel einen

---

[58] *TZSY*, S. 616.

[59] Es handelt sich um das *Tianru yin*, was sich wie folgt übersetzen lässt: „Von der vollkommenen Übereinstimmung [wie zwischen dem Siegel und seinem Abdruck] zwischen der Lehre vom Himmel und dem Konfuzianismus." Dieser Schrift geht ein Vorwort von 1664 voran; sie wurde in den zweiten Band der *TZJDCWXXB* aufgenommen, S. 989-1042. [Zu diesem Werk, seinen Editionen, Bibliotheksstandorten und relevanter Literatur siehe CCT Database (unter: Tian ru yin).]

[60] *TZSY*, S. 551.

allmächtigen Schöpfergott – den diese Texte allerdings mit keinem Wort erwähnen –, doch die Kommentare aus der Song-Zeit ließen dann eine solche Auslegung nicht mehr zu. Also lehnten die ersten Missionare die Kommentare ab und hielten sich an den Wortlaut der Klassiker. Longobardo schreibt, sie hätten herausgefunden, dass „es von großem Vorteil war, der Schrift zu folgen, wenn diese ihnen günstig schien: So könnten sie sehr leicht zur Sekte der Gelehrten stoßen und auf diese Weise das Herz der Chinesen gewinnen."[61]

Man machte es sich also in der Jesuitenmission zur Gewohnheit, den wahren Konfuzianismus des Altertums, der mit der „natürlichen Religion" oder, noch besser, mit der Bibel übereinstimmte, gegen die modernen, das Alte verratenden Vorstellungen auszuspielen. 1698 erscheint in Peking eine kleine Schrift mit dem Titel *Von der ganzen Schwere der menschlichen Sünde* (*Renzui zhizhong*), in der Pater Noël die Lehren der Klassiker preist und die Irrlehren kritisiert, die seit der Han-Zeit entstanden sind. Er unterscheidet zwischen den „wahren Konfuzianern" (*zhenru*) des Altertums und den zeitgenössischen „Vulgär-Konfuzianern" (*suru*), die zwar von Ordnungsprinzip (*li*), *Dao* und Himmel reden, für die das aber leere Worte sind.[62]

[37] Wohl ging es den Missionaren darum, ihre Sache taktisch geschickt zu fördern, doch glaubten dabei viele naiv an die völlige Übereinstimmung zwischen den ältesten chinesischen Vorstellungen und der Bibel. Dafür hatten sie eine ganz natürliche Erklärung: Noahs Abkömmlinge waren nach der Sintflut nach China gekommen und hatten hier den wahren Gott verkündet. Da ja die Geschichte der gesamten Menschheit in der Bibel steht, konnten die Chinesen nur aus Judäa stammen. Doch diese Angleichung von chinesischer und biblischer Tradition wurde immer schärfer kritisiert, und sie rief in Europa einen Sturm der Entrüstung hervor. Die Jesuiten aber hielten lange an ihrer These fest, erstens, weil sie daran glaubten, und dann auch, weil sie überzeugt waren, dass sie damit bei gewissen Chinesen – weder großen Gelehrten noch Leuten aus dem Volk – am weitesten kamen. 1697 schreibt Pater Joachim Bouvet, „nichts auf der Welt ist geeigneter, Herz und Geist der Chinesen für unsere heilige Religion zu disponieren, als ihnen zu zeigen, wie sehr diese mit den Grundsätzen ihrer alten und klassischen Philosophie übereinstimmt".[63] Pater Le Comte wurde später zensuriert, weil er Ende des 17. Jahrhunderts geschrieben hatte: „Dieses Volk hat beinahe zweitausend Jahre lang das Wissen um den wahren Gott bewahrt und ihn auf eine Art

---

[61] N. Longobardo 1701, S. 18.

[62] Pater Noëls Vokabular und auch die These, die er vertritt, legen die Vermutung nahe, dass ihm ein bekehrter Chinese stark an die Hand gegangen ist.

[63] Brief J. Bouvets vom 30. August 1697, zitiert von Bernard 1935, S. 145.

verehrt, die sogar Christen als Vorbild dienen kann."[64] Pater de Prémare wurde 1726 von der Propagandakongregation nach achtundzwanzig Jahren aus China zurückbeordert, weil er „das chinesische Buch *Y king (Yijing)*[65] gepriesen und damit die Verehrung des Alten Testamentes untergraben" hat. Er schrieb:

> Die ganze Religion Chinas ist in den King (den Klassikern) beschlossen. In bezug auf die Grundsätze findet man hier die Prinzipien des Naturrechts, die die alten Chinesen von den Kindern Noahs empfangen hatten. Sie lehren, ein höchstes Wesen zu erkennen und zu verehren ...[66]

Nach zwanzig Jahren in China publiziert Pater Alexandre de la Charme 1753 die *Wahrhaftigen Erläuterungen zur menschlichen Natur und dem Ordnungsprinzip* (*Xingli zhenquan*) – das ein scheinbar neokonfuzianischer Titel. Im Vorwort dieser 1773 verurteilten Schrift rühmt er die *Fünf Klassiker*, sagt aber zugleich, ihre tiefe Bedeutung entgehe oberflächlichen Lesern. Außerdem, fügt er hinzu, sind im Jahr 213 v.Chr. viele Texte in der von den Qin verordneten Bücherverbrennung verlorengegangen, und bewundernswerten Anstrengungen zum Trotz hat nur ein kleiner Teil davon wieder gesammelt werden können. Deshalb kennt man die **[38]** vollständige und wahre Bedeutung der *Fünf Klassiker* nicht. Diese vollständige und wahre Bedeutung hat nun aber er, Pater de la Charme, dank tiefgreifenden Überlegungen wiederherstellen können: Es handelt sich eigentlich um die „*Fünf Klassiker* des Herrn des Himmels" – die alten Gelehrten verkündeten nichts anderes als das Christentum, das ja in der Tat eine universale Lehre ist.[67]

Pater de la Charme hat mit dieser Schrift großen Aufruhr verursacht, denn sie wurde nach dem Verbot der chinesischen Riten und Zeremonien publiziert, in einem Augenblick also, da man nicht mehr aufrechthalten durfte, die chinesischen Überlieferungen hätten je etwas Gutes gehabt. Doch offenbar wurde zäh an einer Idee festgehalten, die aus den Anfängen der Mission stammte: dass die chinesischen Klassiker und das Christentum in ihrem Inhalt höchstwahrscheinlich übereinstimmen.

---

[64] Le Comte, II, Brief an Kardinal de Bouillon, S. 141. Vgl. auch *ibid.*, S. 146f.: „Man beachte nicht, dass China mehr als zweitausend Jahre lang das Wissen um den wahren Gott und die höchsten Vorschriften der Moral bewahrt hat, während Europa und beinahe die ganze übrige Welt in Irrtum und Verderben lebten." Le Comte fügt hinzu, dass er die zweitausend Jahre „vor der Geburt unseres Herrn" meint.

[65] J. Dehergne 1973, S. 209f.

[66] *LEC*, XIX, S. 483, undatierter Brief.

[67] Ch'en Shou-i 1935.

IRRTÜMER UND MISSVERSTÄNDNISSE

Bis zu Riccis Tod im Jahr 1610 hatte man nicht gewagt, die Frage zu stellen, ob es zweckmäßig war, den Herrscher in der Höhe der chinesischen Klassiker mit dem Gott der Christen gleichzusetzen. Ricci hatte ja auf die Ähnlichkeit zwischen den alten chinesischen und den christlichen Moralvorschriften, auf die Analogie von Herrscher in der Höhe und Herr des Himmels gesetzt. In den Jahren nach 1610 fanden gewisse Missionare, man habe zu viel auf die Idee von der natürlichen Religion gegeben, und sie begannen sich zu fragen, ob ihr Vorgehen wirklich klug gewesen war. Großes Durcheinander konnte nämlich daraus entstehen. Pater Niccolò Longobardo gab als einer der ersten zu bedenken, dass die Chinesen ihren *Shangdi* nicht als einen persönlichen, einzigen, allmächtigen Schöpfergott verstanden, sondern im Gegenteil der traditionellen Deutung der Klassiker gemäß als unpersönliche Macht, die das Universum ordnet und belebt.[68]

Pater Francesco Pasio, Visitator für Japan, der 1612 nach Macao kommt, weist Longobardo auf „Irrtümer in den Werken der Patres" hin, die „jenen der Heiden ähnlich sind". Gewisse Missionare in Japan, die sich auch in chinesischer Philosophie auskennen, sind überzeugt, dass die Patres in China auf Abwegen sind. In Peking [39] stellt Longobardo fest, dass Pater Sabatino de Ursis seine Bedenken in bezug auf den *Shangdi* teilt. Sie konsultieren drei konvertierte Gelehrte, Paul Xu (Guangqi), Michael Yang (Tingyun) und Johannes,[69] die ihnen raten, sich an den Text der Klassiker zu halten, wo er ihnen nützen kann, und die Kommentare beiseite zu lassen. Doch Longobardo bemerkt, dass „die christlichen Gelehrten unseren Büchern gewöhnlich den Sinn ihrer eigenen geben und sich einbilden, in den ihren Erläuterungen zu

---

[68] Wohl machten sich die Jesuiten manchmal Illusionen über den *Shangdi* der Klassiker, den sie gern mit dem Gott der Bibel gleichsetzten, kaum aber über die Anschauungen der Chinesen zu ihrer Zeit. Schon 1581 schrieb der Missionar, der später Riccis erster Gefährte in der Provinz Guangdong wurde, in einem am 12. November in Macao datierten Brief (in *TV*, II, S. 402, aufgenommen): „Diesem Volk fehlt das Wissen um den wahren Gott und um diesen ersten und höchsten Urgrund; sie schreiben alles dem Himmel zu, den sie *Tian* nennen. Das ist das höchste Wort, das sie kennen, und sie sagen, der Himmel sei wie ihr Vater, von dem sie alles erhalten haben. Sie verehren die Erde, die sie ihre Mutter nennen und die hervorbringt, was sie zum Leben brauchen. Sie sagen, die Welt sei zufällig, von sich aus entstanden, ebenso alle Dinge, die sich auf ihr befinden und die vom Schicksal gelenkt werden, und dass Strafe und Lohn vom Himmel kommen: Die Strafe sei ein schlechtes Leben, der Lohn ein gutes Leben."

[69] Zu dieser Zeit gibt es nur einen berühmten Konvertiten, der auf den Namen Johannes getauft ist, nämlich Zhong Mingli aus Xinhui bei Macao, seit 1610 als Frater Koadiutor im Jesuitenorden. Es ist nicht bekannt, ob sich dieser João Fernandes – so sein portugiesischer Name – zwischen 1610 und 1620 in Peking aufhielt. Er wurde 1621 aus unbekannten Gründen aus dem Orden ausgeschlossen. Vgl. Fang Hao 1970, I, S. 91.

finden, die unserem heiligen Glauben gemäß sind".[70] Die Anhänger einer vertiefteren Betrachtungsweise finden die Unterstützung des Provinziales Valentim Carvalho, des Visitators Francisco Vieira und João Rodrigues', eines Missionars, der lange in Japan gelebt hat und eben von dort vertrieben worden war.[71] Gegen 1618 entscheidet Vieira die Kontroverse dahingehend, dass über die strittigen Punkte – Gott, die Engel und die vernunftbegabte Seele – zwei kontradiktorische Abhandlungen verfasst werden sollen. Enthält die chinesische Wissenschaft etwas, was sich auf diese drei Dinge bezieht? Pater Pantoja und Pater Vagnone finden, die Chinesen hätten in gewisser Hinsicht um diese Dinge gewusst, während Pater de Ursis aufrechthält, dass „die Chinesen der Lehre ihrer Philosophen gemäß eine geistige, von der materiellen verschiedene Substanz nicht im geringsten gekannt und folglich weder von Gott, noch den Engeln, noch von der vernunftbegabten Seele gewusst haben". Longobardo seinerseits stellt bei bekehrten und nichtbekehrten Gelehrten Nachforschungen an, die er 1623 in eine lateinische Schrift verarbeitet: *De Confucio ejusque doctrina tractatus*. Es ist die erste abendländische Studie, in der die vorherrschenden chinesischen Anschauungen systematisch aufgezeichnet sind. Sie wurde unter dem Titel *Traité sur quelques points de la religion des Chinois* auf Französisch übersetzt und 1701 in Paris auf Bestreben der Missions étrangères gedruckt, die sie als Waffe gegen die Jesuiten benutzten.

Longobardo hatte sehr wohl gesehen, dass es eine gefährliche Politik war, sich auf die Klassiker zu beziehen und sie dabei in einem der chinesischen Überlieferung fremden Sinn auszulegen. Der Text der Klassiker ist, wie er richtig bemerkte, schwierig und oft undurchsichtig. Kommentare sind also unerlässlich. Wenn schon die Chinesen Kommentare zu Hilfe nehmen mussten, dann erst recht die Fremden. Erläutert man die Texte in einem Sinn, der von den Kommentaren abweicht, „werden die Chinesen denken, wir hätten **[40]** nicht alle ihre Bücher gelesen oder sie nicht verstanden". Genau das war mit Riccis großem Buch, der *Wahren Bedeutung des Herrn des Himmels* passiert: Der buddhistische Meister Zhuhong sagte, man müsse entschuldigen, dass Ricci die Klassiker falsch ausgelegt habe, er sei ja noch unwissend. Ebenso

---

[70] N. Longobardo 1701, Vorwort. Aus diesem Vorwort stammen die hier verwendeten Informationen. Im Text steht wörtlich: „den Sinn unserer Bücher ihren eigenen", was dem Rest des Satzes widerspricht und übrigens auch widersinnig ist. Es muss sich um einen Fehler handeln.

[71] João Rodrigues, „der Deuter" genannt (Tçuzu, das heißt Tsūji auf Japanisch). Er war 1561 nach Japan gekommen und 1610 gezwungen worden, nach Macao auszureisen. Einer der heftigsten Gegner der Angleichung von alter chinesischer und christlicher Überlieferung.

verfasste Qu Rukui (Qu Taisu), 1605 Ignaz[72] getauft, eine Schrift, in der er richtigstellte, was der Pater nicht verstanden hatte. Die Chinesen vertrauten den Kommentaren und bewunderten sie. Dagegen ließ sich nichts machen.[73]

Die Diskussionen innerhalb der chinesischen Jesuitenmission über die Klassiker mündeten in eine Konferenz. Sie wurde 1628 in Jiading bei Shanghai abgehalten und vereinte einundzwanzig Missionare, denen die vier damals berühmtesten Konvertiten zur Seite standen. Man beschloss, den Ausdruck *shangdi* nicht mehr als gleichwertig mit dem Gott der Christen[74] gelten zu lassen, außer in den Werken Pater Riccis, da diese in gebildeten Kreisen Erfolg hatten. Doch 1668 schreibt der Franziskanerpater Caballero:

> Unter dem Vorwand, dass Riccis Auffassung nicht verurteilt worden war, ist das Wort Xamti (*shangdi*) wieder im Gebrauch; die Jesuitenpatres führen ihn oft im Mund, und er kommt auch in den chinesischen Büchern vor, die sie neulich gedruckt haben.[75]

Neuer Beweis, dass es den meisten Jesuiten widerstrebte, eines ihrer wirkungsvollsten Argumente aufzugeben. Papst Clemens IX. wird die Ausdrücke „Himmel" (*tian*) und *shangdi* 1704 und 1715 erneut verdammen müssen.[76]

Longobardo betont in seiner Abhandlung, wie wenig Gewicht die konvertierten Gelehrten den Dogmen beimessen und wie sehr sich ihrer Auffassung nach alles versöhnen lässt. „Unsere christlichen Gelehrten", schreibt er,

> raten uns das [nämlich uns an den Text der Klassiker zu halten, wo sie den christlichen Thesen ähnlich sind, und nicht an die atheistischen Kommentatoren], weil sie entweder nicht verstehen, wie wichtig es uns ist, in diesen Dingen keinen Irrtum stehen zu lassen, oder weil sie hocherfreut sind, in unserer Religion gewisse Übereinstimmungen mit ihrer Sekte zu

---

[72] Qu Rukui stammte aus einer bedeutenden Familie der Provinz Jiangsu. Er hatte Ricci 1589 in Caoqi, in der Nähe des heutigen Shaoguan in der Provinz Guangdong kennengelernt, als dieser noch das Bonzengewand trug, und war sein erster Mathematik-Schüler geworden. Er war es auch, der Ricci geraten hatte, im Gelehrtenrock aufzutreten.

[73] N. Longobardo 1701, S. 19.

[74] Nicht nur, dass *shangdi* etwas sehr anderes meinte als den christlichen Gott, er hatte auch noch den Nachteil, gewöhnlich eine daoistische Gottheit, den Jadekaiser, zu bezeichnen. Dieser Titel war ihr vom Han-Kaiser Huandi, der von 147 bis 168 an der Macht war, offiziell verliehen worden.

[75] Sainte-Marie 1701, S. 55.

[76] Im 19. Jahrhundert werden in der Neuausgabe der ersten chinesischen Missionars-Schriften die Ausdrücke *tian* und *shangdi* systematisch ersetzt: durch *tianzhu* (Herr des Himmels), *shangzhu* (Meister in der Höhe), *zhuzai* (Oberster Minister) – und das unsinnigerweise auch an Stellen, wo die Klassiker zitiert werden. Vgl. Ch'en Shou-i 1935.

finden, denn so können sie dem Vorwurf entgehen, dass sie ein fremdes Gesetz angenommen haben. Aber wenn diese Gelehrten selbst etwas über die Klassiker verfassen, ist es stets im Einklang mit den Kommentaren, sonst würde man sie verachten und sagen, sie machten Fehler und widersprächen den Grundlagen der konfuzianischen Lehre. Warum wollen sie uns zu etwas überreden, was sie selbst nicht tun?[77]

[41] Longobardos Text wurde zwar in der Absicht übersetzt, den Jesuiten zu schaden, doch nichts gestattet, an seiner Echtheit zu zweifeln, auch nicht an der Ernsthaftigkeit, mit der Riccis Nachfolger seine Untersuchung durchgeführt hat: Das Werk enthält zu viele genaue Angaben, die mit jenen aus anderen Quellen übereinstimmen. Aus Longobardos Schrift wird nun aber ersichtlich, dass der konvertierte große Gelehrte Michael Yang Tingyun – einer der großen Erfolge der Mission – nur scheinbar Christ war. Longobardo berichtet, Yang Tingyun habe eines Tages den Patres in Peking von ihm verfasste Abhandlungen gezeigt, darunter eine „Erklärung der Zehn Gebote".[78] Dazu schreibt Longobardo:

> Obwohl in diesen Erläuterungen auch Gutes steht, sind mehrere Dinge der Sekte der Gelehrten entnommen, die sehr wohl ihre wirklichen Gefühle zeigen ... Im Vorwort sagt er, die Dinge seien so sehr eine einzige Substanz, das *li* (das aktive, der universalen Energie immanente Ordnungsprinzip), dass sie einzig in Gestalt und zufälligen Eigenschaften unterschieden sind.[79]

Laut Longobardo ist Yang Tingyun nicht nur der Ansicht, die drei Lehren in China – Konfuzianismus, Buddhismus, Daoismus – wollten alle „ein gleiches Prinzip des Universums festlegen", sondern auch, dass sie mit der Lehre der Missionare vollkommen übereinstimmten.[80] Yang Tingyun vertritt, wie man noch sehen wird, eine Art Synkretismus, in dem christliche Elemente im Sinn der chinesischen Überlieferung neu interpretiert werden. Die religiöse Schulung dieses eifrigen Vorkämpfers für die „Lehre vom Herrn des Himmels" ließ also

---

[77] N. Longobardo 1701, S. 21.

[78] Es handelt sich um das *Xixue shijie zhujie* (Kommentierte Erklärungen zu den zehn Geboten der abendländischen Lehre), erwähnt bei Fang Hao 1970, I, S. 138, unter den Schriften Yang Tingyuns. Diese Schrift scheint verlorengegangen zu sein.

[79] Vgl. dazu S. 251-254.

[80] N. Longobardo 1701, S. 96-98. Im Gegensatz zu dem, was Longobardo behauptet, spricht Yang Tingyun vom Buddhismus nicht immer wohlwollend, doch handelt es sich hier um die den „drei Sekten" gemeinsame These von der Einheit der Welt: „Der Himmel, die Erde und die Zehntausend Wesen bilden eine einzige Substanz" (*tiandi wanwu yi ti*). Soweit der Buddhismus eine antisoziale Lehre ist, stehen ihm die Gelehrten feindlich gegenüber, was sie aber nicht hindert, ihm auf der philosophischen Ebene gewisse Begriffe und Analogien zu entlehnen.

zu wünschen übrig. „In der Erläuterung zum ersten Gebot", schreibt Longobardo, „sagt Doktor Michael, man müsse den Himmel *und die Erde*[81] ehren, und beim dritten sagt er, man könne unseren Heiligen Opfer darbringen, wie man sie in China dem Himmel, der Erde, den Doktoren und den Toten darbringt."[82]

So also wirkten sich die Idee von der natürlichen Religion, der Glaube an die Übereinstimmung von alter chinesischer Moral und Christentum, kurz das „behutsame Vorgehen" aus.

Der Franziskanerpater Antonio de Caballero schrieb – höchstwahrscheinlich einige Jahre vor seinem Tod 1669 – eine *Abhandlung über einige wichtige Punkte der Mission in China,* worin er seinerseits für müßig hält, darüber zu diskutieren, ob die Chinesen im Altertum den wahren Gott gekannt haben oder nicht:

> [42] Was macht es, ob die alten Chinesen um Gott gewusst haben oder ob er ihnen unbekannt war … Wir kommen hierher, um das Heilige Evangelium zu verkünden und nicht, um die Apostel des Konfuzius zu sein. Nicht hierin liegt die Schwierigkeit. Sondern: Nachdem sie die christliche Religion angenommen haben, befürchten die meisten höher gebildeten Chinesen, man könnte ihnen vorwerfen, dass sie ein fremdes Gesetz vorziehen … so dass sie sich ausgedacht haben, ihr Himmel oder *Shangdi* oder die *guishen* (Dämonen und höhere Geister) seien in Wahrheit, was wir Gott … und Schutzengel nennen.[83]

Caballero erklärt das Verhalten der konvertierten Gelehrten in gleicher Weise wie Longobardo: Die Gelehrten haben Angst, offen zu zeigen, dass sie Christen sind; dass sie es aber wirklich sind, zieht er sogleich in Zweifel, denn, so wirft er ihnen vor, sie bringen christliche Wahrheiten und chinesische Irrlehren vollkommen durcheinander:

> … all diese Bezüge und Kombinationen gleichen der Statue des Nebukadnezar. Goldener Kopf, silberner Körper und tönerne Füße. Dort, wo sie von unserem Gott und seinen Engeln sprechen, äffen sie die Wahrheit nur nach oder gleichen, wenn man so will, dem Pfau, dessen prachtvolles und reiches Gefieder von seinen Füßen entwürdigt wird.[84]

Es gab eine Art Verschwörung, ein schweigendes Einverständnis zwischen den Gelehrten, die den Missionaren wohlgesinnt waren, und gewissen Missionaren, die zu sehr der Universalität der menschlichen Vernunft vertrauten. So hatte das Durcheinander von chinesischen und christlichen Vorstellungen entstehen können.

---

[81] Hervorhebung von J.G.
[82] N. Longobardo 1701, S. 98.
[83] Sainte-Marie 1701, S. 104.
[84] *Ibid.*, S. 105.

Laut Longobardos Untersuchung erkennt Xu Guangqi, der lange mit Ricci und seinen Gefährten in Verbindung gestanden hat, als einziger, dass der Gott der Christen nichts mit dem Herrscher in der Höhe der Klassiker gemeinsam hat. Doch er hält es für geschickt, so zu tun, als hätte der *Shangdi* alle Eigenschaften, die laut den Missionaren der Herr des Himmels besitzt. Longobardo schreibt:

> Paul Xu gestand mir ehrlich, er sei überzeugt, dass der König in der Höhe nicht unser Gott sein kann und dass weder die alten noch die modernen Gelehrten um Gott gewusst haben, aber dass unsere Patres den König in der Höhe genauso gut mit allen Attributen versehen können, die man dem wahren Gott gibt, nachdem sie – aus guten Gründen und vor allem, um die Gelehrten nicht vor den Kopf zu stoßen – ja schon für angebracht gehalten hatten, ihm den Namen Gottes zu geben.[85]

[43] Das gleiche raten auch andere konvertierte Gelehrte:

> Doktor Leo (Li Zhizao) und der Baccalaureus Ignaz (Sun Yuanhua) geben unbefangen zu, alle modernen Gelehrten seien Atheisten und beriefen sich einzig auf die Erläuterungen der Kommentatoren. Doch uns raten sie, geeignete Texte zu benützen und uns nicht darum zu kümmern, was moderne Kommentare sagen.[86]

Denn mehr noch als die Jesuiten wollten die chinesischen Gelehrten alles in Einklang bringen. So wie gewisse Missionare bemüht waren zu beweisen, dass der alte Konfuzianismus nichts anderes ist als das Christentum, so versuchten Bekehrte oder Sympathisanten in Schriften darzulegen, dass die Lehre der Missionare in jedem Punkt mit den traditionellen Vorstellungen der Chinesen übereinstimmt.

Zu Beginn des 17. Jahrhunderts waren die chinesischen Gelehrten, schreibt Longobardo, „entzückt, in unserer Religion einige Übereinstimmung mit ihrer Sekte zu finden".[87] Das zeigt sich auch in der Art, wie Bekehrte und Sympathisanten die Schriften der Missionare beurteilten: Der menschliche Geist sei überall gleich, und Konfuzianismus und die Lehre vom Herrn des Himmels stimmten weitgehend überein.

„Die Sprache und die Schrift der Abendländer sind von jenen in China verschieden", schreibt zu Beginn des 17. Jahrhunderts ein Bekehrter,

> aber das hindert uns keineswegs, einander zu verstehen. Denn in der Tat sind Verstand und Vernunft [bei allen Menschen] gleich. Außerdem ist ihre Lehre eins mit der des Herzogs von Zhou und des Konfuzius. Deshalb

---

[85] N. Longobardo 1701, S. 99-100.
[86] *Ibid.*, S. 100.
[87] *Ibid.*, S. 21.

werden sie von hohen Persönlichkeiten und rechtschaffenen Leuten täglich besucht und sehr geschätzt.[88]

„Einst", schreibt ein gewisser Chen Liangcai, „als ich ein Kind war, hatte ich von der Lehre vom Herrn des Himmels *Yesu* sprechen hören ... Zwanzig Jahre später konnte ich bei einem Aufenthalt in Peking mit dem Herrn Pang (Pantoja) in Beziehung treten ... und so habe ich von seinen Theorien vollständige Kenntnis erhalten." Chen Liangcai findet, dass Riccis „*Wahre Bedeutung des Herrn des Himmels* und *Zehn Schriften eines besonderen Mannes* völlig mit den Lehren des Herzogs von Zhou und des Konfuzius im Einklang stehen".[89] Ein gewisser Zhang Ruitu (1576–1641) spricht Ricci folgendes Lob aus:

> Menzius sprach vom „Dienst am Himmel" und unser Heiliger Konfuzius von der „Selbstbeherrschung". Wer würde glauben, dass ihr aus einem fremden Land seid, da doch eure Prinzipien **[44]** so genau mit den unseren übereinstimmen? Was macht der Unterschied zwischen Herkunftsorten aus, wenn die geistigen Anlagen identisch sind und die Vernunft universal?[90]

Für Michael Yang Tingyun „ist die Lehre des Konfuzius in allem vollkommen und gleich wie jene Gottes".[91] „Unsere Länder sind dank Ricci in Verbindung getreten ...", schreibt der Verfasser eines Vorworts.

> Nun aber preist Ricci ständig das Gute, die Achtung vor den Moralprinzipien,[92] den Dienst am Himmel. Meistens ist er mit diesem großen Gedanken des Yao, Shun, Zhougong und Konfuzius im Einklang ... gibt es doch nicht zweierlei Vernunft in der Welt, nicht zweierlei Verstand in den Menschen, nicht zwei Arten, das Rechte zu tun. Und hebt man den Kopf, gibt es nicht zwei Himmel und im Himmel nicht zwei Herren ...[93]

Vom Himmel, der – wie man noch sehen wird – in jedem von uns ist, habe Ricci sich leiten lassen, deshalb habe er im Einklang mit den alten Weisen Chinas gestanden.

---

[88] Vorwort von Li Yingshi zur Neuauflage der Weltkarte Riccis von 1606, aufgenommen in Fang Hao 1970, I, S. 160. Dieser Li Yingshi wurde von Ricci Paul genannt und am 21. September 1602 getauft. Er war Befehlshaber in Korea, als die japanische Armee unter Hideyoshi dort einfiel. Wie andere Konvertiten des 17. Jahrhunderts zog ihn die Mathematik zu den Missionaren. Vgl. *FR*, II, S. 261-264.

[89] Vorwort zum *Qike* (Sieben Siege) von Diego de Pantoja, 1614 in Peking zum ersten Mal gedruckt, zitiert von Ch'en Shou-i 1935.

[90] Zitiert von Ch'en Shou-i 1936.

[91] N. Longobardo 1701, S. 97.

[92] Es handelt sich um die *wulun*, die „fünf zwischenmenschlichen Beziehungen" der konfuzianischen Moral.

[93] Vorwort von Wang Jiazhi zu Riccis *Jiren shipian* (1608). Xu Zongze 1958, S. 151.

In einem Vorwort aus der Mitte des 17. Jahrhunderts steht:
> Gewisse Leute, die Ricci zum ersten Mal hörten, glaubten, er lege persönliche [und unbegründete] Ideen dar. Als sie aber genauer untersuchten, was er sagte, merkten sie, dass seine Vorstellungen genau jene unseres Konfuzianismus waren, der im wesentlichen sagt, man müsse dem Himmel dienen und ihn fürchten ... Die Königreiche des Abendlandes sind mehrere zehntausend *li* von China entfernt. Seit Beginn der Welt haben wir nie über Dolmetscher in Verbindung gestanden. Unsere Sprache und Schrift sind verschieden. Aber eines Tages haben diese Leute, die zu dem, was sie mit sich brachten, große Sorge trugen, es auf Chinesisch übersetzt. Es war wie eine Entdeckung: Wenn sie sagen, man müsse den Himmel ehren und fürchten, stimmt das vollkommen mit den Ideen unserer Heiligen und Weisen überein. Wo hatten sie denn das gefunden? Es ist wirklich, wie unser Konfuzianismus sagt: „Nichts, was nicht getragen, nichts, was nicht bedeckt würde von diesem Wunderbaren, dem schaffenden, umformenden Wirken des Himmels."[94]

Als Gewährsleute, die „darüber erfreut waren, dass die Lehren dieser Leute mit jenen unserer Heiligen und Weisen übereinstimmten", zitiert der gleiche Autor den Staatsminister Ye (Xianggao, 1559–1627), den Minister für die Riten Weng (Zhengchun, 1553–1626) und den Minister für öffentliche Arbeiten Chen (Minzhi).[95]

[45] Befragt nach den Gründen seines Übertritts zum Christentum, sagt ein Konvertit aus der Provinz Fujian: „Seit Konfuzius vermochte keiner mehr in China, ihn nachzuahmen. [Die Lehre vom] Herrn des Himmels ist nach China gekommen und lehrt die Menschen, das Gute zu tun, und erreicht so, dass jedermann Konfuzius nachahmt."[96]

1664 verfasst der Zensor Xu Zhijian[97] das Vorwort zur Schrift eines Konvertiten, nämlich dem *Abriss über die Weitergabe der himmlischen Lehre* (*Tianxue chuan'gai*, 1663), das sehr gut vermittelt, wie sich im allgemeinen Konvertiten und Sympathisanten zu den Lehren der Missionare stellten: Xu Zhijian prangert den schlechten Einfluss des Buddhismus auf die konfuzianische Moral an und betrachtet im Gegenteil die Missionare als deren Verfechter. Er braucht die gleichen Wendungen wie der Autor des *Abrisses*: „Die Lehre vom Herrn des Himmels besteht darin, dem Himmel zu dienen, seine egoistischen Neigungen zu besiegen, die Menschen zu lieben, seine Fehler zu

---

[94] Vorwort von Chen Yi zu Alenis *Xingxue cushu* (1646), aufgenommen bei Xu Zongze 1958, S. 212f.
[95] Xu Zongze 1958, S. 212. Über Chen Minzhi vgl. *FR*, 11, S. 172, Anm. 3.
[96] Erklärung von Shi Bangyao, Aufseher über die Meerwege von Fujian (16. Dezember 1637), *PXJ*, II, 32b. Nicht zu vergessen, dass Pater Aleni in Fuzhou von seinen Bewunderern „der Konfuzius aus dem Abendland" (*Xilai Kongzi*) genannt wurde.
[97] Vgl. A.W. Hummel 1943, S. 876.

bereuen und auf dem Weg des Guten fortzuschreiten", und zum Schluss sagt Xu Zhijian, er habe verstanden, dass „ihre Lehre in nichts vom Konfuzianismus verschieden ist".[98]

In einer kleinen Schrift mit dem Titel *Shangdi kao* (Untersuchung über den Herrscher in der Höhe) zitiert und kommentiert ein Christ aus Zhangzhou in der Provinz Fujian auf völlig traditionelle Art gewisse Abschnitte aus den Klassikern, in denen das Wort *shangdi* vorkommt.[99]

Laut Feng Yingjing (1555-1606), einem glühenden Bewunderer Riccis, hat dieser in seiner *Wahren Bedeutung des Herrn des Himmels* die Chinesen nur an ihre alten religiösen Traditionen erinnern wollen. Im Vorwort zu diesem Werk schreibt er:

> Zu alter Zeit brachte man dem Himmel, der Erde, dem Gott des Erdbodens, dem Gott der Ernte und den Göttern der Berge und der Flüsse sowie den Ahnentäfelchen Opfer dar, während man heute nur noch den Buddhas opfert.[100]

Dass die Chinesen die wahre Lehre des Altertums – verlorenes Geheimnis politischer und gesellschaftlicher Harmonie – wiederzufinden trachteten, kam den Missionaren zugute: So konnten sie versichern, dass sie unter dem Namen „Himmelslehre" (*tianxue*) die authentische Lehre der Alten wiederbrachten. Einige behaupteten sogar, diese Lehre sei zur Zeit eines der ersten chinesischen Herrscher von Judäa gekommen.[101] Den meisten Konvertiten und Sym-[46]pathisanten des 17. Jahrhunderts schien, die Lehre vom Herrn des Himmels wolle das religiöse Gefühl, das die Alten beseelt und alle ihre Handlungen geprägt hatte, in China wiederbeleben. Der Unterschied zu den chinesischen Vorstellungen lag nur in einer Frage des Akzents: Für die Chinesen bezeichnete der Begriff Himmel die Natur und zugleich ihre ordnende Kraft; die Abendländer hielten diese zwei Aspekte besser auseinander. Chen Yi, oben zitierter Verfasser des Vorworts zu einer Schrift Pater Alenis, bemerkt dazu: „Unser Konfuzianismus betrachtet die Dinge gesamthaft (*hun*) und spricht vom Himmel. Diese Herren aus dem Abendland heben einen seiner genauen Aspekte hervor (*di*) und sprechen vom Herrn des Himmels." Und Chen Yi ist überzeugt, es gebe Dinge, die „vom Lenker des Himmels abhängen", und dass

---

[98] *Tianxue chuan'gai*, in: *TZJDCWXXB*, II, S. 1050. Zu diesem Werk und seinem Autor siehe A.W. Hummel 1943, S. 890. [Siehe auch CCT Database (unter: Tian xue chuan gai).]

[99] *Shangdi kao*, in: *TZJDCWXXB*, I, S. 49-92. [Zu diesem Werk siehe CCT Database (unter: Shang di kao).]

[100] Vorwort von Feng Yingjing zum *Tianzhu shiyi* (1604), *TZSY*, S. 361.

[101] Vgl. S. 160-162.

es nicht genügt, von den ungeheuren Weiten des blauen Himmels zu sprechen.[102]

Was die christlichen Gelehrten zu den Werken der Missionare schrieben, weist sie nicht unbedingt als echte Konvertiten aus, außer man gestehe ihnen zu, wie es die Missionare taten, dass sie sich nicht offen zu bekennen wagten. Dann aber hätten sie sich sehr weitgehend verstellt. 1628 schreibt Li Zhizao, ein berühmter, 1610 getaufter Konvertit, im Vorwort zur Neuauflage[103] von Riccis *Wahrer Bedeutung des Herrn des Himmels*, dieses Buch enthalte eine hervorragende moralische Lehre, die „im wesentlichen will, dass die Leute ihre Fehler bereuen, ihr Pflichtbewusstsein (*yi*) wiederfinden, ihre Begierden unterdrücken und sich nicht von der Menschlichkeit (*ren*) abwenden". Aus einem fernen Land „ohne Verbindung zu China so weit man in die Vergangenheit zurückblickt, hatte Ricci nie von den Lehren des Fu Xi, des Wenwang, Zhougong und Konfuzius[104] gehört und auch nicht von den Ausführungen des Zhou Dunyi, Cheng Hao und Cheng Yi, Zhang Zai und Zhu Xi.[105] Er hat sich einzig auf die große Idee gestützt, dass man ‚den Himmel kennen und ihm dienen' muss; er hat dennoch im Einklang gestanden mit dem, was unsere Kommentare und Klassiker vorschreiben." Einziger Unterschied: Er spricht von Hölle und Paradies. Doch findet man auch in den Klassikern die Idee einer Vergeltung von Gut und Böse.

Li Zhizao findet zwar, dass sich Riccis Vorstellungen mit jenen der neokonfuzianischen Kommentatoren von Zhou Dunyi bis Zhu Xi decken – obwohl ja die Missionare die neokonfuzianischen Thesen für atheistisch und materialistisch halten und sie bekämpfen –, aber er erkennt doch, dass Ricci in seinen Schriften nicht selten anderer [47] Meinung ist als die „neueren Konfuzianer". Hingegen stehe er „auf geheimnisvolle Weise im Einklang mit solchen Büchern des Altertums wie dem *Suwen* (einem medizinischen Werk), dem *Zhoubei* [*suanjing*] (einem mathematischen Werk), dem *Kaogong* [*ji*] (einem technischen Werk) und mit ‚Qiyuan' (Zhuangzi, dem daoistischen Philosophen) [!]"[106] Diese so überraschende Vermischung von Moral, Religion und Wissenschaft ist, wie man noch sehen wird, ziemlich häufig: Die Lehren der Missionare bilden für die Chinesen ein Ganzes.

---

[102] Vorwort von Chen Yi zum *Xingxue cushu*, Xu Zongze 1958, S. 212. [Siehe auch CCT Database (unter: Xing xue cu shu).]

[103] In seinem *Tianxue chuhan* (Erste Sammlung der himmlischen Lehren). [Siehe hierzu CCT Database (unter: Tian xue chu han).]

[104] Die großen Heiligen des Konfuzianismus.

[105] Die wichtigsten neokonfuzianischen Klassiker-Kommentatoren im 11. und 12. Jahrhundert.

[106] Xu Zongze 1958, S. 147, und Bd. 23 der Ausgabe Zhongguo shixue congshu, S. 353-356, wo der Text besser ist.

Die Lehre vom Herrn des Himmels erschien den christlichen Gelehrten als eine philosophische Strömung in der Art jener, die sie kannten und die im wesentlichen zum Ziel hatten, die Sittlichkeit des Einzelnen zu stärken. Sie schlossen sich deshalb, wie damals Brauch war, zu Vereinigungen (*hui*) zusammen, die ein Statut (*huiyue*) hatten. Zürcher hat darauf hingewiesen, dass sich hier das Christentum jenen Vereinigungen anglich, die um die Akademien gebildet wurden, und dabei auf ein Dokument in der französischen Nationalbibliothek aufmerksam gemacht: die „Statuten der Vereinigung [zur Förderung] der Menschlichkeit" (*Renhuiyue*), eine Vereinigung, die der Bekehrte Wang Zheng zu rein philanthropischen Zwecken *à la chinoise* gegründet hatte.[107]

Aus den meisten Reaktionen ist klar ersichtlich, warum zu Anfang des 17. Jahrhunderts so viele Gelehrte den Missionaren ihre Sympathie bezeigen: Wissenschaft und Technik, darüber hinaus die moralische Strenge, die Beherrschung der Leidenschaften, die Wohltätigkeit, die Ehrfurcht vor dem Himmel – das heißt nach chinesischer Vorstellung Ehrfurcht vor einer Ordnung, die zugleich der Natur, der Gesellschaft und den Menschen innewohnt –, all das sind hervorragende Dinge, und genau sie werden auch seit altersher von der heute nur allzu vergessenen klassischen Tradition gepriesen. Ebenso verdienen die Missionare Lob dafür, dass sie den Aberglauben, den Buddhismus und den Daoismus – die Feinde der rechten Lehre – bekämpfen.

Doch mit der Zeit ändern sich die Dinge: Ende des 17. Jahrhunderts haben auch schon die Gelehrten, die den Missionaren am besten gesinnt sind, schwere Zweifel in bezug auf ihre Lehre.

In einer kleinen Schrift, die Huang Zongxi (1610–1695), einer der berühmtesten Gelehrten des 17. Jahrhunderts, am Ende seines Lebens verfaßt hat, scheint er die Argumente der Missionare zu verwenden: **[48]** Für seine Landsleute hat das Wort „Himmel" seine wahre Bedeutung verloren, und das religiöse Gefühl, das die Alten beseelt hat, ist schwach geworden. Für „Himmel" steht heute der abstrakte Begriff vom universalen Ordnungsprinzip (*li*). „Nun gibt es aber", schreibt er, „wirklich eine geheimnisvolle Macht, die der Weltordnung vorsteht. Sonst würden die vier Jahreszeiten durcheinandergebracht, und es gäbe keine Trennung mehr zwischen Mensch, Tier und Pflanze. Alles wäre vermischt." Und wie Ricci, den er vielleicht gelesen hat, beweist Huang Zongxi die Existenz eines Herrschers in der Höhe damit, dass im Altertum – wie übrigens auch noch zu seiner Zeit – dem Himmel geopfert wurde. Doch fügt er hinzu:

---

[107] Bibliothèque Nationale, Fonds chinois, Nr. 7348. [Facsimile siehe *CCT BnF*, vol. 6, S. 521-616. Zu diesem Text siehe CCT Database (unter: Ren hui yue).] Das Vorwort ist auf 1634 datiert. Vgl. E. Zürcher 1971, S. 194.

Was jene betrifft, die die Lehre vom Herrn des Himmels erfunden haben, so lehnen sie den Buddhismus ab und verehren den Himmel. Dann aber errichten sie ein Götzenbild vom Herrn des Himmels und berichten von seinem Leben. Damit ersetzen sie den Himmel durch ein Gespenst und heben sogar den Begriff vom Herrscher in der Höhe auf.[108]

Das Lob Zhang Erqis (1612–1678), eines der berühmtesten Philologen der beginnenden Mandschu-Zeit, ist mit ähnlicher Kritik durchsetzt:

Verglichen mit dem Inhalt der buddhistischen Bücher sind die Reden dieser Leute einfach und gehaltvoll (*pingshi*). Im Grunde geht es ihnen darum, den Herrn des Himmels zu ehren, der Moral entsprechend zu leben, die Begierden zu zügeln und mit Fleiß zu studieren. Sie verbieten nicht, Tiere zu töten, und greifen ganz besonders den Buddhismus an. Jedesmal, wenn sie buddhistische Sutren, Statuen oder Bilder der Geister und Götter sehen, halten sie die Leute an, sie zu zerstören. Sie kritisieren am Buddhismus all das, was an ihm grob und übertrieben ist.[109] Sie haben Yu De[yuan] (Yu Chunxi) und dem Mönch Lianchi (Zhuhong) mit zwei Schriften geantwortet, die ihre Gegner wirklich zum Schweigen brachten.[110] Das ist außergewöhnlich. Was aber den wahren Begriff des Himmels betrifft, so gehen sie mit ihren Äußerungen über den Herrn des Himmels völlig fehl ... was sie über Paradies und Hölle sagen, ist außerdem kaum verschieden von dem, was die Buddhisten erzählen, und punkto Ungereimtheiten und Unsinn gehen sie sogar noch weiter.[111]

Ebenso bringt Zhang Chao, der verschiedene Werke zu einer 1697 veröffentlichten Sammlung kompiliert hat, trotz größter Bewunde-[49]rung für die Missionare deutliche Vorbehalte an. Im Vorwort zu einer kleinen Schrift, dem *Xifang yaoji* (Das Wesentliche über die Länder des Okzidents), die von Pater Buglio (1606–1682), Pater Magalhães (1610–1677) und Pater Verbiest (1623–

---

[108] *Poxie lun*, in Zhaodai congshu. Der jüngste Sohn Huang Zongxis, Huang Baijia (geb. 1643), zitiert in seinen Notizen zum *Song Yuan xue'an* (von seinem Vater unvollendet gelassen) oft die physikalischen und astronomischen Theorien, die von den Jesuiten in China verbreitet worden sind. So auch im besonderen im 6. Kapitel seiner Kommentare zum *Zhengmeng* von Zhang Zai.

[109] Der Autor meint damit, dass die Missionare nicht die buddhistische Philosophie angreifen, die ihnen übrigens völlig unbekannt war. Vgl. S. 267f.

[110] Es handelt sich um die Kritik Yu Chunxis (gest. 1621) an Riccis Erlaubnis, Tiere zu töten (siehe *PXJ*, V, 12a-15a) und um die Seiten, die der buddhistische Meister Zhuhong am Ende seiner *Zhuchuang suibi* (1614; *PXJ*, VII, 1a-4b) dem Christentum widmet. Die Antwort auf diese Kritiken erschien unter dem Titel *Bianxue yidu* mehrere Jahre nach Riccis Tod. [Facsimile siehe *TXCH* 2, S. 637-688. Zu diesem Text siehe CCT Database (unter Bian xue yi du).]

[111] *Hao'an xianhua* (1670, Kap. I, S. 13 der Ausgabe Congshu jicheng). Über Zhang Erqi, siehe A.W. Hummel 1943, S. 34f.

1688) zusammen verfaßt und 1669 in Peking beendet worden ist, schreibt Zhang Chao:

> Diese Leute sind außerordentlich intelligent. Ihre Studien betreffen die Astronomie, den Kalender, die Medizin, die Mathematik. Ihre Lebensweise beruht auf Pflichttreue, Aufrichtigkeit, Beständigkeit, Rechtschaffenheit; ihre Geschicklichkeit ist bewundernswert. Sie haben es wirklich in der Hand, Anhänger zu gewinnen. Die Königreiche Indiens heißen auch Abendland (*xifang*), und den buddhistischen Gläubigen ist es oft innigster Wunsch, dort wiedergeboren zu werden, doch gibt es für sie nur reine Ruhe und gänzliches Erlöschen.[112] Sie kennen weder die Freude, die Mann und Frau empfinden, noch den Glanz von Ehren und hoher Stellung, noch die Freuden einer schmackhaften Küche. Wie könnte man zögern, zwischen diesen zwei abendländischen Regionen zu wählen? Die Vorstellungen des großen Abendlandes tragen also gewiss den Sieg über die anderen Lehren davon. Nur schade, dass sie von einem Herrn des Himmels sprechen; das ist ein falscher und abschreckender Begriff, der sie zu Absurditäten hinreißt und den zu akzeptieren unsere Gelehrten die größte Mühe haben. Könnten sie [diese Vorstellung] zur Seite lassen und nicht davon reden, wären sie unserem Konfuzianismus sehr nahe ... Nie hat unser Konfuzianismus gesagt, der Himmel habe eine Mutter, auch nicht, dass er eine körperliche Gestalt hat, und er hat auch nie von Ereignissen gesprochen, die sich vor oder nach seiner Geburt abgespielt haben sollen. Ist es nicht das, was den Unterschied zwischen unserem Konfuzianismus und ihrer Lehre ausmacht?[113]

So wie gewisse Missionare dachten, die chinesischen Gelehrten seien für den Glauben empfänglich, so fanden die Gelehrten, die Missionare müssten ihre falschen Vorstellungen und den Glauben an einen Schöpfergott aufgeben und könnten dann ganz gute Konfuzianer werden.

[50] VERSCHLECHTERUNG DES KLIMAS

Zur Zeit der großen europäischen Seefahrten waren Indien und China die einzigen Länder, wo sich die Missionare wirklich an die fremde Kultur anzupassen versuchten. Dabei ist neben Ricci in China Roberto de Nobili in Indien zu erwähnen. Beide nahmen sich die Mühe, sich mit der gelehrten Überlieferung dieser alten Kulturvölker vertraut zu machen. Ganz anders die

---

[112] Der Autor scheint Indien und Sukhāvatī, das Paradies des Amitābha in den westlichen Gebieten, zu vermischen.

[113] *Xifang yaoji*, in Zhaodai congshu, *jia*, S. 5. [Zu diesem Text siehe CCT Database (unter: Xi fang yao ji).]

Situation dort, wo Portugiesen und Spanier als Eroberer aufgetreten waren: Hier konnte die Mission mit einigem Nachdruck vorgehen. Auch in Japan sah es anders aus: Viele ließen sich auf Befehl ihrer Daimyō taufen, die ihrerseits am portugiesischen Handel mit Macao interessiert waren. In Japan war den Missionaren die Aufgabe leicht gefallen: Gegen 1600 soll es schon rund 300.000 Bekehrte gegeben haben. Das erklärt auch, warum die Missionare in Japan das Vorgehen der Patres in China so streng beurteilten. Im ersten Vierteljahrhundert, nachdem sich Ruggieri und Ricci 1583 in Zhaoqing niedergelassen hatten, war die Sache nur sehr langsam vorwärtsgegangen. Laut Pater Sabatino de Ursis gab es 1605 erst knapp tausend Getaufte, obwohl in China sechzehn Jesuiten waren und vier wichtige Niederlassungen: Nanjing, Peking, Nanchang und Shaozhou. Fünf Jahre später, zur Zeit von Riccis Tod, spricht man von ungefähr 2.500 Getauften.[114] So erklärt sich auch die Reaktion der Missionare in Macao: Sie wussten nicht, welche Hindernisse Ricci überwinden musste, um in Gelehrtenkreisen zugelassen und geachtet zu werden, und waren deshalb verärgert, dass die Konversionen so lange brauchten und man mit den Gelehrten so behutsam umging.

Nobili seinerseits wollte die Brahmanen von Madurai in Südindien bekehren. Wie Ricci hatte er sich über die religiöse und philosophische Überlieferung des Landes Kenntnisse angeeignet. Er wurde dafür von der Hierarchie und dem gesamten Klerus scharf getadelt. Diese lebten wie Kolonialherren in Goa, verachteten zutiefst alles Indische und waren schnell bereit zu verurteilen, was nach Konzession ans Heidentum aussah. In China selbst haben Reibereien zwischen verschiedenen Orden, nationale und politische Rivalitäten die Atmosphäre vergiftet. Was kurz nach Riccis Tod innerhalb der Jesuitenmission zu Streitigkeiten führte, sollte bald darauf die ganze Kirche in Leidenschaft versetzen: Um 1700 war daraus in Europa der große religiöse, philosophische und politische Streit um die chinesi-[51]schen Riten geworden. Schritt für Schritt vorgehen, zu Anfang ruhig Konzessionen machen: Diese Politik drängte sich auf, da es so schwierig war, in China, einem Land alter, tiefverwurzelter Kultur, wo man Fremden allgemein mit Misstrauen und einiger Herablassung begegnete, akzeptiert zu werden. Je mehr Leute bekehrt wären, so dachte man, um so eher würden sich die zu Beginn unvermeidlichen Fehler und Irrtümer vermeiden lassen. Andere Orden, die starrer an ihren Prinzipien festhielten, keinen Zugang zu den Gelehrtenkreisen hatten und vor allem auf die Jesuiten eifersüchtig waren, die China in ihr privates Jagdgebiet zu verwandeln gedachten, brachten nicht so viel Gewandtheit auf. Nur selten nahmen sie sich die Mühe, mit den schriftlichen Überlieferungen Chinas vertraut zu werden.

---

[114] Siehe J. Dehergne 1957.

Doch gab es um 1610 in China gewisse Jesuiten, denen die allzu hastigen Angleichungen zwischen Christentum und chinesischen Vorstellungen der Häresie gefährlich nahe schienen und die solche Kompromisse verwarfen. Sie fanden, man habe den Chinesen zu viel zugestanden und müsse mehr Festigkeit zeigen. Merkwürdigerweise machte sich zur gleichen Zeit in den von Spanien besetzten Gebieten in Amerika eine ähnliche Reaktion bemerkbar. Doch waren auf den zwei Seiten des Pazifiks die Umstände sehr verschieden: In China war man darüber beunruhigt, dass die konvertierten Gelehrten anscheinend allzu vorsichtig waren. In Amerika, wo es niemandem einfiel, sich den örtlichen Indianerkulturen anzupassen, hatte man offenbar von der wundersamen Wirkung der Taufe zu viel erwartet. „In der zweiten Hälfte des 16. Jahrhunderts", schreibt Jean Delumeau,

> war die Kirche über das gelegentliche Aufflackern des Heidentums nicht sonderlich beunruhigt. Die Indianer waren getauft, also würden sie nach und nach auch die christliche Religiosität annehmen. Zu Beginn des 17. Jahrhunderts wurde man – in Peru vor allem – gewahr, dass die altüberlieferten Kulte mehr oder weniger heimlich weiterbestanden. So begannen 1610 die Ausrottungskampagnen.[115]

Ein Jahr noch vor seinem Tod bestand Ricci darauf, dass es notwendig sei, äußerst behutsam vorzugehen, und vorteilhaft, zuerst hochgestellte Persönlichkeiten an sich zu binden – „besser ein paar gute Christen als eine große Menge" (*piuttosto Boni cristiani che molta turba*) – und wenn möglich „einige hochrangige Gelehrte und [52] Mandarine, die dank ihrem Einfluss jene beruhigen können, die vor dieser Neuheit Angst haben".[116]

Nicolas Trigault, 1610 in China angekommen und nach drei Jahren wieder nach Europa abgereist, hatte Riccis Mahnung zur Vorsicht beherzigt: „Das Wichtigste hier ist", schreibt er in einem Brief,

> den Chinesen begreiflich zu machen, dass wir nichts Revolutionäres im Schilde führen und auf keinen materiellen Gewinn spekulieren, sondern einzig gekommen sind, das göttliche Gesetz zu verbreiten, das in keiner Weise dem Wohl des Reiches zuwiderläuft.[117] … Ohne jemanden abzulehnen, streben wir deshalb nicht nach der großen Zahl – die allerdings in wenigen Jahren auf 5.000 gewachsen ist[118] –, wir vermeiden Massenver-

---

[115] J. Delumeau 1978, S. 260.

[116] Brief vom 15. Februar 1609, *TV*, II, S. 381.

[117] Die im Abendland grundlegende Trennung von Geistlichem und Weltlichem fehlt in China. Vgl. S. 134f.

[118] Andere geben, wie oben erwähnt, für die gleiche Zeit die Zahl 2.500 an. Es war nämlich schwierig, die Zahl der Getauften genau nachzuhalten: Zu ihnen zählten auch Sterbende (Kinder, Greise, Kranke), und viele scheinen auch wieder abtrünnig ge-

sammlungen, um nicht in einem Tag die Früchte so vieler Jahre zu verlieren ... Deshalb wird sich das Christentum, seien wir davon überzeugt, in dem Maß verbreiten, wie das göttliche Gesetz und seine Boten Ansehen erworben haben, und in dem Maß zurückgehen, wie unangebrachter Eifer die Bestände zu sehr vermehrt hat.[119]

Doch noch zu Lebzeiten Riccis und seinem Widerstand gegen zu schnelle und zu zahlreiche Bekehrungen zum Trotz hatten Missionare begonnen, im Volk zu predigen. So etwa Niccolò Longobardo in Shaozhou von 1597 an, Alfonso Vagnone in Nanjing von 1605 an und Lazzaro Cattaneo in Shanghai von 1608 an.[120] Daher eine immer größere Zahl von Getauften.[121] Die Sympathien, die Ricci unter Gelehrten und höheren Beamten erworben hatte, schienen ein schnelleres Vorgehen im Volk zu rechtfertigen.

Zu Beginn des 17. Jahrhunderts waren tatsächlich namhafte chinesische Gelehrte und hohe Beamte bekehrt worden. Das war vor allem Riccis Werk, aber auch seine Gefährten und unmittelbaren Nachfolger hatten Anteil daran. Die berühmtesten konvertierten Gelehrten, die auch wichtige Posten in der Verwaltung innehatten, waren Xu Guangqi (1562-1633, 1603 Paul getauft), Li Zhizao (1565-1630, 1610 Leo getauft), Yang Tingyun (1557-1627, 1612 Michael getauft), Wang Zheng (1581-1644, 1617 oder 1618 Philipp getauft) und Sun Yuanhua (1581-1632, 1621 Ignaz getauft).[122] Diese einflussreichen Persönlichkeiten – ganz besonders die drei ersten: die „drei Säulen der Mission" – trugen viel zu den anfänglichen Erfolgen der Jesuiten bei. Sie gewährten den Missionaren in Peking wie in der Provinz Vergünstigungen, empfahlen sie für die Kalenderreform und schützten sie in schwierigen Zeiten.

---

worden zu sein. [Zu den Konvertitenzahlen in dieser Zeit siehe *HCC* 1, bes. S. 380-393.]

[119] Korrespondenz Nicolas Trigaults, 1613 in Antwerpen herausgegeben; Brief zitiert von Joseph Shih in der Einführung zur *HECC*, S. 20.

[120] Vgl. die lateinischen und portugiesischen Missionsberichte dieser drei Priester. *FR*, II, S. 192-244 und 484-529.

[121] Später wird die von Ricci eingeführte Politik grundlegend geändert: Es geht mehr um Quantität als um Qualität, und beinahe alle Bekehrten sind Leute aus dem Volk. Für das Ende des 17. Jahrhunderts nennt Pater Le Comte folgende Zahlen: „... mehr als 200 eigene Kirchen oder Kapellen ... 4 Geistliche der Missions Étrangères, ungefähr ebensoviel Dominikanerpatres, 12 oder 15 Franziskaner, 3 oder 4 Augustiner: alles Spanier aus Manila." Vor allem aber gab es 1691, als Pater Le Comte China verließ, rund 40 Jesuiten, also alles in allem 65 Priester. „Beinahe jeder", fügt er hinzu, „tauft jährlich 300 bis 400 Personen, das macht in 5 oder 6 Jahren mehr als 50.000 Personen. Außerdem werden die 4.000 oder 5.000 Kinder, die jährlich auf den Straßen Pekings ausgesetzt werden, ebenfalls getauft." Le Comte, II, Brief an Pater de la Chaize, S. 355f.

[122] Über diese Personen siehe Hummel und Fang Hao.

Wertvolle Unterstützung [53] erhielten die Missionare auch von gewissen Sympathisanten wie etwa dem kaiserlichen Großsekretär Ye Xianggao (1562–1627). Doch in den zwanzig Jahren nach Riccis Tod änderte sich die Atmosphäre allmählich. In gelehrten und einflussreichen Kreisen hatte man die Missionare zunächst für sittenstrenge Wissenschaftler, für Feinde des Buddhismus und große Verehrer des Konfuzius gehalten. Ihren Lehren entnahm man vor allem, was mit den chinesischen Traditionen im Einklang zu stehen schien. Als man dann die Lehre vom Herrn des Himmels besser kannte und klarer wurde, was die Missionare im Sinn hatten, begann man sie mit anderen Augen zu sehen. Beunruhigt waren die Chinesen zum ersten Mal, als sie merkten, dass sich im Volk religiöse Vereinigungen gebildet hatten, die von diesen Fremden geleitet wurden. Hier schienen Unruheherde zu entstehen. Diese vielen Missionare waren, so viel verstanden die Chinesen nun, nicht gekommen, um Moral und Philosophie zu erörtern oder Mathematik zu lehren. Die erste Missionarsverfolgung – im Jahr 1617 – bestand in der Forderung, sie sollten nach Macao zurückgeschickt werden. (Einige versteckten sich daraufhin oder kamen heimlich nach China zurück.) Grund: In Nanjing war eine Volksvereinigung der Lehre vom Herrn des Himmels entstanden.

Wirklich gelang es den Jesuiten um 1620 nicht mehr, einen großen Gelehrten oder hohen Beamten zu bekehren. Keiner der danach Getauften hatte mehr das Ansehen oder den Einfluss eines Xu Guangqi oder Li Zhizao, ja nicht einmal die Bedeutung weniger wichtiger Persönlichkeiten wie Wang Zheng oder Sun Yuanhua: Die gebildeten Klassen waren den Missionaren und ihrer Lehre feindlich geworden. Die einzigen berühmten Konvertiten unter den Mandschu waren Prinzen der kaiserlichen Familie.[123]

Es war also ganz natürlich, dass die Missionare ihre Bemühungen im Volk fortsetzten, bei den Bauern nämlich und den Kleinhandwerkern in den Städten.

---

[123] Möglich, dass die Religiosität der Mandschu – ehemals nomadische Hirten – von jener der Chinesen verschieden geblieben war, obwohl sie sich ziemlich stark assimiliert hatten. Pater Le Comte auf jeden Fall versichert, die Chinesen seien „gelehriger und leichter zu bekehren" als die Tataren (das heißt die Mandschu), aber sagt auch, dass sie „zur Zeit der Versuchung viel weniger Mut haben. Die Tataren, von Natur aus auffahrend, sind hingegen schwer unter das Joch des Glaubens zu bringen. Aber jene, deren die Gnade Herr geworden ist, besitzen eine Tugend, die den größten Verfolgungen standhält." Le Comte, II, Brief an Pater de la Chaize, S. 360. Offenbar haben auch die Muslime die von den Missionaren verfassten Schriften mehr geschätzt als die Chinesen: „Zahlreiche Personen der Sarazenen-Sekte kaufen das *Tianzhu shiyi*", schreibt Ricci, „denn sie finden, es passe zu ihrer Lehre" (*FR*, II, S. 179). Vgl. Riccis Brief, der in der Fußnote zitiert wird (*ibid.*): „Jemand hat mir gesagt, dass zahlreiche Personen der Maurensekte hier dieses Buch kaufen, denn es scheint ihnen besser von Gott zu sprechen als die anderen Bücher Chinas." P. Pelliot (1921, S. 415, Anm. 2) zitiert eine muslimische Schrift, die eine islamische Version des *TZSY* zu sein scheint.

Außerdem hatte sich die Situation verändert, nachdem Jesuitenpatres an den Hof in Peking berufen und am „Amt für Mathematik" eingesetzt worden waren. Zwar mussten sie die Hoffnung aufgeben, Kaiser Kangxi (1661–1722) zu bekehren – diesem war es vorteilhaft erschienen, gelehrte Fremde in seinem Dienst zu haben –, aber immerhin hatten sie die Möglichkeit, etwas für den Schutz ihrer Gefährten in der Provinz zu tun. Auch brauchten sie mit den Gelehrten weniger Umstände zu machen.

[54] Zu Riccis Zeit waren die einzigen angesehenen Kritiker seiner Werke der große buddhistische Meister Zhuhong (1535–1615) und ein zum Buddhismus neigender Gelehrter namens Yu Chunxi gewesen. Zhuhong hatte einer Sammlung von Aufzeichnungen eine kurze Widerlegung von Riccis Himmel-Begriff hinzugefügt, und Yu Chunxi warf dem Missionar vor, er stifte zum Mord an Tieren an, wenn er sage, diese hätten im Unterschied zum Menschen keine unsterbliche Seele. Damals und in den unmittelbar folgenden Jahren genossen Ricci und seine Gefährten – laut Yang Tingyun – die Achtung der ganzen chinesischen Oberschicht, und jeder ließ es sich angelegen sein, für sie Vorworte und Lobschriften zu verfassen. Erst später nahm die Sache eine schlechte Wendung.[124] In seinem Vorwort zu einem 1646 publizierten, chinesisch geschriebenen Buch Pater Alenis bemerkt Chen Yi, Gelehrter aus Fujian: „Als Ricci in die Hauptstadt kam, wurde er von den Gelehrten mit Freuden aufgenommen ... , nach seinem Tod hingegen haben einige begonnen, sich über den Unterschied zwischen Barbaren und Chinesen Gedanken zu machen."[125] Ein gewisser Huang Zhen schreibt:

> Früher haben nur Yu Deyuan (Yu Chunxi) und der buddhistische Meister Lianchi (Zhuhong) ihre falsche Vorstellung energisch wiederlegt ... Doch leider starb Lianchi bald darauf (am 29. Juli 1615). Er war Ricci auch nie persönlich begegnet und kannte seine falschen Anschauungen nicht gut: Seine Kritik ging den Dingen nicht auf den Grund. Außerdem gab es damals noch nicht viele Bücher über die Lehre vom Herrn des Himmels, und niemand wusste, dass ihrer Meinung nach König Wen [heiliger Patron des Konfuzianismus] in der Hölle gewesen ist. Heute gibt es viel mehr Bücher, die von dieser Lehre handeln.[126]

Als Zeugnis des Meinungswandels, der sich bei vielen früher oder später vollzog, sei das Beispiel eines Gelehrten aus Quanzhou in der Provinz Fujian genannt: Er habe, so berichtet er 1638, mit den Missionaren verkehrt, solange er sie für Wissenschaftler hielt, die mit dem Kalender und astronomischen

---

[124] *Daiyi bian* (1622), Stelle zitiert von Ch'en Shou-i 1936.
[125] Vorwort Chen Yis zum *Xingxue cushu* von Giulio Aleni (1646). Xu Zongze 1958, S. 212.
[126] Brief Huang Zhens an den Zensor Yan Maoyou, *PXJ*, III, 11a.

Instrumenten beschäftigt waren. Dann aber änderte er seine Meinung völlig, als er erfuhr, dass sie „*Yesu*, einen Mann aus der Zeit des Han-Kaisers Ai, für den Herrscher in der Höhe halten, den die Chinesen verehren".[127]

Nach Riccis Tod waren noch mehr Missionare nach China gekommen; unerwarteterweise auch nachdem man 1617 versucht hatte, sie nach Macao auszuweisen.

[55] „Wenige Zeit nach dem Donnerschlag, nämlich dem Memorandum des Vizeministers der Riten in der Wanli-Zeit, Shen Zhongyu (Shen Que), das die Ausweisung dieser Barbaren verlangte, haben sich diese wieder in China eingeschlichen, und zwar in einem Augenblick tausendmal zahlreicher als vorher", schreibt Huang Zhen.[128] Auch die Verfasser einer kollektiven Denkschrift vom Winter 1638/1639 an das Akademie-Mitglied Jiang Dejing vermerken die größere Zahl der Missionare. 1617 ausgewiesen, sind sie zu Beginn der Tianqi-Ära (1621-1627) in großer Zahl zurückgekommen und heute viel aktiver als in der Wanli-Zeit (1573-1620).[129] Der Verfasser eines christenfeindlichen Pamphlets schreibt, dass „es während des Prozesses von Nanjing von 1616 und 1617 in China nur 13 dieser verschlagenen Barbaren gab, jetzt aber zählt man sie dutzendweise".[130]

Dass diese Fremden so zahlreich und bei den Gelehrten und, noch mehr, im Volk aktiv wären, schien die öffentliche Ordnung zu gefährden, denn sie hätten eine Art, sich einzuschmeicheln und die Leute zu verwirren, die sie besonders bedrohlich machte. Manchen schien sogar, es gebe unter den Fremden etwas wie eine Rollenverteilung: Den einen ginge es um die Unterstützung und Zustimmung der großen Gelehrten und hohen Beamten, die sich für die Moral und die Wissenschaften aus Europa interessierten. Die anderen schienen die einfachen Leute verführen zu wollen, indem sie ihnen ewige Glückseligkeit versprachen und Angst machten vor der Hölle. Man stand da vor einem vielschichtigen Unternehmen, mit dem die Chinesen verleitet und ihre Sitten und Traditionen verdorben werden sollten. Diese Barbaren spielten ein teuflisches Doppelspiel: „Diskutieren sie mit vornehmen Leuten", schreibt der Verfasser eines von 1617 datierten Berichts, „sprechen sie von himmlischer Natur *(tianxing)*, wenden sie sich aber an einfache Leute, dann reden sie von wundersamen Vorgängen."[131] Und wirklich: In den Schriften, die für die Gelehrten bestimmt sind, handeln die

---

[127] Vorwort Jiang Dejings (Doktor seit 1622, gest. 1646) zum *Poxie ji* (1638), *PXJ*, III,1a.

[128] Vorwort zum *Poxie ji* (1639), *PXJ*, III, 22b.

[129] *Rangyi baoguo gongjie*, *PXJ*, VI, 10a.

[130] *Zuiyan*, *PXJ*, III, 26b.

[131] *PXJ*, 1, 22b.

Missionare Fragen der Philosophie und Moral ab, während sie bei ihren Bekehrungsversuchen im Volk vor allem das Sakrale betonen.

„Sie verstecken ihre Verschlagenheit hinter einem Anstrich von Vertrauenswürdigkeit", schreibt ein Chinese aus Zhangzhou im südlichen Fujian:

> Sie helfen Kanonen herstellen und erreichen, dass man sich an ihrer Fertigkeit freut. Sie beten um Regen und machen glauben, sie beherrschten magische Vorgänge. Ihre Uhren, ihre [56] Klavichorde und Fernrohre zeugen von einer Geschicklichkeit, die einen blendet. Sie machen sich Freunde mit dem Gold, das sie im Überfluss haben, und verführen die Leute mit ihrer äußersten Höflichkeit.[132]

Aber, sagt der gleiche Autor, am liebsten würden sie eigentlich alle Kulte und alle moralischen und philosophischen Traditionen Chinas abschaffen. „Sie wirken völlig unauffällig, aber ihr Herz ist voller verborgener Winkel", schreibt Xu Dashou:

> Sollen wir alle, Toren und Leute von Geist, Männer und Frauen, von ihrem Gift verseucht werden und durch sie dem Irrtum verfallen? Sie sind nicht nur die geschworenen Feinde des Konfuzianismus, sondern auch Teufel, die gegen den Buddhismus wüten. O Unglück![133]

Zu den Gebeten um Regen gibt es in den *Nouveaux memoires sur l'état présent de la Chine* von Pater Le Comte eine hübsche Stelle: 1678 waren Missionare aus Frankreich eben in Ningbo angekommen, wo gerade eine Dürre herrschte. Die Opfer für die chinesischen Götter waren wirkungslos geblieben, und so wollten die Missionare um Regen beten. Sie mussten aber den Plan wieder aufgeben, da der Stadtgouverneur auf die unglückliche Idee kam, mit ihnen zu beten und vorher noch einem Drachen Opfer darzubringen. Trotz ihren Erklärungen und Vorhaltungen – der Gott der Christen sei ein eifersüchtiger Gott; für einen Mann von Geist zieme es sich nicht, solchem Aberglauben zu huldigen –, wollte der Gouverneur aus Ehrgefühl sein Wort nicht brechen, „obwohl er", schreibt Pater Le Comte, „nicht weit davon entfernt war, unsere Ansichten zu teilen". Der Dämon hatte gesiegt, und die Patres wollten in diesem Fall nach dem Beispiel des Heiligen Franz-Xaver einen Handel vorschlagen: Man solle ihnen erlauben, mitten in der Stadt ein großes Kreuz aufzustellen. Dafür würden sie sich verpflichten, Regen zu machen, und die Mandarine sollten verlangen, dass man alle Götzen stürze und einzig den Gott der Christen verehre. Andere Patres jedoch hielten die Operation für zu gewagt. Schließlich „begnügten sie sich damit, im Geheimen ihres Herzens zu klagen und Gott zu bitten, dass er statt Regen das himmlische Feuer schicke,

---

[132] *Xiedu shiju*, PXJ, III, 33b.
[133] ZP, 33a.

das Jesus Christus auf die Erde gebracht und von dem er gewünscht hatte, es möge alle Völker verzehren".[134]

„Die Leute finden an merkwürdigen Dingen so sehr Geschmack", schreibt der Verfasser einer Schmähschrift, „dass sie vor Riccis Weltkarte in Verzückung geraten.[135] ... Aber er hat die Leute nur in [57] Dingen getäuscht, die sie nicht mit eigenen Augen sehen konnten, und in bezug auf Orte, die außer ihrer Reichweite liegen."[136]

„Mit ihren geschickten Reden und ihrer großen Argumentierkunst vermochten sie die Liebhaber merkwürdiger Dinge immer wieder zu interessieren", schreibt Shi Bangyao,[137] Aufseher über die Seewege der Provinz Fujian, in einer 1637 erschienenen Proklamation:

> Ihre kleinen Talente in Künsten und Technik waren wohl geeignet, die Phantasie der minderen Leute zu erregen. So haben sie in weit entfernten Dörfern und Regionen Heiligtümer und Niederlassungen errichtet und die kleinen Gelehrten angezogen, die ihnen ihre Ehre entbieten kamen und fortan unerschütterlich an ihre Reden glaubten.[138]

Ein gewisser Wang Chaoshi aus Shaoxing in der Provinz Zhejiang sieht die Bemühungen der Missionare so: Sie bestechen – diese Anklage wird oft vorgebracht – die Leute und „behexen so die Habgierigen und die Toren",[139] außerdem:
- sind sie in den Künsten außerordentlich geschickt und interessieren damit jene, die für solche Dinge begabt sind (nämlich Mathematik, Astronomie, allerlei Instrumente);
- verfassen sie Moralschriften wie die *Sieben Siege* von Diego de Pantoja oder die *Zehn Gebote,* mit denen sie die Zustimmung der Gelehrten gewinnen, die um moralische Vervollkommnung bemüht sind;
- halten sie Reden über das Paradies und die Hölle – eine Idee, die sie dem Buddhismus gestohlen haben – und fanatisieren damit ihre Anhänger.

Bei alledem passen sich die Barbaren an die geistigen und sonstigen Fähigkeiten ihres Publikums an.[140] Mit diesen Manövern wollen sie die Chinesen anlocken, um sie dann von ihren Traditionen abzubringen und ins Verderben

---

[134] Le Comte, I, S. 54f.

[135] Über diese Weltkarte, siehe die Bibliographie in den *Fonti Ricciane* von P. D'Elia. [Siehe auch CCT Database (unter: Kun yu wan guo quan tu).]

[136] *PXJ*, III, 37a-b.

[137] Shi Bangyao (1585–1644), Doktor seit 1621. Als Li Zichengs Truppen 1644 in Peking einmarschieren, nimmt er sich durch Gift das Leben.

[138] *PXJ*, II, 32a.

[139] Vgl. S. 152f.

[140] *Zuiyan*, *PXJ*, III, 27a.

zu stürzen. „Nach außen scheinen sie bescheiden und respektvoll", schreibt der Mönch Purun aus Hangzhou, „innerlich aber sind sie Betrüger".[141]

Das gute Einverständnis der ersten Jahre mit Gelehrten und einflussreichen Beamten ist nach Riccis Tod offenbar immer mehr der Feindseligkeit und dem Argwohn gewichen. Das Klima hat sich aus verschiedenen Gründen verschlechtert: weil die Jesuiten ihre Politik verhärteten, weil sie schneller vorwärtsgehen wollten, weil es mehr [58] Missionare gab, von denen sich einige schon im Volk betätigten, und weil die Gelehrten von den Missionaren nun mehr kannten als nur ihre moralischen, wissenschaftlichen oder antibuddhistischen Schriften.

ECHTE KONFUZIANER?

Es hatte guten Grund, dass Matteo Ricci seine Werke in bestem Chinesisch schrieb und nicht etwa versuchte, neue Ausdrucksweisen zu schöpfen: Er wollte zuerst die gute Gesellschaft ansprechen. Man war hier gehobenem Stil sehr zugänglich und hätte schlecht geschriebene Bücher gar nicht gelesen. Die Gelehrten, mit denen Ricci, seine Gefährten und Nachfolger in Kontakt standen, hatten bei der endgültigen Fassung ihrer Werke wesentlich die Hand im Spiel.[142] Dabei wurde aber ein Vokabular verwendet, das sich auf Traditionen und Vorstellungen bezog, die vom Christentum sehr verschieden waren. Daraus konnten Irrtümer entstehen.

An einer Stelle seiner großen Abhandlung, der *Wahren Bedeutung des Herrn des Himmels,* schreibt Ricci, dass

> jene, die ihren Begierden (*yu*) folgten, von Tag zu Tag zahlreicher wurden, und jene, die dem universalen Ordnungsprinzip (*li*) folgten, von Tag zu Tag weniger. Da zeigte der Herr des Himmels großes Erbarmen und kam in seiner Person, die Welt zu retten und überall die Wesen zu erwecken.[143]

Dieser Satz ist ein typisches Beispiel für die Gefahren einer jeden Übersetzung. Der Gegensatz zwischen „menschlichen Begierden" (*renyu*) – Selbst-

---

[141] *Zhuzuo jiyuan qi* (1634), *PXJ*, VIII, 21b.

[142] Um abendländische Werke ins Chinesische zu übersetzen, ging man viel einfacher vor als bei der Übersetzung von indischen Werken im 5. bis 8. Jahrhundert. Zu dieser Zeit war die Übersetzungstechnik immer systematischer geworden: Indische, zweisprachige und chinesische Mitarbeiter bildeten Arbeitsgruppen, und jeder hatte eine bestimmte Aufgabe. Im Allgemeinen wurden die Werke der Missionare offenbar zuerst mündlich übersetzt, dann niedergeschrieben. Es scheint auch, dass die Gelehrten bei der Niederschrift und beim letzten Schliff (*run*) eine wesentliche Rolle spielten. Zum Schluss brauchte es auch noch das Imprimatur der jesuitischen Hierarchie.

[143] *TZSY*, S. 628.

sucht, wie sie der Mensch im Umgang mit Wesen und Dingen entwickelt – und dem „himmlischen Ordnungsprinzip" (*tianli*), wie es sich in der menschlichen Natur spiegelt, war im Neokonfuzianismus seit dem 11./12. Jahrhundert sehr wichtig geworden. Auf diese Philosophie, die zu den christlichen Dogmen im Widerspruch steht, bezieht sich hier Ricci anscheinend. Und der letzte Satz könnte einer buddhistischen Sutra entnommen sein mit dem Wort „Erweckung" und dem Ausdruck „großes Erbarmen zeigen" (*da fa cibei*; *cibei* ist die Übersetzung des sanskritischen *maitrīkaruṇā*). Die Menschen retten heißt im Buddhismus, sie zur Erweckung (*bodhi*) führen, damit sie die Welt der Phänomene als Illusion erkennen und aus dem Kreislauf von Tod und Wiedergeburt ausbrechen können. Auch dieser implizite Bezug steht im Widerspruch zu den christlichen Thesen. Ohne es zu merken, nimmt Ricci ein **[59]** neokonfuzianisches oder buddhistisches Vokabular zu Hilfe, das Vorstellungen heraufbeschwört, die mit ewigem Heil und Erlösung unvereinbar sind.

Wie 1908 der protestantische Pastor C.W. Mateer schrieb, den es ärgerte, dass die Chinesen so vieles falsch verstanden:

> Gibt es wohl eine angemessene Methode, das Dogma der Dreifaltigkeit darzustellen, ohne dabei dem gröbsten Materialismus zu verfallen?[144] Wer war glücklich genug, ein Wort für Sünde zu finden, ohne in die Szylla des Zivildelikts zu fallen oder in die Charybdis der Strafe für die Fehler eines vorhergehenden Lebens? Wie immer man versucht, die Idee von der Auferstehung auszudrücken – die Uneingeweihten werden verstehen, es handle sich um die Seelenwanderung.[145]

In seiner *Wahren Bedeutung des Herrn des Himmels* hatte Ricci nicht nur „viele Gründe und Argumente, die unseren heiligen *Doctores* entnommen sind", brauchen wollen, sondern auch, und dies mit großem Sachverstand,

---

[144] Arthur F. Wright (1953) zitiert einen chinesischen Pastor, der beweisen wollte, dass Jesus wirklich der Sohn Gottes war, und dafür nichts Besseres fand als ihre Namen: Sie gehören beide zur Familie Ye, denn der eine heißt ja Ye Su und der andere Ye Hehua (Jehova). Zur Erklärung der Anekdote: In China sind die Eigennamen und die Verwandtschaftsverhältnisse sehr wichtig. Auch die Taiping im 19. Jahrhundert haben die Beziehung zwischen Gott Vater und Christus als ein familiäres Verhältnis gefasst und sich eine ganze göttliche Familie vorgestellt. Hong Xiuquan war Jesu jüngerer Bruder. Vgl. S. 287f.

[145] C.W. Mateer, „Lessons Learned in Translating the Bible into Mandarin", in *Chinese Recorder*, November 1908, S. 608. Zitiert von A.F. Wright 1953, S. 291. Über das Fehlen eines gleichwertigen chinesischen Ausdrucks für die christliche Sünde und über die Metamorphosen, die der Inkarnations-Begriff in China durchmacht, siehe S. 207f. und 285f.

„jene in ihren alten Büchern, die der Pater (er, Ricci) beim Lesen notiert hatte, was diesem Werk Ansehen und Einfluss verschafft hat".[146]

Doch wer die Klassiker und vor allem jene Stellen, an denen der *shangdi* und das Wort „Himmel" (*tian*) vorkommen, so oft zitierte, musste damit rechnen, dass die Gelehrten diesen Wörtern einen anderen Sinn gaben als die Missionare. Das gleiche war schon den Juden von Kaifeng in der Provinz Henan mehrere Jahrhunderte früher widerfahren: Sie gebrauchten das Wort *dao* – die Bezeichnung für die Wirkungsweise der Natur –, um das Wort „Gott" zu übersetzen, und damit „vermachten sie den späteren Generationen ihrer Gemeinschaft ein Wort, das mit seiner sehr starken immanentistischen Färbung die transzendente Natur Gottes grundlegend verändert hat".[147] Auch die Juden hatten die Wörter *tian* und *shangdi* verwendet, um Jahwe zu bezeichnen.

Die Sprache selbst verformt die christliche Botschaft, gibt ihr einen chinesischen, nichtchristlichen Beiklang. Weil Ricci ständig chinesische Ausdrucksweisen und Formulierungen aus den Klassikern verwendete, haben sich, sagt Huang Wendao aus Puzhou, so viele Gelehrte getäuscht und geglaubt, die Lehre vom Herrn des Himmels stehe im Einklang mit der konfuzianischen Überlieferung. Und: Nachdem Kaiser Wanli Ricci die Ehre angetan hatte, seine Geschenke anzunehmen,

> wollte dieser seine Anschauungen über den Herrn des Himmels verbreiten. Nun aber hatten Wörter und **[60]** Klang seiner Sprache nichts mit dem Chinesischen gemeinsam, und es war zu befürchten, dass seine Vorstellungen in völligem Widerspruch zu unserem Konfuzianismus stehen. Also hat er Gelehrte gebeten, ihn über die Klassiker zu belehren, und dann ähnliche Ausdrücke verwendet, wenn er auch das Höhere und Schwierigere in diesen Texten zur Seite ließ.[148] So schien es zwischen seinen Reden und den Lehren des Yao, Shun, Zhougong und Konfuzius keinen großen Unterschied zu geben. In Wirklichkeit aber entwickelte er heimlich seine Lehre. Er verwarf den Buddhismus, kritisierte den Daoismus und setzte

---

[146] *FR*, II, S. 295. Vgl. Riccis Brief vom 4. November 1595, *TV*, II, S. 207: „Da wir die Dinge unseres heiligen Glaubens auch durch ihre Bücher beweisen wollten, habe ich mir in den vergangenen Jahren von guten Meistern neben den *Vier Büchern* alle sechs Lehren (die Klassiker) erklären lassen und darin viele Stellen notiert, die unserem Glauben günstig sind."

[147] Äußerung M.J.R. Stevensons, aufgezeichnet von A.F. Wright 1953, S. 302, Anm. 8. Die jüdische Gemeinschaft von Kaifeng ging auf das 11. Jahrhundert zurück und war zur Zeit der ersten Jesuitenmission noch vorhanden. [Zum Judentum in China siehe Leslie 1998.]

[148] Das ist der wahrscheinliche Sinn.

den Konfuzianismus herab und brauchte Yao, Shun, Zhougong und Konfuzius als Gespann vor seinen Reden.[149]

Etwas weiter hinten fügt Huang Wendao hinzu:

> Einst habe ich geglaubt, sie seien aus Liebe zu unserem *Dao* (gemeint sind die philosophischen und moralischen Grundgedanken) nach China gekommen. jetzt weiß ich, dass sie es nur gestohlen haben, um es zu verraten.[150]

Die Missionare hatten christliche und chinesische Traditionen verglichen, was dazu führte, dass sich viele Gelehrte über die wahre Bedeutung der Lehre vom Herrn des Himmels täuschten. Es brauchte einige Anstrengung, die Dinge im richtigen Licht zu sehen. In seinem Brief an den Zensor Yan Maoyou berichtet Huang Zhen, er habe bei Pater Aleni intensive Nachforschungen anstellen müssen, um herauszufinden, wo und wie dessen Lehre der chinesischen Tradition gefährlich sei:

> In unserem Zhang[zhou] (im südlichen Fujian) ist vor kurzem ein Mann von der Lehre vom Herrn des Himmels angekommen. Er heißt Ai Rulüe (Giulio Aleni) und ist Gefährte des Li Madou (Matteo Ricci). Die Toren sind um die Wette zu ihm gelaufen. Das ist zutiefst bedauerlich. Aber es gibt noch Schlimmeres: Intelligente Personen verkünden unablässig, er sei ein bemerkenswerter Mensch; sie sind von seinen Reden völlig aufgewühlt, stehen schützend vor ihm und versetzen die Leute in Aufregung. Als ich ihn sah, habe ich verstanden, was an diesem Mann schädlich ist. Aber ich kannte noch nicht jede Einzelheit. Erst als ich untersuchte, was seit der Wanli-Zeit[151] alles geschehen war, ging mir auf, wie sehr solche Barbaren mit ihrer unheilvollen Einwirkung China vergiften können. Was blieb mir übrig, als während einiger Tage hinzugehen und seine Reden anzuhören. Aber (zunächst) konnte ich sie nicht genug verstehen, um ihn **[61]** zu widerlegen. Das hat mich beinahe krank gemacht. Erst am vierten oder fünften Tag wurde mir klar, inwiefern seine Äußerungen schädlich waren. Da konnte ich die Dinge ordnungsgemäß darlegen. Das hat mich wieder aufgemuntert. Im Großen und Ganzen gibt es fünf Gründe, warum (ihre Reden) für die Gesellschaft sehr gefährlich sein können. Was das Übrige betrifft, so habe ich kaum Zeit, mich damit zu befassen. Ich bitte Euch nur, Meister, sie in den Einzelheiten zu untersuchen und mich anhören zu wollen. Gestattet mir, (vor Euch) das gefährliche Gift ihrer Lehre darzulegen. Dann kann ich hoffen, Euch zu überzeugen.[152]

---

[149] *Pixie jie* von Huang Wendao, *PXJ*, V, 19a-b.

[150] *Ibid.*, 21b.

[151] 1573–1620, zu dieser Zeit kamen die ersten Jesuiten nach China.

[152] Brief Huang Zhens an den Zensor Yan Maoyou, *PXJ*, III, 8a-b.

Huang Zhens fünf Gründe: dass die philosophischen, moralischen und religiösen Traditionen in China bedroht werden, dass die Zahl der Missionare ständig wächst, dass sie sich in fast allen Provinzen festgesetzt und dass sie ihnen ergebene Gemeinschaften gebildet haben, die Chinas Unabhängigkeit zusätzlich bedrohen.

Die Missionare wollten sich anpassen, hatten ein bestimmtes Vorgehen gewählt und lehnten sich an Traditionen an, deren Bedeutung und Verwurzelung in China sie nicht kannten; das alles aber legten viele Chinesen als Doppelspiel aus. Gemäß einem Autor vom Ende der Ming-Zeit haben die Missionare

> zuerst Sprache und Schrift Chinas gelernt, dann die von den drei Lehren (Konfuzianismus, Daoismus, Buddhismus) handelnden chinesischen Bücher gelesen und so ihre Lehre vom Herrn des Himmels erfunden. Sie entnahmen dem Buddhismus Ideen, fügten andere dem Konfuzianismus hinzu, erfanden und manipulierten, wie es ihnen gefiel, und schufen diese Irrlehre, um damit die Leute in Aufruhr zu versetzen und zu täuschen und die Fundamente unseres Reiches zu untergraben.[153]

Im Wesentlichen erscheint den Chinesen die Lehre vom Herrn des Himmels als eine Mischung von falsch verstandenen buddhistischen und konfuzianischen Vorstellungen.

Ende des 18. Jahrhunderts findet der Autor eines bibliographischen Abrisses zu Riccis *Fünfundzwanzig Ansichten*, dass die Abendländer den Buddhismus sehr ungeschickt geplündert haben:

> In der Tat gibt es in der Überlieferung der westlich (von China) gelegenen Länder in puncto Bücher nur die buddhistischen Schriften. Die Europäer haben also diesen Büchern die Ideen genommen und sie auf phantastische Art verdreht, ohne dass es ihnen aber gelungen wäre, sich stark von ihrem Modell zu lösen. Danach sind sie nach China **[62]** gekommen und mit den Werken der Gelehrten vertraut geworden, denen sie ebenfalls viel entlehnt haben, um ihre Theorien auszuschmücken ...[154]

Im Spiel war also nicht nur der Konfuzianismus. Weil sie aber Konfuzius zustimmten und den Buddhismus ablehnten, erwarben sich die Jesuiten in den ersten Jahren der Mission bei den Gelehrten viel Sympathie. Wie man gesehen hat, nährten die Missionare absichtlich das Durcheinander zwischen dem Wortlaut der Klassiker und den Prinzipien ihrer Religion. Was sie sagten, schien sich auf die ehrwürdigsten Bücher Chinas zu beziehen, doch gaben sie diesen Zitaten einen grundlegend anderen Sinn. Es war ihre Absicht, die chinesischen Traditionen umzuformen und von innen her zu verwandeln. So

---

[153] *TXZZ*, S. 951.
[154] *Siku quanshu zongmu tiyao*, Kap. 125, Anmerkung über das *Ershiwu yan*.

verfuhren sie auch mit chinesischen Praktiken, die sie nicht völlig verurteilen konnten, wie etwa dem Ahnenkult: Man musste ihm einen neuen, mit dem Christentum zu vereinbarenden Sinn geben. Doch zunächst sprach noch vieles für die Missionare: Sie stimmten ja Konfuzius zu.

Solange die Missionare als sittenstrenge Gelehrte und als Verteidiger der chinesischen Tradition erschienen waren, hatte man sie mit Wohlwollen betrachtet; erst als man besser über ihre Lehre Bescheid wusste, wandte man sich gegen sie.

Der Autor einer kleinen Schrift, deren Vorwort von 1643 datiert ist, berichtet, er habe mit Freuden gehört, wie die Männer aus dem Abendland den Buddhismus angriffen und den Konfuzianismus priesen, bis ihm dann eines Tages die *Allgemeinen Erklärungen zu den Heiligenbildern*[155] von Pater João da Rocha[156] gezeigt wurden. Nachdem er die Schrift gelesen hat, schreibt er:

> Diese verfluchten Barbaren verwerfen scheinbar den Buddhismus, aber ohne es zu sagen, haben sie die Abfälle daraus gestohlen. Sie geben vor, den Konfuzianismus zu ehren, aber in Wahrheit kommen sie, seine Traditionen zu verderben.[157]

„Sie scheinen dem Konfuzianismus anzuhängen", hieß es schon in einem Bericht von 1617, „aber in Wahrheit weichen ihre Äußerungen von der rechten Lehre ab."[158]

„Als unsere rechtschaffenen Leute sahen", schreibt Yang Guangxian, „wie Ricci Buddhismus und Daoismus angriff, dachten sie, er stehe ein wenig auf der Seite von uns Konfuzianern. Deshalb haben sie ihn mit Lob überschüttet, ihm geholfen und schließlich vergessen, was an seinen Worten verwerflich und an seiner Lehre dämonisch war."[159] **[63]** Auch der buddhistische Mönch Purun denkt, die Missionare hätten dem Konfuzianismus nur zugestimmt, um sich vor den Gelehrten in ein gutes Licht zusetzen:

> Nach außen verwerfen sie den Buddhismus und den Daoismus, damit man glaube, sie seien Konfuzianer. Heimlich aber verunglimpfen sie den Konfuzianismus und prüfen das Terrain. Sie lehnen den Satz „der Natur folgen"[160] ab, kritisieren das *Dao* [den Begriff der immanenten Ordnung] und tadeln den Ahnenkult ...[161]

---

[155] *Shengxiang lüeshuo*, 1609 gedruckt. Vgl. Xu Zongze 1958, S. 176. [Zu diesem Text siehe auch CCT Database (unter: Tian zhu sheng xiang lüe shuo).]

[156] Pater da Rocha kam 1591 nach Macao und starb 1623 in Hangzhou.

[157] *Pixie ji*, Vorwort.

[158] *PXJ*, 1, 22b.

[159] *Pixie lun*, S. 1129.

[160] Über die Bedeutung dieses Satzes vgl. S. 189f.

[161] *Zhuzuo jiyuan qi* (1634), *PXJ*, VIII, 21a.

Es wäre zu gewagt, gegen die meistverehrten Traditionen Chinas frontal vorzugehen, und unklug, sich zu viele Feinde auf einmal zu schaffen. Das hat Ricci, wie er 1609 in einem Brief an den Visitator Francesco Pasio schreibt, erkannt:

> In den Büchern, die ich geschrieben habe, beginne ich jeweils damit, dass ich sie (die konfuzianischen Gelehrten) lobe und sie dazu benütze, die anderen (Buddhisten und Daoisten) aus dem Feld zu schlagen. Ich widerlege sie aber nicht direkt, sondern erläutere nur die Punkte, in denen sie nicht mit unserem Glauben übereinstimmen ... Eine sehr hohe Persönlichkeit, die zur Götzensekte gehört, hat mich sogar einen Speichellecker der Gelehrten genannt ... Und ich lege großen Wert darauf, dass man mich aus diesem Gesichtswinkel sehe, *denn wir hätten viel mehr zu tun, wenn wir gegen die drei Sekten kämpfen müssten.*[162]

Der Verfasser der *Anleitung zur Kritik*, Xu Dashou, macht sich kaum Illusionen darüber, dass die Missionare gegen die Moral, die philosophischen und religiösen Traditionen Chinas prinzipiell feindlich eingestellt sind:

> Gewisse Leute sagen: „Sie greifen den Buddhismus an, aber ich glaube nicht, dass sie den Konfuzianismus angreifen würden." Darauf antworte ich: „Sie würdigen den kosmischen Ursprung,[163] die Menschlichkeit (*ren*) und das Pflichtbewusstsein (*yi*)[164] herab. Das heißt: Sie würdigen die Prinzipien herab. Sie entwürdigen Konfuzius, Yao und Shun. Das heißt: Sie entwürdigen die Menschen. Wenn sie noch nicht gewagt haben, den Konfuzianismus ebenso heftig anzugreifen wie den Buddhismus, so nur, weil in jedem Heim Chinas Konfuzius verehrt wird, in jeder unserer Familien Yao und Shun geliebt werden, und weil sie angesichts der Hindernisse, die sich vor ihnen türmen, Haken zu schlagen versuchen. Wäre die Gesellschaft wie zur Zeit der mongolischen Barbaren in zehn Klassen eingeteilt, von denen die buddhistischen Mönche die dritte bildeten, **[64]** während die Gelehrten, die Prostituierten und die Bettler Klasse acht, neun und zehn darstellten, würden sie den Konfuzianismus stärker angreifen als jetzt den Buddhismus." Wie? sagen heute ihre Anhänger, ist denn unser Meister Aleni nicht zehntausendmal Konfuzius wert?[165]

„Die Barbaren sind zunächst gegen den Buddhismus angetreten", schreibt 1623 Wang Qiyuan:

---

[162] Brief vom 15. Februar 1609, *TV*, II, S. 387. Hervorhebung von J.G.
[163] Über diesen Begriff vgl. S. 262-264.
[164] Siehe S. 71f.
[165] ZP, 15b-16a. Der Autor bezieht sich auf die Anhänger, die Giulio Aleni zwischen 1625 und 1639 in der Provinz Fujian gewonnen hat.

> Danach haben sie den Daoismus, dann den späteren Konfuzianismus (*houru*: den Neokonfuzianismus) angegriffen. Wenn sie nicht auch gegen den Konfuzianismus ins Feld gezogen sind, so nur, weil sie sich mit den Gelehrten und den Mandarinen gut stellen wollen, damit sie ihre Lehre verbreiten können. Vorläufig scharren sie heimlich mit den Hufen und haben die Karten noch nicht auf den Tisch gelegt.[166]

Ein Gelehrter, der mit Pater Aleni – dieser war 1635 nach Zhangzhou im südlichen Fujian gekommen – in Verbindung gewesen war, erzählt, dass er von ihm mehrere christliche Bücher erhalten hat. Doch er scheint von der Lektüre nicht überzeugt gewesen zu sein:

> Was man da liest, ist äußerst oberflächlich und völlig widersinnig. Nach außen greifen sie die verdorbenen und falschen Vorstellungen von Buddhismus und Daoismus an, genau besehen aber kritisieren sie auch die [vermeintlichen] Irrtümer des Konfuzianismus. Wo sie sich jedoch mit dem Konfuzianismus anlegen, wagen sie den Mund nicht weit aufzutun, denn sie wollen von den Gelehrten Hut und Rock ausleihen, um ihre Lehre bis an den Hof zu bringen, damit ihr Gift noch besser verbreitet werde.[167]

Nicht alle fielen also auf Riccis Taktik herein, die darin bestand „zu erläutern, ohne direkt zu widerlegen".

Ein anderer Gelehrter aus Fujian, Autor der *Bianxue chuyan* (Einfache Ansichten zur Unterscheidung der Lehren), hebt zunächst hervor, was an den Lehren der Missionare respektabel ist (man muss den Himmel ehren), dass sie argumentieren können und ein reines Leben führen. Außerdem, sagt er, verwerfen sie Buddhismus und Daoismus und ehren Konfuzius, so dass sich gewisse Leute daran freuen und ihnen glauben. Aber bei genauer Lektüre ihrer Schriften entdeckt man eine ganze Reihe tiefgreifender Unterschiede zwischen ihren Lehren und dem, was Konfuzius lehrt:

> Konfuzius sagt, man müsse den Menschen dienen und seine alltägliche Lebensführung ändern. Sie sagen, man müsse dem Herrscher in der Höhe dienen und sich mit Hirngespinsten beschäftigen. **[65]** Konfuzius sagt, man müsse das Leben kennen und an seinem Platz zu bleiben verstehen. Sie hingegen sagen, man müsse den Tod kennen[168] und das Jenseits erkämpfen. Konfuzius macht das *taiji* [den kosmischen Ursprung] zum lenkenden Prinzip des Universums und betrachtet es wahrlich als das Ehrwürdigste und Erhabenste. Sie hingegen finden, das *taiji* sei abhängig, niedrig und

---

[166] *Qingshu jingtan*, zitiert von Ch'en Shou-i 1936.

[167] *Zhuyi lunlüe*, PXJ, VI, 2b-3a.

[168] *Ru si*, „wie der Tod", steht fälschlicherweise für *zhi si*, „den Tod kennen". Anspielung auf das *Lunyu*, XI, 12: „Dürfte ich Euch über den Tod befragen, sagte Jilu zu Konfuzius. – Wer nicht weiß, was das Leben ist, wie sollte er wissen, was der Tod ist?"

äußerst verachtenswert.[169] Sie halten Lohn und Strafe, die vom Herrscher kommt, für unwichtig und lehnen den Fürsten ab [sie sind illoyal]. Hierin sind sie schuldiger als Yangzi [der Verfechter des absoluten Egoismus]. Sie halten die Sorge um die Eltern für nebensächlich und lehnen den Vater ab [sie haben keine Achtung vor den Älteren]. Hierin sind sie schuldiger als Mozi [der Verfechter eines universalen Altruismus]. Sie leugnen, dass das universale Ordnungsprinzip Teil der menschlichen Natur ist, und denken, die Sittlichkeit liege außerhalb des Menschen. Hierin sind sie schuldiger als Gaozi [der die menschliche Natur für unbestimmt hielt].[170] Daher ist ihr Gehorsam und ihre Achtung vor dem Herrscher in der Höhe nur Vorwand, um ihre lügenhaften Vorstellungen an den Mann zu bringen. Diese Leute aus dem Abendland brauchen den Konfuzianismus als Verbündeten, um mit der Waffe in der Hand bei uns einzuziehen. Leider sind die Hälfte ihrer Anhänger angesehene Persönlichkeiten und gebildete Leute. Und wenn bescheidene Personen wie ich aufstehen, um sie zu bekämpfen, kommen viele uns bespucken und beschimpfen.[171]

Ein gewisser Jiang Dejing aus Quanzhou in der Provinz Fujian erzählt die Geschichte seiner Beziehungen zu den Missionaren. Er hat dazumal Pater Aleni geholfen, eine kleine Schrift mit dem Titel *Fragen und Antworten zum Abendland* (Xifang dawen) zu verfassen. Zu jener Zeit wusste er von den Missionaren nur, dass sie den Kalender berechnen konnten und mit astronomischen Instrumenten geschickt waren. Ihre Lehre vom Herrn des Himmels kannte er nicht:

> Kürzlich habe ich ihre Bücher gelesen und gedacht, sie hätten unserem Konfuzianismus die Idee „dem Himmel zu dienen" (shi Tian)[172] gestohlen und ihr Herr des Himmels sei identisch mit unserem Herrscher in der Höhe. Ich wusste nicht, dass ihnen gemäß zur Zeit des Han-Kaisers Ai (6 bis 1 v.Chr.) *Yesu* der Herr des Himmels war.

Doch Jiang Dejing bleibt mit den Missionaren in Kontakt, denn er bewundert ihre unbescholtene Lebensführung:

> Ich habe festgestellt, dass sie nicht heiraten, auch nicht kastriert sind, und **[66]** damit einiges unseren verheirateten daoistischen Priestern (huoju) voraushaben. Deshalb habe ich nicht jede Verbindung zu ihnen abgebrochen.

---

[169] Anspielung auf eine Stelle des *TZSY*, S. 407, wo Ricci den *taiji*-Begriff kritisiert.

[170] Siehe dazu Kapitel VIa des *Mengzi*.

[171] *Bianxue chuyan* von Chen Houguang aus Shanshan, das heißt Fuzhou in der Provinz Fujian, *PXJ*, V, 1a-b. Auf den ersten Blick scheinen diese Anklagen übertrieben, doch sind sie vom Standpunkt der chinesischen Traditionen und Vorstellungen her begründet. Siehe unten Kapitel IV über die Moral.

[172] Über die Bedeutung dieses Ausdrucks vgl. S. 241f.

Er wird sogar bei einem hohen Beamten vorstellig, damit die 1637 gegen die Missionare und ihre Anhänger ergriffenen Maßnahmen gemildert werden. Da aber lernt er die Lehre vom Herrn des Himmels besser kennen und merkt, dass sie auf Traditionen und moralische und politische Ordnung in China schlechten Einfluss haben könnte.

Huang Tianxiang (Huang Zhen) aus Zhangzhou zeigte mir damals die *Aufzeichnungen zur Zerstörung der Irrlehren (Poxie ji)*. Da wurde ich gewahr, dass ihre Lehre gewiss Unruhe stiften würde, dass man so schnell wie möglich zum Kampf rüsten müsse und dass ich mit meiner Art, sie nur eben zu kritisieren, statt sie wegzujagen, ganz anders verfuhr als einst Menzius mit Yang und Mo [den zwei Feinden der konfuzianischen Moral].[173]

„Diese Leute haben sich unrechtmäßig zu unserem konfuzianischen Satz ‚dem Herrscher in der Höhe ehrfurchtsvoll dienen‘[174] bekannt und so ihr Gift ungehemmt verbreiten und ihre Intrigen spinnen können", schreibt Huang Zhen in seinem Brief an den Zensor Yan Maoyou. „Wie mein Freund Chen Shuishi sagt: ‚Sie verfahren mit unserer Lehre wie mit einem Ort, in den sie sich eingeschlichen haben und aus dem sie plötzlich einen Ausfall machen‘".[175]

Im Vorwort zu einer kleinen Schrift mit dem Titel *Ich kann nicht länger schweigen (Buren buyan)* schreibt ein gewisser Zeng Shi:

Wie ließe sich behaupten, ihre Lehre stehe im Einklang mit unserem Konfuzianismus, wenn Ricci nur schon in seiner *Wahren Bedeutung des Herrn des Himmels* darlegt, Konfuzius' Auffassung vom kosmischen Ursprung sei falsch,[176] Zisis [Schüler des Konfuzius] Wort, wonach man „der Natur folgen" muss, unbegründet,[177] dass Menzius sich irrte, als er von den drei Vergehen gegen die Achtung vor den Älteren sprach,[178] dass Zhu Xis Kommentar zu den Opfern für Himmel und Erde unhaltbar sei[179] und Cheng

---

[173] *PXJ*, 111, 1a und 2a. Jiang Dejing findet jedoch, man müsse mit jenen, die ihre Irrtümer bereut haben, nachsichtig sein: „Was aber jene betrifft, die sich von Yang und Mo abgewendet und wieder zur rechten Lehre zurückgefunden haben, so war Menzius bereit, sie wieder aufzunehmen und hielt es für falsch, das entlaufene Ferkel zu strafen [nachdem es in den Stall zurückgekehrt war]."

[174] Der Ausdruck findet sich im *Shujing*, „Wenhou zhi ming" und im *Shijing*, „Daya", im Gedicht „Daming".

[175] Brief Huang Zhens an Yan Maoyou, *PXJ*, III, 10b.

[176] *TZSY*, S. 404f.

[177] *Ibid.*, S. 562-570.

[178] *Ibid.*, S. 578.

[179] *Ibid.*, S. 418. Ricci behauptete, die Opfer für die Erde seien erst spät zu den Opfern für den Himmel und den Herrscher in der Höhe hinzugefügt worden.

Haos Erläuterung über den zweifachen Aspekt des Himmels – Substanz und ordnendes Prinzip – falsch.[180]

Zou Weilian teilt Zeng Shis Meinung über Ricci:

> Es genügt ihm nicht, den Buddhismus und den Daoismus zu beleidigen. Er erhebt sich über die fünf Herrscher [der ältesten Zeit], die drei Könige [Gründer der allerersten Dynastien], über den Herzog von Zhou und über Konfuzius. Noch nie waren die Dinge so auf den Kopf gestellt **[67]** worden. Er kritisiert Konfuzius' Lehre vom *taiji* und seine Fassung der *Frühlings- und Herbstannalen*.[181] Er kritisiert Menzius in bezug auf seine Äußerungen über die Menschlichkeit, das Pflichtbewusstsein und die Pflicht, Nachkommen zu haben.[182]

Es lässt sich nicht leugnen, dass Ricci den Konfuzianismus in Geist und Sinn angreift, wenn er sagt, der Mensch sei durch seine Urteilskraft definiert und die konfuzianischen Tugenden (*ren:* Menschlichkeit, *li:* Höflichkeit, *yi:* Pflichtbewusstsein und *zhi:* Weisheit) kämen nachher;[183] wenn er das natürlich Gute vom moralisch Guten trennt und versichert, das Gute entstehe nur aus der Absicht und dem Bemühen, das Rechte zu tun[184] – dies im Widerspruch zur chinesischen Auffassung, wonach das Gute natürlich entsteht und das Spontane vor dem Reflektierten Vorrang hat; wenn er erklärt, die Selbstvervollkommnung stelle nicht ein Ziel an sich dar;[185] wenn er sagt, im Vergleich mit dem Herrn des Himmels seien uns die Eltern fremd;[186] wenn er es nicht für wichtig hält, dass der Familienstamm und der Ahnenkult erhalten bleiben;[187] wenn er die Achtung vor Gott über die Achtung vor den Älteren setzt.[188]

Gewissen Gelehrten entging auch nicht, dass die Missionare die Klassiker oder die hauptsächlichen Klassiker-Interpretationen sinnentstellend auslegten, und sie schlossen, es sei ihnen bewusst um Verfälschung zu tun.

---

[180] *TZSY*, S. 417. Die Chinesen wollen das Universum nicht von seinen Organisationsprinzipien getrennt sehen; vgl. S. 246ff.

[181] *Ibid.*, S. 532. Dem chinesischen Gelehrten, der sagt, das *Chunqiu* handle davon, was richtig und was falsch sei (*shi fei*), antwortet Ricci, das *Chunqiu* handle in Wirklichkeit von einem der drei niedrigen Verlangen, nämlich, sich einen Namen machen zu wollen. Er selbst aber spreche von Bestrebungen, die das zukünftige Leben betreffen.

[182] *Pixie guanjian lu*, *PXJ*, VI, 8b.

[183] *TZSY*, S. 564f.

[184] *Ibid.*, S. 567 und 569.

[185] *Ibid.*, S. 578.

[186] *Ibid.*

[187] *Ibid.*, S. 615, wo Ricci Menzius' These von der Pflicht, Nachkommen zu haben, zurückweist.

[188] *Ibid.*, S. 619, wo Ricci die „Drei Väter"-Theorie darlegt.

„Sie gingen so weit", schreibt Li Can, „Zhu Xi [dem großen neokonfuzianischen Gelehrten des 12. Jahrhunderts] folgendes Wort zu entlehnen: ‚Der Herrscher ist die ordnende Macht des Himmels'. Sie fanden, das passe zu ihrer Auffassung vom Herrn des Himmels. Aber sie haben einen Teil des Satzes ausgelassen, den Text verstümmelt.[189] Das ist höchst lächerlich." Und weiter:

> Konfuzius hat zu Herzog Ai gesagt: „Deshalb muss sich der rechtschaffene Mensch unbedingt vervollkommnen; will er sich vervollkommnen, muss er unbedingt seinen Eltern dienen; will er seinen Eltern dienen, muss er unbedingt die Menschen kennen; will er die Menschen kennen, muss er unbedingt den Himmel kennen",[190] und nicht wie Ricci schreibt: „Um seinen Eltern zu dienen, muss er unbedingt den Himmel kennen." Die grundlegende Idee dieses ganzen Paragraphen bei Konfuzius besteht darin, dass es vor allem wichtig ist, sich zu vervollkommnen.[191]

Nach christlicher Auffassung hat die Sittlichkeit ihren Ursprung in Gott. Nach chinesischer Auffassung muss man damit beginnen, **[68]** seinen Eltern zu dienen; erst dann kann man zum Verständnis der universalen Ordnung aufsteigen. Die chinesische Moral besteht aus einer stetigen Vervollkommnung, die bei den unmittelbarsten zwischenmenschlichen Beziehungen beginnt. In der Tat haben die Jesuiten den Sinn der Klassiker verfälscht.[192] Die gleiche Anklage wird auch in Yang Guangxians *Pixie lun* (1659) laut:

> Sie sezieren und zerstückeln den Text der Klassiker. Papageien, die wie Menschen sprechen, und doch Tiere sind! Ricci will *Yesu* als Herrn des Himmels verehren. Er setzt ihn über alle Heiligen der Zehntausend Königreiche. Er zitiert alle Stellen in den Klassikern, wo das Wort *shangdi* vorkommt, und verdreht ihren Sinn, um zu beweisen, dass unser Herrscher in der Höhe sein Herr des Himmels ist.[193]

Ricci brauchte nicht lange, um zu verstehen, dass es gefährlich wäre, den Gelehrten ohne lange Vorbereitung die christlichen Mysterien zu offenbaren. In seinen für die gute Gesellschaft bestimmten Werken kommen deshalb diese Mysterien nicht vor, und in seiner großen Abhandlung spricht er kaum einmal von der Inkarnation. Er hat übrigens erklärt, warum: Mit seinen kurzen Andeutungen über Jesus hoffte er die Chinesen neugierig zu machen und zu erreichen, dass sie den Missionaren Fragen stellten:

---

[189] Zum vollständigen Text von Cheng Haos Wort, das Zhu Xi verwendet, siehe S. 245.

[190] *Liji, Zhongyong*, 14.

[191] *Pixie shuo* von Li Can, *PXJ*, V, 24b und 26a.

[192] Über die Unterschiede zwischen chinesischer und christlicher Moral, siehe Kap. IV.

[193] *Pixie lun*, S. 1122.

> Am Ende dieses Buches steht noch etwas über Christus, unseren Erlöser, der auf die Welt kam, um sie zu retten und zu belehren. Damit werden die Chinesen angespornt, die Patres über ihre wirkliche Lehre zu befragen, die in anderen Büchern eingehender abgehandelt wird.[194]

Da bald geargwöhnt werden konnte, hier würden für die öffentliche Ordnung gefährliche Lehren verbreitet, taten die Missionare besser daran zu versichern, dass sie nichts Neues lehrten. Im Prozess von Nanjing von 1616 bis 1617 wird in der *Verlautbarung nach der Verhaftung der ketzerischen Vereinigung* festgehalten:

> In ihrer Bittschrift und ihrer Rechtfertigungsrede behaupten die Barbaren einstimmig, ihr Herr des Himmels sei der Himmel, den die Chinesen verehren, und die Anhänger ihrer Lehre sagen auch: „Wir Chinesen haben immer den Himmel verehrt." Doch haben die Barbaren einen *Kurzen Abriss der Lehre vom Herrn des Himmels*[195] gedruckt, in dem Wort für Wort steht, der Herr des Himmels sei in dem und dem Jahr der Regierung des Han-Kaisers Ai geboren, dass sein Name *Yesu* ist und dass seine Mutter Yalima [Maliya] heißt. Er **[69]** ist also nur ein Barbar der westlichen Meere. Sie sagen auch, er sei von schlechten Beamten an ein Gerüst in der Form des Schriftzeichens für Zehn genagelt worden und so gestorben. Er ist also nur ein zum Tode verurteilter Barbar. Wie könnte man einen gefolterten Barbaren Herrn des Himmels nennen? Sogar in ihrer Rechtfertigungsrede sagen sie deutlich, der Herr des Himmels sei herabgestiegen, um in einem Königreich des Abendlandes wiedergeboren zu werden. Und sie wagen, die kaiserlichen Ohren mit so lügnerischen und den Riten widersprechenden Behauptungen zu belästigen! Wie können sie sich einbilden, dass hier in China niemand hinter ihren Betrug kommen wird?[196]

Wie Ricci schreibt, sollte seine große Abhandlung nur „die Fundamente des Glaubens errichten". Neben diesem Buch gab es einzig Schriften zur Moral, anhand deren sich die Gelehrten von der Lehre vom Herrn des Himmels ein Bild machen konnten. Deshalb rät Yang Guangxian, geschworener Feind der Missionare, jedem, der wirklich etwas über diese Lehre wissen will, er solle die Bücher lesen, die nur für Neubekehrte und Katechumenen bestimmt sind. Da zeige sich, wes Geistes Kind die Missionare seien, während sie in den Schriften über Moral und Philosophie ihre Ansichten verhüllt oder in chinesischer Aufmachung präsentieren:

> Die (von diesen Barbaren) verbreiteten Bücher verwenden zumeist Sprache, Stil, ja die Worte unserer Klassiker. Alle falschen Ideen, die sich in

---

[194] *FR*, II, S. 297.
[195] Dieser Titel figuriert nicht im bibliographischen Verzeichnis von Xu Zongze.
[196] *Huihuo xiedang hou gaoshi*, *PXJ*, II, 22a-b.

diesen Büchern finden, entstammen aber immer ihrer Lehre. Sie haben viel Gold, und so fällt es ihnen leicht, irregeleitete Chinesen dazu zu bringen, dass sie ihre Schriften ausbessern und ihnen Schliff geben, so dass man schließlich nur diese elegant formulierten Schriften sieht und nicht mehr die abwegigen Originale. Die Leute essen die Blume, ohne die Frucht zu kennen. Sie tappen im Nebel in eine Falle und vergessen ihre Pflichten. Es braucht also eine vollständige Kritik, damit der Kern ihrer [Vorstellungen] getroffen wird.

Die rechtschaffenen Leute sollen doch zuerst all diese Sammlungen mit Erklärungen zu den frommen Bildern, Katechismen und Gebetssammlungen lesen, und die Augen werden ihnen aufgehen. So der Rat, den Yang Guangxian seinen nur allzu oft hinters Licht geführten Landsleuten gibt.[197] Und er schreibt noch:

In seinen Büchern hat sich Ricci wohl gehütet, von der gesetzlich verfügten Hinrichtung des *Yesu* zu sprechen. So sind alle Gelehrten belogen und betrogen worden. [70] Damit ist Ricci aber ein großer Übeltäter. Sein Glaubensgenosse Schall jedoch, der weniger intelligent war, hat alles, was *Yesu* betrifft, in seinem *Jincheng shuxiang*[198] dargelegt.

WISSENSCHAFT UND RELIGION

Für die Gelehrten der zu Ende gehenden Ming-Zeit bildeten die Lehren der Missionare – Moral, Philosophie, Religion, Wissenschaft und Technik – ein Ganzes. Das nannten sie „himmlische Lehren" (*tianxue*) oder „abendländische Lehren" (*xixue*). Der berühmte Konvertit Li Zhizao vereinte 1628 in einer Sammlung mehrere Schriften, die nach unserem Standpunkt zu sehr verschiedenen Gebieten gehören. Seine *Erste Sammlung der himmlischen Lehren* (*Tianxue chuhan*) ist aufgeteilt in Werke, die mit dem universalen Ordnungsprinzip (*li*) zusammenhängen (Werke, die von Philosophie und Moral handeln), und jenen, die mit Gegenständen (*qi*) zusammenhängen (Werke, die sich auf Wissenschaft und Technik beziehen). Nun aber waren die

---

[197] *Pixie lun*, S. 1118.

[198] Das *Jincheng shuxiang* ist eine illustrierte Schrift, die Xu Zongze (1958, S. 373), unter den Werken des Paters Johann Adam Schall von Bell erwähnt. [Faksimile und Übersetzung dieses Werkes siehe N. Standaert 2007. Siehe auch CCT Database (unter: Jin cheng shu xiang).] Schall wurde 1592 in Köln geboren, kam 1619 nach Macao und starb 1666 in Peking. Er war 1630 nach Peking berufen worden, um an der Kalenderreform mitzuarbeiten. Er wurde 1645, ein Jahr nach der Einnahme Pekings durch die Mandschu, Leiter des astronomischen Dienstes. *Pixie lun*, S. 1129f. [Zu Schall siehe auch A. Väth 1991.]

Begriffe *li* und *qi*[199] in der Philosophie jener Zeit eng verbunden. Es fehlt auch nicht an weiteren Beweisen, dass sich die Chinesen zunächst eine globale Vorstellung von den Lehren der Missionare machten. Für die konvertierten großen Gelehrten zu Beginn des 17. Jahrhunderts, die ganz gewiss in traditionell chinesischer Weise ihren neuen Lehrmeistern ergeben waren, gehörten Wissenschaft und Technik untrennbar zum Übrigen; das auch ein wichtiger Grund, warum sie zur Lehre vom Herrn des Himmels übergetreten waren.

Dass die Chinesen zwischen ganz verschiedenen Gebieten eine Verbindung herstellten, lag auch an den Jesuiten: Sie machten aus ihren wissenschaftlichen Unterweisungen eine Art Einführung zu ihrer religiösen Lehre. Dafür hatte Ricci als erster den Weg gewiesen, und viele folgten ihm. „Um ihre Aufmerksamkeit zu gewinnen", schreibt Pater Parennin noch 1735, „muss man bei ihnen den Ruf eines Gebildeten erwerben, ihre Achtung gewinnen durch Kenntnis der Dinge der Natur, von denen sie wenig wissen, aber die sie gerne lernen möchten: Nichts macht sie bereitwilliger, unsere heiligen Wahrheiten des Christentums anzuhören."[200] Die Wissenschaft war also das Lockmittel. Doch gleichzeitig hatte sie auch die Wahrheiten [71] der Religion zusätzlich zu beweisen: Das Christentum gründet ja in der Vernunft. Im Vorwort oder sogar im Text ihrer Werke über Mathematik und Astronomie ließen es sich die Jesuiten nicht nehmen, auf die Existenz eines Schöpfergottes hinzuweisen, dem die Ordnung des Universums zu verdanken ist. Dieses Vorgehen hatte, wie schon dargelegt, den Jesuiten zunächst genützt: Zu Beginn des 17. Jahrhunderts zollten ihnen viele Gelehrte Achtung und Bewunderung. Das aus mehreren Gründen: weil die Jesuiten nützliche Kenntnisse nach China brachten, weil sie eine strenge Moral vertraten und weil es ihnen darum zu gehen schien, die Chinesen an die eigenen religiösen Traditionen zu erinnern.[201] In den Klassikern steht ja, man müsse „dem Himmel dienen", ihn

---

[199] Das Wort bedeutet Behälter oder Werkzeug und sollte nicht mit dem homophonen *qi* (universale Energie) verwechselt werden.

[200] Briefe des Paters Parennin vom 28. September 1735, *LEC*, XXIV, S. 23. Zu dieser Zeit gab es aber Gelehrte, die genug über die Lehre der Missionare wussten, um zwischen ihren wissenschaftlichen und religiösen Aspekten zu unterscheiden.

[201] Ohne Zweifel haben die Gelehrten in der Wissenschaft ein Mittel gesehen, mit dem sich der Aberglaube bekämpfen ließ. In seinen Erinnerungen (*FR*, II, S. 55) berichtet Ricci von einem jungen Chinesen, der zum Studium der Mathematik zu ihm geschickt worden war und der ihm versicherte, es sei unnötig, die Götzensekte (den Buddhismus) zu widerlegen: Es genüge, wenn er Mathematik lehre. „Wenn die Chinesen die Wahrheit über die materielle Erde und den materiellen Himmel sähen, würden sie von sich aus das Irrige an ihren Götzenbüchern einsehen." Und, fügt Ricci hinzu, „es ist vorgekommen, dass viele nach dem Studium unserer Wissenschaft und Mathematik über das Gesetz und die Lehre der Götzen lachten und sagten, darin würden so viele Irrtümer verkündet, dass man ihnen in bezug auf die übernatürlichen Dinge und das Jenseits

„achten" und „fürchten". Doch als man die Dogmen der Lehre vom Herrn des Himmels besser kannte, begann man zwischen Religion und Wissenschaft zu unterscheiden. So verkehrten sich die Dinge: Die Jesuiten hatten mit der Wissenschaft nur ihrer Religion den Rücken stärken wollen; die Chinesen aber wollten nur von der Wissenschaft hören, nicht aber von der Religion.

Einer der ersten, der zwischen Religion und Wissenschaft der Missionare unterscheidet, ist Fang Yizhi (1611-1671), dessen Werk beinahe im Ganzen aus den Jahren vor 1644 stammt, also vor dem Einmarsch der Mandschu in Peking. Wenn er Schriften zitiert, die von den Missionaren verfaßt oder diktiert worden sind, lässt er systematisch alles aus, was mit der Religion zusammenhängt. So vernachlässigt er völlig ein Argument, das in diesen Werken oft vorkommt: Die Ordnung der Welt beweise die Existenz eines Schöpfergottes, der die Welt in ihren kleinsten Einzelheiten lenkt. Fang Yizhi findet, die Abendländer seien „geschickt im Untersuchen und Erforschen, aber unfähig, das Universum in seinem Innersten zu ergründen".[202]

In der Mandschu-Zeit wurde es üblich, die Lehre der Missionare zweizuteilen: Der wissenschaftliche und technische Teil verdiente Beachtung; alles Religiöse war zu verwerfen. So der Standpunkt des Autors, der in der großen Bibliographie von 1782, dem *Siku quanshu zongmu tiyao*, die Anmerkungen zu den Schriften der Missionare verfaßt hat.

In der Anmerkung zur Schriftensammlung, die Li Zhizao 1628 herausgegeben hat, steht:

> Der Vorzug der abendländischen Lehren (*xixue*)[203] liegt in den Berechnungen, ihre Minderwertigkeit darin, **[72]** dass sie einen Herrn des Himmels verehren, was nur Unruhe stiften kann. Es ist widersinnig, wenn sie sagen, dass „von der Unermesslichkeit des Himmels und der Erde bis hin zum kleinsten Wurm alles vom Herrn des Himmels geschaffen worden ist". Das verdient nicht einmal, eingehend diskutiert zu werden. Wenn sie aber verlangen, die Leute sollen den Herrn des Himmels als ihren nächsten Verwandten ansehen und Vater und Mutter verlassen, ihren Herrscher und

---

nicht glauben konnte". In seinem *TZSY*, S. 595, nennt Ricci indische mythologische Themen, die in den Buddhismus aufgenommen worden sind, wissenschaftliche Absurditäten und sagt, das beweise, dass die Buddhisten um die wahre Ursache aller Dinge – Gott – nicht wissen. Der gleiche Spieß wird später gegen das Christentum gekehrt: Ein gewisser Yang Xianji, Schüler des 1861 in Tianjin eingetroffenen englischen Missionars Joseph Edkins (1823-1903), wollte beweisen, dass die Bibel mit den Erkenntnissen der modernen Wissenschaft unvereinbar ist. Vgl. P.A. Cohen 1961, S. 177-179.

[202] W.J. Peterson 1975, S. 398f.

[203] Wie oben erwähnt, bildeten die „abendländischen Lehren" für die Chinesen ein Ganzes, zu dem alle – religiösen, moralischen und wissenschaftlichen – Lehren der Missionare gehörten.

ihre Vorgesetzten ins zweite Glied zurückstellen und die Leitung des Staates denen anvertrauen, die von der Lehre vom Herrn des Himmels künden, so ist das ein noch nie da gewesener Anschlag auf längst bestehende Ordnungen. Wie könnte man ihre Lehre in China zulassen? Li Zhizao und die anderen[204] haben ihre Rechenmethoden bekannt gemacht und damit zweifelsohne behalten, was an ihren Lehren am annehmbarsten ist. Aber es ist eine Liederlichkeit, gleichzeitig ihre betrügerischen und lügenhaften Äußerungen zu verbreiten, da doch offensichtlich ist, dass diese von den Ideen unserer Klassiker abweichen.[205]

Der Verfasser dieser Anmerkung fügt hinzu, dass die Kompilatoren des *Siku quanshu* – der großen, vom Ende des 18. Jahrhunderts stammenden Sammlung von gedruckten Werken und Manuskripten – beschlossen haben, zehn mathematische Schriften aus Li Zhizaos Sammlung aufzunehmen. Von den anderen, nämlich jenen der *li*-Klasse (im Zusammenhang mit dem universalen Ordnungsprinzip)[206] haben sie nur das *Zhifang waiji* – eine Art Kosmographie, 1623 von Pater Aleni und Yang Tingyun gemeinsam verfaßt – behalten. Alles Übrige wurde zensiert. Auch haben sie Li Zhizaos Vorwort abgedruckt, damit seine Verfehlung bekannt werde: dass er der Irrlehre Hand geboten hat.

„Gewiss", steht in einer anderen Anmerkung, „die Europäer haben unseren Vorgängern einiges voraus, was die Genauigkeit der astronomischen Berechnungen und die Ausgeklügeltheit ihrer Instrumente betrifft. Aber keine Irrlehre war auch in puncto Übertreibungen, Fehlern, Unsinn und Unwahrscheinlichkeiten je soweit gegangen. Es war sehr weise von unserer Dynastie, ihre Technik und ihre Fertigkeiten zu benützen und die Verbreitung ihrer Lehre zu verbieten."[207] Und in bezug auf eine 1615 gedruckte Schrift über Astronomie heißt es:

[73] Am Anfang der Schrift steht ein Vorwort von Manuel Dias, wo dieser sein Spezialgebiet (die Astronomie) auf der Seite lässt und das Werk des Herrn des Himmels preist. Er erwähnt sogar etwas, was er den zwölften unbewegten Himmel nennt, wo das Paradies und alle Heiligen sein sollen. Wer den Herrn des Himmels verehrt, kann dorthin aufsteigen. Das ist wohl geeignet, den Toren zu gefallen und sie wankend zu machen. Er will seine Berechnungen und Deduktionen brauchen, um die Existenz eines Herrn des Himmels zu beweisen, und gibt sich so die größte Mühe, die Leute zu betrügen. Doch was die Astronomie betrifft, ist er unseren alten Methoden

---

[204] Es sind die Gelehrten, die sich zu Beginn des 17. Jahrhunderts für die abendländische Wissenschaft und Technik interessieren.

[205] *Siku quanshu zongmu tiyao*, Kap. 134, Anmerkung über das *Tianxue chuhan*.

[206] In Bezug auf Li Zhizaos Klassifizierung siehe oben.

[207] *Siku quanshu zongmu tiyao*, Kap. 125, Anmerkung zu Francisco Furtados *Huanyou quan* (1628). [Zu diesem Werk siehe CCT Database (unter Huan you quan).]

unbestreitbar überlegen. Lassen wir also alle seine absurden und verlogenen Theorien auf der Seite und behalten wir nur seine genauen Methoden, die auf Beweisen beruhen. Streichen wir das Vorwort, damit nicht gewisse Leute getäuscht werden. Die Absurditäten in der Schrift selbst können wir nicht herausnehmen, ohne den Text unverständlich zu machen; lassen wir sie also stehen und widerlegen diese irrigen Vorstellungen, wie wir es eben getan haben.[208]

Aber auch die abendländischen Wissenschaften waren nicht gegen jegliche Kritik gefeit, denn es gibt ja kaum eine Wissenschaft, die nicht in gewissen philosophischen *a priori* und Weltanschauungen gründet. So etwa hat die Hypothese, wonach das Universum von einem Zeit und Raum bemessenden Gott geschaffen worden ist, der europäischen Wissenschaft zu ihren ersten Schritten verholfen. Was die Missionare über die himmlischen Sphären, über das ein für allemal geschaffene, in Zeit und Raum begrenzte Universum lehrten, stimmte zwar mit ihrer Theologie überein, widersprach aber den chinesischen Vorstellungen, die uns heute vergleichsweise moderner erscheinen. Die Chinesen dachten den Himmel als unendlichen Raum, in dem die Himmelskörper schweben und in dem im Verlauf sehr langer Evolutionen durch Verdichtung oder Auflösung einer allgegenwärtigen universalen Energie sich die Welten bilden und vergehen.[209]

Die Kirche hat die Theorie vom heliozentrischen System heftig bekämpft, weil diese die Schöpfungsgeschichte und ein Weltbild in Frage stellte, das von der religiösen Lehre untrennbar schien. In China war die Einteilung von Zeit und Raum seit dem Altertum eine der Funktionen und eines der wesentlichen Vorrechte der königlichen Macht, und so gehörte alles, was den Kalender und astronomische Fragen – also insgesamt den Himmel – betraf, zu einer Art geschützten Gebiets.

[74] Der Himmel war für die Chinesen Garant und Vorbild der sozialen und politischen Ordnung. Shen Que, Vizeminister der Riten in Nanjing, erinnert 1616 in seiner Anklageschrift gegen Pater Vagnone an die traditionelle Vorstellung, wonach die Sonne mit dem Herrscher, der Mond mit seiner Frau, die Sternbilder um den Polarstern mit den Beamten und die übrigen

---

[208] *Siku quanshu zongmu tiyao*, Kap. 106, Anmerkung zum *Tianwen lüe* von Manuel Dias dem Jüngeren. [Zu diesem Werk siehe CCT Database (unter: Tian wen lüe).]

[209] Diese Theorie wird Ende des 11. Jahrhunderts im *Zhengmeng* von Zhang Zai entwickelt. In einer wissenschaftlichen Abhandlung buddhistischen Ursprungs über die Schöpfung der Welt wird die Idee von der Evolution und der Vielheit der Welten aufgenommen. Siehe S. 268ff. [Deutsche Übersetzung dieses Werkes siehe: *Rechtes Auflichten. Zhengmeng*. Übersetzt von Michael Friedrich u.a., Hamburg: Meiner 1996.]

Sterne mit dem gewöhnlichen Volk verglichen werden.[210] Nun aber brachten die Missionare die den Himmel betreffenden chinesischen Traditionen durcheinander: Sie teilten den Himmel in sieben Kristallsphären ein, die den Bahnen der Sonne, des Mondes und der fünf Planeten entsprachen. Das war wie ein Anschlag auf die natürliche Ordnung. Shen Que erwidert, es gebe nur einen einzigen Himmel, in dem sich sämtliche Himmelskörper bewegen. Und, fügt er hinzu, solche Sachen behaupten heißt, den Weltlauf stören, die Menschen hinters Licht führen[211] und „heimlich den Herrscher daran hindern, dass er die Kultur fördert".[212] Die letzte Anklage zeigt, dass in China zwischen dem Begriff des Himmels und der Idee der politischen Ordnung eine Verbindung besteht.[213]

Die Festlegung des Kalenders ist ein Privileg des Herrschers, eines der deutlichsten Zeichen seiner Macht, die Welt zu ordnen. Die tributpflichtigen Länder nahmen vom chinesischen Kaiser ihren Kalender entgegen und bezeigten damit ihre Zugehörigkeit zu China. Die Herstellung von Kalendern durch Privatpersonen war also ein Anschlag auf die kaiserlichen Vorrechte, eine Art Usurpierung der höchsten Macht. Ein vom Gründer der Ming-Dynastie Ende des 14. Jahrhunderts erlassenes Gesetz verbot gewöhnlichen Privatpersonen, sich mit den Himmelserscheinungen zu befassen und astronomische Instrumente herzustellen. Nun aber, so steht in einem der Protokolle des Nanjinger Prozesses, „besitzen und fabrizieren" die Barbaren aus dem Abendland

> astronomische Instrumente und übertreten damit unsere Gesetze. Und sie waren kühn genug, die Theorie von den sieben Himmeln zu erfinden und so die Einheit des Himmels zu zerstören. Es gibt offenbar nichts auf der Welt, was sie zögern würden umzustürzen und mit ihren Lügen zu stören. Außerdem sind die natürlichen Bedingungen in hundert *li* Entfernung schon nicht mehr die gleichen; der Gnomon wirft in 1000 *li* Entfernung nicht mehr dieselbe Schattenlänge. Um so mehr müssen die Messergebnisse aus dem Schatten eines Gnomon, der in 90.000 *li* Entfernung steht (was in der Vorstellung der Chinesen die Distanz **[75]** zwischen Europa und China ist)

---

[210] *Nangong shudu*, PXJ, I, 8a.

[211] *Ibid.*, 7b.

[212] *Ibid.*, 8a. Die Chinesen scheint ganz besonders schockiert zu haben, dass die Missionare die Schaltmonate abschaffen wollten. Diese erlaubten nämlich, die Verspätung des Mondkalenders auf den Sonnenkalender periodisch aufzuholen. Die Schaltmonate abschaffen zu wollen war ein Skandal, gingen sie doch auf das früheste Altertum zurück und waren durch die gesamte Tradition abgesegnet. Vgl. *Lifa lun*, PXJ, VII, 22a.

[213] Siehe S. 131.

vollkommen verschieden sein. Was bei ihnen stimmt, kann hier nicht als Regel gelten.[214]

Ein anderer Autor erinnert ebenfalls an das Verbot privater astronomischer Studien, hat aber noch weitere Gründe, die Wissenschaft zu verwerfen: Wie viele Chinesen zu jener Zeit denkt er, die Wissenschaft nehme in der Lehre vom Herrn des Himmels einen großen Platz ein:

> Es ist nicht wie bei uns in China, wo wir unsere Elite nach der Kenntnis wählen, die sie von den Klassikern hat. Sie wissen nicht, dass der Gründer unserer Dynastie private astronomische Studien und Kalenderberechnungen verboten hat, als er den Kodex schuf ... Schenken wir ihren Lehren Beachtung, werden wir unvermeidlich die Klassiker und die Traditionen des Konfuzius und des Menzius zerstören, das moralische Erbe des Yao und Shun aufgeben und die Sorge um die öffentliche Wohlfahrt der Beobachtung von Himmelszeichen opfern.[215]

Anders gesagt: Die Wissenschaft – wobei hier die Astronomie der Astrologie ganz nahe ist – lenkt von den wesentlichen Dingen ab, wie etwa von der Produktion und der Verteilung der lebensnotwendigen Güter und der rechten Lebensführung. Dazu die Weisung von Konfuzius: recht handeln, ohne sich um das allzu Entfernte kümmern, das sich – so etwa die Zukunft – unserer Kenntnis entzieht.

Nicht nur die wissenschaftlichen Aktivitäten, sondern auch die technischen Neuerungen der Missionare haben gemischte Reaktionen hervorgerufen. Das hing aber nicht nur mit der geistigen Flexibilität des chinesischen Publikums zusammen, denn gelobt und kritisiert wurden diese Neuerungen jeweils im Namen der gleichen Prinzipien: Das große Kriterium ist die Nützlichkeit. Auch jene, die sich am meisten für die abendländische Technik interessieren, behalten davon nur, was den Menschen bei der Herstellung von Gütern die Mühe abnehmen oder das Reich verteidigen helfen kann.[216] In den Schmäh-

---

[214] *PXJ*, II, 23a. Die astronomischen Instrumente, die man bei Pater Vagnone gefunden hatte, dienten im Prozess als Beweisstücke. Vgl. *ibid.*, 26a.

[215] *Pixie zhaiyao lüeyi*, *PXJ*, V, 30a.

[216] Die zwei berühmtesten Schriften über abendländische Technik sind zu Beginn des 17. Jahrhunderts entstanden. Xu Guangqi (1562–1633) übersetzte nach Diktat des Paters Sabatino de Ursis eine Abhandlung über die Bewässerungsmethoden im großen Abendland (*Taixi shuifa*). 1612 wurde dieses Werk in Peking gedruckt, 1628 von Li Zhizao in das *Tianxue chuhan* aufgenommen und in Xu Guangqis berühmter Abhandlung über Landwirtschaft, dem *Nongzheng quanshu*, das nach dessen Tod im Jahr 1639 veröffentlicht wurde, noch einmal abgedruckt. Von Jugend auf für Mechanik begeistert, verfasste Wang Zheng (1571–1644) in Zusammenarbeit mit Pater Johann Schreck eine Schrift mit dem Titel *Illustrierte Erläuterungen der seltsamen Maschinen des fernen Westens* (*Yuanxi qiqi tushuo*). [Zu diesen Werken siehe die entsprechenden Einträge in CCT Database: Tai xi shui fa; Nong zheng quan shu; Yuan xi qi qi tu shuo.]

schriften hingegen werden die Missionare angeklagt, ihre Geschicklichkeit eitel zur Schau stellen zu wollen. Was mechanische Erfindungen betreffe, habe China Lektionen aus dem Abendland kaum nötig. Die Pamphlete geben zu bedenken, wie widersprüchlich es ist, dass diese Barbaren einerseits das Töten verbieten, andererseits sich mit Artillerie befassen.[217]

Um die Chinesen zu beeindrucken, hatten die Missionare unter anderen Neuigkeiten wie Uhren eingeführt, die die Stunden schlugen. Damit hatten sie einigen Erfolg, und die Chinesen machten sich **[76]** bald daran, selbst solche Uhren herzustellen. Doch gaben diese Waagbalkenuhren die Zeit nur sehr ungenau an. Wirklichen Fortschritt brachte erst Huygens' Pendeluhr Ende des 17. Jahrhunderts. So werden in China die „Glocken, die von selbst schlagen" ebenso oft kritisiert wie gelobt. In einer zwischen 1630 und 1639 veröffentlichten Schmähschrift mit dem Titel *Li shuo huangtang huoshi* (Ricci hat Märchen erfunden, um die Leute irrezuführen), beschreibt ein Zensor namens Wei Jun genau den Mechanismus dieser Uhren und bemerkt, dass ihre Antriebskraft allmählich abnimmt und sie deshalb mit der wirklichen Zeit nicht übereinstimmen können. Um sie wieder zu beschleunigen, muss man sie aufziehen und täglich an die Zeit anpassen, die man von einer Sonnenuhr abliest. Ist der Himmel ein paar Tage lang bedeckt, kann man sie nicht mehr regulieren. Dennoch sei diese Methode einfacher als jene der Wasseruhren.[218]

Die stärkste Kritik wurde jedoch aus moralischen Gründen erhoben: Es sei nicht recht, seine Zeit mit solchen Nichtigkeiten zu vergeuden. Einzig wichtig sind die Wohlfahrt der Menschen und ihr gutes Einvernehmen. Hat euch niemand gesagt, fragt Xu Dashou, dass unnötige Erfindungen verachtenswert sind, denn „so groß sie auch ist, bringt eine solche Geschicklichkeit weder für Körper noch Geist Nutzen". Und genau das sind die Erfindungen der Abendländer: leere Zurschaustellung von Geschicklichkeit.

> Ihre Uhren taugen weniger als unsere Klepsydren. Bei ihrer Herstellung vergeudet man Dutzende von Silberunzen. Vom Brunnenschwengel zum Wasserschöpfen lässt sich sagen, dass er den Menschen Mühe erspart. Uhren aber, die so schwer herzustellen sind und so leicht kaputtgehen, kann man wohl eine Verschwendung nennen.[219]

---

[217] Vgl. S. 235. Man weiß, dass die Jesuitenpatres von Peking Ende der Ming-Zeit den Kauf von Kanonen bei den Portugiesen in Macao vermittelt haben und dass Pater Verbiest kurz nach der Machtübernahme durch die Mandschu einige Anstrengungen unternahm, in Peking eine kleine Kanonengießerei einzurichten.

[218] *Li shuo huangtang huoshi*, *PXJ*, III, 39a-b.

[219] *ZP*, 36a-b.

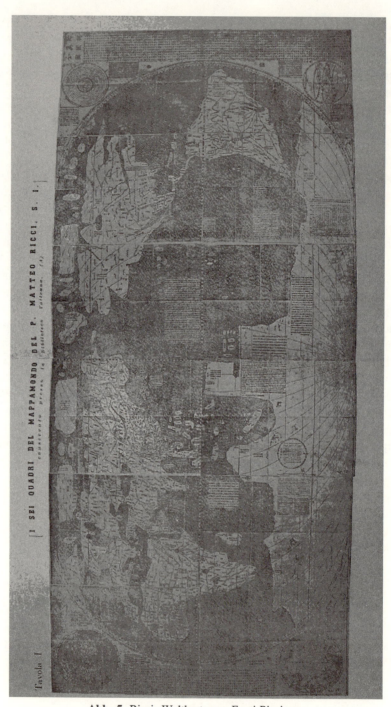

Abb. 5. Riccis Weltkarte aus *Fonti Ricciane*.

II.
RELIGIOSITÄT UND DIE KRAFT DER TRADITION

GELEHRTE

[77] An starre Dogmen und Festigkeit des Glaubens gewöhnt, waren die Missionare schockiert, bei den chinesischen Gelehrten so laue religiöse Gefühle zu finden. Sie beklagten auch ihren ausgeprägten Hang zu jeglicher Art von Synkretismus: Die Chinesen fanden, alles lasse sich in Einklang bringen, und da die Wahrheit nur angenähert werden kann, tue man gut daran, sie von verschiedenen Seiten anzugehen und von jeder Lehre das Beste zu nehmen. Die Mittel waren im Grunde wenig wichtig.[1]

Das aber stand im Widerspruch zu dem, was die Missionare vorhatten: Sie wollten den Chinesen einen absoluten Glauben vermitteln und in China eine Religion predigen, die in ihren Dogmen, verpflichtenden Glaubensinhalten, moralischen Imperativen und Riten ganz genau festgelegt war. Ricci stellte mit einigem Entsetzen fest, welchen Erfolg synkretistische Tendenzen zu seiner Zeit bei den Gelehrten hatten:

> Die heute am weitesten verbreitete Meinung bei denen, die sich für weise halten, besagt, dass die drei Sekten [Konfuzianismus, Buddhismus, Daoismus] das gleiche sind und dass man alle drei gleichzeitig befolgen kann. Damit täuschen sie sich und die anderen und machen ein großes Durcheinander, denn in puncto Religion scheint ihnen, je mehr Arten der Bekenntnisse, um so besser sei es für das Reich.[2] Am Schluss aber ist das Ergebnis ganz anders, als sie sich vorgestellt haben, denn sie wollen alle Gebote befolgen und befolgen dann gar keine aus ganzem Herzen. Die einen geben ihren Unglauben offen zu, die anderen sind irrtümlicherweise überzeugt, an etwas zu glauben, und so bleiben die meisten im tiefsten Atheismus.[3]

---

[1] Das ist die mahāyānische Vorstellung von der *upāya*: Die Wege zur Erleuchtung sind unzählig. Keiner ist zu verwerfen, aber auch keiner hat einen Wert an sich. Eigentlich also stellt die chinesische Haltung die allgemeine Frage nach dem Wahrheitsbegriff. Die Vorstellung von einer transzendenten, unabänderlichen Wahrheit ist den Chinesen fremd. Vgl. S. 297ff. über die Beziehung von Sprache und Denken.

[2] Jede Art von Kult und sämtliche Formen der Heiligkeit sind brauchbar, keine sollte ausgeschlossen bleiben.

[3] *FR*, I, S. 132. In seinem *TZSY*, S. 599, ereifert sich Ricci gegen die Ungeheuerlichkeit, drei Lehren zu einer zu machen.

Es war Ende der Ming-Zeit in der Tat Mode, Elemente aus den drei Lehren oder vor allem aus Buddhismus und Konfuzianismus [78] zusammenzufügen. Dieser Synkretismus war auf buddhistische Meister wie Zhuhong (1535–1615) zurückzuführen, ebenso auf große Gelehrte in der Art eines Jiao Hong (1541–1620), den Ricci übrigens 1599 in Nanjing getroffen hat.[4] Ein gewisser Lin Zhao'en (1517–1598) hatte in der Provinz Fujian sogar eine Religion mit volkstümlichem Einschlag geschaffen, die sich als Kombination der „drei Lehren" (*sanjiao*) in den Provinzen Jiangxi, Zhejiang und in der Gegend von Nanjing verbreitete. In ihren Tempeln fanden sich Statuen des Konfuzius, des Buddha und des Laozi.[5] In seiner Abhandlung weist Antonio de Caballero auf diese Tempel hin:

> Gewöhnlich stellt man die Statuen dieser drei Persönlichkeiten [des Konfuzius, des Buddha Śākyamuni und des Laozi], Stifter dieser drei Sekten, auf den gleichen Altar, der ihnen mit folgender Inschrift am Tempeltor geweiht ist: san kiao tang (*sanjiao tang*) ... So etwa einer der Tempel auf dem Berg, von dem aus man die Hauptstadt der Provinz Xamtum [Shandong], [nämlich Ji'nan], sehen kann.[6]

In China fehlt nicht nur jegliches System und jeglicher dogmatische Aufbau, was Anleihen und Angleichungen erleichtert, sondern auch die uns so vertraute Idee, wonach es nur eine Wahrheit gibt und nur eine Religion, die sie besitzt. Statistiken über die verschiedenen Konfessionen in China haben deshalb noch nie viel bedeutet, denn das Wort Konfession ist hier gar nicht anwendbar. Abgesehen von ihrer mehr oder weniger vertieften klassischen Ausbildung, haben sich die meisten Gelehrten im Lauf ihres Lebens mit allem ein wenig befasst: Buddhismus, Daoismus und Techniken zur Verlängerung des Lebens, Wahrsagung und die Wissenschaft von *yin* und *yang* – vom einen zum anderen und oft auch eines mit dem anderen. Wenn auch hin und wieder orthodoxe Bestrebungen aufflackern, so sind die Schranken zwischen den Lehren nie unüberwindlich. Und im Meer buddhistischer und daoistischer Auffassungen gibt es so viele Strömungen, so viele verschiedene Aspekte, dass man sie nie mit unseren dogmatisch festgelegten Religionen gleichsetzen könnte. Es sind vielmehr Gefüge aus verschiedenen philosophischen, mora-

---

[4] *FR*, II, S. 65f. In seinem *Zhuzi yulei ping* nennt Yan Yuan (1635–1704) für das 17. Jahrhundert folgende Verfechter der These, wonach alle drei Lehren gleich heilig sind: Lu Shanji (1575–1636), Sun Qifeng (1585–1675) und Du Yue (1596–1682).

[5] Siehe Stichwort Lin Zhao'en in *DBM*, S. 912–915, und die Studie von J.A. Berling 1980. In unserer Zeit hat sich der Caodaismus in Vietnam von den gleichen synkretistischen Vorstellungen leiten lassen. Vgl. S. 288, Anm. 171.

[6] Sainte-Marie 1701, S. 4 und 5. Caballero hatte sich in Ji'nan zu Anfang der 1660er Jahre aufgehalten.

lischen, religiösen und manchmal technischen Lehren. In der Lehre der Missionare haben übrigens die Chinesen des 17. Jahrhunderts etwas Ähnliches gesehen, da sie ihr ja die sehr allgemeine Bezeichnung *tianxue*, „himmlische Lehren", gaben, die ebenso auf Wissenschaft und Technik wie auf Moral und Religion anwendbar war. Außerdem hat für die Chinesen jede Lehre politischen Beiklang. Unsere [79] Kategorien und vor allem die völlige Unterscheidung zwischen Geistigem und Weltlichem sind in China fremd.

Was das Volk betrifft, so gibt es auch hier verschiedene Glauben, Praktiken und Kulte, doch handelt es sich dabei nicht um bestimmte Religionen, denn das Durcheinander ist auf dieser Ebene noch größer. Zumeist ist es unmöglich festzulegen, wo ein Kult auf Elemente der archaischen Religion zurückgreift und was er mehr oder weniger gelehrten buddhistischen oder daoistischen Einflüssen verdankt.

Kompromisse und Synthesen stehen bei den Chinesen so hoch im Kurs, weil es für sie keine transzendenten und ewigen Wahrheiten gibt. „Sie verstehen nicht", schreibt Longobardo von den konvertierten Gelehrten, „wie wichtig es ist, dass wir in dem, was wir behandeln, nicht den geringsten Irrtum stehenlassen ..."[7] Die meisten Chinesen dachten, die Missionare selbst – allen voran Ricci – hätten die Lehre vom Herrn des Himmels erfunden. Man durfte sie also zur Not auch da und dort vervollkommnen. Kaiser Shunzhi (1644–1661) sagte eines Tages zu Pater Schall, der ihn bekehren wollte:

> Ihr habt recht, aber wie soll man denn all diese Maximen in die Tat umsetzen? Nehmt zwei, drei von den schwierigsten weg, dann wird man sich vielleicht mit dem Rest abfinden können.[8]

Etwas haben die Chronisten des Christentums in China kaum beachtet: Die konvertierten Gelehrten dachten das Christentum selbst als Teil einer Synthese. Xu Guangqi, ein Mitglied der Akademie und der berühmteste und am besten ausgebildete Schüler Riccis, preist nicht etwa die reine christliche Doktrin, sondern ein Amalgam aus Christentum und Konfuzianismus, ähnlich jenem aus Konfuzianismus und Buddhismus im 16. Jahrhundert. Xu Guangqi schreibt im Vorwort zum *Taixi shuifa* (1612), der Abhandlung über Hydraulik, die er zusammen mit Pater Sabatino de Ursis verfaßt hat: „Ich habe einmal gesagt, ihre Lehren seien durchaus geeignet, den Konfuzianismus zu vervollständigen und den Buddhismus zu ersetzen (*buru yifo*)."[9] Er meint damit nicht eine Rollenverteilung – wie das die Missionare gewünscht hätten – zwischen einer rein weltlichen Lehre und einer Religion, die transzendente Wahrheiten verkündet, sondern eine Synthese zwischen dem ebenso weltli-

---

[7] N. Longobardo 1701, S. 21.
[8] Le Comte, II, Brief an Kardinal d'Estrées, S. 228.
[9] Xu Zongze 1958, S. 308.

chen wie religiösen konfuzianischen System und den moralischen, religiösen und wissenschaftlichen Lehren der Missionare. Steht denn Xu Guangqis Bemerkung nicht im Vorwort einer Abhandlung über **[80]** Hydraulik, einer Disziplin, die ja nichts besonders Christliches an sich hat?

Noch besser: Laut Longobardo – der, sehr um die Wahrheit besorgt, versucht hatte zu entwirren, was die konvertierten und die heidnischen Gelehrten eigentlich dachten – wollte Michael Yang Tingyun, einer der großen Bekehrten zu Beginn des 17. Jahrhunderts, die „vier Lehren" vereinigen. Longobardo schreibt:

> Den Grundsatz, wonach alle Dinge von einer Substanz sind,[10] haben die Sekte der Gelehrten, der Magier[11] und der Bonzen gemeinsam, und so spricht Doktor Michael (Yang) in seinen Abhandlungen zu einem guten Teil von diesen drei Sekten und versucht zu beweisen, dass sie zum Ziel hatten, das Prinzip des Universums festzulegen, und dass sie darin mit unserem Heiligen Gesetz übereinstimmen und wesentlich das gleiche sind. Hält man ihm entgegen, dass in diesen Sekten verschiedenes unserer Religion widerspricht, antwortet er, diese Irrtümer habe es noch nicht gegeben, als die Sekten ihrer reinen Lehre folgten, und dass sie von den Deutern[12] eingeführt worden seien, weil diese die alten Autoren nicht richtig verstanden haben. Deshalb riet er uns, in unseren Abhandlungen und bei der Entscheidung von Kontroversen doppelsinnige und zweideutige Ausdrücke zu verwenden, die beiden Parteien[13] gefallen können, und somit alle zu versöhnen. So also der schöne Rat und die feine Art, das Evangelium zu predigen, gemäß Doktor Michael.[14]

Für einen Christen gibt es im Gegenteil nur eine wahrhaftige Religion. Das hatte Ricci in seiner *Wahren Bedeutung des Herrn des Himmels* begreiflich machen und beweisen wollen, dass es absurd sei, die „drei Lehren" zu vereinen: Entweder seien alle drei wahr, und dann genüge eine; oder eine ist wahr, dann müsse man die beiden anderen verwerfen; oder alle drei sind falsch und verdienten, abgelehnt zu werden. Doch sind, fügt Ricci hinzu, in Tat und Wahrheit Buddhismus und Daoismus schlecht. Vermischt man nun das Gute

---

[10] Es handelt sich um das neokonfuzianische Wort: *tiandi wanwu yi ti*, „der Himmel, die Erde und die Zehntausend Wesen sind von einer einzigen Substanz".

[11] Longobardo meint die Daoisten.

[12] So nennen die Missionare die neokonfuzianischen Philosophen, die im 11. und 12. Jahrhundert die Klassiker neu kommentiert haben.

[13] Es handelt sich um die Missionare, die gegenteiliger Ansicht darüber waren, „ob es in den chinesischen Wissenschaften etwas gebe, was mit diesen drei Dingen zu tun hat: Gott, die Engel und die vernunftbegabte Seele". Siehe Vorwort zu Longobardos Abhandlung.

[14] Longobardo 1701, S. 97f.

(den Konfuzianismus) mit dem Schlechten (dem Buddhismus und Daoismus), kann nur etwas Verheerendes dabei herauskommen. Der wahre und rechte Glaube lehnt jede Teilung ab und verlangt völlige Hingabe. Wie könnte man so verschiedene Lehren wie Buddhismus und Konfuzianismus vereinen, nachdem sie sich während mehr als tausend Jahren unabhängig voneinander entwickelt haben?[15]

Religiöse Verehrung ist in China vom Brauchtum bestimmt: Die [81] Frage, ob eine Religion von einem absoluten Standpunkt aus gesehen wahr oder falsch ist, stellt sich nicht. Es genügt, wenn sie in der Tradition wurzelt, ihre Lehre die öffentliche Moral stärkt und ihre Ausübung wirksam zur allgemeinen Ordnung beiträgt. Wie sich die führenden Kreise zu einer Religion stellen, hängt von diesen Kriterien und von der politischen Situation ab. Maßnahmen gegen Religionen, die man als Gefahr für die öffentliche Ruhe erkannt hat, können besonders streng sein: Das war der Fall bei den „falschen Religionen" oder „ketzerischen Lehren" (xiejiao), die sich außer Reichweite der Staatsgewalt entwickelten. Nach der Mitte des 17. Jahrhunderts wurde auch das Christentum immer öfter als eine der nicht anerkannten chinesischen Sekten betrachtet und war deshalb vor allem seit der Regierungszeit Yongzhengs (1723–1736) und Qianlongs (1736–1796) Verfolgungen ausgesetzt. Doch ist Intoleranz chinesischer Prägung viel weniger unbeugsam als jene, die im Namen der Wahrheit zu handeln glaubt. Als J.J.M. de Groot die religiöse Intoleranz der Chinesen zu beweisen suchte, interpretierte er sie ganz im Sinn der Missionare.[16] Diese sahen sich als erbarmungslose Kämpfer gegen die falschen Götter und gegen den Satan.

*

Pater Le Comte ist über die Inkonsequenz der Gelehrten erstaunt: Die Atheisten, die im Namen der „neuen Philosophie" – des Neokonfuzianismus – den Aberglauben ablehnen, werfen sich genauso wie das Volk vor den Götzen nieder.[17] Es kann eben vorkommen, dass sie sich zu einem Glauben verleiten lassen, den sie normalerweise missbilligen. Im Allgemeinen beachten sie die Anstandsregeln und lassen offen, ob es Götter und Geister gibt oder nicht. Es ist also besser, vorsichtig zu sein und sich den bestehenden Bräuchen anzupassen.

„Jene, die heute über die Geister und Götter diskutieren", schreibt Ricci in seiner *Wahren Bedeutung des Herrn des Himmels*, „haben alle eine andere

---

[15] Vgl. *TZSY*, S. 599–602.
[16] Siehe De Groot 1903–1904.
[17] Le Comte III, Vorwort der zweiten Auflage.

Meinung. Einige sagen, es gebe überhaupt keine. Andere sagen, es gebe sie, wenn man an sie glaubt, und es gebe sie nicht, wenn man nicht an sie glaubt. Wieder andere meinen, es sei ebenso falsch zu sagen, es gebe sie wie dass es sie nicht gebe, und die Wahrheit sei, dass es sie zugleich gibt und nicht gibt."[18]

[82] Laut Ricci verneinten also gewisse Gelehrte völlig, dass es Geister gebe, andere sagten, sie existierten nur in den Köpfen der Leute, und andere schließlich – zweifelsohne die meisten – fanden es am besten, diesbezüglich überhaupt nichts zu behaupten. All das aber konnte den Missionaren kaum gefallen.

Als Longobardo eines Tages Michael Yang Tingyun über die Religion der Gelehrten befragte, antwortete dieser, dass sie dem Himmel, der Erde und den Bergen Opfer darbringen, um ihnen für ihre Gunst zu danken. Was die Geister betrifft, so „wissen sie nicht sicher, ob es sie gibt, oder sie nehmen einfach an, dass es sie geben könnte, und ehren sie zusammen mit dem Himmel, der Erde, den Bergen usw. so, als seien sie mit diesen Dingen von gleicher Substanz".[19]

Was die traditionellen Formen der Verehrung betrifft, sind die Gelehrten von einer Ehrfurcht erfüllt, die jede Vertraulichkeit ausschließt: „Seine Pflichten als Mensch erfüllen, die Geister aus respektvoller Entfernung ehren, das heißt weise sein", sagt Konfuzius.[20]

Auch an anderen Stellen seiner *Gespräche* kommt zum Ausdruck, was man Konfuzius' Agnostizismus genannt hat: „Der Meister sprach weder von Wundern noch von Gewalttaten noch von Wirren noch von Geistern."[21] Oder: „Wer es nicht versteht, den Menschen zu dienen, wie vermöchte er den Göttern zu dienen?"[22]

Wang Fuzhi (1619–1692), einer der größten chinesischen Denker des 17. Jahrhunderts, schreibt, dass man weder behaupten solle, es gebe Geister, noch, dass es sie nicht gebe. Behauptet man, es gebe sie, so öffnet man jeder Art von Aberglauben Tür und Tor und lässt ihn frei wuchern. Leugnet man aber kategorisch ihre Existenz, so entzieht man den Opferhandlungen der klassischen Tradition den Boden.[23] Uns Abendländern scheint diese Haltung unlogisch, denn uns geht es um das Ja oder Nein: Gibt es unsichtbare Geister oder nicht?

---

[18] *TZSY*, S. 452.

[19] Longobardo 1701, S. 94f. Über die nach chinesischer Auffassung grundlegende These von der Einheit der Welt, vgl. S. 182f. „Materie" und „Geist" sind nicht zwei fundamental verschiedene Substanzen.

[20] *Lunyu*, VI, 20.

[21] *Ibid.*, VII, 21.

[22] *Ibid.*, XI, 12.

[23] Vgl. *Du Tongjian lun*, Kap. 3, S. 77, Zeile 1 bis 5 der Pekinger Ausgabe, 1975.

Für die Chinesen hingegen ist die Frage nach der Existenz der Götter zweitrangig: Was zählt, ist die Lebensführung der Menschen.

Zu einem Klassiker-Kommentar schreibt der Franziskaner Antonio de Caballero:

> Es wird uns gesagt, wir sollten nicht hinauf streben nach dem, was über uns ist und unsere Kräfte übersteigt, wie etwa das Geheimnis der Geister oder andere höchst schwierige Sachen kennen zu wollen und dabei zu vernachlässigen, was uns ziemt, was in unserer Reichweite ist und uns vervollkommnen [83] kann;[24] und dass Konfuzius hinzufügt, wir benähmen uns als schwache Menschen, wenn wir nicht tun, was wir als richtig und geziemend erkannt haben.[25]

Der Dienst am Himmel (*shi Tian*) besteht aus Riten, die weder zu wenig sind – das wäre nachlässig –, noch zu viel – damit würde man den Respekt vor dem Himmel verletzen und durch Schmeichelei von ihm zu erhalten suchen, was einem nicht zusteht. Wang Fuzhi erklärt das so: „Die größten Irrtümer beginnen unmerklich, unterirdisch ... Wer den Himmel vergisst, ist tierisch, aber wer aus ihm den Herrn macht, ist ein Barbar." Als Beispiel für letztere nennt Wang Fuzhi „Matteo Ricci mit seiner Benennung des Herrn des Himmels. Er hat ohne zu zögern gewagt, zugunsten eines schäbigen Gespenstes den Eltern den Rücken zu kehren. Und wenn er auch seine Theorien mit vielen kunstreichen Wendungen ausgeschmückt hat, so sind sie alles in allem doch nichts anderes als die Vorstellungen unserer Barbaren."[26] Damit sind vielleicht die Nomadenhirten in den Steppen gemeint, für die Tengri der Gott des Himmels war. Es ist eine der wenigen Stellen in Wang Fuzhis umfangreichem Werk, die zeigt, dass er vom Christentum wusste. Er hat dieser Religion offenbar wenig Bedeutung zugemessen.

Xu Dashou, Verfasser einer Widerlegung der christlichen Thesen, erinnert daran, wie zurückhaltend der Konfuzianismus Dinge beurteilt, die man nicht kennen kann.

> Konfuzius sagte: „Wenn man nicht weiß, was das Leben ist, wie wüsste man, was der Tod ist?"[27] Im Anhang zum *Buch der Wandlungen* steht, dass feinste Energien die Wesen schaffen und dass herumschweifende Seelen die Wandlungen bewirken. Meister Zhu Xi (1130–1200) seinerseits erklärt alles aus der Umwandlung der ursprünglichen Energie. Warum diese Zurückhaltung? Weil unser Konfuzianismus will, dass die Leute die allge-

---

[24] Nach der chinesischen Moral ist die individuelle Vervollkommnung das höchste Ziel des Menschen, vgl. S. 203f.
[25] Sainte-Marie 1701, S. 131.
[26] *Zhouyi waizhuan*, V, „Xici", *shangzhuan* 8, S. 189f. der Pekinger Ausgabe, 1977.
[27] *Lunyu*, XI, 12.

meine Ordnung der Dinge aus dem verstehen lernen, was sie vor Augen haben. Er erlaubt keinesfalls, dass sich die Leute mit dem beschäftigen, was vor der Geburt oder nach dem Tod sein könnte, damit sie nicht anfangen, egoistisch unsichtbare Mächte um Glück anzugehen und Unglück abwenden zu wollen. Ihr ganzes Trachten sollte vielmehr sein, sich in der Gesellschaft tugendhaft zu verhalten. Buddhismus und Daoismus sprechen zwar je von Wiedergeburt oder langem Leben, aber sie wirken heilsam auf den Menschen ein, denn sie vermeiden Exzesse und bringen Ruhe. Ganz anders sieht es bei der Lehre vom Herrn des Himmels aus.[28]

[84] Die Religion der Gelehrten besteht aus der Ehrfurcht vor den Riten und der vollkommenen Ehrlichkeit, mit der man sie ausüben soll. Jeder möge an dem ihm zustehenden Platz seine bestimmten Pflichten erfüllen: Das gilt ebenso den Lebenden wie den Toten und den unsichtbaren Geistern gegenüber.

Für den Unterschied zwischen chinesischer und christlicher Verhaltensweise ist übrigens sehr bezeichnend, was die konvertierten Gelehrten zu Beginn des 17. Jahrhunderts zugunsten der Lehre vom Herrn des Himmels sagen:
- die Lehre der Missionare bezieht sich auf Formulierungen in den Klassikern; sie kehrt zum Konfuzianismus des Altertums zurück;
- sie ist eine Art Rezept für die rechte politische Ordnung; würde jedermann ihre Vorschriften beachten (chinesische Vorschriften übrigens: den Himmel ehren und fürchten), käme das goldene Zeitalter der drei Dynastien (Xia, Yin und Zhou) wieder;
- man wage den Versuch: Die Resultate werden es weisen;
- die „himmlische Lehren" (*tianxue*) umfassen Moral, Wissenschaft und Technik: All das ist dem Reich von Nutzen.

Wie schon erwähnt, hat der konvertierte große Gelehrte Li Zhizao 1628 eine Sammlung mit Texten herausgegeben, die von Gelehrten und Missionaren gemeinsam verfaßt worden waren. Es ist die *Erste Sammlung der himmlischen Lehren (Tianxue chuhan),* in der man keinen einzigen Katechismus oder sonst eine religiöse Lehrschrift findet. Neben den in den zweiten Teil aufgenommenen Schriften zu Wissenschaft und Technik sind es: eine Darstellung von Unterricht und Erziehung in Europa, eine Abhandlung über die Nestorianer-Tafel von 781, die bei Xi'an gefunden worden war, drei Schriften zur Moral von Ricci, seine große Abhandlung über die *Wahre Bedeutung des Herrn des Himmels,* die eher eine philosophische Streitschrift ist als eine religiöse, eine Erwiderung auf die Kritik des buddhistischen Meisters Zhuhong am Himmels-Begriff und auf die Kritik des Gelehrten Yu Chunxi am Mord an Tieren, Pantojas berühmte Schrift über den Kampf gegen die sieben Tod-

---

[28] ZP, 8a-b (Zusammenfassung). Man hat der Lehre vom Herrn des Himmels vorgeworfen, sie mache ihre Anhänger unzufrieden und unruhig. Vgl. S. 186f.

sünden und schließlich die große Kosmographie von Pater Giulio Aleni. Li Zhizao hat also mit Vorliebe Werke über Moral, Philosophie, Geographie und Geschichte in seine Sammlung aufgenommen: Die Religion als solche findet hier keinen Platz. Die gebildeten Kreise hätten wenig geschätzt, was ihnen gewiss als Aberglaube und Magie vorgekommen wäre.

[85] In der Haltung der Gelehrten gibt es offenbar nichts Religiöses, und doch ist, wie man noch sehen wird, der Begriff „Himmel" oder „universale Ordnung" ein religiöser Begriff. Er steht mit der Moral, den Riten, der gesellschaftlichen und politischen Ordnung in Zusammenhang. Über diesen Himmelsbegriff sind sich Missionare und Gelehrte einig, was aber auf einem Missverständnis beruht. Bei den Gelehrten herrscht eine Art von mehr oder weniger ausgeprägtem kosmischen Mystizismus und gleichzeitig tiefes Misstrauen gegenüber jeglichem Fanatismus. Sie verachten den Glauben der gewöhnlichen Leute und sind über den Erfolg gewisser fremdartiger Kulte beunruhigt. Nichts scheint ihnen für die gesellschaftliche Ordnung gefährlicher als religiöse Begeisterung, und nichts sehen sie gern, was dem Gefühl für die Ordnung der Welt und der dazugehörigen Sittlichkeit schaden könnte.

Der Mystizismus der Gelehrten hat – obwohl anderer Art und anders begründet als der christliche – den Bekehrungen wohl Vorschub geleistet. Aber die in den Klassikern beschworene „Achtung und Ehrfurcht vor dem Himmel", die von den Missionaren so gerne zitiert wurde, machte die Leute nicht gleich auch zu Sympathisanten der Lehre vom Herrn des Himmels. Ein gewisser Wang Qiyuan preist diese Ehrfurcht, ist aber gleichzeitig leidenschaftlicher Gegner der Missionare und ruft gegen sie den *Shangdi* an.[29] Ebenso nimmt Huang Zhen, ein anderer Feind der Missionare, den Himmel zum Zeugen seiner Entschlossenheit, den schädlichen Einfluss der Barbaren zu bekämpfen:

> Seither werfe ich mich jeden Tag vor dem Himmel nieder und rufe ihn im Stillen an: „Ich, dein kleiner Sohn, gelobe, meine geringe Person Konfuzius und Menzius zu weihen, aus Dankbarkeit meinem Herrscher und meinen Eltern gegenüber und um alle kommenden Generationen der Welt vor dem Schlechten zu bewahren, das ihnen die ruchlose Lehre der Barbaren antun könnte."[30]

Für die Gelehrten bedeutete also Religion die Befolgung der Riten, die ihrerseits die gesellschaftliche und natürliche Ordnung widerspiegelten. Sie waren schlecht auf eine Religion vorbereitet, die von ihnen ein vollständiges Engagement verlangte und nach der das ewige Heil vom Glauben abhing.

Kaiser Kangxi, der sich wiederholt mit den Jesuitenpatres in seinem Dienst unterhalten hatte, war „sehr erstaunt, dass sie sich so auf die christliche Re-

---

[29] *Qingshu jingtan*, Kap. 15, zitiert von Ch'en Shou-i 1936.
[30] Huang Zhens Vorwort zum *Poxie ji*, *PXJ*, III, 22b.

ligion versteifen. Ist es möglich", ließ er sie **[86]** eines Tages fragen, „dass ihr euch immer mit einer Welt beschäftigt, in der ihr noch gar nicht seid, und dass ihr jene, in der ihr jetzt lebt, für nichts achtet? Glaubt mir: alles zu seiner Zeit. Nützt besser, was euch der Himmel in die Hände legt, und lasst für die Zeit nach dem Leben all diese Beschäftigungen, die nur für die Toten gut sind. Was mich betrifft", fügt er spöttisch hinzu, „so interessiere ich mich in alledem kaum für das Jenseits und nehme mir nicht die Mühe, das ganze Hinundherraten um diese unsichtbaren Geister zu entscheiden."[31] Auch fand Kangxi die Missionare zu unbeugsam:

> Warum sprecht ihr nicht wie wir von Gott?[32] Man würde sich weniger gegen eure Religion sträuben. Ihr nennt ihn *Tien-tchu* (Herrn des Himmels), wir nennen ihn *Chamti* (Herrscher in der Höhe). Ist es nicht das gleiche? Muss man ein Wort aufgeben, nur weil das Volk etwas Falsches darunter versteht?[33]

Manchmal dachten die Missionare, den Gelehrten fehle es an jeglicher Religiosität. Schon 1585 schreibt Ricci: „Man macht in China um die Dinge des Heils wenig Aufhebens."[34] Doch glaubten sie manchmal auch, ganz nahe am Ziel zu sein: Es schien nicht schwer, diese Heiden, die ihre Reden und Schriften sehr billigten, zu bekehren. Und trotzdem waren Bekehrungen selten: Nur jene ließen sich taufen, die schon lange mit den Missionaren in Verbindung standen, das heißt vor allem jene, die bei ihnen Mathematik und andere europäische Wissenschaften studierten.

BUDDHISTISCHE MÖNCHE

Die Missionare haben nicht unbeackerten Boden betreten: Die Chinesen hatten einen großen Reichtum an religiösen Traditionen verschiedenen Alters und mehr oder weniger gelehrten Einschlags, die sich gegenseitig beeinflussten. Der Buddhismus, dessen gelehrteste Ausformung in Indien zu finden war, hatte, was Ausübung und Darstellung betrifft, zutiefst chinesische Prägung

---

[31] Le Comte, II, Brief an Kardinal de Janson, S. 398.

[32] Das heißt vom *Shangdi*, der für die Chinesen das Gleiche war wie die immanente Ordnung des Universums.

[33] Damit ist der daoistische Kult des Jadekaisers gemeint, auch *shangdi* genannt. Le Comte, II, Brief an Kardinal de Bouillon, S. 186.

[34] Brief Riccis vom 20. Oktober 1585 von Zhaoqing, *TV*, II, S. 55. Ricci musste jedoch bei Leuten höherer Schichten eine gewisse Frömmigkeit erkennen: „Sie haben auch einen Hang zur Frömmigkeit", schreibt er, „wie mir nach und nach bewusst wird, obwohl andere das Gegenteil glauben könnten." Vgl. *TV*, II, S. 385.

angenommen. Wie die alten, dem Gott des Erdbodens geweihten chinesischen Altäre beschützten auch die buddhistischen Klöster, Reliquientürme (*stūpa*) und Gottheiten Felder und Menschen. Die buddhistischen Riten hatten nunmehr in erster Linie für das Wohl der verstorbenen Eltern zu sorgen, und damit dienten sie der in China so wichtigen Erfüllung **[87]** der Kindespflicht. Mit seinen Tempeln und Mönchen, seinen Schriften und Riten blieb der Buddhismus in China die einflussreichste und bestorganisierte Religion. Der Daoismus hatte, obwohl ihm noch Ursprüngliches anhaftete, dem Buddhismus viel entlehnt und spielte eine untergeordnete Rolle. Deshalb war es vor allem der Buddhismus – eigenständige Lehre und gleichzeitig Ausdruck der religiösen Traditionen in China –, mit dem sich die Missionare anlegten.

Für die Schwierigkeiten, vor die sie sich gestellt sahen, hat man oft die Eifersucht der buddhistischen Mönche verantwortlich gemacht. Doch waren die Bonzen und dem Buddhismus nahestehende Gelehrte den Missionaren nur feindlich, weil diese eben zuerst sie und ihre Religion abgelehnt hatten. Die Missionare griffen an, was sie für teuflischen Aberglauben hielten. Das hatte auch den Vorteil, dass sie einem Teil der Gelehrten als unerbittliche und rechtgläubige Moralisten erschienen. Bei ersten Kontakten jedoch stellte sich heraus, dass den Bonzen nichts lieber gewesen wäre, als sich mit den fremden Mönchen zu verstehen. Michele Ruggieri, Matteo Ricci und Antonio Almeida waren ja zuerst mit der Tonsur und im Gewand der Bonzen aufgetreten und von diesen, die in ihnen eine Art Glaubensgenossen sahen, mit offenen Armen empfangen worden.[35] Antonio Almeida, der Ruggieri 1585 auf seiner Reise in die Provinz Zhejiang begleitete, beschreibt den herzlichen Empfang, der ihnen im nördlichen Guangdong von den Bonzen zuteil wurde:

> Am 5. Januar kamen wir in der Stadt Gaoling an, wo unsere Flussfahrt endete, und wir haben dort die Messe gelesen. So viele Leute strömten herbei, dass wir uns ihrer nicht erwehren konnten. Ein Götzendiener [ein buddhistischer Mönch] hat uns eingeladen. Er hat [uns] in seinem Haus, wo große Altäre sind, festlich bewirtet. Und viele Patres, oder vielmehr Bonzen, die [Gebete] hersagten und die Zeremonien besorgten, nahmen uns freundschaftlich auf, und wir aßen mit den Bonzen, die uns besonders wohlgesinnt waren. Wir haben unserem Gastgeber ein Buch und gewisse Gebete gegeben, und alle lassen sich leicht überzeugen.[36]

---

[35] Nicht zu vergessen, dass die Jesuitenmissionare in Japan Tonsur und Gewand der Bonzen trugen und dass die Jesuiten in China erst 1595, zwölf Jahre nach ihrer Ankunft, im Gelehrtenrock, mit langem Haar und Bart auftraten.

[36] Nach *HECC*. Zit. in der Einführung von Joseph Shih, S. 32.

An anderer Stelle schreibt Almeida:

> Wir sind auf allen Seiten von Bonzen umgeben, die zu uns freundlich sind und jeden Abend kommen, um von Gott zu hören; bis heute – es ist der 8. Februar – können wir uns der Menge nicht erwehren, die sich drängt, um uns zu sehen. Den wichtigsten zeigen wir unseren Altar, und sie verneigen sich vor dem Bild des Heilands. Alle hochgestellten Mandarine **[88]** und Gelehrten sind gekommen und tun ihre Zufriedenheit kund. Sie sagen, sie ließen uns nicht mehr weg. Die wichtigsten haben Pater Ruggieri an ihren Tisch geladen, und gestern hat er sogar bei einem Mandarin gegessen, der zwei Stufen höher steht als der *ling-si-tau* [lingxi dao, hoher Beamter der Provinz Guangdong] und der, da seine Mutter gestorben war, jemanden geschickt hat, um uns zu der Beerdigung einzuladen; doch der Pater hat geantwortet, dass unsere Gebete dem, der nicht dem Herrn des Himmels dient, nichts nützen.[37]

Die Laien dachten, die Missionare seien eine neue Art von Bonzen. „Viele begannen auch", schreibt Ricci bei seiner Ankunft in Zhaoqing,

> wohlriechende Substanzen zum Beweihräuchern des Altars zu schenken und den Patres für ihre Nahrung und für das Öl der Lampe, die vor dem Altar brannte, Almosen zu geben. Und es wäre auch leicht gewesen, von den Mandarinen die Einkünfte aus dem Land zu bekommen, das zu ihren Tempeln gehört, doch den Patres schien, dass es besser wäre, diese Rente nicht anzunehmen.[38]

Zunächst also verhalten sich die Chinesen den Missionaren gegenüber so, wie sie es mit den buddhistischen Mönchen gewöhnt sind: Öl für die Lampen, Almosen für die Nahrung der Mönche, Einkünfte aus Landbesitz – genau solche Abgaben müssen die Laien auch der buddhistischen Kirche entrichten. Die Gelehrten und Beamten schenken Weihrauchstäbchen, verneigen sich wie üblich vor den heiligen Bildern[39] und möchten, dass die Missionare bei Beerdigungen Gottesdienst halten, wie es buddhistische und daoistische Mönche tun. Von Anfang an werden die Missionare akzeptiert. Bei ihren Gesprächspartnern ist eine Mischung von Höflichkeit und Neugier oder sogar wirkliche Sympathie zu spüren. Allem Anschein nach wäre dieser Kult aus dem fernen Abendland ohne weiteres in die religiösen Praktiken Chinas integriert worden, hätte man sich mit dem Schein begnügt. „Viele wollten", schreibt Ruggieri, „zusammen mit ihren Eltern die heilige Taufe erhalten, und sie sagten, unsere

---

[37] *HECC*, Einführung, S. 32.
[38] *Ibid.*, S. 26.
[39] Vgl. S. 87.

Lehre sei sehr wahr."[40] In seinem Brief aus Gaoling heißt es: „Sie lassen sich leicht überzeugen."

Alles scheint für eine Annäherung zwischen Missionaren und buddhistischen Mönchen zu sprechen. Ricci fallen mehrere Ähnlichkeiten in Dogmen und Riten auf. Die Bonzen anerkennen eine Art Dreifaltigkeit[41] und die Existenz von Paradies und Hölle.[42] Sie tun **[89]** Buße, leben im Zölibat und kennen Almosen. Ihre Zeremonien erinnern an die christliche Messe: „Wenn sie rezitieren, scheint ihr Gesang genau unser einstimmiger Kirchengesang zu sein."[43] Ricci schreibt auch von den frommen Bildern, den brennenden Lampen in den Tempeln und den Hüten, die jenen der christlichen Priester ähnlich sind.[44] Die fünf Verbote, die von den Buddhisten beachtet werden müssen, erinnern an die Zehn Gebote: Keine Lebewesen töten, nicht stehlen, keinen Ehebruch begehen, nicht lügen, sich nicht betrinken.

Doch sehen Ricci und die anderen Missionare in diesen Ähnlichkeiten nur Fallen, die der Böse aufgestellt hat: „Ich habe an diesem Ort [Gaoling] gesehen", sagt Almeida, „wie der Dämon die heiligen Zeremonien der katholischen Kirche nachahmt."[45] Im Zusammenhang mit den Missionaren in Amerika schreibt Jean Delumeau:

> Der Teufel der Bibel ist vor allem verschlagen. Deshalb ließen sich die Missionare nicht irreführen, als sie zwischen christlichen und eingeborenen Glauben und Riten Ähnlichkeiten feststellten: Fasten und Enthaltsamkeit, Frauenklöster, Zeremonien, die der Taufe und der Kommunion ähnlich schienen, gewisse Formen der Beichte, eine Art Dreifaltigkeit in der peruanischen Religion usw. Sie sprachen von teuflischer „Parodie" und „Anmaßung" – außer man nehme an, dass Gott die Völker Amerikas auf den wahren Glauben hatte vorbereiten wollen und dem Teufel erlaubte, diese Ähnlichkeiten zu erdenken.[46]

Und doch waren es die scheinbaren Ähnlichkeiten, die den Missionaren bei der Bekehrung der einfachen Leute am meisten halfen. Diese sahen zwischen

---

[40] *HECC*, Einführung, S. 33. Über die natürliche Neigung der Chinesen, das Christentum in ihr religiöses System zu integrieren vgl. S. 97f.

[41] Es sind die „drei Juwelen": Buddha, die Gemeinschaft der Mönche und das buddhistische Gesetz (Buddha, *saṅgha*, *dharma*).

[42] Doch ist der Aufenthalt in Hölle und Paradies für die Buddhisten vorübergehend, für die Christen ewig.

[43] Paul Demiéville behandelt diese Analogie und die Fragen, die sie aufwirft, in einem postum erschienenen Artikel (1980).

[44] Vgl. *TV*, I, S. 123f.

[45] *HECC*, Einführung, S. 32.

[46] J. Delumeau 1978, S. 256.

den Lehren meistens überhaupt keinen Unterschied, ging es ihnen doch vor allem um die Wirksamkeit der Riten.

Missionare und Bonzen warfen einander vor, jeder ahme die Riten der anderen nach und entstelle das Gestohlene bis zur Unkenntlichkeit. Für viele Chinesen war das Christentum mit seiner Hölle und seinem Paradies nur ein grober Abklatsch des Buddhismus, den, wie sie glaubten, die Lehre vom Herrn des Himmels weitgehend bestohlen hatte. Doch statt ihre Schuld offen zu anerkennen, kritisieren die Barbaren an den anderen, was sie bei sich selbst für richtig halten. In einer Schrift gegen das Christentum steht:

> Sie sagen, wenn man im Augenblick des Todes dem Herrn des Himmels gehorcht und seine Fehler bereut, sei man gerettet. Das ist eine Idee, die sie bei den „zehn Gedanken, die man beim Nahen des Todes haben muss" **[90]** des Buddhismus gestohlen haben. Ist eine dieser Anschauungen wahr, kann die andere nicht falsch sein. Das gleiche gilt für die zehn Verbote [die Zehn Gebote] und die Buße: Sie haben alles dem Buddhismus gestohlen, und dann gehen sie hin und verurteilen diese Vorstellungen bei den Bonzen.[47]

Das umgekehrte Argument – der Buddhismus sei eine degenerierte Form des Christentums – hat neubekehrten ehemaligen Buddhisten dazu gedient, ihren Schritt zu rechtfertigen. Der Gelehrte Yang Tingyun, der vor seiner Bekehrung eifriger Buddhist gewesen ist, erläutert in seinen Schriften, die indische Lehre habe viel der christlichen entlehnt und sie dabei verfälscht, und die wahre Lehre sei deshalb bei den Missionaren: Die Inder haben das Christentum falsch ausgelegt und so die Hälfte seiner wahren Bedeutung verloren; die Chinesen haben die indischen Texte übersetzt und dabei die andere Hälfte auch noch verloren. Die buddhistischen Wunder seien verstiegener Unsinn. Der Herr des Himmels im Gegenteil zeige seine Allmacht, indem er den Tag von der Nacht scheidet, die Lebewesen hervorbringt und sterben lässt und das Tier- und Pflanzenreich erhält. Unsere fünf Sinne kommen vom Himmel und nicht von Buddha. Es gebe himmlische Schutzgeister, die auf der Welt alle Veränderungen lenken und denen der Herr im Himmel die Befehle gibt ... Der Boddhisattva Guanyin (Avalokiteśvara) ist für Yang Tingyun nichts als das entstellte Bild der Jungfrau. Alles in allem sei das Christentum eine Art reinerer und ursprünglicherer Buddhismus.[48]

---

[47] *TXCZ*, S. 921f.

[48] *Tian shi mingbian* (Zur Unterscheidung zwischen [der Lehre] vom Himmel und dem Buddhismus), in: *TZJDCWXXB*, I, S. 249-418, lässt der Zivilgouverneur der Provinz Guangdong bei Ruggieri und Ricci nach „der Lehre aus dem Abendland (dem Buddhismus), die einst nach China gekommen war, hier aber verdorben wurde", fragen. [Zu diesem Text siehe CCT Database (unter: Tian shi ming bian).] Über das erste Durcheinander von Christentum und Buddhismus, dem die Missionare mit ihrer Bonzen-Verkleidung Vorschub leisteten, vgl. J. Gernet 1975, S. 116-119, und ders.

Die beste Lösung für die meisten, die so ohne weiteres die Heiligkeit dieser Religion aus Europa anerkannten, wäre gewesen, nichts aufgeben zu müssen. Einige glaubten übrigens herausgefunden zu haben, wie sich alles versöhnen ließ: Man gab diesem Herrn des Himmels den ersten Platz, nämlich jenen des *Shangdi* der Chinesen, mit dem er so oft verwechselt wurde, und unter ihm beließ man das ganze vielgestaltige Pantheon Chinas: Buddha, Bodhisattva, daoistische Götter und Unsterbliche, vergöttlichte große Persönlichkeiten aus dem Kreis der Gelehrten und andere unzählige Gottheiten, jede mit einem Teil der allumfassenden Macht des Herrn des Himmels ausgestattet. Das schlägt der Gesprächspartner in einem imaginären, vom Konvertiten Wang Zheng verfassten Dialog vor.[49] Gemäß Longobardo würde auch das Volk diese Lösung befürworten:

> [91] So leicht es ist, die Chinesen zu überzeugen, sie sollten Gott, den Herrn des Himmels, als oberste Gottheit anbeten, so schwer ist es, von ihnen zu erreichen, dass sie alle Götzen vom Thron stürzen und sie nicht mehr verehren. Denn sie ertragen nicht, dass man diese Götzenbilder nicht einmal als Diener Gottes zulässt und ihnen die Ehre abspricht, die unseren Heiligen zusteht ... so nehmen sie, was das übrige betrifft, mit Ehrerbietung die Wahrheit unsrer Religion an, ebenso ihre Heiligkeit, und wollen trotzdem ihrer Heiligen gedenken, die ihnen von ihren Vorfahren überliefert worden sind.[50]

Alle Religionen können zur universalen Ordnung beitragen.

Dass der Herr des Himmels seine Macht delegieren sollte, scheint auch dem Verfasser einer Schrift gegen das Christentum unbedingt notwendig: Es ist nicht normal, dass dieser Herr des Himmels alles selbst ordnet und nicht Vermittler in Anspruch nimmt, wie das bei der Verwaltung eines Reiches der Fall ist. Die Missionare sagen, die daoistischen Unsterblichen und die Buddhas seien Usurpatoren und dürften vom Herrn des Himmels keine Macht erhalten. Das kann man noch durchgehen lassen. Aber ist es nicht merkwürdig, dass dieser Herr des Himmels verbietet, dem Himmel, der Erde und den Geistern, die er selbst geschaffen hat, Opfer darzubringen?[51] Der gleiche Autor schreibt:

> Da ist der Mensch vom Himmel bedacht, getragen von der Erde, beleuchtet von Sonne und Mond, gezeugt von seinem Vater, aufgezogen von seiner Mutter, gelenkt von seinem Herrscher, beraten und beschützt von den

---

1979, S. 409f. [Zur Auseinandersetzung Riccis mit dem Buddhismus und der buddhistischen Kritik des Christentums siehe I. Kern 1984–1985 und 1992.]

[49] *Weitian airen jilun*, Bibliothèque Nationale, Fonds chinois, Nr. 6868, 18b. [Zu diesem Text siehe CCT Database (unter: Wei tian ai ren ji lun).]

[50] *HECC*, S. 504.

[51] *TXZZ*, S. 919.

Göttern und Geistern – und all diesen soll er überhaupt nicht dankbar sein, sondern seinen ganzen Dank irgendeinem Herrn des Himmels abstatten, den man weder gehört noch gesehen hat.[52]

Die meisten würden gerne chinesischen und christlichen Kult vereinen und bedauern, dass ihnen die Missionare das verbieten. Eine buddhistisch-christliche Vermischung wäre vielen recht gewesen, und es gibt ein Beispiel für seine Verwirklichung: Der Abenteurer, Pirat und Händler Zheng Zhilong (1601–1661) war in seiner Jugend in Macao getauft worden und hatte sich auf seiner Burg in Anping in der Provinz Fujian eine Privatkapelle einrichten lassen, in der christliche und buddhistische Figuren nebeneinander standen.[53]

Schließlich gelangten die Gelehrten zur Auffassung, die Jesuiten hätten sich nur aus Vorsicht und um bei den rechtschaffenen Leuten gut angeschrieben zu sein, zum Konfuzianismus bekannt. „Ricci hatte verstanden", schreibt der Verfasser einer Anmerkung **[92]** zur *Wahren Bedeutung des Herrn des Himmels*,

> dass er den Konfuzianismus nicht angreifen konnte, und so hat er seinen Herrn des Himmels mit dem vermischt, was in unseren *Sechs Klassikern* vom *Shangdi* steht, und er hat versucht, Oberhand zu gewinnen, indem er nur den Buddhismus angriff. Doch ist seine Vorstellung von einem Paradies und einer Hölle von der buddhistischen Theorie von Wiedergeburt und Tod gar nicht weit entfernt. Mit kleinen Änderungen schöpft er seine Lehre aus der gleichen Quelle wie der Buddhismus.[54]

Das mag überraschend klingen, und doch entbehrt es nicht jeder Grundlage. In der Tat gibt es zwischen den zwei Religionen nicht nur formale Ähnlichkeiten – wie jene in Ausstattung und Atmosphäre, von denen Ricci spricht –, sondern tiefergehende Analogien. Buddhismus und Christentum sind beides Religionen des individuellen Heils, beide sprechen von zukünftiger Belohnung, beide sind den Sinnen feindlich und verachten die Welt, der verhaftet zu bleiben dem Heil schädlich ist. Ohne Zweifel stand das Christentum dem Buddhismus viel näher als den eigentlich chinesischen und „konfuzianischen" Vorstellungen von Religion als hierarchisch geregelter Ausübung bestimmter Rituale und als Ausdruck einer immanenten, universalen Ordnung. Nicht nur aus taktischen Gründen, sondern auch aus natürlicher Abneigung gegen die irgendwo ähn-

---

[52] *TXZZ*, S. 942.

[53] Vgl. J.E. Willis Jr. 1979, S. 219. In seinem Forschungsbericht auf der internationalen Sinologie-Konferenz vom August 1980 in Taibei erwähnt Li Chia-yuan einen gewissen Xu Yun (1569–1618), der einen daoistisch-buddhistisch-christlichen Synkretismus befürwortet hat.

[54] Bibliographische Anmerkung zum *Tianzhu shiyi* in *Siku quanshu zongmu tiyao*, Kap. 125.

liche und daher um so eher als Konkurrenz empfundene Religion haben sich die Jesuiten zu Feinden des Buddhismus und Freunden des Konfuzianismus erklärt.

Zunächst den Missionaren wohlgesinnt, haben sich Bonzen und dem Buddhismus nahestehende Gelehrte an den Angriffen dieser Fremden gestoßen, die so schnell verurteilten, was zu verstehen sie gar nicht bemüht waren. In seiner großen Abhandlung macht sich Ricci lustig über den Glauben an die Seelenwanderung – die sich aus dem Handeln des Menschen ergibt –, ebenso über das Verbot, Lebewesen zu töten, und er deutet die buddhistische These von der Unwirklichkeit des Ich und der Phänomene falsch und behauptet, das Prinzip des Buddhismus sei die Leere. Auf solche Angriffe haben die Buddhisten mit Kritik an der Lehre vom Herrn des Himmels geantwortet: Eine große Zahl von Schriften gegen die Missionare kommt im 17. Jahrhundert von buddhistischen Mönchen und mit dem Buddhismus sympathisierenden Gelehrten. Doch wäre es zu einfach, Buddhismus und Konfuzianismus als zwei genau abgegrenzte Lehren gegeneinanderzustellen – wie das auch schon gesche-[93]hen ist – und zu tun, als habe erstere im Widerspruch zum Christentum gestanden und letztere im Einklang mit ihm. Im Grunde ist, wie man eben gesehen hat, eher das Gegenteil wahr. Außerdem hat sich der Buddhismus in China so gut assimiliert, dass er dem Daoismus nahe gekommen ist und nunmehr eher chinesisch war als indisch. So wie viele Gelehrte vom Buddhismus stark beeinflusst waren, so hatten die herausragendsten Bonzen Ende der Ming- und zu Beginn der Qing-Zeit eine solide klassische Ausbildung. Wo sie Kritik anbrachten, ging es ihnen ebenso um die Verteidigung der konfuzianischen Tradition wie um ihre eigene Religion.

Neben Fragen der Doktrin jedoch führte auch das Benehmen der Fremden zum Zerwürfnis. Die Chinesen waren erstaunt, bei den Missionaren eine unerwartete Mischung von Demut und Arroganz zu finden. Es überraschte sie, dass diese Leute von konfuzianischer Gegenseitigkeit nichts zu wissen schienen. „Wenn ich in eure europäischen Länder Bonzen schickte, würden es eure Fürsten nicht erlauben", sagte einmal Kaiser Yongzheng (1723–1736) zu den Jesuitenpatres in Peking.[55] In der Tat lässt sich schwer vorstellen, dass chinesische Bonzen im Europa des 18. Jahrhunderts die Unwirklichkeit des Ich und der Erscheinungswelt predigen und den Weg zur Erlösung lehren. Vom christlichen Standpunkt gesehen, ist keine Gegenseitigkeit denkbar: Die Wahrheit kann nicht mit dem Irrtum gewogen werden. Die traditionellen Religionen der verschiedenen Völker sind, wie Augustinus sagt, teilartig und also falsch. Einzig

---

[55] Ansprache des Kaisers Yongzheng vor den Patres in Peking am 21. Juli 1727 aus Anlass der Ankunft eines portugiesischen Gesandten. Siehe A. Gaubil 1970, S. 1189–1290. Diese Ansprache fasst die typische Haltung der chinesischen Gelehrten gegenüber dem Christentum ausgezeichnet zusammen.

die wahre christliche Religion, begründet in der universalen Vernunft und von Gott offenbart, kann allumfassend genannt werden.[56] Über offenbarte Wahrheiten diskutiert man nicht. Doch die Chinesen sahen die Unantastbarkeit dieses Arguments nicht ein, und wenn sich einige trotzdem zur Lehre vom Herrn des Himmels bekannten, dann nicht aus diesem Grund.

Was die Missionare vom Herrn des Himmels und von Jesus behaupten, so findet der Verfasser einer kleinen Schrift, ist nicht glaubhafter als was die Buddhisten sagen. Warum sollte nicht auch Śakyamuni der Herr des Himmels sein, der herabgestiegen ist, um auf die Welt zu kommen? Warum sollten die buddhistischen Sūtren Lügen und die Schriften des Himmlischen Herrn Wahrheit beinhalten? Die Missionare sagen, Buddha sei zwar im Westen erschienen, aber niemand sei dort gewesen, es zu belegen. Das gleiche aber könnte man von Jesus im entfernten Abendland sagen.[57]

[94] Buddhistische Mönche und dem Buddhismus nahestehende Gelehrte hätten die Kontroverse mit den Missionaren und Bekehrten gerne fortgesetzt. „Es gibt", sagt ein Bonze, „tausend Wege und zehntausend Arten, zur Wahrheit zu gelangen." Doch von ihren Gegnern kam nur Verachtung und Schweigen.

In der großen, 1639 publizierten Sammlung *Aufzeichnungen zur Zerstörung der Irrlehren* (*Poxie ji*) belegen zwei Texte die Auseinandersetzung, die der buddhistische Meister von Ningbo, Yuanwu („Vollkommene Erleuchtung"), und ein Laienschüler des buddhistischen Meisters Zhuhong mit den Missionaren und Bekehrten von Hangzhou hatten. Aus diesen Texten geht hervor, in welcher Atmosphäre sich die Polemik abspielte und inwiefern sich Buddhisten und Christen anders verhielten: Die Buddhisten werfen den Christen vor, sie benähmen sich von oben herab und verweigerten jedes Gespräch von gleich zu gleich. Außerdem würden sie bewusst um ihrer Sache willen lügen.

Yuanwu erzählt, wie er einen gewissen Zhang Guangtian, Schüler des großen Meisters Zhuhong, nach Hangzhou zu Pater Francisco Furtado – von 1625 bis 1630 in dieser Stadt – schickte, um diesem seine kurze Widerlegung des Christentums zu übermitteln. Furtado ist zunächst ganz entzückt, weil er denkt, mit den Argumenten des Mönchs habe er leichtes Spiel, gerät dann aber in große Verlegenheit, denn er versteht den buddhistisch-philosophischen Text überhaupt nicht. Der berühmte Konvertit Li Zhizao, der am Predigen ist, wird zu Hilfe gerufen. Doch auch er versteht nichts und fragt, warum man den Mönch nicht zu einer Diskussion kommen lasse. Es heißt, Yuanwu sei im 200 Kilometer entfernten Ningbo, und man schlägt Li Zhizao vor, er solle eine Widerlegung schreiben. Einige Zeit später verbreiten die Christen das Gerücht,

---

[56] Vgl. *HECC*, Einführung von Joseph Shih, S. 47.
[57] *TXZZ*, S. 949-952.

Yuanwu sei nach Hangzhou gekommen und habe sich von den Argumenten der Missionare und ihrer Freunde schlagen geben müssen. Aber, sagt Yuanwu, seit fünf Jahren sei er nie weiter gekommen als bis Dinghai auf den Zhoushan-Inseln (Ningbo gegenüber). Wer in einem Punkt lügt, kann auch in den anderen lügen. „Deshalb", sagt Yuanwu, „erkläre ich, dass eure Verbote [die Zehn Gebote], eure Reden und eure Bücher Lügen sind." Wäre das nicht der Fall, warum dann all die Vorsichtsmaßnahmen, die ganze Geheimnistuerei? Der Weg der Heiligen, Weisen und der *Sechs Klas-*[95]*siker* des Konfuzius ist nicht geheim, sondern jedermann offen. Das gleiche gilt auch für die 5.418 Bände des buddhistischen Kanons. Einzig in den heterodoxen Sekten wie dem Wenxiang und dem Weißen Lotus dürfen nur die Anhänger die Mysterien kennen.

Yuanwu fordert die Christen noch einmal heraus: Er schickt Zhang Guangtian wieder nach Hangzhou und lässt ihn dort die Kritik des Meisters Zhuhong (1535–1615)[58] anschlagen und in der Kirche seinen Widerspruch kundtun. Dieses Mal hüten sich die Fremden zu antworten: Ein Bekehrter namens Fan, Freund des Christen Yang Tingyun, erscheint. Er steckt Zhuhongs Text ein, ohne ihn zu lesen, und lehnt jegliche Diskussion unter dem Vorwand ab, die zwei Lehren seien zu verschieden, als dass man sich verständigen könnte. Zhang Guangtian jedoch sieht nicht ein, warum man nicht ein Streitgespräch veranstalten könnte, um zu sehen, welche Lehre die bessere sei. Warum lehnt denn die Lehre vom Herrn des Himmels den Buddhismus ab und zerstört seine Bilder und Statuen? „Es muss so sein", antwortet Fan, „denn die beiden Lehren sind verschieden." Der Trumpf dieser Leute ist, sagt Yuanwu, nicht zu antworten und die Diskussion zu verweigern. Geheimnistuerei ist ihr Lieblingsrezept, als wollten sie uns eine Burg mit eindrücklichen Mauern zeigen, die von tapferen Soldaten bewacht und nirgends zugänglich ist. Aber was ist das für eine Methode, seine Anhänger völlig an sich zu binden und die Leute einzuschüchtern?

> Mir ist nicht daran gelegen, in den Diskussionen mit den Anhängern der Lehre vom Herrn des Himmels um jeden Preis aufzutrumpfen, und ich will auch nicht, dass mir die Leute blind folgen. Meine einzige Sorge ist, dass sie das *Dao* [den Weg] nicht erkennen und sich täuschen … Buddha heißt „erleuchtet" oder „richtige Erleuchtung". Diese Erleuchtung ist nicht eine Erleuchtung, die nur ihm gehört. Allen Wesen ist diese Erleuchtung gleicherweise zuteil. Buddha ist nur jener, der sie als erster erlebt hat. Fische und Drachen leben und sterben im Wasser, ohne zu wissen, was Wasser ist. Die Lebewesen sind fortwährend im Zustand der Erleuchtung, ohne zu wissen, was Erleuchtung ist.

---

[58] Über Zhuhong siehe *DMB*, S. 322-324, und Yü Chün-fang 1981.

Yuanwu findet, das Auswendiglernen eines einfachen Katechismus beweise nicht, dass man seine Bedeutung wirklich verstanden hat: Es gibt ja tausend Wege und zehntausend Arten, zur Wahrheit zu gelangen. Die Leute aus dem Abendland wollen nur die anderen in den Schatten stellen und nicht jene universale Wahrheit darlegen, wonach alle [96] Menschen die Wahrheit besitzen und jeder ein Heiliger werden kann. Jeder kann ein Yao oder ein Shun (konfuzianische Heilige des Altertums) werden. „Sie klagen ungerechtfertigt die anderen an, um sich selbst zu preisen. Sie beschönigen und verfälschen die Dinge, um die Dummköpfe zu erschrecken."

Der Konvertit Fan behauptet, der buddhistische Meister Zhuhong sei in der Diskussion mit Ricci unterlegen gewesen. Aber Zhuhong hat Ricci nie getroffen. Dieser war 1610, fünf Jahre vor Zhuhong, gestorben. Zhuhong hat seine Kritik an Riccis Anschauungen im Frühling 1615 geschrieben und ist im Herbst des gleichen Jahres gestorben.[59] Das *Bianxue yidu,* eine Antwort der Missionare auf Zhuhongs Kritik, ist fälschlicherweise Ricci zugeschrieben worden.[60] In seinem Nachwort zum *Bianxue yidu* behauptet außerdem Mige (Michael) Yang Tingyun, Zhuhong habe auf seinem Sterbebett bereut und gesagt: „Ich habe mich getäuscht und, noch schlimmer, ich habe viele Leute getäuscht". Zhuhong hat das nie gesagt: Im Augenblick seines Todes, den er genau vorausgesagt hatte, waren viele Leute um ihn, unter ihnen auch ich, sein Schüler, sagt Zhang Guangtian. Übrigens figuriert dieses Nachwort nur in der Fujianer Ausgabe des *Bianxue yidu,* nicht aber in jener von Zhejiang: Die Barbaren dachten eben, sie könnten die Leute aus Fujian, die mehr als tausend *li* entfernt sind, täuschen, gewiss aber nicht die unzähligen Zeugen von Zhuhongs Tod.[61]

Auch Xu Dashou, Autor der *Anleitung zur Kritik* (*Shengchao zuopi*), ist entrüstet, dass die Missionare ihre Ansichten aufdrängen, ohne Gründe anzugeben. Die Patres sagen, der Herr des Himmels sei unfassbar und es wäre ein Verbrechen, ihn fassen zu wollen. Aber, erwidert der chinesische Autor, es gibt nur zwei Arten von Unfassbarem: das Unfassbare in der Welt der Lebewesen, nämlich Raum und Zeit, diese zwei Formen der Unendlichkeit; das Unfassbare in der Welt der Buddhas, nämlich „all das, was bei ihnen den Weg des folgernden Denkens abschneidet und den Pfad des Denkbaren unterbricht". Aber das ist ein Unfassbares, das in jedem von uns ist und das wir

---

[59] Es handelt sich um die „Tianshuo" (Über den Himmel), die am Schluss des dritten Bandes von Zhuhongs Schriften, den *Zhuchuang suibi,* stehen.

[60] Auch P. d'Elia schreibt das *Bianxue yidu* Ricci zu.

[61] Vgl. *Biantian shuo* (Januar 1636) vom buddhistischen Mönch Yuanwu (Vollkommene Erleuchtung) und *Zhengwang shuo* von Zhang Guangtian, *PXJ*, VII, 13a-30a und 32b-33a.

selbst erreichen können. Es ist keinesfalls ein „Unfassbares, das es deshalb wäre, weil man den Leuten verbietet, es zu fassen". Und Xu Dashou fügt noch etwas hinzu, was zeigt, wie sehr die Chinesen über das anscheinend unlogische Verhalten der Missionare staunten:

> Bei allem, was das Jenseits und die Grundlagen des Universums[62] betrifft, bleiben ihre Schlussfolgerungen stecken, und es gibt Punkte, [97] wo ihnen die Worte fehlen. Da sagen sie: „Davon hat unser Herr des Himmels nie gesprochen." Am meisten hassen sie, wenn die Leute denken ... Sie verbieten, über Dinge nachzudenken und zu diskutieren, die doch völlig denkbar und diskutabel sind ... Es genügt ihnen, die Dummköpfe einzuschüchtern und zu sagen: „Das ist unfassbar." Das ist, wie wenn man einem Kind sagt, es sei ein Teufel im Zimmer und es dürfe nicht hinschauen, sonst gebe es ein großes Unglück. Mit ein wenig gesundem Menschenverstand wird das Kind Licht machen, und das Gespenst löst sich auf.[63]

EINFACHE LEUTE

Mit den Gelehrten hatten sich die Missionare in lange Diskussionen verwickeln lassen und versuchen müssen, festverwurzelte Anschauungen, die durch eine reiche Literatur gestützt waren, zu bekämpfen. Außerdem mussten sie die Gelehrten überreden, ihre Konkubinen aufzugeben.[64] Nichts dergleichen bei den einfachen Leuten: Diese sind, die Missionare sehen es selbst, leichter zu überzeugen. „Hier", schreibt Pater Foucquet aus Nanchang, „ist unsere Mission nach dem Vorbild des Herrn davon bestimmt, dass wir die Armen bekehren. Bei ihnen findet man – in China wie auch überall sonst – weniger Hindernisse und mehr Gelehrigkeit der Heilsbotschaft gegenüber als bei den Großen und Mächtigen der Zeit."[65]

Zu Beginn dachten die Missionare, ihre Aufgabe sei sehr leicht: Die Chinesen waren mit ihnen einverstanden, klatschten ihren Reden Beifall und schienen für die eigenen Götter und die buddhistischen und daoistischen Priester nichts als Verachtung übrig zu haben. „Sie legen überhaupt keinen Wert auf ihre Sekten", schreibt Ruggieri in einem Brief von 1581,

---

[62] Wörtlich: die *dharma* der Welt.
[63] ZP, 23a-24a.
[64] Gewisse Gelehrte haben sich erst spät taufen lassen. So begegnet Qu Rukui Ricci schon 1590, wird aber erst 1605 getauft, Li Zhizao begegnet den Missionaren 1601 zum ersten Mal und wird 1610 getauft.
[65] Brief des Paters Foucquet aus Nanchang (1701), *LEC*, V, S. 151.

im Gegenteil, sie finden, dass ihre Patres [die Mönche ihrer eigenen Sekten] sie anlügen, und sie geben ihnen Peitschenhiebe wie Kindern. Was sage ich, den Götzen selbst geben sie viele Peitschenhiebe. Sie werfen sie zur Strafe ins Meer und haben diesbezüglich keine Bedenken. Es gibt deshalb keinen Chinesen, der nicht Gottes Gesetz anzunehmen wünschte; doch die Gouverneure sagen, um Sekten und Bräuche zu ändern, brauche es die Bewilligung des Königs.[66]

Die gleichen Bemerkungen, die gleichen Schlüsse zwei Jahre später in einem Brief Riccis:

Da die Chinesen [98] überhaupt nicht an ihre Götzen glauben, wird es leicht sein, sie von unserer Wahrheit zu überzeugen, falls sich mit ihnen verhandeln lässt ... Sie beten einige Götzen an,[67] aber wenn diese nicht gewähren, was sie von ihnen verlangen, geben sie ihnen Schläge und schließen nachher Frieden mit ihnen. Sie beten den Teufel an, damit er ihnen nichts tue, und haben kaum einen wirklichen Gottesdienst. Ihre Priester werden wenig geachtet, um so mehr erstaunt das große Aufheben, das sie um uns machen![68]

Ruggieri und Ricci, die von gewissen Riten glauben, sie drückten eine Verachtung für die Götter aus, sind in ihren Schlüssen etwas voreilig: Dass man die „Götzen" misshandelt, heißt noch lange nicht, dass man ihnen nicht verbunden ist. In seinem Bericht über die Mission von Shaozhou von 1599 bis 1603 freut sich auch Longobardo über die guten Voraussetzungen der Chinesen. Er findet sie bereit, das Bildnis des Wahren Gottes anzubeten und ihre Götzen aufzugeben – das „entweder wegen unseres guten Rufes oder weil es diesem Volk leicht fällt, eine jegliche Gottheit anzubeten".[69]

Ende des 17. Jahrhunderts schreibt Pater Le Comte vom Zorn des Volkes gegen, die Götter, wenn diese etwas nicht gewährt haben:

Was, du Hund von einem Geist, sagen sie zuweilen, wir lassen dich in einem prachtvollen Tempel wohnen, du bist schön vergoldet, gut genährt, gut beweihräuchert, und nach all der Mühe, die wir uns mit dir geben, bist du undankbar genug, uns vorzuenthalten, was wir nötig haben ... Man fesselt ihn mit Stricken und zieht ihn durch die Straßen, und er wird mit Kot und allerlei Abfall beschmutzt.[70]

---

[66] Brief vom 12. November 1581, verfasst in Macao, *TV*, S. 403.
[67] Ricci wird sehr bald merken, dass es von chinesischen Gottheiten wimmelt. Vgl. S. 105f.
[68] Brief vom 13. Februar 1583, *TV*, II, S. 28 und 31.
[69] *HECC*, S. 493.
[70] Le Comte, II, Brief an Kardinal d'Estrées, S. 157.

Le Comte berichtet auch von einem Bewohner Nanjings, der gegen einen Gott einen Prozess anstrengte, weil dieser seine kranke Tochter nicht gerettet hatte. Den Versöhnungsversuchen der Mandarine zum Trotz ließ der Mann nicht locker, und die Angelegenheit wurde bis nach Peking gezogen. Er gewann den Prozess, der Götze wurde verbrannt, der Tempel zerstört, und die Bonzen wurden gezüchtigt.[71]

In seiner Karikaturhaftigkeit zeigt dieses letzte Beispiel die Nähe von Göttern und Menschen, ihre wie durch Vertrag geregelte Beziehung: Gaben müssen mit Gaben vergolten werden. Jeder soll dem nachkommen, was in seinem Bereich liegt. Das ist eine Einstellung, die nicht nur in China vorkommt. Eine Religion, denkt man vielerorts, ist so viel wert wie ihre Wirkungen. Die einfachen Leute haben keinen Grund, die neuen Gottesdienste und Riten abzulehnen, von [99] denen ihnen die Missionare sprechen: Wer weiß, vielleicht sind sie wirkungsvoller als die alten.

Es gab immer mehr Götter und immer wieder in neuer Gestalt: Sie wechselten im Lauf der Zeit Namen, Attribute, Funktion und sogar die Persönlichkeit. Viele waren ehemals historische Gestalten, und Matteo Ricci selbst, der als erster in China Uhren eingeführt hatte, die die Stunde schlugen, wurde später als Schutzheiliger der Uhrmacher von Shanghai vergöttlicht.[72] Merkwürdige Karriere für einen Missionar, als buddhistische Gottheit zu enden! Da zeigt sich, wie stark die Tendenz war, alle von den Missionaren eingeführten Neuheiten der chinesischen Tradition anzupassen. So leicht wie sich das die Missionare vorstellten, lassen sich Tradition und Religiosität eines ganzen Volkes und – im Fall Chinas – einer ganzen Kultur nicht ändern. In seinen Erinnerungen schreibt Ricci:

> Schwer zu glauben, wie viele Götzen es in diesem Reich gibt, nicht nur in den Tempeln, die voll sind von ihnen – denn in gewissen gibt es tatsächlich mehrere Tausend[73] –, sondern auch in Privathäusern, wo sie in großer Zahl an einem ihnen geweihten Ort stehen. Auf Plätzen, Straßen, Bergen, Schiffen und in öffentlichen Gebäuden sieht man nichts als diese Schandmale. In Wahrheit aber glauben wenige, was man über diese Götzen erzählt, und denken nur, es könne nicht schaden, sie, auch wenn sie nichts Gutes bewirken, nach außen hin zu verehren.[74]

---

[71] Le Comte, II, Brief an Kardinal d'Estrées, S. 159-162.
[72] L. Pfister, Bd. I, S. 30.
[73] Das erinnert an die Tempel, in denen oft fünfhundert buddhistische Heilige (*arhat*) dargestellt sind, aber auch an die 1001 Figuren der tausendarmigen Kannon im Sanjūsangen dō von Kyōto, der aus der Kamakura-Zeit (1185–1333) stammt.
[74] *FR*, I, S. 131.

Es gibt in China so viele Götter, dass es vielleicht nicht gut ist, neue einzuführen. Ein Autor befürchtet, die „hundert Götter" des Christentums würden die „hundert Götter" Chinas belästigen, und diese könnten nicht mehr in Frieden an ihrem Platz bleiben. Alles, findet er, ist schon kompliziert genug mit den zwei Lehren (Buddhismus und Daoismus). Fügt man noch eine dritte hinzu, wird man sich nicht mehr auskennen.[75] Vielleicht meint dieser Autor mit den „hundert Göttern" des Christentums die Engel (*tianshen*) und die Heiligen. Wahrscheinlicher ist aber, dass er sich das Christentum nach den ihm bekannten zwei Lehren vorstellt.

Als die Missionare und mit ihnen die eifrigsten der Bekehrten anfingen, buddhistische und daoistische Kultstatuen zu zerstören, waren gewisse Chinesen von dieser schimpflichen Behandlung[76] ihrer Götter überhaupt nicht betroffen, sondern fanden, diese müss-**[100]**ten sich schließlich selbst rächen. Der Verfasser einer Schrift jedoch ist entrüstet, dass die Leute so passiv sind:

> Gewisse schauen zu, wie die Barbaren die Buddhastatuen, die Statuen der daoistischen Unsterblichen und der chinesischen Gottheiten zerstören. Sie denken, die Götter würden auf geheimnisvolle Art jene bestrafen, die sie beleidigen, und dass man einfach abwarten müsse, bis diese von sich selbst zerschmettert zu Boden fallen. Wozu sich anstrengen? Doch sie wissen nicht, dass die Quintessenz des Himmels und der Erde den Menschen zuteil geworden ist und dass die Glücksgottheiten erst ihre stille Hilfe gewähren, wenn sich jemand mit ganzer Leidenschaft seinen Pflichten widmet. Der Mensch beschäftigt sich mit der sichtbaren, die Götter mit der unsichtbaren Welt. Erst wenn das Sichtbare und das Unsichtbare zusammenarbeiten, können Dämonen und Unheil vernichtet werden. Wie kann man bei solchen Sachen tatenlos zuschauen und sich einzig auf die Götter verlassen?[77]

Wenn sie ihnen auch fluchen und sie schlecht behandeln, so hängen die Chinesen doch an ihren Göttern. Diese gehören eben ein wenig zur Familie oder zur Gemeinschaft, und: Was sich liebt, das zankt sich. Longobardo schreibt, die Neubekehrten wollten sich nicht trennen „von den kleinen Göttern in Haus und Hof, mit denen jeder geboren und aufgewachsen ist und die sie für ihre Beschützer halten und nicht, wie sie glauben, unwürdig behandeln" mögen. Was die Missionare diesen Göttern antun, wirkt für alle

---

[75] Zitiert von Ch'en Shou-i 1936.

[76] Über die Zerstörung der Statuen siehe S. 222-227.

[77] *Shi'er shenkai* (Zwölf Gründe für tiefste Betroffenheit), *PXJ*, VI, 14a-b. Text datiert von 1636.

empörend: „All das", schreibt Longobardo, „schien dem Volk nicht nur unangebracht, sondern auch von jeglicher Humanität weit entfernt."[78]

Die Missionare hatten den Eindruck gewonnen, die Chinesen seien ihren Göttern nicht besonders verbunden. Das schien aber nur so, weil die Chinesen auf andere Art religiös waren: Immer bereit, neue Götter anzunehmen, interessierten sie sich auch für die Riten und religiösen Darstellungen des Christentums. Die Missionare waren überzeugt, die Chinesen seien für den Glauben disponiert: Ihr beispielhaft ehrfürchtiges und demütiges Benehmen während religiöser Zeremonien erlaubte durchaus diesen Schluss. Pater Le Comte bemerkt, dass sich die Leute hier während der Messe viel besser aufführten als die Europäer.[79] Sie liebten eben Riten und waren von Kind auf an sie gewöhnt. Pater Cibot beschreibt in einem Brief aus Peking, wo er von 1760 bis zu seinem Tod im Jahre 1780 lebte,[80] die chinesischen Christen „auf den Knien und in ehrfurchtsvollstem und **[101]** tiefstem Schweigen" und fügt hinzu: „Dank ihrer guten Erziehung und ihrem angeborenen Ernst sind dabei auch die kleinsten Kinder von bewundernswerter Demut."[81]

Die frommen Bilder erfüllten die Chinesen mit besonderer Andacht: Leute jeglicher Herkunft verehrten von sich aus die italienischen religiösen Gemälde der Missionare. So wollte es der Brauch: Allem Heiligen gebührt Ehrfurcht. Besucher bei Ricci und Ruggieri in Zhaoqing fanden es ganz natürlich, den christlichen Bildern ihre Reverenz zu erweisen, wie sie es mit chinesischen oder buddhistischen Gottheiten auch taten. Das belegt eine Stelle in Riccis Erinnerungen, die sich auf die letzten Monate des Jahres 1583 bezieht:

> Dieses Bild der Madonna mit dem Sohn, das wir auf dem Altar aufgestellt haben, wurde von allen Mandarinen und anderen Gelehrten, von Leuten aus dem Volk und auch von den Dienern der Götzen [den buddhistischen Mönchen] verehrt; sie machten ihre Kniebeugen und verneigten sich bis zum Boden mit viel Ehrerbietung, und gleichzeitig bewunderten sie unsere Malkunst.[82]

---

[78] *HECC*, S. 504f. Vgl. auch *ibid.*, S. 495: „Ein anderer Neubekehrter hatte seinen Freund so weit gebracht, dass dieser den Katechismus annahm. Als man ihm aber sagte, er müsse seine Götzen hergeben, konnte er nicht überredet werden, sie so schändlich zu behandeln."

[79] Le Comte, II, Brief an Pater de La Chaize, S. 277.

[80] 1727 in Limoges geboren, war Pater Pierre-Martial Cibot über Rio de Janeiro 1759 nach Macao gekommen. Er war „Mechaniker, Botaniker und Polygraph" (J. Dehergne 1973, Nr. 176).

[81] Undatierter Brief des Paters Cibot aus Peking, *LEC*, XXXI, S. 104.

[82] Auch Ruggieri vermerkt dieses Interesse für die abendländische Malerei: In einem Brief vom 25. Januar 1584 bittet er um die Sendung von „einem schönen Gemälde der Jungfrau mit Christus, das diese Herren in China sehr zu sehen wünschen, und einigen

„Allerdings", fügt Ricci hinzu, „stellten die Patres bald darauf ein Bild des Heilands an den Platz der Madonna, denn als die Chinesen das Bild der Madonna auf dem Altar sahen, verbreiteten sie – da man ihnen das Mysterium der Fleischwerdung nicht so schnell erklären konnte – andernorts das Gerücht, der von uns angebetete Gott sei eine Frau."[83]

Als Longobardo versuchte, die Leute aus der Gegend von Shaozhou, dem heutigen Shaoguan im Norden der Provinz Guangdong, zu bekehren, hielt er dabei mit Grund die heiligen Bilder für besonders wichtig. Er inszenierte richtiggehend seinen Auftritt, der den Chinesen offenbar sehr gefallen hat: Zuerst erklärte er seinem Publikum, man müsse

> einen einzigen Gott, Schöpfer des Himmels und der Erde, anbeten und dass es außer dieser Glaubenswahrheit kein Heil gab ... dann sagte er die Zehn Gebote des Gesetzes auf und erläuterte sie so kurz wie möglich. Danach sagte er, er habe das Bild dessen, der den Menschen als erster dieses Gesetz gegeben hat. Dann stellte er das Bild auf den Tisch oder sonst an einen Ehrenplatz, mit brennenden Kerzen und Wohlgerüchen.[84] Und er rief sie alle auf, fortan auf ihre Götzen, Abbilder falscher Götter und nicht wirklich Götter, zu verzichten. Dagegen hatte das Volk nicht viel, entweder wegen des guten Rufs unseres Glaubens oder weil es ihnen leicht fällt, eine jegliche Gottheit anzubeten.[85]

[102] Der Eunuch Ma Tang, der 1600 als erster die Gemälde sah, die Ricci dem Kaiser Wanli zugedacht hatte, war bei ihrem Anblick von sich aus auf die Knie gesunken: „Er verehrte die Altarbilder", schreibt Ricci, „höchst andächtig, kniete nieder und versprach der Madonna, ihr im Palast des Königs einen Platz zu geben."[86]

Dank Riccis Erinnerungen lässt sich die Geschichte dieser Bilder weiterverfolgen; es zeigt sich, wie sehr die italienische Malerei mit ihren Schatten und plastischen Effekten auf die Chinesen realistisch wirkte. Ricci berichtet – ohne Zweifel nach dem Zeugnis eines Eunuchen – von der Ergriffenheit des Kaisers:

Bildern auf Papier mit den Mysterien unseres Glaubens, um sie leichter zeigen zu können, denn sie sind an Malerei sehr interessiert". *TV*, II, S. 420.

[83] *FR*, I, S. 193f. Zuerst Shengmu niangniang, „Göttin heilige Mutter", genannt, wurde die Jungfrau vielleicht mit der Göttin der Seeleute, Mazu po, verwechselt, die auch unter dem Namen Tianfei, „Himmelsdame", oder Tianhou, „himmlische Kaiserin", bekannt war. [Zu dieser Gottheit siehe G. Wädow 1992.] Vielleicht wurde die Jungfrau auch mit Guanyin verwechselt.

[84] Offensichtlich Weihrauchstäbchen chinesischer Art. Die Inszenierung erleichterte es den Zuschauern, zwischen den Kulten eine Ähnlichkeit zu sehen.

[85] *HECC*, S. 493.

[86] *FR*, II, S.110.

Als er die Bilder sah, war der König betroffen und sagte: „Ein lebendiger Buddha!", damit sprach er ohne zu wissen die Wahrheit aus, denn all die anderen Götzen, die sie verehren, sind tote Götter. Bis heute haben unsere Bilder diesen Namen behalten, und die Patres heißen „jene, die den lebendigen Gott geschenkt haben". Doch hatte der König vor diesem lebendigen Gott solche Angst, dass er die Bilder seiner Mutter schickte, die den Götzen sehr ergeben war [das heißt eine eifrige Buddhistin]; diese fürchtete sich vor einer so starken Wiedergabe des Lebens ebenfalls. Deshalb ließ sie die Bilder zu ihrem Schatz legen, wo sie bis heute noch sind, und viele Mandarine gehen sie anschauen – dank der Gefälligkeit der Eunuchen, die den Schatz bewachen. [Die Eunuchen] sagten den Patres, der König verehre die Bilder und bringe ihnen Weihrauch und Wohlgerüche dar und bewahre in seinem Gemach das kleine Bild des Heilands auf, das unser General den Patres geschickt hatte. Doch kann man hierüber nichts sehr Genaues wissen.[87]

Dieser Text zeigt nicht nur, wie schnell die Chinesen bereit waren, fremde Gottheiten anzunehmen, sondern auch das Durcheinander zwischen Buddhismus und Christentum. „Questo e pagode vivo", soll Ricci gemäß Kaiser Wanli gesagt haben, das heißt wahrscheinlich *huo Fo*, „lebendiger Buddha". Der Kaiser meinte also erstens, das Bild sei lebensecht, zweitens, dass es einen Buddha darstellte. Ricci jedoch, der nicht weiß, dass es im Lamaismus lebendige Buddhas gibt, deutet den Ausdruck auf seine Art und übersetzt den Begriff „lebendiger Buddha" oder „Verwandlungsform des Buddha" mit „lebendiger Gott". Die Chinesen hingegen ordnen das Bild sogleich ganz der buddhistischen Tradition zu.

Die Missionare hatten bemerkt, dass Inszenierung und Ausstat-[103]tung für die Chinesen – an den Prunk der buddhistischen Kirche gewöhnt – wichtig war. „Die Chinesen brauchen", schreibt Pater Le Comte, „auch bei der Andacht etwas, was den Sinnen schmeichelt. Die prächtigen Verzierungen, der Gesang, der Ton der Glocken und der Instrumente, die Zeremonien der Kirche – all das ist nach ihrem Geschmack und verlockt sie zum Dienst an Gott."[88] Auch Pater Longobardo vermerkt zu Beginn des 17. Jahrhunderts in seiner Mission in Shaozhou im nördlichen Guangdong, dass bei den einfachen Leuten großen Erfolg hat, was er die „Waffen der geistigen Miliz" nennt: „Rosenkränze, kleine Kupferbilder oder Ablasspfennige, Stücke von gesegnetem Wachs oder [Wachstäfelchen mit der Aufschrift] *Agnus Dei*."[89]

---

[87] *FR*, II, S. 125f.
[88] Le Comte, II, Brief an Pater de La Chaize, S. 277.
[89] *HECC*, S. 493.

Pater Le Comte sagt, er habe immer darauf geachtet „zu erkennen, was der Aberglaube nach einer Weile den kleinen Leuten einzugeben pflegt, wenn man nicht aufpasst".[90] Er bedenkt, dass die christliche Lehre allmählich verdorben werden könnte, und befürchtet deshalb, die Ehrfurcht vor „Bildern, Reliquien, Ablasspfennigen, Weihwasser ..." werde in Aberglauben ausarten. Er scheint aber nicht wahrzuhaben, dass die Leute vielleicht schon von Anfang an zwischen „Aberglauben" und „wirklichem Glauben" nicht genau unterschieden. Anders gesagt haben die Missionare vielleicht traditionelle Verhaltensweisen als Beispiel für die Wirksamkeit der Gnade angesehen. Und wirklich scheinen die fremden Magier – für die man die Missionare hielt –, ihre Kultgegenstände und die christlichen Riten die Leute mancherorts bewogen zu haben, ihre mit dem Heiligen und Sakralen zusammenhängenden Verhaltensweisen und Traditionen einfach mit einem christlichen Vorzeichen zu versehen. Heiliges und Magisches, das von ferne kommt, hat mehr Ansehen und wird für wirkungsvoller gehalten.

Alle Zeugnisse der Missionare stimmen darin überein, dass die christlichen Chinesen an allen Gegenständen, die magische Wirkung haben konnten, äußerst interessiert waren. „Diese Ehrfurcht vor der Eucharistie", schreibt Le Comte, „erstreckte sich auch auf die Bilder, Reliquien, Ablasspfennige, Weihwasser und überhaupt auf alles, was zu unserer Religion gehört."[91] Die Chinesen, schreibt Pater Dentrecolles,

> baten mich um Reliquienschreine, Ablasspfennige, Bilder und Rosenkränze, und wie eifrig waren sie, sich mit Weihwasser einzudecken, das sie in wohlverschlossenen Gefäßen mitnahmen: Sie waren hocherfreut, von mir das Geheimnis zu erfahren, wie man es vermehren kann. Im allge-[104]meinen haben unsere Neubekehrten großes Vertrauen ins Weihwasser: Diese so berechtigte Ehrfurcht wird bei ihnen genährt durch die oft wundersamen Heilungen, die es bewirkt und mit denen Gott die Einfachheit ihres Glaubens belohnt.[92]

Und wirklich, das Weihwasser scheint den Missionaren gemäß viele Wunder gewirkt zu haben: Es heilt Kranke, rettet Sterbende, beschwört Besessene und treibt die Teufel aus den Häusern, in denen es spukt. Ein Christ gibt während einer Befragung zu, er sei „zum Kinderspital gegangen, habe dort magische Worte gesprochen und ihnen Wasser auf den Kopf gegossen, um sie zu heilen".[93] Und die Taufe bewirke, dass einem Ungeborenen im Leib seiner Mut-

---

[90] *HECC*, S. 278.

[91] *Ibid.*

[92] Brief des Paters Dentrecolles, Peking (1726), *LEC*, XX, S. 65f.

[93] „Etat de la Religion dans l'empire de la Chine en l'année 1738", in *LEC*, XXV, S. 242.

ter der Dämon ausgetrieben wird.[94] Übrigens stehen in diesem Punkt die Missionare auf der gleichen Stufe wie die Kreise, die sie zu gewinnen trachten: Sie glauben, dass es dämonische Besessenheit gibt und dass Weihwasser dagegen hilft. Michele Ruggieri beschreibt eines der ersten durch Weihwasser bewirkten Wunder:

> Ich habe auch den Sohn eines hiesigen [in Shaoguan im nördlichen Guangdong] großen Gelehrten getauft, weil er schwächlich und äußerst gebrechlich war. Da sein Vater sah, dass menschliche Medikamente und auch Gebete und der Aberglaube ihrer Alten nichts nützten, kam er, um ihn vor dem Tode zu retten, schließlich zu mir und bat mich mit sehr großer Überzeugung, ihm das Wasser der Taufe zu geben. Ich konnte es angesichts der Gefahr, in der sich das Kind befand, nicht ablehnen. Es genas einige Tage nach der Taufe und lebt noch immer. Ich habe darauf Wert gelegt, dass es über die Dinge unseres Glaubens eingehend belehrt werde.[95]

Für das Volk schien die Taufe in vielen Fällen ein Medikament mit magischer Wirkung gewesen zu sein. Sie folgte der in der Geschichte immer wieder belegten Tradition des „Zauberwassers" (*zhushui*), über das man Geheimformeln sprach, oder des „heiligen Wassers" (*shengshui*). Das Weihwasser nannte man auch *shengshui*. Diese Tradition bestand im Volk in buddhistischen oder daoistischen Kreisen. Die Biographie des Li Deyu (787–849) berichtet von einer berühmten Affäre, wo mit wundertätigem heiligem Wasser ein großangelegter Handel getrieben wurde. Der Tang-Großminister schritt ein, um dieser von den Bonzen organisierten Geschäftemacherei ein Ende zu setzen.[96]

Wie einst die buddhistischen Mönche aus Zentralasien oder In-[105]dien, so konnten auch die Missionare wirksame magische Sprüche in einer unverständlichen und geheimnisvollen Sprache. Die magischen Sprüche des Buddhismus, die *dhāraṇī*, gaben auf Chinesisch annähernd die Laute der indischen Originale wieder. Das gleiche galt auch für die lateinischen Gebete der Missionare: Longobardo hatte mehrere kleine Schriften mit chinesischen Zeichen verfaßt. „Diese Schriften", schreibt er,

> waren zunächst ein Gebetbuch für verschiedene Zwecke wie die Totenmesse und das Begräbnis, gedruckt in chinesischen Schriftzeichen, aber ohne dass an den lateinischen Wörtern etwas geändert wurde, soweit es die

---

[94] Auszug aus einigen Briefen über die Provinz Tonking, *LEC*, XXVIII, S. 277. Es hat keinen Wert, all die Beispiele von wundersamen Heilungen durch Weihwasser zu sammeln, denn die Angaben sind nicht genau genug.
[95] *TV*, II, S. 448.
[96] Bei den Gelbturbanen Ende des 2. Jahrhunderts n.Chr. findet sich eine der ältesten Erwähnungen von Zauberwasser.

Sprache erlaubte. Das gefällt den Neubekehrten außerordentlich, auch wenn sie nichts davon verstehen. Das gleiche sehen wir in Europa bei jenen, die den Gottesdienst auf lateinisch aufsagen und es mit großer Andacht tun, auch wenn sie nichts verstehen.[97]

Louis Wei sagt in bezug auf das 19. Jahrhundert: „Latein war eine unbekannte Sprache, und so glaubte man in den liturgischen Gebeten magische Sprüche oder Verwünschungen zu hören."[98] Dieser Meinung waren auch die den Missionaren feindlich gesinnten Gelehrten. Ganz allgemein ist die Zweideutigkeit des Sakralen – den einen heilbringend, den anderen unheilvoll erscheinend – in der Geschichte der Religion altbekannt.

Nicht nur die Sprache, auch die heiligen Schriften als solche sind wundertätig. Wer sie besitzt oder berührt, kann Wunder erwarten. Das wäre gewiss auch bei einem jungen Chinesen so gewesen, hätte sich nicht der Teufel eingeschaltet. Longobardo berichtet von einem jungen Mann, den ein heftiges Zittern erfasste, als ihm einer seiner neubekehrten Freunde einen Katechismus in die Hand gab. Der Pater deutet das Phänomen als einen Versuch des Bösen, den jungen Mann von der Religion fernzuhalten.[99]

Die Missionare treten oft als Exorzisten auf, sei es, um Gespenster aus Spukhäusern auszutreiben oder die Leute von Epilepsie-Anfällen oder kollektivem Wahnsinn zu heilen. Pater Chavagnac berichtet von einer Familie, die an Tobsuchtsanfällen litt und sich, nachdem sie alles versucht hatte, an die Missionare wandte. Diese verlangten zuerst, alle Talismane, daoistischen Statuen und Bücher, in deren Innerem Eingeweide und Organe dargestellt waren, sollten zerstört werden. Dann heilten sie die Besessenen mit Hilfe von Weihwasser, Kreuzzeichen, Rosenkränzen, die sie ihnen um den Hals hängten, und mit Hilfe des Namen Jesu, den die Kranken aussprechen muss-[106]ten. Der Erfolg dieser Kur bewog dreißig Personen, sich zu bekehren.[100]

Gegen Magie und Verunreinigung durch Dämonen, schreibt Pater François Noël 1703, erweisen sich Kreuzzeichen und Weihwasser als allmächtig.[101] Die Missionare erwähnen oft Fälle, wo durch Besprühen mit Weihwasser, durch Auflegung von heiligen Reliquien, durch das Kreuzzeichen und durch das Aussprechen der Silben *Yesu* [Jesus] und *Maliya* [Maria] Kranke, Besessene und Verrückte geheilt und Gebärende entbunden werden

---

[97] *HECC*, S. 509.

[98] L. Wei 1960, S. 44.

[99] *HECC*, S. 494f.

[100] Brief des Paters Chavagnac, Fuzhou (1703), *LEC*, IX, S. 345-357. Eine ähnliche Geschichte von Exorzismus mit darauffolgender Bekehrung findet sich in einem 1701 in Nanchang geschriebenen Brief des Paters Foucquet, *LEC*, V, S. 174-183.

[101] Denkschrift des Paters Noël, *LEC*, V, S. 94f.

konnten. Das Szenario ist meistens gleich: Nach vergeblichen Versuchen mit Medizin und buddhistischem und daoistischem Exorzismus wenden sich die Kranken an die Missionare. Nach der Behandlung durch die Patres verfallen sie oft wieder dem Heidentum, doch da werden sie erneut krank. Nun muss man sich wieder an die Patres wenden und diesmal für immer den falschen Göttern entsagen.

Auch wenn die christlichen Exorzismen manchmal wirkungsvoller sind, gleichen sie doch den traditionellen. Dass die Leute ihre chinesischen Statuen mit christlichen Bildern vertauschen, mag zwar die Patres freuen, beweist aber noch keinen wirklichen Gesinnungswandel. So kann die Jungfrau sehr gut die Rolle einer Göttin der Niederkunft übernehmen, ohne dass irgendwelche Vorstellungen geändert werden müssen. Longobardo berichtet zu Beginn des 17. Jahrhunderts:

> Ein anderer Neubekehrter kam eines Tages zu unserem Pater und beklagte sich über seine damals noch heidnische Frau, weil sie einen der Götzen zurückbehalten hatte, obwohl er alle den Flammen übergeben wollte.[102] Sie glaubte, durch die Hilfe dieses Götzen leichter gebären zu können. Der Pater befahl, statt des Götzen Choima,[103] den sie behalten wollte, solle das Bild der Muttergottes aufgestellt werden und die Frau täglich siebenmal in Erinnerung an die sieben Freuden der Jungfrau das Vaterunser und das *Ave Maria* beten. Schließlich gehorchte die Frau ihrem Mann. Als ihre Zeit gekommen war, gebar sie mit bewundernswerter Leichtigkeit einen Sohn. Und damit kein Zweifel bleibe, wer ihr geholfen hatte, fiel die Geburt auf das Fest der Darstellung unserer Heiligen Frau im Tempel.[104]

---

[102] Über die Zerstörung der Statuen siehe S. 160.

[103] Der Originaltext in *FR*, II, S. 200, ist genauer und sagt, es handle sich um eine Königstochter, die nicht heiraten wollte und Göttin der Niederkunft geworden war. Wahrscheinlich handelt es sich um Miaoshan, die jüngere Tochter eines mehr oder weniger mythischen Königs, die nicht heiraten wollte, dafür bestraft wurde und sich das Leben nahm. Diese Göttin wurde manchmal mit der tausendäugigen und -armigen Guanyin verwechselt. Doch ist Miaoshan gewöhnlich nicht als Göttin der Niederkunft bekannt. Siehe G. Dudbridge 1978 und H. Doré, Bd. VI, S. 94-138. Diese Informationen verdanke ich M. Soymié. Möglich, dass Coima (oder Choima) – wie P. d'Elia vermutet hat – einer fehlerhaften Umschrift des Manuskripts zuzuschreiben ist und dass sich hinter diesem merkwürdigen Namen Guanyin versteckt.

[104] *HECC*, S. 496. Vgl. *FR*, II, S. 200. Ein anderes Beispiel für einen solchen Tausch: Nach seiner Ausweisung heimlich in die Provinz Fujian zurückgekehrt, wandelt Pater Aleni zwei buddhistische Tempel des Wuyi shan, an der Grenze zur Provinz Jiangxi, im nordwestlichen Fujian, in Kirchen um. Die buddhistischen Statuen werden dabei durch Christusstatuen ersetzt. Es handelt sich da um einen oft wiederholten Vorgang, der nichtchristlichen Traditionen erlaubt, in christlicher Verkleidung weiterzubestehen. In *A Pearl to India* erinnert Vincent Cronin (1959, S. 225) an eine von Pater de Nobili

[107] In den Berichten über christliche Wunder kommen zahlreiche Themen aus der chinesischen Hagiographie vor, die sich in gleicher Form in der Biographie berühmter Mönche des 6. bis 10. Jahrhunderts oder in der Vita daoistischer Heiliger finden. Davon wussten die Missionare natürlich nichts, und es interessierte sie nicht weiter, ob angesichts der Beharrlichkeit und Kraft der chinesischen Traditionen die Bekehrungen nicht eher scheinbar als wirklich waren. Sie lehnten zwar den Aberglauben des Volkes ab, sahen aber nicht, dass er sich vor ihren Augen fortsetzte. Es ist immerhin beachtenswert, dass – um ein berühmtes Beispiel zu nennen – Pater Faber, der von 1635 bis 1657 im Süden der Provinz Shaanxi predigte, nach seinem Tod als Gott des Erdbodens mehr oder weniger einem Bodhisattva gleichgesetzt wurde, wie es später Ricci geschah, den man in Shanghai als Schutzpatron der Uhrmacher verehrte.[105] Genau den Zeitpunkt seines Todes voraussagen, Tiger wegzaubern und Naturkatastrophen auflösen, seinen Leichnam unverwest zurücklassen, Flüsse fliegend überqueren – das alles sind alte Volksthemen, die als Zeichen für Heiligkeit galten. Vor einem Heiligen reagierten Christen und Nichtchristen gleich: Gemeinsam verehrten alle Dorfbewohner die heiligen Reliquien eines Missionars. Bartoli schrieb Ende des 17. Jahrhunderts:

> Als der große Verfolger der Religion, Chen K'io (Shen Que), den Sarg [des Paters Feliciano da Silva] öffnen ließ [im Jahr 1617], fand man zur großen Verwunderung der Ungläubigen seinen Körper unverwest und duftend vor. Der bis dahin heitere Himmel bedeckte sich mit dunklen Gewitterwolken, als wollte er, so bemerkten die Heiden, gegen eine solche Freveltat protestieren.[106]

Ein weiteres traditionelles Thema: Bei besonders gefühlsbeladenen Ereignissen bedeckt sich der Himmel plötzlich oder heitert sich auf. Dieses Wunder wird in China häufig als „Regung und Antwort" (*ganying*) der Natur auf besondere Heldentaten oder Beweise von Heiligkeit verstanden. Louis Pfister schreibt, dass Pater Martino Martinis

> Körper im Jahr 1679, achtzehn Jahre nach seiner Beerdigung, ohne Verwesung vorgefunden wurde, wie von den Patres Intorcetta, Couplet und Bouvet berichtet. Als Pater Intorcetta das Grab öffnete, um den Leichnam zum neuen Friedhof überzuführen, hätte man geglaubt, er sei am Vortag

---

zitierte Äußerung Gregors des Großen: „Tell Bishop Augustine that after pondering the question of the English a long time, I have adopted the following decision: do not destroy their temples, but only the idols inside; so that this act of grace may induce these people ... to come and adore (the true God) in places familiar to them."

[105] Siehe S. 105.

[106] L. Pfister, I, S. 84, nach Bartoli. Pater da Silva war am 9. Mai 1614 gestorben, zwei Jahre, bevor den Missionaren in Nanjing der Prozess gemacht wurde.

begraben worden: kein Geruch, keine Schädigung, kein Anzeichen von Verwesung und das Gesicht gefärbt, als ob er **[108]** lebte. Sogar die Kleider waren noch intakt. Als sie von diesem Wunder hörten; strömten sehr viele Leute herbei, nicht nur Christen, auch Heiden. Diese aus Neugier auf etwas Außergewöhnliches, jene aus Andacht und Ehrfurcht vor ihrem geistlichen Vater ... Danach und bis in die jüngste Zeit ist der Körper im gleichen Zustand geblieben. Die Christen hatten es sich zur Gewohnheit gemacht, an Festtagen zu seiner Grabstätte zu gehen, ihn in einen Sessel zu setzen, ihm Bart und Haare zu kämmen und dann in seiner Gegenwart Gebete zu verrichten. Doch hatten die Heiden begonnen, ihn wie eine Gottheit zu verehren und vor seiner Grabstätte Weihrauch zu verbrennen, und so wurde der Leichnam zu Staub.[107]

Was Pfister oder seine Quellen auch immer sagen, die „Heiden" benahmen sich ohne Zweifel nicht viel anders als die Bekehrten: Pater Martini erscheint allen als Heiliger, den zu verehren vorteilhaft ist. Es spielt keine große Rolle, welcher Lehre er angehört hat. Was man da mit einem unverwesten Leichnam machte, mag merkwürdig anmuten, doch ist der Mumienkult um buddhistische Mönche in China vom 3. Jahrhundert bis heute reichlich belegt.[108]

Körper und Reliquien eines Heiligen sind auf übernatürliche Weise wirksam, und sein Grab ist oft Ziel von Wallfahrten. So etwa das Grab Pater Etienne Fabers, der in einem entlegenen Dorf im oberen Teil des Han-Tals zum örtlichen Gott des Erdbodens (*fang tudi*) wurde. 1597 in Avignon geboren, 1630 in Macao angekommen, wurde Pater Faber in diese Gegend im Süden der Provinz Shaanxi geschickt, wo er ungefähr von 1635 an bis zu seinem Tod 1657 in den Dörfern predigte. Alle Einzelheiten seines Lebenslaufes zeugen davon, dass der Missionar mit dem chinesischen – buddhistischen oder daoistischen – Heiligen, einem wundertätigen Asketen, vollständig identifiziert wurde. Man versichert, er sei „in den Lüften über Flüsse hinweggehoben worden [das schreibt man in China dem mehr oder weniger legendären indischen Mönch Bodhidharma zu], man habe ihn in Ekstase gesehen, er habe seinen Tod vorausgesagt und noch andere Wunder dieser Art. [Gewöhnlich sehen die chinesischen Bonzen den Zeitpunkt ihres Todes sehr genau voraus.]"[109]

Pater Le Comte beschreibt Ende des 17. Jahrhunderts, wie Pater Faber, „zeremoniell angetan mit Stola und Chorhemd, auf den Wegen ging" und dank Gebeten und Weihwasser die Heuschrecken verjagte. Nachdem er aber der

---

[107] L. Pfister, I, S. 259. Der Autor sagt, er habe diese Einzelheiten von Monseigneur Delaplace, der damals apostolischer Vikar in der Provinz Zhejiang war.

[108] Siehe den gutdokumentierten Artikel von P. Demiéville 1965.

[109] Le Comte, II, Brief an Kardinal de Bouillon, S. 224f. Vgl. L. Pfister, 1, S. 202-207, der den Begriff *fang tudi* angibt.

Plage ein Ende gesetzt hatte, musste **[109]** Pater Faber von neuem beginnen, denn die Chinesen hatten seine Lehren nicht befolgt und damit die Rückkehr der Insekten heraufbeschworen. Erst als die Heuschrecken ein zweites Mal auf wunderbare Art verschwanden, wurde im Dorf eine Kirche gegründet.[110]

Am erstaunlichsten aber ist Pater Fabers Anziehungskraft nach seinem Tod. Laut der *Revue des missions catholiques* ist Pater Fabers Dorf bis ins 19. Jahrhundert ein christliches Zentrum geblieben.[111] 1873 etwa kamen Christen und Andersgläubige an sein Grab, um zu beten; es war ein nicht endender Aufmarsch. Und als der Han-Fluss das Dorf überschwemmte, wurde das Grab wunderbarerweise verschont.[112] Einem anderen Zeugnis gemäß „sprach das Volk noch (1935) von den Wundern, die dieser heilige Apostel gewirkt hatte. In zahlreichen kleinen Pagoden an Straßen und Wegen findet man die Statue des Paters, mehr oder weniger in einen *poussah* [*pusa*] verwandelt, mit einem Tiger zu seinen Füßen".[113] Man erzählt, dass bei seinen ersten Reisen in der Gegend die Tiger wie durch ein Wunder verschwanden. Ein weiteres traditionelles Thema: Der Heilige verständigt sich mit den wilden Tieren und hat die Macht, sie fernzuhalten.

Durch gewisse Änderungen ließen sich alte Formen auf den neuen Glauben übertragen, ohne dass die traditionelle Denkweise angetastet wurde. So konnten die Missionare wohl glauben, sie hätten für das Christentum Seelen gewonnen, doch bleibt die Frage offen, ob die Konvertiten die radikale geistige Umwandlung vollzogen, wie sie für eine wirkliche Bekehrung nötig ist. In einem Text, der aus einer christlichen Gemeinschaft von Quanzhou in der Provinz Fujian stammt,[114] wird berichtet, wie ein seit kurzem verstorbener christlicher Chinese vor dem „himmlischen Gericht" zu erscheinen hat und dank seiner Verdienste wieder aufersteht. Das ist eine Übertragung der buddhistischen oder daoistischen Geschichten vom Abstieg zur Hölle: Die Engel des Paradieses spielen hier die Rolle der Richter, Beisitzer, Gerichtsdiener und Schergen, wie sie sonst in der Hölle zu finden sind, und es herrscht die gleiche bürokratische Atmosphäre wie in den traditionellen Erzählungen.

---

[110] Le Comte, *ibid.*, S. 227.

[111] *Revue des missions catholiques* IV (Lyon 1872), S. 701.

[112] Fang Hao, II, S. 33.

[113] *Relations de la Chine* (Paris 1935), S. 242. Es gibt zwei Schriften des Paters Rossi S.J. über Pater Etienne Faber, auf die Pfister hinweist (I, S. 207): *Cause du P. Faber*, T'ou-se-wè [Tushanwan] (ca. 1904/1905) und *Biographie du P. Faber*, gleicher Ort (1909).

[114] Bibliothèque Nationale, Fonds chinois, Nr. 6881, Holzschnitt mit dem Titel *Tianzhu shenpan mingzheng* (Schlagender Beweis für das Letzte Gericht des Herrn des Himmels). [Facsimile siehe *CCT BnF*, vol. 23, S. 201-212. Zu diesem Text siehe CCT Database (unter: Shen pan ming zheng).]

Viele Einzelheiten sind gleich: Der Bote begleitet den Toten beim Besuch in der Hölle – in diesem Fall beim himmlischen Gericht und der christlichen Unterwelt –; die Beschreibung des Gerichts; ein Register der guten und schlechten Taten, das die Lebenszeit eines jeden Menschen festlegt; fromme Handlungen wie das Ausschmücken von Kultstätten, das Aufsagen **[110]** und Abschreiben von heiligen Texten – verdienstvolle Handlungen wie sie der Buddhismus sehr empfiehlt und die, werden sie zugunsten der Toten ausgeführt, ihre Qualen verkürzen können; und schließlich die Aufträge der Toten an jenen, der das unglaubliche Glück hat, zu den Lebenden zurückkehren zu dürfen. Hier nun die Zusammenfassung des Textes:

Ein gewisser Yan Kuibin, Christ aus Quanzhou, berichtet von einer Erscheinung, die er sah, „als er alt und krank war, am 14. Tag des 7. Mondes des Jahres *gengchen* der Chongzhen-Ära (1640)":

Am Nachmittag dieses Tages sah er einen himmlischen Geist kommen, der ihm verkündete, der Herr des Himmels lasse ihn rufen. Er sagte, er sei bereit. „Warum sagst du es nicht deinen Söhnen und Enkeln?" fragte der himmlische Geist. „Schon lange", antwortete er, „kümmere ich mich nicht mehr um die Führung meines Hauses. Was vor der Geburt und nach dem Tod geschieht, hängt alles vom Herrn des Himmels ab. Wozu also ihnen [meinen Weggang] ankünden?" „Gut, in diesem Fall gehen wir." Sie stiegen also hinauf und sahen den Herrn des Himmels *Yesu* auf einem erhöhten Sitz. Er war streng und eindrucksvoll und von einer Schar himmlischer Geister umgeben. Außerdem waren noch viele Leute dort, Alte und Junge, die auf ihren Prozess warteten: All jene, die am selben Tag gestorben waren. Über jeden gab es ein Register, in dem Verdienste und Missetaten geschrieben standen. Der Vorgesetzte der himmlischen Geister, *Mi'e'er* [Michael], erließ anstelle seines Herrn und unter dessen Anleitung die Urteile und richtete alle mit großem Scharfblick. Jene, die schlimme Verbrechen begangen hatten, wurden zur Hölle geschickt, mit Dämonen an ihrer Seite, die ihnen Qualen zufügten. Nur ein sehr tugendhafter Mann stieg zum Himmel hinauf, und zwei andere wurden an den Ort gesandt, wo man die Missetaten sühnt [das Fegefeuer]. Als er die vielen Missetäter sah, schien der Herr des Himmels von Mitleid erfüllt. Als Kuibin an der Reihe war, erhob Michael seine Stimme und sprach: „Lange schon gehorchst du der Lehre [vom Herrn des Himmels]. Doch sind die Wurzeln von drei großen Übeln [bei dir] nicht ausgerottet."[115] Und als Kuibin seine Unschuld beteuerte, sagte Michael: „Du weißt es nur nicht. Deine Übeltaten sind Habgier, Geiz und Zorn". Kuibin antwortete: „All diese Übel gründen in meiner Armut". „Was Habgier und Geiz betrifft, sei es", sagte Michael, „aber der Zorn kann nicht von der Armut kommen. Diese Wurzel des

---

[115] *Zuigen*, „Wurzel des Schlechten", ein Ausdruck buddhistischen Ursprungs.

Schlechten kann schlimme Fol-**[111]**gen haben, wenn man nicht bereut. Du musst dich ohne Verzug bessern. Immerhin hast du letztes Jahr die Statuen in der Halle [des Herrn des Himmels] von Quanzhou geschmückt und 40 Tage und 40 Nächte daran gearbeitet und nichts für deine Mühen verlangt. Du solltest eigentlich zu 24 Tagen Plagen verurteilt werden am Ort, wo man sich von den Übeltaten reinigt. Doch [ich befehle], dass du auf die Welt zurückgeschickt werdest, um dort hundert Mal besser zu handeln, den anderen als Vorbild zu dienen, zu erzählen, was du [hier] gesehen hast, und um die Allmacht des Herrn des Himmels zu preisen." „Meine Worte haben wenig Gewicht", antwortete Kuibin, „ich fürchte, man wird mir nicht glauben. Wie soll ich es anfangen?" „Frage den *duode*[116] um Rat." Der himmlische Geist [Michael] befahl dem Heiligen, der an jenem Tag Dienst hatte, ihm den Rückweg zu zeigen, und Kuibin dankte [Michael] für sein Wohlwollen.

Da kam ein Heiliger die Stufen des Saales herab ihm entgegen und sprach: „Seit du die Reinigung [durch die Taufe] erhalten hast, ist mir vom Herrn des Himmels befohlen, dich zu beschützen. Wusstest du das?" „Wie heißt Ihr?" fragte Kuibin. „Ich bin der zweite Gründer-Jünger.[117] Ihr habt ein Glück, wie es keines auf zehntausend gibt, [auf die Erde] zurückkehren zu dürfen, und Ihr habt das dem Wohlwollen des Herrn des Himmels und auch der Hilfe der Heiligen Mutter zu verdanken. Jetzt gilt es, sich anzustrengen und meinen Namen nicht Lügen zu strafen. Ihr werdet nach allen Seiten so viele Gaben machen müssen wie nur möglich und Eure Wutanfälle unterdrücken. Ich sehe Euch später wieder."

Darauf kam ihm der Heilige vom Dienst entgegen.[118] Kuibin fragte ihn nach seinem Namen. „Ich heiße Zhang Mige [Michael Zhang]", antwortete er.[119] „Schon lange bewundere ich Euch", sagte Kuibin. „Welch ein Glück, Euch heute zu begegnen!" „Ich gratuliere Euch, dass Ihr auf die Welt zurückkehren dürft. Könnte ich Euch einen Brief an meinen Onkel mitgeben? Ich befehle ihm, bei sich drei Fehler auszumerzen: die Habgier, den Stolz und die Lüge; seine früheren guten Taten zu festigen und sich nicht in die Lüsternheit gehen zu lassen. Die ganze Familie, Männer und Frauen, Junge und Alte, haben sich zur Lehre bekannt. Leider verstehen

---

[116] Abkürzung für [*sacer*]*dote*: Priester.

[117] Eine Anmerkung erklärt, es handle sich um Paulus, da Kuibin Paul getauft worden war. „Zweiter Gründer-Jünger" meint den zweiten Apostel.

[118] In der Geschichte kommen also zwei Heilige nacheinander vor. Nur der zweite ist der Heilige vom Dienst.

[119] Anmerkung im Text: „Es war Zhang Shi aus Quanzhou. Sein heiliger Name war Mige. Er war ein eifriger Christ, der viele verdienstvolle Taten angehäuft hatte und 1623 in den Himmel gerufen worden war. Es gibt eine Sammlung der Wunder des Mige." Mi'e'er und Mige sind zwei Transkriptionen für Michael.

sich die beiden Mütter schlecht." "Wie geht es Eurem Herrn Vater?" fragte Kuibin. "Mein Vater", sagte Zhang Mige, "ist die herausragendste Gestalt der Provinz Fujian, doch macht er den Fehler, immer noch den Ungläubigen zu folgen."[120]

[112] Unterwegs [sahen sie] im Osten eine Hölle, die durch ein „Tor der ewigen Qualen" kenntlich gemacht war, und wenige Schritte weiter eine andere Hölle mit einem Schild, auf dem stand „Ort, wo geschmiedet und geläutert wird." Beim Tor angekommen, sah Kuibin Zhang Ergu.[121] Ergu war entzückt und wollte das Tor öffnen, um ihn hereinzulassen. „Das ist nicht nötig", sagte Zhang Mige, „der Herr des Himmels hat mir nur befohlen, [Kuibin] zurückzubegleiten." „Ihr geht zurück", rief Ergu erfreut, „[in diesem Fall] bitte ich Euch, meinem Sohn und meiner Schwiegertochter eine Botschaft von mir zu überbringen und meinem Neffen Zhu Weidu nahezulegen, er solle viele neue Freunde gewinnen und für mich 3.800 [christliche] Sūtren sagen, um mich aus der Hölle zu erlösen, wo man sich von den schlechten Taten reinigt." Auch die Religionsgenossen Zhao Mo'ang und Bai Siduo standen dort.[122] Sie waren traurig und sagten nichts. Mige sprach zu Kuibin: „Vor kurzem haben Wang Huwo und Nian, der Arzt,[123] sich an den Ort der Ruhe [das Paradies] zurückziehen dürfen. Man muss ihren Söhnen und Enkeln sagen, sie sollen ihre Trauer eifriger bekunden." Kaum hatte Mige zu sprechen aufgehört, auferstand Kuibin. Es war zur Stunde, da der Hahn kräht ...

Kuibins Sohn, Yan Weisheng, hat diese Geschichte im 13. Jahr der Chongzhen-Ära (1640) aufgezeichnet.

Die Chinesen glaubten offenbar – wie der Franziskanerpater Antonio de Caballero befürchtet hatte –, dass „die Gaben, die dem vierten Gebot gemäß dargebracht wurden, die Toten von den Qualen des Fegefeuers und der Hölle erlösen konnten."[124] Das ist eine Anwendung der buddhistischen Theorie von der „Übertragung der Verdienste" (pariṇāma), wonach fromme Werke den Verstorbenen Hilfe bringen, die Dauer einer schlechten Reinkarnation als Höllenwesen, hungriger Dämon oder als Tier verkürzen oder – noch besser – sie vom schmerzlichen Kreislauf von Tod und Wiedergeburt erlösen können.

---

[120] Wörtlich: „Er hat es noch nicht vermeiden können, niedrigen Leuten zu folgen."

[121] Anmerkung im Text: „Das war ein Religionsgenosse Kuibins aus Quanzhou, der im Jahre *dingchou* (1637) gestorben war."

[122] Anmerkung im Text: „Auch sie aus Quanzhou und seit mehreren Jahren verstorben."

[123] Anmerkung im Text: „Auch sie aus Quanzhou und eifrige Christen. Wang war mit sechsundachtzig Jahren gestorben. Nian hatte die Lehre mehr als zwanzig Jahre lang befolgt. Beide sind im Jahre *jimao* (1639) in Frieden gestorben."

[124] Sainte-Marie 1701, S. 140.

Gleichzeitig zeigt diese Erzählung die positive Einstellung der Chinesen zum Leben: Es ist ein unverhofftes Glück, zu den Lebenden zurückkehren zu dürfen, sei es auch nur für kurze Zeit. Die christlichen Elemente dieser Geschichte sind völlig in ein traditionelles Schema integriert.

*

[113] Die Missionare schauten die Bekehrungen zumeist von der quantitativen Seite an: so und so viele Seelen für Gott gewonnen und vor dem Höllenfeuer errettet. Deshalb waren sie so eifrig dabei, sterbende Findelkinder zu taufen. Wenigstens wurden diese nicht wieder abtrünnig, was bei anderen oft vorgekommen zu sein scheint: „Die Kinder, die wir bekehren", schreibt Pater Foucquet (in China von 1699 bis 1720), „können sich verleugnen und ändern, wenn sie erwachsen sind, und es gibt nur zu viele, die der erhaltenen Gnade nicht treu sind. Diese ausgesetzten Kinder, die gleich nach der Taufe sterben, kommen hingegen unweigerlich in den Himmel."[125]

Die gleiche Bemerkung in einer Denkschrift des Paters François Noël über den Stand der Missionen in China im Jahr 1703: Die Bekehrung von Erwachsenen „ist vielen Rückfällen in die Sünde und den Götzendienst ausgesetzt", ganz im Gegensatz zur Bekehrung von sterbenden Kindern.[126]

Zweifellos gab es Missionare, die sich zu sehr auf die Wirkung der Taufe verließen und sie einigermaßen voreilig austeilten, wie man das in Europa mit den zwangsbekehrten Juden getan hat. Jean Delumeau schreibt:

> Es gab ein Mittel, die Nachkommen Judas' dem Zugriff des Satans zu entreißen. Die eifrigsten Kirchenleute haben große Hoffnungen an diese Arznei geknüpft, die in der magischen Kraft der Taufe lag. Das Taufwasser trieb den Dämon aus der Seele des Juden, der plötzlich nicht mehr Angst machte und harmlos wurde.[127]

Nach christlichem Glauben ist die Taufe eine wichtige Handlung, denn sie wäscht von der Erbsünde rein und schafft einen neuen Menschen. Ebenso besteht zwischen der in heidnischem Dunkel verharrenden Seele und jener, die von der Gnade erleuchtet worden ist, ein grundlegender Unterschied. Doch der Historiker seinerseits kann nicht umhin, den Gehalt einer Bekehrung in Frage zu stellen. Zahlen genügen ihm nicht. Wenn nun zum Beispiel Pater Faber in einem entlegenen Marktflecken der Provinz Shaanxi innerhalb eines Jahres 2.699 Dorfbewohner tauft, sind Zweifel darüber angebracht, ob diese Bauern wirklich etwas von einer Religion verstehen, die so anders ist als

---

[125] Brief des Paters Foucquet, *LEC*, V, S. 232.
[126] Bericht des Paters Noël über den Stand der Missionen in China (1703), *LEC*, VI, S. 80f.
[127] J. Delumeau 1978, S. 291.

jegliche chinesische Tradition. Man muss also versuchen zu analysieren, was eigentlich bei diesen Bekehrungen vorging, auch wenn darüber wenig überliefert ist: Dieser Aspekt interessierte die Missionare nicht. Für sie zeugte jede Bekehrung von der Gnade und der Allmacht Gottes.

[114] „Welche Kraft, welche Anziehung", schreibt Pater Le Comte, „könnte in einem einzigen Augenblick die Widerstrebenden unter das Joch einer Religion bringen, die so streng ist wie die unsere, wenn nicht Jesus Christus selbst seine Wunder wirkte und nicht der Heilige Geist durch die innere und unsichtbare Wirkung der Gnade die Schwäche seiner Diener ausgliche?" Und Pater Le Comte spricht von China als einem Land, „wo trotz Anstrengungen der Dämonen Gott so beständig verherrlicht wird".[128]

Es kam nicht in Frage, mit den Leuten aus dem Volk auf die Einzelheiten des Dogmas einzugehen. Eine einfache Zusammenfassung des Katechismus genügte. Das aber konnte zu viel Durcheinander führen.

Ein Konvertit aus Hangzhou berichtet, dass die Täuflinge zuerst zwei oder drei Mal die allgemeine Bedeutung der Lehre deutlich erklären mussten. „Es ist also nicht leicht einzutreten", sagt er stolz zum Mönch Yuanwu, „und nicht leicht auszutreten." Das ist etwas anderes als im Buddhismus, dem man anhängt und den man aufgibt – wie man will. „Bei uns gibt es niemanden, der sich von der Lehre vom Herrn des Himmels abwendet, um zum Buddhismus zurückzukehren." Doch das kann nicht stimmen, denn man weiß ja von vielen Abtrünnigen, und auch Yuanwu ist nicht überzeugt: „Wer beweist mir, dass jene Leute, die einige Brocken der christlichen Lehre auswendig gelernt haben, die Worte begreifen und nicht blind annehmen, was sie nicht verstehen?" Buddhismus und Konfuzianismus sind übrigens nicht so formalistisch: „Eine Wahrheit [ein *Dao*], zu der man nicht über tausend verschiedene Wege und zehntausend ähnliche Gedankengänge gelangt, kann nicht die Wahrheit sein."[129] Die chinesische Überlieferung ist undogmatisch und unformalistisch: Gerade darin liegt der große Unterschied zum Christentum.[130]

Dank den Urkunden des Prozesses von Nanjing gegen die Missionare und ihre Anhänger kann man sich von den Bekehrungen, die Pater Alfonso Vagnone von 1609 bis 1616 in dieser Stadt vorgenommen hat, ein Bild machen. Unter den Bekehrten werden erwähnt: ein Kuchenhändler, ein Buchhändler und Gelegenheitsdrucker, ein Strohhutmacher, ein Gärtner, ein Zimmermann, ein Fischnetz-Flicker, ein Vergolder, ein Soldat, ein Wasserträger. Vagnone wollte die Aufmerksamkeit nicht allzu sehr auf sich lenken und brauchte einen

---

[128] Le Comte, II, Brief an Pater de La Chaize, S. 272.

[129] *PXJ*, VII, 18b und 26a.

[130] Mehrere Chinesen haben den Dogmatismus der Missionare und ihren Widerstand gegen jegliche Diskussion vermerkt. Vgl. besonders S. 101-103.

Chinesen aus Macao als Propagandisten. Sobald ein Täufling sein [115] Einverständnis gegeben und zweifelsohne eine Zusammenfassung des Katechismus auswendig gelernt hatte, salbte ihn Vagnone mit Öl und besprizte ihn mit Weihwasser, außer bei Frauen, die von Zhong Minren, dem Konvertiten aus Macao, notgetauft wurden.[131] Man weiß sogar, was jene, die Zhong Minren zu bekehren versuchte, von seinen Worten behalten konnten: Bei seiner Verhaftung im Jahr 1616 sagt ein gewisser Xia Yu, Kuchenhändler von Beruf, aus, er sei im 10. Mond von 1612 zum Strohhutmacher Cao Xin gegangen, einem Anhänger der Lehre vom Herrn des Himmels, und dieser habe zu ihm gesagt: „Der Herr des Himmels hat den Himmel, die Erde und die Zehntausend Wesen geschaffen. Warum bekehrst du dich nicht [zur Lehre]?" Dann hatten ihm Zhong Minren und andere die Grundsätze dieser Lehre erklärt. „Aber", hatte Xia Yu gesagt, „wenn ihr ihn den Herrn des Himmels nennt, warum hat er dann eine Statue?"[132] „Weil es zu Beginn", soll Zhong Minren geantwortet haben, „als der Herr des Himmels durch magische Umwandlung die Welt schuf, nur einen Mann und eine Frau gab. Danach arbeiteten die Leute in verschiedenem Handwerk. Sie anerkannten den Herrn des Himmels nicht mehr. Deshalb überschwemmte er sie mit einer Sintflut. Nachdem die Menschen dieses große Unglück hatten ertragen müssen, fühlte der Herr des Himmels Mitleid mit ihnen und stieg in ein Königreich des Abendlandes hernieder, um dort geboren zu werden und die ganze Erde zu bekehren. Das geschah vor 1615 oder 1616 Jahren."[133] Offensichtlich hat Zhong Minren nicht eben gut behalten, was man ihn gelehrt hatte. Auf jeden Fall muss er ziemlich genau so gesprochen haben, denn in China werden Aussagen äußerst gewissenhaft aufgezeichnet.

Bei einem Besuch beim Buchhändler Zhou Yong lässt Vagnone folgendes fallen: „Du bist alt. Warum bekehrst du dich nicht zur Lehre vom Herrn des Himmels? Deine Seele könnte nachher ins Paradies aufsteigen." Das genügte, Zhou Yong zu überzeugen.

Es gibt Bekehrte, die lesen können. So etwa der Kuchenhändler Xia Yu, der von Zhong Minren „fünfzehn Bücher der Barbarenlehre"[134] erhält. Doch die meisten Leute aus dem Volk – und vor allem jene vom Land – können nur mündlich und auf elementare Weise belehrt werden. Deshalb werden auch gewisse christliche Vorstellungen so leicht an Volkstraditionen angepasst.

Bei den Christen verpflichtet die Religion nur den Einzelnen, denn es geht um sein persönliches Heil. Sie ist ein Dialog der Seele mit [116] Gott. Merk-

---

[131] *PXJ*, II, 9b-10a. Dossier des Prozesses gegen Zhong Minren und Konsorten.

[132] Über diese häufige Reaktion vgl. S. 282.

[133] *PXJ*, II, 9b.

[134] *Ibid.*

würdigerweise wurde die Bekehrung – eine individuelle Umkehr, die Seele und Gewissen bindet – in China ziemlich oft in Gruppen vorgenommen: Eine ganze Familie, Bedienstete inbegriffen, oder ein ganzes Dorf will getauft werden. Bei diesen Kollektivbekehrungen müssen andere Motive als innere Überzeugung ausschlaggebend gewesen sein.[135] Je nach Gesellschaft eine andere Religiosität: Es gibt keine universale Psychologie, die in jeder Kultur und zu jeder Zeit gültig ist. Für die Chinesen, mit denen die Missionare vom Ende des 16. Jahrhunderts an in Verbindung treten, ist es selbstverständlich, dass Religion eine kollektive Angelegenheit ist. Sie betrifft die Familie, ein Geschlecht, ein Dorf. Eine Rolle spielt, dass die Leute fromm sind und Riten und Sprüche wirksam. Der Schutz, den heilige Dinge gewähren, beschränkt sich nicht auf den Einzelnen. Und: Meistens sind es sogenannte Wunder, die bewirken, dass die Leute um die Taufe bitten.

Für sie muss jeder Kult, jede Religion ihre Wirksamkeit beweisen, denn sie erwarten greifbare Vorteile: eine gute Ernte, Schutz gegen Unheil, Frieden und Ruhe für alle, Glück in der Familie, das Wohlergehen der verstorbenen Eltern. Der Buddhismus hat zwar in China das Thema vom individuellen Heil eingeführt, aber es ist nie so wichtig geworden wie die Sorge um das Wohlergehen eines ganzen Geschlechts oder eines Gebiets.

Pater Le Comte, dem so viele Informationen zu verdanken sind, berichtet, dass sich selbst Kaiser Kangxi (1661–1722) bei den Patres in Peking darüber beklagte, dass sie ihm zu wenige Wunder vorführten:

> Der Kaiser, dem man von den Wundern erzählt hat, die Gott bei anderen Völkern wirkte, macht uns deswegen manchmal Vorwürfe. Sind wir, sagt er, etwa geringer als die Barbaren, bei denen so oft Kranke geheilt und Tote auferweckt wurden? Was haben wir Gott getan, dass er uns die Bekehrung schwerer macht? Ihr kommt vom anderen Ende der Welt, predigt uns ein neues Gesetz, das der Natur zuwiderläuft und jenseits der Vernunft liegt. Ist es recht, dass wir euch aufs Wort glauben sollten? Wirkt Wunder, die für die Wahrheit eurer Religion bürgen, und ich bürge euch für die Aufrichtigkeit unseres Glaubens.[136]

Aber, fügt Pater Le Comte hinzu, „wenn uns in Peking die Wunder fehlen, so ist das in den Provinzen anders. An mehreren Orten sind Wunder geschehen, und jene des Paters Faber[137] sind so **[117]** allgemein anerkannt, dass es schwierig ist, nicht daran zu glauben."[138] Als Beispiel nennt Pater Le Comte:

---

[135] Die von den Daimyō aus Geschäftsinteressen verordneten Massenbekehrungen in Japan scheinen die Missionare weder schockiert noch bedenklich gestimmt zu haben.

[136] Le Comte, II, Brief an Pater de La Chaize, S. 329.

[137] Siehe oben S. 115f.

[138] Le Comte, *ibid.*, S. 332.

- Ein Haus, das von Feuer bedroht, dann verschont wird, weil ein Christ mit seinen Gebeten den Wind abwendet und damit den Brand eines Hauses verursacht, indem ein Abtrünniger wohnt.[139]
- Ein Christusbild, vor dem man sich niederwirft,[140] heilt eine ganze Götzenanbeter-Familie, die sich vorher ohne Erfolg an Ärzte und Bonzen gewandt hat. Das Wunder lässt die ganze Familie und die Nachbarn um die Taufe bitten. Einige wenden zwar ein, der Teufel sei gar nicht im Spiel gewesen, und die Heilung könne natürlich erfolgt sein.[141]
- Ein vom Dämon besessenes Mädchen lässt sich von seiner Mutter überreden, Christin zu werden. Kaum getauft, ist es auch schon geheilt.[142]

Die *Lettres édifiantes et curieuses* berichten ebenfalls von Wundern. Sie beweisen, sagen die Bekehrten, die Macht des „Juwels der Barbaren" und dass es vorteilhaft ist, Christ zu sein. Nach den Wundern gibt es immer Leute, die sich bekehren oder zumindest um die Taufe bitten.

Pater de Fontaney berichtet, eine Feuersbrunst habe 1702 das Haus der Missionare in Ningbo verschont. Dank den Gebeten der Patres und der Christen hatte der Wind abgedreht, und die Nachbarn versicherten, auf dem Dach einen weißgekleideten Mann gesehen zu haben, der die Flammen vertrieb. „Der Gott der Patres aus Europa", sagten darauf die Besucher der Missionare, „muss gar mächtig sein."[143]

Pater Desrobert berichtet, dass sich nach einem gleichen Wunder viele Leute bekehrt haben. „Die christliche Religion", schreibt er, „ist jetzt in dieser Gegend bekannt, und alle umliegenden Orte hallen wider von diesem Ereignis. *Man sagt, es sei vorteilhaft, Christ zu sein.*"[144]

Doch gewinnt immer nur der Stärkere: Ein Kranker will sich bekehren, falls er geheilt wird. Nun aber wird er dank einer von Ungläubigen bereiteten Medizin gesund. Also bekehrt er sich nicht. Nur was wirkt, ist etwas wert.[145] Das gleiche Thema der Nützlichkeit klingt in einer erbaulichen Anekdote auf, die Pater Le Comte berichtet: Ein Sterbender verlangt nach der Taufe, weil er denkt, es nütze ihm mehr, Christ zu sein als Buddhist. In der Tat haben ihm die Bonzen versichert, er würde als Postpferd wiedergeboren, damit er so die

---

[139] Le Comte, *ibid.*

[140] Über die Verehrung frommer Bilder siehe oben S. 107f.

[141] Le Comte, *ibid.*, S. 337-340.

[142] *Ibid.*, S. 341.

[143] Brief des Paters Fontaney (1704), *LEC*, VIII, S. 116-119.

[144] Brief des Paters Desrobert, Petsiuen chan, Hubei (1741), *LEC*, XI, S. 397. Hervorhebung von J.G.

[145] Brief des Paters Dentrecolles, Raozhou (1715), *LEC*, XIII, S. 329f.

Wohltaten des Kaisers vergelten könne. (Er erhält vom Staat eine **[118]** Pension.) Zu Pater Le Comte sagt er:

> Sie ermahnen mich, meine Pflicht recht zu erfüllen, sobald ich diese neue Gestalt angenommen habe, mich nicht von der Stelle zu rühren, nicht zu beißen, nicht auszuschlagen und niemanden zu verletzen. Rennt frisch, sagen sie zu mir, esst wenig und seid geduldig, so werdet Ihr das Mitleid der Götter wecken, die oft aus einem guten Tier einen wertvollen Menschen oder angesehenen Mandarin machen … Im Traum kommt es mir manchmal vor, als sei ich schon angeschirrt und bereit, mich beim ersten Peitschenschlag des Postillions in Gang zu setzen. Ich erwache schweißgebadet und weiß kaum, ob ich noch ein Mensch oder schon ein Pferd bin … Man hat mir gesagt, die Anhänger Eurer Religion kennten keine solche Pein, die Menschen seien bei Euch immer Menschen und sie fänden sich in der anderen Welt gleich wieder wie hier. Ich flehe Euch an, nehmt mich bei Euch auf. Ich weiß, dass es schwer ist, Eure Religion zu befolgen, aber sei sie noch so hart, ich bin bereit, sie anzunehmen. Und koste es mich, was es wolle – ich bin noch lieber ein Christ als ein Tier.[146]

Wirkt eine Religion nicht nur Wunder, sondern bringt sie noch andere Vorteile und ist sie auch leicht auszuüben, hat sie beim Volk das Spiel gewonnen. Auch wer die fremde Religion kritisiert, hat ihre Wirksamkeit im Auge. Xu Dashou schreibt:

> Letztes Jahr brach in Hangzhou ein Feuer aus. Zufällig wurde das Haus eines ihrer Anhänger verschont. Darauf logen sie und sagten, das sei eine Wirkung des Juwels der Barbaren. Aber heißt das „die Menschen lieben" (*airen*) [eine der am häufigsten verkündeten Vorschriften der Lehre vom Herrn des Himmels], wenn acht Personen verschont werden und zehntausend ohne Schutz bleiben? In meinem Dorf lebt ein Lastträger namens Yan, der als erster ihre Lehre angenommen hat. Und doch wurde sein Haus völlig von den Flammen zerstört, ja das Feuer hat sogar den dritten Sarg beschädigt.[147] Wo also bleibt die Wirksamkeit des Juwels der Barbaren? Wer sagt da noch, sie lügen nicht?[148]

Wunder, wirkungsvolle Zeremonien, „Heiligkeit" der Patres – das also brachte die Leute so weit, sich taufen zu lassen. Diese – vielleicht im Schnellverfahren in den christlichen Wahrheiten unterwiesenen – Konvertiten waren aber bald einmal bereit, wieder vom neuen Glauben abzufallen. Doch gelang es den

---

[146] Le Comte, II, Brief an Kardinal de Bouillon, S. 165-167.

[147] Die Särge – drei ineinandergefügte Schreine – wurden oft zu Hause aufbewahrt, bis für die Beerdigung genügend Geld vorhanden war und ein günstiger Tag für die Zeremonie feststand.

[148] ZP, 31b.

Missionaren, einige Leute gründlicher zu bekehren. Diese waren den traditionellen Kulten gegenüber so unerbittlich, dass man auf eine tiefergehende innere **[119]** Verwandlung schließen muss. Die paar Auserwählten waren anscheinend auf eine bestimmte Art motiviert: Zunächst einmal waren sie stolz, sich vom gewöhnlichen Volk zu unterscheiden – dieses blieb in den dunklen Gefilden des Irrtums, während sie allein hoffen durften, in den Himmel zu kommen. Sie fanden sogar, die Taufe könne nicht jedem beliebigen gewährt werden. So etwa waren die Christen von Shaoxing in der Provinz Zhejiang dagegen, als Pater Parrenin die Tumin taufen wollte. Diese waren eine Art Parias, die in einer abgetrennten Straße der Stadt wohnten und, wie Pater Parrenin schreibt, „nur das niedrigste und kleinste Gewerbe treiben durften wie Frösche verkaufen oder Zuckerbrote für die Kinder, oder Trompete spielen vor den Toten, die man zur Erde trägt".[149]

Jemand, der einen Geldbeutel seinem Besitzer zurückgebracht hatte, wurde von einem Konvertiten belehrt, es stehe nur „den Christen an, solche Taten zu vollbringen", und dass keine Tugend genügen würde, ihn in seinem Unglauben vor der Verdammung zu bewahren.[150]

Diese Bekehrten kasteien sich auch mit besonderem Eifer. Sie geben sich Exzessen hin – die Missionare müssen sie oft zurückhalten –, die wahrscheinlich traditioneller Natur sind. Wie andere verfallen auch die Chinesen manchmal einem asketischen Rausch, der in Irrlehren zum Ausdruck kommt. Ebenso gibt es Leute, die in ihrer Trauer um die Eltern den Wunsch nach Selbstzerstörung spüren, der sich auch bei anderer Gelegenheit äußern kann. Der Buddhismus lehnt zwar Selbstzüchtigungen ab, aber gewisse buddhistische Gläubige und Mönche üben sie doch, weil sie damit ihre Person als Gabe darzubringen denken. Ein Missionar berichtet Ende des 18. Jahrhunderts von Selbstkasteiung bei einigen Bonzen:

> Sie schleppen sich mit schweren Ketten um den Hals von Tür zu Tür, bitten um Almosen und sagen, man könne seine Sünden nur tilgen, wenn man ihnen oft etwas gebe. Andere schlagen den Kopf gegen Steine oder zerfleischen sich mit Peitschenhieben. Ich habe solche gesehen, die durch Fasten und Enthaltsamkeit so mager geworden waren, dass man sie für wandelnde Gespenster halten konnte.[151]

Das war nicht nur, wie der Missionar denkt, plumpes Theater, um Almosen zu erhalten, sondern ein Beispiel für die Tugend des Gebens und zugleich ein Ansporn zu dieser Tugend, die im Buddhismus so wichtig ist. Auch Pater Le Comte beschreibt Ende des 17. Jahrhunderts die Bußübungen, die gewisse

---

[149] Brief des Paters Parrenin, Peking (1735), *LEC*, XXIV, S. 43.

[150] Le Comte, II, Brief an Pater de La Chaize, S. 311.

[151] Brief des Paters François d'Ollières, Peking (8. Oktober 1769), *LEC*, XXX, S. 169f.

Bonzen auf sich nehmen, [120] um Almosen zu erhalten: Sie tragen Ketten an Hals und Füßen oder schlagen sich mit Ziegelsteinen auf den Kopf. Ein junger Bonze wird in eine Sänfte eingeschlossen, die innen mit Nägeln gespickt ist. Die Spender müssen diese Nägel kaufen – es sind mehr als zweitausend.[152] Ebenso scheinen die eifrigsten Bekehrten eine starke Neigung zur Selbstkasteiung gespürt zu haben.

„Ihre Beichte", schreibt Pater Le Comte, „war nicht nur von Tränen begleitet (denn die Chinesen weinen schneller als wir), sondern auch von harten Züchtigungen, die sie sich am Abend in der Sakristei auferlegten."[153] Und andernorts beschreibt er ihr „Sich-Niederwerfen, mit dem Gesicht auf den Boden, ihr Seufzen und ihre Tränen".[154] Und er sagt noch: „Sie hatten außerdem für die Heilige Jungfrau eine Verehrung, die zu weit gegangen wäre, wenn wir nicht ordnend eingegriffen hätten."[155]

„Mehrere", schreibt zu Beginn des 18. Jahrhunderts Pater Dentrecolles, „beendeten jede Meditation mit frommen Züchtigungen an ihrem Körper: Manchmal war ich gezwungen, einige aus der Kirche zu schicken, damit sie sich ein wenig ausruhten."[156] Der Bericht des Paters Jean de Neuvialle ist genauer:

> Im Allgemeinen lernen unsere Christen die Gebete mit dem größten Eifer auswendig. Es gibt solche, die nicht lesen können, und deshalb Lehrer mieten, um die Gebete zu lernen. Arm wie sie sind, geben sie ihnen doch ohne weiteres einen ganzen Tagesverdienst.[157] Kasteiungen, Eisengürtel und anderes Bußwerkzeug sind sie gewohnt; ihr Leben könnte als ständiges Fasten angesehen werden ... Übrigens betrachten sie diese Selbstzüchtigungen nicht als große zusätzliche Leistung. Oft bitten sie nach der Beichte, man möge ihnen als Buße Fasten und Geißelungen auferlegen.[158]

Der Sohn Zhang Gengs, des berühmten Konvertiten aus Quanzhou in der Provinz Fujian, wurde mit sechzehn Jahren schwerkrank und dank einem durch seine Gebete bewirkten Wunder geheilt: Er sieht goldene Schriftzeichen auf den Vorhängen seines Zimmers (in China offenbaren sich die Gottheiten oft schriftlich statt mündlich). Pater Aleni wird herbeigerufen und erklärt ihm,

---

[152] Le Comte, Brief an Kardinal de Bouillon, S. 170f.
[153] Le Comte, Brief an Pater de La Chaize, S. 278.
[154] *Ibid.*, S. 297.
[155] *Ibid.*, S. 278.
[156] Brief des Paters Dentrecolles, Raozhou, Jiangxi (1712), *LEC*, X, S. 200.
[157] Das erinnert daran, wie wichtig es im Buddhismus war, heilige Texte abzuschreiben und aufzusagen.
[158] Brief des Paters de Neuvialle, *LEC*, XXVI, S. 363. Nach seinem Inhalt zu schließen, muss dieser Brief aus der Zeit von 1740 bis 1746 stammen, als der Pater in der Provinz Hubei war.

der letzte Satz des rätselhaften Textes bedeute, er werde in drei Jahren in den Himmel aufsteigen und er müsse sich deshalb doppelt Mühe geben. Daraufhin übt der junge Mann seinen Glauben mit glühendem Eifer aus. Erschöpft oder ausgehungert, verpasst er keine Messe und züchtigt sich fortwährend mit der Peitsche. Es geht so weit, dass Pater Aleni [121] ihn mäßigen muss. Er stirbt in der Tat als Heiliger zum vorgesehenen Zeitpunkt und sieht in diesem Augenblick das Antlitz des Herrn des Himmels. Das geschah 1622.[159]

Auch die Gegner der Missionare bestätigen, dass gewisse Bekehrte äußerst eifrig sind. In einer Schrift von 1634 beschreibt der Mönch Purun aus Hangzhou das Verhalten der christlichen Chinesen:

> Alle, die der Lehre vom Herrn des Himmels anhängen, hören völlig auf, ihren Ahnen Gaben darzubringen, üben nur den Kult eines einzigen Herrn des Himmels aus und werfen die Statuen der Götter und Heiligen ins Feuer. Sie opfern nur noch einem kreuzförmigen Folterwerkzeug, schaffen die den Eltern zustehende dreijährige Trauer ab und üben die Riten der Räuber vom Siebten Tag aus [die sonntägliche Messe]. Dort rufen sie: „Mein Herr, ich bin schuldig!" schlagen sich dazu auf die Brust und zerraufen sich das Haar. Im Dunklen streichen sie sich mit heiligem Wasser und heiligem Öl ein, knien nieder, schnippen mit den Fingern und senken den Kopf.[160]

Und Xu Dashou schreibt:

> Was ihre Art betrifft, den Herrn des Himmels zu verehren, so flehen sie ihn in der Nacht seufzend an oder begeben sich an einen einsamen Ort, knien dort nieder und rufen: „Wahrhaftiger Herr, erlöse mich!" Die erste Anrufung in den Barbarensutren heißt: „Ich wünsche, dass dein Name heilig werde." [Geheiligt werde dein Name] ... Aber warum sollte ein von allen Bindungen freier Mensch bitten, erlöst zu werden? Und da ja dieser Herr des Himmels schon vollkommen heilig ist, sehe ich nicht, warum er uns Menschen braucht, geheiligt zu werden.[161]

Viele Chinesen sind erstaunt, dass gewisse Bekehrte so leidenschaftlich scheinen. Xu Dashou schreibt:

> Ein alter buddhistischer Mönch hat mir gesagt, wenn jemand in der Irrlehre unterwiesen ist, so sei das wie ein schlechtes Korn auf dem Feld der acht Kenntnisse,[162] wie Öl im Mehl, aus dem man es nicht mehr entfernen kann.

---

[159] Fang Hao, I, S. 259ff.

[160] *Zhuzuo jiyuan qi*, *PXJ*, VIII, 21b. Der Brauch, mit den Fingern zu schnippen (*tanzhi*: *acchaṭā* in Sanskrit), um seine Freude oder Befriedigung auszudrücken, ist indisch-buddhistischen Ursprungs.

[161] ZP, 34b.

[162] In der buddhistischen Scholastik sind die acht Kenntnisse der Gesichtssinn, das Gehör, der Geruchs-, Geschmacks- und Tastsinn, das Denken, der Geist und die Kenntnis der Tiefen.

Das sind also üble Missetäter, und ich weiß nicht, wann jemand erscheinen wird, der dem buddhistischen Gesetz zu Hilfe kommen kann.[163]

Den besten Neubekehrten gaben die Missionare sogar Geschmack am Martyrium. Le Comte berichtet von einem bekehrten Arzt in Hangzhou, der trotz behördlichem Verbot Kreuze und Heiligenbilder verteilte. Sein [122] Neffe, ebenfalls Christ, wollte ihn vor der Prügelstrafe bewahren und sie an seiner Stelle erleiden. Das Szenario ist klassisch: Meistens ist es der Sohn, der in Erfüllung der Kindespflicht anstelle des Vaters die Strafe auf sich nehmen will, doch ist die Beziehung Onkel-Neffe gleich wie jene zwischen Vater und Sohn. Pater Le Comte sagt, diese großzügige Tat sei dem Neffen vom Glauben eingegeben worden, und er nennt sie einen „Kampf, den die Engel bewunderten und der die christliche Religion sogar für die Götzenanbeter achtungswürdig machte". Er bemerkt auch die Neigung der Bekehrten zum Martyrium und das Ansteckende am Verhalten des Arztes, der dank Beharrlichkeit schließlich zu seiner Prügelstrafe kam.[164]

Doch war ein solches Verhalten nicht nur den Anhängern der Lehre vom Herrn des Himmels eigen: In den nichtoffiziellen chinesischen Sekten galten jene für verachtenswert, denen der Glaube den Körper nicht stärkte und die Angst vor Strafen hatten. „Von den braven Leuten, die auf den geraden Weg zurückfinden, weil sie die königlichen Gesetze fürchten", schreibt Yan Yuan 1682 in seinem „Aufruf an die Verirrten" [die Mitglieder der verbotenen Sekten], „sagen sie im Gegenteil, sie seien (wie) verfaulte Beeren, die den Wind nicht vertragen".[165]

In einer kleinen Schrift vom Beginn des 17. Jahrhunderts, *Eule und Phönix singen nicht gemeinsam*, setzt der Konvertit Yang Tingyun die Lehre vom Herrn des Himmels gegen die chinesischen heterodoxen Sekten und schreibt, die Missionare machten den Leuten nicht so kühne Hoffnungen wie diese.[166] Aber die Hoffnung auf unendliche Glückseligkeit im Paradies und die Angst vor dem ewigen Höllenfeuer sprachen um so stärker für das Christentum, als hier Lohn und Strafe nicht automatisch folgten wie nach chinesischer oder buddhistischer Vorstellung.

---

[163] ZP, 31b.
[164] Le Comte, II, Brief an Pater de La Chaize, S. 388-393.
[165] Yan Yuan, *Cunren bian*, Kap. 2, „Huan mitu", S. 22 der Ausgabe Congshu jicheng, Nr. 989.
[166] *Xiaoluan bu bingming shuo*, TZJDCWXXB, vol. I, S. 37-48. [Facsimile siehe auch *CCT ZKW*, vol. 4, S. 1815-1821. Zu diesem Text siehe CCT Database (unter Xiao luan bu bing ming shuo).]

III.
RELIGION UND POLITIK

GOTT UND CAESAR

[123] Die Macht der chinesischen Kaiser ist umfassend: Der Kaiser ordnet Welt und Gesellschaft, Raum und Zeit. Die Religion kann keine eigenständige Macht darstellen, die Religionsausübung ist eine politische Angelegenheit. Die chinesischen Herrscher regieren durch ein Mandat des Himmels (*tianming*). Der Himmel oder, wie es manchmal in den alten Texten heißt, der *Shangdi* wird von der Thronbesteigung einer neuen Dynastie durch feierliche Opferzeremonien in Kenntnis gesetzt.[1] Er bürgt für das Bestehen der Dynastie. Der Umgang mit den kosmischen Kräften verleiht dem Kaiser einen wesentlichen Teil seiner Legitimität und seines Ansehens. Der Kaiser ordnet die Welt durch Einweihungszeremonien, die Ausgabe des Kalenders, die Verleihung von Titeln und Namen, die Klassierung von Kulten und Gottheiten, die er prüft und gutheißt, durch die allgemeine Einteilung des Raumes. So sind profane und religiöse Tätigkeiten vermischt, die chinesischen Kaiser üben beiderlei Funktionen aus: Die chinesische Vorstellung von der universalen Ordnung ist umfassend und duldet keine Aufteilungen.

Diese Anschauungen gründen in alten Überlieferungen. Könige, Fürsten, hohe Offiziere, Barone und Edelleute opfern seit alters her den Gottheiten, die ihrem Rang entsprechen: Die Religion spiegelt die politische Ordnung nicht nur, sondern zementiert sie auch. Wer einen Kult feiert, der einem Höhergestellten zusteht, macht sich der politischen Anmaßung schuldig oder wird zumindest der Subversion verdächtigt.

Das Christentum steht außerhalb dieser sozio-politischen Ordnung. Statt – wie die offiziellen Kulte – mit ihr zu verschmelzen und sie zu bestärken, droht es, die Ordnung zu zerstören. Auch ist das Christentum von anderer Art und könnte somit die Grundfesten einer Gesellschaft und eines Staates erschüttern, die auf der Achtung [124] vor einer umfassenden Ordnung ruhen und deshalb keinen Gegensatz von Weltlichem und Geistlichem kennen.

Unter anderem wurde dem Christentum vorgeworfen, es stifte gewöhnliche Bürger an, sich ein kaiserliches Vorrecht anzumaßen, das Vorrecht näm-

---

[1] Vgl. E. Chavannes, Bd. III/2, Kap. 28, „Les sacrifices feng et chan", über die königlichen Opfer für Himmel und Erde.

lich, dem Himmel – höchste kosmische Macht und Ausdruck der gesellschaftlichen, politischen und natürlichen Ordnung – Opfer darzubringen.

„Leuten von niedrigerem Rang ist nicht erlaubt, den Geistern von Höhergestellten zu opfern", schreibt Pater Intorcetta, der 1659 nach China kommt und 1696 in Hangzhou stirbt. „Tun sie es doch, so nicht reinen Herzens und nicht dem Ritus und der vorgeschriebenen Ordnung gemäß, sondern in der Hoffnung, etwas zu erhalten und wie aus Schmeichelei."[2] „Aber sie behaupten", hat schon Ricci in einem seiner ersten Briefe geschrieben, „dass diesem König des Himmels (dem *Shangdi*)[3] nur der König dienen und opfern darf, und wenn andere es tun wollten, würden sie für die Anmaßung eines königlichen Vorrechtes bestraft."[4] Xu Dashou schreibt darüber:

> Als ich vor kurzem einen Familientempel errichtete, um meinen Ahnen zu dienen, fanden die Gelehrten aus dem Abendland etwas daran auszusetzen. „Das sind", sagten sie „Eure Meister der Familie.[5] Aber es muss auch einen Großmeister geben. Kennt Ihr ihn nicht?" Ich antwortete spöttisch: „Dieser Großmeister ist der *Shangdi* und bei uns in China kann ihm nur der Sohn des Himmels opfern. Niemand anderer würde es wagen."[6]

Aber wenn gewöhnlichen Bürgern schon nicht zusteht, einer höchsten Gottheit zu dienen, so ist noch unzulässiger, wenn sie es zusammen mit ihrem bescheidenen Ahnenkult tun. Die Jesuiten haben nämlich manchmal den Ahnenkult toleriert, da die Chinesen sehr an ihm hingen und die Achtung vor den Älteren in den chinesischen Sitten und Gebräuchen wichtig war. Die Patres hatten ihren Anhängern geraten, Gott im Familientempel oder im dazu dienenden Hauptgemach des Hauses zu verehren. Der Verfasser einer Schrift ist empört, dass ein allmächtiger Gott, Schöpfer des Himmels und der Erde, neben die einfachen Familienahnen gestellt wird:

> Sie sagen, die Ahnen müssten im gleichen Tempel verehrt werden wie der Herr des Himmels. Nun ist aber seit alters her festgelegt, dass nur der König allen seinen Ahnen opfern darf. Das sollte noch **[125]** viel mehr für diesen Herrn des Himmels gelten, den sie über den runden Erdhügel für die Opfer

---

[2] *Sapientia sinica* von Pater Intorcetta, gedruckt 1662 und zitiert von Sainte Marie 1701, S. 130. [Facsimile von *Sapientia sinica* siehe in P. Beonio-Brocchieri 1972–1973, S. 1-49.]

[3] Über den Begriff *shangdi* siehe S. 241.

[4] *FR*, I, I17: „Anzi vogliono che a questo Re del Cielo solo il Re deva servire et sacrificare, et se altri lo volessero fare sarebbono gastigati come usurpatori delle iurisditione regia."

[5] Das ist eine Art Wortspiel mit dem Begriff *zhu*, der zugleich Ahnentafel und Meister bedeutet.

[6] *PXJ*, 111, 1a-b.

an den Himmel und über den viereckigen Altar für die Opfer an die Erde stellen und von dem sie sagen, er sei seit jeher über alle Gottheiten erhaben. Und doch wagen sie, ihn zusammen mit den Ahnen irgendwelcher Leute verehren zu lassen.[7]

Offensichtlich verkennen die Barbaren völlig Bedeutung und Geist der Riten. Ein weiterer Kritiker der Missionare zitiert aus einem der Klassiker, dem *Buch der Riten*:

> Der Sohn des Himmels opfert dem Himmel und der Erde; die Fürsten opfern den Bergen und den Flüssen, die innerhalb ihrer Lehensgebiete sind; die hohen Offiziere opfern im Ahnentempel ihrem Stammesgründer; die Edelleute und das gewöhnliche Volk opfern den Tafeln ihrer [unmittelbaren] Ahnen ...[8] So zeigt das *Buch der Riten*, dass [der Kult der] höchsten Majestät, nämlich des Himmels, nicht angemaßt werden darf und die Ordnung der Opfer nicht umgestürzt werden kann. Verlangen, dass jeder den Herrn des Himmels verehre, ihn mit Statuen darstellen, zu denen man jeden Tag und jeden Monat um Barmherzigkeit betet – heißt das nicht, den Himmel um Begünstigungen bitten, die man nicht verdient, sich einen Kult anmaßen, der einem nicht zusteht, den Himmel mit unpassenden Bitten entweihen?[9]

Ein anderer Autor schreibt ähnlich:

> Unser Konfuzianismus sagt, dass jedes Wesen das *taiji* enthält (das heißt: seine Natur spiegelt die universale Ordnung wider),[10] und er nennt Natur, was vom Himmel gegeben ist. So kann jeder Einzelne vollkommen seine Rolle ausfüllen, und in den Namen und Rängen, die jedem seine Würde zuteilen, herrscht Ordnung. Der Sohn des Himmels opfert dem Himmel, die Fürsten den Bergen, Flüssen, dem Gott des Erdbodens und dem Gott der Ernte, die hohen Offiziere opfern den Hausgöttern, die Edelleute ihren Ahnen. Ihr aber sprecht von einem einzigen Herrn des Himmels. Wo ist der Unterschied zwischen euch und den Buddhisten und den Daoisten?[11] Deshalb sage ich, dass ihr scheinbar den Buddhismus kritisiert, heimlich aber seine Ansichten stehlt. Ihr tut als ehrtet ihr den Konfuzianismus, in Wirklichkeit aber zerstört ihr ihn.[12]

---

[7] *ZP*, 20a.
[8] Vgl. *Liji*, „Wangzhi", 31, ähnliche Stellen in *Liji*, „Quli", B 21.
[9] *Pixie jie* von Huang Wendao, *PXJ*, V, 20b.
[10] Vgl. S. 189f.
[11] Die Analogie meint nicht die Existenz eines einzigen Gottes, da weder Daoismus noch Buddhismus einen solchen kennen.
[12] *TXCZ*, 22. Absurdität, S. 923.

In seiner Anklageschrift von 1616 gegen die Missionare von Nanjing zeigt sich Shen Que ebenso erstaunt und empört:

> Zur glorreichen Zeit der drei alten Dynastien nannte man den, der über **[126]** die Fürsten regierte, König des Himmels (*tianwang*). Jener, der über alles unter dem Himmel herrscht, wird Sohn des Himmels genannt. Unsere Dynastie (Ming) ist in ihren Institutionen altem Brauch gefolgt: In den kaiserlichen Erlassen und Proklamationen wird der Kaiser dem Himmel gleichgesetzt. Nun aber sprechen diese Barbaren von einem Herrn des Himmels, der den Himmel regieren und ihn an Würde übertreffen soll.[13]

„Laut unserer konfuzianischen Lehre", schreibt Xu Dashou,

> ist der Herrscher dem Himmel an Würde gleich. Deshalb wird der Herrscher in den *Frühlings- und Herbstannalen* (8.–5. Jahrhundert v.Chr.) König des Himmels genannt und seine Schreiben „Befehle des Himmels" oder „Strafen des Himmels". Auch wenn der Buddhismus von Weltverzicht spricht, stellt man in den buddhistischen Tempeln eine Tafel auf, die dem Herrscher zehntausend Jahre wünscht (*wansui pai*), und man bezeigt dieser Tafel größte Achtung. Wenn der Buddhismus die Sūtren und das buddhistische Gesetz der Obhut von Kaiser und höchsten Beamten anvertraut, so kann das nicht nur Schmeichelei sein. Es entspricht ganz gewiss einem Prinzip [der Loyalität gegenüber dem Herrscher], das es schon immer gegeben hat und dem man sich nicht entziehen kann. Diese Barbaren aber nennen sich nicht die Untergebenen ihres Herrschers, sondern seine Freunde.[14]

Wenn die Barbaren sagen, der Himmel sei dem Herrscher in der Höhe untergeordnet, so zeigen sie, dass sie nicht wissen, warum die alten Weisen den Herrscher der Menschen Sohn des Himmels genannt haben – sagt 1659 Yang Guangxian. So machen sie aus einem niedrigen Diener ihres Herrn des Himmels den Vater unserer Herrscher.[15]

Die Trennung von weltlicher und geistlicher Herrschaft, wie sie im Abendland von König und Papst vertreten wird, scheint den Chinesen abwegig:

> In ihren Königreichen lassen sie zwei Herrscher zu. Der eine ist der politische Herrscher, der andere ist der für die Lehre zuständige Herrscher. Der eine ist nur mit der Leitung eines einzigen Königreiches betraut, der andere hat eine Macht, die sich auf alle Reiche der Welt erstreckt. Der erste

---

[13] *Nangong shudu*, PXJ, I, 6b-7a. Über die Vorstellung vom Himmel als Natur und zugleich als Organisationsprinzip der Natur vgl. S. 242f.

[14] ZP, 25a. Die Gleichheit von Herrscher und Untergebenen folgt aus der Annahme, dass selbst der Kaiser dem Herrn des Himmels Gehorsam schuldet. Über den christlichen Egalitarismus vgl. S. 146ff.

[15] *Pixie lun*, S. 1125. In der Tat nehmen die Missionare dem Himmel, was nach chinesischer Vorstellung seine Erhabenheit ausmacht, und erklären, er sei bloße Materie.

regiert durch Erbfolgerecht und gibt sein Amt seinen Nachkommen weiter. Doch ist er vom anderen Herrscher abhängig, dem er Geschenke geben und Abgaben entrichten muss. Für die Nachfolge des für die Lehre zuständigen Herrschers **[127]** wählt man einen Mann, der in der Lehre vom Herrn des Himmels bewandert ist. Das ist so etwas wie zwei Sonnen am Himmel, zwei Herren im gleichen Königreich. Angenommen, die Richtlinien des Yao und Shun (der heiligen Herrscher des Altertums) würden plötzlich durch jene in ihren Sūtren ersetzt, müsste sich dann selbst unser Kaiser diesem für die Lehre zuständigen Herrscher unterwerfen und ihm Abgaben schicken? Wie vermessen von diesen unglückseligen Barbaren, die in China den Brauch der zwei Herrscher einführen und damit die (politische und moralische) Einheit des Landes stören möchten![16]

Die religiösen Fragen sind also in China von den Staatsangelegenheiten untrennbar. Ein Gottesdienst ist nur zugelassen, wenn er anerkannt und in die Hierarchie der Kulte unter dem Patronat des Kaisers eingeordnet wurde. So sind einst die buddhistischen und daoistischen Gottesdienste zu den offiziellen Kulten der Gelehrtentradition gefügt worden. Der Kaiser verleiht den Gottheiten ihre Titel, wie er den herausragendsten Persönlichkeiten die Titel verleiht.

In China beruhte jede politische Entscheidung auf einer Untersuchung der Präzedenzfälle, und da stand dem Christentum entgegen, dass es in früheren Dynastien nie bekannt gewesen war. „Es war von unseren Kaisern nie anerkannt worden", schreibt Xu Dashou. „Die Barbaren haben eigenmächtig diesen Kult des Herrn des Himmels eingeführt. Wenn dieser nicht heterodox ist, was ist es dann?"[17] Man kann deshalb ermessen, was 1625 die Entdeckung einer zweisprachigen – chinesischen und syrischen – Stele, auf der die Geschichte der nestorianischen Kirche von Xi'an von 631 bis zur Mitte des 8. Jahrhunderts aufgezeichnet ist, für die Missionare und ihre Anhänger bedeutete.[18] Auch wenn die Irrlehre des Nestorius 431 am Konzil von Ephesus verurteilt worden war, bewies die Stele von Xi'an, wie lange es schon die

---

[16] *Pixie zhaiyao lüeyi*, *PXJ*, V, 28b.

[17] *ZP*, 20b. Oft meinen die chinesischen Autoren, die Missionare hätten die Lehre vom Herrn des Himmels selbst erfunden. In seinem *Pixie shuo*, *PXJ*, V, 23a, beklagt Li Can, so viele Jahrtausende nach Konfuzius und Menzius geboren zu sein, so viele Jahrhunderte nach Zhou Dunyi, den Brüdern Cheng und Zhu Xi, und mehr als hundert Jahre nach Wang Yangming, zu einer Zeit, da Irrlehren freie Bahn haben. Er sagt, er habe vor kurzem von einer Lehre vom Herrn des Himmels gehört, „eine Lehre, die auf den abendländischen Zauberkünstler Matteo Ricci zurückgeht".

[18] Eine Kopie dieser 781 gravierten Stele ist im Pariser Musée Guimet zu sehen. Die vollständigste Studie dieser Stele stammt von Pater H. Havret 1895–1902, Nr. 7, 12 und 20. [An neueren Studien zu der Stele siehe Pelliot 1996, Wickeri 2004 und Xu Longfei 2004.]

christliche Lehre in China gab, und festigte damit die Stellung der neuen chinesischen Christen. In den Jahren nach dieser Entdeckung hielten es gewisse Bekehrte für klug, sich als Anhänger des Nestorianismus zu bezeichnen (*jingjiao houxue*).[19]

Doch noch vor der Entdeckung der Stele von Xi'an verwendeten die Missionare ein Argument, das sie auf ihre besseren Geographiekenntnisse stützten: Das Christentum sei auf der ganzen Welt anerkannt, nur die Chinesen hätten nichts davon gehört. Schon ganz am Anfang der *Wahren Bedeutung des Herrn des Himmels* sagt Ricci: „Von Westen nach Osten befolgen und beachten alle großen Länder das **[128]** *Dao* des Herrn des Himmels ... Doch die Gelehrten eures Landes [kennen es nicht, denn sie] sind selten in anderen Königreichen gewesen."[20] China sei also die Ausnahme in einer Welt, in der es nur einen beschränkten Platz innehat.

Dieses Argument widersprach jedoch den Vorstellungen, auf denen das ganze soziopolitische System Chinas beruhte und wonach der Kaiser auch die Religion ordnend lenkte.

Den Chinesen scheint unzulässig, dass sich eine Religion aus der allgemeinen Ordnung löse und sie beherrsche, statt sich in sie einzufügen. Für die führenden und gelehrten Kreise kommen nur Religionen in Frage, die diese umfassende – zugleich kosmische, natürliche, politische und religiöse – Ordnung stützen, die öffentliche Moral durch ihre Lehren stärken und zur Stabilität des Staates und zur allgemeinen Wohlfahrt dadurch beitragen, dass sie auf das gesamte Reich den Segen einer übernatürlichen Macht herab beschwören. In diesem Fall kann man eine Religion offiziell anerkennen. Bedroht sie aber im Gegenteil die allgemeine Wohlfahrt,[21] die öffentliche Moral und Ruhe, so werden gegen sie Gesetze erlassen. Der rechte Klerus steht im Dienst und unter der Kontrolle des Staates, der schlechte setzt sich aus nicht erfassten, wenig vertrauenserweckenden Individuen zusammen.

Um die führenden Kreise zu beruhigen, versichern die Missionare immer wieder, ihre Religion bedrohe die öffentliche Ordnung nicht. Sie haben aber ein weiteres Argument auf Lager, das noch besser auf China zugeschnitten ist:

---

[19] So unterzeichnet der Verfasser eines kleinen Vorworts zum *Shengmeng ge* von Pater Aleni. Vgl. Xu Zongze 1958, S. 343. Über den Nestorianismus in China siehe Yoshiro Saeki 1951 [hier auch der chinesische Text der Stele]. [Neuere Literatur zum „Nestorianismus" siehe M. Nicolini-Zani – R. Malek 2006.]

[20] *TZSY*, S. 378. Nebenbei bemerkt haben die Chinesen von der Han- bis zur Ming-Zeit einen größeren Teil der Welt gekannt als die Europäer. Ihre Weltkenntnis erstreckte sich von Japan bis an die Schwelle des Mittelmeers.

[21] Das war beim Buddhismus der Fall: Die buddhistische Religion machte sich der Anhäufung von Reichtum schuldig und wurde vor allem deswegen in den Jahren 843 bis 845 geächtet.

Das Christentum beeinflusst vorteilhaft die politische und sittliche Gesinnung, ja es lehrt Unterwürfigkeit. Warum sollten Menschen, die nur nach dem Himmel trachten und das Weltliche verachten, gegen die Staatsgewalt aufbegehren?[22] In den christlichen Königreichen herrsche ja eitel Frieden und Harmonie, was doch den Chinesen verlockend vorkommen muss. Auf die Kritik eines Beamten, der dem Buddhismus nahesteht, soll Ricci geantwortet haben,[23] dass sich in den zweitausend Jahren, seit der Buddhismus nach China gekommen ist,[24] die Zustände immer mehr verschlechtert haben. Sagen denn eure Gelehrten nicht bei jeder Gelegenheit: „Nichts ist mehr wie früher?"[25] Im Gegenteil, soll Ricci geschrieben haben,

> hat es im großen und ganzen und zumindest nach außen – denn ich wage nicht zu übertreiben – in den sechzehnhundert Jahren, seit unsere Länder christlich sind, in mehr als dreißig Königreichen, die auf gut zehntausend Quadrat-*li* nebeneinander liegen, keinen einzigen Dyna-[129]stiewechsel, keinen Krieg, nicht den geringsten Streit gegeben.[26]

Auch die 1637 gedruckten Fragen und Antworten zum Westen (*Xifang dawen*) von Pater Giulio Aleni malen Europa in idyllischen Farben.[27] Und der berühmteste Konvertit des beginnenden 17. Jahrhunderts, Xu Guangqi, schreibt in einem seiner Werke, es bringe politische Vorteile, wenn man die Lehre vom Herrn des Himmels annimmt. Diese Lehre

---

[22] Vgl. *TZSY*, S. 534: „Die Aufmerksamkeit ist auf die zukünftige Welt gerichtet und lenkt von der Aufmerksamkeit für diese Welt ab ... Wenn man erreichte, dass das ganze Volk auf die Vorteile der zukünftigen Welt hofft, wo wäre da die Schwierigkeit, es zu regieren?" Der Konvertit Wang Zheng (1571–1644) nimmt in seiner Abhandlung über das höchste Prinzip der Furcht vor dem Himmel und der Menschenliebe (*Weitian airen jilun*, 18b) das Argument auf. [Über das Werk *Weitian airen jilun*, seine Nachdrucke und die relevante Literatur siehe CCT Database (unter: Wei tian ai ren ji lun).]

[23] Diese Stelle steht im *Bianxue yidu*, einer Schrift, die mehrere Jahre nach Riccis Tod verfaßt worden ist, verwendet aber vielleicht Teile aus Riccis postumen Werken. [Facsimile dieses Werkes siehe *TXCH*, Bd. 2, S. 637–688. Über das Werk siehe CCT Database (unter: Bian xue yi du).]

[24] Die ersten sicheren Beweise für die Anwesenheit des Buddhismus in China stammen aus dem 1. Jahrhundert n.Chr.

[25] Wörtlich: „Die Gegenwart ist die Vergangenheit nicht wert" (*jin bu ru gu*). In China hat man dem Buddhismus oft vorgeworfen, dass die Dynastien kurz waren, wenn buddhistische Kaiser herrschten. Das bewiese die Wirkungslosigkeit des Buddhismus. Han Yu (768–824) hatte in seinen berühmten Angriffen gegen den Buddhismus dieses klassische Argument verwendet.

[26] *Bianxue yidu*, in *TXCH*, Bd. 2, S. 647.

[27] *Xifang dawen*. Es gibt eine Studie und eine Übersetzung dieses Textes von John L. Mish 1964 [hier auch Faksimile, S. 4–30; siehe auch http://archives.catholic.org.hk. Über das Werk siehe CCT Database (unter: Xi fang da wen).]

> kann unseren Herrschern bei ihrem bildenden Einfluss (*wanghua*) wirklich
> von Hilfe sein, den Konfuzianismus unterstützen und den Buddhismus
> korrigieren. In der Tat gibt es im Abendland dieser Leute mehr als dreißig
> benachbarte Königreiche, die diese Lehre befolgen. Seit einem Jahrtausend
> und mehreren Jahrhunderten bis in unsere Tage haben dort groß und klein
> einander geholfen, Höher- und Niedrigergestellte in Harmonie gelebt,
> ohne dass es zur Verteidigung der Grenzen Armeen brauchte, ohne Dynastiewechsel. In all diesen Ländern gibt es weder Lügner noch Betrüger,
> hat es noch nie Unzucht oder Diebstahl gegeben. Auf den Straßen verlorengegangene Gegenstände steckt man nicht ein,[28] die Türen werden nachts
> nicht geschlossen. Und was Rebellion und Aufruhr betrifft, so sind sie nicht
> nur unbekannt, sondern es gibt nicht einmal Wörter und Schriftzeichen für
> solche Dinge.[29]

Nähme China die Lehre vom Herrn des Himmels an, schreibt Xu Guangqi, käme das Land in den Genuss unbeschränkten Friedens und Wohlstandes. Er schlägt sogar vor, man solle es an einem begrenzten Ort probieren: „Man könnte es in einem Bezirk oder Kreis versuchen."[30]

Das Argument hatte für die Chinesen einiges Gewicht: Sie waren ja gewohnt, Moral, Politik und Religion in enge Beziehung zu setzen. Das tut auch der Verfasser eines Vorworts zum Werk eines Bekehrten:

> Wäre man fähig, in all seinem Handeln dem Himmel Ehrfurcht zu bezeigen
> und ihm zu dienen, müsste doch die [ideale] Zeit der drei alten Dynastien
> (Xia, Yin und Zhou) wiederkommen.[31]

Der Gedanke, das Christentum könnte in China so etwas wie das goldene Zeitalter zurückbringen, scheint den konvertierten Gelehrten um so annehmbarer, als sie einer These folgen, die einige Missionare entwickelt haben: dass das Christentum mit einigen Zusätzen **[130]** die wahre Lehre des Konfuzius und des chinesischen Altertums sei. So schreibt ein gewisser Ignaz Zhang Xingyao im Vorwort einer von 1711 datierten christlichen Schrift, die modernen Gelehrten seien vom Buddhismus und Daoismus beeinflusste Häretiker. Er, Zhang, hingegen habe den authentischen Konfuzianismus wiedergefunden, dem die beispielhafte Ordnung des Altertums zu verdanken gewesen sei. „Heute wissen die Leute nicht", schreibt er, „dass die Lehre vom Himmel (das

---

[28] Die Formulierung beschwört Zeiten vollkommener Moral herauf.

[29] *Bianxue shugao*, Bd. I der *TZJDCWXXB*, S. 25f. [Faksimile dieses Werkes siehe auch http://archives.catholic.org.hk. Über dieses Werk siehe CCT Database (unter: Bian xue shu gao).]

[30] *Zengding Xu Wending gong ji* (Shanghai 1933), I, S. 13.

[31] Vorwort von Zheng Man (1594–1636), der mit der Donglin-Akademie verbunden war, zur Schrift seines Freundes Wang Zheng. Vgl. S. 137, Anm. 22.

Christentum) sehr genau der [antike] Konfuzianismus ist, und sie wissen auch nicht, dass die Lehre vom Himmel den Konfuzianismus vervollständigt."[32] Die Lehre vom Herrn des Himmels ist also als einzige fähig, in China Lehren und Bräuche zu einer Einheit zu fügen, die der politischen Harmonie unentbehrlich ist. „Sie kann heute die vollkommene Ordnung wieder aufleben lassen, die zur Zeit des Yao, des Shun und der drei alten Dynastien herrschte."[33]

Die traditionelle Gesinnung lebt bei Zhang Xingyao und Xu Guangqi trotz Bekehrung weiter: Die offizielle Religion muss zur universalen Ordnung beitragen, und man erkennt sie an ihrer positiven moralischen und politischen Wirkung. Beide Konvertiten machen zwischen Geistlichem und Weltlichem keine Trennung.

Xu Guangqi braucht wenige Worte, um die Missionare zu verteidigen: Alles, was sie bringen, nützt dem Staat, von ihren Reden über die Pflicht, „dem Himmel zu dienen und die Menschen zu lieben", bis zum Kalender, der Mathematik und ihren landwirtschaftlichen und hydraulischen Techniken. Außerdem stehen ihre Äußerungen mit dem Konfuzianismus im Einklang. Xu Guangqi schlägt eine Gegenüberstellung mit den buddhistischen und daoistischen Bonzen vor: Sind dabei die Missionare unterlegen, mag man sie ausweisen.[34] Die Frage nach den letzten Wahrheiten wirft er nicht auf.

Die Missionare greifen buddhistische und daoistische Praktiken an, die im Volksglauben der Chinesen wurzeln, sie zerstören ihre Statuen oder lassen sie zerstören und scheinen damit einer gelehrten Tradition zuzustimmen, die schon immer missbilligt hat, was sie als allgemein schädlichen Aberglauben ansieht. Genau deswegen wenden sich später viele führende Leute gegen die Lehre vom Herrn des Himmels, als diese im Volk Fuß zu fassen beginnt.

Aus gewissen Schriften wird ersichtlich, wie sich das Christentum in den chinesischen Kontext fügen konnte: Ein christenfreundlicher Beamter etwa findet, es stärke die traditionelle Moral. In einer von **[131]** 1635 datierten Erklärung nimmt der Präfekt von Jiangzhou[35] die Argumente der Missionare – die er gekannt hat – auf: Der Himmel oder Herrscher in der Höhe der Alten war eine wirkliche Gottheit. Wie könnte man sie mit dem materiellen Himmel verwechseln?

---

[32] Sie soll ihn dort vervollständigen, wo die alte Tradition durch die Bücherverbrennung von 213 v.Chr. unterbrochen worden ist.

[33] Xu Zongze 1958, S. 123. Über diesen 1678 Ignaz getauften Zhang Xiyao siehe Fang Hao, II, S. 99-104.

[34] *Bianxue shugao*, in *TZJDCWXXB*, Bd. I, S. 29f.

[35] Stadt im Süden der Provinz Shanxi, wo die Missionare Ende der Ming-Zeit eines ihrer wichtigsten Zentren einrichteten.

Sprechen nicht auch die Dümmsten von himmlischem Vater, vom Mandat des Himmels, von himmlischem Ordnungsprinzip, von himmlischem Lohn und himmlischer Strafe? Die Buddhisten und Daoisten haben den Leuten den Geist verwirrt und sie so weit gebracht, dass sie sich selbst verehren statt den Himmel.

Das Christentum ist nützlich gegen die chinesischen Sekten, die „den Himmel täuschen, der (kosmischen Ordnung) zuwiderhandeln, die großen Gesetze des Reiches angreifen. Zum Glück findet der abendländische Konfuzianer Gao (Alfonso Vagnone S.J.),[36] dass man *als erstes dem Herrscher gegenüber Loyalität und den Eltern gegenüber Achtung lehren muss.*"[37] Dem Präfekt geht es vor allem um die öffentliche Ordnung, und er schließt seine Erklärung mit Drohungen gegen die heterodoxen Sekten.

Ebenso findet der Verfasser des *Tianxue chuan'gai* (Allgemeines zur Überlieferung der himmlischen Lehre),[38] das Christentum erlaube, die Irrlehren wirkungsvoll zu bekämpfen und „den Leuten den Kopf so zurechtzusetzen, dass sie wieder die wesentlichen Regeln des himmlischen Ordnungsprinzips befolgen".

DAS CHRISTENTUM ALS NICHT ANERKANNTE SEKTE

In den führenden Kreisen Chinas hat man religiösen Bewegungen, die sich im Volk unkontrolliert ausbreiten, seit jeher feindlich gegenübergestanden. Und wirklich: Jeder große Aufruhr in der Geschichte hat damit begonnen, dass religiöse Lehren der Hoffnung auf Frieden, Gleichheit und Gerechtigkeit Nahrung gaben. Das war so beim Aufstand der Gelbturbane Ende der Han-Zeit, so beim großen Aufstand der Taiping Mitte des 19. Jahrhunderts, seit den Roten Augenbrauen zu Beginn unserer Zeitrechnung bis zur Boxerbewegung um 1900. Die führenden Kreise suchten das leichtgläubige und leicht aufzuwiegelnde Volk gegen jene zu schützen, die es vom geraden Weg abbringen wollten. Sobald die Missionare – entgegen Riccis einstigen Mahnungen zur Vorsicht – christliche Gemeinschaften im **[132]** Volk zu gründen

---

[36] Vagnone nahm den chinesischen Namen Gao Yizhi an, als er im Dezember 1624 nach siebenjährigem Exil in Macao nach Jiangzhou kam. 1633 war er in Fuzhou, in der Nachbarprovinz von Jiangxi; 1640 starb er in Jiangzhou.

[37] Diese Verlautbarung figuriert im *Fonds chinois* der Bibliothèque Nationale, Nr. 6875 (3. Text). Hervorhebung von J.G.

[38] *Fonds chinois* der Bibliothèque Nationale, Nr. 6875 (1. Text). Diese Schrift ist nicht zu verwechseln mit dem berühmten *Tianxue chuan'gai* aus dem Jahre 1663 von Li Zubai (vgl. S. 48, Anmerkung 98). Sie ist vorher von einem gewissen Huang Mingqiao aus Fujian verfaßt worden. [Siehe hierzu CCT Database (unter: Tian xue chuan gai).]

versuchten, machte sich in den einflussreichen Schichten der alte Angstreflex vor Aufständen bemerkbar. Daher auch 1617 die ersten Maßnahmen gegen die Missionare: Pater Semedo und Pater Vagnone hatten in Nanjing eine Vereinigung der Lehre vom Herrn des Himmels gegründet und außerdem 1611 eigenmächtig eine Kirche errichtet.

In einem Rapport vom 5. Mond des Jahres 1616 stellt sich der Nanjinger Vize-Minister der Riten, Shen Que, einzig auf den Standpunkt der Polizei: Gründung einer unerlaubten Vereinigung. So kommt Shen Que bei der Jesuitenmission zu seinem unheilvollen Ruf, die erste sogenannte Christenverfolgung in China ausgelöst zu haben. Er verlangt nämlich, die Missionare sollten nach Macao zurückgeschickt und keinesfalls mehr nach China hereingelassen werden. Zum genaueren Inhalt seiner Denkschrift:

Shen Que verlangt eine Untersuchung darüber, woher die Missionare ihre Gelder haben und wie sie ohne offizielle Papiere nach China einreisen konnten. Er wirft Pater Vagnone vor, östlich des Kaiser-Hongwu-Mausoleums ohne Bewilligung ein Gebäude errichtet, darin eine „Barbarenstatue" aufgestellt zu haben und dort die Leute mit Lügen zu verführen. Der Pater soll auch ganz in der Nähe dieses Mausoleums einen Garten angelegt haben – ein Sakrileg gegenüber dem Dynastie-Gründer. Vor allem aber hat Vagnone eine Volksvereinigung ins Leben gerufen. Jedem Mitglied soll er drei Unzen Silber gegeben und bei jedem Namen und Geburtsdaten der ganzen Familie notiert haben.[39] Er hat regelmäßige und außerordentliche Versammlungen organisiert, wobei zu den kleinen fünfzig, zu den großen bis zu zweihundert Personen kamen. Er hat gewissen einfachen Leuten so den Kopf verdreht, dass diese fähnchenschwenkend für den Herrn des Himmels sterben wollten. „Man bestraft Fremde nur schon, wenn sie keine Unruhestifter sind, sondern einfach ohne Bewilligung nach China kommen", schreibt Shen Que. „Man hindert sie am Spionieren. Wenn sie aber außerdem Tag für Tag das Volk aufwühlen, wie es Vagnone tut, so ist das unzulässig." Und schließlich ist Shen Que darüber erstaunt, dass die Missionare von Nanjing es so schnell wissen, wenn die ihren Fall betreffenden Antwortschreiben aus Peking eingetroffen sind. Die offizielle Post ist staatlich, also muss etwas durchgesickert sein. Die ganze Angelegenheit wäre halb so schlimm, wenn die Missionare nicht mit einflussreichen Persönlichkeiten gut stünden. Doch sie haben sich in den letzten **[133]** zwanzig Jahren mit vielen Leuten befreundet, die sie schützen, sobald man das Gesetz anwenden will.[40]

---

[39] Über die häufig vorgebrachte Anklage, die Missionare kauften die Bekehrungen, vgl. S. 152f. Die Missionare scheinen über die Familie der Bekehrten immer eine Kartei geführt zu haben.

[40] *Nangong shudu*, *PXJ*, I, 11a-14b. Seit 1592 Doktor, war Shen Que 1615 zum Vize-Minister der Riten von Nanjing ernannt worden. Seine Denkschriften gegen Vagno-

Shen Que ist ohne Zweifel einer der ersten, der die christlichen Gemeinschaften mit den abtrünnigen chinesischen Sekten wie dem Weißen Lotus (*Bailian*) und dem Nicht-Handeln (*Wuwei*) gleichsetzt. Später wird man das immer öfter tun, je mehr nämlich die Missionare im Volk christliche Pfarreien zu gründen versuchen, was vor Riccis Tod nicht der Fall gewesen ist. So werden Ende 1637 in zwei Verlautbarungen die Anhänger der Lehre vom Herrn des Himmels zusammen mit den Mitgliedern der Nicht-Handeln-Sekte genannt: Beide seien Vereinigungen, die der öffentlichen Moral schaden.[41] In einer kleinen Schrift vom folgenden Jahr klagt ein gewisser Huang Yanshi, Doktor seit 1619, die Missionare an, mit den Geheimgesellschaften des Nicht-Handelns, der Großmutter (*Nainai*), der himmlischen Mutter (*Tianmu*) und der Vollständigen und plötzlichen Erweckung (*Yuandun*) unter einer Decke zu stecken. Von all diesen Vereinigungen sei jene des Nicht-Handelns die gefährlichste. Scheinbar ist sie gegen die Sekte vom Herrn des Himmels gerichtet, heimlich aber machen sie gemeinsame Sache.[42]

Die Missionare waren empört, dass man ihre Religion auf die Stufe chinesischen Aberglaubens herabsetzte. Hier die Religion, dort die Politik – an diesen Unterschied waren sie gewöhnt und wussten andererseits nicht, wie empfindlich die Chinesen auf das politische Potential jeder Religion reagierten. Sie dachten, es sei aus reiner Bosheit, dass man ihnen vorwarf, sie verwirrten die Leute und hätten Subversives im Sinn.

Um die beginnenden Angriffe auf die Missionare abzuwehren, verfasste der Bekehrte Yang Tingyun eine kleine Schrift, die beweisen sollte, dass die Lehre vom Herrn des Himmels mit den Volkssekten nichts gemeinsam hatte. Ihr Titel: *Eule und Phönix singen nicht gemeinsam* (*Xiaoluan bu bingming shuo*). Yang Tingyun findet, viele seiner Landsleute urteilten zu schnell und zu oberflächlich, wenn sie die Lehre der Missionare mit den heterodoxen Sekten in China gleichsetzten. In Tat und Wahrheit wirken die Missionare am helllichten Tag und organisieren keine nächtlichen Versammlungen.[43] Diese Sekten wenden sich an die niedrigeren Klassen, während die Missionare mit der guten Gesellschaft, den großen Gelehrten und Beamten verkehren, die für sie Vorworte und Lobschriften verfassen. Die Bücher der heterodoxen **[134]** Sekten sind grob, niedrig, nicht lesenswert. Die Werke der „Gelehrten aus

---

ne, der 1605 nach Nanjing gekommen war und mit der Gründung christlicher Gemeinschaften begonnen hatte, stammen vom Juni bis September 1616 und vom Januar 1617. Zur Biographie Shen Ques siehe *DMB*, S. 1177f. [Siehe auch A. Dudink 2000.]

[41] Verlautbarung der gerichtlichen Untersuchung von Fujian, 20. Dezember 1637, *PXJ*, II, 36a, und Verlautbarung der Präfektur Fuzhou, Fujian, gleiches Datum, *PXJ*, II, 38a.

[42] *Xiedu shiju* (1638), *PXJ*, III, 33b-34a.

[43] Diese Vorsichtsmaßnahme wurde allerdings notwendig, als sich die Behörden über die große Zahl von Volksvereinigungen vom Herrn des Himmels zu beunruhigen begannen.

dem Abendland" hingegen sind hochstehend und mit Illustrationen und Erläuterungen versehen. Den Vorstehern der chinesischen Sekten geht es darum, möglichst viele neue Anhänger zu gewinnen, und sie verlangen ihnen einen Schwur ab und absolute Geheimhaltung. Die Missionare sind selbstlos, sie wollen nicht jeden beliebigen unter den Ihren, sondern nur überzeugte Anhänger, die nicht zu Stillschweigen verpflichtet sind. In den chinesischen Sekten verkehren Personen beiderlei Geschlechts; die „Gelehrten aus dem Abendland" sind gegen jegliche Art von Unzucht und preisen die Keuschheit. Die Sekten geben den Leuten die unglaublichsten Hoffnungen und schmeicheln dem Volk. Die Missionare hingegen lehren, dass nur eine anständige Lebensführung zur Glückseligkeit im anderen Leben führt. Sie lehren, weltliches Glück zu verachten und geduldig das Unglück hernieder zu tragen. Sie wollen nicht, dass man gegen den Strom schwimmt. Die Sekten arbeiten häufig mit Magie. Die Missionare sprechen nur von Moral und der alltäglichen Lebensführung, von Achtung vor den Älteren und Gehorsam und Loyalität den Vorgesetzten und dem Herrscher gegenüber. Die Lehre der Abendländer, sagt Yang Tingyun zum Schluss, gründet in der Idee, dass unsere alten Heiligen und Weisen den Himmel kannten und ihm dienten. Deshalb herrschte damals moralische und politische Ordnung. Dann aber hat man immer stärker den Buddhismus geachtet und schließlich über unseren Konfuzianismus gesetzt. Nun führt uns die Lehre vom Herrn des Himmels zum alten Konfuzianismus zurück.[44]

Yang Tingyuns Schrift stammt aus einer Zeit, als die Missionare noch wenig im Volk predigten. Das Augenmerk galt damals noch – ganz in Riccis Sinn – den höheren Klassen, deren Sympathie die Missionare zu Beginn des 17. Jahrhunderts im Wesentlichen gewonnen hatten. Das änderte sich, als man mehr über die Lehre vom Herrn des Himmels wusste und die Missionare ihre Bemühungen auf das Volk ausdehnten.

Seit Shen Que in seiner Denkschrift von 1616 das Christentum mit den heterodoxen chinesischen Sekten (*xiejiao*) gleichgesetzt hatte,[45] widerfuhr dies den christlichen Missionen in China bis in die heutige Zeit immer wieder.[46] Das war vom chinesischen Standpunkt her nicht unbegründet. Von der Zeit an, als die Missionare versuchten, im Volk „Vereinigungen der Lehre vom Herrn des Himmel" (*Tian-*[135]*zhu jiaohui*) zu schaffen, scheint das

---

[44] *Xiaoluan bu bingming shuo*, Bd. I, *TDXB*, S. 39-47. Nach Fang Hao 1970, I, S. 132. Yang Tingyun soll seine Schrift 1617 verfaßt haben, als Antwort auf Shen Ques Angriffe, der in seiner Denkschrift das Christentum mit der Sekte des Weißen Lotus und des Nicht-Handelns gleichsetzt. [Zu Yang Tingyuns Schrift siehe Kap. II, S. 129, Anm. 166.]

[45] Vgl. *Can yuan yi shu*, *PXJ*, I.

[46] Siehe dazu J.J.M. De Groot, *Sectarianism and Religious Persecution in China*.

Christentum einer Art von Mimetismus verfallen zu sein: Es fügte sich ganz natürlich in eine schon bestehende Kategorie, nämlich jene des *xiejiao*. In einem Staat, der die Religion in die politische Ordnung einfügte, waren Kulte mit subversiver Tendenz unvermeidlich. Es gab eine vom Staat festgesetzte Hierarchie von Kulten und Gottheiten, vom Kaiser gutgeheißene Götter, anerkannte örtliche Kulte, an denen die Provinzbeamten teilnahmen. Alles andere aber fiel sogleich aus dem System und wurde unterdrückt. Nun war es jedoch unmöglich, das Christentum ins religiöse System Chinas einzufügen: Es setzte sich über die weltliche Macht, verwarf jeglichen heidnischen Kult und war damit verurteilt, als subversive Sekte angesehen zu werden.

Übrigens gab es zwischen den Vereinigungen vom Herrn des Himmels und den illegalen und mehr oder weniger geheimen religiösen Gesellschaften gemeinsame Züge: Man setzte sich über die Hierarchie der Kulte hinweg und opferte dem Himmel, was eigentlich nur dem Kaiser zustand; die Brüderlichkeit zwischen den Anhängern; das Geheimnisvolle und Magische an ihren Versammlungen, bei denen Frauen und Männer zusammenkamen; der Fanatismus gewisser Neubekehrter; der Ansporn zum Martyrium und das Versprechen einer Glückseligkeit im Jenseits. All das musste gesetzlich geahndet werden, denn der Ming-Kodex verbietet – wie es in einer Urkunde des Nanjinger Prozesses heißt –, „dass gewöhnliche Bürger direkt den Himmel anrufen; dass man Amulette mit Schriftzeichen und Zauberwasser herstellt; dass man Zeichnungen und Statuen im geheimen aufbewahrt; dass man sich in großer Zahl zu einer Zeremonie trifft und dabei Weihrauch verbrennt; dass man sich nachts versammelt und im Morgengrauen auseinandergeht."[47] Dass die Missionare den Ahnenkult und den Kult der Fünf Hausgötter verurteilten, machte das Christentum den heterodoxen Sekten noch ähnlicher: Einige unter ihnen verwarfen diese Kulte ebenfalls.[48]

So wie die Geheimgesellschaften hatten auch die christlichen Gemeinschaften einen eigenen Aufbau. In einem chinesischen Text aus der Mitte des 18. Jahrhunderts werden die Missionare angeklagt, an die Spitze von je fünfzig Christen eine Art Führer gesetzt zu haben, den sie unter den entschlossensten Bekehrten aussuchten.[49] „Alle ihre Anhänger", steht in einer Schrift vom Ende der Ming-Zeit, „haben als Erkennungszeichen eine Schildkröte auf ihren Türsturz gezeichnet. Bei seinem Eintritt in die Vereinigung muss der **[136]** neue Anhänger ein ‚Register der drei Generationen' eröffnen, das er

---

[47] „Verlautbarung nach der Verhaftung der nichtanerkannten Vereinigung", *PXJ*, II, 23a-b.

[48] Vgl. Yan Yuan, *Cunren bian*, Kap. 2, „Huan mitu", S. 22 der Ausgabe *Congshu jicheng*, Nr. 989.

[49] *LEC*, XXVII, S. 283f.

bei den Barbaren abgibt. Wo ist da der Unterschied zur Sekte des Weißen Lotus?"[50] Bei der Befragung des Paters Vagnone im Prozess von Nanjing vermerken die Behörden, dass die Bekehrten aus Papier ausgeschnittene Schriftzeichen als Erkennungsmarke an ihre Tür kleben.[51]

Die christlichen Versammlungen werden unbewusst in den gleichen, traditionellen Farben gemalt wie die Versammlungen verbotener Sekten. „Sie versammeln ihre Anhänger in den Räumen des Herrn des Himmels", schreibt Xu Dashou,

> und reden lächerliches und dummes Zeug. Nachts geben sie sich ihren schimpflichen Handlungen hin, Männer und Frauen. Ihr Haar ist aufgelöst, und sie schlagen sich an die Brust. (Dann) werden sie in die tiefsten Geheimnisse eingeweiht. Der Überlieferung gemäß ist es unheilbringend, draußen auf dem Feld mit aufgelöstem Haar Opfer darzubringen. Was soll man von diesen Leuten halten, die einzeln und Familie um Familie ohne gültigen Grund so handeln?[52]

Gewisse Missionare drohen mit Strafen des Himmels. „Sie sagen, wenn wir nicht so schnell wie möglich ihre Anhänger werden, wird der Herr des Himmels in drei Jahren in Zorn geraten und uns nicht mehr annehmen. So weit also gehen sie mit ihren aufrührerischen Reden!"[53]

„Sie verführen die braven Leute", schreibt der gleiche Autor,[54] „Männer und Frauen, schwatzen ihnen etwas von Geistern und Teufeln vor,[55] verderben so ihre natürliche Vernunft und schädigen ihre Sittlichkeit, die sie seit altersher besaßen. Ein solches Verbrechen verdient noch mehr als den Tod. Das sind (Heuchler wie) Wang Mang,[56] zuerst voller Demut; wenn sie sich aber im Besitz der Macht wissen, prahlen sie mit ihren Erfolgen und Tugenden." An anderer Stelle heißt es im Zusammenhang mit der Zerstörung von chinesischen Kult-Statuen:

> Das einfache Volk ist bodenlos unwissend. Sagt ihm jemand, man müsse den hundert Göttern [der chinesischen Kulte] schmeicheln und erhalte dann hundertfaches Glück, schießt sogleich eine Irrlehre aus dem Boden. Wenn jetzt diese Leute sagen, man müsse die hundert Götter zerstören, um damit

---

[50] ZP, 19a.
[51] Anklagedossier gegen Vagnone und Konsorten, PXJ, I, 22b.
[52] ZP, 19b-20a. Über die Vermischung der Geschlechter vgl. S. 237. Sich mit aufgelöstem Haar die Brust zu schlagen ist Zeichen der Trauer. Die christlichen Chinesen nehmen diese Haltung bei ihren Bußübungen ein.
[53] ZP, 31a.
[54] ZP, 35b.
[55] Das Christentum lehrt die Existenz der Seelen, der Engel und des Satans.
[56] Usurpator und Gründer der kurzen Xin-Dynastie, 9–23 n.Chr.

dem Herrn des Himmels zu schmeicheln und so das allergrößte Glück zu gewinnen, dann werden die hundert Götter auf der Stelle zerstört.[57]

[137] Die Mitglieder einer Geheimgesellschaft waren aufeinander eingeschworen und besiegelten ihre Bruderschaft oft mit Blut. Diese egalitaristische Tradition hat sich bis in die neueste Zeit erhalten. Eines der Lieblingsthemen der – von den protestantischen Missionaren beeinflussten – Taiping Mitte des 19. Jahrhunderts ist die Gleichheit der Menschen. Das verkünden zwei Jahrhunderte früher schon die Jesuitenmissionare. Ricci schreibt:

> Mein Herrscher und ich sind Fürst und Untertan. Mein Vater und ich sind Vater und Sohn. Vergleicht man aber diese Beziehungen mit jenen, die zwischen dem Vater aller, nämlich dem Herrn des Himmels, und der Menschheit bestehen, so werden alle Unterschiede aufgehoben, sogar jene zwischen Herrscher und Untertan, Vater und Sohn, und sie werden alle zu Brüdern.

Und: „So nah uns die Älteren auch sind wie zum Beispiel Vater und Mutter, sind sie uns doch fern im Vergleich mit dem Herrn des Himmels."[58]

Vom Standpunkt der chinesischen Moral gesehen sind das skandalöse Reden. Die christliche These von der Gleichheit der Menschen bedroht das ganze System, denn Verhaltensweisen, Moral, gesellschaftliche und familiäre Hierarchie – alles Dinge, von denen letztlich die öffentliche Ordnung abhängt – sind an eine Rollenverteilung zwischen Höher- und Niedrigergestellten gebunden.

„Da sie einen einzigen Herrn des Himmels verehren", sagt Chen Houguang, „setzen sie Vater und Sohn, Untertanen und Herrscher auf die gleiche Ebene."[59] Andernorts steht:

> Diese Leute sagen: „Nur wenn wir annehmen, der Herr des Himmels sei unser Vater und alle Menschen seine Söhne, können sich Menschlichkeit und Achtung vor den Älteren entwickeln. Auf dieser Welt sind der Fürst und der Vater unsere Brüder. Wie stände ihnen zu, in gleicher Weise verehrt zu werden wie der Herr des Himmels?" Ist das nicht der Gipfel an aufrührerischer Gesinnung?[60]

Der Verfasser der *Anleitung zur Kritik* erklärt, die Beziehung zwischen Herrscher und Untertan gründe auf Achtung, zwischen Vater und Sohn auf Wohlwollen, zwischen Älterem und Jüngerem auf die Geburtenfolge, zwi-

---

[57] *ZP*, 21a.

[58] *TZSY*, VII, S. 378.

[59] *Bianxue chuyan*, *PXJ*, V, 4a.

[60] *PXJ*, *Pixie guanjian lu* von Zou Weilian, 8b-9a. Vgl. auch *ZP* 21b: Die Barbaren möchten „gewaltsam" die Hierarchie zwischen Herrscher und Untertan usw. „ausgleichen", indem sie nur das Wort Freund gebrauchen.

schen Mann und Frau auf dem Geschlechtsunterschied, zwischen Freunden auf dem guten Willen. All diese Beziehungen machen eine allgemeine Ordnung aus, die nicht umgeworfen werden kann, indem den Untertanen, den Söhnen, den **[138]** Frauen und den Jüngeren der Vorrang zugestanden wird. Nun aber „sagen diese Barbaren, in ihren Königreichen seien die Beziehungen zwischen Fürst und Untertan durch Freundschaft geregelt".[61] Die Missionare setzen sich über den in China so wichtigen gesellschaftlichen und altersmäßigen Status hinweg und sagen den einfachen Leuten: „Sobald ihr unsere Lehre befolgt, müsst ihr jeden, den ihr ansprecht, gleich wie alt er ist und welche Stellung er hat, ‚Bruder im Geiste' (*jiaoxiong*) nennen."[62]

In seiner *Wahren Bedeutung des Herrn des Himmels* erklärt Ricci den Chinesen, sie hätten drei Väter: Der erste ist der allen gemeinsame Vater, nämlich der Herr des Himmels, Schöpfer des Himmels und der Erde und der Zehntausend Wesen; der zweite ist ihr Herrscher; der dritte jener, der sie gezeugt hat. „Wenn nun", schreibt Ricci, „ein Sohn einem höheren Vater gehorcht und die Befehle eines niedrigeren Vaters missachtet, schadet das der Kindespflicht nicht."[63] Das ist eine merkwürdige Auslegung der ersten und hauptsächlichen chinesischen Tugend, nämlich der Achtung vor den Älteren, und kommt der Anstiftung zu politischer Rebellion gleich, was vom Gesetz streng geahndet wird.

Gewisse Chinesen verstanden solche Reden so: Die Bekehrten müssen ihren Eltern nicht mehr gehorchen – vor allem wenn sich diese nicht bekehrt haben –, ja auch nicht den Behörden, sondern einzig den Missionaren und dem Herrn des Himmels. Ähnliche Reaktionen in Japan. Der Japaner Fabian Fucan schreibt 1620:

> Das erste Gebot lautet: „Liebe deinen Gott mehr als alles andere." Du musst ihn also über den Herrscher und deine Eltern stellen und deinem Herrscher und deinen Eltern den Gehorsam verweigern, wenn diese nicht mit dem Willen Gottes übereinstimmen. Ist das nicht der Beweis, dass sie die Religionen und den japanischen Staat zerstören wollen?

Was heißt den „Willen Gottes ablehnen?" fragt Fucan. Das heißt

> das Christentum aufgeben und dem Buddhismus und den japanischen Religionen folgen. So begehren die japanischen Christen gegen ihren Herrscher auf und sind bereit, ihr Leben hinzugeben und alle Strafen zu erleiden, wenn er ihnen befiehlt, zum Buddhismus und zum Shintoismus

---

[61] *ZP*, 16b-17a.
[62] *Ibid.*, 18b.
[63] *TZSY*, S. 719.

zurückzukehren. Also kommen die Befehle der *Bateren* (Umschrift für das portugiesische *Padre*) vor jenen des Herrschers und der Eltern.[64]

*

[139] Die meisten gebildeten Chinesen, die ja den Zusammenhang von christlichen Riten und dem Dogma nicht kannten, sahen in den Zeremonien und Sakramenten einfach magische Handlungen. Wie Louis Wei, katholischer Priester über das China des 19. Jahrhunderts schreibt, „betrachteten die chinesischen Intellektuellen die liturgische Ausstattung, die heiligen Bilder, die Ablasspfennige und das Weihwasser ... als Zaubermittel einer ruchlosen und fanatischen Hexerei."[65]

Vom Beginn der China-Mission im frühen 17. Jahrhundert an wird immer wieder die Anklage laut, es handle sich um Hexerei. Dabei spielen die christlichen Riten eine große Rolle: Für das Volk handelt es sich sehr wohl um Magie, um wirksame und wohltätige Magie – wie man gesehen hat. Dieser magische Beigeschmack gehört zur Erscheinung des Christentums in China. Deshalb waren ihm ja viele Gelehrte so feindlich gesinnt, deshalb hatte es im Volk einigen Erfolg.

Shen Que erinnert in seiner Anklageschrift von 1616 gegen die Patres Vagnone und Semedo, dass Leute, die mit nicht anerkannten Lehren die öffentliche Ordnung stören und unter dem Vorwand guter Taten das Volk aufwiegeln, mit dem Tode bestraft werden können. Buddhismus und Daoismus, sagt er, haben sich in China völlig eingelebt und verfolgen die gleichen Ziele wie der Konfuzianismus. Mit größter Strenge muss man aber gegen jegliche Magie und Hexerei vorgehen, damit das Volk nicht beunruhigt und in Aufruhr versetzt werde.[66] Man verstand eben die christlichen Riten nicht, außerdem mussten Missionare und Christen über ihre Aktivitäten den Schleier des Geheimnisses breiten, so dass es nicht erstaunt, wenn gewisse Chinesen von Magie und Hexerei sprachen.

„Soll das heißen", schreibt Huang Zhen etwa zwanzig Jahre nach der Nanjinger Affäre, „der Dienst am Himmel bestehe darin, dass man sich mit heiligem Wasser besprizt, sich mit heiligem Öl einreibt, ein Kreuz zur Schau trägt und so seinen Körper und seinen Geist behindert, die Leute nachts zu sich lockt, sie heimlich verführt, Männer und Frauen zusammen?"[67]

---

[64] G. Elison 1973, S. 283. Fucan schreibt zu einer Zeit, da die Shogune daran sind, ihre Macht auf ganz Japan auszudehnen, und die christlichen Enklaven aufgehoben werden.
[65] L. Wei 1960, S. 44.
[66] *PXJ*, I, 5b-6a.
[67] Brief an Yan Maoyou, *PXJ*, III, 19a.

„Da es wenig Weise gibt, dafür aber Scharen von Dummköpfen", bemerkt Huang Zhen in einer Schrift an buddhistische Mönche, „kann man damit rechnen, dass die Küstenbewohner, die, von den Reden dieser Barbaren verwirrt, ihnen gefolgt sind und mit heiligem **[140]** Wasser und Öl angetan freudig für sie sterben würden, in weniger als zwei Generationen nach Ankunft dieses Ungeheuers Ricci mehrere hunderttausend Familien zählen werden."[68]

„Wir Konfuzianer", schreibt ungefähr zur gleichen Zeit Chen Houguang aus Fuzhou in der Provinz Fujian, „haben einen geraden und einheitlichen Weg. ‚Der mich kennt, ist das nicht der Himmel?' sagte Konfuzius.[69] Und: ‚Die geringsten Dinge erforschen, um sich zu den höchsten zu erheben,'[70] heißt das nicht dem Himmel dienen?'" Der Verfasser zitiert dazu mehrere Stellen aus den Klassikern, die den Dienst am Himmel und die Achtung vor ihm betreffen. Es sind die Stellen, auf die sich auch die Missionare gestützt, die sie aber in anderem Sinn ausgelegt haben. Und Chen Houguang schließt:

All das aufgeben, um sich diesem *Yesu* anzuschließen, der angenagelt gestorben ist und von dem Ricci spricht, indem er ihn mit dem Herrscher in der Höhe gleichsetzt, sich vor ihn hinwerfen und eifrig um seine übernatürliche Hilfe beten – das ist widersinnig. Und dann sich auch noch in dunkle Räume begeben, sich mit heiligem Wasser waschen und Amulette[71] auf sich tragen – das gleicht übler Hexerei. Hat es je so etwas in unseren Klassikern und unseren *Vier Büchern* gegeben? Dieser Ricci und die anderen Barbaren berufen sich zu Unrecht auf den Herrscher in der Höhe, um ihren Einfluss auszudehnen.[72] Unser heiliger Herrscher sollte sie unbedingt verfolgen und ausweisen, denn die Naiven vertrauen den Worten „dem Himmel und dem *Shangdi* dienen" und folgen ihnen, ohne den Dingen auf den Grund zu gehen. Das ist höchst bedauerlich![73]

„Sie sprechen von verzaubertem Wasser", schreibt ein gewisser Xie Gonghua aus Zhicheng in der Provinz Fujian,

von Zeichen mit verzaubertem Öl. Sie sagen, Wein trinken heiße das Blut des Herrn des Himmels trinken. Mehl essen heiße den Leib des Herrn des Himmels essen. Sie haben einen Stein, den sie auf den Tisch legen, und sie

---

[68] *Buren buyan*, *PXJ*, VII, IIa.
[69] *Lunyu*, XIV, 35. Wer sich nichts vorzuwerfen hat und seine Pflichten als Mensch nach bestem Wissen und Gewissen erfüllt, wird Befriedigung finden. So „dient er dem Himmel".
[70] *Lunyu*, ibid., über diese Moralbegriffe siehe S. 199f.
[71] Wörtlich: magische Anrufungen (*mizhou*).
[72] *Bu ming tianxia*. Der Ausdruck ist dem *Shujing* entlehnt („Zhonghui zhi gao").
[73] *Bianxue chuyan*, *PXJ*, V, 8b-9b.

sagen, es sei ein Knochen des Herrn des Himmels. Können die Leute heiliges Wasser und Öl empfangen, erhört der Herr des Himmels ihren Wunsch sogleich, und sie dürfen beitreten. Auch wenn sie in ihrem Leben schlecht gehandelt haben, verzeiht er ihnen völlig. Der Herr des Himmels *Yesu* wurde aber nach Gesetz verurteilt, angenagelt zu sterben, da er das Volk mit merkwürdigen Reden aufgewiegelt hatte. Er war unfähig, sich freisprechen zu lassen. Wie kann er dann andere freisprechen?[74]

Auch Xu Dashou wirft den Missionaren vor, mit Magie zu arbeiten:

> In den Sūtren des Herrn [141] des Himmels heißt es: „Vater unser, der du bist im Himmel." Heute bitten sie ihn um Nahrung. Morgen werden sie ihn bitten, ihnen die Schulden abzunehmen. Mitten in der Nacht gehen sie hin und rufen ihn an, vollziehen magische Handlungen und belästigen die Geister.[75]

So verbreiteten sich absurde Gerüchte über die Christen, die sich bis in die heutige Zeit gehalten haben. Man verdächtigte etwa die Missionare, ihren Anhängern Drogen zu geben, um von ihnen absoluten Gehorsam zu erhalten. „Ihre Lügen bekräftigen sie noch mit magischen Verfahren", schreibt ein Gelehrter aus der Gegend von Quanzhou, Doktor seit 1619:

> In jedem ihrer Länder warten sie fünfzig Jahre, nachdem sie die Gebeine ihrer Toten begraben haben, dann nehmen sie diese Knochen, verbrennen sie zu Asche und machen daraus durch magische Handlungen Öl und Wasser, das sie verteilen ... Mit diesem Öl bestreichen sie den Leuten die Stirn. Darauf werden die Menschen blöd und folgen ihnen blindlings. Unsere Chinesen glauben törichterweise, es sei heiliges Öl und heiliges Wasser.[76]

Der gleiche Autor berichtet, in Luzon bestraften die Missionare die dortigen Frauen, denen sie vorwarfen, „geheime Missetaten" begangen zu haben, und ließen sie Tag und Nacht vor *Yesu* büßen. Sie wählten die hübschesten aus und verurteilten sie zur Arbeit in ihren Häusern. Die Männer aber bedeckten sie von Kopf bis Fuß mit einem großen Gewand aus weißem Tuch und ließen sie

---

[74] *Lifa lun*, *PXJ*, VI, 22b-23a.

[75] *ZP*, 22b.

[76] *Quyi zhiyan*, *PXJ*, III, 30b. Pater Pélisson bestätigt in einem Brief (Canton 1700, *LEC*, I, S. 87f.) dieses Gerücht: Die Missionare werden beschuldigt, aus Totengebein Salben herzustellen, mit denen sie die einfachen Leute behexen und so weit bringen, dass sie ihnen blind folgen. Auch das *Xiedu shiju*, *PXJ*, III, 34a-b, erwähnt magische Vorgänge und Drogen, die den Anhängern jeden persönlichen Willen nehmen. Laut einem Brief des Paters de Fontaney, 1704 (*LEC*, VIII, S. 96f.), werden die Bemühungen des Paters Baborier an der Grenze der Provinzen Fujian und Jiangxi durch eine Person gestört, die das Gerücht verbreitet, die Missionare stellten das Tauföl durch Kochen von menschlichen Eingeweiden her. Die Person behauptet, das in Manila, wo sie drei Jahre gelebt hat, selbst gesehen zu haben.

mit einer Peitsche aus sechs oder sieben Stricken mit Eisennägeln an den Enden bis aufs Blut auspeitschen.[77] Da spiegelt sich ohne Zweifel ein Autodafé, von dem die Chinesen in Manila Zeugen gewesen waren. Diese Peitschungen sind übrigens auf den Philippinen noch heute üblich.

Ricci erzählt in seinen Erinnerungen, wie er und Pantoja im Jahr 1600 auf dem Weg nach Peking durch ein Kreuz beinahe in große Schwierigkeiten geraten wären. Der Eunuch Ma Tang hatte dieses Kruzifix, das „aus Holz geschnitzt und blutfarben bemalt war und lebendig schien", entdeckt. „Er begann zu schreien, das sei ein Kunststück (ein Zauberding), das sie gemacht hätten, um den König zu töten, und dass Leute, die so etwas herstellten, nicht ehrliche Leute sein können."[78] Ob Ma Tang, der die Gegenstände der Patres beschlagnahmen und sie so kompromittieren will, wirklich aufrichtig ist, mag dahinge[142]stellt sein. Doch hat er da eine ganz natürliche Idee: Er denkt an eine *defixio*, ein Verfahren, bei dem man eine kleine Figur durchsticht, um seinen Feind sterben zu lassen. Ricci fügt übrigens hinzu: „Und er dachte wirklich, dieses Kruzifix sei etwas Unheilbringendes."

Da die Missionare den Sterbenden die letzte Ölung verabreichten und verlassene Neugeborene einsammelten, um sie vor ihrem Tod zu taufen, kam das Gerücht auf, sie verwendeten die Pupillen der Toten zu magischen Zwecken oder auch, um ihre Fernrohre herzustellen. Das bezeugen zahlreiche Texte.[79] Auch wurden die Missionare ganz einfach verdächtigt oder beschuldigt, die Kinder, die sie aufnahmen und im Glauben erziehen wollten, zu essen. Xu Dashou schreibt:

> Laut den *Dringenden Worten von Gänsefuß und Erbse*,[80] sind diese Barbaren sehr grausam. Sie fangen oft Kinder von weniger als neun Jahren ein und kochen sie, um sie zu essen. Diese Kinder sind durchschnittlich hundert Goldstücke wert. Junge Taugenichtse ergreifen die Gelegenheit und treiben mit ihnen Handel, so dass sich die Leute von Canton die größten Sorgen um ihre Kinder machen … Es gehört offenbar zu ihren Anschauungen, diese Kinder anzulocken und schnell sterben zu lassen.[81]

---

[77] *Quyi Zhiyan*, 31a.

[78] *FR*, II, S. 115. Vgl. *HECC*, S. 450.

[79] Vgl. unter anderem: Brief des Msgr. Foucquet, Nanchang (1701), *LEC*, V, S. 147f., und Brief des Paters de Chavagnac, Fouzhou (1703), *LEC*, IX, S. 344f. Für das 19. Jh. siehe z.B. L. Wei 1960, S. 44.

[80] Dieses sonst nicht bekannte Werk handelte von Macao zu Beginn des 17. Jahrhunderts.

[81] *ZP*, 26b. Diese Stelle in der *Anleitung zur Kritik* erinnert daran, dass den Missionaren gemäß der Mensch nicht für diese Welt geschaffen ist, sondern für seine wahre Heimat, den Himmel.

Ein chinesischer Händler aus Batavia versichert einem Neubekehrten, die Missionare seien gekommen, um mit Hilfe gewisser Zaubersprüche den Chinesen die Seele wegzunehmen, weil es in Europa zu wenig davon gibt.[82]

Schon während seiner ersten Jahre in China wurde Ricci verdächtigt, Alchemie zu betreiben. Aus diesem Grund wollte Qu Taisu (Qu Rukui) bei Ricci studieren und wurde so einer der ersten konvertierten Gelehrten.[83] Auch wusste man nicht, woher die Missionare ihr Geld hatten, und dachte deshalb, sie stellten es mit magischen Verfahren selbst her. Das Gerücht schien den Missionaren auch genützt zu haben: Ein bekehrter Chinese versuchte seinen Freund zu den Missionaren zu bringen, indem er ihm versicherte, sie besäßen das Geheimnis, mit Hilfe von Menschenaugen, die aus Leichen stammten, Zinnober zu verfeinern (*lian dan*).[84]

Man warf den Missionaren auch vor, sie setzten auf die Habsucht der Leute: 1636 schreibt jemand, die Barbaren träten bescheiden und ehrerbietig auf. Man bewundert, sagt er, ihre ganz chinesische Höflichkeit. Doch sie locken die Leute mit Gold an, um sich ihr ehrloses Tun zu erleichtern. Sie sehen chinesisch aus, sind aber Barbaren im **[143]** Herzen. Zuerst verderben sie die Leute mit Geschenken, dann verdrehen sie ihnen mit Plagiaten den Kopf.[85]

„Die Verantwortlichen für die Nachbarschafts-Gruppen und die Häuserblock-Vorsteher [die der Polizei Bericht zu erstatten hatten] sind zufrieden, von ihnen Bestechungsgelder zu erhalten, und niemand nimmt sich die Mühe, ihretwegen zu ermitteln",[86] schreibt Zhang Guangtian. In gewisser Hinsicht bestätigt Pater Le Comte diese Praxis, wenn er berichtet, man habe allzu neugierige oder eifrige Mandarine „versucht, mit Geschenken zu beruhigen".[87] Am meisten aber hört man die Anklage, die Missionare bezahlten die Leute für ihre Bekehrung.

Yu Chunxi, ein dem Buddhismus nahestehender Gelehrter und einer der ersten Kritiker von Riccis *Wahrer Bedeutung des Herrn des Himmels,* schreibt, die Missionare belohnten jeden einfachen Mann, den sie bekehrten. Handelt es sich um einen Gelehrten, ist die Belohnung zehnmal größer, hundertmal

---

[82] Brief des Paters Dentrecolles, Raozhou, Jiangxi (1715), *LEC*, XIII, S. 362.
[83] Vgl. *FR*, I, S. 107, Fußnote I. Qu Rukui wurde 1605 auf den Namen Ignaz getauft.
[84] Brief des Paters Dentrecolles, Raozhou (1715), *LEC*, XIII, S. 363-365.
[85] *Shi'er shenkai*, *PXJ*, VI, 13a-b.
[86] *Pixie zhaiyao lüeyi*, *PXJ*, V, 30b.
[87] Le Comte, II, Brief an Kardinal de Janson, S. 380.

größer bei einem Beamten.[88] Eine ähnliche Beschuldigung in der *Anleitung zur Kritik:*

> Die Barbaren sagen zu ihren Anhängern: „Wenn ihr hundert Anhänger anwerbt, geben wir euch eine Uhr, die von selbst schlägt, ein Klavichord und Gold und Stoff im gleichen Wert. Werbt ihr einen Studenten an, so gilt das für zehn gewöhnliche Anhänger. Werbt ihr einen Gelehrten an, so gilt das für hundert gewöhnliche Anhänger."[89]

Im Prozess von Nanjing heißt es, Vagnone habe jedem Bekehrten drei Unzen Silber gegeben.[90] Darüber gab es sogar ein Volkslied. Die gleichen Beschuldigungen werden Mitte des 18. Jahrhunderts laut: Pater Jean-Gaspard Chanseaume, 1746 eben in Macao angekommen, erwähnt einen chinesischen Text neuen Datums, in dem die Klagen über die Missionare aufgezählt sind und wo es heißt, „dass man die Leute anwarb, dieser Religion beizutreten, indem man ihnen für ihre Bekehrung zwei Taler und Hoffnung auf ein Paradies gab und vor der Hölle Angst machte".[91]

Ein wenig später behauptet Zhang Zhentao (1713–1780) aus der Provinz Fujian, die Missionare bezahlten jedem Bekehrten im Volk jährlich mehr als zehn Unzen Silber und einem Gelehrten mehrere Dutzend Unzen.[92]

Einer portugiesischen Quelle gemäß fand es 1574 Pater Coelho in **[144]** Japan nicht unter seiner Würde, einem Christen ungefähr drei Tael Silber zu bezahlen, damit dieser seinen Bruder, einen buddhistischen Mönch, bekehre und so tue, als käme die Initiative von ihm. Denn als Japaner kannte dieser Christ die Art der Bonzen und wusste, wie man es anfangen musste, um sie nicht vor den Kopf zu stoßen.[93]

Die Chinesen hätten gerne gewusst, woher die Missionare ihre Mittel hatten. Diese hingegen wollten jeglichen Skandal vermeiden und hielten ihre Geldquellen geheim. „Ich habe mich oft gefragt, woher ihr Geld kam", schreibt Xu Dashou. „Einige sagen, sie betrieben Alchemie, aber sie selbst vermeiden sorgfältig, davon zu sprechen. Offenbar ist ihren Königreichen sehr daran ge-

---

[88] *Tianzhu shiyi shasheng bian* (Kritik am Recht, Lebewesen zu töten, wie es die *Wahre Bedeutung des Herrn des Himmels* verkündet), *PXJ*, V, 15a. Yu Chunxi war Doktor seit 1583. Er ist 1621 gestorben.

[89] *ZP*, 18b.

[90] *PXJ*, I, 11b und II, 23b.

[91] *LEC*, XXVII, „Relation d'une persécution générale … en 1746" von Pater Chanseaume, S. 283f.

[92] *Aomen xingshi lun*, S. 7331 der Sammlung *Yudi congchao*, Bd. XII.

[93] Luis Frois, *Die Geschichte Japans*. Aus dem Portugiesischen übersetzt (Leipzig 1926), S. 463, zitiert von G. Elison 1973, S. 37.

legen, dass Leute bekehrt werden, und es scheint, dass große Geldmengen ihnen dabei helfen."[94]

Doch im Nanjinger Prozess musste Pater Vagnone erklären, wie das Geld aus Macao zu ihm gelangte: „Ihr Geld", heißt es in einem der Protokolle, „wird aus den Königreichen des Abendlandes nach Macao geschickt. Von dort überbringen es Händler dem Luo Ruwang (João da Rocha), und Luo Ruwang bringt es hierher (nach Nanjing)."[95] Außerdem werden die Missionare der Lüge bezichtigt.

Ein Autor erwähnt eine alte Inskription in Siegelschrift, die auf einer Trümmerstätte in der Provinz Sichuan entdeckt worden sei und das Leben Jesu berichtet haben soll. Er sagt, er habe die Leute in Sichuan befragt, aber niemand habe von der Trümmerstätte oder von einer Inschrift gehört. „Also haben einzig und allein die Barbaren davon gehört! Das ist ein Winkelzug in der Art der Tafel im Fluss (*hetu*).[96] So versuchen sie, ihre Lehre als heilig hinzustellen."[97] „Sie behaupten fälschlich", schreibt Xu Dashou,

> die Formulierung „ein großer Heiliger aus dem Abendland", die sich in den *Schulgesprächen* [des Konfuzius][98] findet, beziehe sich nicht auf Buddha, sondern auf *Yesu*, und die buddhistischen Mönche hätten diese Formulierung zu ihren Gunsten umgebogen, um ihre Lehre zu verbreiten. Wie aber soll der vollkommene Heilige aus der Zhou-Zeit (Konfuzius) im voraus einen Barbaren gelobt haben, der zur Han-Zeit auf ehrenrührige Art hingerichtet worden ist?[99]

Yang Guangxian seinerseits empört sich über das, was er als Geschichtsklitterung betrachtet, mit der das Volk hinters Licht geführt werden soll:

> Am meisten verurteilenswert ist ihre Behauptung, alle *Yesu* **[145]** betreffenden Ereignisse seien in den offiziellen Geschichtsschreibungen vorausgesagt worden. Die Geschichte ist da, um wahre und vertrauenswürdige Dinge weiterzugeben. Wie könnte man eine Geschichte schreiben, die von zukünftigen, von einem himmlischen Geist verkündeten Ereignissen handelt? Bis heute hatten die üblen Leute, die das Volk verwirren wollten,

---

[94] *ZP*, 19a.

[95] *PXJ*, II, 6a. João da Rocha kam 1591 nach Macao und starb 1623 in Hangzhou. Zur Zeit des Prozesses von Nanjing lebte er in Nanchang (von 1609 bis 1619), das heißt auf der Route Macao–Nanjing, und konnte so sehr gut als Mittelsmann dienen.

[96] Das *hetu* ist eine magische Tafel, die nach späten Überlieferungen der Gott des Gelben Flusses Yu dem Großen gebracht haben soll.

[97] *Zhuxie xianju lu*, *PXJ*, VI, 18a.

[98] Unechte Schrift aus der Han-Zeit, die Xu Dashou aber für echt hielt. Die gleiche Formulierung kommt im *Liezi* vor, Kap. IV. Vgl. L. Wieger 1913, S. 118, C.

[99] *ZP*, 3a.

wenig Wirkungsvolles zu ihrer Verfügung: Da waren Zaubertricks wie das Feuer, das sich auf dem Altar des Erdgottes entzündete, Fuchsschreie, magische Schriften im Bauch eines Fisches[100] oder ein steinerner Mann mit einem einzigen Auge (?). Wenn nun aber die Barbaren sagen, dass diese Dinge in der [offiziellen] Geschichte geschrieben stehen, wiederholen die Dummköpfe, die nicht wahr von unwahr zu unterscheiden vermögen, alle im Chor: „Es stimmt wohl, dass es einen Herrn des Himmels gibt. Wie sonst hätte die Geschichte im voraus von ihm sprechen können?"[101]

Wundermacher haben in China schon immer als Agitatoren gegolten. Nun aber schreiben die Missionare Jesus viele Wunder zu – für Yang Guangxian ein eindeutiger Beweis, dass er einen Aufstand plante. Hat er übrigens nicht wegen Rebellion gegen die Gesetze seines Landes als Verurteilter geendet? Er ist angeklagt worden, sich das Königtum angemaßt zu haben, denn schließlich kleidete man ihn aus Spott in ein altes rotes Gewand, setzte ihm eine Dornenkrone auf und gab ihm ein Zepter in die Hand, um ihn dem obersten Herrscher gleichen zu lassen.[102] Aber auch die Missionare selbst haben – wie schon erwähnt – in China zahlreiche Wunder gewirkt.

Der Übereifer gewisser Bekehrter verstärkte nur die Feindseligkeit der gelehrten Kreise. Diese Neubekehrten kamen ihnen vor wie Irre, die nicht zögern, den Behörden die Stirn zu bieten. (In den nicht anerkannten chinesischen Sekten galt es ja als Tugend, vor behördlicher Verfolgung keine Angst zu haben.)[103]

Die Entschlossenheit der Bekehrten und die Sympathien, die sich die Missionare in führenden Kreisen erworben haben, lassen das Christentum noch gefährlicher erscheinen als die heterodoxen Sekten, die im allgemeinen keine solche Unterstützung genießen: „Die Sekte des Weißen Lotus und des Nicht-Handelns[104] sind nur Hautkrankheiten wie Krätze oder Aussatz", schreibt Huang Zhen.[105] „Sie sind nicht weiter beunruhigend. Dass sich aber im ganzen Reich niemand gefunden hat, die Irrlehre vom Herrn des Himmels zu [146] widerlegen, als sie nach China eingedrungen ist, darüber könnte man noch lange wehklagen."

Die Aktivitäten der nichtanerkannten Sekten gehören ins Register der moralschädigenden Handlungen. In einem großen Projekt zur Reform der

---

[100] Vgl. *Shiji*, Kap. 48, Biographie des Chen She.
[101] *Pixie lun*, S. 1112f.
[102] *Pixie lun*, S. 1113f. Siehe Matt. 27,37.
[103] Dieses Verhalten beklagt der Philosoph Yan Yuan, *Cunren pian*, „Huanmitu" („Aufruf an die Verirrten"), Paragraph 5.
[104] Buddhistisch beeinflusste Sekten vom Ende der Ming-Zeit und der Mandschu-Ära.
[105] Brief Huang Zhens an den Zensor Yan Maoyou, *PXJ*, III, 11a.

Regierung aus den Jahren um 1700, dem *Pingshu,* unterscheidet ein gewisser Wang Yuan (1648-1704) acht Kategorien von Leuten, die der Moral schaden: 1. und vor allen die Prostituierten, dann 2. Schauspieler, 3. buddhistische Mönche und Nonnen, 4. daoistische Priester, 5. die chinesischen heterodoxen Sekten, 6. Abendländer (die christlichen Missionare), 7. Muslime, 8. Diebe und Räuber. Wang Yuan schlägt vor, die Missionare in ihre Länder zurückzuschicken und jeden Verkehr mit ihnen abzubrechen. Li Gong, Schüler des Yan Yuan und Herausgeber des *Pingshu,* hat die Kommentare einiger Leser hinzugefügt und schreibt in einer Notiz über die Missionare: „Man könnte jedoch jene behalten, die in Mathematik oder Technik bewandert sind, ihre Lehre aber verbieten."[106] Es ist im 17. und noch mehr im 18. Jahrhundert üblich, diesen Unterschied zwischen dem Nützlichen (Wissenschaft und Technik) und dem Schädlichen (Religion) zu machen.

SUBVERSIVE LEHREN?

> „Sie werden nicht ruhen, ehe sie alle moralische und politische Macht in China an sich gerissen und in die Gesellschaft Jesu eingefügt haben."[107]

Es klingt zwar anachronistisch, aber man könnte sagen, dass es bei den Chinesen des 17. und 18. Jahrhunderts ein starkes „nationales Bewusstsein" gibt. Es ist das Bewusstsein, zu einer alten und großen Kultur zu gehören, die reich an gelehrter Überlieferung ist. Manche Chinesen sehen sehr wohl, was die Verbreitung christlicher Ideen diesem Erbe antun könnte. Das nationale Bewusstsein verstärkt sich noch mit der Machtergreifung durch die Mandschu.

In seinem Brief an Yan Maoyou unterscheidet Huang Zhen zwischen abendländischen Barbaren, Anhängern des Herrn des Himmels *Yesu,* und jenen, die er „chinesische Barbaren" nennt und die Anhänger dieser Anhänger sind. Huang Zhen schreibt:

> Gewiss werden die Barbaren nicht sogleich versuchen, den Konfuzianismus zu zerstören. Sie haben den Plan, zuerst die Leute zu verführen **[147]** und verstohlen vorzugehen. Treten sie als Verführer auf, so kann man vor aller Augen mit ihnen verkehren. Gehen sie verstohlen vor, so kann man sie heimlich aufnehmen, und niemand merkt etwas. Im ersten Fall setzen sie sogleich unseren Konfuzianismus herab. Im zweiten Fall stiften sie Unruhe. Und eines Tages werden sie mit voll ausgewachsenen Krallen und

---

[106] *Pingshu ding*, Kap. I.

[107] *Zuiyan* (Die Anklage), *PXJ*, III, 27a.

Reißzähnen, mit gefestigter Kühnheit und Kraft im Tempel an den Platz des Herrschers ohne Reich (Konfuzius) einziehen und mit Gebrüll unseren Konfuzianismus zerstören.[108]

Im gleichen Text betont Huang Zhen, die Gefahr liege darin, dass die Barbaren „in betrügerischer Absicht unsere Schrift und unsere Klassiker zu lesen gelernt und herausragende Persönlichkeiten gewählt haben, um in China ihre Lehre zu verbreiten".[109]

Das Thema klingt in Polemiken gegen das Christentum immer wieder auf. Diese hinterhältigen Barbaren sind gekommen, um die intellektuelle Tradition Chinas,[110] sein kostbarstes Erbe, zu verderben und zu zerstören. Es ist eine patriotische Pflicht, diese große Gefahr zu bannen, denn China ist eins mit seiner Kultur. „Die Loyalität dem Herrscher gegenüber und die Liebe zum Land" bestärken jene, die ob dieser Bedrohung beunruhigt sind.[111]

Hinter ihrer Höflichkeit verbergen die Gelehrten zuweilen eine Verachtung für die Fremden. Das erklärt gewisse Verhaltensweisen. In einer Schrift von 1636 heißt es:

Es gibt Leute, die diese kleinen Barbaren verachten, und die finden, sie könnten keinen großen Schaden anrichten. Sie nehmen deshalb ihre reichen Geschenke an und denken, das habe keine Folgen. Sie verfassen Lobschriften für ihre Bücher, so dass die gute Gesellschaft diese einander weiterreicht und sie himmelhoch preist und nicht merkt, dass diese verschlagenen Barbaren genau damit ganz China in ihrem Netz einfangen wollen ... Andere haben von ihren Theorien die allerschlechteste Meinung und halten sie für unannehmbar. Und doch verkehren sie weiter mit ihnen und machen gute Miene zum bösen Spiel, statt [ihre Reden] energisch zurückzuweisen und mit ihnen eindeutig zu brechen. So geben sie ihnen die unverhoffte Gelegenheit, Beziehungen und Bekanntschaften anzuknüpfen ... Wieder andere, die in den Klassikern und den historischen Schriften besonders bewandert sind, verlassen sich auf die intelligente Klarheit dieser Texte, denken, unsere große moralische und philosophische Tradition sei außer Reichweite und könne nie durch so niedrige und verachtenswerte Vorstellungen **[148]** beeinträchtigt werden. Und wenn sie Leute sehen, denen daran gelegen ist, diese Irrlehren zu widerlegen, so halten sie das für unnötige Aufregung wie jener Mann aus dem Fürstentum Qi, der befürchtete, der Himmel würde ihm auf den Kopf fallen. Sie sehen nicht,

---

[108] Brief an Yan Maoyou (1638?), *PXJ*, III, 12a.
[109] *Ibid.*, 13b.
[110] Die verwendeten Begriffe sind *xuemai* oder *xueshu*.
[111] *Shi'er shenkai* (Zwölf Gründe für tiefste Betroffenheit), *PXJ*, VI, 16a.

dass sich diese heimtückische Lehre von Tag zu Tag weiter ausbreitet und dass von Tag zu Tag die rechte Lehre mehr verschwindet.[112]

Diese Bemerkung passt ganz gut auf große Gelehrte wie Wang Fuzhi (1619–1692), die wohl über die Schriften der Missionare Bescheid wissen, in ihren Werken aber kaum die Lehre vom Herrn des Himmels erwähnen.

Die Missionare wussten um die Verachtung der Chinesen für andere Völker. Pater de Chavagnac schreibt 1703:

> Sie lassen sich nicht davon überzeugen, dass auch etwas Nichtchinesisches Aufmerksamkeit verdient. Wenn man glaubt, man habe sie überzeugt und sie seien bereit, das Christentum anzunehmen, antworten sie: „Eure Religion findet sich nicht in unseren Büchern, es ist eine fremde Religion. Gibt es außerhalb Chinas etwas Gutes und etwas Wahres, das unsere Gelehrten nicht kannten?"[113]

Zum gleichen Schluss gelangt 1769 ein anderer Missionar:

> Die Chinesen haben eine allzu gute Meinung von sich, zu überzeugt sind sie, dass nichts ihrem Scharfsinn gleichkommt. Sie hängen Hirngespinsten nach und sind allem äußerst ergeben, was ihren Neigungen Vorschub leistet, und außerdem sind die Bonzen zu geschickt darin, dieses arme Volk zu täuschen, als dass wir hoffen dürften, diese Hindernisse ohne ein Wunder der Vorsehung überwinden zu können.[114]

„Aleni sagt, es gebe mehr als 7.000 Bücher (der christlichen Lehre), die nach China gebracht worden sind",[115] schreibt Huang Zhen.

> Jene, die man heute in Zhangzhou (im südlichen Fujian) findet, sind etwas mehr als hundert an der Zahl.[116] Werden diese Bücher weiterhin die Leute verwirren und sich überall verbreiten, so kann dabei die Tradition unserer Heiligen zugrunde gehen. Diese Leute da ruhen nicht, ehe sie jedermann in ihren Netzen eingefangen und überall ihr Gift ausgestreut haben. Wenn ein kleines Feuer lange schwelt, kann man sich auf einen großen Brand gefasst machen. Aber lässt sich überhaupt noch sagen, es handle sich um ein kleines

---

[112] *PXJ*, VI, 13b-14a. Die Übersetzung kann den Stil dieses ziemlich literarischen Textes nur ungenau wiedergeben.

[113] *LEC*, IX, Brief des Paters de Chavagnac, Fuzhou, Fujian, 1703, S. 330.

[114] *LEC*, XXX, Brief des Paters François Dollières (d'Ollières), Peking, 8. Oktober 1769, S. 172f.

[115] Die Bücher hatte Pater Nicolas Trigault nach seinem Besuch an den Höfen Europas mitgebracht.

[116] Zur Zeit der Niederschrift dieses Textes, 1638 oder 1639, stimmt die Zahl ziemlich genau.

Feuer? Sie verkünden, in der Provinz Fujian[117] hätten sich schon Zehntausende zu ihnen gesellt. Verbreitet sich dieses Übel in ganz China, **[149]** wird daraus ein unabsehbarer Schaden entstehen. Soll man tatenlos zusehen, wie das Unheil naht?[118]

Unheil, ja, denn wer in China die Religion ändern will, plant eigentlich einen Anschlag auf die allgemeine Ordnung.

Aleni sagt, zwanzig Personen ihrer Vereinigung[119] seien nach China gekommen, um ihre Lehre zu predigen. Es seien alles höchst tugendhafte Leute, die alle zusammen eine einzige Körperschaft bilden. Heute gibt es Räume der Vereinigung vom Herrn des Himmels in den zwei großstädtischen Gebieten im Norden und Süden,[120] in der Provinz Zhejiang, in Wuchang, in der Provinz Huguang, in den Provinzen Shandong, Shanxi, Shenxi, Guangdong, Henan, in Fuzhou und Quanzhou in der Provinz Fujian und an anderen Orten. Nur eben in den Provinzen Guizhou, Yunnan und Sichuan gibt es keine.[121] Schlimm genug! Unser glorreiches China wird von den schädlichen Vorstellungen der Barbaren heimgesucht. Ihr Gift breitet sich überall aus und kann sehr wohl Millionen von Generationen anstecken. Ehrwürdige Gelehrte und rechtschaffene Leute bekennen sich heute schon zu ihren Ansichten. Sie lassen für sie Bücher von der Lehre des Herrn des Himmels drucken und schreiben dazu das Vorwort. Viele habe ich mit meinen eigenen Augen gesehen. Das alles ist widerwärtig und skandalös.[122]

Gewisse Beschuldigungen mögen zwar geringfügig erscheinen, doch zeigen kleine Änderungen oft große zukünftige Umwälzungen an. Der Verfasser einer kleinen Schrift ist darüber empört, dass die Barbaren die hierarchische Ordnung umwerfen und die erste Stufe für die geringste und die neunte für die edelste halten, während in China die hierarchische Ordnung immer umgekehrt gewesen ist.[123] Auch befürchtet der Autor, die Chinesen könnten sich daran gewöhnen, die Barbaren in ihren Barbarenkleidern opfern zu sehen und sie zu

---

[117] Das ist eine der Provinzen, wo die Missionare in der ersten Hälfte des 18. Jahrhunderts am meisten Erfolg hatten.
[118] Brief Huang Zhens an den Zensor Yan Maoyou, *PXJ*, III, 11a-b.
[119] Die Gesellschaft Jesu.
[120] Das heißt in den Provinzen von Nanjing und Peking.
[121] Huang Zhen, der diese Aufzählung gegen 1639 schreibt, ist ziemlich gut informiert.
[122] Brief Huang Zhens an Yan Maoyou, *PXJ*, III, 10a-b.
[123] Ebenso schien es den Chinesen widersinnig, dass Jesus zur Rechten Gottes sitzt und dass die Linke, in China Ehrenplatz, jenen vorbehalten ist, die dem ewigen Feuer anheimgegeben sind, das Gott „dem Teufel und seinen Engeln bereitet" hat (Matt. 25,41). Vgl. A.F. Wright 1953, S. 300f.

hören, und so würden sie sich schließlich selbst verwandeln. Ebenso könnten alle moralischen und politischen Traditionen Chinas, die Riten und die Musik, „das Herz der Menschen" und die Bräuche eines Tages vollständig „barbarisiert" werden.[124] Huang Zhen schreibt:

> Die Barbaren sagen folgendes: „Wir müssen ganz China lehren, unseren *Yesu* zu verehren und nur uns zu folgen. Wir werden erst ruhen, wenn wir das erreicht haben." Ha! Wenn ganz China den Barbaren folgte, so weiß ich, dass die List, dank der Konfuzius einst dem Tod entging, nicht mehr am Platz und die Angelegenheit um einiges schwerwiegender wäre als der Mord-**[150]**versuch des Huan Tai.[125] Es bliebe mir nichts übrig, als mich ins östliche Meer zu werfen und dort den Tod zu finden, denn wie könnte ich in einer Barbarenwelt leben.[126]

Die Barbaren wollen also China ins Verderben stürzen. Deshalb begnügen sie sich auch nicht mit Reden: Sie zerstören Statuen und Tafeln der chinesischen Kulte – heißt es in einem Pamphlet – und versuchen so, China von seiner Vergangenheit und seinen Traditionen loszuschneiden.

> Am schmerzlichsten ist, dass sie [die Statuen] unserer Heiligen zerstören, unseren Gottheiten den Kopf abschlagen, die Ahnentafeln zerbrechen,[127] die [Fortdauer der] Kulte beenden, all das, um unsere Weisen und Lehrer herabzuwürdigen, unsere Bande mit Vätern und Ahnen zu zerschneiden, unsere Moralprinzipien und Schultraditionen auszulöschen.[128]

Überzeugt, dass die gesamte Menschheitsgeschichte in der Bibel zu finden ist, haben die Missionare versucht, die Geschichte Chinas im Sinn judäo-christlicher Tradition neu zu deuten. Wie schon erwähnt, zweifelten sie nicht, dass Noahs Nachkommen China bevölkert hatten, und die Überschwemmungen zur Zeit des Kaisers Yao konnten nur die Sintflut sein. Daraus entstand die große Schwierigkeit, chinesische und biblische Daten zur Übereinstimmung zu bringen, wofür im 17. und 18. Jahrhundert viel Tinte verbraucht wurde.

„Noahs Kinder verbreiteten sich in ganz Asien und gelangten schließlich in jenen Teil Chinas, der am westlichsten ist und wo heute die Provinzen Shanxi und Shaanxi liegen", schreibt Pater Le Comte – unter vielen anderen.[129] Nicht nur dieser Glaube war verbreitet, sondern auch die Idee, dass in China vor Urzeiten biblische Vorstellungen bekannt waren. So erklärten die Jesuiten,

---

[124] *PXJ*, VI, 17a-b.

[125] Gemeint ist ein Zwischenfall im Leben des Konfuzius, berichtet im *Lunyu*, VII, 22 („Shu'er") und im *Mengzi*, V A8, „Wanzhang", *shang*.

[126] Brief Huang Zhens an Yan Maoyou, *PXJ*, III, 13a.

[127] Die Stelle scheint sich auf das Ahnenkult-Verbot durch die Missionare zu beziehen.

[128] *Xiedu shiju* (1638), *PXJ*, III, 33b.

[129] Le Comte, I, S. 257.

warum in den verehrungswürdigsten Texten der chinesischen Tradition Begriffe wie „Himmel" und „Herrscher in der Höhe" vorkamen. Doch wer behauptet, die Chinesen stammten aus Judäa und ihre ältesten Überlieferungen gingen aufs Alte Testament zurück, nimmt ihnen die Identität. Hätte man sie so weit gebracht, diese Ansichten zu teilen, hätten sie ihren Traditionen und Ahnen entsagen müssen. Die Missionare verfuhren wie die französischen Kolonialisten, die in Asien oder Afrika die Schüler lehrten, ihre Ahnen seien die Gallier. Nebenbei bemerkt, hatten die Bekehrten aus Macao und Umgebung, die als Koadjutoren den Missionaren eine große Hilfe waren, **[151]** bei der Taufe nicht nur einen christlichen Vornamen, sondern auch einen portugiesischen Familiennamen erhalten wie Fernandes, Pereira, Mendes oder Leitão ...

In den Jahren nach der Machtergreifung durch die Mandschu ritt Yang Guangxian eine seiner heftigsten Attacken gegen Pater Adam Schall und einen Konvertiten namens Li Zubai,[130] der die These des Paters von der fremden Herkunft der Chinesen stützte. Li Zubai hatte 1663 einen *Abriss über die Weitergabe der himmlischen Lehre* (Tianxue chuan'gai) verfaßt, in dem er erklärte, die Chinesen seien Nachkommen der Bewohner Judäas. Das war ein Verrat gegenüber der moralischen Tradition Chinas und den Gründern seiner Kultur.

Ein Zensor namens Xu Zhijian hatte zum *Tianxue chuan'gai* ein Vorwort geschrieben, und diesem Xu Zhijian schickte Yang Guanxian am 21. April 1664 einen höchst entrüsteten Brief.

> Ich habe mich gefragt, ob dieses Vorwort von Euch ist. Ihr seid gebildet, Ihr seid in den Schulen erzogen worden, Ihr seid ein bekannter Doktor, ein Zensor. Das müssen Machenschaften der Leute von dieser üblen Lehre sein, die Euer Ansehen als führender und berühmter Mann missbrauchen wollten, um den Chinesen mit Hilfe dieses Vorworts einzureden, sie seien Abkömmlinge der Ketzer ... Das wird, so dachten sie, die Leute nicht nur aufrütteln, sondern auch als Zeugnis zugunsten unserer heimtückischen Lehre verwendet werden können. Dieser Text ist bestimmt nicht von Euch. Vielleicht ist es jemand aus Eurer Umgebung, der nicht wie Ihr die rechte Lehre achtet, Euren Stil entlehnt und diesen Dank für eine Uhr oder sonst eine Kuriosität verfaßt hat. Dieser Text ist bestimmt nicht von Euch. Oder vielleicht handelt es sich um den alten Brauch, wonach man auf Gedichte oder Prosatexte, die einem geschickt werden, so antworten muss ... Die

---

[130] Li Zubai starb 1665. Er war im Amt für den Kalender angestellt und aus diesem Grund ständig mit den Jesuitenpatres in Verbindung, was auch seine Bekehrung erklärt. Er hatte ein Vorwort zu einem Werk von Giacomo Rho, dem 1633 veröffentlichten *Aiqin xingquan*, geschrieben. Vgl. Xu Zongze 1958, S. 70f. [Neuere Literatur zu Li Zubai und seinen Werken siehe CCT Database (unter Li Zubai).]

Bittsteller um Vorworte sind so aufdringlich, dass sie einen zwingen, ein Schwert am Kopfende seines Bettes zu haben. Sie überreichen einem einen Text, und man gibt nicht acht darauf. Noch vielmehr ist das bei Euch der Fall, da Ihr doch mit großen Aufgaben beschäftigt seid. Wie solltet Ihr Zeit finden, so ein Werk zu lesen? Dann hättet Ihr gesehen, dass darin steht, alle unsere Herrscher und ihre Berater und wir alle seit Fu Xi bis heute seien die Abkömmlinge von Ketzern, und dass die sechs Klassiker und die *Vier Bücher* nur Abfall der Irrlehre seien. Euch wären die Haare zu Berge gestanden und Eure Augenwinkel hätten sich vor Entsetzen **[152]** gespalten. Weit davon entfernt, ein Vorwort zu gewähren, hättet Ihr das Buch am Boden zertrampelt. Mein *Wider die Ketzerei* (*Pixie lun*) und meine Sammlung mit dem Titel *Wehren wir dem Abendländischen* (*Juxi ji*)[131] sind vor vier bis fünf Jahren gedruckt[132] worden, und zwar in bereits mehr als 5000 Exemplaren. Der Hof und die Provinz haben mir die Ehre angetan, sie gutzuheißen. Solltet Ihr der einzige sein, der sie nicht gelesen, der einzige, der nichts von ihnen gehört hat? ... Je mehr ich darüber nachdenke, um so mehr bin ich überzeugt, dass dieses Vorwort nicht von Euch ist ...[133]

In den Jahren von 1657 bis 1664 nahm Yang Guangxian ebenso die Wissenschaft wie die Religion der Europäer aufs Korn. In beiden Fällen drückt seine Kritik die gleiche Besorgnis aus: Die fremde Wissenschaft und Religion machen China seinen Vorrang streitig und wollen es europäischem Einfluss ausliefern, handle es sich um den Kalender, um den China zugeteilten Platz auf der Erdkugel, um die Herkunft des chinesischen Volkes oder um seine älteste religiöse Tradition. Yang Guangxians hervorstechender Charakterzug ist ein gewisser chinesischer „Kulturozentrismus". Dieser bestimmte Empfindlichkeiten fördernde Zug ist um so stärker, als China seit der Jahrhundertmitte unter Mandschu-Herrschaft steht.

*

Das Ziel der Mission ist, zur Kirche zu werden. Die Missionare und ihre eifrigsten Anhänger scheinen in China einen Fremdkörper zu bilden, eine Art großen Bundes, der nur dank Geheimhaltung bestehen kann und dessen Mitglieder ständig miteinander in Verbindung sind. Außerdem haben die Mis-

---

[131] Das *Pixie lun* figuriert im *Budeyi*, einer Sammlung christenfeindlicher Schriften von Yang Guangxian, das *Juxi ji* hingegen scheint verlorengegangen zu sein. [Ein Exemplar des *Juxi ji* wurde 1990 in Taibei entdeckt, siehe CCT Database unter: Ju xi ji.]

[132] Genauer bezeichnete der Ausdruck *shaqing* das Verfahren, das vor der Erfindung des Papiers darin bestand, beschriebene Holz- oder Bambusplättchen über dem Feuer zu trocknen.

[133] Brief an den Zensor Xu, *Budeyi*, Bd. I, 2. Text, S. 1091-1096.

sionare Kontakte zum Ausland, ja sie erhalten – wie man langsam gewahr wird – von dort Befehle und Geldmittel. Auf so etwas hat noch jede politische Macht empfindlich reagiert und erst recht das chinesische Reich, das lange unter Seeräubern und ihren Komplizen im Land selbst gelitten hat.

Dass Fremde hier ihre Lehre verbreiten, hat – so wird oft angenommen – einzig zum Ziel, die Bevölkerung zu verderben, sie zu blindem Gehorsam zu bringen und damit eine „fünfte Kolonne" zu bilden, die im gegebenen Augenblick von außen kommende Angriffe unterstützt. Was in den Nachbarländern vorgefallen ist, scheint diese Annahme nur zu bestätigen: „Die Folangji (Franken – Name, den die Araber den Portugiesen [153] und Spaniern gaben und der ins Chinesische übergegangen ist) haben vorgegeben, sie seien gekommen, die Lehre vom Herrn des Himmels zu verbreiten, und so haben sie den Herrscher von Luzon getäuscht", schreibt 1616 Shen Que, „und ihm sein Land weggenommen."[134]

Unter dem Vorwand, Handel zu treiben – heißt es in einem Text von 1638 –, haben die Barbaren in Luzon ein Grundstück gemietet, dann die Einheimischen dazu gebracht, ihrer Lehre zu folgen, und dann haben sie von Luzon Besitz ergriffen. So gehen sie immer vor: Sie bekehren die Leute nur, um das Land zu besetzen. Astronomie, Kalender, Kanonen, Wissenschaft und Technik, dank denen sich die Barbaren bis an den Hof eingeschlichen haben, sind nur ein Vorwand: Im Grunde wollen sie ihre Lehre in allen Provinzen und Präfekturen verbreiten, um schließlich von ganz China Besitz zu ergreifen. Schon heute besetzt ihre Partei Jilong und Danshui.[135]

„Sie haben schon das uns tributpflichtige Reich Luzon annektiert", steht in einer Denkschrift von 1638 an das Akademie-Mitglied Jiang Dejing,[136] die von verschiedenen Persönlichkeiten aus der Gegend von Fuzhou unterzeichnet ist.

> Ebenso Kelapa (Djakarta), Sumatra, Kutoulang (?). Sie sitzen in unserem Macao, in Taiwan (in der Gegend des heutigen Tainan), Jilong und Danshui, um unsere Häfen in den Provinzen Fujian und Guangdong zu nehmen. Wenn eines schönen Morgens auf Angriffe von außen Komplizenschaft von innen antwortet, was tun wir dann, um sie abzuwehren?[137]

---

[134] *PXJ*, 1, 16a.

[135] *Quyi zhiyan*, *PXJ*, III, 30b und 31b. Jilong und Danshui sind zwei Häfen in Nordtaiwan, die von den Spaniern aus Manila besetzt worden waren, bevor die Holländer, die seit 1624 an der Ostküste Taiwans saßen, sie von dort vertrieben.

[136] Jiang Dejing stammte aus Jinjiang (Gegend von Quanzhou im Süden der Provinz Fujian), wurde 1622 Doktor und in der Chongzhen-Zeit (1628–1643) Minister für Riten und Mitglied der Akademie. Er starb 1646. Zunächst den Missionaren wohlgesinnt, hat er sich gegen sie gewandt, als er mehr über ihre Lehre wusste. Vgl. S. 58.

[137] *Rangyi baoguo gongjie*, *PXJ*, VI, 10a-b.

In seinem Brief von 1664 an den Zensor Xu Zhijian sagt Yang Guangxian, man sehe sich da einem großangelegten Subversionsplan gegenüber, und das Ziel der Missionare sei, China zu demoralisieren und gleichzeitig Truppen zusammenzustellen, die im gegebenen Augenblick zur Tat schreiten können. Dieser Plan enthält, wie ihm scheint, vier Punkte: 1. überall diese unheilvollen Bücher verbreiten, um den Leuten den Kopf zu verdrehen; 2. an allen strategischen Punkten Vereinigungen gründen, damit zum vorgesehenen Zeitpunkt den Angreifern von außen in die Hände gespielt werden kann; 3. mit hohen Beamten Freundschaft anknüpfen und sie zu Komplizen machen; 4. Taugenichtse aufwiegeln und sie als Werkzeug[138] gebrauchen und alle Bewohner des Reiches für seine Sache zu gewinnen versuchen. In Macao – richtiggehend die Hauptstadt dieser Leute – sind sie mehr als 10.000 und ständig in geheimer Verbindung mit dem Ausland.[139]

[154] In einem Gesuch von 1717 braucht ein Beamter aus Canton die gleichen Argumente: Die Fremden bedrohen ganz Ostasien. Das Christentum kam nach Japan, um „den Japanern das Herz zu verändern" und dann von ihrem Reich Besitz zu ergreifen. Beinahe ist das gelungen. Übrigens ist Manila so unterworfen worden. Die Missionare verteilen Geld mit vollen Händen, sammeln viele Leute um sich und fertigen Karten an.[140]

Oft werden die Missionare der Spionage verdächtigt,[141] vor allem, wenn sie Karten mit sich führen oder bei ihrer Anfertigung helfen. Xu Dashou zitiert die Schrift eines Chinesen aus der Gegend von Macao, die den Titel trägt *Dringende Worte von Gänsefuß und Erbse*. Darin wird berichtet, dass

> während der Jiajing-Zeit (1522–1566) die Barbaren aus dem Abendland (die Portugiesen) sich damit begnügten, nach und nach Holz und Steine nach Macao zu transportieren, um Häuser zu bauen. Doch haben sie mit der Zeit einen kleinen Hafen für ihre Schiffe eingerichtet, und jetzt bauen sie hohe Mauern, um einen Zufluchtsort zu haben; sie schicken als Gelehrte verkleidete Spione[142] in alle Provinzen, und sie bilden eine enge Vereinigung ... Über mehrere tausend *li* hinweg bleiben sie ständig in Verbindung. Sehr viele Leute erhalten von ihnen Geschenke. Jedes Jahr nehmen sie mit Luzon und Japan Kontakt auf, um von dort Unterstützung zu erhalten. Sie haben Karten, auf denen die strategischen Punkte und die Distanzen unserer Flüsse und Berge eingezeichnet sind, und sie notieren

---

[138] Wörtlich: als Krallen und Reißzähne.

[139] Brief an den Zensor Xu Zhijian (1664), *Budeyi*, I, S. 1102.

[140] *LEC*, XIV, Brief des Paters de Mailla aus Peking, 1717, der das Gesuch des Mandarins „Tchin-mao" aus dem gleichen Jahr zitiert.

[141] So etwa im Brief Yang Guangxians an den Zensor Xu Zhijian, S. 1098.

[142] Die Missionare. Nachdem Ricci 1595 die Erlaubnis erhalten hatte, sich als Gelehrter zu präsentieren, traten kurz darauf alle Jesuitenmissionare in diesem Gewand auf.

regelmäßig die Stärke der Truppen und die Reserven einer jeden Region ...
Sie lassen fortwährend ihre Soldaten exerzieren, häufen Schießpulver auf
und gießen zuweilen große Kanonen. Wozu das alles?[143]

In mehreren Texten ist einzig von der Bedrohung durch diese Fremden die Rede:
„Diese verschlagenen kleinen Barbaren", schreibt im Januar 1639 Zhou
Zhikui in seinem Vorwort zum *Poxie ji,*

> sind sehr kunstfertig und fähig, Fernrohre für tausend *li* herzustellen, mit
> denen sie von oben in die Ferne schauen können. Haben sie gesehen, was
> sich in den Nachbarländern tut, greifen sie mit Kanonen an. Deshalb haben
> alle anderen Barbaren vor ihnen und ihrer Kunstfertigkeit Angst. Viele sind
> schon von ihnen besiegt worden ... Was ihre Lehre betrifft, die niedriger
> und belangloser nicht sein könnte, warum hängen ihr so viele Leute an?
> Weil sie von Habgier getrieben sind. Die Barbaren locken zuerst die
> Dummen und Gewinnsüchtigen mit Geld an.[144]

[155] In einem anderen Text heißt es:

> Jedesmal, wenn sie in ein Königreich kommen, zerstören sie es und verwenden ihre vorgängigen Eroberungen als Sprungbrett für neue. So haben
> sie schon mehr als dreizehn Königreiche annektiert. Es ist schwierig zu
> wissen, wo die entferntesten sind. Aber unter den näheren sind es Luzon,
> Misuoguo (?), Java, Jilong und Danshui, Länder, deren Könige sie getötet
> und über deren Völker sie die Herrschaft ergriffen haben. Es genügen
> ihnen ein paar Männer, um ein Königreich niederzuwalzen.[145]

Das viel kleinere Japan schien für Bedrohungen von außen noch empfindlicher
gewesen zu sein als China. Solche Gefühle des Bedrohtseins haben, wie man
weiß, in Japan grausame Verfolgungen ausgelöst, während die Chinesen die
Missionare lange Zeit einfach nach Macao zurückgeschickt oder nach Canton
verbannt haben.

„Sie haben Truppen ausgeschickt und in Ländern wie Luzon und Neuspanien – Länder von Barbaren, die eher Tieren gleichen – die Macht ergriffen.
Aber unser Land übertrifft die anderen an stolzem Heldenmut", schreibt der
japanische Apostat Fabian Fucan.

> Daher ihr Ehrgeiz, in allen unseren Regionen ihre Lehre zu verbreiten und
> das Land auf diese Weise einzunehmen, Ehrgeiz, der ihnen bis ins Mark
> gedrungen ist. Aber welch düstere Zukunft erwartet sie! Ihrem Glauben
> gemäß halten sie ihr Leben für unwichtig. Das nennen sie Martyrium.
> Regiert ein weiser Herrscher über ein Reich, so wird das Gute gefördert,
> das Schlechte bestraft. Dabei ist der Tod die größte Strafe. Doch die An-

---

[143] *ZP,* 40b.

[144] *Poxie ji xu, PXJ,* III, 6a-b.

[145] *Xiedu shiju, PXJ,* III, 33a. Von 1638 datierter Text.

hänger des *Deus*[146] haben nicht die geringste Angst, dass man ihnen das Leben nimmt, und werden deshalb ihre Religion nicht ändern. Wie abscheulich! Und woher kommt diese eindeutige Bosheit? Sie entspringt ohne Zweifel dem *mandamento* (Gebot): „Du sollst den Deus über alles lieben und ehren." Die Ausbreitung dieser verabscheuungswürdigen Lehre ist schlicht und einfach ein Werk des Teufels.[147]

Die Missionare sind so besonders gefährlich, weil sie, laut einem Text aus der späten Ming-Zeit, „an der Spitze des Staates den Kaiser täuschen, auf der Ebene der führenden Klassen Beamte zu Verbündeten machen, und an der Basis den einfachen Leuten den Geist verwirren." Es ist gewagt, sich mit ihnen anzulegen.[148] Viele beklagen, dass die Missionare selbst in der Verwaltung Komplizen haben:

Wie konnten Leute, die Rock und Kappe der Gelehrten tragen, [156] Leute, die vom Herrscher ein Mandat erhalten haben und von ihm pensioniert werden, so sehr jegliche Scham vergessen?![149]

„Wenn sich irgendein [Provinz-Mandarin] in den Kopf setzte, den Fortschritt des Glaubens zu hemmen", schreibt Pater Le Comte Ende des 17. Jahrhunderts, „versuchten wir, ihn mit Geschenken[150] und mit Empfehlungsbriefen, die uns die Patres in Peking verschafften, zu besänftigen, oder wir brauchten sogar – wo nötig – gegen ihn den Einfluss des Herrschers."[151]

Die Missionare bewegen sich frei in ganz China, ohne dass sich jemand deswegen beunruhigt oder sie zur Rechenschaft zieht.

Handelt es sich um fahrende Räuber, ergreift man strengste Maßnahmen. Man führt Untersuchungen durch, verstärkt die Gesetze zur kollektiven Verantwortung der Familiengruppen. Alle Bewegungen werden überwacht, sogar jene unter Nachbarn ... Aber diese Barbaren, die von irgendwo aus Übersee gekommen sind, gehen von Provinz zu Provinz, von Präfektur zu Präfektur, ohne dass es jemanden kümmert, woher sie kommen und wohin sie gehen. Man erlaubt ihnen, sich unter das Volk zu mischen. Die Verantwortlichen für die Nachbarschafts-Gruppen und die Häuserblock-Vorsteher nehmen von ihnen gerne beträchtliche Bestechungsgelder an, und schließlich nimmt sich niemand mehr die Mühe, ihretwegen zu ermitteln ... Wenn die Gesinnung der Öffentlichkeit an

---

[146] *Daiyusu* auf japanisch.

[147] G. Elison 1973, S. 283f.

[148] *Rangyi baoguo gongjie*, *PXJ*, VI, 10a. Denkschrift an das Akademie-Mitglied Jiang Dejing, Winter 1638/1639.

[149] *Pixie zhaiyao lüeyi*, *PXJ*, V, 30b.

[150] Vgl. oben S. 152.

[151] Le Comte, II, Brief an Kardinal de Janson über das Toleranzedikt, S. 380.

diesem Punkt angelangt ist, so, weil die Menschen jegliche Sittlichkeit verloren haben.[152]

Und zwanzig Jahre später beschuldigt auch Yang Guangxian die Missionare, dass sie spionieren und zwei verschiedene Gesichter zeigen, je nachdem, ob sie mit gebildeten oder einfachen Leuten zu tun haben. Bei ersteren machen sie sich als Gelehrte beliebt, nützen das an hoher Stelle gewonnene Vertrauen aus und wühlen dann das Volk auf, indem sie mit der Hölle drohen und das Paradies versprechen. So dehnen sie heimlich ihren Einfluss aus, und zum Schluss schwebt eine schlimme Bedrohung über dem Staat:

> Schalls[153] Gefährten haben in Nanjing, Hangzhou, in den Provinzen Fujian und Guangdong Kirchen eröffnet ... Ihrer Anhänger werden immer mehr, und schließlich bilden sie eine große Bruderschaft, die ständig mit Übersee in Verbindung ist. Jedermann bewundert die Vollendung ihrer Instrumente und beachtet nicht, dass sie das Gesetz übertreten. So handelt jemand, der aus Liebe zu Tiger- und Leopardenfellen solche Tiere auf seinem Bett aufziehen würde **[157]** und vergäße, dass sie die Menschen verschlingen können.[154] Wenn es an den Grenzen des Landes Wachtposten gibt, so, um Spionage und Verrat von Staatsgeheimnissen zu verhindern. Doch heute werden die Verbote nicht mehr angewandt: Von diesen Leuten, die zuhauf nach China gekommen sind, weiß man nicht, ob sie zu Wasser oder zu Land reisen, auch nicht, was sie an ihren Wohnorten tun oder sonst im Schilde führen. Und während die gute Gesellschaft ob dem Einfallsreichtum ihrer Instrumente in Verzückung gerät, beunruhigen sie mit ihren Reden über Paradies und Hölle das Volk ... In unserem sino-mandschurischen Reich brauchen sogar die Bewohner der mongolischen Fürstentümer, die mit der kaiserlichen Familie verwandt sind, für den Grenzübertritt Passierscheine. Diese Abendländer hingegen kommen und gehen völlig zwanglos und ohne dass jemand deswegen ermittelt.[155]

Zu oft denken die Missionare, dass die Gesetze des Landes für sie nicht gelten und dass ihnen und ihren Anhängern eine Art Exterritorialität zustehe. Das wird in einem Rapport des Justizministeriums (*xingbu*) vermerkt:

---

[152] *PXJ*, V, 30b.

[153] Johann Adam Schall von Bell, 1592 in Köln geboren, war 1619 in Macao eingetroffen und Ende der Ming-Zeit Leiter des Amtes für Astronomie in Peking geworden. Es gelang ihm, nach der Machtergreifung durch die Mandschu wieder den gleichen Posten zu erhalten. Er ist 1666 in Peking gestorben, gerade noch, bevor man ihn in der Folge von Yang Guangxians Beschuldigungen wegen Majestätsbeleidigung zum Tode verurteilen konnte. [Zu Schall von Bell und Yang Guangxian siehe CCT Database.]

[154] Vielleicht das Echo eines traditionellen Klischees: Barbaren und wilde Tiere sind naturgemäß identisch.

[155] *Pixie lun*, S. 1130-1132.

> Lieou eul, den man gefangen und in einen Holzkragen gesteckt hat, ist leichtsinnig der christlichen Religion beigetreten. Er ist deswegen keinesfalls ein europäischer Christ. Obliegt es den Europäern, jene zu regieren, die ihre Religion angenommen haben? Wenn es stimmt, wie man es Eurer Majestät berichtet hat, dass Lieou eul den Grundsätzen ihrer Religion gemäß nicht von der Justiz verfolgt werden kann, so dürften ja unsere Mandarine die von den Europäern verführten Chinesen nicht mehr befragen.[156]

Die Missionare sagen zwar, sie anerkennen den Kaiser, aber statt sich demütig zu zeigen, wie man es erwarten würde, sind sie arrogant. Sie nennen ihr Königreich das „Große Abendland" (*da xiyang*). Aber, sagt Shen Que in seiner Anklageschrift von 1616, überall unter dem Himmel, in China wie anderswo, ist nur unser Kaiser der wahre Gesamtherrscher, und deshalb heißt sein Reich das der Großen Ming (*da Ming*). Nun behaupten die Barbaren, China den Huldigungseid geleistet zu haben. Wie können sie dann ihr „Großes Abendland" dem Reich unserer „Großen Ming" entgegenstellen?[157]

Wenn die Missionare Befehle und Geldmittel aus dem Ausland erhalten, sind sie im Gegensatz zu ihren Versicherungen keine ergebenen Untertanen. Schon bevor die päpstlichen Gesandten nach Chi-[158]na kamen und sich in den Augen der Chinesen auf empörende Art in die Angelegenheiten des Reiches einmischten – was klar bewies, dass die Missionare von einer fremden Macht abhingen –, gab es Gründe genug, an ihrer Loyalität zu zweifeln. Im 19. Jahrhundert, als religiöse Propaganda und die Unterwerfungsbestrebungen in Europa – Christentum und Imperialismus – de facto zusammenhingen, wurde die Feindschaft gegenüber den Missionaren und ihrer Religion noch größer.[158]

In der zweiten Hälfte des 17. Jahrhunderts jedoch finden die Missionare am Hof der Kaiser Shunzhi und Kangxi Unterstützung. Jene, die sich in Peking als Astronomen und Mathematiker Anerkennung verschafft haben und zuweilen offizielle Posten bekleiden, stehen im Dienst des Kaisers und unter seinem persönlichen Schutz. Das zeigt sich an Kangxis Verhalten, der von 1661 bis 1722 an der Macht ist. Die Jesuitenpatres in seiner Umgebung hoffen lange Zeit, ihn bekehren zu können, doch ist, wie Paul Pelliot bemerkt hat,

> das Einverständnis eher ein Missverständnis. Kangxi zeigte sich den Missionaren wohlgesinnt, weil er ihre wissenschaftlichen Kenntnisse ausnützen wollte. Die Missionare wirkten als Wissenschaftler, um Einfluss zu gewinnen und dann ihr Apostolat auszubauen. Was dem einen die Hauptsache war, sahen die anderen als Nebensache an. Aber auf beiden

---

[156] Zitiert in *LEC*, XXI, „Etat de la religion ... en 1738", S. 267f.
[157] *PXJ*, I, 6b.
[158] Dazu L. Wei 1960 und P.A. Cohen 1963.

Seiten brauchte es einige Jahre, bis Konflikte ausbrachen, die durch zwischennationale Eifersüchteleien und Rivalitäten unter den verschiedenen religiösen Orden verschlimmert wurden.[159]

Kaiser Kangxi war ein scharfsichtiger Politiker und eine facettenreiche Persönlichkeit. Er wollte die Sympathie jeder ethnischen oder religiösen Gruppe – Mandschus, Chinesen, Mongolen, Muslime, Lamaisten, Buddhisten, Daoisten – gewinnen und verhielt sich mit allen ihrer Eigenart gemäß. Ohne Zweifel verfuhr Kangxi mit den Missionaren ebenso, da sie ihm nicht nur wegen ihrer wissenschaftlichen, sondern überhaupt wegen aller ihrer Kenntnisse sehr nützlich waren. Gewiss betrachtete Kangxi die Missionare auch als Repräsentanten der fernen Königreiche, aus denen sie kamen. An Religion aber dachte er nicht.

Im Jahr 1707, da die Position der Missionare in China durch den Ritenstreit bedroht ist, will Kangxi die Jesuitenpatres, die gewissermaßen zu seinem Haus gehören, beschützen:

> Wenn auf den Bericht Duolos (Mgr. de Tournon) hin euer König **[159]** der Lehre [der Papst] euch beschuldigt, Riccis Vorschriften befolgt und dem Herrn des Himmels gegenüber einen Fehler gemacht zu haben, und euch befiehlt zurückzugehen, werde ich ihm sagen, dass ihr schon so lange in China und völlig angepasst und von den Chinesen überhaupt nicht verschieden seid und dass ich deshalb nicht erlaube, dass ihr zurückgeht.[160]

Was Pater Le Comte im Zusammenhang mit dem Gesuch schreibt, das die Patres in Peking einreichen, um das – später in Europa so genannte – „Toleranzedikt" von 1692 zu erhalten, ist für das Auseinanderklaffen der Gesichtspunkte von Missionaren und Chinesen bezeichnend:

> Nach diesem glühenden Gebet [um die Hilfe Gottes] präsentierten sie dem Kaiser heimlich das Gesuch, das sie ihm nachher öffentlich [durch den Minister der Riten] überreichen mussten.[161] Er las es, fand aber nichts darin, was den Chinesen am ehesten Eindruck macht (denn man hatte sich mit der Erwähnung der Heiligkeit und Wahrheit der Religion begnügt) und verfasste selbst ein neues in der Sprache der Tataren, das er den Patres

---

[159] P. Pelliot 1930, S. 22.

[160] Kangxis Anweisung in Suzhou an die Europäer. Der Text gehört zu den Archivdokumenten, die 1925, 1928 und 1930 im alten Kaiserpalast von Peking gefunden und von Chen Yuan, dem Rektor der katholischen Furen Universität von Peking, herausgegeben worden sind: *Kangxi yu Luoma shijie guanxi wenshu* (Peking 1932). Vgl. Pang Chingjen 1945.

[161] Der Minister der Riten ist nicht im Spiel, weil es um Religion geht, sondern weil es sich um Fremde handelt.

zurücksandte, doch ließ er ihnen die Freiheit hinzuzufügen und wegzulassen, was ihnen richtig schien.[162]

Dabei ist nicht zu vergessen, dass das berühmte Toleranzedikt von 1692 kaum etwas über die christliche Religion sagt, außer, dass sie nicht aufrührerisch sei. Für Kaiser Kangxi zählt einzig der Dienst, den ihm die Missionare erweisen können.

Die Fremden werden in China als zugewandte Untertanen akzeptiert, die dem chinesischen Gesetz unterstehen. Die Patres in Peking, die unter Kangxis Schutz stehen und dem Reich von Nutzen sind, entsprechen dieser Definition. Das gleiche gilt aber nicht für die Patres in der Provinz: Diese wiegeln das Volk auf und bilden Vereinigungen. Kaiser Kangxi selbst macht zwischen den Missionaren diesen Unterschied. Er soll laut Pater Le Gobien gesagt haben:

> Was ich tue, tue ich aus Liebe zu ihnen [den Patres in Peking], ohne irgendwelche Rücksichten auf die anderen ... Sie sollten aber die Europäer in den Provinzen mahnen, dass sie sich umsichtig benehmen, um dem Volk nicht Gelegenheit zu geben, Tumult zu machen, und ebenso wenig den Behörden, sich über die Christen wegen ihrer Religion zu beklagen.[163]

Die Missionare haben gedacht, die Reaktionen der Chinesen beträfen immer nur ihre Religion: Gab es Schwierigkeiten, sahen sie **[160]** darin die Machenschaften von Feinden der Religion; bezeigte ihnen jemand Sympathie, dachten sie schon, er werde sich bekehren. Alles war Werk des Bösen, von Gott geschickte Prüfungen oder Wirkung der göttlichen Gnade, ohne die man nichts erreichen konnte. Andererseits waren sie daran gewöhnt, dass eine Machtperson ihre Gunst oder Ungnade kundtat, und so war es sehr neu für sie, in einem Staat zu sein, wo sich jede Entscheidung auf eine traditionsreiche Rechtslehre stützte und in Debatten abgewogen wurde. Nicht erstaunlich also, dass sie alles, was ihnen widerfuhr, falsch deuteten.

Am 11. März 1688 wurde Pater Verbiest auf Beschluss des Ministers der Riten mit feierlichem Prunk zu Grabe getragen, wie man das bei einem Gast und Vertrauten des Kaisers für angemessen hielt. Das war eine politische Maßnahme; die Missionare aber glaubten, es sei eine Ehrung für den Vertreter ihrer Religion. „Dass so etwas in der Hauptstadt eines heidnischen und abergläubischen Reiches geschah", schreibt Pater Le Comte, „wird den Leuten in Europa unglaublich erscheinen."[164] Solche Fehldeutungen erklären auch, warum die Missionare immer für ihre ganze Gemeinschaft zunutze ma-

---

[162] Le Comte, II, Brief an Kardinal de Janson, S. 407.

[163] Le Gobien, „Histoire de l'édit de l'empereur de la Chine en faveur de la religion chrétienne", in Bd. III der *Nouveaux mémoires sur la Chine* von Pater Louis Le Comte, S. 173.

[164] Le Comte, I, S. 107.

chen wollten, was sie einzeln erhalten hatten. Der Vizeminister der Riten, Shen Que, der den Nanjinger Prozess von 1616 bis 1617 gegen die Patres ins Rollen gebracht hat, sagt, sie hätten eine Auszeichnung für sich beanspruchen wollen, die aus diplomatischen und persönlichen Gründen einzig dem Gedenken Riccis zuteil geworden war: Seine Freunde hatten die Bürokratie in Bewegung gesetzt, um für sein Grab ein Stück Land zu erhalten, das in der Folge zum ersten christlichen Friedhof in Peking geworden ist. Das war, wie Shen Que erklärt, ein Akt der Höflichkeit gegenüber einem herausragenden Fremden, entsprechend der „Güte, die man denen bezeigen muss, die von weither gekommen sind (*rou yuan*)".[165] Die gleiche Gunst hatte einst Kaiser Yongle einem König von Borneo gewährt, der als Botschafter gekommen und 1408 in Nanjing plötzlich gestorben war.[166] Nun aber hatten die Missionare diesen Gunstbeweis ausnützen wollen, um in China akzeptiert zu werden. „Kann man sich vorstellen", schreibt Shen Que, „dass sich die Leute von Borneo überall in China festsetzen, nur weil man ihrem König ein Stück Erde für sein Grab gegeben hat?"[167]

Xu Dashou, der Shen Ques Denkschrift ohne Zweifel gelesen hat, schreibt ebenfalls:

Im 38. Jahr der Wanli-Zeit starb Ricci. Pantoja und die anderen **[161]** baten, man möge ihm ein Stück Land geben für sein Grab. Sie plädierten so eindringlich, dass man ihnen provisorisch ein Grundstück überließ. Es ist eine Regel unserer heiligen Dynastie, Menschen aus der Ferne gütig zu behandeln ... [Aber jetzt] stellen sie die Tatsache, dass man Ricci akzeptiert hat, so dar, als sei dies eine Ehrenbezeigung, und sie erzählen den Leuten, Ricci sei damals vom Kaiser geehrt worden.[168]

Nicht nur am Hof hält man sich an die alte Regel, wonach man zu Menschen aus der Ferne gütig sein muss, sondern auch unter einfachen Leuten. Seinen Beschuldigungen und Klagen über die Missionare zum Trotz sagt Zhang Guangtian, Freund des Mönchs Yuanwu, er habe Mitleid mit diesen Leuten,

die ihr Land verlassen haben und von so weither gekommen sind, die den Herrscher des Himmels ehren und wollen, dass die Menschen nach dem Guten streben und das Schlechte meiden. Unglücklich ist nur, dass sie sich von der Wesensnatur so irrige Vorstellungen machen und sich in ihrer Unkenntnis der buddhistischen Anschauungen so sehr über die Gründe [des Universums] täuschen.[169]

---

[165] Der Ausdruck ist dem Gedicht „Minlao" des *Shijing*, „Daya" entlehnt.
[166] Seine Grabstele ist 1956 in einem Vorort von Nanjing gefunden worden.
[167] *PXJ*, I, 15b-16a.
[168] *ZP*, 4a-b.
[169] *PXJ*, VII, 37b. Zur buddhistischen Kritik am Christentum siehe S. 267-275.

Ebenso schreibt Jiang Dejing, der mit den Missionaren in Verbindung geblieben ist, obwohl er ihre Vorstellung von einem zur Zeit des Han-Kaisers Ai geborenen Herrn des Himmels ablehnt, im Vorwort zum *Poxie ji*, der großen Textsammlung wider das Christentum:

> Vor kurzem (1637) hat der Provinzgouverneur (von Fujian) den Beamten den Befehl gegeben, diese Fremden auszuweisen, ihre Statuen zu zerstören, ihre Häuser abzubrechen und alle ihre Anhänger zu verhaften. Die Angelegenheit war dringend, und so kamen sie und baten mich zu intervenieren. Zufällig kannte ich den Zensor Zeng und sagte ihm, man müsse ihre Lehre verdammen, aber mit Leuten, die von so weither gekommen sind, Mitleid haben. Der Zensor stimmte mir zu und milderte ein wenig die vorher ergriffenen Maßnahmen.[170]

Die führenden Leute, die den Missionaren am besten gesinnt sind, stellen folgende Überlegung an: Wie die Chinesen ehren die Christen den Himmel. Der Kaiser ist der Sohn des Himmels, und er opfert im südlichen Teil des Palastes dieser herausragendsten aller kosmischen Mächte. Die Missionare erklären, dass sie den Himmel verehren und achten, und damit scheinen sie sich in die politische und religiöse **[161]** Ordnung in China einzufügen. Offenbar hat auch Kaiser Kangxi diese Überlegung angestellt, denn er gewährt den Missionaren seinen Schutz und schenkt ihnen eine Kalligraphie aus eigener Hand mit den zwei Zeichen *jing tian* – „Ehret den Himmel".[171] Kangxi fasst damit in liebenswürdiger Art zusammen, was er für das Wesentliche am Christentum hält, meint aber zugleich auch, die Missionare sollen sich der kosmisch-sozial-politisch-religiösen Ordnung in China fügen. Die Formel ist nicht neu. Schon über dem Tor der Synagoge von Kaifeng standen die vier Zeichen: *jing tian zhu guo* – „Ehret den Himmel und erbetet Glück für das Reich". In dieser Synagoge – ebenso wie in allen buddhistischen Klöstern – war auch auf dem Altar gut sichtbar eine Votivtafel aufgestellt, die dem Kaiser zehntausend Jahre wünschte: *wansui pai*.[172]

Aber nur dann war es den Chinesen möglich, den Fremden aus Europa und ihrer Lehre in der chinesischen Welt einen Platz zuzuteilen, wenn die Missionare keine Anhänger im Volk warben und nicht zu sehr die transzendente Natur ihrer Religion – Gott über dem Kaiser – betonten. Dazu riet ihnen übrigens Kaiser Kangxi selbst: „Warum sprecht ihr nicht wie wir von Gott. Man würde sich weniger gegen eure Religion auflehnen."[173]

---

[170] Vorwort Jiang Dejings zum *Poxie ji*, *PXJ*, III, 1b-2a.

[171] Die Jesuiten brachten diese Inschrift in allen Kirchen in China an. In Europa floss etwas später ihretwegen viel Tinte, denn man verstand sie als Ausdruck abscheulicher Götzendienerei, nämlich der Verehrung des materiellen Himmels.

[172] Siehe J. Dehergne und Donald D. Leslie 1980, Tafel VII und S. 155.

[173] Le Comte, II, Brief an Kardinal de Bouillon, S. 186.

Für das Christentum ist die Trennung von Geistlichem und Weltlichem grundlegend: Jedes Individuum ist freies Bewusstsein und zugleich eine Person, die den Gesetzen ihres Landes untersteht, zugleich Körper und Seele. Man kann gleichzeitig ein guter Christ und ein loyaler Untertan sein. Die Missionare in China haben oft beteuert, dass sie sich unterordnen wollten und dem Kaiser ergeben seien: Die Angelegenheiten des Staates gehörten nicht in ihr Gebiet,[174] sie hätten nie Subversives im Sinn, wie man sie manchmal beschuldige, und sage, sie wühlten das Volk auf. Sie seien nur gekommen, China zur wahren Religion zu bekehren, und nicht, die Gesetze des Landes umzustürzen. Auf das Gesuch eines chinesischen Beamten, der die Missionare ausweisen lassen will und vom Christentum als einer Religion aus Europa spricht, antwortet Pater de Mailla: „Die Heilige Religion Gottes ist das allgemeine Gesetz des ganzen Universums. Es hat das Herz der Menschen berührt, aber die Gesetze der Reiche nicht geändert."[175] Es besteht ein Wesensunterschied zwischen der ewigen Wirklichkeit, von der die Religion handelt, und den vergänglichen Gegebenheiten dieser Welt, ebenso [163] wie es für die unvergängliche Seele und den sterblichen Körper des Menschen kein gemeinsames Maß gibt. Diese Unterscheidungen erscheinen den Missionaren natürlich, und sie können sich nicht vorstellen, dass die Chinesen nicht nach diesem Muster denken. Oder wenn sie es zufällig merken, ziehen sie daraus keine Schlüsse: Sie können sich nicht eingestehen, dass ihre eigene geistige Struktur keineswegs universal ist und dass hoch entwickelte Kulturen möglicherweise auf anderen Grundlagen stehen.

---

[174] Das stimmt nicht ganz, denn man darf in die Angelegenheiten des Staates eingreifen, wenn die höheren Interessen der Religion auf dem Spiel stehen.

[175] Antwort auf das „Gesuch des Mandarins Tchin-mao an den Kaiser", 1717, *LEC*, XIV, S. 160.

IV.
CHINESISCHE SITTLICHKEIT UND CHRISTLICHE MORAL

SCHEINBAR ÄHNLICHES

[164] Zu Beginn des 17. Jahrhunderts hatten die Missionare in China nicht nur mit ihrer Mathematik viel Erfolg, sondern auch mit ihren Schriften zur Moral. Wie schon erwähnt[1] passte das Feierlich-Moralisierende der Akademien (*shuyuan*), zu denen Ende der Ming-Zeit viele Gelehrte gehörten, gut zur Arbeit der Missionare. Die Grundsätze der europäischen Moral und unserer klassischen Antike gefielen den Gelehrten, die fanden, dass sie ihren eigenen Überlieferungen ähnlich waren. „Sich selbst überwinden" (*keji*) ist eine Vorschrift in den *Gesprächen* des Konfuzius.[2] Eine weitere ist gleich formuliert wie im Evangelium: „Tue nicht einem anderen an, was du nicht willst, dass man dir antue."[3] Solche Ähnlichkeiten hatten sowohl die Missionare als auch die Gelehrten erstaunt. In seinem Bericht von 1593 an den Jesuitengeneral Acquaviva schreibt Ricci, der die Klassiker zu lesen begonnen hat, von ihm aus gesehen sei Konfuzius ein zweiter Seneca und die *Vier Bücher* seien „gute moralische Dokumente" (*buoni documenti morali*).[4]

Riccis erstes Werk auf Chinesisch war 1595 eine Sammlung von Sprüchen über die Freundschaft, die meisten unseren antiken Autoren entlehnt. Über diese Schrift, die Ricci auf Bitte eines Ming-Fürsten von Nanchang verfaßt und mit *Jiaoyou lun* oder „Von den freundschaftlichen Beziehungen" betitelt hat, bemerkt er in einem Brief vom August 1599: „Diese Ab-

---

[1] Vgl. S. 24.

[2] *Lunyu*, XII, 1: *keji fuli wei ren* (Die Menschlichkeit besteht darin, durch Selbstüberwindung zur Ausübung der Riten zurückzukehren).

[3] In der ersten, von 1584 stammenden Version des Katechismus auf chinesisch und im 1581 verfassten lateinischen Original, der *Vera et brevis divinarum rerum exposito*, kommt im 7. Kapitel ein Heide vor, der freudig entdeckt, dass das christliche Gebot *nihil alteri inferat quod sibi non pateretur* der Formulierung im *Lunyu*, XII, 2: *ji suo buyu wu shi yu ren* entspricht. Der chinesische Originalholzschnitt wird im Römischen Archiv der Gesellschaft Jesu aufbewahrt, Jap. Sin. I, 189 und 190.

[4] *TV*, II, Brief vom 10. Dezember 1593, S. 117.

handlung über die Freundschaft hat mir und unserem Europa mehr Ansehen verschafft als alles, was wir bisher getan haben."[5]

In einer anderen Schrift zur Moral, den *Zehn Schriften eines besonderen Mannes* (*Jiren shi pian*) von 1608, nimmt Ricci ebenfalls an griechischen und lateinischen Autoren Vorbild.[6] Seinem Beispiel folgend, veröffentlicht Pater Martino Martini 1661 in Hangzhou eine weitere Abhandlung über die Freundschaft, das *Qiuyou pian,* mit Auszügen **[165]** aus Cicero, Seneca und Scribani.[7] Riccis große Abhandlung, die *Wahre Bedeutung des Herrn des Himmels,* findet die Zustimmung mancher Gelehrter, weil sie Moralvorschriften enthält, und nicht wegen der darin vertretenen christlichen Thesen. In einem seiner Briefe berichtet Ricci, die Heiden hätten diese Abhandlung zweimal auf ihre Kosten nachdrucken lassen, weil „sie ihnen für ein rechtes Leben nützlich erschien".[8] Das Akademie-Mitglied Huang Hui (geb. 1562) versieht Riccis Werk mit Bemerkungen und

> stimmt allem zu, was darin über Weltverachtung und das Eitle der irdischen Freuden steht, sagt aber trotzdem viel Schlechtes über den Pater und unsere Gelehrten, die dieser Lehre [die im Werk vertreten wird] folgen, und zwar bei Stellen, die der Götzenlehre [dem Buddhismus] widersprechen.[9]

Nach Riccis Moralschriften wurde auch das *Qike* oder die *Sieben Siege* von Pater Diego de Pantoja und Xu Guangqi sehr gut aufgenommen. Die vielen Vorworte zu diesem 1614 gedruckten Buch beweisen seinen erstaunlichen Erfolg.[10] Es enthielt praktische Ratschläge für den Kampf gegen die sieben Todsünden. Wang Zheng (1571–1644), den zuerst die Werke über Mechanik zu den Patres gelockt hatten, trat nach der Lektüre dieses Buches der Lehre vom Herrn des Himmels bei.

Gewiss besaßen diese Schriften den Reiz des Neuen, aber sie empfahlen sich auch durch traditionelle Themen, die in ihnen anklangen. Sie erinner-

---

[5] *TV*, II, Brief vom 14. August 1599, S. 248. [Zu *Jiaoyou lun* siehe CCT Database (unter: Jiao you lun).]

[6] [Zu Riccis *Jiren shipian* siehe CCT Database (unter: Ji ren shi pian).]

[7] [Zu Martinis *Qiuyou pian* siehe CCT Database (unter: Qiu you pian).]

[8] *TV*, I, S. 459: *Era qia stato ristampato questo libro in diverse provincie quattro volte, e le due non per via de'christiani, ma degli gentili, parendogli utile per il ben vivere.*

[9] *FR*, II, S. 181.

[10] Das *Qike* enthielt Vorworte von Yang Tingyun, Cao Yubian (1558–1634; Doktor seit 1592, ein hoher, mit der Donglin-Akademie sympathisierender Beamter), Zheng Yiwei, Chen Liangcai; eine Einführung von Xiong Mingyu (Doktor seit 1601), ein Nachwort von Wang Ruchun und einführende Anmerkungen vor jedem Kapitel von einem gewissen Cui Chang. [Zu *Qike* siehe CCT Database (unter: Qi ke).]

ten die Chinesen an ihre eigenen Bücher zur Moral oder guten Lebensführung (*shanshu*) und waren zu einer Zeit der sittenstrengen Reaktion willkommen.[11]

Die chinesische Moral ist von stoischer Geisteshaltung: Sie lehrt, man solle das Schicksal gelassen annehmen und mit seinem Los zufrieden sein. Dazu lassen sich zahlreiche klassische Texte zitieren, so etwa der *Mengzi*: „Dem Weisen ist die Länge oder Kürze des Lebens gleichgültig. Er vervollkommnet sich und wartet ab, [was ihm das Schicksal bereithält]."[12] Die Schriften der Missionare ihrerseits sind oft von den Stoikern inspiriert, die damals in Europa Mode waren. Riccis *Fünfundzwanzig Ansichten* (*Ershiwu yan*, 1604) ist eine sorgfältig aufgefrischte Übersetzung von Epiktets *Enchiridion* oder *Handbuch*.[13] Was von uns abhängt und was nicht von uns abhängt, wird hier in gleicher Weise gegeneinandergestellt, wie im *Mengzi*[14] ungefähr 300 v.Chr.

Ein Zeitgenosse Riccis und einer der zwei Erneuerer der berühm-[166]ten Donglin-Akademie, Gao Panlong (1562-1626), entwickelt diesen Gegensatz in einem kleinen Essay mit dem Titel *Vom Körper und vom Geist* (*Shenxin shuo*): Von uns hängen unser Geist und unsere Person ab, im Gegensatz zu dem, was er die „äußeren Dinge" (*waiwu*) nennt. Dabei braucht Gao Panlong nicht von den Missionaren beeinflusst zu sein – falls er sie überhaupt gelesen hat: Er hätte Menzius anführen können, aber er beruft sich auf Cheng Hao, einen Philosophen des 11. Jahrhunderts, und zitiert die Stelle, wo dieser klagt, dass die Menschen äußeren Dingen nachstrebten, statt an ihre eigene Vervollkommnung zu denken. Das führt, sagt Gao Panlong, zu einer Vergeudung geistiger Energie (*jingshen*). Man hetzt sich ab, dabei werden Person und Geist verdorben, und das Leben geht vorbei, ohne dass man es gewahr wird. Man sollte im Gegenteil seine geistige Energie zum Studieren brauchen, denn das gibt Befriedigung und innere Ruhe. Wer dank einem lebenslangen Studium weise geworden ist, wird alle äußeren Dinge als seine ärgsten Feinde ansehen.[15]

Verständlich also, warum Riccis *Fünfundzwanzig Ansichten* Erfolg haben, ist doch darin „nur von Tugend und guter Lebensführung, gestützt auf die Naturphilosophie, die Rede".[16] Und Ricci bemerkt noch, sein Buch werde

---

[11] Vgl. oben S. 30f.
[12] *Mengzi*, VII A1.
[13] Vgl. C.A. Spolatin 1975. [Zu *Ershiwu yan* siehe auch CCT Database (unter: Er shi wu yan).]
[14] *Mengzi*, VII A3.
[15] *Gaozi yishu*, 3, 17b.
[16] *TV*, II, Brief vom Februar (?) 1605, S. 257.

„von allen bestehenden Sekten mit Anerkennung aufgenommen und gelesen",[17] was bedeutet, dass es auch von den Bonzen und dem Buddhismus nahestehenden Kreisen geschätzt wird.

Ricci betrachtete den Buddhismus und die Bonzen als seine Hauptfeinde, während doch gerade das, was die zeitgenössische Moral dem Buddhismus zu verdanken hatte, am besten zu seinen Lehren passte. Der Buddhismus lehrt die Verachtung der Welt und der Sinne, die einen an die Dinge ketten und zur Wiedergeburt zwingen. Wie die christliche kennt auch die buddhistische Moral Verbote und Tendenzen zur Askese. Leidenschaften und selbstbezogenes Denken verdunkeln und beschmutzen den jedem Wesen innewohnenden Buddha – eine These, die von den neokonfuzianischen Denkern des 11./12. Jahrhunderts in die konfuzianische Tradition übertragen wurde: Das jedem Menschen zuteil gewordene „himmlische Ordnungsprinzip" (*tianli*) steht den „menschlichen Begierden" (*renyu*) gegenüber, aus denen die egoistischen Gedanken entstehen. Die individuelle Vervollkommnung – Konfuzius' großes Ziel – besteht also darin, in sich selbst den Anteil an diesem himmlischen [167] Prinzip zu finden und Leidenschaften und Überlegungen zu verdrängen, die den fünf Haupttugenden – Menschlichkeit, Pflichtbewusstsein, Höflichkeit, Weisheit, guter Wille – im Weg stehen. So waren auf Grund ganz anderer Vorstellungen Analogien mit der christlichen Moral entstanden.

Aber da war noch mehr als diese allgemeinen Ähnlichkeiten: Wie die Christen kannten die gelehrten Kreise des 17. und 18. Jahrhunderts eine Gewissensprüfung.[18] Sie hatte hier verschiedene Namen: „tägliche Prüfung" (*rixing*), „sich selbst beobachten" (*shendu*)[19] oder zumeist „Selbstprüfung" (*zixing*).[20] Der berühmte Konvertit Yang Tingyun (1557–1627) hatte sich selbst Regeln für die tägliche Gewissensprüfung aufgestellt, wobei er sich nach neokonfuzianischer – und nicht etwa von den Missionaren eingeführter – Praxis bemühte, „seinen Geist zu beruhigen und seine Gedanken zu reinigen".[21]

Auch der Philosoph Liu Zongzhou (1585–1645) hatte eine *Methode der Selbstanklage* (*Songguo fa*) ausgearbeitet, die später Li Gong (1659–1733),

---

[17] *TV*, II, Brief vom Februar (?) 1605, S. 257.

[18] In seinem *TZSY*, S. 581, erklärt Ricci, was die christliche Gewissensprüfung ist.

[19] Der Ausdruck stammt aus dem *Zhongyong* und dem *Daxue*: „Der Edle nimmt sich zusammen, (auch) wenn er allein ist" (*junzi shen qi du*).

[20] Gao Panlong braucht den Ausdruck *rixing* (vgl. *DMB*, S. 701); *shendu* figuriert bei Liu Zongzhou (vgl. Hummel 1943, S. 531).

[21] Fang Hao, 1, Anmerkung über Yang Tingyun.

Schüler des Philosophen Yan Yuan (1635–1704), zum Vorbild nahm.[22] Liu Zongzhous Methode:

> Ich stelle eine Schale Wasser und ein brennendes Weihrauchstäbchen auf einen sauberen kleinen Tisch. Vor diesen Tisch lege ich eine Binsenmatte und setze mich bei Sonnenaufgang darauf, mit Blick auf den Tisch und in Lotusstellung, schön aufgerichtet und voller Ehrerbietung. Ich kontrolliere meine Atmung und nehme eine ernste Haltung ein, als wäre da etwas Majestätisch-Eindrucksvolles gegenwärtig, dem ich meine schlechten Taten gestehen würde, ohne etwas zu verheimlichen.[23]

Das Bild strahlt etwas Religiöses aus – da ist die „Gegenwart von etwas Majestätisch-Eindrucksvollem" –, was verständlich macht, warum Ricci finden konnte, die Gelehrten seien auf ihre Art fromm.[24]

Ende der Ming-Zeit geben sehr populäre Schriften mit dem Titel *Regeln* [für die Aufzeichnung] *der guten und schlechten Taten* (*Gongguo ge*) Schlüssel an, nach denen diese berechnet werden können. Sie werden manchmal kritisiert für ihre Gebrauchsbezogenheit und das Mechanische des Verfah-

---

[22] Im 8. Kapitel des *Yanshi xueji* von Dai Wang (Vorwort von 1869) wird in der Biographie Wang Yuans (1648–1710) berichtet, Li Gong habe diesen von seiner Trunksucht geheilt, und danach habe Wang Yuan in der Art Yan Yuans ein „Register der persönlichen Prüfung" (*Xingshen lu*) geführt, in dem er Taten und Gedanken niederschrieb, um sich zu bessern.

[23] Vgl. Wu Pei-i 1979. In diesem Artikel erinnert Wu Pei-i daran, dass in den daoistischen Sekten mündliche und schriftliche Beichten, bei denen es um Heilung ging, schon lange bekannt waren. Man beichtete den Gottheiten und verpflichtete sich, das Schlechte nicht mehr zu tun. Laut Wu Pei-i waren Gewissensprüfungen und Selbstbeschuldigungen in den gelehrten Kreisen zwischen 1570 und 1670 besonders im Schwang. Genau in dieser Zeitspanne hatten die Missionare bei den Gelehrten am meisten Erfolg. Wu Pei-i weist auch darauf hin, wie aus diesen Beichten Ende der Ming-Zeit eigentliche Schuldgefühle entstanden waren: Man suchte nach seinen verborgenen Fehlern, nach schwer einzugestehenden Beweggründen seiner geheimsten Gedanken. Diese Art Beichte, sagt Wu, ist von der christlichen nicht allzu weit entfernt, und der Unterschied zum Optimismus der Song-Zeit ist eindeutig: Im 11. beziehungsweise 12. Jahrhundert vertraten Cheng Yi und Zhu Xi einhellig die Ansicht, man müsse sich wohl seiner Fehler anklagen, doch solle man nicht zu lange in der Reue schwelgen, wichtig sei, „nicht die gleichen Fehler zu wiederholen" (*bu er guo*), wie es im *Lunyu* heißt. Möglicherweise haben Wang Yangming (1472–1529) und von ihm ausgehende Denkrichtungen die Ende der Ming-Zeit verstärkte Tendenz zur Introspektion hervorgerufen. Über die *Moralischen Werke* (*shanshu*) und die *Register für die Selbsterkenntnis* vgl. Yü Chün-fang 1981, S. 101–137.

[24] Vgl. S. 92, Anmerkung 34.

rens, doch beruhen sie auf den gleichen Grundlagen wie die *Register für die Selbsterkenntnis* und andere Handbücher ähnlichen Titels.[25]

Der Gelehrte Huang Wan (1480–1554) hatte in seiner Jugend einen Lehrer, der ihm beibrachte, ein zweiteiliges Register zu führen: einen **[168]** Teil mit dem Vermerk „himmlisches Ordnungsprinzip" (*tianli*), den anderen mit dem Vermerk „menschliche Begierden" (*renyu*).[26] Die guten, zum *tianli* gehörenden Gedanken und Taten mussten mit einem roten, die anderen mit einem schwarzen Punkt bezeichnet werden.[27] Alle zehn Tage zählte man die guten und schlechten Punkte zusammen und richtete sein Verhalten nach dem Ergebnis.[28]

Neben der täglichen Gewissensprüfung fanden die Christen in China noch andere bekannte Formen, so etwa die Selbstkasteiung: Der erwähnte Huang Wan musste sich auf Empfehlung des Lehrers in seiner Bibliothek einschließen und den ganzen Tag fasten, „um in sich selbst die Aufrichtigkeit zu entwickeln". Um seine Fehler zu verbessern, musste er sich mit einem Strick auf Schultern und Hände schlagen und in seinen Ärmeln Täfelchen tragen, auf denen Moralvorschriften standen, die er so oft wie möglich zu lesen hatte.[29]

All das war keineswegs außergewöhnlich: Die Gelehrten zur Zeit Riccis und seiner Nachfolger übten oft Selbstdisziplin, indem sie lange unbeweglich blieben und ihre Atmung kontrollierten. Das nannte man „Sitzen und Stillsein" (*jingzuo*), eine den buddhistischen Mönchen entlehnte Yoga-Methode, mit der Sinne und Geist beruhigt werden sollen. Es gab Gelehrte, die sich für

---

[25] Vgl. Wu Pei-i, *art. cit.* Laut Wu Pei-i ist das Zählen von Verdienst und Fehlern daoistischen Ursprungs, doch kommt wohl die Vorstellung von einem Gleichgewicht zwischen positivem und negativem *karma* aus dem Buddhismus. Eine der ältesten und populärsten Schriften für das Errechnen von guten und schlechten Taten war das oft aufgelegte *Taishang ganying pian* von Li Changling (937–1008).

[26] Über diesen Gegensatz vgl. unten S. 190f. und 217f.

[27] Das war nicht nur Huang Wans Bezeichnungssystem, denn ein gewisser Lin Chun (1498–1541) brauchte auch rote und schwarze Tinte, um seine guten und schlechten Taten aufzuzeichnen. Zumindest seit der Han-Zeit wurde Rot für die positiven Zahlen, schwarz für die negativen gebraucht. Laut Wang Fuzhi (*Du tongjian lun*, Kap. 3, Ausgabe Peking 1975, S. 80f.) haben in der Ming-Zeit Wu Jiang (Ende 15. bis Beginn 16. Jahrhundert) und Yuan Huang (1533–1606) als erste diese Praxis wieder eingeführt. Das System wurde vom großen buddhistischen Meister Zhuhong (1535–1615) überprüft und verbessert; er nannte sein Handbuch Register für die Selbsterkenntnis (*Zizhi lu*). Vgl. *DMB*, S. 324.

[28] *Mingdao bian* von Huang Wan, Kap. 2, zitiert bei Hou Wailu, *Zhongguo sixiang tongshi*, IV B, S. 930.

[29] *Ibid.*

eine gewisse Zeit zurückzogen, sehr bescheiden lebten und solche Übungen machten.

Schon zu Beginn des Neokonfuzianismus gab es asketische Tendenzen. Huang Zongxi berichtet, dass Cheng Yis Lehrer, Hu Yuan (953–1059), sich mit zwei Gefährten auf den Berg Taishan zurückzog, um dort asketisch zu leben, das heißt, unverfeinerte und fade Nahrung zu essen und nachts nicht zu schlafen. Zur gleichen Zeit auferlegte sich Xu Zhongxing ein ähnliches Leben, „ohne Fächer im Sommer, ohne Feuer im Winter, ohne Kissen nachts". Er baute sich eine Hütte und saß dort den ganzen Tag aufgerichtet und vollkommen unbeweglich.[30]

Der Hinweis auf den Himmel, die Forderung, seine Neigungen und Leidenschaften zu prüfen und zu besiegen, die Tendenz zur Askese – all das schien Gelehrte und Missionare (die „Gelehrten aus dem Abendland", wie ihre Freunde sagten) einander näherzubringen. Es erklärt auch, warum die Moralpredigten der Missionare in China offene Ohren fanden. „Mit ihren *Sieben Siegen* und ihren *Zehn* [169] *Verboten* nehmen sie die Gelehrten, denen es um moralische Vervollkommnung geht, für sich ein", wie der Verfasser der *Anklage,* eines christenfeindlichen Pamphlets, schreibt.[31] Die Ähnlichkeit der Moralvorstellungen hat es wohl manchem leichter gemacht, sich zur Lehre vom Herrn des Himmels zu bekennen.

Was sich gleicht, ist aber nicht unbedingt identisch: Den Chinesen ging es um etwas grundlegend anderes als den Missionaren. Ricci hoffte, die Unterscheidung zwischen dem, was von uns abhängt, und dem, was nicht von uns abhängt, werde die Chinesen dazu bringen, an ihr Seelenheil zu denken. Doch hat für Gao Panlong diese Unterscheidung nur zum Zweck, dem Menschen den Weg der Weisheit zu zeigen und ihn zu lehren, wie man mit der immanenten Ordnung des Universums in Harmonie leben kann. Die chinesischen Gelehrten machen die Gewissensprüfung nicht, um den Himmel für ihre Fehler um Vergebung zu bitten, sondern um sich ihrer schwachen Seiten bewusst zu werden und sie zu verbessern. Sie üben nicht Selbstdisziplin, um sich vor Gott zu demütigen, sondern um sich selbst besser zu beherrschen und so mit dem „himmlischen Ordnungsprinzip" im Einklang zu sein, das in Natur, Gesellschaft und im Menschen selbst wirksam und zu finden ist, wenn man sein selbstbezogenes und egoistisches Denken aufgibt. In der chinesischen Moral ist die Idee von der individuellen Vervollkommnung grundlegend, während der Christ nur an sein Seelenheil denkt. Er befürchtet, sein ewiges Leben aufs Spiel zu setzen, wenn er sündigt, und so bringt er

---

[30] *Song Yuan xue'an*, I, S. 25 und 44 der Ausgabe *Guoxue jiben congshu*.
[31] *Zuiyan*, PXJ, III, 27a.

sein Leiden Gott dar: Die Gegenwart hat nur in bezug auf das Jenseits einen Sinn.

KÖRPER UND SEELE

Wie schwierig es war, für die wesentlichen Begriffe des Christentums chinesische Ausdrücke zu finden, zeigt sich an den Unsicherheiten der Missionare. Das gilt zum Beispiel für den Begriff der vernunftbegabten Seele im Gegensatz zum Körper und zu den Sinnen. Die Missionare brauchten den Ausdruck *hun,* mit dem die Chinesen die flüchtigere der zwei dem Menschen zugeschriebenen Seelen bezeichneten. Doch wie die niedrigere, die *po*-Seele, verging diese mit der Lebensenergie verbundene Seele nach dem Tod auch bald.[32] Das hatte mit der christlichen Unterscheidung von ewiger [170] Seele und vergänglichem Körper nichts zu tun. In den chinesischen Vorstellungen spielte der Begriff *hun* kaum eine Rolle; es fehlte ihm an Konsistenz, so dass die Missionare auch *yanima* brauchten, eine Transkription des lateinischen Wortes. Nach Riccis Tod verwendeten einige Missionare einen weiteren Begriff, nämlich *xing* oder „menschliche Natur". So etwa Giulio Aleni, in China von 1613 an, oder Lodovico Buglio, in China von 1639 bis 1682 und Autor eines *Xing ling shuo* („Wo erklärt wird, dass die Seele vernunftbegabt ist").[33] Doch war *xing* in der neokonfuzianischen Philosophie ein wichtiger Begriff und deutete in Richtungen, die nichts Christliches hatten. Mit diesem Wort ging man größere Risiken ein als mit *hun,* der inkonsistenten Seele.

Es war aber unerlässlich, den Chinesen beizubringen, dass die vernunftbegabte Seele (*linghun, lingxing* und *yanima*) von grundsätzlich anderer Substanz ist als der Körper und die unbeseelten Dinge und dass einzig der Mensch sie besitzt. Solche Vorstellungen liefen der chinesischen Philosophie völlig zuwider. Ihr gemäß besteht das Universum aus einer einzigen Substanz, alles ist eine Frage von Kombinationen und Stufungen, denn die Dinge der Welt sind, um unser Vokabular zu brauchen, mehr oder weniger geistig oder materiell. So wird der menschliche Geist für subtiler und feiner gehalten als jener der Tiere, aber nicht für substantiell verschieden. Ricci hatte sich über eine so wahnwitzige Idee lustig gemacht: „Ginge ich in den fremden Reichen erzählen, dass es in China Gelehrte gibt, die sagen, Tiere, Pflanzen, Metalle und Steine seien vernunftbegabt und von der gleichen Art wie der Mensch, wäre man höchst erstaunt." Darauf antwortet der Gelehrte, den Ricci auftreten lässt, wie es jeder Chinese täte:

---

[32] Das *Baopuzi* von Ge Hong (gegen 317. n.Chr.) bezieht sich auf alte daoistische Traditionen und nennt sogar drei *hun* und sieben *po*.

[33] [Zum Werk *Xing ling shuo* siehe CCT Database.]

> Es stimmt, dass gewisse Chinesen sagen, die Tiere hätten die gleiche Natur (*xing*) wie der Mensch, aber die Natur der Tiere ist unvollkommen, während die des Menschen vollkommen ist.[34] Wenn wir sagen, dass die Tiere Verstand haben, so ist das ein elementarer Verstand, während der Mensch einen weiten und großen Verstand erhalten hat. Das ist der Unterschied zwischen den zwei Arten.[35]

Natürlich verwirft Ricci diese Vorstellungen und sagt, Stufungen könne man nur innerhalb der gleichen Art annehmen. Nun sind aber Mensch und Tier von verschiedener Natur, denn der Mensch besitzt eine Eigenart nur für sich selbst (*ben fen*): die Urteilskraft.[36]

Wie schon erwähnt, sollte die Untersuchung, die nach Riccis Tod [171] mit der Unterstützung des Provinzials Valentim Carvalho durchgeführt wurde, die Frage beantworten, „ob es in der chinesischen Wissenschaft etwas gab, das mit diesen drei Dingen zu tun hatte: Gott, den Engeln, der vernunftbegabten Seele".[37] Ja, antworteten einige Missionare, denn sie glaubten diese Begriffe in den Klassikern zu finden und dachten, die Chinesen zu ihrer Zeit seien durch buddhistische Götzendienerei und die atheistisch-materialistische Philosophie der Song-Zeit verdorben. Andere hielten sich an die Ansichten sämtlicher zeitgenössischer Gelehrter und an die Interpretation der berufensten Kommentatoren und bestritten, dass die Chinesen je so etwas gekannt haben. Auf jeden Fall musste man sie aus ihrem Irrtum erlösen. Ricci hielt es für nötig, zwei ganze Kapitel seiner großen Abhandlung dem mit den verschiedensten Belegen abgestützten Beweis zu widmen, dass es die Seele gibt und dass sie unsterblich ist. Es sind die Kapitel III („Dass die Seele des Menschen nicht verschwindet, im Unterschied zu jener der Tiere") und IV („Wo die falschen Vorstellungen über die Geister und die Seele des Menschen widerlegt werden und wo erklärt wird, dass der Him-

---

[34] Wörtlich: korrekt (*zheng*) im Gegensatz zu partiell oder unvollständig (*pian*).

[35] *TZSY*, S. 463. Huang Baijia, Sohn des Philosophen Huang Zongxi, kommentiert eine Stelle in Zhu Xis Werk, die vom Empfindungsvermögen der Pflanzen handelt, und zitiert die abendländische Theorie von den drei Seelen: nicht etwa als Beweis für den grundlegenden Unterschied zwischen Mensch und anderen Wesen, sondern im Gegenteil für die Kontinuität von allem Lebenden. Vgl. *Song Yuan xue'an*, Ausgabe *Guoxue jiben congshu*, Bd. II, Kap. 12, S. 32. Die Stelle bei Zhu Xi lautet: „Jedesmal, wenn ich verschiedene blühende Bäume von der Morgensonne erleuchtet erblicke und sehe, wie sich ihre Blumen freudig entfalten, scheint mir, dass sie Lebensgefühl (*shengyi*) haben. Es ist eine Explosion, ein Hervorbrechen aller Blüten, die sich in der Sonne öffnen. Der verdorrte Ast und die toten Blätter fühlen im Gegenteil Trauer: Die Lebensenergie ist weg."

[36] *TZSY*, S. 463.

[37] Longobardo 1701, Vorwort.

mel, die Erde und die Zehntausend Wesen nicht von einer einzigen Substanz sein können"). Ricci nennt die aristotelische Unterscheidung zwischen den drei Seelen: vegetative Seelen der Pflanzen, sensitive Seele der Tiere und vernunftbegabte Seele des Menschen. Die zwei ersten lösen sich mit dem Tod auf, die dritte hingegen ist unsterblich. Er betont die Zweiheit der menschlichen Person, sagt, der Mensch habe „zwei Herzen" (er xin),[38] ein tierisches Herz und ein Menschenherz, eine körperliche Natur (xing xing) und eine geistige Natur (shen xing) und erklärt damit den Widerstreit unserer Gefühle und den Kampf zwischen Vernunft und Leidenschaften.[39]

Den Chinesen war nicht nur der substantielle Gegensatz zwischen Körper und Seele unbekannt – sie nahmen an, jede Seele löse sich früher oder später auf[40] –, sondern auch die damit verknüpfte Unterscheidung zwischen nur Fühlbarem und Vernünftigem. Die Chinesen haben nie geglaubt, der Mensch sei mit einer hochstehenden und unabhängigen Urteilskraft begabt. Die im Christentum so wichtige Vorstellung von einer vernunftbegabten Seele, die sich frei für Gut oder Böse entscheidet, war ihnen fremd. Sie kannten im Gegenteil nur einen einzigen Begriff – xin – für Geist und Gefühle, Herz und Vernunft. Sittlichkeit und Intelligenz war für sie eins. Und wenn sie Mensch und Tier auch nicht gleichsetzten, so sahen sie **[172]** zwischen ihnen weder einen rein intellektuellen noch einen wesentlichen Unterschied. Wohl musste ein Unterschied bestehen, er konnte sich aber auch aufheben, wenn man nicht aufpasste. Der Verfasser einer Widerlegung schreibt:

> Die Missionare sagen, nur die Seele des Menschen sei vernunftbegabt. Aber es gibt dumme Menschen, die nur an Essen, Trinken und Unzucht denken. Andererseits gibt es Hunde, die ihrem Herrn so ergeben sind, dass sie sich für ihn opfern. Sie sind also pflichtbewusst (yi). Menzius hatte recht, als er sagte, der Unterschied zwischen Mensch und Tier bestehe aus Wenigem und dass die niedrigen Leute dieses Wenige verlieren, während die Rechtschaffenen es zu bewahren wissen.[41] Wie könnte man eine so falsche Trennung zwischen Mensch und Tier einführen, wonach die Seele der einen unsterblich wäre und jene der anderen nicht?[42]

Was da die Missionare an Unterschieden aufstellten, schien künstlich und willkürlich. Nach Ricci, Aleni und Longobardo, schreibt Xu Dashou,

---

[38] Der Ausdruck hat auf chinesisch normalerweise einen negativen Sinn, meint Doppelzüngigkeit. Das ist hier natürlich nicht gemeint.

[39] *TZSY*, S. 434f.

[40] Daran erinnert der „chinesische Gelehrte" im *TZSY*, S. 458.

[41] *Mengzi*, IV B19.

[42] *TXZZ*, S. 934f.

„haben die Tiere weder ein früheres noch ein späteres Leben,[43] während die Menschen ebenfalls kein früheres Leben, aber ein späteres ewiges haben. Warum das? Weil die Seele des Menschen vom Herrn des Himmels geschaffen worden ist, und von da an endet sie nie und wird ewig mit Qualen bestraft oder mit Freuden belohnt. Nur das Wesen des Herrn des Himmels ist vor dem kosmischen Ursprung ([*tai*] *ji*)[44] entstanden und wird nach ihm noch bestehen. Warum das? Weil dieses Wesen fähig ist, alle Wesen zu erschaffen, während kein Ding es erschaffen kann!" Sie sagen auch: „Das Höhere fasst das Niedrigere ein. Deshalb enthält die Seele der Tiere jene der Pflanzen, und jene der Menschen enthält die Seele der Tiere. Die Seele des Herrn des Himmels enthält zugleich jene der Menschen, der Tiere und der Pflanzen." Solcherlei Aufteilungen und unverständliches Zeug kann man in ihren Abhandlungen finden. So sagen sie [auch]: „Die Seele der Tiere wird [bei ihrem Tod] sogleich vernichtet. Nur die Seele des Menschen erleidet Qualen [oder nimmt Teil am Glück]." Bevor aber diese Barbaren nach China gekommen sind, ist keine Seele eines Chinesen ins Paradies aufgestiegen, und unzählige sind zur Hölle gefahren. Das Gegenteil geschieht mit den Tieren, die nach ihrem Tod für immer verschwinden. Damit ist gesagt, dass der Herr des Himmels die Tiere wohl um einiges mehr liebt als uns Menschen.

Und Xu Dashou stellt noch Fragen, die er für verfäng-[173]lich hält: Wo bewahrt der Herr des Himmels die Seelen auf, die er den Wesen gibt? Ist die Schöpfung etwas Wirkliches oder etwas Magisches? Ist die Seele vom Körper verschieden oder mit ihm eins? Übergibt der Herr des Himmels die Seele von eigener Hand? Und wie kann es Dinge geben wie die vom Herrn des Himmels geschaffene Menschenseele, die einmal beginnen, aber nie enden?[45]

Xu Dashou sagt, er habe die Missionare über den Satz im Credo: „Ich glaube an das ewige Leben" befragt, und sie hätten geantwortet:

> Wenn der Mensch in die Hölle kommt, ist seine Seele wie tot ... Sie haben gesagt, die Seele sei unsterblich, warum sagen sie dann, sie sei tot? Und wenn sie in Wahrheit nicht tot ist, warum nach dem ewigen Leben streben? Ach, all diese schlimmen und irrigen Vorstellungen kommen daher, dass sie um jeden Preis einen Herrn des Himmels sehen wollen, wo es keinen gibt.[46]

---

[43] Diese Begriffe beziehen sich auf die buddhistische Vorstellung von der Seelenwanderung, denn das christliche Jenseits wird immer mit der buddhistischen Wiedergeburt gleichgesetzt. Siehe S. 286, die Auffassung vom Leben Jesu als einer Folge von Schicksalen: Gott, Mensch, Wesen der Hölle, Mensch, Gott.

[44] Über das *taiji* siehe S. 262.

[45] ZP, 9a-10a.

[46] Ibid., 25a.

Die Chinesen werfen den Missionaren vor, die Einheit der menschlichen Natur zu zerreißen (*lie xing*: so der Titel des dritten Kapitels der *Anleitung zur Kritik*), indem sie im Menschen so heterogene Wirklichkeiten annehmen wie Seele und Körper. Es ist nicht wahr, dass man zur höchsten Weisheit gelangen kann, wenn man sich von seinem Körper, seinem Eingefügtsein in Gesellschaft, Natur und Kosmos loslöst. Der Mönch Tongrong schreibt:

> Mit seinen langen Abhandlungen über die drei Seelen täuscht Ricci jedermann und verbreitet Irrtum. Er richtet unabsehbaren Schaden an. Versuchen wir, ihn zu widerlegen, indem wir uns auf unsere Heiligen berufen: „Der Körper und die Wahrnehmungen", sagt Menzius, „sind [ein Ausdruck der] himmlischen Natur (*tianxing*). Nur der Weise kann mit seinem Körper richtig umgehen."[47] Wer mit seinem Körper umzugehen weiß, gelangt zum wahren Prinzip ... Er vereint sich mit der Natur des Himmels zu einem einzigen ... Die Sinne und der Geist sind nicht zweierlei, der Geist und der Körper sind durch keine Wand getrennt ... Aus der falschen Vorstellung von einer herumschweifenden Seele macht Ricci eine Wahrheit, um die Menschen zu fesseln. Aber gibt es einen größeren Irrtum, als bei einem einzigen Menschen drei Seelen zu zählen und zu behaupten, die pflanzliche und die sensitive Seele verschwänden am Ende des Menschenlebens! Wenn nun etwas verschwindet und ein anderes nicht, kann es weder Einheit noch Übereinstimmung mit der himmlischen Natur geben. Dann ist nur noch Rede von Widerstreit [zwischen der vernunftbe-**[174]**gabten Seele und dem Körper], zwischen dem, was man liebt, und dem, was man hasst, dem, was man annimmt, und dem, was man verwirft, zwischen dem, was lebt, und dem, was stirbt.[48]

Eine solche Lehre führt also zu Unruhe und Qualen, dazu, dass man das Leben und die Weisheit verachtet, die aus Gleichgewicht und einem richtigen Gefühl für die Ordnung der Welt[49] besteht.

Die Chinesen kannten keinen radikalen Unterschied zwischen Vernunft und Leidenschaften und konnten sich deshalb nicht vorstellen, dass der Geist von den Sinnen völlig unabhängig sei: Der Philosoph Gao Panlong wollte wissen, was der Meister Cheng Hao (1032–1085) gemeint hatte, als er sagte „der Geist muss in der körperlichen Gesamtheit erhalten bleiben". Gao Panlong fand schließlich eine Antwort, die ihn vollauf befriedigte: „körperliche Gesamtheit" ist nur ein Ausdruck für den Körper. „Ich war über diese Entdeckung sehr glücklich", schreibt er, „denn [unter diesen Um-

---

[47] *Mengzi*, VII A39. „Mit seinem Körper umgehen" ist eine behelfsmäßige Übersetzung für *jian xing*, denn *xing* meint über den Körper hinaus die gesamte sinnlich wahrnehmbare Welt.

[48] *Yuandao pixie shuo*, *PXJ*, VIII, 16b.

[49] Über diese zwei Punkte siehe S. 211ff.

ständen] war der Geist nicht nur ein Ding ‚von einem Quadratzoll'[50]: Der ganze Körper war Geist."[51]

MENSCHLICHE NATUR UND SELBSTVERVOLLKOMMNUNG

Schon der chinesische Ausdruck *hun* bezog sich in keiner Weise auf eine ewige und vernunftbegabte Seele – also eine rein geistige, vom Körper verschiedene Substanz –, noch weiter davon entfernt war das Wort *xing* oder „Natur". 1599 war Ricci in Nanjing einmal dabei gewesen, als Gelehrte über die menschliche Natur diskutierten:

> Mitten im Gastmahl begannen die Gelehrten eine Frage zu erörtern, die in Chinas Schulen oft zur Sprache kommt, nämlich, ob die menschliche Natur an sich gut, schlecht oder indifferent ist. Denn, so sagen sie, wenn sie gut ist, woher kommt das Schlechte, das sie tut? Ist sie schlecht, woher stammt dann das Gute, das sie tut? Und wenn sie weder gut noch schlecht ist, woher kommt dann das Schlechte oder das Gute, das sie von sich aus tut? Und weil sie keine Logik haben und nicht unterscheiden können zwischen dem moralisch Guten und dem natürlich Guten, zwischen dem erworbenen Guten und jenem, das von der Natur gegeben wird, und weil sie noch weniger um die von der Erbsünde verdorbene Natur und um die Hilfe Gottes und die Gnade wissen, ist diese Frage bis heute in der Schwebe und unentschieden geblieben.[52]

[175] Ricci wirft den Chinesen vor, sie hätten keine Logik, und er bedauert sie, weil sie die christlichen Lehren nicht kennen. Außerdem scheint ihm, die Frage nach den Grundlagen der Moral sei bei ihnen nie gelöst worden. Doch können ihm die Fragen, die sie stellen, und auch die Art der Fragestellung nicht vertraut sein. Es ist nicht ganz klar, worüber diskutiert wurde, als Ricci dabei war. Vielleicht nahm man Themen aus dem Ersten Teil des 6. Kapitels des *Mengzi* auf. Vielleicht machte man den neokonfuzianischen Unterschied zwischen Natur als vom Himmel gefügter Ordnung und Natur als individueller Veranlagung.[53] Auf jeden Fall muss die Diskussion akademisch gewesen sein, denn man war sich in China einig, dass der Mensch auf das Gute hin angelegt ist, wenn er auch diese Anlage aus eigener Kraft entwickeln muss. Dies war die Meinung von Menzius um 300 v.Chr.:

---

[50] Traditionelle Bezeichnung für *xin* (Geist–Herz).
[51] Zitiert von R.L. Taylor 1978, S. 122f.
[52] *FR*, II, S. 77.
[53] Siehe S. 191f.

> Das [natürliche] Mitleidsgefühl ist der Keim[54] der Menschlichkeit; das [natürliche] Schamgefühl und der Widerwille [gegen das Schlechte] ist der Keim des Pflichtbewusstseins; die natürliche Tendenz, sich bescheiden zurückzuhalten, ist der Keim der Sittlichkeit; die [natürliche] Tendenz, dem Richtigen beizustimmen und das Falsche zu verwerfen, ist der Keim der Weisheit.[55]

Die Chinesen dachten wie Diderot, oder besser, Diderot dachte wie sie: „Nein, liebe Freundin", schreibt er an Sophie Volland, „die Natur hat uns nicht zur Bosheit geschaffen; die schlechte Erziehung, das schlechte Beispiel, die schlechte Gesetzgebung ist es, was uns verdirbt."[56]

Menzius gemäß wurzeln die Tugenden der chinesischen Moral (*ren, yi, li, zhi*) in der menschlichen Natur, und in diesem Sinn meinte er, die Natur sei gut. Wie die Chinesen das Wort „Natur" (*xing*) verstanden, wird an einer Stelle in Gao Panlongs Werk ersichtlich:

> Die Natur ist das Ordnungsprinzip des Lebens. Bei Pflanzen und Bäumen, bei denen es nur Natur gibt, bewirkt sie, dass plötzlich Äste und Wurzeln, plötzlich Blumen und Samen wachsen. Mit dem Samen vollendet sich die Natur der Pflanze oder des Baumes und wird neu geboren. Es kann aber geschehen, dass die Pflanze oder der Baum austrocknet oder verletzt wird. Da stirbt die Natur ab. Das gleiche gilt für die Natur des Menschen. Wird sie entwickelt, dass sie gedeiht und sich entfaltet, so dehnt sich ihre Energie (*qi*) weit aus, bis sie das Universum füllt. So vollendet sich die Natur, so sind die Blumen und Früchte des Menschen.[57]

[176] Das ist offenbar ein Echo auf den *Mengzi* (VI A8):

> Herrlich waren einst die Bäume des Büffelberges. Doch weil sie an der Grenze eines großen Fürstentums standen, fällte man sie mit Axt und Beil. Wie hätten sie da ihre Herrlichkeit behalten können. Genährt von den Ausströmungen des Tages und der Nacht, benetzt von Regen und Tau, wuchsen jedoch Knospen und Triebe. Doch da kamen die Büffel und Schafe und aßen sie. Deshalb ist dieser Berg so kahl. Wenn man ihn so kahl sieht, vermag man nicht zu glauben, dass er einst große Bäume getragen hat. Wie aber könnte die Kahlheit in der Natur dieses Berges liegen?

Ein Gleichnis für den Menschen, dem eigentlich gegeben ist, das Gute aus sich wachsen zu lassen.

Die moralische Entwicklung des Menschen wird als natürliche Entfaltung angesehen und jener der Blumen und Bäume gleichgesetzt. Natur und

---

[54] Wörtlich: die Anfänge (*duan*).
[55] *Mengzi*, II A6.
[56] Diderot, *Correspondance. Novembre 1760*, éd. Georges Roth (Paris 1957), S. 226.
[57] *Gaozi yishu*, III, 42b.

Kultur widersprechen sich nicht. Die Kultur ist von der Natur inspiriert und nichts anderes als ihre Verlängerung. So wie die Chinesen bemüht waren, die Natur zu gestalten, so haben sie auch Instinkte und Leidenschaften mit Hilfe der Riten in geordnete Bahnen gelenkt.[58] Die Vergleiche mit Landwirtschaft und Pflanzenwelt sind gewiss nicht willkürlich gewählt. Der Linguist und Technikhistoriker André-Georges Haudricourt hat die verlockend wahrscheinliche These aufgestellt, dass die vorherrschende Beschäftigung eines Volkes – also Tierzucht oder, wie bei den Chinesen, Ackerbau – nicht nur Metaphern und traditionelle Darstellungen beeinflusst, sondern auch die Verhaltensweisen und die Vorstellung vom menschlichen Handeln.[59] Tiere werden mit der Stimme und mit Stockschlägen abgerichtet und gelenkt. In die Beziehung zwischen Mensch und Tier muss der Mensch direkt eingreifen und Zwang ausüben. Bei den Pflanzen hingegen muss man warten, während sie wachsen. Man kann höchstens das Wachstum so weit wie möglich fördern: das Feld vorbereiten, umgraben, hacken, jäten, gießen – der Natur nicht entgegenwirken, sondern sein Verhalten ihr anpassen. Solch eine indirekte Handlungsweise ist der direkten des Tierzüchters oder Hirten entgegengesetzt. Deshalb sind wohl die Vorstellungen von Erziehung, Moral, Religion und politischer Gewalt in China anders als im jüdisch-christlichen Abendland. Der Gott der Juden und Christen ist ein Hirtengott – man denke an die biblischen Metaphern –, er spricht, befiehlt, fordert. Der Himmel der Chinesen spricht nicht. Er bringt die Jahreszeiten hervor und wirkt durch die in der Natur entstehenden Veränderungen.[60] Haudricourt stellt dem „chi-[177]nesischen Garten" den „mediterranen Schafstall" entgegen und schließt:

> Ist es absurd zu fragen, ob Götter, die befehlen, eine Moral, die Gebote macht, eine Philosophie, die transzendent ist, nicht vielleicht etwas mit dem Schaf zu tun haben ... und ob eine Moral, die erläutert, und eine Philosophie der Immanenz nicht vielleicht etwas mit der Yams- und Tarowurzel und mit dem Reis zu tun haben ...

Vor zu schnellen Folgerungen muss man sich natürlich hüten, denn große Kulturen sind außerordentlich komplex, doch der Grundgedanke ist richtig: China selbst bestätigt ihn. „Der Natur folgen, das nennt man das *Dao*",[61] steht – ähnlich der stoischen Formulierung – zu Beginn eines der *Vier Bücher*, dem „Buch von der rechten Mitte" (*Zhongyong*). „Der Natur folgen":

---

[58] Vgl. den wertvollen Artikel von Marcel Granet, „Le langage de la douleur d'après le rituel funéraire de la Chine classique" (1922).

[59] A.G. Haudricourt 1962, I, S. 40-50.

[60] Diese Frage nach der chinesischen Vorstellung vom Himmel und dem Unterschied zur christlichen Gottesvorstellung wird noch aufgenommen.

[61] *Zhongyong*, I, I: *shuai xing zhi wei dao*.

sich von ihr beeinflussen lassen, sie höchstens lenken (*shuai*), nicht aber unterdrücken, sondern pflegen und ordnen.

Das Beispiel aus dem *Mengzi* ist berühmt: Ohne an Ruhm oder Nutzen zu denken, wird jedermann hinstürzen, um ein Kind aufzuhalten, das in den Brunnen zu fallen droht. Das deutet eine natürliche Veranlagung zum Guten an, die einfach entwickelt werden muss. Ebenso gründet die Achtung vor den Älteren, Modell aller Tugenden, in der spontanen Zuneigung des Kindes zu seinen Eltern. Riten und soziale Pflichten werden als Ausdruck einer natürlichen Ordnung aufgefasst. Die Moral wächst aus dem Guten, das im Keim in der menschlichen Natur enthalten ist, aber sie gründet nicht nur im Menschen: Sie stimmt objektiv mit der Ordnung der Natur überein, wie der Philosoph Zhang Zai (1020–1077) erläutert. Die ordnungsgemäße Aufeinanderfolge der Geburten (*xu*), für die der Himmel sorgt, ist das Prinzip, das die Beziehungen zwischen Älteren und Jüngeren und zwischen nacheinander folgenden Generationen regelt. Dieses Prinzip wird in China sehr weitgehend angewandt. Andererseits entspringt aus dem Los, das der Himmel jedem zuteilt – die Ungleichheit von Begabungen und Fähigkeiten und die daraus folgenden Unterschiede in Rang und Würden –, die hierarchische Ordnung (*zhi*), die es zu respektieren gilt. So entsteht die Sittlichkeit. „Die Stufungen in den Respektbezeigungen gegenüber den Ältesten und Edelsten drücken also alle das himmlische Ordnungsprinzip aus", schließt Wang Fuzhi (1619–1692) seinen Kommentar.[62]

Die chinesische Sittlichkeit ist also eine Übertragung von universalen Normen ins Menschliche und Gesellschaftliche. Dass aber die **[178]** Natur prinzipiell gut ist, heißt noch nicht, dass sie es immer ist. In ihrer großzügigen Produktionstätigkeit bringt die Natur manchmal auch Fehlschläge hervor. Wie oft sie sich vollendet, ist eine Frage der Statistik und nicht eine Frage der göttlichen Vorsehung.

„Die Schöpfungs- und Umwandlungstätigkeit (*zaohua*) der Natur", schreibt Wang Fuzhi, „ist ohne Absicht (*wuxin*) [das heißt, sie ist völlig spontan], und sie bringt die Wesen in großem Überfluss hervor. Es ist also unvermeidlich, dass im Augenblick ihrer Bildung [wörtlich: im Augenblick der Vereinigung durch Gerinnen, *ninghe*] nicht alle Wesen in ihrer physischen Beschaffenheit vollkommen sind."[63]

Das Wort des Konfuzius: „Die Menschen sind einander nah durch ihre Natur, sie entfernen sich voneinander durch ihre Gewohnheiten"[64] kommentiert Gu Yanwu (1613–1682) mit der Erklärung, dass physische und morali-

---

[62] *Du sishu daquan shuo*, Kap. 7, S. 466 der Ausgabe von Peking 1975.
[63] *Zhangzi zhengmeng zhu*, Kap. 3, „Dongwu pian", 5.
[64] *Lunyu*, XVII, 2.

sche Abnormitäten auf die gleiche Ebene gehören. Es kommt vor, dass unmenschliche Monster geboren werden, aber solche Fälle sind äußerst selten. So etwa der Tyrann Zhouxin, letzter Yin-Herrscher, der entsetzliche Foltern erfand, oder der Räuber Zhi, der täglich Unschuldige umbrachte. Sie waren eben von Geburt an anders als die anderen Menschen. Dasselbe gilt für die physische Beschaffenheit: Alle Menschen haben die gleichen Organe und das gleiche Skelett, aber einige kommen entstellt auf die Welt. Warum sollte man die Ausnahme für die Regel halten? Gewöhnlich macht die Natur ihre Sache gut, und die Menschen sind weder im Herzen noch am Körper entstellt. Wie es in Konfuzius' *Gesprächen* heißt: „Der Mensch ist von Geburt an rechtschaffen. Die es nicht sind, leben nur aus Zufall."[65] Und Gu Yanwu schließt: „Alles in allem können wir also sagen, dass die menschliche Natur gut ist."[66]

Diese eigentlich chinesischen Vorstellungen sind durch buddhistischen Einfluss bereichert und verändert worden. Buddhistische und chinesische Themen haben sich bei den neokonfuzianischen Denkern des 11./12. Jahrhunderts überlagert und vermischt. Nach buddhistischer Anschauung besitzen alle Wesen eine Buddha-Natur, die nur verborgen und verdunkelt ist durch die Leidenschaften und den irrigen Glauben an die Wirklichkeit des Ich und der Welt. Dem entspricht die neokonfuzianische Vorstellung, wonach die menschliche Natur das himmlische Ordnungsprinzip (*tianli*) spiegelt und also grundsätzlich gut ist, wenn auch zumeist von ichbezogenen und egoistischen Gedanken getrübt. Man muss zu diesem Zustand abso-
[179]luter Ruhe, das heißt zu unserer wahren Natur, zurückfinden, ein Zustand in dem es noch keine Gedanken und Gefühle gibt, denn aus unserer innersten Natur heraus werden wir spontan zum Guten inspiriert. Zum Erreichen dieses Zustandes empfahlen die chinesischen Denker des 11. und 12. Jahrhunderts gewisse Techniken der geistigen Sammlung, wie sie in den Klöstern geübt wurden. Eine der üblichsten: Man setzte sich mit gekreuzten Beinen und kontrollierte seine Atmung. Das nannte sich, wie schon erwähnt, *jingzuo* oder „Sitzen und Stillsein".[67] Die Neokonfuzianer unterscheiden also zwei Arten von Natur: Eine ist vollkommen gut und spiegelt das universale Ordnungsprinzip, die andere entspricht der individuellen Veranlagung und der physischen Beschaffenheit und bringt die Begierden und Leidenschaften hervor. Die Neokonfuzianer wollen die „menschlichen Begierden (*renyu*) vertreiben, um zum himmlischen Ordnungsprinzip (*tianli*) zurückzukehren". Daher vertreten sie eine repressive Moral, die christlich gestimmt

---

[65] *Lunyu*, VI, 19.
[66] *Rizhi lu*, VII, 21.
[67] Siehe S. 180f. Vgl. J. Gernet 1981.

scheint. Doch gleichzeitig sind die neokonfuzianischen Thesen vom christlichen Standpunkt gesehen ketzerisch und blasphemisch: Man sieht keinen Unterschied zwischen einem Gott und seiner Schöpfung; das Absolute erscheint nicht als transzendent und in einem Jenseits heimisch, sondern als dem Menschen selbst innewohnend.

In seiner *Wahren Bedeutung des Herrn des Himmels* lässt Ricci den chinesischen Gelehrten versichern, die menschliche Natur sei gut, weil sie Ausdruck der universalen Ordnung ist. Man kann also sagen, erklärt er, dass

> der Herr des Himmels Herrscher in der Höhe (*Tianzhu Shangdi*)[68] in jedem Wesen und mit ihm eins ist. Das ermuntert die Menschen, nichts Schlechtes zu tun, um nicht ihre grundlegende Güte zu beflecken, nicht ihre Pflichten zu vernachlässigen, um nicht das Ordnungsprinzip im Grunde ihres Wesens zu verletzen, nicht anderen zu schaden, um nicht den ihnen innewohnenden Herrscher in der Höhe zu beleidigen.

Solch ketzerische Reden empören den „Gelehrten aus dem Abendland": „Das ist ein noch schlimmerer Irrtum als alle, die ich bis jetzt gehört habe",[69] und er schließt: „Zu sagen, die Wesen und ihr Schöpfer seien identisch, ist ein freches Wort des Teufels Luzifer."[70] An einer anderen Stelle des gleichen Werkes zieht der „chinesische Gelehrte" einen Vergleich buddhistischen Stils und sagt, ein von den Leidenschaften verdunkelter Geist verliere den Herrn des Himmels, der in ihm ist, wie ein beschmutzter Karfunkel seinen Glanz verliert.[71]

[180] Die chinesischen Vorstellungen sind von den christlichen Thesen so weit entfernt, dass sich viele Chinesen vollkommen darüber täuschen, was die Missionare wirklich lehren. So glaubt ein gewisser Wang Jiazhi, der eine Moralschrift Riccis loben will, es sei ganz im Sinne des Autors, wenn er auf die Identität des universalen Ordnungsprinzips bei allen Wesen hinweise:

> Mein Geist ist der gleiche wie Riccis Geist. Jener Riccis ist der gleiche wie der aller Menschen, und der Geist aller Menschen ist der gleiche wie jener des Himmels und der Erde.[72]

Anders gesagt: Der Herrscher in der Höhe ist in jedem von uns. Ein gewisser Li Can, der die Thesen der Missionare widerlegen will, schreibt:

---

[68] Eine Kombination des christlichen und des chinesischen Begriffs.

[69] *TZSY*, S. 468f.

[70] *Ibid.*, S. 469f.

[71] *Ibid.*, S. 474f.

[72] Vorwort Wang Jiazhis zum *Jiren shipian*, Xu Zongze, S. 151. Wie auf S. 184 erwähnt, hat das mit „Geist" übersetzte *xin* eine viel weiter gefasste Bedeutung: Es ist gleichzeitig Herz und Vernunft, Intelligenz und Sittlichkeit.

> Die Lehre unserer Heiligen und Weisen entspringt im menschlichen Geist. Deshalb heißt es, dass „der Mensch der Geist des Universums ist". Ich habe nie gehört, dass es außerhalb des menschlichen Geistes einen Himmel gibt ... Wenn jemand sagt, man müsse den Kopf heben, um den Himmel zu suchen, werden die lebenden und fühlenden Wesen ihre Wurzeln verlieren.

Und Li Can fährt fort:
> Entweder besitzt der Herr des Himmels keinen Geist und ist also so dumm wie ein Stück Holz oder ein Stein. Oder er besitzt einen Geist, und dieser Geist ist sein eigener Himmel, so dass ihre These zunichte wird.[73]

Das ist ein typisch buddhistisches Argument: Das Absolute ist verinnerlicht und mit dem Innersten des Geistes gleichgesetzt. Wenn auch der buddhistische Einfluss stark ist, so bleibt die allgemeine Geisteshaltung doch chinesisch: Man beruft sich stets auf die Klassiker.

Nach chinesischer Vorstellung ist das wirklich Gute spontan, weil es – dem *Mengzi* gemäß – aus natürlichen Impulsen entspringt und weil – nach buddhistischen Traditionen – das Absolute mit der innersten Natur der Wesen identisch ist. Das Christentum hingegen kann nicht annehmen, dass Natur und Tugend zusammenfallen. Jede Tugend bedeutet im Gegenteil einen Sieg über sich selbst. Das wirklich Gute wird von der Vernunft vorgegeben. Deshalb greift Ricci die chinesischen Vorstellungen an, die im Begriff der immanenten Ordnung gründen und Spontaneität als höchsten Wert nennen. Er schreibt: „Wenn die Leute das Gute unwillkürlich tun, wie kann man da noch von Gutem sprechen?"[74] Welches Verdienst ist dabei, seine Eltern zu lieben, wenn man doch nur seinen natürlichen Neigungen folgt?

> Man muss also unbedingt zwei Arten von Gutem [181] unterscheiden: das Gute, das von der Natur kommt und spontan ist (*liangshan*); das Gute, das von der Tugend kommt und durch Übung erworben wird. Das spontan Gute hat uns der Herr des Himmels am Anfang zuteil gegeben, und wir haben daraus kein Verdienst. Was ich Verdienst (*gong*) nenne, erwächst aus einer persönlichen Anstrengung, tugendhaft zu handeln.[75]

Damit stellt sich Ricci gegen Menzius, und er schreibt noch:
> Die ganz kleinen Kinder lieben ihre Eltern. Jedermann, ob gut oder schlecht, wird hinstürzen, um das Kind aufzuhalten, das in den Brunnen zu fallen droht. Das ist nur das spontan Gute (*liangshan*). Welche Tugend ist dabei, wenn ein Mensch ohne Güte oder ein Tier so handelt?

---

[73] *Pixie shuo*, PXJ, V, 24a-25b.
[74] *TZSY*, S. 527.
[75] *Ibid.*, S. 569.

Die Tugend besteht einzig darin, dass man seine Pflicht erfüllt, wenn man sie erkennt.[76]

Ein gewisser Huang Zizhen aus Fuzhou schreibt um 1635:

> Das nun lehren die Barbaren: „Zisi [Schüler des Konfuzius] sagte: Der Natur folgen, das nennt man das *Dao* [die rechte Moral]. Wir [Missionare] sagen: Die Natur besiegen, das nennt man das *Dao*. In der Tat: Bevor die Natur verdorben wurde, entsprach es der Moral, ihr zu folgen. Doch ist die Natur der heutigen Menschen überhaupt nicht mehr wie zu Anfang. Man kann also nicht zur Vollkommenheit des *Dao* gelangen, ohne die Natur zu besiegen." In den Klassikern und den Kommentaren, in denen die Überlieferung unserer Heiligen und Weisen festgehalten ist, gibt es kein einziges Wort, das nicht Ausdruck des Herzens und der Natur wäre. Warum sollten diese Bestien unsere Überlieferung gedankenlos kritisieren? Lieber würde ich mich nicht zum geringsten Vergleich [zwischen ihren Reden und der Lehre unserer Heiligen und Weisen] herablassen, doch befürchte ich, dass die Unwissenden von diesen Leuten beschwatzt werden, und so muss ich wohl oder übel die Dinge durch Wort und Schrift klarstellen. In bezug auf das *Dao*, das darin besteht, der Natur zu folgen, nimmt Zisi das Beispiel vom Holz und dem Stein, die noch nicht geschnitzt oder behauen worden sind, und er vergleicht sie mit der Natur, die mit dem Leben gegeben wurde. Wer dieser Natur gemäß handelt, kann nie gegen die Regeln des Himmels verstoßen. Man lasse sich aber zu berechnendem Denken und Leidenschaften hinreißen – das ist dann nicht mehr unsere wahre Natur. Deshalb sagt er: „Vom Himmel zuteil geworden ist die Natur, und der Natur folgen, das ist das *Dao*."[77] Wenn man sagt, die Natur besiegen sei das *Dao*, was wird man dann Natur nennen? „Die Menschen", sagte Konfuzius, „sind einander nah durch ihre Natur. [182] Sie entfernen sich voneinander durch ihre Gewohnheiten".[78] Die Natur ist also das erste und angeborene, und die Gewohnheiten sind eine nachträgliche Prägung. Würden diese Leute davon reden, dass beim Menschen die [schlechten] Gewohnheiten zu besiegen sind, so wäre das zulässig. Aber sie sagen, die Natur müsse besiegt werden. Nun aber ist die Natur nicht eine Sache, die von außen zu uns kommt. Wozu

---

[76] TZSY, S. 569. Vgl. *Mengzi*, VII A15: „Das, wozu der Mensch fähig ist, ohne es gelernt zu haben, ist spontane Fähigkeit (*liangneng*). Was er weiß, ohne es gelernt zu haben, ist spontanes Wissen (*liangzhi*). Die kleinen Kinder vermögen alle, ihre Eltern zu lieben ..." Der *liangzhi*-Begriff, also das spontane Wissen (wörtlich: das gute Wissen), nimmt in der intuitionistischen Philosophie des Wang Yangming (Wang Shouren, 1472–1529) eine zentrale Stelle ein. Wang Yangmings Einfluss ist zu Beginn des 17. Jahrhunderts noch groß.

[77] So beginnt das „Buch von der rechten Mitte", *Zhongyong*, eines der *Vier Bücher*.

[78] *Lunyu*, XVII, 2.

wäre es gut, sie zu besiegen? Wenn unsere Natur besiegt und beseitigt ist, was bleibt da noch von uns selbst? Sie sagen auch: „Man kann nicht zum vollkommenen *Dao* gelangen, ohne die Natur zu besiegen." Soll das heißen, das *Dao* sei in uns und die Natur außerhalb von uns?[79]

Ein anderer Text argumentiert ähnlich:

> Meister Dong [Dong Zhongshu, um 175–105 v.Chr.] hat gesagt, der große Quell des *Dao* komme vom Himmel. Zisi, der Schüler des Konfuzius, hat gesagt, was vom Himmel zuteil geworden ist, sei die Natur. Wie sollte unsere heilige Lehre nie vom Himmel gesprochen haben? Doch hat dieser Himmel wirklich nichts gemeinsam mit dem, was die Barbaren Himmel nennen. In ihren Büchern steht: „Alles Gute kommt vom Herrn des Himmels, und alles Schlechte kommt von uns." Wenn das stimmte, wäre die menschliche Natur immer schlecht. Wo hätte der Herr des Himmels diese Saat des Schlechten genommen, um sie unter den Menschen auszustreuen, [so dass] alles, was die Menschen tun, zu Fehlern und Irrtümern wird? ... Und dann war schon seit alten Zeiten nur davon die Rede, man müsse den Himmel ehren, nicht ihm schmeicheln. Nun aber ehren diese Barbaren ihn nicht, sondern schmeicheln ihm. Die eifrigen Aktivitäten, die sie Tag und Nacht entfalten, gleichen Übungen in Selbstzucht, doch Leute solcher Art denken nur daran, durch unsaubere Verfahren das Glück zu erlangen. Sie fügen sich nicht in ihren Platz, wie es sich ziemt (*su wei*).[80] Was sie „den Himmel ehren" nennen, ist in der Tat ihn beschmutzen ... Diese Barbaren verwerfen die Vorschriften [unserer Klassiker]: „füge dich den Regeln [des Himmels und der Erde] und übertrete sie nicht"[81] und: „mitwirken [am Werk des Himmels und der Erde]".[82]

Die Unterscheidung zwischen Körper und Seele, zwischen irdischen Pflichten und dem Dienst an Gott bringt eine Zweiheit, ja eine Art Duplizität in den Menschen. Das könnte die Einfachheit des Herzens oder Lauterkeit (*cheng*), die nach chinesischer Vorstellung alle Handlungen leiten muss, zerstören. Das wirklich Gute soll **[183]** nicht einer Überlegung entspringen. Es kann nur von Herzen kommen.

Besser als die Jesuiten, denen es um Übereinstimmung mit der klassischen Tradition Chinas ging, sah der Franziskanerpater Antonio de Caballe-

---

[79] *Pixie jie*, PXJ, V, 17a-b. Der Autor legt die christlichen Thesen auf chinesische Art aus: Das Gute ist in uns. Wenn man die Natur besiegen muss, um zum *Dao* zu gelangen, dann deswegen, weil das *Dao* in uns und unsere Natur äußerlich ist.

[80] Siehe dazu S. 199.

[81] *Yijing*, „Xici", *shang* 4.

[82] ZP, 7b. Zitiert wird *Zhongyong*, II, 22. Vgl. *ibid.*, II, 30: „Wem es gelingt seine Natur völlig zu verwirklichen, kann teilnehmen [am Werk des] Himmels und [der] Erde."

ro den Widerspruch zwischen christlicher und chinesischer Moral. 1668 schreibt er in Canton:

> Was wir beim Menschen Licht der Vernunft nennen, nennen sie Gebot und Gesetz des Himmels.[83] Was für uns die natürliche Befriedigung ist, dem Recht zu gehorchen, und die Furcht, ihm zuwiderzuhandeln, all das heißt bei ihnen Eingebung durch den *Xamti* [*Shangdi*, den Herrscher in der Höhe]. Gegen den Himmel sündigen, das ist gegen die Vernunft handeln, den Himmel um Vergebung bitten heißt, sich bessern und in Wort und Tat zu jenem Gehorsam zurückfinden, den man eben diesem Gesetz der Vernunft schuldet.[84]

So weit, so recht – nur konnte Caballero nicht um das Verhältnis wissen, das die chinesische Sittlichkeit mit den religiösen Anschauungen und Verhaltensweisen verband, auch nicht um den kosmischen Mystizismus, von dem sie nicht zu trennen war. Im Christentum werden weltliche und religiöse Gegebenheiten deutlich geschieden, während sie in China zwei Seiten der gleichen Wirklichkeit sind.

*

Die menschliche Natur (*jin xin*)[85] vom Keim des Guten aus in allen ihren Möglichkeiten entfalten – das ist die Essenz der konfuzianischen Moral. Grundlegend ist die Idee, dass sich der Mensch vervollkommnen kann und dass die eigene Kultivierung Ziel des Lebens sein muss. In einer Schrift Wang Yuans (1648–1710) kommt dieses humanistische Ideal zum Ausdruck:

> Der große Weise hat gesagt, der Mensch sei der Geist der Welt[86] ... Im Leben der Pflanzen würde etwas Wesentliches fehlen, wenn sie keine Samen hätten. Das wäre das Ende des Pflanzenreiches. Ebenso würde im Leben des Universums etwas fehlen, wenn der Himmel nicht den Menschen hervorgebracht hätte. In diesem Sinn sagt man, der Mensch sei der Geist des Universums. Aber wie ließe sich das von der eigenen Person sagen? Vom eigenen Geist, das heißt von der Tugend der Menschlichkeit (*ren*), kann man es sagen. Ruin oder Wohlergehen hängen vom Schicksal ab. Wer nicht fähig ist, das **[184]** Schicksal zu ändern, und wer seine Intelligenz egoistisch nur zu seinem eigenen Vorteil und jenem der Seinen

---

[83] Das ist natürlich die Übersetzung der chinesischen Begriffe *tianming* und *tianli*.

[84] Sainte-Marie 1701, S. 77f.

[85] So der Titel des Kapitels VII des *Mengzi*. A.C. Graham (1967) hat gezeigt, dass sich die chinesische Vorstellung von der Natur nicht auf feststehende Eigenschaften bezog, sondern auf eine den angeborenen Neigungen gemäße Entwicklung.

[86] Mit Geist sind gleichzeitig Geist und Herz (*xin*) gemeint. Vgl. S. 184.

gebraucht, verdient den Namen Mensch nicht. Wie könnte er der Geist der Welt sein?[87]

Der chinesische Begriff von Heiligkeit fügt sich zu dem von Souveränität, in der – wie man noch sehen wird – das Kosmische und das Ethische, das Religiöse und das Politische verschmelzen. Für heilig werden jene außergewöhnlichen Personen gehalten, die ihre Natur zu vervollkommnen wussten, sich so mit der Weltordnung identifizierten und sich bemühten, sie zu vollenden. So etwa jene Herrscher in alter Zeit, die ohne es zu wissen mit ihrer Tugend über weite Distanzen auf die Menschen einwirkten, die China seine wesentlichsten Institutionen und Techniken gaben und die den Raum einteilten und die Erde bewohnbar machten. Konfuzius selbst, der „Herrscher ohne Königreich", galt als Heiliger (*shengren*). Ebenso stand der Titel *sheng* den Kaisern der herrschenden Dynastie zu – in Angleichung an die Gründer der chinesischen Kultur, die heiligen Schutzpatrone des Konfuzianismus. Doch Ruggieri und Ricci – und nach ihnen die anderen Missionare – verwendeten *sheng*, um das christliche „heilig" zu übersetzen. So bezeichnete *shengjiao* – „heilige Lehre" – das Christentum und *shengren* die Heiligen der Kirche. Die Missionare mussten deshalb präzisieren, wie sie dieses Wort verstanden. In seiner *Wahren Bedeutung des Herrn des Himmels* lässt Ricci den „chinesischen Gelehrten" sagen:

> Gewiss, die Tugend des Herrschers in der Höhe ist sehr groß. Doch auch wir Menschen besitzen eine vollkommene Tugend. Gewiss hat der Herrscher in der Höhe unbegrenzte Fähigkeiten. Aber auch unser menschlicher Geist ist fähig, den zehntausend Situationen, die sich ergeben, zu entsprechen. Seht zum Beispiel unsere ersten Heiligen, die die Welt einteilten und die Kultur begründeten, die rechte Lehre und die gesellschaftlichen Regeln aufstellten, das Volk dank Pflug und Webstühlen ernährten, ihm das Leben erleichterten dank Schiffen, Wagen und Gegenständen des Handels ...[88]

Ricci verwirft diese skandalösen Vorstellungen und erklärt an anderer Stelle seines Buches die Bedeutung, die man dem Wort „Heiliger" (*shengren*) zu geben hat:

> Die Definition des Heiligen ist im Gesetz des Abendlandes viel anspruchsvoller als in China ... Für uns sind Heilige jene, die den **[185]** Herrn des Himmels verehren, sich dabei demütigen und sich selbst beherrschen, jene, die an Worten und Taten die anderen Menschen über-

---

[87] Epitaph für Liu Xianting (1648–1695) von Wang Yuan in *Guangyang zaji*, Ausgabe Shanghai 1957.
[88] *TZSY*, S. 470f.

treffen, da man solche Worte und Taten nicht allein aus menschlicher Kraft hervorbringen kann.[89]

Und im gleichen Atemzug setzt Ricci die chinesische Vorstellung vom Heiligen herab, deren kosmische und religiöse Bedeutung ihm entgeht:

> Um den Menschen über Vergangenes und Gegenwärtiges zu belehren, braucht man kein Heiliger zu sein. Wer fest dazu entschlossen ist und sich einen Namen machen will, kann es mit Anstrengung erreichen.[90]

Heiligkeit aber gebe es nur in bezug auf Gott und durch ihn:

> Wenn man die Leute belehrt und ihnen die Lehre vom Herrscher in der Höhe weitergibt, wenn man zukünftige Dinge voraussagt – wie könnte das nur aus menschlicher Kraft geschehen? Mit Arzneien heilen können jene, die Medizin studiert haben. Den Staat mit gerechten Strafen und Belohnungen in Ordnung halten können die Gelehrten. Das alles sind nicht Taten, die als Beweis für Heiligkeit gelten. Wenn man aber im Gegenteil dank außerordentlicher Tugend und mit gleicher Wirksamkeit wie der Schöpfer ohne Arznei unheilbare Krankheiten heilt, wenn man Tote wiedererweckt, so sind das Dinge, die des Menschen Kraft übertreffen und dem Herrn des Himmels zu verdanken sind. Jene, die wir in unseren Königreichen Heilige nennen, sind alles Leute dieser Art.[91]

Nur das mit Hilfe Gottes vollbrachte Wunder ist Beweis für die Heiligkeit einer Person. Genau zum entgegengesetzten Schluss kommt Yang Guangxian, der Jesus mit den chinesischen Heiligen vergleicht:

> Als er auf die Welt kam, um die Menschen zu retten, hätte der Herr des Himmels die Riten und die Musik, Menschlichkeit und Pflichtbewusstsein (*ren, yi*) fördern sollen, um für die Menschen auf der ganzen Erde ein Zeitalter des Glücks anbrechen zu lassen. Statt dessen hat er nur kleine Wohltaten (*xiao hui*) vollbracht wie Kranke heilen, Tote erwecken, auf dem Meer wandeln, durch Magie Nahrung herbeischaffen, und er hat sich nur mit Paradies und Hölle beschäftigt ...[92]

Viel höher schätzt Yang Guangxian die Ruhmestaten der Heiligen des chinesischen Altertums:

> Ji hat die hundert Getreidearten verbreitet, Qi hat die fünf **[186]** Regeln, denen die menschlichen Beziehungen gehorchen, aufgestellt, der große Yu hat das über die Ufer getretene Wasser abfließen lassen, der Herzog

---

[89] *TZSY*, S. 629.

[90] Das ist genau die These in *Mengzi*, VI B2: Alle Menschen können ein Yao oder Shun werden, wenn sie nur ihre natürlichen guten Anlagen völlig entwickeln.

[91] *TZSY*, S. 630.

[92] *Pixie lun*, S. 1116.

von Zhou hat die Riten und die Musik festgelegt, Konfuzius hat Yao und Shun als Vorbild genommen, Menzius hat Yangzi [Verfechter des absoluten Egoismus] und Mozi [Verfechter des absoluten Egalitarismus] widerlegt. Das sind die wahren Großtaten, mit denen die Welt gerettet wurde. Bei *Yesu* findet man nichts Vergleichbares. Kranke heilen und Tote erwecken sind Dinge, die jeder große Magier vollbringen kann, nicht Taten, die jemandes würdig sind, der Himmel, Erde und die Zehntausend Wesen erschaffen haben soll. Betrachtet man das als Großtaten, warum hat er dann nicht gemacht, dass die Menschen nicht krank werden und nicht mehr sterben? Das wäre ein größeres Verdienst gewesen. Aber da man ihn Herr über Krankheit und Tod der Menschen nennt und gleichzeitig Herr über ihre Heilung und Wiedererweckung, [ist es klar], dass er völlig unfähig ist, auch nur irgend etwas zu beherrschen. Wie kann man da noch die Kühnheit haben, von Verdienst zu sprechen?[93]

*

Chinesische und christliche Moral sind nicht nur grundlegend verschieden, weil das Christentum die menschliche Natur für verdorben hält, sondern auch, weil in China die Idee eines höchsten Guten unbekannt ist. Deshalb werden zwei entgegengesetzte Wege beschritten: Die christliche Moral bezieht sich auf einen transzendenten Gott, geht also von etwas aus, was nach chinesischer Ansicht am weitesten entfernt und am unzugänglichsten ist, nämlich die göttliche Vollkommenheit. Gott selbst hat die Zehn Gebote erlassen, und nur durch ihn und in bezug auf ihn gibt es das Gute. Die erste Pflicht ist nicht, seine Eltern zu lieben, sondern Gott. Nach chinesischer Anschauung hingegen entwickelt der Mensch durch die Beachtung der Riten seine natürlichen guten Anlagen. Und die geringsten Gegebenheiten spiegeln noch das universale Ordnungsprinzip. In den *Gesprächen* des Konfuzius heißt es, man müsse lernen, vom Untersten, das heißt vom Einfachsten und Unmittelbarsten, auszugehen, um zum Höchsten zu gelangen (*xia xue er shang da*).[94] Die Selbstvervollkommnung ist also Grundlage aller Dinge und zugleich der Weg, über den man zur universalen Ordnung beiträgt. Ricci hingegen sagt, „wenn man nur sich selbst studiert, ist nichts beson-[187] ders Erhabenes dabei". Und er fügt hinzu: „Das richtige Ziel einer jeden Selbstvervollkommnung ist der Herr des Himmels."[95]

Die christliche Barmherzigkeit und die chinesische Tugend der Menschlichkeit (*ren*) – die von den Missionaren vermischt worden sind – können

---

[93] *Pixie lun*, S. 1127.
[94] *Lunyu*, XIV, 35.
[95] *TZSY*, S. 577f.

nicht gleichen Inhalts sein. Die Liebe zu den Menschen, wie sie das Christentum predigt, ergibt sich aus der Liebe zu Gott und hat nur in bezug auf ihn Sinn und Wert: Um der Liebe Gottes willen muss man die Menschen lieben. Die chinesische Moral hingegen lehrt, man müsse für das Mitleid offen bleiben, das dem Menschen von Natur aus eigen ist, außer er sei verdorben worden. Der Mensch soll sein natürliches Gefühl für Menschlichkeit und Gegenseitigkeit entwickeln; damit nähert er sich dem Himmel, Vorbild des spontanen Handelns, und so gelangt er zur wahren Weisheit, die im Erfassen der Weltordnung liegt.

In der kleinen Schrift *Einfache Ansichten zur Unterscheidung der Lehren* tritt der Widerspruch zwischen christlichen und chinesischen Vorstellungen deutlich hervor:

> Am nächsten Abend kam mein Gast, trunken von der abendländischen Lehre, wieder zu mir und sagte: „Ihr verehrt den Herrn des Himmels, aber Ihr wagt Euch kein Recht anzumaßen, das Euch nicht zusteht, wagt es auch nicht, ihn mit Euren Gebeten zu entweihen, und so bleibt ihr den Gesetzen verhaftet.[96] Doch Ricci sagt, der Herr des Himmels habe Himmel, Erde und die Zehntausend Wesen erschaffen. Er ist also unser höchster und allumfassender Vater. Außerdem lenkt und erhält er alles. Er ist also unser Herrscher ohne jemanden über ihm. Alle, die ihn lieben und achten, errichten ihm Tempel und Statuen. Wir würden doch im höchsten Grad die Loyalität und die Achtung vor den Älteren verletzen, wenn wir unseren höchsten Vater und Herrscher nicht verehrten und nicht zu ihm beteten."[97] „Die wahre Moral", antwortete ich, „ist zum Greifen nahe, und Ihr sucht sie in abwegigen Vorstellungen. Unser Vater ist jener, der uns gezeugt hat. Unsere Mutter jene, die uns großgezogen hat. Die Kindespflicht besteht einzig darin, unsere Eltern zu lieben. Alles Glück und alles Ansehen hängt nur vom Herrscher ab. Die Loyalität besteht darin, ihn zu achten. Seine Eltern lieben heißt Herz haben [*ren*: Menschlichkeit]; seinen Herrscher achten heißt pflichtbewusst sein (*yi*). Das sind die Gefühle, in denen sich die himmlische Natur (*tianxing*) von selbst zeigt. Warum die Moral in versponnenen und dunklen Vorstellungen suchen? Wenn Ricci den Herrn des **[188]** Himmels als höchsten Vater der Menschheit und Herrscher des Universums verehrt, wenn er ihn liebt und nach Vorschrift morgens und abends anbetet, so erachtet er die Eltern für unwichtig und der Zuneigung unwürdig, und er macht aus dem Herrscher einen gewöhnlichen Bürger. Er wiegelt also jedermann

---

[96] Siehe dazu S. 131f.

[97] Hier, wie in vielen anderen Zeugnissen, wird ersichtlich, dass die Missionare bei ihren Bekehrungen an die zwei großen chinesischen Tugenden, Achtung vor den Älteren (*xiao*) und Loyalität (*zhong*), appellierten.

auf, gegen die Loyalität und gegen die Kindespflicht zu handeln. Das ist unvermeidlich."[98] Ich habe übrigens bei der Lektüre von Riccis Büchern zahlreiche Unwahrheiten gefunden. Hier nur einige wenige als Beweis: „Seine Eltern zu lieben, dazu sind auch die Tiere fähig. Sein Land zu lieben, dazu sind auch die niedrigen Menschen fähig. Nur der edle und vollkommen gute Mensch ist fähig, seine Liebe in die Weite auszudehnen." Damit ist gesagt, dass es zwischen einem loyalen Untertanen und einem niedrigen Menschen, zwischen einem ergebenen Sohn und einem Tier keinen Unterschied gibt. Und das ist die erste Unwahrheit. „Die Nächstenliebe (renzhe) besteht darin, den Herrn des Himmels zu lieben." Ricci widerspricht also Konfuzius, der sagte: „Mensch sein heißt Menschlichkeit (ren) haben"[99] und: „Seine Eltern zu lieben ist die wichtigste Sache der Welt". Zweite Unwahrheit [bei Ricci]. „Die Menschen, die uns am nächsten sind", sagt er auch noch, „wie etwa unsere Eltern, sind für uns noch immer Fremde im Vergleich mit dem Herrn des Himmels."[100] Damit wird die Kindespflicht als zufällig betrachtet und die Tugend der Menschlichkeit außerhalb [der menschlichen Natur] angesiedelt. Ricci hat nichts verstanden von der wahren menschlichen Natur, die nur eine Grundlage hat.[101] Dritte Unwahrheit [bei Ricci]. Er sagt auch: „Im gesamten haben wir drei Väter: Der erste ist der Herr des Himmels, der zweite unser Herrscher, der dritte unser Vater [in der Familie]. Wenn ein Vater von niedrigerem Rang einem Vater von höherem Rang nicht gehorcht, maßt er sich die Ehrungen seines Sohnes an. Als Sohn schuldet man den höchsten Befehlen Gehorsam. Wenn man dabei den niedrigeren Rängen zuwiderhandelt, darf man sich trotzdem als ergebenen Sohn betrachten."[102] Unerträgliche Reden sind das. Auch wenn einer unserer Älteren tyrannisch handelt, muss man versuchen, ihn zur Vernunft zu bringen. Auch wenn ein Herrscher ungerecht handelt, muss man sich bemühen, ihn zu menschlichen Gefühlen zurückzuführen. Wie könnte man die Kindespflicht gegenüber dem Herrn des Himmels zum Vor-

---

[98] Vgl. unten: Loyalität und Kindespflicht auf den Herrn des Himmels übertragen heißt notwendigerweise sie aufheben, denn sie stehen ja für eine gesellschaftliche und kosmische allumfassende Ordnung.

[99] Je nach Kontext muss *ren* einmal mit Nächstenliebe, einmal mit Menschlichkeit übersetzt werden.

[100] Wörtlich: „sind uns äußerlich im Vergleich mit dem Herrn des Himmels". *TZSY*, S. 578.

[101] Die menschliche Natur spiegelt das universale Ordnungsprinzip (*tianli*), manchmal auch „himmlische Natur" (*tianxing*) genannt.

[102] All diese Zitate sind dem Kapitel VII des *TZSY* entnommen.

wand nehmen, um seine Eltern zu verstoßen und sich seinem Herrscher zu widersetzen?[103] [Da liegt die] vierte Unwahrheit.[104]

[189] Die christliche Moral stellt den weltlichen Pflichten die religiösen entgegen, von denen das Heil abhängt. Das muss unweigerlich zu Konflikten führen. Die Chinesen hingegen können sich keinen grundsätzlichen Widerspruch vorstellen: Jeder Pflichtenkonflikt muss sich lösen lassen, da ja alles in der allumfassenden Ordnung gründet.

Während die christliche Moral egalitaristisch und abstrakt ist – vor Gott sind alle Menschen gleich –, kennt die chinesische nur hierarchisch geordnete Beziehungen, die sich ergänzen und die nach dem Modell des Universums geordnet sind: *yin* und *yang,* Himmel und Erde, fügen sich ergänzend zueinander. Dieser Art sind die Beziehungen zwischen Himmel und Erde, Mann und Frau, Herrscher und Untertan usw.

Xu Dashou bemerkt, dass sich gewisse Chinesen zur Lehre vom Herrn des Himmels hingezogen fühlen, weil sich christliche und chinesische Vorschriften gleichen. In der Tat bezwecken die Riten, „die Fehler zu bessern und völlig gut zu machen".[105] Nun ist

> ihre Lehre in allem darauf ausgerichtet, den Menschen zum Guten zu führen. Doch ist nichts schwerwiegender als die Vernachlässigung der Pflichten, die in der Beziehung zwischen Fürst und Untertan, Vater und Sohn, Mann und Frau erfüllt werden müssen. Wird gegen dieses Wichtigste nur geringfügig verstoßen und alles Übrige ist vollkommen, so ist der Fehler doch unverzeihlich ... So nennen sie in ihrem Buch mit dem Titel *Sieben Siege* die Unterdrückung des Stolzes als erstes. In den „Einzelnen Sitten"[106] beantwortet der einfache Satz: *Es ziemt sich, seinen Stolz nicht anwachsen zu lassen* die Frage erschöpfend. Wozu also den uneleganten und dunklen Ideen dieser Leute nachhängen? Wozu vom Hundertsten ins Tausendste kommen?

Xu Dashou sagt, es genüge, sich als ergebener Sohn zu benehmen, und der Stolz sei gebrochen, denn „die Achtung vor den Älteren ist die Grundlage aller Verhaltensweisen".[107]

Die Barbaren sind auf Einzelheiten versessen und vernachlässigen das Wesentliche. Huang Wendao schreibt:

---

[103] Über die politischen Konsequenzen der christlichen Anschauungen, siehe S. 147f.

[104] *PXJ*, V, 3a-4a.

[105] Zitat aus dem *Liji*, „Zhongni yanju", 3. Genauer bedeuten die Wörter *quan shan*: „das Gute in sich bewahren und vervollkommnen".

[106] *Liji*, Kap. „Quli" 1.

[107] *ZP*, 33b.

Was sie die sieben (Dinge) nennen, die es zu besiegen gilt, so sind das der Stolz, der Geiz, die Lüsternheit, der Zorn, die Gefräßigkeit, der Neid und die Faulheit. Wohl geht es da um Selbstvervollkommnung, doch sind das plumpe Verfahren zur Beherrschung seiner selbst. Was Konfuzius zu Yanzi sagte, gehört zu einer viel gehobeneren Anschauung: Er betrachtete [190] die Menschlichkeit (*ren*) als die Grundlage und die Erfüllung der Riten (*li*) als die Substanz. Wenn man die Menschlichkeit in sich zu erhalten weiß, verschwindet das ihr Zuwiderlaufende von selbst. Wenn man die Riten wieder richtig beachtet, hebt sich das ihnen Entgegengesetzte von selbst auf.[108]

Einer individuellen und introspektiven Moral, die sich von der Vernunft leiten lässt und auf den freien Willen beruft, stellen die Chinesen ein sittliches Verhalten entgegen: Benehmen und Gefühle vermischen und stützen sich gegenseitig. Nach christlicher Vorstellung ist die ewige Seele vom sterblichen Körper unterschieden. Für die Chinesen gibt es nur einen ganzheitlichen, gesellschaftlichen Menschen, der in einem vielseitigen Ganzen von Beziehungen steht. Ein Ganzes, das Verlängerung und Ausdruck einer allumfassenden Ordnung ist. Die Missionare reden von abstrakten Tugenden: „Der Verstand entscheidet, was richtig ist (*yi*)", schreibt Ricci.[109] Die Chinesen hingegen beschäftigen sich nur mit dem gesellschaftlichen Verhalten in seiner konkreten Wirklichkeit und mit der Beziehung zwischen „Äußerem" (dem Benehmen) und „Innerem" (den Gefühlen).[110] Das *yi* ist nicht, wie Ricci glaubte, das von der Vernunft als richtig Erkannte, sondern die Gesamtheit der Verhaltensweisen, die in der Beziehung zwischen Herrscher und Untertan, Vater und Sohn, Mann und Frau, Älterem und Jüngerem, Freund und Freund geziemend sind.

Nach chinesischer Tradition hat der Mensch gute natürliche Anlagen, die es zu bewahren (*cun, quan*) und zu entwickeln (*yang, hanyang*) gilt. Dem chinesischen Optimismus entspricht der christliche Pessimismus: Ohne Anstrengung ist der Mensch weder gut noch tugendhaft. Es ist zu leicht, seine Eltern zu lieben, sagt Ricci, also ist kein Verdienst dabei.

Die Ähnlichkeit zwischen chinesischen und christlichen Moralvorschriften ist nur scheinbar: Den Chinesen geht es nicht um einen jenseitigen Gott,

---

[108] *Pixie jie*, *PXJ*, V, 20b.
[109] *TZSY*, S. 575.
[110] Wang Fuzhi kritisiert in einer Anmerkung zum *Zizhi tongjian* (*Du tongjian lun*, Kap. 11, S. 351f., Ausgabe Peking 1975) Du Yu (222–284), weil dieser gesagt hat, bei den Riten zählten nur die Gefühle. Wang Fuzhi macht sich Gedanken über die Einwirkung der Umstände und des äußeren Benehmens auf die Gefühle und stützt sich dabei auf eine Stelle im *Liji*, „Tangong", *xia*: „Gefühle, die sich unkontrolliert ‚direkt' ausdrücken und ein gradliniges Vorgehen, das ist die Art der Barbaren."

sondern um die angeborene Güte des Menschen. Alles zielt darauf, dass sich ein jeder als gesellschaftliches Wesen vervollkomme, und in diesem Bemühen ist etwas Religiöses, denn damit „dient man dem Himmel" (shi Tian). Das Gute tun heißt an seinem Platz die menschlichen Pflichten richtig erfüllen (su wei)[111] und damit auch die rituellen Verhaltensweisen annehmen, die die Gesamtheit der gesellschaftlichen Beziehungen regeln. So fügt man sich den „Verhaltensregeln des Himmels und der Erde, ohne sie zu [191] verletzen"[112] und „trägt durch sein Handeln zum Werk des Himmels und der Erde bei".[113] Die Sittlichkeit und ihr Ausdruck, die Riten, sind der Weg, über den der Mensch zum Einklang mit der Ordnung der Welt gelangt, diese Ordnung in sich selbst verwirklicht und sie damit bestätigt. Die geringsten Taten fügen sich also in die kosmische Ordnung ein und erhalten dadurch eine allgemeinere und höhere Bedeutung, als es auf den ersten Blick scheinen möchte. Ricci dachte, der Konfuzianismus sei eine rein profane und politische Lehre, die sich im wesentlichen mit dem Christentum vereinbaren lässt. Doch diese Auffassung, die nach ihm noch oft vertreten wurde, trennt in typisch christlicher Art die ewigen Wahrheiten von der Wirklichkeit hienieden, religiöse Pflichten von weltlichen Aufgaben.

Montesquieu war ohne Zweifel der erste Europäer, der die chinesische Gesinnung richtig deutete. Er hatte Kenntnis von den Berichten der Missionare, und es war ihm aufgegangen, wie viel enger in China die verschiedenen Aspekte der Gesellschaft verknüpft waren als im Abendland. „Die Gesetzgeber Chinas …", schreibt er, „vermengten Religion, Gesetze, Sitten und Gebräuche; das alles war die Tugend."[114] Montesquieu sucht begreiflich zu machen, wie die vom Einzelnen verlangte Achtung vor den Älteren zugleich von politischer, religiöser und moralischer Bedeutung war, und er erklärt, dass

> die Gesetzgeber Chinas durch das Regieren hauptsächlich die Ruhe im Reich erhalten wollten. Dafür schien ihnen die Subordination das geeignetste Mittel.[115] Diesem Gedanken folgend, glaubten sie, zur Achtung vor dem Vater auffordern zu müssen, und sie setzten ihre ganze Kraft darein: Sie stellten unzählige Riten und Zeremonien auf, um ihn zu seinen Lebzeiten und nach seinem Tod zu ehren. Und man hätte den ver-

---

[111] Zhongyong 8: „Der rechtschaffene Mensch handelt seiner Stellung gemäß!"

[112] Yijing, „Xici", 4.

[113] Zhongyong 30.

[114] Esprit des lois, XIX, 19.

[115] Die Sorge um die öffentliche Ordnung war bei den Mandschu, die China von 1644–1911 regierten, noch stärker ausgeprägt, da sie als Fremde für Unabhängigkeitsregungen bei den Chinesen besonders empfindlich waren.

storbenen Vater nicht so sehr ehren können, wenn man ihn nicht schon zu seinen Lebzeiten geehrt hätte. Die Zeremonien für den toten Vater hatten mehr mit Religion zu tun, jene für den lebenden Vater mehr mit den Gesetzen, Sitten und Gebräuchen; doch waren das nur Teile eines gleichen Gesetzes, und dieses Gesetz reichte sehr weit.[116]

Dass es sich bei alledem um eine wohlüberlegte Absicht des Gesetzgebers handeln sollte – eine für Montesquieus Zeit typische Idee –, ist nicht richtig: Damit würde der uralte, ebenso religiöse wie politische Ursprung des Ahnenkults verkannt.[117] Aber Montesquieu [192] hat das große Verdienst, erkannt zu haben, wie im rituellen System der Chinesen Religion, Politik, Moral, vorgeschriebene Verhaltensweisen und Gefühle ineinandergriffen.

LOHN UND STRAFE

In der klassischen Überlieferung heißt es immer wieder, man müsse das Gute tun, ohne einen Lohn zu erwarten. Berechnung würde der guten Tat jeden Wert nehmen. Wang Fuzhi schreibt:

> Ein edler Mensch wird nicht wegen einer Belohnung zum Guten angespornt. Wenn der Herrscher mit Belohnungen zum Guten ermuntern will, wird sie der Edle nur schamerfüllt annehmen, während der Geringe Tugend vortäuscht, weil er die Belohnung will, und so verbreitet sich überall Falschheit, und es gibt viel zu viele Belohnungen. Ebenso glaubt das Volk, man könne sich bei unsichtbaren Mächten Verdienste erwerben, und gewisse behaupten, dieser Glaube sporne die Leute zum Guten an … [Damit] wühlen [die Buddhisten] das dumme Volk auf und schüchtern die anständigen Leute ein, und so geht im Herzen der Menschen das *Dao* verloren.[118]

„Der edle Mensch", steht im *Buch von der rechten Mitte*, einem der *Vier Bücher*, „erwartet ruhig, was ihm das Schicksal bereithält und führt ein friedvolles Leben. Der Geringe versucht mit gewagten Manövern das Glück auf seine Seite zu zwingen." Und ebenso: „Der edle Mensch handelt seiner Stellung gemäß und begehrt nichts darüber hinaus."[119] Das fasst Pater Longobardo in folgende Worte: „Die Chinesen sagen, man müsse handeln, ohne sich um das Ende zu kümmern, da es weder Strafe noch Lohn gibt."[120]

---

[116] *Esprit des lois*, XIX, 19.
[117] Siehe oben S. 131 und 133.
[118] *Du tongjian lun*, Kap. 3, S. 81f.
[119] *Zhongyong* I, 36 und 39.
[120] Longobardo 1701, S. 99.

Der Buddhismus wurde manchmal beschuldigt, dem berechnenden Denken Vorschub zu leisten, da er denen eine bessere Wiedergeburt versprach, die den Mönchen Gaben darbrachten und die Verbote beachteten. So kritisiert Gu Yanwu (1613–1682) die Gelehrten, die sich aufs Alter hin dem Buddhismus oder Daoismus (dessen Techniken das Leben verlängern sollen) zuwenden: „Obwohl sich diese Leute anders verhalten als jene, denen es nur um Landerwerb oder den Bau von Häusern geht, so gleichen sie ihnen doch, was Leidenschaft und Berechnung betrifft."[121]

[193] Es ist verständlich, dass man auch der Lehre vom Herrn des Himmels vorwarf, sie wolle die Leute mit Versprechen und Drohungen – unendliche Glückseligkeit, ewiges Höllenfeuer – an sich binden, da ja nach ihr das ganze jenseitige Schicksal in diesem einzigen Leben auf dem Spiel steht. Das war ein wichtiger Unterschied zum Buddhismus, dem gemäß jede Existenz nur ein Punkt ist in der unbestimmt langen Folge von Wiedergeburten, die nur unterbrochen werden kann, wenn jemand den Zustand eines Buddha erreicht. Im Gegensatz zur schrecklichen Alternative in der Lehre vom Herrn des Himmels hat es etwas Tröstliches, dass im Buddhismus die Taten automatisch Früchte tragen. Die Bonzen selbst sahen diesen Unterschied sehr wohl: „Sie wollen die dummen Leute blenden und erschrecken", schreibt der Mönch Yuanwu, „mit dem Versprechen eines nie endenden Glücks [und der Drohung mit ewigen Qualen]."[122]

Die Missionare ihrerseits waren erstaunt, dass sich die Gelehrten so wenig für die Belange des jenseitigen Lebens interessierten: „Sie erwarten im anderen Leben weder ein Paradies noch eine Hölle, weder Strafe noch Lohn", schreibt Caballero, „denn sie glauben, dass sich alles auflöst, und so fürchten und hoffen sie nichts."[123]

Longobardo zählt auf, was die chinesischen Gelehrten glauben: Doktor Li Songluo (Li Sung Lo), Präsident des Finanzamts, findet, dass es nach dem Tod weder Lohn noch Strafe (im Sinn, wie es die Christen verstehen) gibt und dass die Menschen in das Nichts zurückkehren, aus dem sie gekommen sind. Er verwirft die Idee von einem unsterblichen Gott, der belohnt und straft, ebenso die Idee von einem Paradies und einer Hölle. Und Doktor Jing Lunlu (Ching Lun Lu), Beamter am Amt für Riten, sagt, man müsse sich nicht um das andere Leben bemühen, sondern um dieses.[124]

---

[121] *Rizhi lu*, Kap. 13, Paragr. 27.

[122] *Biantian shuo* (1635 oder 1636), VII, 25b-26a. Gleiche Formulierung in ZP, 10b-11a. Ricci seinerseits warf den Buddhisten vor, sie hätten Pythagoras die Theorie von der Seelenwanderung gestohlen und erschreckten nun damit die Leute.

[123] Sainte-Marie 1701, S. 77.

[124] Longobardo 1701, S. 89. Auch Kaiser Kangxi staunte ja, dass die Missionare fortwährend mit dem Jenseits beschäftigt waren. Siehe oben S. 91f.

Dass die Chinesen nicht an ein Paradies oder eine Hölle glaubten, heißt noch nicht, dass es bei ihnen Lohn und Strafe überhaupt nicht gab. Doch betrafen sie dieses Leben oder den Familienstamm: Der gute oder schlechte Ruf, den die Verstorbenen hinterlassen hatten, waren der Lohn oder die Strafe. Sonst aber überließ man sich mit ruhigem Vertrauen seinem Schicksal. Lu Shiyi (1611–1672) schreibt:

> Es kommt zwar vor, dass höchst loyale und den Älteren ergebene Leute Unglück erfahren **[194]** müssen und dass im Gegenteil Verräter und Taugenichtse mit Glück ihrer Strafe entgehen; sind jedoch einmal die Angelegenheiten geordnet, so werden entweder in diesem Leben oder in den nachfolgenden Generationen die anständigen Leute Lob und die Schurken ihre Strafe erhalten. Wie sollte man leerem Geschwätz über Sachen trauen, die man weder sehen noch hören kann?[125]

Wie ein Gelehrter zur Song-Zeit sagte: „Gibt es kein Paradies, ist alles gesagt; gibt es eines, so ist es richtig, dass anständige Leute dorthin aufsteigen. Gibt es keine Hölle, ist alles gesagt; gibt es eine, sollen die Taugenichtse dorthin kommen."[126] Damit wollte er die frommen Handlungen kritisieren, mit denen es im Buddhismus möglich ist, durch eine „Übertragung des Verdienstes" für die verstorbenen Eltern eine bessere Wiedergeburt zu erlangen. Und er schließt: „Um der verstorbenen Eltern willen zum Buddha beten heißt sie als Taugenichtse ansehen."

Ricci hat die Formulierung in seine *Wahre Bedeutung des Herrn des Himmels* aufgenommen und lässt den „chinesischen Gelehrten" sagen:

> Ein Weiser früherer Zeit hat gesagt: „Wozu an ein Paradies und an eine Hölle glauben? Gibt es ein Paradies, werden die anständigen Leute bestimmt dorthin aufsteigen. Gibt es eine Hölle, werden die Schlechten bestimmt dorthin kommen. Wir müssen uns einfach anständig verhalten."
> Das ist wahrhaftig schön gesagt.

Doch der „Gelehrte aus dem Abendland" erwidert: „Wer nicht an Paradies und Hölle glaubt, ist sicherlich kein anständiger Mensch."[127]

Da nach chinesischer und buddhistischer Auffassung Lohn und Strafe automatisch folgen, ist eine göttliche Einwirkung tatsächlich unnötig. Was man darüber auch gesagt haben mochte – es gibt für die Chinesen keinen Begriff von Sünde, wie ihn die Christen verstehen, nämlich als Verfehlung gegen Gott im Gegensatz zu Verfehlungen gegen die Menschen. Für alle Arten von Verbrechen und Verfehlungen steht nur ein Begriff *zui*. Wie ein

---

[125] *Sibian lu jiyao*, Kap. 25, 9a.
[126] *ZP*, 7a. Die Formulierung figuriert im *Chuijian lu* von Yu Wenbao aus der Song-Zeit.
[127] *TZSY*, S. 555.

protestantischer Missionar Ende des 19. Jahrhunderts schreibt: „Wer war glücklich genug, ein Wort für Sünde zu finden, ohne in die Szylla des Zivildeliktes zu fallen oder in die Charybdis der Strafe für die Fehler eines vorhergehenden Lebens?"[128] Die Bemerkung ist richtig und zeugt von einer guten Kenntnis der chinesischen Wirklichkeit. Die Beseitigung der „Sünden" (*chu zui*), von der in gewissen Texten der „Schule des reinen Landes" lange die Rede ist, hat nichts mit der christlichen Vergebung der Sünden zu tun. Die buddhistischen [195] „Sünden" können ebenso religiöser wie profaner Art sein. Den Buddhisten geht es darum, die Anhäufung von schlechtem *karma* zu verringern, indem man sich durch frommes Handeln Verdienste (*punya*) erwirbt.

Wer die Riten vollkommen aufrichtigen Sinnes vollzieht, „dient dem Himmel" und trägt zur universalen Ordnung bei. Für die Christen hat das gute Benehmen nur im Namen des Glaubens Wert und Sinn. „In Staaten, wo (die Nächstenliebe) nicht bekannt ist", schreibt Nicole, „lebt man doch genauso in Frieden, Sicherheit und Bequemlichkeit, wie wenn man in einem Land von Heiligen wäre."[129] – Weil eben die Eigenliebe „die hauptsächlichen Taten der Nächstenliebe nachahmt" und die „menschliche Ehrbarkeit" hervorbringt, nämlich Demut, Wohltätigkeit und Mäßigung. Möglich, dass Nicole bei diesen Worten an China dachte, denn gewisse Jesuiten priesen das Land für die Ruhe und Ordnung, die dort herrschten. Doch wer Gott nicht kennt, kann nicht gut handeln, was er auch tut, denn außerhalb Gottes gibt es kein Gutes.

Die Christen setzen Heil und Glauben eng nebeneinander und sprechen von ewigem Lohn oder ewiger Strafe. Das schockierte viele Chinesen. Denn alle, die nicht von der Offenbarung wussten, waren dem ewigen Höllenfeuer geweiht, während die Konvertiten, die ehrliche Reue zeigten, für alle Verfehlungen die vollständige Absolution erhielten.

„Die schlimmsten Räuber brauchen einfach einmal zu ihnen zu gehen und können dann in den Himmel des ewigen Glücks aufsteigen", steht in einem Pamphlet von 1634, „während Yao und Shun, der Herzog von Zhou und Konfuzius dort nicht zugelassen sind, sondern in der reinigenden Hölle eingesperrt bleiben müssen."[130] „Nur die Anhänger ihrer Lehre können das Gute tun", schreibt um 1635 ein gewisser Lin Qilu.

---

[128] „In What Form Shall We Give the Bible", in *Chinese Recorder* 1890, S. 454, zitiert von A.F. Wright 1953, S. 291.

[129] Pierre Nicole, *Essais de morale* (1671–1678), zitiert von E. Brehier 1929, II, S. 9.

[130] *Zhuzuo ji yuanqi*, *PXJ*, VIII, 24b. Vgl. auch *TXCZ*, 19. Absurdität, S. 919: „Da der Herr des Himmels in seiner Barmherzigkeit die Verbrechen tilgen kann, mag jeder nach Belieben das Schlechte tun und warten, dass eines Tages der Herr des Himmels seine Vergehen tilgt."

Auch wenn sie Himmel und Erde beleidigen, Geister und Götter kränken, sich ihrem Herrscher und ihren Eltern widersetzen, beschützt sie der Herr des Himmels und öffnet ihnen das Paradies. Wer nicht zu ihrer Lehre gehört, handelt schlecht. Auch wenn sie Himmel und Erde ehren, Geister und Götter achten, ihren Herrscher und ihre Eltern lieben, rufen sie den Zorn des Herrn des Himmels auf sich herab und werden in die Hölle geworfen.[131]

Xu Dashou schreibt:

Wie hätten unsere alten Heiligen und Weisen die Pflege der Tugend aufgeben sollen, um sich nur um die **[196]** Gunst des Himmels zu bemühen? Aber noch schlimmer: Was diese Barbaren für Gut und Schlecht halten, ist genau das Gegenteil dessen, was unsere Heiligen und Weisen darunter verstehen ... In den Büchern der Barbaren steht: „Wenn du dein ganzes Leben lang das Gute getan, dich aber dem Herrn des Himmels nicht gefällig erwiesen hast, dann hast du das Gute umsonst getan. Wenn du dein ganzes Leben lang das Schlechte getan, dich aber einen Augenblick dem Herrn des Himmels gefällig erwiesen hast, wird alles Schlechte sogleich getilgt" ... Wie kann man Himmel und Erde hervorgebracht haben, Herr des Himmels sein und so unwürdige Berechnungen anstellen?[132] ... Diese Barbaren nehmen einen Himmel außerhalb der Natur an, und deshalb kritisieren sie die Idee von der Ergebenheit und dem Einklang mit der natürlichen Ordnung.[133] Müsste unser Himmel von diesem Herrn des Himmels abhängen, den die Barbaren fälschlicherweise eingesetzt haben, könnte er sein aufrührerisches Benehmen und seine Launen nicht ertragen und wäre ihm gegenüber von größtem Hass erfüllt.[134]

Außerdem verletzt die Lehre vom Herrn des Himmels die Achtung vor den Älteren, indem sie Familien in Heiden und Bekehrte aufteilt. Xu Dashou schreibt:

Was die verstorbenen Eltern betrifft, die zu ihren Lebzeiten von der Irrlehre nichts gehört haben, so werden sie von ihnen ungerecht zur reinigenden Hölle verdammt, auch wenn sie tugendhaft und weise gewesen sind. Und wenn es sich um geringere Leute handelt, so teilen sie ihnen sogleich die ewigen Qualen zu. Haben diese Leute fromme Söhne, die dem Herrn des Himmels schmeicheln, so werden sie – will man ihnen

---

[131] *Zhuyi lunlüe*, *PXJ*, VI, 2a.

[132] Wörtlich: „Berechnungen, die darauf gründen, dass man das Glück sucht und das Unglück vermeiden will."

[133] Anspielung auf die Klassiker: *fanwei*, „sich einfügen" in das Werk des Himmels und der Erde ist dem *Yijing* entlehnt; *canpei*, „mitarbeiten" am Wirken des Himmels und der Erde stammt aus dem *Zhongyong*. Siehe S. 195, Anmerkungen 81 und 82.

[134] *ZP*, 7a-b.

glauben – ins Paradies eingehen können. Doch ist der Zorn des Herrn des Himmels schrecklich und nur sehr schwer zu besänftigen: (Wer nicht Christ ist) kann noch lange ein frommer Sohn sein, das hilft den verstorbenen Eltern überhaupt nicht.[135]

Dass Strafe und Lohn endgültig sein sollen, scheint den Chinesen ebenso ungerecht wie die Verbindung zwischen christlichem Glauben und ewigem Heil. Zwischen Sünden und Strafe, Verdienst und Belohnung fehlt da jegliches Gleichgewicht, und das verletzt ein grundlegendes Prinzip der chinesischen Rechtsprechung und der Religion: dass sich Verfehlung und Strafe genau entsprechen müssen. Außerdem ist der Herr des Himmels offenbar von unglaublicher Härte, da er die Verdammten ewigen Qualen aussetzt, was doch der unendlichen Barmherzigkeit, die man ihm nachsagt, widerspricht. [197] Und andererseits ist es ungerecht und willkürlich, dass Verfehlungen und Verbrechen völlig und endgültig getilgt werden können. „Diese Leute", schreibt Xu Dashou, „haben also nie gehört, was der buddhistische Kanon sagt: Hat man einmal Gut und Böse erschöpft, steigt man auf oder ab (auf der Leiter der guten oder schlechten Schicksale)."[136]

Im Buddhismus sind Hölle und Paradies Ort von zwei der sechs möglichen Wiedergeburten: als Gott (*deva*) oder als Höllenwesen (*nāraka*). Wie die anderen Wiedergeburten sind auch diese vorübergehend. Sie sind Produkte des *karma* und reine Illusion, denn sie gehören zum Relativen und Zusammengesetzten, das an sich kein Sein hat. In seiner Abhandlung *Wider die Ketzerei* weist Yang Guangxian auf diese Unterschiede hin:[137]

> Hölle und Paradies sind von den Buddhisten erdacht worden, um die Dummen zum Guten anzuspornen. Nicht, dass es wirklich Hölle und Paradies gäbe: Die Segnungen, die den guten Taten folgen, und das Unglück, das aus den schlechten erwächst, das sind Paradies und Hölle dieser Welt ... Doch absurderweise lehren diese Leute, dass Paradies und Hölle über und unter uns tatsächlich existieren, und sie sagen, jene, die ihre Lehre achten, stiegen ins Paradies hinauf, während die anderen zur Hölle fahren. Ihr Herr des Himmels ist also nur ein Nichtswürdiger, der die Leute anspornt, ihm zu schmeicheln. Wie wäre er fähig, die Welt zu lenken? Es ginge noch an, wenn alle, die ihn verehren, anständige Leute wären, und jene, die ihn nicht verehren, Taugenichtse. Ist aber das Umgekehrte wahr, wäre das nicht eine unerträgliche Verkehrung von Gut und Böse? Die buddhistische Reue entspricht dem, was Yanzi, Schüler des Konfuzius, lehrte, als er sagte, man solle „nicht zweimal den glei-

---

[135] ZP, 17a.

[136] Ibid., 11a.

[137] Auch der Mönch Yuanwu vermerkt diese Unterschiede in seinem *Biantian shuo*, PXJ, VII, 23b-24a.

chen Fehler machen" (*bu er guo*). Nie hat der Buddhismus von endgültiger Tilgung der Vergehen gesprochen. Wenn aber diese Lehre behauptet, *Yesu* und seine Mutter vergäben jedem, der sie bekümmert anruft, und er könne dann ins Paradies aufsteigen, so heißt das, Verbrecher und Betrüger könnten zu himmlischen Wesen werden. In Wahrheit muss ihr Paradies ein großes Räubernest sein! Nachdem diese Leute zusammengelesen haben, was vom Auswurf des Buddha übriggeblieben war,[138] sagen sie nun, der Buddha sei in die Hölle geworfen worden und könne nie mehr herauskommen. Alles weist darauf hin, dass ihr Herz von Hass erfüllt ist, und ihre Reden (giftiger) sind als jene von eifersüchtigen Frauen. Wäre das **[198]** eine gute Lehre für die Welt, müsste sie gute und große Grundsätze vertreten wie Konfuzius, der uns lehrt, rechtschaffen und ehrlich zu sein, und der Selbstvervollkommnung und Harmonie in der Familie – und die praktische Anwendung dieser Tugenden: eine gute Regierung und Frieden im Volk – für grundlegend hält. [Dann] müssten sie von den Leuten keinen Respekt fordern und würden doch spontan geachtet. Aber was soll denn dieses Vorgehen, mit dem man den Buddhismus als falsch verwirft und selbst eine teuflische Irrlehre aufstellt?[139]

In nicht weniger heftigem Ton lässt sich der japanische Apostat Fabian Fucan vernehmen, dem die Vergebung der Sünden eine Ungeheuerlichkeit scheint:

Auch wenn jemand ein Bandit oder Seeräuber gewesen ist, wenn er Vater und Mutter getötet, die [gemäß Gesetzbuch] fünf abscheulichen Verbrechen begangen hat, auch wenn er sich des Verrats oder des Aufstandes gegen den Staat oder anderer Kapitalverbrechen schuldig gemacht hat, so müssen die Patres ihn nur [in der Beichte] anhören, und seine Verbrechen sind getilgt. Das behaupten sie. Eine wahrhaft teuflische Lehre … Für ihre Beihilfe zu Banditentum und die Aufwiegelung zu Rebellion und Mord sollten die Patres mit dem rotglühenden Eisen gebrandmarkt werden.[140]

SIE VERACHTEN DAS LEBEN

Das Christentum erscheint seinen Gegnern als eine Lehre zur Qual der Menschen: Es redet ihnen ein, sie ständen vor einer entsetzlichen Wahl – ewige Verdammnis oder Glückseligkeit –, schürt ihre Unzufriedenheit, indem es den Paradiesesfreuden das ganze Elend dieser Welt gegenüberstellt,

---

[138] Gemeint ist, die Barbaren hätten dem Buddhismus die Idee von Paradies und Hölle gestohlen.
[139] *Pixie lun*, S. 1111f.
[140] G. Elison 1973, S. 283.

und zerreißt sie schließlich auch innerlich, indem es den Menschen in Körper und Seele zweiteilt.[141]

In Riccis großem Buch steht ein langer Abschnitt über das Leidvolle des Daseins und die dauernde Unzufriedenheit des Menschen. Die seelische Unruhe, den unstillbaren Durst nach Glück sieht er als Beweis dafür, dass der Mensch in dieser Welt ausgesetzt ist. „Wer möchte sich denn zufriedengeben mit dem, was er hat, und suchte nicht anderswo? Schenkte man den Menschen alle Reichtümer und alle Völker dieser Welt, wären sie noch nicht zufrieden, diese Irren!"[142] Aber, gibt der buddhistische Mönch Tongrong Ricci zur **[199]** Antwort, eine Lehre, die behauptet, unsere wahre Heimat sei der Himmel und damit ständige Unzufriedenheit predigt, kommt gerade recht, den Menschen vorzuwerfen, dass sie sich mit ihrem Los nicht zufriedengeben:

> Da zeigt sich wohl, wie verblendet Ricci ist: Er behauptet irrtümlich, es gebe außerhalb unseres Geistes einen Herrn des Himmels, den man lieben und dem man dienen und auf den man alles bauen muss, womit gesagt ist, dass man sich mit seinem Los nicht zufriedengeben und ständig anderswo suchen soll. Und danach wirft er den Leuten vor, sie seien nie mit dem zufrieden, was sie haben! ... Er weiß überhaupt nichts von dem, was der Mensch sicher besitzt, nämlich den innersten Geist, die innerste Natur, großes *Dao*, das, was uns mit dem Körper gegeben ist und dem alle unsere Heiligen und Weisen (des Konfuzianismus) zu aller Zeit ihre Kräfte geweiht haben, das, was sie der Welt verkündet haben und was die Ruhe in der Gesellschaft und die politische Ordnung erhält ... Ricci irrt sich über den innersten Geist und die innerste Natur. Er widersetzt sich also den ständig fortbestehenden Prinzipien der Moral.[143]

Den Christen genügt es nicht, ihre Leidenschaften zu bekämpfen: Sie verachten dieses Leben, weil sie ihre ganze Hoffnung in eine zukünftige Existenz setzen. Huang Zhen schreibt:

> Sie haben die fixe Idee, nach dem Herrn des Himmels zu suchen, und es reut sie überhaupt nicht, wenn sich ihr ganzes Leben darin erschöpft, ihm zu schmeicheln. Sie verbringen also ihr Leben damit, Illusionen nachzuhängen. Es ist ein unwirkliches Leben (*xusheng*). Ihr ganzer Ehrgeiz geht auf das Paradies, diese Täuschung. So fällt es ihnen nicht

---

[141] In einer Denkschrift aus dem ersten Jahr der Yongzheng-Zeit (1723) steht, die Lehre der Missionare stifte im Volk Verwirrung; zitiert in „Etat de la Religion dans l'Empire de Chine en l'année 1738" (*LEC* XXV, S. 263): „Das dumme und unwissende Volk hörte ihre Lehre an und folgte ihrer Religion und füllte sich so völlig umsonst Geist und Herz mit Unruhe."

[142] *TZSY*, S. 424f.

[143] *Yuandao pixie shuo*, *PXJ*, VIII, 14b-15b.

schwer, dieses Leben zu verlassen, um dorthin zu kommen, und noch sterbend nähren sie Illusionen. Es ist ein unwirklicher Tod (*xusi*).[144] Für uns jedoch sind Leben und Tod große Dinge. Diese unheilvollen Barbaren behaupten also genau das Gegenteil von dem, was Konfuzius und Menzius über die richtige Einteilung der Begierden sagen ... Für unsere Heiligen und Weisen ist es eine wahre Freude, das Leben zu genießen. Das hat also gar nichts mit dem zu tun, was diese verschlagenen Barbaren über die vernunftbegabte Seele sagen, die bei der Geburt gefesselt und beim Tode befreit werden soll, als käme sie aus einem düsteren Gefängnis. Sie lehren die Menschen, das Leben als Qual und den Tod als Glückseligkeit zu betrachten. Denn in Tat und Wahrheit wissen die Barbaren nicht um den wahren Grund der **[200]** Dinge (der in uns ist) und klammern sich an die Idee von einem Herrn des Himmels außerhalb ihrer selbst und an die Idee von einer vernunftbegabten Seele innerhalb ihrer selbst. Sie kleben an der Hoffnung nach einem Paradies und suchen mit allen Mitteln den Weg dorthin. Sie quälen sich grundlos, und ohne dass sie etwas getan hätten, schlagen sie sich auf die Brust und flehen um Errettung. Wo ist bei ihnen die Lebenslust und die dem Weisen eigene Gemütsruhe?[145]

„Über einen Mann, der schon lange Jahre krank war", schreibt Xu Dashou, „sagten sie zu mir: ‚Diese Krankheit ist eine Segnung des Herrn des Himmels, der ihn in der anderen Welt belohnen wird'. Aber wer hat diese andere Welt je gesehen?"[146]

Ricci war unvorsichtig genug, in seine *Wahre Bedeutung des Herrn des Himmels* eine Anekdote aufzunehmen, die das Christentum für viele Chinesen zur Lehre machte, „in der man zu den Geburten kondoliert und zum Tod gratuliert" (*diao sheng qinq si*):[147]

Ich habe gehört, dass es vor nicht allzu langer Zeit in einem Königreich einen Ritus gab – ob es ihn noch gibt, weiß ich nicht –, der darin bestand, den Eltern eines Neugeborenen zu kondolieren, da man fand, es sei in eine Welt voller Mühen und Qualen geboren worden, und den An-

---

[144] Ähnliche Überlegung bei Nietzsche (1888, S. 53): „Wenn man das Schwergewicht des Lebens nicht ins Leben, sondern ins (Jenseits) verlegt – ins Nichts –, so hat man dem Leben überhaupt das Schwergewicht genommen."

[145] *Zunru jijing*, PXJ, III, 16a-17a.

[146] ZP, 31a-b.

[147] Vgl. die kleine Schrift des Mönchs Purun aus Hangzhou, das *Zhuzuo ji yuanqi* (1634), PXJ, VIII, 23a: „Sie lehren ihre Anhänger, das Glück zu meiden und das Unglück zu suchen. Sie schulen sie, leichten Herzens ins Unglück zu rennen und sich glücklich zu schätzen, wenn jemand stirbt." Gleiche Formulierung im *Pi Tianzhujiao xi* des Mönchs Chengyong (1637), PXJ, VIII, 24a.

gehörigen eines Toten zu gratulieren, da man fand, er habe diese mühe- und qualvolle Welt verlassen. Das ist übertrieben, zeugt aber doch von einem gewissen Verständnis für das Wesen dieser Welt. Es ist nicht die Welt des Menschen. Es ist ursprünglich der Aufenthalt der Tiere ... Der Mensch ist in dieser Welt nur ein vorübergehender Gast.[148]

Der Verfasser der *Anleitung zur Kritik* nimmt dieses Thema aufs Korn:

Sie lehren, man solle ganz umsonst darauf hoffen, dass die Seele dereinst ewig leben wird und dass es in der Gegenwart nichts Wichtigeres gibt, als den Tod zu suchen. Sie erzählen, dass in ihrem Land bei einer Geburt Verwandte und Freunde an die Tür kommen, um zu weinen und ihr Beileid auszusprechen. Wenn jemandes Vater oder Mutter stirbt, machen sie Musik und bringen ihre Glückwünsche dar. Sie sagen auch, diese Welt sei eine Welt der Tiere, und sie betrachten den Tod als eine Gunst des Himmels. Nicht nur, dass sie ihm nicht aus dem Weg gehen, sondern sie freuen sich auch noch darauf. Jemand hatte beide Augen verloren. Sie sagten, das sei eine große Gunst des Herrn des Himmels, der ihn so von zwei Feinden **[201]** befreit habe, und noch anderes solcher Art. Der Konfuzianismus sagt, man dürfe es nicht wagen, seinen Körper zu zerstören oder zu verletzen[149] und dass man sich sicherlich nicht vervollkommnen kann, wenn man ihn missachtet. Und wenn es im Buddhismus auch heißt, man gelange zum Gesetz, indem man seinen Körper vergisst, wie könnte man nach der Frucht [der Erlösung vom Kreislauf von Wiedergeburt und Tod] streben und dabei das Mittel [zur Erlösung, den Körper] verachten? Diese Leute sagen auch, dass jene, die in Schmerzen für den Herrn des Himmels sterben, im höchsten Himmel wiedergeboren werden, und sie gehen sogar so weit, Tag und Nacht die Dummen anzuspornen, sie sollten den Tod suchen. Ich weiß nicht, was sie genau im Schild führen.[150]

Und im Zusammenhang mit der Taufe für sterbende Kleinkinder:

Sie sagen auch, es gebe nicht viele Höllen,[151] sondern nur vier übereinanderliegende: die reinigende Hölle, die Hölle der Kinder, die Hölle, in der man sich von seinen Vergehen läutert, und die Hölle der ewigen Qualen. Die reinigende Hölle ist für unsere heiligen Kaiser und unsere erleuchteten Herrscher, unsere Meister und unsere Helden vorgesehen. Die Hölle der Kinder gewährt eine Vorzugsbehandlung diesen Schlechten, die vorzeitig sterben. In die Hölle, in der man seine Vergehen sühnt,

---

[148] *TZSY*, S. 426f.

[149] In der Tat ist man vor seinen Eltern, vor dem Himmel und der Erde für ihn verantwortlich.

[150] *ZP*, 25b-26a.

[151] Im Gegensatz zur buddhistischen Vorstellung.

und die Hölle der ewigen Qualen werden alle jene gestürzt, die in dieser Welt nicht ihrer Lehre folgen.[152] Ich fragte sie, was diese Hölle der Kinder bedeute. Sie antworteten, der Herr des Himmels habe befunden, die Kinder könnten aufgenommen werden, da sie ja noch von nichts wüssten. Deshalb reinigt er sie in dieser Hölle nur eben von ihrer Erbschuld. Ist ihre Schuld getilgt, verlassen sie die Welt.[153] Ihr Körper bleibt ewig der eines Kindes, und sie leben endlos zufrieden mit sich selbst. Haben die Kinder das Glück, vorher noch von diesen Leuten mit heiligem Wasser besprengt zu werden, ist ihre Glückseligkeit noch größer. So bringen sie die Toren dazu, sich zu freuen, wenn ihre Kinder früh sterben, und bekümmert zu sein, wenn sie nicht mit heiligem Wasser besprengt worden sind. Ich hasse ihre Art, die Leute aufzuwühlen. „Welches Alter", fragte ich sie, „legt ihr für jene fest, die ihr Kinder nennt?" „Je nach Intelligenz", sagten sie. „Intelligent ist, wer als Kind schon handelt, als sei er älter. Dumm ist, wer noch als Großer wie ein Kind handelt." Unter diesen Umständen müsste man bei der [202] Geburt eines Kindes wünschen, es solle jung sterben und schwachsinnig sein, und es wäre besser, schwachsinnig zu sein und vorzeitig zu sterben als hundert Jahre alt und intelligent. Ist das von gesundem Menschenverstand?[154]

Ähnlich kritisieren die Gelehrten anscheinend auch den Buddhismus. So etwa Yan Yuan:

Der Buddhismus verachtet den Körper und sagt, er behindere und hemme uns. Die Vielheit der Töne, Farben, Geschmäcke, Gerüche, Bilder und Gedanken,[155] die unsere Ohren, Augen, unser Mund, unsere Nase und unser Geist aufnehmen,[156] müssen wir, sagt er, so schnell wie möglich loswerden. Die Buddhisten betrachten also die Sinne als unsere Feinde. Und müsste man ihre Gedanken bis zum Schluss weiterdenken, wäre es am besten, ohne Verzug zu sterben: Wir würden dann nicht mehr am Körper, dieser Hemmung und diesem Hindernis, leiden.[157]

---

[152] Über die verschiedenen Höllen siehe S. 219ff. Die reinigende Hölle (*lianqing*) entspricht dem Vorhimmel der Patriarchen, der sich in der Übersetzung nur schlecht vom Fegefeuer (*qingzui*) unterscheidet: (die Hölle), in der man sich von seinen Vergehen läutert.

[153] *Chu shi*: „die Welt verlassen" meint die Erlösung vom Kreislauf der Wiedergeburten. Der Verfasser übersetzt die christlichen Ideen in buddhistische Begriffe.

[154] ZP, 26a-b.

[155] Wörtlich: „der Dinge und Angelegenheiten".

[156] Es fehlt der Körper, Organ des Tastsinns.

[157] Yan Yuan, *Cunren bian* (Über die Rettung des Menschen), 1. Kap., Abschnitt 2. „Aufruf an die Verirrten" („Huan mitu") (1682). Yan Yuans Überlegung ist nicht

Doch ist das buddhistische Schema vom griechischen verschieden. In letzterem steht das Erkennbare dem Fühlbaren gegenüber, und nach christlicher Anschauung wird die vernunftbegabte Seele vom Körper und den Sinnen geschieden. Der Buddhismus lehnt den Geist oder *mana-indriya* ab, da er Ideen, Bilder und Gedanken hervorbringt. Das reflektierte Denken, die Vernunft selbst betreffen nur das Relative und sind deshalb unvereinbar mit einem Absoluten, das nur im Zustand tiefster innerer Sammlung erreicht werden kann und das also jenseits des folgernden Denkens liegt. Der Geist gehört zu den „sechs Räubern" (*liu zei*), die der Erlösung im Weg stehen, nämlich das Sehen, Hören, Riechen, Tasten und der Geist oder das Denken (*xin* oder *yi*).[158]

Der Vergleich zwischen buddhistischer und christlicher Moral kann nicht sehr weit gehen. Das gilt auch für jene Bemühungen um Sittenstrenge, die dem Einfluss buddhistischen Denkens auf die Neokonfuzianer der Song-Zeit zu verdanken waren.[159]

Der Gegensatz zwischen „himmlischem Ordnungsprinzip" (*li*, was die Missionare mit „Vernunft" übersetzt haben) und „menschlichen Begierden" (die Leidenschaften) wie ihn Zhu Xi im 12. Jahrhundert hervorgehoben hatte, schien mit den Lehren der Missionare übereinzustimmen. Doch wie schon erwähnt, meinte dieser Gegensatz keineswegs eine Trennung von Seele und Körper. Außerdem hat sich im 17. Jahrhundert bei gewissen Denkern eine Reaktion bemerkbar gemacht gegen das, was ziemlich ungenau neokonfuzia-[203]nischer „Idealismus" genannt worden ist, also gegen die Neigung, „das Ordnungsprinzip der Natur" zu verselbständigen.[160] Man sah darin die unheilvolle Wirkung des Buddhismus auf die wahre konfuzianische Tradition. „Nur der Buddhismus hat ein von den Leidenschaften getrenntes Ordnungsprinzip (ein Absolutes) aufgestellt", schreibt Wang Fuzhi. „Das kommt gewiss von einer Abscheu vor den Dingen der Welt und ihrem Lauf, und das [endet damit], dass jede menschliche Norm aufgehoben wird … Wufeng (Hu Hong, 1105–1155) hatte Recht, als er sagte, dass ‚das himmlische Ordnungsprinzip und die menschlichen Begierden zweifacher Ausdruck derselben Wirklichkeit sind'."[161] Und:

---

   stichhaltig, denn jedem Tod folgt eine Wiedergeburt, solange man sich von ihrem Kreislauf nicht erlöst hat.

[158] Vgl. *Laṅkāvatāra Sūtra*, Kap. 4.

[159] Dieser Rigorismus muss ohne Zweifel auch im Zusammenhang mit den soziopolitischen Umwandlungen des 10./11. Jahrhunderts gesehen werden.

[160] Diese Denker hatten im 16. Jahrhundert schon Vorläufer und waren sogar mit einer ganzen geistigen Strömung verbunden, die auf das 11. Jahrhundert zurückging.

[161] *Du sishu daquan shuo*, juan 8, S. 519 der Pekinger Ausgabe (1975).

Die Buddhisten betrachten den Körper und die Sinne als unerschöpflichen Quell von schlechtem *karma*, aber sie wissen nicht, dass auch das Einfachste in uns noch die himmlische Natur (*tianxing*) und ihre Normen spiegelt. Wenn man das Edelste in sich entwickelt (wie Menzius sagte), heißt das noch nicht, man müsse das Einfachste verwerfen. Würde das Einfachste (die Sinne) dem Edelsten (dem Geist) schaden, wäre man nur schon dadurch, dass man einen Körper hat, daran gehindert, ein Heiliger zu werden.[162] Der Wunsch nach Reichtum und die Sexualität sind es, womit der Himmel die Zehntausend Wesen heimlich lenkt.

Wang Fuzhi definiert das Schlechte als Disharmonie: „Ich befürchte wohl, dass jene, die die Begierden verachten, auch das universale Ordnungsprinzip verachten."[163]

Auch Wang Yuan (1648–1710) findet, die Begierden müssten in geordnete Bahnen gelenkt, nicht aber unterdrückt werden: „Es gibt kein Gesetz gegen die natürlichen Gefühle des Menschen, das in der Welt nicht Unheil stiftet." Die heiligen Gründer der Zivilisation waren einzig darum bemüht, die menschlichen Begierden mit Hilfe der Riten zu regeln. Alles, was den Riten gemäß geschieht, ist recht getan. Alles, was ihnen zuwiderläuft, ist zu verurteilen.

Die Heiligen haben uns die Riten als Norm gegeben: Nie haben sie daran gedacht, die Begierden zu unterdrücken. Warum mit unnötiger Strenge mehr tun, als unsere Heiligen festgelegt haben? Unter zehntausend Menschen sind nur einige Helden fähig, auf alles zu verzichten. Alle anderen sind Menschen mit gewöhnlichen Fähigkeiten. Unter dem Vorwand jedoch, dass Sinnlichkeit und Alkohol die Tugend beeinträchtigen, verbietet sie der Buddhismus. Unter dem Vorwand, dass Fleischspeisen den Tod von Lebewesen voraussetzen, verbietet er sie. Ist jemand ein Held, wird er diese Vorschriften [204] beachten, ohne auch nur daran zu denken. Doch die gewöhnlichen Buddhisten werden ihre Sinne und Begierden niemals vergessen können. Sie werden Zwang auf sich ausüben und ganz widersinnig handeln, um ihrer Triebe Herr zu werden. Schließlich ist das Ergebnis noch hundertmal schlimmer, denn ihre Sinne sind von diesem Kampf überreizt. Han Yu (768–824) und Ouyang Xiu (1007–1072) haben einst die Irrtümer des Buddhismus angeprangert. Sie hätten sich nie vorgestellt, dass Übel könne so weit gedeihen, wie es heute ist, da die Daoisten den Buddhisten auf dem Fuß folgen und ihnen nach die Muslime und die Abendländer (die Missionare). Deshalb gibt es im Volk immer mehr irrgläubige Sekten.[164]

---

[162] *Du sishu daquan shuo*, juan 10, S. 694.
[163] Vgl. I. McMorran 1975, S. 445 und allgemeiner S. 443–446.
[164] *Juyetang wenji*, Kap. 9, 8a-b, „Fofa lun".

Im 18. Jahrhundert bringt der große Philologe Dai Zhen (1723–1777) an den Exzessen der Sittenstrenge die gleiche Kritik an: In unseren elementaren Bedürfnissen offenbart sich die kosmische Ordnung. Man soll sie also nicht verachten. So wie es keine abstrakte Sittlichkeit gibt, existiert auch keine vom Körper losgelöste Intelligenz. *Li* oder das Ordnungsprinzip der Natur kann in der Gesellschaft und im Menschen nicht Geltung haben, wenn die elementarsten und rechtmäßigsten Bedürfnisse nicht befriedigt sind. Dai Zhen braucht hier eine Formulierung, wie man sie schon bei Yan Yuan findet: „Die Begierden unterdrücken zu wollen ist gefährlicher, als einen Fluss in seinem Lauf zu hemmen." Die Tugend besteht nicht darin, dass man die Leidenschaften herabsetzt und unterdrückt, sondern darin, dass man sie mit Hilfe der Riten regelt und in geordnete Bahnen lenkt.[165] Es ist ein Wahn, die Natur besiegen zu wollen.

Ricci hatte den Satz des Konfuzius: „Der Mensch kann das *Dao* entwickeln. Das *Dao* kann nicht den Menschen entwickeln"[166] falsch verstanden. Huang Zhen legt ihn den moralischen Traditionen Chinas gemäß aus: Das *Dao* ist das lenkende Prinzip im Menschen. Es ist unser „angeborenes Wissen", unsere „angeborene Fähigkeit".[167] Folgt der Mensch nicht dem *Dao* und nicht seiner Natur, wird er sein eigener Tyrann und stürzt sich selbst ins Unglück. Im *Dao* gründet alles. Wie könnte man es „abhängig" (*yilaizhe*) nennen, wie es Ricci tut (der sagt, es sei ein Akzidens). Mit seinen Überlegungen zum Ausdruck „weißes Pferd"[168] behauptet der Barbar Ricci, das *Dao* sei abhängig und man könne es aufgeben. Er sagt sogar, wenn es kein *Dao* gäbe, gäbe es immer noch Menschen. Doch steht im *Buch der Lieder* (*Shijing*): „Mensch sein und keine Riten haben? [205] Besser würde man sich beeilen zu sterben!" Das heißt also, dass die Menschen weniger hoch einzuschätzen sind als die Riten.[169] Die konvertierten Gelehrten setzen

---

[165] Im 20. Jahrhundert stellt der Philosoph Liang Shuming die chinesische Tradition, wonach die Begierden den gesellschaftlichen und wirtschaftlichen Notwendigkeiten angepasst werden, der Verherrlichung des Individuums und die Überreizung der Begierden, wie es im modernen Abendland praktiziert wird, und auch der Auflösung des Ich und dem Weltverzicht, wie sie die indische Tradition kennt, gegenüber. [Zu Liang Shumings Philosophie siehe Z. Wesołowski 1997.]

[166] *Lunyu*, XV, 29.

[167] Diese Begriffe stehen im *Mengzi* und spielen auf die Keime des Guten im Menschen an, die aus moralischer Pflicht entwickelt werden müssen. Das „angeborene Wissen" um Gut und Böse ist in der Philosophie des Wang Shouren (Wang Yangming, 1472–1529) zum Hauptbegriff geworden.

[168] Siehe S. 302f.

[169] Riccis ganzes Denken gründet im Gegensatz von Substanz und Akzidens. Die Chinesen hingegen denken in einer Wertskala.

die tugendhafte Natur herab, dafür verehren sie *Yesu*. Sie verachten die Lauterkeit des Herzens, dafür beten sie den Herrn des Himmels an. Sie würdigen die Menschlichkeit und das natürliche Pflichtgefühl herab, dafür preisen sie das Paradies.[170]

CHINAS GÖTTER UND HEILIGE IN DER HÖLLE

Sagt mir nun, meine Söhne, wie viele von all den Menschen, die in diesem Land geboren wurden, bevor die Spanier das Evangelium verkünden kamen, sind gerettet? Wie viele? Wie viele sind in den Himmel gekommen? – Keine. – Wie viele Inkas sind zur Hölle gefahren? – Alle. – Wie viele Königinnen? – Alle. Denn sie haben in den Huacas den Dämon verehrt.

Predigt des Paters Avendaño vor den Indianern,
zitiert von Jean Delumeau 1978, S. 257.

In Macao, einer portugiesischen Enklave und Festung, scheuten sich die Missionare nicht zu verkünden, alle Heiligen des Konfuzianismus, Yao, Shun, Yu, König Wen und Konfuzius selbst, seien Teufel.[171] In China musste man vorsichtiger sein, denn mit solchen Reden hätten sich die Missionare nicht wenige Sympathien verscherzt und das allmählich und mühevoll Erreichte zunichte gemacht. Man konnte die Gründer der chinesischen Kultur und vollkommensten Vorbilder konfuzianischer Tugend nicht einfach zu ewigem Höllenfeuer verdammen. Ricci seinerseits war von der chinesischen Moral sehr beeindruckt und fand, auch den chinesischen Heiligen stehe das Heil zu. Konfuzius hätte ohne weiteres errettet werden können, und König Wen war im Himmel, wenn man dem *Buch der Lieder* (*Shijing*) glaubte, das Ricci verwendete, um die Existenz eines Paradieses zu beweisen. Zumindest hoffte er, dass „viele ihrer Alten durch das natürliche Gesetz gerettet worden sind – und zwar dank der besonderen Hilfe, die Gott gewöhnlich gewährt, wenn sich jemand, so weit es ihm möglich ist, um diese bemüht".[172]

„Eine sehr vornehme Persönlichkeit, die zur Götzensekte gehört", schreibt Ricci in seinem Brief von 1609 an den Visitator Francesco **[206]** Pasio, „hat mich einen Speichellecker der Gelehrten genannt, weil ich gewisse Gelehrte der alten Zeit ins Paradies versetzt haben soll."[173] Das ist Ricci nur recht,

---

[170] Brief an Yan Maoyou, *PXJ*, III, 20a-21a.

[171] Ebenso betrachteten die protestantischen Pfarrer des 19. Jahrhunderts Konfuzius als größtes Hindernis auf dem Weg zur Bekehrung Chinas. Vgl. P.A. Cohen 1978, S. 564f.

[172] *FR*, I, S. 109. Vgl. *TV*, II, S. 386, Brief Riccis an Francesco Pasio (1609): „Wir können hoffen, dass die göttliche Barmherzigkeit gewährt hat, dass viele ihrer Alten errettet worden sind, weil sie das natürliche Gesetz befolgt haben und weil ihnen Gott in seiner großen Güte geholfen hat."

[173] Brief Riccis vom 15. Februar 1609. *TV*, II, S. 387.

denn „wir hätten bei weitem zu viel zu tun, wenn wir gegen alle drei Sekten [Buddhismus, Daoismus, Konfuzianismus] kämpfen müssten".

Später jedoch, als die Missionare vielleicht ihrer selbst sicherer waren, legten sie weniger Toleranz an den Tag. Sie einigten sich auf eine Zwischenlösung zwischen Paradies und Hölle: Die Heiligen der konfuzianischen Tradition befanden sich im Vorhimmel der Patriarchen.

Der erste, 1584 gedruckte Katechismus auf chinesisch erwähnt nur drei Höllen, „die in der Mitte der Erde sind wie die Kerne in der Mitte einer Birne": die Hölle der Verdammten, wohin „all jene kommen, die von alter Zeit an bis heute gegen die Gesetze des Herrn des Himmels verstoßen haben", den Vorhimmel, „wo sich alle Kinder befinden, die plötzlich gestorben sind, ohne von Gut und Böse zu wissen", und das Fegefeuer, „wo sich die Leute von der Sekte des Herrn des Himmels aufhalten, die von ihren leichten Vergehen noch nicht gereinigt worden sind." Für die chinesischen Heiligen ist nichts vorgesehen. Aber eine neubearbeitete Version des gleichen Katechismus fügt ein halbes Jahrhundert später – um 1648 – für sie eine vierte Hölle hinzu, die nichts anderes ist als der Vorhimmel der Patriarchen:

> Der Herr des Himmels hat für die Seele des Menschen fünf verschiedene Orte erschaffen.[174] In der Mitte der Erde sind vier große Löcher. Das tiefste ist das Gefängnis, wohin der Herr des Himmels die Bösen von einst und jetzt und die Teufel wirft. Das zweite ist weniger tief. Dort sind die Guten von einst und jetzt, die ihre Vergehen sühnen. Haben sie ihre Vergehen gesühnt, nimmt sie der Herr des Himmels und lässt sie ins Paradies aufsteigen. Der dritte Ort ist für die Kinder, die noch nicht zur Lehre gekommen sind. Sie haben das Gute noch nicht getan und können deshalb nicht ins Paradies aufsteigen, um sich am Glück zu erfreuen. Da sie aber auch das Schlechte noch nicht getan haben, wäre es nicht geziemend, dass sie ins tiefste Gefängnis hinabsteigen müssten, um dort Qualen zu leiden. Doch haben sie das Vergehen des Urahnen *Yadang* geerbt. An dem Ort, wo sie sind, fühlen sie weder Freud noch Leid. Der vierte Ort ist der, wo sich die Heiligen des Altertums befinden. Ihren Verdiensten nach müssten sie in den Himmel aufsteigen, aber das Tor **[207]** des Himmels ist ihnen wegen *Yadangs* Vergehen verschlossen. Die Heiligen des Altertums haben warten müssen, bis *Yesu* nach seiner Hinrichtung sie herausholte und in den Himmel aufsteigen ließ ...[175]

---

[174] Die Chinesen könnten gemeint haben, dass hier einige Ähnlichkeit mit den buddhistischen sechs Wegen der Wiedergeburt bestehe.

[175] Die erste Version dieses Katechismus befindet sich im Römischen Archiv der Gesellschaft Jesu, Jap. Sin. I, 189 und 190. Die zweite Version liegt in mehreren Exemplaren in der Bibliothèque Nationale in Paris, Fonds chinois, Nr. 6815 bis 6819.

Der fünfte Ort ist das Paradies. Manchmal jedoch mochten die Missionare gar nicht zugeben, welches Los den höchstverehrten Persönlichkeiten des Konfuzianismus bereitet war. Um 1639 erzählt Huang Zhen in seinem Brief an den Zensor Yan Maoyou, wie er sich als Sympathisant ausgab, so bei Pater Aleni Einlass fand und mit schlauer Eindringlichkeit aus ihm herausbekam, was er über das Los des großen tugendhaften Königs Wen dachte:

> In ihrer Lehre gibt es zehn Verbote, von denen eines besagt, jemand verletze ein großes Interdikt, wenn er – da er keinen Sohn hat – eine Konkubine nimmt,[176] und er werde [deshalb] bestimmt in die Hölle kommen. Das heißt also, dass in der gesamten Geschichte Chinas keiner unser heiligen Herrscher und erleuchteten Könige, der Geliebte und Konkubinen hatte, der Hölle des Herrn des Himmels entgangen ist. Ich sagte deshalb: „Die Kaiserinnen und Konkubinen des Königs Wen waren sehr zahlreich. Wie denkt Ihr darüber?" Aleni seufzte lange und tief und antwortete nicht. Am nächsten Tag stellte ich ihm erneut die Frage. Wieder tiefe Seufzer und noch immer keine Antwort. Am übernächsten Tag fragte ich wieder und sagte: „Der Fall muss besprochen und erhellt werden. Man sollte über die ganze Vergangenheit ein großes Dossier anlegen, dann könnten die Leute, durch diese Erläuterungen aufgeklärt, zu Euch kommen und hätten keine Zweifel mehr." Aleni seufzte wieder lange, dann sagte er ernst: „Zunächst wollte ich es Euch nicht sagen, aber jetzt tue ich's." Dann seufzte er noch eine Zeitlang und sagte schließlich mit großem Ernst: „Euch sage ich es, mein guter Bruder, aber den anderen werde ich es nicht sagen: Ich befürchte wohl, dass selbst König Wen in die Hölle gestürzt worden ist." Dann besann er sich eines Besseren und sagte: „Ich spreche vom Prinzip, nicht vom Mann selbst, denn es könnte sein, dass König Wen ernsthaft bereut hat und nicht verdammt worden ist."[177]

Wie dem auch sei – nur schon der Gedanke, König Wen hätte eine Strafe zu erleiden, war skandalös. Der Mönch Purun schreibt

> Allerlei Übeltäter brauchen nur zu ihnen zu gehen, und dann können sie schon in den Himmel der ewigen Freuden aufsteigen. Unsere Heiligen aber, Yao, Shun, der **[208]** Herzog von Zhou, Konfuzius, die keinen Zugang zu ihrer Lehre hatten, sind für lange Zeit in der reinigenden Hölle (*lianqing diyu*) gefangen.[178]

Die vier Höllen in der zweiten Version sind, zuunterst angefangen: die Hölle der ewigen Qual, *yongku diyu*; die Hölle, wo man seine Vergehen sühnt, *qingzui diyu*; die Hölle der Kinder, *ertong diyu*; die reinigende Hölle, *lianqing diyu*.

[176] Die erste Kindespflicht war es, der Familie männliche Nachkommenschaft zu sichern, damit der Ahnenkult – Aufgabe der Männer – fortgeführt werden konnte.

[177] Brief Huang Zhens an den Zensor Yan Maoyou, *PXJ*, III, 9a-b.

[178] *Zhuzuo ji yuanqi* (1634), *PXJ*, VIII, 22a.

Xu Dashou schreibt:

> Was unseren Konfuzius betrifft, der die Weisheit unserer alten Könige dargestellt und sie uns als Vorbild überliefert hat, so gibt es keinen Menschen aus Fleisch und Blut, der ihn nicht verehren würde. Diese Leute sagen nun aber, er sei zusammen mit Fu Xi, Yao, Shun und allen unseren Heiligen in der Hölle. Laut den *Dringenden Worten von Gänsefuß und Erbse* scheuen sich die Barbaren in Macao nicht, Konfuzius einen Teufel zu nennen. Wie können Wesen von menschlicher Gestalt solche Dinge sagen! Als ich selbst sie so sprechen hörte, konnte ich nicht umhin, mich heftig zu empören. Doch Aleni und Longobardo sagten zu mir: „[Dort, wo sie sind] ist eine Art reinigende Hölle. Das ist nicht besonders qualvoll." Alle, die ihre Lehre befolgt, es aber nicht ganz gründlich getan haben, kommen auch in diese Hölle. Es ist eine Art zweitrangiges Paradies ... Sie sagten mir auch: „Jene, die unserer Lehre folgen, kommen in den Himmel. Die anderen nicht." Ich sagte: „So kommen fortwährend Leute in den Himmel, während Konfuzius in der Hölle ist. Seit Beginn der Menschheit hat es keinen bewundernswürdigeren Menschen gegeben als Konfuzius. Man sollte euch die Zunge herausreißen! Um Konfuzius zur Hölle zu verdammen, müsst ihr ihn wohl sehr verachten! Und ihr seid [für das Paradies] bestimmt. Wie anmaßend von euch!"[179]

Wurden den Heiligen der klassischen Tradition noch mildernde Umstände zugebilligt und nur die reinigende Hölle vorbehalten, so durften die chinesischen und buddhistischen Gottheiten mit gar keiner Milde rechnen: Für sie das ewige Höllenfeuer.

> Sie verfluchen Buddhas, Bodhisattvas, Geister und Unsterbliche, nennen sie Teufel und sagen, alle seien zur Hölle geschickt worden. In ihren Büchern heißt es, wenn man dem Himmel, der Erde, der Sonne, dem Mond, den Bodhisattvas, den Geistern, den Unsterblichen und anderen Wesen solcher Art opfere, verletze man ein großes Verbot des Herrn des Himmels und mache sich zutiefst vor ihm schuldig.[180]

> Diese Barbaren setzen an die Stelle des Herrschers in der Höhe einen gewissen *Yesu*, den eine Barbarenfrau geboren hat, und den Teufel nennen sie Buddha Śākyamuni.[181]

Die chinesischen Gottheiten ins Höllenfeuer – ihre Statuen auf den **[209]** Scheiterhaufen. Denn außer der Gottes-, Marien- und Heiligenverehrung ist für die Christen jeder Kult teuflisch. Der Glaube verlangt, dass jegliches Zeugnis von Heidentum zerstört werde. Also musste jeder, der getauft wer-

---

[179] *ZP*, 15b.
[180] Brief Huang Zhens an Yan Maoyou, *PXJ*, III, 86-9a.
[181] *Zhuzuo ji yuanqi* (1634), *PXJ*, VIII, 22a.

den wollte, alles über Bord werfen, was an Aberglauben erinnerte: daoistische oder buddhistische Bücher, Schriften mit Wahrsagungen, Figuren oder Bilder von Gottheiten. Das wurde schon zu Beginn der Mission so gehalten, wie ein Brief Riccis aus Zhaoqing vom 24. November 1585 zeigt:[182]

> Ein anderer Büßer, der aus Buße schon lange kein Fleisch, keinen Fisch, keine Eier und keine Milch mehr zu sich nahm[183] und der den Katechismus[184] gesehen und gelesen hat, brachte uns seine Götzen und seine Bücher zum Verbrennen. Er kniete nieder und schlug wiederholt mit dem Kopf gegen den Boden und bat uns, ihn zu einem Christen zu machen.

Ein gewisser Li Yingshi, der 1602 getauft wurde, war ein bekannter Geomant[185] und ein Horoskop- und Almanach-Spezialist. „Er hatte", schreibt Ricci,[186] „eine sehr gute Bibliothek, und er brauchte volle drei Tage, um sie durchzugehen und die Werke zu verbrennen, die nach unserem Gesetz verboten sind. Es waren ihrer sehr viele, besonders jene, die von dieser Wahrsagungskunst handelten, die meisten von Hand geschrieben und mit viel Fleiß und großen Kosten zusammengetragen." Die Patres hatten diesen Li Yingshi davon überzeugt, dass es dem Teufel zu verdanken sei, wenn er richtig riet, einem Pakt, den er unwissentlich mit ihm geschlossen habe.[187]

An einer anderen Stelle in seinen Erinnerungen berichtet Ricci von den Schwierigkeiten, die ein Täufling hatte, „als der Augenblick kam, die Götzen aus dem Haus zu werfen":

> Zu dieser Zeit [um 1601/1602] war es eine große Tröstung, als sich in der kleinen Zahl der neuen Anhänger ein Offizier bekehrte ... Dieser Offizier war ein Greis namens Zou, achtundsiebzig Jahre alt, der ganz in der Nähe unseres Hauses wohnte, aber noch nie mit den Unseren ins Gespräch gekommen war. Er hatte durch einen Christen, der in seinem Haus arbeitete, etwas über das Christentum erfahren und, von Gott berührt, sogleich aufgehört, die Götzen zu verehren. Er schickte zwei sei-

---

[182] *TV*, II, S. 71.

[183] Es handelt sich um einen Laienbuddhisten, von denen die Missionare zu Beginn einige bekehrten, da ihnen die scheinbaren Ähnlichkeiten zwischen Buddhismus und Christentum zu Hilfe kamen.

[184] Gemeint ist das *Tianzhu shilu* (*Wahrhaftige Aufzeichnung über den Herrn des Himmels*), 1584 in Zhaoqing gedruckt.

[185] Die chinesische Geomantie [*fengshui* 風水: Wind und Wasser] ist nicht etwa eine Methode der Wahrsagung, sondern die erlernte Fähigkeit, die günstigsten Orte für Gräber und Gebäude festzustellen.

[186] *FR*, II, S. 262.

[187] Li Yingshi wurde 1559 in Peking geboren und ist wahrscheinlich 1620 gestorben. Er hatte zwischen 1592 und 1597 am koreanisch-japanischen Krieg als Stabsgeneral teilgenommen. Vgl. *FR*, II, S. 261, Anm. 1.

ner Diener in unser Haus, damit sie Christen würden. Nach ihrer Taufe kam er persönlich und sagte, er wolle auch Christ werden.

Als aber der Augenblick kam, die Götzen aus dem Haus zu werfen, stachelte der Teufel seinen Sohn auf, [den Greis] mit Argu-**[210]**menten und mit Kraft daran zu hindern, denn dieser Sohn stand dem Haus vor, da sein Vater ihm zugunsten auf sein Mandarinsamt, das in diesem Haus seit vielen Jahren erblich war, verzichtet hatte.[188] Sein Sohn sagte, er sollte nicht Götzen aus dem Haus werfen, die sie lange und zu ihrem Wohl bei sich gehabt hätten,[189] und wenn er Christ sein wolle, könne er das nach Belieben, aber er als Heide würde die Gottheiten behalten; das Haus ohne diese Bilder würde ja seinen Freunden als verrufener Ort vorkommen, und weder seine Frau noch seine Kinder noch sonst ein Familienmitglied könnten ohne sie leben. Und als er sah, dass seine Worte nicht viel nützten, erklärte er, er würde sie nicht wegnehmen lassen, denn ebenso wie er [sein Vater] seinen Gott bei sich haben wollte, wollten er und seine Familie die ihren haben.

Der Greis war nicht wenig in Verlegenheit, denn, so fühlte er, wenn er seinen Sohn nicht zwingen konnte, Christ zu werden, konnte er ihn auch nicht daran hindern, die Götzen in seinem Zimmer aufzubewahren. Wenn er ihm aber erlaubte, sie in seinem Zimmer zu haben, konnte er auch nicht dagegen sein, dass er sie im (Haupt-)Gemach aufstellte, da ja sein Sohn schon zum Familienoberhaupt befördert worden war und alles unter sich hatte. Und trotzdem wollte der Greis die Götzen unverzüglich hinauswerfen, weil die Christen entsetzt gewesen wären, hätten sie die Götzen in seinem Haus gesehen, auch wenn sein Sohn Oberhaupt war. Auch fühlte er sich versucht, wegen dieser Götzen seinem Glauben wieder zu entsagen und sich irgendeinem Götzendienst hinzugeben. So stand dieser arme Greis große Ängste aus und kam jeden Tag in unsere Kirche, um die Taufe zu verlangen. Er argumentierte damit, dass seine Diener sie so leicht und schnell erhalten hatten, dass er zu alt war zu warten, dass er diese Götzen nicht mehr anbeten würde und dass man sie seinem Sohn wohl wegnehmen könnte, aber dass sich dieser dann neue kaufen oder machen lassen würde.

Ermutigt durch die Patres, entschloss er sich schließlich doch, sie aus dem Haus zu werfen. Er bat einen unserer Diener, seinen zwei Dienern, die schon Christen waren, zu helfen, und er befahl ihnen, alle zu nehmen und dem Pater zu bringen. Das taten sie denn auch, und zwar vor den

---

[188] Das ist ein sehr interessantes Zeugnis von einer wenig bekannten chinesischen Praxis: Die Ernennung des ältesten Sohnes zum Familienoberhaupt, während der Vater noch lebt. Das scheint ein Widerspruch zu den Gebräuchen und ist hier offenbar im Zusammenhang mit der Weitergabe des offiziellen Amtes zu verstehen. Der Sohn als Familienoberhaupt gerät denn auch in Konflikt mit seiner Pflicht, die Eltern zu achten.

[189] Zu diesem utilitaristischen und praktischen Begriff von Religion siehe S. 103f. und 122f.

Augen seines Sohnes, der seinem Vater nicht mit Gewalt widerstehen mochte, da er ihn so entschlossen sah. Aber er rächte sich an den drei Dienern, die dieses schöne Werk vollbrachten, indem er sie die ganze Zeit beschimpfte; [aber er konnte sie nicht **[211]** hindern], da sie zu dritt genug waren, unter den ständigen Beschimpfungen die Götzen zu unserem Haus zu bringen. So erhielt der Greis zu seinem großen Trost die heilige Taufe, die er so sehr begehrt hatte.[190]

In vielen chinesischen Texten ist von solchen Götzenbild-Zerstörungen die Rede. So etwa im Brief Huang Zhens an den Zensor Yan Maoyou:

Sie befehlen ihren Anhängern, ihnen die Statue des Bodhisattva Guanyin, der erhabenen Herren Guan [Yu][191] und Zitong,[192] des Herrn Kuixing[193] und des erhabenen Herrn und Patriarchen Lü (Dongbin)[194] zu bringen. Dann schlagen sie allen den Kopf ab und werfen sie in die Latrine oder ins Feuer. Nur schon der Gedanke lässt einem die Haare an Kopf und Körper zu Berge stehen und füllt das Herz mit Schmerz und verletzt die Seele. Es sind Dinge, die ich mit eigenen Augen gesehen habe. So also lehren sie die Leute, gegen die Heiligen [Chinas] aufzubegehren. Es gibt keine schlimmere Grausamkeit. Große Verbrechen sind das und große Sakrilege.[195]

Es ist in der Tat die Pflicht eines jeden Christen, heidnische Statuen und Tempel zu zerstören. Ein eindeutiger Unterschied zum Buddhismus, der mit den örtlichen Kulten gut ausgekommen ist und nur gerade die Blutopfer aufgehoben hat: „Der Buddhismus schützt die Götter, die Geister und die Menschen", schreibt der Verfasser einer *Sammlung zur Widerlegung der Irrlehre*. „Ihr Herr des Himmels hingegen will alles an sich reißen – Ruhm und Gewinn."[196] „Wo sie vorbeigekommen sind, bestehen die Schädel der Buddhas nur noch aus Staub, und die Sūtra-Texte sind zu Asche geworden."[197]

Gewisse Konvertiten legten bei der Zerstörung der Kult-Darstellungen großen Eifer an den Tag, womit sie vielleicht an bestimmte Bildersturm-Traditionen anknüpften.[198] Xu Dashou schreibt:

---

[190] *FR*, II, S. 247-249.

[191] General des Liu Bei der Shu–Han zu Beginn des 3. Jahrhunderts, zum Gott des Krieges geworden.

[192] Daoistische Gottheit des Einzelschicksals.

[193] Erster Stern im Großen Bär.

[194] Daoistische Gottheit, Persönlichkeit der Tang-Zeit.

[195] Brief Huang Zhens an Yan Maoyou, *PXJ*, III, 9b.

[196] *Buren buyan*, *PXJ*, VII, 9a.

[197] *TXCZ*, 14. Absurdität, S. 920.

[198] Beispiele dafür gab es in gewissen heterodoxen Sekten. Eine eher theoretische Form der Bilderstürmerei behandelt P. Demiéville 1974, S. 17-25.

> Die fünf Götter des Hauses, denen geopfert wird, wie es die Klassiker festgelegt haben, der viereckige Altar des Gottes des Erdbodens, der Geist der Ernte, jene, die im *Buch der Riten* erwähnt werden, die Helden, die großes Unglück abgewehrt haben, die dem Volk bei Katastrophen zu Hilfe gekommen sind, die für das öffentliche Wohl ihr Leben gelassen oder sich um den Staat verdient gemacht haben, alle diese Götter und die Seele aller dieser Leute, auch jene unseres heiligen Konfuzius, werden von [212] den Anhängern der Barbaren einfach als Dämonen abgetan. Sie spucken vor ihnen aus, ohne sie eines Blickes zu würdigen, und denken, dieses Benehmen sei eine magische Formel, um beim Herrn des Himmels gut angeschrieben zu sein. Und sie fordern die Leute immer auf, diese Götter in die Latrine zu werfen. Denen, die zu Hause in Nischen oder im Hauptraum des Hauses Götter haben, befehlen sie, diese in das Gebäude des Herrn des Himmels zu bringen, das von den Vorstehern ihres Dorfes ohne Bewilligung errichtet worden ist, um sie dort zu verbrennen. Wie schmerzlich, diese Götter – unsere größten Heiligen und größten Weisen, unsere Helden der Ergebenheit und des Pflichtbewusstseins – verstümmelt und dem zerstörerischen Feuer ausgeliefert zu sehen. Ist es nicht [laut Gesetz] ein Verbrechen, ohne Bewilligung und nach Lust und Laune die [Statuen und Täfelchen der] großen Weisen zu zerstören, die von allen Dynastien nacheinander verehrt worden sind, wie zum Beispiel [die Statuen von] Guan Yu, dem unser heiliger Kaiser vor einigen Jahren den Titel „Herrscher" verliehen hat? Außerdem ist das private Errichten von Heiligtümern oder Tempeln nach Gesetz ganz eindeutig verboten. Ich weiß nicht, welchem kaiserlichen Geheiß gemäß jene handeln, die dem Volk befehlen, dem Herrn des Himmels Gebäude zu errichten und bei sich zu Hause ein Kreuz aufzustellen. Ist das den Gebräuchen gemäß? Ist das erlaubt?[199]

Zhang Guangtian, einst Schüler des großen buddhistischen Meisters Zhuhong, erwähnt ebenfalls die Zerstörung von chinesischen Statuen und Tempeln, vermerkt aber, dass die Barbaren den Ahnenkult zulassen:

> Sie sagen, in ihrem Land verehre man nur einen Herrn des Himmels, man opfere nicht anderen Göttern und baue nur dem Herrn des Himmels Tempel. Überall in China errichten sie dem Herrn des Himmels Gebäude, wo sie seine Statue verehren. Denen, die ihre Lehre angenommen haben, ist erlaubt, zu Hause ihren Familienkult fortzusetzen, aber wenn sie andere Heiligtümer haben und andere Götter verehren, übertreten sie ein Verbot des Herrn des Himmels. Sie müssen also unbedingt die Tempel unseres Konfuzius zerstören, ebenso die Altäre der Berg- und Flussgottheiten und jene der Schutzgottheiten des Erdbodens und auch die seit alter Zeit auf kaiserlichen Befehl dem Gedächtnis der Helden der Ergebenheit und

---

[199] ZP, 20a-b.

Kindespflicht errichteten Tempel. Und sie müssen alle ihre Statuen in die Abtrittgrube werfen. Daraufhin befehlen [die Barbaren], dass [213] man in jedem Bezirk, jeder Präfektur oder Unterpräfektur dem Herrn des Himmels ein Gebäude errichte, damit dort dieser zum Tode verurteilte Verbrecher verehrt werde. Was sind denn das für ruchlose Barbaren, die sich anmaßen [die Verehrung] der Meister und uralter Vorbilder unseres Reiches zu stören und sie mit dem barbarischen Brauch eines einzigen Kultes zu ersetzen?[200]

In dieser Zerstörungswut gegen die chinesischen Kulte war etwas Unverständliches und zugleich Empörendes.

VERLETZUNG DER SITTEN

Um 1700 wurde in Europa der Streit um die chinesischen Riten ausgefochten, der sich um zwei Fragen drehte: Sollte man den *Shangdi* der Klassiker mit dem biblischen Gott gleichsetzen? Und: Sollte man den Bekehrten erlauben, den Kult ihrer Ahnen und des Konfuzius fortzusetzen?[201] Antonio de Caballero Santa Maria, ein Franziskaner, der 1633 aus Manila über Taiwan in die Provinz Fujian gekommen war, hatte betroffen festgestellt, dass die chinesischen Christen ihre Ahnen, Konfuzius und sogar den Gott der Stadt weiterhin verehrten. Mit eigenen Augen hatte er gesehen, wie sich Heiden und Bekehrte gemeinsam solchen abergläubischen Praktiken hingaben, was um so skandalöser war, als die Jesuiten selbst es zunächst verboten hatten. In einer in Manila veröffentlichten Abhandlung steht, dass „zu Beginn der Missionen in China kein Missionar die Zeremonien zuließ, von denen die Rede ist; doch um einige Schwierigkeiten zu beseitigen, die den Fortschritt der Mission hemmten, begann man dann, sie als etwas Politisches zu tolerieren".[202] Die Ahnen lagen den Chinesen in der Tat so sehr am Herzen und ihre Verehrung war für das soziale und politische System so wesentlich, dass man mit einem Verbot alles verdorben hätte. Aus ähnlichen Gründen hatte man in Indien sehr empfindlich reagiert, als die Missionare am Kas-

---

[200] *Pixie zhaiyao lüeyi*, *PXJ*, V, 29a-b.

[201] [Die neuere Literatur zum sog. Ritenstreit (*liyi zhi zheng*) ist sehr umfangreich, see CCT Database (unter: Rites controversy). Eine detaillierte Darstellung der Dokumente des Streites auf deutsch siehe Georg Pray (1723–1801), *Geschichte der Streitigkeiten über die chinesischen Gebräuche, worinn ihr Ursprung, Fortgang und Ende ... dargestellt wird* (Augsburg 1791–1792), 3 Bde.]

[202] Sainte-Marie 1701, S. 47, der Pater Barthelemi de Roberedo zitiert. Vgl. auch *DMB*, Stichwort Caballero. Die Chinesen hatten diese Änderung in der Politik der Missionare bemerkt. Vgl. *ZP*, 19b. Zitat des Textes siehe unten S. 233f.

tensystem zu rütteln begannen. Vincent Cronin sagt, Pater de Nobili und seine Gefährten seien in Madurai nicht etwa deswegen verhaftet und eingesperrt worden, weil sie eine Irrlehre predigten – für einen Hindu ist jeder Weg, der zur Wahrheit führt, der rechte –, sondern wegen der Kriege der Portugiesen, mit denen man sie verbündet wusste, und vor allem, weil gewisse [214] Missionare die Kasten vermischten und am Tag den Brahmanen, nachts den Unberührbaren predigten.[203]

Innozenz X. verbot 1645 die chinesischen Riten, dann wurden sie von Alexander VIII. wieder erlaubt, nachdem Pater Martino Martini beim Papst den Standpunkt der Jesuiten geschickt vertreten hatte. Caballero sagt, er sei Pater Martini nach dessen Rückkehr aus Europa 1659 in Hangzhou begegnet. Martini soll die These vertreten haben, man brauche nur nicht zu vergessen, dass in China jeder Kult politischen und profanen Ursprungs sei, dann würde eine völlig heidnische Handlung richtiggestellt. „Wenn das erlaubt ist", ruft Caballero aus, „dann sind die Missionare von der mühevollsten Arbeit und aus der schrecklichsten Verlegenheit befreit. Sie besteht nämlich darin, die Bekehrten vom Kult ihrer Götzen abzubringen. So werden alle Unannehmlichkeiten ein Ende haben, nicht nur, was den Kult des Konfuzius und der Ahnen betrifft, sondern alle chinesischen Götzen. Die ursprüngliche Bedeutung und die Absicht retten alles."[204] Kommentare zu dieser Einstellung finden sich in Pascals *Provinciales* ...[205]

Als zu Beginn des 18. Jahrhunderts die Feinde der Jesuiten die Oberhand gewannen, wurden die chinesischen Riten dreimal als Aberglaube verurteilt: von Papst Clemens XI. 1704, 1707 und 1715, dann durch den Legaten des Papstes Mezzabarba 1721 unter acht sehr einschränkenden Bedingungen erlaubt, schließlich von der Bulle *Ex quo singulari* Benedikts XIV. 1742 absolut und endgültig verboten.[206]

---

[203] V. Cronin 1959, S. 249.

[204] Sainte-Marie 1701, S. 50. Die Anspielung auf eine „Richtung der Absicht" lässt vermuten, dass es bei Martini und anderen Jesuiten in China molinistische Tendenzen gab. Mehrere von ihnen hatten ja in Coimbra oder Evora studiert, wo einst der berühmte Molina (1536–1600) gelehrt hatte.

[205] [Siehe Blaise Pascal (1623–1662), *Les Provinciales*, in: *Œuvres complètes*. Texte établi et annoté par Jacques Chevalier (Paris: Gallimard 1954). Elektronische Version der Ausgabe von 1864 siehe www.archive.org. Deutsche Fassung siehe *Briefe gegen die Jesuiten* (*Lettres provinciales*) (Jena 1907).]

[206] L. Wei 1960, S. 33f. Zu Beginn des 18. Jahrhunderts war es den Bekehrten erlaubt, den Ahnenkult unter der Bedingung fortzusetzen, dass er sich auf einen einfachen Akt der Dankbarkeit beschränkte, wie es den Anweisungen Papst Alexanders VII. entsprach. Vgl. Brief des Paters de Fontaney aus London 1704, in *LEC*, VIII, S. 168.

Laut ihren Anklägern haben die Jesuiten außerordentliche Nachgiebigkeit an den Tag gelegt. Doch nach chinesischen Quellen scheint diese Toleranz gar nicht so groß gewesen zu sein: Viel häufiger ist vom Verbot des Ahnenkults die Rede als von seiner Zulassung. Die wirkliche Haltung der Jesuiten lag wohl zwischen Toleranz und Strenge: Wohl erlaubten sie da und dort ihren Konvertiten, den Ahnenkult fortzusetzen, doch das eben, weil es gefährlich war, frontal gegen etwas vorzugehen, auf dem die soziale, politische und religiöse Ordnung Chinas ruhte. Hauptsache, man konnte auf die Dauer Sitten und Denkweisen verändern. Die am besten belehrten und am meisten überzeugten Konvertiten haben offenbar mit dem Ahnenkult aufgehört. Übrigens scheinen innerhalb der Jesuitenmission selbst nicht alle Missionare das gleiche über diesen Kult gedacht zu haben.

Zhang Guangtian sagt, dass „jene [Chinesen], die ihrer Lehre [215] folgen, den Ahnenkult weiterführen dürfen", alle anderen aber nicht.[207] Auch Xu Dashou spricht davon und ist sogar empört, dass bei den Konvertiten der Herr des Himmels, die höchste Gottheit, mit den einfachen Familienahnen vereint wird: Das ist ein Angriff auf die rituelle Hierarchie.[208]

Eine vom 20. Dezember 1637 datierte Proklamation des Justizinspektors der Provinz Fujian vermerkt im Gegenteil, dass gewisse von Manuel Dias dem Jüngeren und Giulio Aleni bekehrte Chinesen nicht mehr ihren Ahnen opfern.[209] In der Tat hat Manuel Dias – 1610 in China angekommen, 1659 in Hangzhou gestorben – in seinen *Einfachen Erklärungen zu den Zehn Geboten der heiligen Lehre vom Herrn des Himmels* (*Tianzhu shengjiao shijie zhiquan*)[210] alle chinesischen Kulte kategorisch verurteilt:

> Alle eure Götter des Erdbodens, alle eure weisen und, wie ihr sagt, heiligen Männer, denen ihr ein Wissen um die zukünftigen Dinge zuschreibt[211] wie den Engeln und Propheten des Wahren Gottes, alle eure Ahnen sind nicht Freunde Gottes und können es nicht sein. Und doch ehrt ihr sie mit einem höchsten Opferkult und werft euch vor ihren Bildern zu Boden wie vor dem Wahren Gott ... Irrtum! Verblendung! Ein Berg von Aberglauben und Gottlosigkeit![212]

---

[207] *Pixie zhaiyao lüeyi*, PXJ, V, 29a.

[208] ZP, 20a.

[209] PXJ, 11, 36b-37a.

[210] Erste Ausgabe: Peking, 1642. Neuauflagen: 1659 und 1798, nach Xu Zongze 1958, S. 361. [Zum Werk von Dias siehe auch CCT Database (unter: Tian zhu sheng jiao shi jie zhi quan). Faksimile siehe http://archives.catholic.org.hk]

[211] Die Gabe, Zukünftiges voraussagen zu können, war nicht ein wesentliches Merkmal der chinesischen Heiligen. Zum *shengren*-Begriff siehe oben S. 197f.

[212] Zitiert von Sainte-Marie 1701, S. 124.

Der Vizepräsident des Nanjinger Ministeriums für die Riten, Shen Que, schreibt 1616:

> Ich habe erfahren, dass [die Missionare] mit ihren Lügen den kleinen Leuten den Kopf verdrehen und nicht zögern, ihnen zu sagen, sie dürften den Ahnen nicht mehr opfern, sondern müssten nur den Herrn des Himmels verehren und könnten so ins Paradies aufsteigen und die Hölle umgehen. Auch Buddhismus und Daoismus sprechen von Hölle und Paradies, aber nur, um die Leute anzuspornen, dass sie ehrfürchtige Söhne und gehorsame Jünger seien, und um die Strafen zu zeigen, die auf pietätlose Söhne und ungehorsame Jünger warten. So wird auch unsere konfuzianische Moral gestärkt. Aber diese Barbaren tun gerade das Gegenteil: Sie spornen die Leute an, ihren Ahnen nicht zu opfern, was so viel heißt, wie sie Missachtung der Älteren zu lehren.[213]

Die Jesuiten verhielten sich also nicht viel anders als die anderen Orden, die bei den Bekehrten den Ahnenkult streng verboten, wie das in einer vom 16. Dezember 1637 datierten Verlautbarung eines gewissen Shi Bangyao, Aufsehers über die Seewege der Provinz Fujian, bestätigt wird. Die von ihm namentlich erwähnten Missionare sollen von Luzon nach Fu'an (im Nordosten der Provinz Fujian) [216] gekommen sein. Aus anderer Quelle ist bekannt, dass es sich um spanische Dominikaner handelte, die 1632 in der Gegend eingetroffen waren.[214] In seiner Verlautbarung erklärt Shi Bangyao, die Lehre vom Herrn des Himmels widerspreche – was die Bekehrten auch sagen mögen – den Lehren des Konfuzius, denn die Leute würden angehalten, ihren Ahnen nicht mehr zu opfern. Und er erwähnt den Fall zweier Baccalaurei, die bei ihrer Einvernahme frech behaupteten, der Ahnenkult sei leerer Buchstabe (*xu wen*) und nur der Herr des Himmels wahrhaftig. Shi Bangyao ist empört über die Verstocktheit dieser Bekehrten, die auf ihrer irrigen Einstellung beharren.[215]

Rund vierzig Jahre nach Shen Ques Kritik ist der Ton heftiger geworden. Yang Guangxian schreibt:

> Diese Barbaren würdigen den Himmel herab [indem sie daraus ein vom Herrn des Himmels gelenktes Ding machen], und so ist es auch nicht erstaunlich, dass sie ihren Anhängern befehlen, die geweihten Täfelchen des Himmels und der Erde, der Eltern und Meister zu zerstören. Sie achten die Eltern nicht, weil *Yesu* keinen Vater hatte. Um so weniger achten sie die Meister und zerstören auch die Holztäfelchen unserer Hei-

---

[213] *PXJ*, I, 8b.

[214] Vgl. J. Dehergne 1973, S. 354. Es waren die Dominikaner von Fu'an, die 1633 den aus Taiwan kommenden Franziskaner Antonio de Caballero aufnahmen. Vgl. *DMB*, S. 24.

[215] *PXJ*, II, 31b und 33b.

ligen. Von allen Lehren geht nur diese so weit, alles zu zerstören: Himmel und Erde und gesellschaftliche Normen. Wenn sie sagen, alle großen Länder von Ost nach West achteten und befolgten ihre Lehre,[216] prahlen sie gewiss. Ich habe in der Tat nie gehört, dass ein Heiliger die Menschen anspornte, ihren Vater und ihren Herrscher zu missachten. Und wenn alle großen Länder dieses Gesetz angenommen haben, so sind es eben Länder von Tieren.[217] Und das noch mehr, wenn sie es beachten und befolgen.[218]

Yang Guangxian sieht einen engen Zusammenhang zwischen der Tatsache, dass Jesus „nicht von seinem Vater gezeugt wurde", und der Verletzung der Kindespflicht. Und er sagt: „Die Anhänger ihrer Lehre dürfen die Täfelchen ihres Großvaters und Vaters nicht verehren."[219]

Auch wenn die Bekehrten ihren Ahnenkult fortführen durften, mussten sie sich gewiss an Einschränkungen halten, was den Chinesen eindeutig als Pietätlosigkeit den Eltern gegenüber erscheinen konnte. Andererseits hat auch eine eingeschränkte Erlaubnis dazu geführt, dass viele Bekehrte das Vierte Gebot falsch auslegten.[220] Caballero hat das bemerkt: Er zitiert die kleine Schrift eines Neophy-[217]ten, der die Christen gegen den oft erhobenen Vorwurf verteidigen will, dass sie ihre Eltern nicht ehren. Der Neophyt findet es falsch, dass seine Landsleute für die Toten Dinge aus Papier verbrennen,[221] und rät ihnen, eher Nahrung zu opfern, die sie im Namen der Verstorbenen an die Armen verteilen könnten. „Betet zu Gott, dass er ihr Glück vergrößere. Das ist das einzig Gute und Vernünftige, das ihr tun könnt, um eure Ahnen richtig zu ehren." Das muss die offizielle Stellungnahme der jesuitischen Hierarchie sein, findet Caballero, „denn nichts wird ohne die Zustimmung der Societas gedruckt."

---

[216] Das war in der Tat ein beliebtes Argument bei den Missionaren. „Von Ost nach West", schreibt Ricci, „ist die ganze Erde außer China zur Lehre des Herrn des Himmels bekehrt." *TZSY*, S. 378.

[217] Das ist eine Formulierung aus dem *Mengzi* III B9; Couvreur, S. 454: „Weder Vater noch Herrscher haben, heißt den Tieren gleichen."

[218] *Pixie lun*, S. 1125.

[219] Brief Yang Guangxians an den Zensor Xu Zhixian, 21. April 1664, *Budeyi*, S. 1091.

[220] Nebenbei bemerkt haben die christlichen Chinesen und Mandschu das Vierte Gebot in sehr weitem Sinn ausgelegt: Einem Brief des Paters Parennin gemäß (1717, *LEC*, XIX, S. 83) sagt der Mandschu-Prinz Ourtchen (Urcen), dass „das vierte (Gebot) befiehlt, den König, Vater und Mutter, die Alten, die Großen und alle, die über uns stehen, zu ehren".

[221] Über den Brauch, für die Toten Geld und andere Gegenstände aus Papier zu verbrennen, und über die heutigen Formen dieses Brauchs in Taiwan siehe Hou Chinglang 1975.

Empfehlungen wie die des Neophyten gründen im Vierten Gebot, versuchen aber zugleich, das Christentum einer Gesellschaft anzupassen, in der die Achtung vor den Älteren das Wesentlichste ist. „Die christlichen Chinesen", schreibt Caballero, „könnten glauben, dass man dem Vierten Gebot gemäß den Toten Gaben darbringen soll, um sie von den Qualen des Fegefeuers und der Hölle zu erlösen."[222] Hätte er die chinesische Geschichte besser gekannt, würde sich Caballero erinnert haben, wie einst der Buddhismus, der aus Zentralasien und Indien gekommen war, sich eben dadurch in China festsetzte, dass er der Achtung vor den Älteren Genüge tat. Aufgrund der buddhistischen Theorie von der Übertragung der Verdienste sind fromme Werke – Aufsagen und Abschreiben von Sūtren, Almosen an Mönche, Beiträge zur Errichtung von Klöstern oder zum Guss von Statuen – das Mittel geworden, mit dem man seinen verstorbenen Eltern zu Hilfe kommen und ihnen weiterhin dienen konnte, wie man das den *Gesprächen* des Konfuzius gemäß schon zu ihren Lebzeiten tat.

In einem bereits zitierten chinesischen Manuskript von 1640 liest man von einem Abstieg in die Hölle christlichen Stils, wo einer der Verdammten seinen Neffen bitten lässt, „für ihn 3800 Sūtren des Herrn des Himmels zu sagen, damit er aus der Hölle erlöst werde".[223] Da werden buddhistische Traditionen und Vorstellungen auf das Christentum übertragen, das offenbar nur gerade an der Oberfläche haftet.

Der Widerhall des Ritenstreits war auch am Hof zu hören, und die Missionare riefen sogar Kaiser Kangxi (1661–1722) um seine Meinung an. Als man diesem eine chinesische Übersetzung der Bulle *Ex illa die* überreichte, die den Kult der Ahnen und des Konfuzius verurteilte, schrieb Kangxi eigenhändig dazu:

> [218] Nachdem ich diese Verlautbarung gelesen habe, frage ich mich, wie diese ungebildeten Abendländer von den großen (philosophischen und moralischen) Prinzipien Chinas sprechen können ... Die meisten ihrer Äußerungen und Überlegungen sind lächerlich. Angesichts dieser Verlautbarung stelle ich nun fest, dass ihre Lehre von der Art der kleinen Irrlehren buddhistischer Bonzen und daoistischer Mönche ist. An Unsinn hat man noch nie so etwas gesehen. Von jetzt an verbiete ich, dass die Abendländer ihre Lehre in China verbreiten. So werden wir uns einiges an Schrereien ersparen.[224]

*

---

[222] Sainte-Marie 1701, S. 139f.
[223] Siehe oben S. 119.
[224] Chen Yuan 1932, Dokument Nr. 14.

Ob die Missionare den Ahnenkult zuließen oder nicht – die Chinesen spürten den Unterschied zwischen ihren und den europäischen Sitten. Zhang Guangtian schreibt:

> Bei ihnen wird dem Vater oder der Mutter nach ihrem Tod nicht geopfert und kein Tempel errichtet. Es genügt ihnen, den Herrn des Himmels als den Vater aller zu verehren. Sie bezeigen wenig Achtung denen, die ihnen das Leben geschenkt haben, und betrachten sie als ihre Brüder. Wenn sie nicht so handelten, würden sie ein großes Verbot des Herrn des Himmels übertreten. Sollen wir mit den Opfern für unsere Könige aus alter Zeit aufhören und die Gaben für die neun Ahnen der kaiserlichen Tempel aufheben und das Volk aufrufen, ihnen zu folgen?[225]

Schon das Benehmen der Missionare bewies, dass sie keine Achtung vor den Älteren kannten:

> Dass der Baum seine Wurzeln und der Bach seine Quelle hat, daran denken die Barbaren als einzige nicht. Deshalb haben sie zu Beginn den Leuten wirklich verboten, ihren Ahnen zu opfern. Nachdem sie dann deswegen angeklagt worden sind, haben sie ihre Sprache geändert. Und jetzt dürfen die Leute ihren Vater und Großvater im gleichen Heiligtum verehren wie den Herrn des Himmels. Wie wenn sie ihr früheres Verbot mit einem Tabu belegt hätten. Jetzt sagen sie, man müsse den Ahnen opfern. Aber was reden sie da? Beim Tod ihrer Eltern lassen sie sich niemals weissagen, um für ihr Grab eine günstige Stelle zu finden, denn wenn sie Geomanten an der Arbeit sehen, machen sie sich über sie lustig und kritisieren sie. Lassen sie denn ihre Toten einfach irgendwo liegen? Und wie kommt es, dass man diese Leute, die doch schon lange in [219] China leben, noch nie mit den kleinsten Täfelchen ihrer Barbaren-Ahnen gesehen hat?[226]

Übrigens sprechen die Missionare in ihren Büchern nie von der Achtung vor den Älteren:

> Liest man die Bücher, die sie geschrieben haben, wie die *Sieben Siege*,[227] die *Wahre Bedeutung des Herrn des Himmels*,[228] die *Zehn Schriften*,[229] die *Zwölf Glaubenssätze* (das *Credo*), *Allgemeines über die abendländi-*

---

[225] *Pixie zhaiyao lüeyi*, *PXJ*, V, 29b.

[226] *ZP*, 19b-20a.

[227] *Qike* von Diego De Pantoja (1604). [Zu diesem Werk siehe CCT Database (unter: Pantoja).]

[228] *Tianzhu shiyi* von Ricci (1601). [Siehe CCT Database (unter: Tian zhu shi yi).]

[229] *Jiren shi pian* oder *Zehn Schriften eines besonderen Mannes* von Ricci (1608). [Zu diesem Werk siehe CCT Database (unter: Ji ren shi pian).]

schen Lehren,²³⁰ ihre kanonischen Schriften oder die Abhandlungen über Disziplin oder auch *Von den freundschaftlichen Beziehungen*²³¹ oder die *Elemente der Geometrie*²³² (!), so findet man in den mehreren hunderttausend Zeichen nicht ein einziges Mal das Wort *xiao* (Achtung vor den Älteren). Sie schreiben ab, was es in unseren drei Lehren (Konfuzianismus, Buddhismus, Daoismus) und bei den Philosophen der Antike an Oberflächlichem gibt, um ihrem Geschreibsel etwas Glanz zu geben, und sprechen im Gegenteil von „seinen Stolz und Hochmut besiegen". Noch nie hat man eine solche These gehört, wonach man nicht seine Eltern lieben muss, sondern die anderen Menschen, nicht seine Eltern achten, sondern die anderen Menschen.²³³

Dem Abtrünnigen Fabian Fucan scheint, die Missionare hätten das Vierte Gebot erfunden, um den Japanern zu gefallen:

> Ihr sprecht also von Achtung vor den Älteren, ihr Anhänger des Deus! Das rechte Verhalten der Söhne gilt in unserem Reich als der Weg zu allem Guten: Deshalb sprecht ihr euch rein der Form halber für diese Tugend aus.²³⁴

Li Can seinerseits findet, Ricci sei gerade der rechte, Achtung vor den Älteren zu predigen, nachdem er die Seinen verlassen hat:

> Ricci hat auf dem Meer 10.000 *li* zurückgelegt, um nach China zu kommen. Hat er etwa Vater und Mutter, Frau und Kinder mitgebracht? Nicht deswegen werfe ich ihm vor, er missachte die Eltern. Ich klage ihn einer großen Pietätlosigkeit an, weil er von Achtung vor den Älteren spricht und dabei die Seinen verlassen hat.²³⁵

Ricci hatte schon einen Skandal provoziert, als er sagte, man – die Bekehrten natürlich – müsse manchmal seinen Eltern und seinen Vorgesetzten gegenüber ungehorsam sein. Skandal hin oder her – seine Nachfolger ließen sich nicht hindern, ebenso aufrührerische Reden zu halten. In seinen *Einfachen Erklärungen zu den Zehn Geboten der heiligen Lehre vom Herrn des Himmels* (1642) verkündet Manuel Dias der Jüngere, es sei ein Vergehen, den Befehlen der Eltern zu **[220]** gehorchen, wenn sie den Pflichten zuwiderliefen, und dass es in diesem Fall sogar verdienstvoll sei, ihnen ungehor-

---

[230] *Xixue fan* von Giulio Aleni (1623). [Siehe CCT Database (unter: Aleni).]

[231] *Jiaoyou lun* von Ricci (1595). [Siehe CCT Database (unter: Jiao you lun).]

[232] *Jihe yuanben* von Ricci und Xu Guangqi (Übersetzung der ersten sechs Kapitel der Euklid-Ausgabe von Clavius, 1605). [Siehe CCT Database (unter: Ji he yuan ben).]

[233] Ricci erklärt in seinem *TZSY*, S. 568-570, dass kein Verdienst dabei sei, seine Eltern zu lieben, aber dass man die anderen Menschen lieben müsse. *ZP*, 34a.

[234] G. Elison 1973, S. 282.

[235] *Pixie shuo*, *PXJ*, V, 26b.

sam zu sein. In einem 1650 erschienenen Werk über die Zehn Gebote spricht es Pater Francesco Brancati noch deutlicher aus: „Man soll den Befehlen von Vater und Mutter nicht gehorchen, wenn sie nicht mit der Vernunft übereinstimmen: Wenn diese Befehle dem Herrn des Himmels entgegengesetzt sind, muss man dem Herrn des Himmels gehorchen und den Eltern nicht."[236] Damit war gesagt, dass die Bekehrten den Glauben vor die Kindespflicht zu setzen hatten und eher den Missionaren gehorchen mussten als ihren Eltern und Vorgesetzten.

*

Den Missionaren fehlte nicht nur die Achtung vor den Älteren, sondern – nach chinesischen Wertmaßstäben – auch das Mitleid und die Scham.

Um sich von den Buddhisten zu unterscheiden, die den Mord an jedem Lebewesen verbieten, hatten die Missionare das Fünfte Gebot mit „Du sollst keinen Menschen töten" (*wu sha ren*) übersetzen müssen. Aber, sagt Zhang Guangtian, gibt es denn in China nicht seit altersher ein Gesetz, wonach jeder Mörder hingerichtet werden muss? Was brauchen wir die Empfehlungen dieser Leute, die vor kurzem so weither gekommen sind?[237] Xu Dashou reagiert gleich:

> Sie sagen, es sei kein Verbrechen, Lebewesen zu töten, und sie lehren nur, man dürfe keinen Menschen töten. Könnte es denn erlaubt sein, Menschen zu töten? Wozu ein solches Verbot? Und wenn sie verbieten, Menschen zu töten, warum handeln sie dann in aller Länge die Kunst des Krieges und der Feuerwaffen ab?[238]

In den Schriften der buddhistischen Mönche und der vom Buddhismus beeinflussten Gelehrten wird oft darauf hingewiesen, dass die Barbaren lehren, mit den Tieren überhaupt kein Mitleid zu haben. Ricci selbst hatte in seiner *Wahren Bedeutung* ausführlich erklärt, dass die Tiere keine ewige und vernunftbegabte Seele haben und dass man sie deshalb töten dürfe. Für Xu Dashou und viele andere bezweckten diese Theorien nur, „die Leute zum Töten der Tiere anzuspornen, damit sie ihrer Gefräßigkeit freien Lauf lassen" konnten. „Deshalb", schreibt er, „leugnen diese Barbaren mit aller Härte, dass es die Seelenwanderung gibt. Sie wissen also nicht, was [221] im buddhistischen Kanon steht: Die geistige Aktivität hört nie auf, und des-

---

[236] Zitiert werden diese zwei Stellen von Gotō Motomi 1979, S. 11.
[237] *Zhengwang houshuo* (Ergänzung zum Beweis ihrer Lügen), *PXJ*, VII, 38a.
[238] *ZP*, 30b. Vgl. *ibid.*, 19a-b: Sie verbieten den Mord an Menschen, aber sie stellen Kanonen her.

halb hält die Seelenwanderung nicht inne. Wie können sie so grob behaupten, es gebe keine Seelenwanderung?"[239]

„Nachdem sie die Vorstellungen unserer Heiligen und Weisen verworfen haben", schreibt der Mönch Tongrong, „nachdem sie beim Menschen drei Seelen gezählt haben, gehen sie nun so weit, zum Gemetzel an Tieren anzuspornen. Ist das nicht schon ein höherer Grad von Irrtum?"[240]

Dass die Christen zwischen Fleisch und Fisch unterscheiden, scheint absurd: „Sie unterscheiden das Meergetier von den Schlachttieren [und sagen, erstere] eignen sich zum Fasten. Das ist ebenso lächerlich wie bei den Muslimen, die den Genuss von Schweinefleisch verbieten und nur Tiere essen, die sie selbst getötet haben."[241]

So wie die Missionare mit den Lebewesen kein Mitleid haben, so haben sie auch keine Achtung vor den Anstandsregeln. Sie schämen sich nicht, Frauen anzusprechen, und in ihren Versammlungen sind die Geschlechter gemischt.

Nichts ist je nach Gesellschaft und Zeit so verschieden wie die Anstandsregeln. Pater Le Comte, ein guter Beobachter, hatte bemerkt, dass die Chinesen – in der Öffentlichkeit sehr um die Etikette bemüht – im vertrauten Kreis kaum Hemmungen hatten, dass sie sich „ihren Freunden beinahe nackt" zeigten „und nur eine weiße Unterhose aus Taft oder aus durchsichtigem Tuch anhatten". Über abendländische Aktgemälde hingegen waren sie entsetzt.[242] Gleiche Unstimmigkeit zwischen China und Europa, was die Distanz zwischen den Geschlechtern betrifft. Die chinesischen Sitten verlangten eine strikte Trennung: Von sieben Jahren an wurden Mädchen und Knaben getrennt erzogen.

Die Nanjinger Missionare Vagnone und Semedo wurden 1616 unter anderem auch deshalb angeklagt, weil sie sich den Frauen genähert hatten, „um sie mit Öl einzureiben und mit Wasser zu besprengen", was ein schlimmer Verstoß gegen die guten Sitten war.[243] Das Benehmen der Missionare schien den Chinesen im Widerspruch zum Zehnten Gebot:

> Neben dem allgemeinen Verbot der Unkeuschheit haben sie ein weiteres, das besagt: „Du sollst nicht die Frau eines anderen anschauen." Doch befehlen sie den Frauen und Töchtern ihrer Anhänger, [222] sich unter die Menge zu mischen, um ihre geheimen Anweisungen zu erhalten. Sie

---

[239] ZP, 10b.

[240] *Yuandao pixie shuo*, *PXJ*, VIII, 16b.

[241] ZP, 30a.

[242] Le Comte, I, S. 293. Noch heute ist man in China über Nacktheit entsetzt.

[243] *PXJ*, II, 3b, datiert von 1617. Doch Vagnone spendete Frauen die Sakramente nicht selbst. Dafür nahm er die Hilfe eines Bekehrten aus Macao in Anspruch.

besprengen sie mit heiligem Wasser, salben sie mit heiligem Öl, geben ihnen die heilige Dose, geben ihnen das heilige Salz zu trinken, zünden [vor ihnen] die heiligen Lampen an, teilen ihnen das heilige Mehl aus, fächeln mit dem heiligen Fächer, spannen einen roten Behang über sich, ziehen merkwürdige Kleider an und all das undurchsichtigerweise in der Dunkelheit.[244]

Montesquieu hatte sehr gut gesehen, dass sich die chinesischen Sitten der Verbreitung des Christentums entgegenstellten:

Daraus [das heißt aus der Schwierigkeit, die chinesischen Sitten zu ändern] folgt noch etwas Trauriges: Dass es dem Christentum kaum möglich ist, sich in China festzusetzen. Das Gelübde der Jungfräulichkeit, das Zusammenkommen der Frauen in der Kirche, ihr notwendiger Kontakt mit den Priestern, ihre Teilnahme an den Sakramenten, die Ohrenbeichte, die letzte Ölung, die Ehe mit einer einzigen Frau: All das wirft Sitten und Gebräuche des Landes um und führt gleichzeitig auch einen Schlag gegen die Religion und die Gesetze.

Mit dem Gebot der Nächstenliebe, mit einem öffentlichen Gottesdienst, mit der Teilnahme an den gleichen Sakramenten scheint die christliche Religion zu verlangen, dass sich alles vereine; die chinesischen Riten scheinen zu befehlen, dass sich alles trenne.[245]

Die Missionare, so sagen die chinesischen Kritiker, nehmen sich mit den bekehrten Frauen Freiheiten heraus, sind aber mit den männlichen Konvertiten äußerst streng und verlangen von jedem Täufling, dass er seine Konkubinen aus dem Haus jage. Dabei ist es legal, Konkubinen zu haben, da die Pflicht besteht, Söhne zu zeugen, die den Stamm und den Ahnenkult fortführen. Vor allem in reichen Familien gibt es Konkubinen, weniger im Volk, wo man eher einen Sohn adoptiert, um die Nachkommenschaft zu sichern. Pater Le Comte schreibt:

Was auch noch an der Bekehrung der Chinesen hindert, ist die große Zahl der Frauen, zumindest bei den besseren Leuten, und diese Polygamie gibt es, weil sonst jegliche Zerstreuung fehlt, nimmt man Gastmahle und Theater aus: weder das Spiel noch Spaziergänge noch die Jagd noch

---

[244] ZP, 18a.

[245] *De l'esprit des lois*, XIX, 18. Louis Wei bemerkt (1960, S. 44), dass die Chinesen die Beziehungen zwischen Missionaren und bekehrten Frauen im 19. Jahrhundert mit dem gleichen Argwohn betrachteten: „Als die Priester den Christinnen die Beichte abnahmen, dachten die Leute, damit sollten die Frauen verführt werden, denn die chinesische Gesellschaft erlaubte es Männern und Frauen nie, sich zu begegnen und zu unterhalten – weder heimlich noch öffentlich." Die Missionare mussten für Männer und Frauen getrennte Kirchen einrichten. Das ist seit dem 17. Jahrhundert belegt, doch scheint es nicht immer die Regel gewesen zu sein.

öffentliche Versammlungen. Einige flüchten sich in ihre Studien, aber die meisten verbringen ihre ganze Freizeit in ihrem Serail. Die Missionare erlauben den Bekehrten, eine ihrer Konkubinen zu heiraten, falls die rechtmäßige Frau sich weigert, christlich zu werden, aber diese **[223]** Heirat ist von den Gesetzen des Landes verboten.[246]

Es war in der Tat strafbar, die rechtmäßige Frau zu verstoßen und zu ihren Lebzeiten eine Konkubine zu heiraten. Pater Le Comtes Text ist nicht nur ein Zeugnis über die Lebensweise der guten Gesellschaft, sondern bestätigt auch, was man schon aus anderer Quelle wusste: wie wenig die Missionare die chinesischen Gesetze beachteten.

Die Regel wollte also, dass jeder Täufling zuerst seine Konkubinen hinauswerfe, wofür es berühmte Beispiele gibt. Doch deutet eine chinesische Schrift an, dass sich die Missionare bei einflussreichen Persönlichkeiten auf ihre Nachgiebigkeit besonnen haben: „Sie verbieten ihren Anhängern, die Frau des anderen anzuschauen", schreibt Xu Dashou, „aber sich selbst verbieten es diese Barbaren nicht, sie anzusprechen. Sie verlangen von ihren Anhängern, die Konkubinen auf die Straße zu setzen, aber ihre vornehmsten Jünger unterhalten manchmal mehrere."[247]

Xu Dashou erinnert an die strengen Verbote im *Buch der Riten*, mit denen die Beziehung zwischen Mann und Frau geregelt wird, an die traditionelle Unterordnung der Frau, und er kritisiert die Missionare für ihre abwegige Vorstellung von der Ehe:

> Die Barbaren sagen, auch der Mann müsse die Frau als seine Herrin anschauen, und wenn sie stirbt, solle er sie nicht für tot halten: Wer wieder heiratet, ist für sie kein rechtschaffener Mann, auch wenn er keinen Sohn hat. Sie behaupten, alle Länder, in denen sie vorbeigekommen seien, folgten ihrer Lehre,[248] und allen diesen Leuten, seien es Kaiser oder Könige, erlaubten sie nur eine einzige Frau. In diesem Fall haben sich einst Shun und König Wen unwürdig benommen und müssen in der Hölle sein, die sie reinigende Hölle (*lianqing diyu*) nennen.[249] ... Mein Freund Zhou Guoxiang war alt, arm und hatte keinen Sohn. Glücklicherweise hatte er eine Konkubine kaufen können, die ihm einen Sohn gebar, und dieser war eben ein Jahr alt geworden. Die Barbaren sagten ihm, in ih-

---

[246] Le Comte, II, Brief an Pater de la Chaize, S. 321. Der erste Mathematikstudent Riccis, der 1605 Ignaz getaufte Qu Rukui, heiratete aus diesem Grund eine seiner Konkubinen, angespornt von Francisco Martins, einem Frater aus Macao (Huang Mingsha mit chinesischem Namen). Vgl. Fang Hao 1970, I, S. 92.

[247] *ZP*, 30b.

[248] In ihren Schriften auf Chinesisch stellen die Missionare immer wieder diese Behauptung auf.

[249] Siehe oben S. 220f.

rem Land halte man es für tugendhaft, keine Konkubine zu haben, und für unwichtig, ob man Nachkommen habe oder nicht. Mein Freund gehorchte ihnen und warf die Mutter seines Kindes hinaus. Ich weiß nicht, ob das Kind noch am Leben ist.[250]

Zhang Guangtian schreibt:

> In ihrem Land kennen Herrscher und Volk nur die Ehe zwischen einem Mann und einer einzigen Frau. Sie haben weder Geliebte noch Konkubinen. Sie halten die These für unwichtig, wonach es sehr schwerwiegend ist, keine Nachkommen **[224]** zu haben. Also haben die Heiligen unseres Reiches, Yao, Shun, Tang, Wen und Wu, der reinigenden Hölle nicht entkommen können. Nicht nur, dass [sie] den gewöhnlichen Leuten verbieten, Konkubinen zu haben – denn das widerspricht ihrem Bigamie-Verbot –, sondern auch unsere Kaiser müssten ihnen gemäß alle ihre Frauen wegschicken und nur eine Frau haben wie das Volk, während doch die *Riten der Zhou* (*Zhouli*) von drei Frauengemächern sprechen und von neun Klassen von kaiserlichen Geliebten. Was wollen denn diese unheilvollen Barbaren in unseren ehrwürdigen Traditionen Verwirrung stiften mit ihrer barbarischen Monogamie![251]

„Sie möchten, dass alle Könige und Herrscher ihrer lasterhaften Lehre folgen, alle ihre Konkubinen aus den Frauengemächern verjagen und wie die gewöhnlichen Leute mit einer einzigen Frau leben", schreibt Xu Dashou.

> Sie aber in ihren Häusern fordern unwissende Frauen auf, nachts in ein mit roten Behängen ausgestattetes Zimmer zu treten, sie schließen die Türen, nehmen mit heiligem Öl Salbungen vor, geben ihnen heiliges Wasser und legen ihnen an fünf Stellen die Hand auf: unreine und geheime Riten. Wie könnte man die Vorschrift von der Trennung der Geschlechter noch schwerer verletzen?[252]

Und: Die Barbaren predigen auch noch eine widernatürliche Keuschheit. Ein Text aus der Mitte des 18. Jahrhunderts wirft den Missionaren vor, sie hielten die Frauen an, auf jegliche Koketterie zu verzichten, und sie ermutigten die Mädchen zu Ehelosigkeit:

> Die christlichen Mädchen und Frauen haben angefangen, keine Seidengewänder mehr zu tragen und ihr Haar nicht mehr mit Blumen und Edelsteinen zu schmücken, und es gibt Mädchen, die für immer auf die Ehe verzichten.[253]

---

[250] *ZP*, 17b-18a.
[251] *Pixie zhaiyao lüeyi*, *PXJ*, V, 29a.
[252] *ZP*, 35a.
[253] Bericht über eine allgemeine Verfolgung im Jahr 1746 von Pater Jean Chanseaume, *LEC*, XXVIII, S. 284.

Auch in Japan wurde das Zölibat abgelehnt. Fabian Fucan schreibt:

> Jesus ist einem Paar geboren worden, das sich der Keuschheit verschrieben hatte. Was ist denn das für ein Tugendideal? ... Überall ist es die Regel, dass Mann und Frau heiraten. Diesem natürlichen Gesetz entgegenzuwirken ist schlecht.[254]

Alles in allem erscheint die Lehre vom Herrn des Himmels ihren Gegnern als eine Verkehrung aller Dinge, ebenso der Moral wie des gesunden Menschenverstandes. „Sie betrachten ihren Vater als einen **[225]** Bruder und ihren Herrscher als einen Freund", schreibt der buddhistische Mönch Chengyong in einem von 1637 datierten kleinen Buch. „Sie kondolieren sich zu den Geburten und beglückwünschen sich, wenn jemand stirbt. Ihre Bücher sind ein Haufen unwahrscheinlicher und wahnwitziger Dinge ... Sie verbieten die Opfer [für die Ahnen] und heben die gesellschaftlichen Normen auf."[255]

Die Moral ist eine gesellschaftliche Angelegenheit, hängt aber auch vom Menschenbild und der Weltanschauung ab. Für den Christen gibt es nur außerhalb dieser Welt Wahrheit und Vollendung, und der Mensch muss gegen den Körper und seine Versuchungen kämpfen, denn nur das Heil der Seele zählt. Die chinesische Sittlichkeit gründet hingegen in der Idee einer immanenten Ordnung, die sich ebenso dem Kosmos und der Gesellschaft wie dem Menschen selbst mitteilt. Recht handeln heißt also für jeden, die in ihm angelegte Fähigkeit zum Guten entwickeln und sich in die Ordnung der Welt einfügen. Wirkliche Güte und wirkliche Weisheit kann man nur erreichen, wenn einem bewusst bleibt, dass der Mensch in Gesellschaft und Welt eingebettet ist. Höchster Wert ist die reine Spontaneität, die von den Überlegungen des egoistischen Ich noch nicht verdorben ist.

---

[254] G. Elison 1973, S. 279.

[255] *Pi Tianzhujiao xi*, *PXJ*, VIII, 24a.

V.
HIMMEL IN CHINA — GOTT IM ABENDLAND

DER HIMMEL DER CHINESEN

[226] Als erstes hatte Ricci versucht, in den chinesischen Traditionen etwas zu finden, was mit der christlichen Lehre übereinstimmte. Das hieß aber an China geistige Maßstäbe anlegen, die ihm fremd waren, und Interpretationsfehler in Kauf nehmen. Als die Jesuiten den Himmel (*Tian*) und den Herrscher in der Höhe der Chinesen (*Shangdi*) mit dem Gott der Bibel gleichsetzen wollten, versuchten sie, das Unvereinbare zu vereinen.

Formulierungen in den Klassikern wie „den Himmel achten" und „fürchten" hatten eine ganz andere Bedeutung, als Ricci und nach ihm noch viele Missionare – verführt vom Trugbild einer „natürlichen Religion" oder von der Idee, dass die Bibel in China schon einmal bekannt gewesen war – ihnen glaubten geben zu können. Diese Sätze deuteten nicht auf einen einzigen, allmächtigen Gott, Schöpfer des Himmels und der Erde, sondern meinten Ergebenheit ins Schicksal, gewissenhafte Beachtung der Riten, ein ernsthaftes und aufrichtiges Benehmen. Der *shangdi,* der Herrscher in der Höhe, war eine Projektion des irdischen Herrschers auf die Vorstellung von der himmlischen Ordnung, und seine Funktionen waren offenbar eng mit der Ausübung der königlichen Macht verknüpft. Das Schriftzeichen, das ihn auf Knochen oder Schildpatt vom Ende des 2. Jahrtausends bezeichnet (*di*), stellte ursprünglich wohl eine Art Opfer dar. *Di* ist seit dem Begründer der Einheit Chinas die Bezeichnung für Kaiser, zu alter Zeit hat das Wort den verstorbenen Herrschern gegolten. Der Herrscher in der Höhe gehörte in einen ritualistischen und polytheistischen Zusammenhang, der von einem ganz anderen Geist getragen war als das Judentum. Wie der Himmel mit der Erde, so war der Herrscher in der Höhe mit dem Herrscher Erde (*Houtu*) verbunden.[1]

Der christliche Glaube bezieht sich auf einen transzendenten, [227] persönlichen und rein geistigen Gott und stellt ein Diesseits, in dem das ewige Heil des Menschen auf dem Spiel steht, gegen ein unfassbares Jenseits. Der Himmel der Chinesen hingegen hat zugleich profane und religiöse Aspekte.

---

[1] Nach H. Maspero, 1965, S. 134, ist *Houtu* eine männliche Gottheit. Über die *Shangdi*-Mythologie vgl. *ibid.*, S. 134-139.

Während das Wort „Himmel" für die Christen nur eine Metapher ist für Gott und seine Engel, das Paradies und die Auserwählten, hat es für die Chinesen vielfache Bedeutung. Es drückt eine zugleich göttliche und natürliche, soziale und kosmische Ordnung aus. Es ist, wie es im Vorwort zum Werk eines Missionars heißt, ein „globaler" Begriff (*hun*). In ihm treffen sich das Politische und das Religiöse, die beobachtenden und die berechnenden Wissenschaften, die Vorstellungen vom Menschen und von der Welt.

Mit der Erde zu einem Paar vereint, bringt der Himmel die Wesen hervor und sichert ihre Entwicklung. Mit den Jahreszeiten regelt er den Kreislauf der Natur. Er gibt einen Maßstab für die Zeit, und dank seinen Zeichen lässt sich der Kalender herstellen, der die Feldarbeiten bestimmt. In einer Gesellschaft, die sich schon sehr früh hauptsächlich mit Landwirtschaft beschäftigt hat, ist diese kosmische Macht von großer Wichtigkeit.

Hier sei noch einmal daran erinnert, dass Ackerbau und Hirtentum die Vorstellungen von der menschlichen Tätigkeit möglicherweise je anders beeinflusst haben.[2] Der Gott der Christen greift ein: Er hat eigenmächtig die Welt erschaffen, er hat jedem Menschen eine Seele gegeben, er offenbart sich im Leben des Einzelnen. Der Himmel der Chinesen wirkt indirekt – still, unmerklich und stetig. „Der Himmel und die Erde in ihrer erhabenen Vollendung sind stumm", steht im *Zhuangzi* als Echo zu den *Gesprächen* des Konfuzius („Der Himmel spricht nicht …").

> In seiner klar ersichtlichen Regelmäßigkeit ist der Lauf der Jahreszeiten nicht vorbedacht. In ihrer vollendeten Ordnung sprechen die Wesen nicht. Der Heilige schöpft aus der Vollkommenheit des Himmels und erfasst das Entwicklungsprinzip der Wesen. Er nimmt den Himmel als Vorbild und wirkt ohne einzugreifen und ohne zu sprechen.[3]

Die Vorstellung von der Herrschaft ist in China anders als in Europa: Die Söhne des Himmels regieren nicht mit Zwangsmaßnahmen, sondern ordnen die Welt und verändern die Sitten. Die vollkommensten chinesischen Herrscher, als Heilige verehrt, hatten es verstanden, den Himmel in seinem unsichtbaren und wirksamen Handeln nachzuahmen: „König Wu ließ sein langes Gewand hinun-[228]terhängen, faltete die Hände, und unter dem Himmel herrschte Ordnung", steht in einem der Klassiker.[4] Ebenso vermischt sich die Vorstellung vom *Shangdi* mit der Dynamik der Natur und ihrer Ordnungs- und Zeugungskraft. Sein Wirken hört keinen Augenblick auf. „Wäre

---

[2] Vgl. oben S. 188f.

[3] *Zhuangzi*, Kap. 22. Vgl. L. Wieger 1913, S. 391.

[4] *Shujing*, „Wucheng". Vgl. *Yijing*, „Xici", *xia*, 2: „Der Gelbe Herrscher, Yao und Shun ließen ihr langes Gewand hinunter hängen, und unter dem Himmel herrschte Ordnung."

der Herrscher in der Höhe", schreibt Yang Guangxian im Zusammenhang mit der Inkarnation, „auf die Welt gekommen und hätte hier dreiunddreißig Jahre gelebt, hätte das Universum während dieser Zeit keinen Herrn gehabt. Der Himmel hätte also aufhören müssen, sich zu drehen, und die Erde hätte nichts mehr hervorgebracht, und die Menschen hätten aufhören müssen, geboren zu werden und zu sterben, und die Tiere, sich fortzupflanzen, und das wäre das Ende aller Arten gewesen."[5]

In China stehen der Himmel und die oberste Gewalt, die Raum und Zeit ordnet, in enger Beziehung. Der Polarstern und die darum gruppierten Sterne spielen in der Äquatorial-Astronomie der Chinesen eine wichtige Rolle und beschwören das Bild vom Herrscherpaar, dem Hof und der Verwaltung herauf.[6] Es ist das Vorrecht des Königs, den Himmel zu beobachten und den Kalender zu erstellen. Die ersten Herrscher, Begründer der Kultur, verstanden es, die Zeichen des Himmels und der Erde zu deuten, und so vermochten sie, Riten und Institutionen im Einklang mit den Regeln des Universums einzurichten. Nach alter Tradition waren Naturkatastrophen oder abnormale Erscheinungen am Himmel ein Zeichen, dass es dem Herrscher an Tugend fehlte. Da er als einziger für die Ordnung der Welt verantwortlich war, musste sich der Sohn des Himmels bessern und durch Akte der Reue das Gleichgewicht wiederherstellen. Ebenso hatte er als einziger das Recht, dem Himmel zu opfern. Der Himmel weiß, wann eine neue Dynastie erscheint, und die Herrscher regieren dank einem „Mandat des Himmels" (*tianming*).

Nach chinesischer Vorstellung ist es nicht zulässig, den sichtbaren Himmel vom Himmel als natürlichem Ordnungsprinzip, das Körperliche oder Substantielle (*ti*) vom Wirken (*yong*) zu trennen.

Wie schon erwähnt, bilden für die meisten Chinesen Ende der Ming-Zeit die Lehren der Jesuiten ein Ganzes: Berechnung des Kalenders, Astronomie, „Achtung vor dem Himmel" und Moral – all das ist eins: die „himmlische Lehre" (*tianxue*). Diesen Ausdruck braucht Ende der Ming-Zeit der anonyme Autor einer kleinen Schrift, in der er die „Theorien vom Herrn des Himmels" verteidigt. Für ihn besteht die „himmlische Lehre" zunächst aus dem Stu-[229]dium des Himmels selbst, und die Missionare sind Astronomen. Nun aber reguliert der Himmel die Zeit, und die Zahlen, die sich auf die Zeitabschnitte beziehen, sind Ausdruck der schöpferischen und umwandelnden Tätigkeit (*zaohua*) des Herrn des Himmels. Jede Jahreszeit entspricht einer bestimmten Funktion: Frühling dem Ausbrechen der Schösslinge, Sommer dem Wachsen, Herbst der Ernte und Winter dem Zurückziehen und Sammeln der Kräfte. Der Himmel wirkt, indem er diese Funktio-

---

[5] *Pixie lun*, S. 1109.
[6] Darauf ist schon im Kapitel I, S. 78f. hingewiesen worden.

nen verkettet. Dazu fügt der Autor Überlegungen zum *Buch der Wandlungen*, dem *Yijing*, das er als „himmlisches Buch" und „Ahnen der Himmelslehre" bezeichnet. Die Theorien über den Herrn des Himmels seien nichts anderes als die Lehren des *Yijing* unter einem anderen Namen. Die Schrift endet mit einer erstaunlichen Auslegung der Symbolik in den Bildern von der Heiligen Mutter (der Jungfrau) und vom Herrn des Himmels, wobei der Autor die Hexagramme des *Yijing* zu Hilfe nimmt. Die Heilige Mutter wird vom Hexagramm der Erde (*kun*) symbolisiert. *Kun* ist die Mutter, deshalb trägt sie ein Kind in den Armen, und der Herr des Himmels ist der Sohn, den sie geboren hat. Das Symbol für den Herrn des Himmels ist das Hexagramm *zhen* (der Blitz), dem *Yijing* gemäß ist *zhen* der „älteste Sohn" des *qian*-Symbols, des Hexagramms des Himmels. Er setzt sich an die Stelle des Himmels, um seine Macht auszuüben. Deshalb hält er drei himmlische Hölzer in der Hand, die vom Blitz getroffen sind (?). Die Dreifaltigkeit entspricht den Hexagrammen *zhen, kan* und *gen*, die alle drei von der Mutter *kun* hervorgebracht worden sind.[7]

So wie einige, Figuristen genannte, Jesuiten in den chinesischen Klassikern eine ganze Anzahl von christlichen Symbolen und durchsichtigen Anspielungen auf das Christentum zu finden glaubten, so legt der Autor dieser kleinen Schrift das, was er für die Lehre vom Herrn des Himmels hält, mit den Symbolen des *Buchs der Wandlungen* aus. Das alles ist sehr chinesisch, kaum aber christlich. Der Himmel erscheint hier nicht als Bezeichnung für einen persönlichen Schöpfergott, sondern als anonyme Macht, die stetig wirkt und damit den Wechsel und das Gleichgewicht in der Natur sichert.

Yang Guangxian ist für seine Ambitionen in der Astronomie oft verspottet und für böswillig befunden worden, dabei hat er sehr gut gespürt, worin sich chinesische und christliche – allgemeiner: abendländische – Denkarten unterscheiden:

> Ricci sagt: „Der blaue Himmel ist ein Ding, das vom Herrscher in [230] der Höhe (Gott) gelenkt wird. Einmal ist er im Osten, einmal im Westen, und er hat keinen Kopf, keinen Bauch, keine Hände und Füße. Dieser Himmel verdient nicht, verehrt zu werden. Noch weniger die Erde, die jedermann mit den Füßen tritt und wohin man die Abfälle wirft. Der Himmel und die Erde verdienen also nicht, verehrt zu werden."[8] Wer solche Reden führt, ist der nicht ein Tier, dem die Sprache der Menschen gegeben ist? Der Himmel ist der große Ursprung aller Wesen, aller Dinge und aller Ordnungsprinzipien. Wo es ein Ordnungsprinzip (*li*) gibt, ist gleichzeitig Energie (*yin* und *yang*). Gibt es Energie, entsteht die

---

[7] *Tianxue shuo* (*Erläuterungen zur himmlischen Lehre*), TZJDCWXXB, Bd. 1, S. 3-18. [Zu diesem Werk von Shao Fuzhong siehe CCT Database (unter: Tian xue shuo).]

[8] TZSY, S. 417f. Das Zitat ist gekürzt.

Vielzahl. Entsteht die Vielzahl, gibt es Körper. Der Himmel ist ein Körper gewordenes Ordnungsprinzip. Das Ordnungsprinzip ist [wie] ein Himmel, der keinen Körper hat. Wenn sich die Körper zu Ende entwickelt haben, scheint in ihnen das Ordnungsprinzip durch. Außerhalb des Ordnungsprinzips gibt es nichts, was man Ordnungsprinzip nennen könnte, und außerhalb des Himmels nichts, was man Himmel nennen könnte. ... Um ihn mit einem einzigen, allumfassenden Wort zu bezeichnen, nennt man ihn *Dao*. Wenn man ihn aber unter seinen verschiedenen Aspekten betrachtet, nennt man ihn als sichtbaren Körper Himmel. Als ordnende Macht nennt man ihn Herrscher [in der Höhe] (*Di*). Als wunderbare Wirkkraft nennt man ihn Geist (*shen*). Als angeborene Natur nennt man ihn universale Dynamik (*qian*).[9] In diesem zugleich globalen und analytischen Sprachgebrauch hebt man nie die einzelnen Aspekte hervor, ohne etwas vom Gesamten zu sagen. *Die Gesamtheit ist die Substanz, die Einzelaspekte nur ihre Äußerungen.*[10] Wenn aber die Anhänger des Herrn des Himmels diskutieren, heben sie einzig den Tätigkeits-Aspekt heraus und veranschaulichen das, was Meister Cheng [Cheng Hao, 1032–1085] Dämonen und höhere Geister nennt (*guishen*). Aber warum nur den Aspekt von der ordnenden Macht hervorheben? „Die universale Dynamik (*qianyuan*) [die Grundeigenschaft des Himmels] wohnt dem Himmel inne wie der Geist dem Menschen innewohnt", sagte Meister Zhu [Zhu Xi]. Wie ließe sich sagen, der Mensch sei Mensch [unabhängig von seinem Geist] und der Geist sei Geist [unabhängig vom Menschen]? Wenn man so denkt, [ist es klar, dass] der Himmel nicht Himmel sein kann [unabhängig vom Herrscher in der Höhe, seiner ordnenden Macht] und dass der Herrscher in der Höhe nicht Herrscher in der Höhe sein kann [unabhängig vom Himmel] ... Wenn der Mensch den Kopf hebt und den Himmel sieht, nennt er **[231]** ihn Herrscher in der Höhe: Das heißt nicht, dass es über dem Himmel noch einen anderen Herrscher gäbe.[11]

Nach chinesischer Auffassung gibt es außerhalb der Welt keinen Sinn, und Körper und Geist lassen sich nicht trennen. Das *Dao* erscheint nur in seinen Äußerungen und in der komplementären Wechselwirkung von *yin* und *yang*. Heilig ist, wer von der Vielfalt des Sichtbaren zur Einheit des Prinzips aufsteigen kann. Wang Fuzhi (1619–1692) schreibt:

Nach der natürlichen Ordnung (oben angefangen) lässt sich sagen, dass der Himmel das *Dao* besitzt, dass die menschliche Natur vom *Dao* ge-

---

[9] Ein oft zitiertes Wort des Cheng Hao, von dem die Missionare nur den zweiten Satz behielten: „Als ordnende Macht nennt man ihn Herrscher in der Höhe."
[10] Hervorhebung von J.G.
[11] *Pixie lun*, S. 1121–1124.

formt ist und dass man das *Dao* erkennt, sobald sich die menschliche Natur offenbart. Unten anfangend kann man sagen, dass der Geist es erlaubt, die menschliche Natur bis zu ihrem vollkommensten Ausdruck zu entwickeln, dass man sich durch diese vollendete Natur mit dem *Dao* vereint und dass man so dem Himmel dient (*shi Tian*).[12]

Ein gewisser Li Suiqiu (1602–1647) erörtert in einem Brief die Suche nach dem himmlischen Ordnungsprinzip (*tianli*) und die Vollendung der menschlichen Natur, und er schreibt:

> Die Unwissenden glauben, die neue Lehre vom Herrn des Himmels sei unserem Konfuzianismus nahe, aber das ist ein großer Irrtum. Untersucht man, was der Konfuzianismus Himmel nennt, *sowohl unter dem Gesichtspunkt der Erscheinungen am Himmel als auch unter dem Gesichtspunkt der gesellschaftlichen Beziehungen und des Organisationsprinzips der Wesen*,[13] so stellt man einen eindeutigen Unterschied fest [zu dem, was die Barbaren lehren]. Wie könnte es im Himmel einen Menschen in der Art jenes sogenannten Herrn des Himmels geben, der dort herrschte? ... Wer gut versteht, was im Konfuzianismus der Himmel ist, muss die abendländische Vorstellung vom Herrn des Himmels unbedingt ablehnen. Sonst versteht man nicht mehr, was die Achtung vor dem Himmel (*jing Tian*) zu sein hat.[14]

Der Verfasser einer christenfeindlichen Schrift prangert an, dass die Missionare ihren Herrn des Himmels mit dem Herrscher in der Höhe der Klassiker gleichsetzen. Das zeige, dass sie die chinesischen Vorstellungen völlig falsch verstanden haben. Was der Konfuzianismus unter Himmel versteht, habe drei verschiedene Bedeutungen und erscheine gleichzeitig als:
– der unendliche leuchtendblaue Himmel;
– der Himmel, der Gut und Böse entgilt. „Sie kennen nur diesen. Auch hat der Himmel bei uns nur eine ordnende Macht – wie ein **[232]** Herrscher, der die Welt ordnet. Sie machen einen groben Fehler, wenn sie von Schöpfung sprechen."
– der Himmel als stetiger Quell des Universums, Quell, der Ordnungsprinzip (*li*) und universale Energie (*qi*), Substanz und Wirken (*ti* und *yong*) zusammenfasst und der spontane Aktion und Reaktion ist.[15]

---

[12] Kommentar Wang Fuzhis zum *Zhengmeng* von Zhang Zai, Kap. 1, „Taihe pian", 11.

[13] Hervorhebung von J.G. Das himmlische Ordnungsprinzip (*tianli*) zeigt sich ebenso im Kosmos und in der Natur wie in der Menschenwelt und der Moral.

[14] *Lianxu geji*, Kap. 2, zitiert von Ch'en Shou-i 1935. Li Suiqiu war Maler und Dichter. Er starb bei der Belagerung von Ganzhou, als die Mandschu-Armeen in den Süden der Provinz Jiangxi vorrückten.

[15] *TXZZ*, S. 930–934.

Der 1635 verstorbene Zou Weilian schreibt:

> Es gibt einen Barbaren aus dem fernsten Abendland jenseits der Meere, Li Madou [Matteo Ricci] genannt, mit Beinamen Xitai, der zu Beginn der Wanli-Zeit (1573–1620) mit einigen Gefährten nach China gekommen ist. Er hat Bücher geschrieben, von denen eines *Wahre Bedeutung des Herrn des Himmels* heißt. Er preist darin diese Lehre und hat sie drucken lassen, um sie überall zu verbreiten. Was er sagt und wie er denkt, ist überspannt und widersprüchlich, scheinbar tiefschürfend und verfeinert, doch in der Tat oberflächlich und plump. Mit böswillig-schwatzhaften Reden preist er sich selbst. ... Betrügerisch setzt er seinen Herrn des Himmels mit dem Herrscher in der Höhe unserer Klassiker gleich, denn er weiß, dass der Herrscher in der Höhe in diesen Werken oft vorkommt und dass die Opfer für den Himmel und den Gott des Erdbodens (*jiao* und *she*) ihm galten. So konnte er sehen, dass ihm die höchste Würde zukam. Aber der große Gelehrte [Zhu Xi] hat erklärt, dass der Herrscher in der Höhe die ordnende Macht des Himmels ist. Herrscher in der Höhe und Himmel sind in der Tat austauschbare Begriffe. Den Himmel ehren heißt den Herrscher in der Höhe ehren. Warum sagt er, der Himmel verdiene nicht, verehrt zu werden, und warum setzt er „Herr des Himmels" an die Stelle des Namens „Herrscher in der Höhe", den er verbietet?[16] Zunächst sagt er, der Herr des Himmels sei universales Ordnungsprinzip (*li*). Dann sagt er, er sei ein Geist (*shen*), und schließlich behauptet er, es sei *Yesu*, ein Verbrecher aus einem abendländischen Königreich zur Han-Zeit.[17]

1623 erläutert Wang Qiyuan, dass „die zwei Aspekte des Himmels [der körperliche, *xing er xia*, und der nicht körperliche, *xing er shang*] wie die zwei Aspekte einer Person sind, die zugleich äußerlich und innerlich ist, Körper und Geist, [himmlische] Natur (*xing*) und individuelle Veranlagung (*ming*)". Und er fügt hinzu: „Da behaupten diese Leute, unsere Vorstellung vom Himmel lasse zu wünschen übrig. Wie absurd!"[18]

Dass sichtbarer Himmel und Himmel als aktives Prinzip der **[233]** Weltordnung untrennbar sind, dass die Begriffe Körper oder Substanz (*ti*) und Wirkung (*yong*) wechselseitig bezogen sind, ist für die chinesischen Vor-

---

[16] Gemeint ist, dass Ricci zunächst seinen Herrn des Himmels mit dem *Shangdi* gleichgesetzt hat, um dann die chinesische Vorstellung zu beseitigen.

[17] *Pixie guanjian lu*, *PXJ*, VI, 8a-b. Zou Weilian wurde 1607 Doktor und hatte am Ende seines Lebens während zweier Jahre die Stelle eines Zensors in der Provinz Fujian inne. Möglicherweise hat er sein Buch während dieser zwei Jahre geschrieben, denn das *Poxie ji* vereinigt vor allem Werke, die von 1630 bis 1640 in der Provinz Fujian verfaßt worden sind.

[18] *Qingshu jingtan*, Kap. XV, S. 45, zitiert von Ch'en Shou-i 1935.

stellungen genau so grundlegend wie für die Christen die Unterscheidung zwischen Schöpfer und Schöpfung. Auch Huang Zhen wirft den Missionaren vor, sie hätten den christlichen Begriff von einem über seiner Schöpfung stehenden Schöpfergott absichtlich mit der chinesischen Vorstellung vermischt, die den Himmel als immanente Ordnung versteht:

> Die Gefahr, dass Zinnober und Violett vermischt werden,[19] ist nicht größer als dass die fünf Schriftzeichen „Herrscher in der Höhe", „Mandat des Himmels" und „Himmel" (*Shangdi, tianming, Tian*) verwechselt werden. Diese hinterhältigen Barbaren denken, sie hätten da eine großartige Strategie gefunden. Die Beller [wie Hunde, die bellen, wenn sie Gebell hören] und die Habgierigen und Profitsüchtigen erheben sich, ihnen zu antworten, und so werden die Barbaren in allen Provinzen unterstützt und verstärkt. Die Beller haben keine Augen: Sie antworten auf das Gebell. Die Habgierigen haben ihre natürliche Güte verloren: Sie sehen nur noch das Geld. ... Jeden Tag fällen sie mit Axthieben die Statuen unserer Vorbilder an Loyalität und Kindespflicht, unserer Helden der Ergebenheit und der Pflichttreue. Das himmlische *Dao* und die gute Natur werden nach und nach verdunkelt. Grund genug, zu weinen und zu klagen. ... Die Barbaren dürfen nicht kommen und die Vorstellungen unserer Heiligen und Weisen von Erkenntnis und Kult des Himmels stören. Konfuzius hat gesagt: „Mit fünfzig Jahren wusste ich, was das vom Himmel festgelegte Schicksal ist."[20] Niemand wusste besser als Konfuzius, was der Himmel ist. Er wollte, dass wir uns recht benehmen und auf unser Herz hören. Darin besteht die unablässige Suche nach vollkommener Aufrichtigkeit. Niemals hat er gelehrt, man solle den Himmel mit einem unsauberen Kult beschmutzen. Denn was den Himmel zum Himmel macht, bleibt in seiner unerschöpflichen Vollkommenheit[21] verborgen. Es ist das allumfassende *Dao*. Es ist der Geist und das Herz des Menschen. Es ist die menschliche Natur. Es wirkt auf wunderbare Art und ist von lenkender Kraft. ... Deshalb heißt es in unserem Konfuzianismus, dass wir dem Himmel dienen, indem wir unseren angeborenen Geist bewahren und unsere Natur entwickeln. Zum Himmel beten wir, indem wir unsere Fehler bereuen und uns bessern.[22] Alle anderen Reden über den Himmel, alle anderen Arten, ihn zu verehren, widersprechen der grundlegen-[234]den Idee des Konfuzius, dieses Herrschers ohne Königreich. Ich habe gelesen, was Zilu zu Konfuzius sagte: „In den Grabreden heißt es: Wir beten

---

[19] *Lunyu*, XVII, 16: „Ich hasse es, wenn das Violett [eine Zwischenfarbe] über den Zinnober [eine reine Farbe] siegt."

[20] *Lunyu*, II, 4.

[21] Wörtlich: seiner Aufrichtigkeit.

[22] Über diese Moralbegriffe siehe S. 203f.

zu euch, Geister in der Höhe und in der Tiefe", und dass der Meister antwortete: „Schon lange bete ich ..."[23] Konfuzius und Zilu denken Himmel und Erde immer als Eines.[24] ... Deshalb stiften diese abendländischen Ungeheuer in unseren konfuzianischen Vorstellungen vom Himmel und vom Herrscher in der Höhe Verwirrung. Deshalb wollen sie absolut nicht von den Gebeten zu den Geistern der Erde sprechen, deshalb wagen sie nicht zu sagen, dass der Himmel unser angeborener Geist ist, der Zustand vollkommenster Aufrichtigkeit. Denn es ist offensichtlich, dass diese Vorstellungen ihre Reden über den Herrn des Himmels *Yesu* aufheben. Wer – wie gewisse unserer Landsleute – findet, der Herr des Himmels *Yesu* stimme zum Herrscher in der Höhe unserer Klassiker, der findet auch, der Schrei der Fledermaus stimme zum Gesang des Phönix.[25]

Der Himmel spiegelt sich also im Menschen selbst: Es ist sein angeborener Geist und die jedem Individuum innewohnende Sittlichkeit. „Der Herr des Himmels in unserem Konfuzianismus", heißt es in einer Schrift gegen das Christentum, „ist zugleich Himmel und Herrscher [in der Höhe]. Jeder Mensch und jedes Wesen besitzt in sich einen Herrn des Himmels. Jener der Barbaren ist nur ein Teufel."[26] Das findet auch ein Gesprächspartner Longobardos, drückt es aber rücksichtsvoller aus:

> Doktor Che Mo Kien, Mandarin am Amt für die Riten, der Riccis Bücher gelesen hat, fragte eines Tages, was wir unter Tiencheu [*tianzhu*: Herr des Himmels] verstehen. Wir antworteten, dass wir darunter eine lebendige, vernunftbegabte Substanz verstehen, die weder Anfang noch Ende hat, die alle Dinge erschaffen hat und sie vom Himmel aus lenkt *wie der König*, der in seinem Palast das ganze Reich regiert. Doch er machte sich über uns lustig und sagte, *wir stellten höchst ungenaue Vergleiche an, denn der Tien-cheu oder König in der Höhe sei nicht wirklich wie ein lebendiger Mensch, der im Himmel sitzt, sondern nur die Kraft, die den Himmel beherrscht und lenkt, die in allen Dingen und in uns selbst ist, und somit könnten wir sagen, dass unser Herz das gleiche sei wie Tien-cheu oder Xamti* [*Shangdi*, der Herrscher in der Höhe].[27]

---

[23] *Lunyu*, VI, 35. In der Tat erläutert Zhu Xi in seinem Kommentar, dass Beten nichts anderes ist als auf dem Weg des Guten fortschreiten und seine Fehler verbessern, dann erhalte man von den Geistern Hilfe ... „Ich bete ständig", sagt Konfuzius, „warum hätte ich bis zu diesem Tag warten sollen?"

[24] Während Ricci behauptet, die Opfer für die Erde seien nachträglich zum Kult des Himmels, also dem Kult des biblischen Gottes, hinzugefügt worden.

[25] *Zunru jijing*, PXJ, III, 14a-15b.

[26] *Zhuyi lunlüe*, PXJ, VI, 2a-b.

[27] N. Longobardo 1701, S. 86. Hervorhebung nach der Ausgabe von 1701. Was Longobardo mit Herz übersetzt, ist das Wort *xin*, das gleichzeitig Herz und Geist bedeutet.

Gegen 1635 schreibt ein gewisser Lin Qilu:

> In China haben wir **[235]** immer gesagt, man müsse „die Befehle des Himmels fürchten". Und wir sagen, der Himmel sei das universale Ordnungsprinzip. Spricht man vom Herrscher [in der Höhe], so meint man seine ordnende Macht. Der Himmel lässt die Menschen auf die Welt kommen, und jedes Wesen besitzt in sich die Normen des Himmels. Weil sich der Mensch dem himmlischen Ordnungsprinzip anzupassen und den Regeln des Herrschers in der Höhe zu fügen versteht, kann er die Zehntausend Wesen beherrschen, das Universum ordnen, die Fehler der Welt beheben und die richtigen Lehren verbreiten. Das ist es, was unser Konfuzianismus „Herr des Himmels" nennt. Wie könnte man diese erhabenen und schönen Anschauungen unbesehen aufgeben und sich einer Teufels- und Dämonenlehre zuwenden? Sollen wir die Tempel unserer Ahnen zerstören, ihre heiligen Täfelchen fortwerfen, unsere Riten und Gesetze aufheben und uns dann mit heiligem Wasser besprengen, uns mit heiligem Öl einreiben, ein Folterinstrument in der Form des Schriftzeichens für Zehn [Kreuz] verehren und aus einem Mann mit blauen Augen und hervorstehender Nase den Herrn des Himmels machen?[28]

Gewisse Gelehrte des 17. Jahrhunderts wie Gao Panlong oder Huang Zongxi beklagen zwar, dass ihre Zeitgenossen den Himmel nicht mehr achten und in ihm nur noch den sichtbaren Himmel oder ein abstraktes Ordnungsprinzip sehen; was aber nicht heißt, dass sie sich plötzlich zu den Thesen der Missionare bekehrt hätten und nun einen substantiellen Unterschied machten zwischen dem Schöpfergeist und seiner Schöpfung. Ganz im Gegenteil lehnen sie jede Trennung zwischen Sichtbarem und Göttlichem ab, zwischen der Substanz und ihrem Wirken. Für Gao Panlong ist der Himmel im Menschen selbst, und wer das vergisst, bei dem stumpft sich das fromme Gefühl für die universale Ordnung ab:

> Was unsere Zeitgenossen Himmel nennen, ist nur die blaue Weite über uns. Sie wissen nicht, dass über den neun Himmeln und unter den neun Erden, von den Härchen unserer Haut und dem Mark unserer Knochen bis hin zu allem innerhalb und außerhalb der Grenzen des Universums alles Himmel ist. Sobald ich also einen guten Gedanken habe, weiß es der Himmel notwendigerweise. Sobald ich einen schlechten Gedanken habe, weiß er es auch. ... Er weiß um das Gute und entgilt es mit Gutem. Er weiß um das Schlechte und entgilt es mit Schlechtem. Die Vergeltung ist automatisch und folgt der Tat wie der Schatten dem Körper.[29]

---

[28] *Zhuyi lunlüe*, *PXJ*, VI, 2a-b.

[29] *Gaozi yishu*, III, „Zhitian shuo" (Über die Kenntnis des Himmels), 16b-17b. Über das Automatische der Vergeltung siehe S. 207f.

[236] Denn der Mensch ist eins mit dem Universum: „Der Edle betrachtet den Himmel, die Erde und die Zehntausend Wesen als eine einzige Substanz" (*tiandi wanwu yiti*) hat Cheng Hao (1032–1085) gesagt, und dieser Satz wird oft zitiert. „Der Geist des Menschen", schreibt sein Schüler Xie Liangzuo (1050–1103), „ist eins mit dem Universum ... Was sage ich ‚eins mit'? Er selbst ist das ganze Universum." Huang Daozhou (1585–1646) formuliert es so:

> Mein Körper und mein Geist sind nicht zwei grundsätzlich verschiedene Sachen. ... Alles unter dem Himmel ist nur ein Einziges und hat keine Zweiheit in sich. Sonne, Mond, vier Jahreszeiten, Geister und Götter, Himmel und Erde sind nur ein Einziges und haben keine Zweiheit in sich.[30]

Einem von Longobardo zitierten „chinesischen Doktor" gemäß „ist der Geist von der Substanz nicht verschieden, sondern die gleiche Substanz unter dem Aspekt des Handelns und Lenkens". Der „König in der Höhe" ist nichts als die „wirkende Kraft des Himmels".[31] „Substanz und Geist sind nicht zweierlei, sondern zwei Modalitäten des gleichen."[32]

DAS ALL IN BEWEGUNG

Der Gegensatz von Ich und Welt, von Geist und Körper, von Göttlichem und Kosmischem besteht nach chinesischer Vorstellung eigentlich nicht. Die alten chinesischen Texte konnten jedoch den Eindruck geben, die Chinesen hätten einst ein Höchstes Wesen verehrt, was gewisse Missionare auf die Idee brachte, sie seien vom buddhistischen Götzendienst und von der atheistisch-materialistischen Philosophie der „neuen Kommentatoren", der neokonfuzianischen Denker des 11. und 12. Jahrhunderts, verdorben worden. Aber die Chinesen zur Zeit der Missionare lehnen eine radikale Trennung zwischen der Natur und ihrer ordnenden und zeugenden Kraft deshalb ab, weil sie eben einen solchen Unterschied noch nie gemacht haben, noch nie das Fühlbare vom Rationalen getrennt, auch keine „von der materiellen verschiedene geistige Substanz" vorgestellt und auch nicht angenommen haben, es gebe eine Welt der ewigen Wahrheiten, die von der Welt der Erscheinungen und vergänglichen Realitäten getrennt sei. Für die Christen, Erben der griechischen Philosophie und der mittelalterlichen Scholastik, war [237] hingegen diese Unterscheidung so grundlegend, so evident und natürlich, dass

---

[30] Zitiert von A. Forke 1938, S. 77, Anm. 5; S. 112, Anm. 3; S. 353, Anm. 5 und 6.
[31] N. Longobardo 1701, S. 86 und 79.
[32] *Ibid.*, S. 72.

man sich ihrer geschichtlichen Bedingtheit und ihres Zusammenhangs mit gewissen Sprachkategorien[33] nicht bewusst sein konnte.

Dem „Licht der natürlichen Vernunft" vertrauend, versuchten die Missionare, die Chinesen vor vermeintlichen Fehlurteilen zu warnen. Sie sahen nicht, dass sie einer Weltanschauung und einem Denken gegenüberstanden, die grundlegend verschieden waren, und dass dieses Denken mit der Moral, der Religiosität und der gesellschaftlichen und politischen Ordnung in Zusammenhang stand. Die Chinesen haben ihre Philosophie auf anderen Grundlagen errichtet als wir. Ricci musste deshalb beinahe seine ganze Abhandlung darauf verwenden, die Existenz von rein geistigen Substanzen zu beweisen. „Vermengt man den Himmel und den Geist, der ihn belebt, zu einer einzigen Substanz" – auf diese Art übersetzt er die chinesischen Vorstellungen in seine Ausdrucksweise – „so ist das höchst lächerlich".[34]

Ebenso erläutert Pater Adam Schall von Bell in einem um 1626 publizierten Buch, den *Unzähligen Beweisen, dass der Herr des Himmels die Welt regiert (Zhuzhi qunzheng)*, dass

> der Gott der Christen im Unterschied zu den höchsten chinesischen Begriffen in seiner Substanz vom Himmel, von der Erde und den Zehntausend Wesen grundlegend verschieden ist …, dass er nicht dem *taiji* [dem kosmischen Ursprung] entstammt, dass er auch nicht aus dem *yin* und *yang* hervorgegangen ist, sondern dass im Gegenteil *taiji*, *yin* und *yang* von ihm erschaffen worden sind; dass er alles erschaffen hat und dass es nichts gibt, was nicht er lenkt.[35]

Pater Giulio Aleni versucht im Süden der Provinz Fujian die Chinesen von ihren Irrtümern zu überzeugen – bevor er 1639 ausgewiesen wird. Huang Zhen fasst seine Predigten zusammen:

> Diese Lehre preist einzig und allein ein Wesen, das Himmel und Erde, die Menschen und die anderen Wesen geschaffen haben soll. Sie nennen ihn Herrn des Himmels. Sie sagen, seine Substanz sei allgegenwärtig, allwissend und allmächtig. Sie sagen, dieser Herr habe dem Menschen eine vernunftbegabte Seele verliehen, die sie „menschliche Natur" (*xing*) nennen.[36] Ihnen gemäß darf man nicht sagen, die menschliche Natur sei der Himmel, und der Himmel sei unser Geist. Sie sagen auch, der Himmel und die Erde seien wie ein Palast, und Sonne und Mond wie die Lampen in diesem Palast. **[238]** Ihnen gemäß soll man nicht sagen, der Himmel

---

[33] Siehe unten S. 297ff.

[34] *TZSY*, S. 417.

[35] Zitiert von Ch'en Shou-i 1935. [Zu Schalls *Zhuzhi qunzheng* siehe CCT Database (unter: Zhu zhi qun zheng).]

[36] Das ist einer der Ausdrücke, mit denen Aleni das Wort „Seele" übersetzt.

und die Erde seien der Herr des Himmels, denn Himmel und Erde, der Herr des Himmels und der Mensch sind drei verschiedene Realitäten, deren Substanzen man nicht vereinen darf. Sie halten unsere chinesische Vorstellung, wonach die Zehntausend Wesen von einer gleichen Substanz sind, für falsch. Und Wang Yangmings These, wonach das gesamte Universum, Himmel und Erde und die Zehntausend Wesen aus dem angeborenen Wissen (*liangzhi*) hervorgegangen sind,[37] sei irrig. Da kommen sie also, um in unseren seit zehntausend Generationen feststehenden Traditionen Verwirrung zu stiften.[38]

Die Missionare haben diese vermeintlichen Irrtümer angeprangert und geschlossen, die Chinesen seien Materialisten. Wie Pater Le Comte sagt, sprachen die Neokonfuzianer des 11. und 12. Jahrhunderts

von der Gottheit, als ob sie die Natur selbst sei, das heißt diese natürliche Macht oder Kraft, die alle Teile des Universums hervorbringt, ordnet und erhält. ... Es ist nicht mehr dieser höchste Himmelskaiser, gerecht, allmächtig, der erste unter den Geistern und Richter über alle Geschöpfe: In ihren Werken findet man nur einen verfeinerten Atheismus und eine Entfernung von jedem Gottesdienst.[39]

Und er legt sich mit der „Sekte der Gebildeten" (den Gelehrten) an, „von denen man sagen kann, dass sie Gott mit Zunge und Lippen ehren, da sie fortwährend wiederholen, man müsse den Himmel anbeten und ihm gehorchen, doch ist ihr Herz weit davon entfernt, denn sie geben diesen Worten eine unfromme Bedeutung, die die Gottheit aufhebt und jedes religiöse Gefühl erstickt".[40]

Andere Missionare gehen noch weiter und verneinen, dass die Chinesen je etwas von Gott gewusst haben. „Ihre geheime Philosophie", schreibt Longobardo, „ist ein reiner Materialismus",[41] und er betitelt den zehnten

---

[37] Das ist eine buddhistisch angehauchte Auslegung der Gedanken Wang Yangmings (Wang Shouren, 1472–1529). Das *liangzhi*, die Sittlichkeit, die dem Geist im Zustand vollkommenster Ruhe innewohnt, wird mit dem buddhistischen Absoluten gleichgesetzt.

[38] Brief des „Gelehrten im Ruhestand, der die Illusionen verwirft", Huang Zhen, aus Xiazhang (Zhangzhou im Süden der Provinz Fujian), in dem er Meister Yan Zhuangji (Yan Maoyou, durch besondere Gunst des Kaisers in der Chongzhen-Zeit, 1628–1644, zum Doktor befördert und Verfasser einer Anthologie der Sechs Klassiker) bittet, die Lehre vom Herrn des Himmels zu widerlegen, *PXJ*, III, 8b. Huang Zhen oder Huang Tianxiang hat zum *Poxie ji* ein vom 2. Monat des Frühlings 1639 datiertes Vorwort verfaßt, ein weiteres, von 1638, zu einem Text des *Poxie ji*, dann zwei kleine Schriften und diesen Brief.

[39] Le Comte, II, Brief an den Kardinal de Bouillon, S. 181.

[40] *Ibid.*, S. 183.

[41] N. Longobardo 1701, S. 58.

Abschnitt seiner Schrift mit: „Dass die Chinesen überhaupt keine geistige Substanz gekannt haben, sondern eine einzige, in verschiedenen Graden materielle Substanz". Pater Sabatino de Ursis, 1607 nach Peking berufen, ist der gleichen Meinung: „Den Grundlagen ihrer Philosophie gemäß haben die Chinesen keine geistige, von der materiellen verschiedene Substanz gekannt ... und also haben sie weder Gott noch Engel noch eine vernunftbegabte Seele gekannt."[42] Der Jesuitenpater Antonio de Gouvea, von 1636 bis 1677 in China, schreibt in seiner *Chinesischen Monarchie,* dass

> die Chinesen überhaupt keine Schöp-[239]fung kennen, nicht an die Unsterblichkeit der Seele glauben, zwischen der Seele des Menschen und der Tiere nur insofern unterscheiden, als sie diese für gröber, jene für feiner halten. Sie nehmen keine Engel an, auch keine rein geistigen Wesen, sondern denken sie materiell und körperlich. ... Sie nehmen weder Paradies noch Hölle an, weder Strafe noch Lohn in einem Jenseits, weil sie glauben, dass sich alles auflöst. Sie fürchten und hoffen nichts.[43]

Der Franziskaner Antonio de Caballero sagt, die Opfer für den Herrscher in der Höhe, das heißt die kaiserlichen Opfer an den Himmel, „richten sich in Tat und Wahrheit an das materielle Prinzip des Universums und stellen einen förmlichen und wirklichen Götzendienst dar".[44]

Vom chinesischen Standpunkt gesehen sind jedoch die Missionare die wahren Materialisten, denn sie wollen das Universum seiner unsichtbaren Kräfte berauben und ein bloßes Ding daraus machen, das von außen gelenkt wird und keine spontane Intelligenz besitzt, wie sie alle Wesen haben.

„Ist es vernünftig", fragt Huang Wendao aus Fuzhou, „unter dem Vorwand, man verehre den Herrn des Himmels, zu erklären, dass Himmel und Erde keinen Verstand besitzen, dass Sonne, Mond und Planeten bloße Dinge und die Götter der Berge und Flüsse, die Götter des Erdbodens und der Ernte Teufel sind und dass es nicht nötig ist, den Ahnen zu opfern?"[45]

Yang Guangxian erörtert die Schöpfung und die Geburt Christi und ruft dann aus:

> So weit also gehen ihre überspannten, unbegründeten Behauptungen! Der Himmel ist aus den zwei uranfänglichen Energien (*yin* und *yang*) hervorgegangen. Es stimmt nicht, dass er erschaffen worden ist. „Warum sollte der Himmel sprechen?" sagte Konfuzius. „Die vier Jahreszeiten nehmen ihren Lauf, und alle Lebewesen werden geboren."[46] Wäre der

---

[42] N. Longobardo 1701, Vorwort.
[43] Zitiert von Sainte-Marie 1701, S. 76.
[44] Sainte-Marie 1701, S. 61.
[45] *Pixie jie, PXJ,* V, 20b.
[46] *Lunyu,* XVII, 17.

Himmel von einem Herrn des Himmels geschaffen worden, so wäre er nur ein bloßes, unempfindliches Ding. Wie könnte er die Zehntausend Wesen hervorbringen? So göttlich (*shen*) ihr Herr des Himmels auch ist, so bleibt er doch eine Energieform (*qi*), die aus den zwei uranfänglichen Energien hervorgegangen ist. Hat es etwas mit gesundem Menschenverstand zu tun, wenn man sagt, er sei fähig gewesen, die zwei uranfänglichen Energien zu schaffen, die alle Wesen hervorbringen?[47]

Alles in allem sind die Götter und Geister nur eine feinere und zartere Form der universalen Energie, die durch die Wechselwirkung **[240]** ihrer komplementären Formen, *yin* und *yang*, alle Dinge dieser Welt hervorgebracht hat.

Wer wie die Missionare von Fetischismus, Götzendienst und Materialismus spricht, befreit sich von der Mühe, die chinesischen Vorstellungen analytisch zu erfassen und zu verstehen, was an ihnen so anders ist.

Die Ansicht, das Universum besitze in sich selbst seine Ordnungsprinzipien und seine eigene Schöpferkraft, ist für die scholastisch geschulte Vernunft empörend: Da wäre ja die Materie selbst vernunftbegabt – natürlich nicht mit der bewussten und reflektierten Vernunft, sondern mit einer spontanen Vernunft, die *yin* und *yang* vereint und die unendlichen Kombinationen dieser zwei entgegengesetzten Energien lenkt.[48] Gerade diese Form elementarer Vernunft verwirft Ricci in seiner großen Abhandlung. „Wenn das *li* [der universalen Energie innewohnendes Ordnungsprinzip] zu wirken beginnt und *yin* und *yang* hervorbringt", lässt Ricci den „chinesischen Gelehrten" sagen, „so ist da eine Form spontaner Vernunft (*ziran zhi lingjue*)." Doch für Ricci kann das Untergeordnete nicht das Übergeordnete hervorbringen. Nur ein rein geistiger Gott hat die Welt erschaffen können; das *li* ist ein einfaches Attribut und nicht eine Substanz: Es kann das nicht.[49]

Die Barbaren wollen Schöpfer und Schöpfung trennen, Subjekt und Objekt, wirkenden Geist und bloße Materie. Aber in Wirklichkeit funktioniert das Universum anders. Huang Zhen schreibt:

> Die Wirkungsweise (das *Dao*) des Himmels und der Erde, ist in einem Wort gesagt. Sie ist nicht zweifach. Wie könnte sie vom Herrn des Himmels *Yesu* gelenkt werden? Wie könnte das Universum in sieben Tagen geschaffen worden sein? In Wirklichkeit werden die Zehntausend Wesen aus der Vollendung dieser Wirkungsweise des Himmels und der Erde

---

[47] *Pixie lun*, S. 1106.

[48] Man kann im italienischen Platonismus der Renaissance und ganz besonders bei Campanella (1568–1639) Gedankenrichtungen finden, die an die chinesischen Vorstellungen erinnern. Doch stehen sie im Widerspruch zu den herrschenden geistigen Strömungen, während sie in China bestimmend sind.

[49] *TZSY*, S. 411f.

geboren. ... Wie könnte sie vom Herrn des Himmels *Yesu* hervorgebracht worden sein?[50]

Anders gesagt laufen die natürlichen Mechanismen zu spontan ab, als dass man darin das Eingreifen eines reflektierten Willens – wie etwa den eines Handwerkers – sehen könnte.

Huang Zhen sagt, das *Dao* durchdringe die Welt und teile sich allem mit. Es inspiriert die Heiligen und die wahren Weisen, die einfachen Leute und die Tiere:

> Alles zwischen Himmel und Erde, die Wasserläufe, die aufblühenden Blumen ... nimmt Teil am Strö-**[241]**men dieses universalen Ordnungsprinzips (des *li*). ... Schon die Schüler des Konfuzius haben das nicht verstehen können, wie sollten dann diese barbarischen Monster dazu fähig sein? ... Heißt das den Himmel kennen, wenn man wie der Barbar Ricci sagt, der Herr des Himmels sei auf die Erde herabgestiegen, um geboren zu werden, und das sei *Yesu* gewesen, dann sei *Yesu* in den Himmel zurückgekehrt und wieder zum Herrn des Himmels geworden? Heißt das den Himmel kennen, wenn man weiß, wie viele Höllen und Paradiese es übereinander gibt?[51]

Um den Chinesen zu beweisen, dass ihre Vorstellungen absurd waren, und um sie der wahren Religion zuzuführen, haben die Missionare mit den statischen Begriffen der Aristotelischen Philosophie argumentiert: Form, Materie, Seele, Substanz und Akzidens ... Und mit diesen Begriffen haben sie auch versucht, die philosophischen Traditionen Chinas zu fassen. Für die Chinesen hingegen ist das Universum in ständiger Entwicklung und lässt sich nur mit dynamischen Begriffen ausdrücken. Einen Unterschied von Sein und Schein gibt es nicht.

Longobardo versucht, den Begriff *li* – das innere und immanente Ordnungsprinzip – zu erklären und sagt, dass „sie darunter das Sein, die Substanz, das Ens der Dinge verstehen, denn sie stellen sich vor, dass es eine unendliche, ewige, ungeschaffene, unvergängliche Substanz ohne Anfang und Ende gibt. Sie ist nicht nur der physische Ursprung des Himmels, der Erde und der anderen Körper, sondern auch das moralische Prinzip der Tugenden, Gewohnheiten und der anderen geistigen Dinge".[52] Und er warnt jene, die diesen Begriff mit Gott gleichsetzen möchten:

> Ich stelle mir vor, dass jemand glauben könnte, diese *Li* oder *Taikie* (*taiji*) sei unser Gott, weil man ihr Eigenschaften und Vollkommenheit zuschreibt, wie sie nur Gott gebühren. Hütet euch wohl, euch von diesen

---

[50] *Zunru jijing*, *PXJ*, III, 17b.

[51] *Ibid.*, 18a/19a. Über die Hölle siehe S. 220.

[52] Longobardo 1701, S. 74.

Scheintiteln, hinter denen Gift lauert, blenden zu lassen. Wenn ihr nämlich bis auf den Grund und bis an die Wurzel geht, werdet ihr sehen, dass diese *Li* nichts anderes ist als unser Urstoff.[53]

Leibniz, der durch Longobardos Abhandlung von den chinesischen Vorstellungen erfahren hat, verneint hingegen, dass das *li* der Urstoff sein kann: „Ich sehe nicht, wie es möglich wäre, dass die Chinesen aus dem Urstoff, wie ihn unsere Philosophen in ihren Schulen lehren, nämlich als rein passive, ungeordnete Sache ohne Form, die Ordnung [242] und die Formen entspringen lassen könnten." Und er schreibt, „dass man ihr *li* oder Ordnung als ersten Beweger und als Grund der anderen Dinge betrachten muss, der, wie mir scheint, unserer Gottheit entspricht".[54]

Doch es gibt keine Lösung: Der chinesische Begriff kann nicht mit dem Urstoff gleichgesetzt werden, da er sich nicht auf eine „passive, ungeordnete Sache ohne Form" bezieht. Er entspricht auch nicht unserer Gottheit, da er nichts Vernunftbegabtes meint, sondern etwas, was unreflektiert handelt, „nur durch eine Tendenz und durch eine natürliche Ordnung".[55]

Das Wort *li* beschwor ursprünglich die Idee von der Einteilung des Raumes[56] und scheint schon früh die nicht von außen auferlegte, sondern der Natur innewohnende Ordnung bedeutet zu haben. Man kann sie aus der Maserung des Holzes, den Adern im Gestein, dem Geäder eines Blattes lesen. Sie ist ein dem Universum und den Lebewesen innewohnendes Entwicklungsprinzip. Wang Yangming, der einflussreichste Philosoph des 16. Jahrhunderts, wurde krank, weil er auf Anraten Zhu Xis das Entwicklungsprinzip des Bambus hatte durchdringen wollen und tagelang schauend davor gesessen hatte.[57] In Anlehnung an die Vorstellungen der modernen Wissenschaft ist *li* auch schon mit „Programm" übersetzt worden,[58] doch ist er ja ein intuitiver und nicht ein wissenschaftlicher Begriff. Er gehört untrennbar zum *qi*, das weder Geist noch Materie ist, aber ebenso das eine wie das andere sein kann. Das *qi* ist die universale, ungeschaffene und allgegenwärtige Energie, die den Raum ausfüllt und dort unsichtbar ist (*wu*) oder sich zu den sichtbaren Körpern verdichtet (*you*). Das *qi* ist von Natur aus aktiv und in

---

[53] N. Longobardo 1701, S. 78. Vgl. den erwähnten Brief Riccis, S. 34. Ebenso *TZSY*, S. 413: „Wenn ihr sagt, das *li* enthalte die Vernunft (*ling*) der Zehntausend Wesen und es bringe die Zehntausend Wesen hervor, wäre es (das gleiche) wie der Herr des Himmels."

[54] Leibniz, Brief an Monsieur de Rémond über die chinesische Philosophie, in *Œuvres complètes* (éd. Dutens), Bd. IV, S. 12.

[55] N. Longobardo 1701, S. 77.

[56] Siehe P. Demiéville 1973.

[57] Vgl. *DMB*, S. 1408f.

[58] Diese Möglichkeit hat Yamaguchi Hisakazu (1979) vorgeschlagen.

stetiger Evolution: Es teilt sich in *yin* oder *yang* und formiert sich wieder zu verschiedenen *yin*- oder *yang*-Kombinationen. Es verdichtet sich also immer wieder zu Substanzen und Körpern, die ihrerseits früher oder später verfallen, in die ungeformte Masse der universalen Energie zurückkehren. Unsichtbare Einflüsse, Geister und die menschliche Intelligenz sind nichts als subtilere und feinere Formen der universalen Energie, die sichtbaren Körper gröbere Formen, die durch Energie-Anhäufung entstanden sind.[59]

Ricci deutete die Begriffe *wu* und *you* als Sein und Nichts. Longobardo hingegen – dank seinen Nachforschungen besser informiert – hat verstanden, dass sich diese zwei Begriffe auf die zwei möglichen Aspekte der „universalen Substanz" bezogen. *You*, sagt er, ist, „was **[243]** Konsistenz hat", *wu*, „was man weder sehen noch berühren kann" und das „sehr einfach, sehr rein, sehr fein ist, wie wir bei uns die geistige Substanz vorstellen", das aber nicht die geistige Substanz ist, „denn 1. kann es nicht von sich aus existieren, da es nur ein Aspekt des Uratems [des *qi*] ist, 2. trägt es alle materiellen Akzidentien und fügt sich so zum Sein aller Dinge, es ist ihr Sein und ihre Substanz, 3. werden alle geistig scheinenden Dinge *ki* (*qi*) genannt ... und zwar von allen alten und modernen Philosophen und hauptsächlich von Konfuzius, den seine Schüler gefragt hatten, was die Geister seien, und der antwortete, sie seien nur Luft".[60]

„Die Chinesen", schreibt Longobardo auch, „haben keine unendliche Macht gekannt, die aus dem Nichts etwas geschaffen hätte. Sie haben nur eine universale, unermessliche und unendliche Substanz gekannt, aus der das *Taikie* (*taiji*) oder Uratem hervorgegangen ist, das die universale Substanz enthält und das einmal durch Ruhe, dann durch Bewegung verschiedene Eigenschaften und Akzidentien annimmt und zur unmittelbaren Materie aller Dinge wird."[61]

„Sie erkennen in der Natur nur die Natur selbst", schreibt Pater Le Comte, „die sie als Prinzip der Bewegung und der Ruhe definieren.[62] Sie sagen, es sei die Vernunft im wahrsten Sinne [das *li*], die in die verschiedenen Teile des Universums Ordnung bringt und alle Veränderungen verursacht."[63]

---

[59] Das sind die Thesen, die Zhang Zai (1020–1077) im *Zhengmeng* (Die richtige Einführung) vertritt. [Zur deutschen Übersetzung dieses Werkes siehe Kap. I, S. 78, Anm. 209.]

[60] N. Longobardo 1701, S. 48.

[61] *Ibid.*, S. 47.

[62] Anspielung auf die aktiven und inaktiven Phasen von *yin* und *yang*.

[63] Le Comte, III, Vorwort zur zweiten Ausgabe.

Es gibt keine Vernunft außerhalb der Welt, kein ewiges Sein im Gegensatz zum Werden. Wei Yuan (1794–1857) schreibt:

> Der Himmel dreht nach links [wenn man gegen Süden schaut], während die Sonne, der Mond und die fünf Planeten nach rechts drehen. Aus der Verwebung von Kettfäden und Schussfäden entsteht Ordnung und Eleganz (*wen*). Deshalb ist beim Menschen das rechte Auge schärfer, die rechte Hand stärker. Das Haar des Menschen, das Netz der Spinne, die Windung des Schneckengehäuses, die geschlungenen Stiele der Kürbisse und Melonen – all das erreicht vollkommene Eleganz (*zhang*), indem es sich nach rechts dreht. Und genau diese Gegendrehung zum [Drehsinn des] Himmels ist höchster Gehorsam gegenüber der Himmelsordnung.[64]

Das Universum verdankt seine Ordnung einzig der Wechselwirkung und den Kombinationen von *yin* und *yang*. Es gibt also keine unwandelbaren Wirklichkeiten, keinen Herrn des Himmels, wie ihn die Missionare vorstellen, auch keine unsterbliche Seele. Xu Dashou schreibt:

> [244] Die Barbaren sagen: „Ich glaube an das ewige Leben." Da sieht man, dass sie die Bedeutung des Wortes Leben überhaupt nicht verstanden haben. Der Konfuzianismus spricht von unaufhörlicher Vermehrung des Lebens (*shengsheng*).[65] Damit wird auf das ununterbrochene Strömen der Natur hingewiesen. Der Buddhismus spricht von Fehlen des Lebens [von fehlender Erzeugung]. Damit ist dieser Weggang, dieser absolute Bruch [die Erlösung] gemeint, der wie ein spurloses Verschwinden ist. Der Daoismus weiß wohl, dass sich das Universum nicht ewig erhalten kann, aber [er ist überzeugt], dass man die Wurzeln tiefer wachsen lassen und den Stamm verstärken [kann], und so geht es ihm darum, „das Leben zu verlängern", indem er mit Hilfe der zwei Wörter (*chang sheng* [„langes Leben"]) … den Menschen die Mysterien verständlich macht. Nun haben aber diese Leute in ihren falschen Vorstellungen den Begriff „langes Leben" (*changsheng*) in „ewiges Leben" (*changsheng*) verwandelt.[66] Doch das Leben ist Hervorsprudeln (*qi*). Wie könnte ein Hervorsprudeln ewig sein?[67]

Im Grund genommen kritisieren die Chinesen an den christlichen Vorstellungen die Begriffskategorien und Gegensatztypen, die im abendländischen

---

[64] *Wei Yuan ji* (Beijing: Zhonghua shuju, 1976), Bd. 1, S. 10.

[65] Der Ausdruck steht im *Yijing*, „Xici", *shang* und meint die stetige Erzeugung durch *yin* und *yang*.

[66] Die zwei Wörter *chang*[*sheng*] 長生 – „lang[es Leben]" und *chang*[*sheng*] 常生 – „beständig[es], ewig[es Leben]" sind homophon.

[67] ZP, 25a. Die Wörter *qì* 氣 – „Energie" und *qǐ* 起 – „Hervorsprudeln, Aufsteigen, Aufstehen" sind im Ton verschieden.

Denken seit den Griechen eine grundlegende Rolle spielen: Sein und Werden, die Welt der Gedankendinge und die Welt der wahrnehmbaren Dinge, das Geistige und das Körperliche ... Das alles half den Missionaren nicht weiter in einer Vorstellungswelt, die ganz anders gegliedert, ganz anders gedacht war. Wie anders? Die Untersuchung des Zusammenspiels von Denken und Sprache wird vielleicht Ansätze zu einer Antwort bringen.

DIE SCHÖPFUNG

Die Missionare hatten sich zur Aufgabe gemacht, die Chinesen von ihren Irrtümern abzubringen: etwa, dass eine ursprüngliche, ungeschaffene und allgegenwärtige Energie das Universum hervorgebracht habe, dass die Lebewesen wie auch das Universum selbst aus natürlichen und spontanen Mechanismen entstanden sind. Pater Aleni schreibt in seinem auf chinesisch verfassten *Vom wahren Ursprung der Zehntausend Wesen* (*Wanwu zhenyuan*): „Der Himmel und die Erde können nicht von sich aus die Menschen und die anderen Lebewesen geschaffen haben. Die ursprüngliche Energie kann nicht von sich aus Himmel und Erde geschieden haben."[68]

[245] Solch absurde Vorstellungen hätten den logischen Beweisführungen der Missionare eigentlich keinen Augenblick standhalten dürfen. Diese dachten, sie hätten einen stichhaltigen Beweis für die Existenz eines Schöpfergottes, nämlich, dass sich kein Ding von selbst erschaffen kann: Jedes Werk deutet auf einen Handwerker. „Die Häuser errichten sich nicht von selbst", schreibt Ricci, „sie werden von Zimmerleuten gebaut. Also haben Himmel und Erde nicht spontan entstehen können."[69] Alle auf chinesisch verfassten Bücher der Missionare haben dieses Argument aufgenommen und entwickelt: Die Ordnung der Welt und die Vollkommenheit seiner Wesen beweisen die Existenz eines Schöpfergottes. Doch merkwürdig: Statt zu überzeugen, erschien das Argument lächerlich. Longobardo schreibt:

> Als wir ihnen sagten, der Xangti (der Herrscher in der Höhe [*Shangdi*]) sei der Schöpfer des Universums, so wie wir uns das vorstellen, lachten sie und machten sich über uns lustig, denn sie waren den Prinzipien ihrer Sekte gemäß überzeugt, dass der Xangti der Himmel selbst ist oder die Kraft und die Macht des Himmels und dass er also nicht vor dem Himmel gewesen sein konnte, sondern erst, als der Himmel entstand oder

---

[68] Das sind zwei Titel im Inhaltsverzeichnis des *Wanwu zhenyuan*. Vgl. Xu Zongze 1958, S. 173. „Das Scheiden von Himmel und Erde" meint traditionellerweise die Entstehung des Universums. [Zu Giulio Alenis Werk *Wanwu zhenyuan* siehe CCT Database (unter: Wan wu zhen yuan).]

[69] *TZSY*, S. 384.

nachdem der Himmel entstanden war. Als wir weiterdiskutierten und auf unsere Art beweisen wollten, dass der Architekt zuerst ist, dann das Haus, das er baut, unterbrachen sie uns, ließen uns nicht weiterreden und sagten: „Also gut, da euer Gott unser Xangti ist, braucht ihr uns nicht zu erklären, was das ist, das wissen wir besser als ihr."[70]

Etwas herstellen – das ist eine Aufgabe für den einfachen Arbeiter, nicht aber für eine so erhabene Macht wie jene, die den unablässigen Schöpfungs- und Umformungsprozess (*zaohua*) des Universums lenkt.

Ricci sagt, die Häuser errichteten sich nicht von selbst. Es braucht einen Zimmermann. Doch ein Zimmermann arbeitet nur, wenn man es ihm befohlen hat. Wer hat denn dem Herrn des Himmels befohlen, Himmel und Erde zu errichten? Der Zimmermann ist nicht der Herr des Hauses, das er gebaut hat. Nach euch ist aber der Herr des Himmels gleichzeitig Erbauer und Herr.[71]

„Wie kann man den Himmel so verunglimpfen", schreibt Xu Dashou, „dass man ihn sogar mit einem Arbeiter gleichsetzt und ihm die Schaffung eines Mannes und einer Frau zuschreibt?" Es ist kindisch, auf die Ebene des Kosmos und der universalen Ordnung eine Überlegung zu transponieren, die von der menschlichen Arbeit ausgeht:

[246] In ihren Büchern steht auch, der Himmel, die Erde und die himmlischen Geister seien alle vom Herrn des Himmels in sechs Tagen und sechs Nächten aus dem Nichts geschaffen worden. Ihr Herr des Himmels ist also wesentlich geringer als die ursprüngliche Kraft des Himmels (*qianyuan*), die wirkt, ohne dass man Zeit hätte, es zu merken. Jener war nach sechs Tagen und sechs Nächten müde.[72]

Zum Beweis der Existenz eines Schöpfergottes hatte Ricci die vier Ursachen des Aristoteles verwendet und erklärt, Gott sei die oberste wirkende und Zweck-Ursache.[73] In einer Schrift gegen das Christentum tritt ein Konvertit auf, der seinen Gegner damit beeindrucken will, dass er ihm ohne jegliche Beweisführung die vier Ursachen des Aristoteles an den Kopf wirft: „Jedes Ding hat eine wirkende, formale, materielle und Zweck-Ursache. Gäbe es keinen Herrn des Himmels, um das Universum zu lenken, woraus wären dann Himmel, Erde und die Zehntausend Wesen zu Beginn entstanden?"

---

[70] N. Longobardo 1701, S. 20.
[71] *TXZZ*, S. 926f.
[72] *ZP*, 6b.
[73] *TZSY*, S. 390.

Der Autor erwidert:

> *Yin* und *yang* verschmelzen [im kosmischen Raum], und die Zehntausend Wesen werden durch Umformung hervorgebracht.[74] Ihr fragt, wer das alles lenkt. Sogar die Götter und die Heiligen haben es nicht nennen können. Deshalb waren sie gezwungen, es *taiji* [kosmischen Ursprung] zu benennen. Wenn Ricci sagt, der Herr des Himmels habe die Welt in sieben Tagen erschaffen, so deutet das auf ein Fühlen und Wissen, auf Handeln und Gegenstand des Handelns. Der Schöpfungs- und Umformungsmechanismus (*zaohua*) kann nicht solcher Art sein.

Da beginnt der Konvertit laut zu lachen: „Das *taiji* ist nur ein leeres Prinzip. Ricci hat die Sache entschieden, als er sagte, es gehöre zu den Akzidentien und nicht zur Substanz.[75] Wie hätte (ein leeres) Prinzip den Himmel und die Erde erschaffen und die Zehntausend Wesen hervorbringen können?" Sein Gesprächspartner sagt:

> Jedesmal, wenn Ricci den Begriff Herrscher in der Höhe zitiert, beruht das auf einer Vermischung und einer entfernten Ähnlichkeit. In Wirklichkeit weiß er nicht, was Himmel und Herrscher in der Höhe sind. Wie sollte er wissen, was das *taiji* ist? Das *taiji* ist Quell aller Ordnungprinzipien. Aber man kann nicht nur von den Ordnungprinzipien sprechen: Es ist auch Ursprung der universalen Energie. Aber man kann nicht nur von der universalen Energie sprechen: Geht man in der Zeit zurück, so ist es ohne Anfang, und es kann den Lebewesen einen Anfang geben. Geht man vorwärts in der **[247]** Zeit, so ist es ohne Ende, und es kann den Lebewesen ein Ende geben. Ricci trägt Scheuklappen und misst alles mit seiner Elle, wenn er sagt: „Ein Prinzip, das im Leeren ist, kann nicht fallen." Und: „Wie kann es zu Beginn die Lebewesen hervorbringen, ohne in Bewegung versetzt zu werden? Wer aber treibt es an, sich in Bewegung zu setzen?"[76] Er sagt auch: „Nehmen wir das Prinzip eines Karrens. Warum bringt es nicht einen Karren hervor?"[77] Und andere niedrige Torheiten, die jeder vernünftige Mensch lächerlich finden muss. Wenn man Ricci mit ähnlichen Argumenten in bezug auf seinen Herrn des Himmels antwortete, was würde er da für eine Erklärung geben?[78]

Hier wird besonders deutlich, worin die vom Aristotelismus geerbten philosophischen Vorstellungen von den chinesischen verschieden sind: Aristoteles gemäß ist der Normalzustand eines jeden Dinges die Ruhe, für die Chinesen ist die universale Bewegung der Urzustand. Das *taiji* oder die ursprüng-

---

[74] Ungefähres Zitat aus dem *Yijing*, „Xici", *xia*, 4.

[75] Wörtlich: es sei abhängig (*yilai*) und könne nicht unabhängig (*zili*) sein. TZSY, S. 413.

[76] *TZSY*, S. 408.

[77] Ibid., S. 409.

[78] *Bianxue chuyan*, PXJ, V, 6a-7a.

liche Energiemasse in Fusion enthält schon die Organisationsprinzipien, die das Universum und die Lebewesen hervorbringen. Ricci aber kann sich nicht vorstellen, dass die chinesischen Begriffe dynamisch sind. Der kosmische Ursprung (*taiji*) ist für ihn eine abstrakte Idee und das Organisationsprinzip (*li*) so etwas wie der *eidos* bei Platon.

Huang Wendao lehnt die Idee ab, dass die Welt von einem persönlichen Gott geschaffen worden sei, denn sie scheint ihm in Widerspruch mit den grundlegenden chinesischen Begriffen von spontaner Gestaltung und natürlichem Dynamismus:

> Ich habe die Bücher dieser Fremden gelesen. Wesentlich ist ihre Idee [von der Existenz] eines Herrn des Himmels. Ihre Hauptvorschrift besteht darin, die sieben [Todsünden] zu besiegen. Sie finden, Beten sei Bereuen und um Gnade bitten, und die endgültige Bestimmung sei das Paradies oder die Hölle. „Es gibt etwas", steht im *Daode jing* (von Laozi), „das auf chaotische Weise entstanden ist und zuerst Himmel und Erde hervorgebracht hat. Ich weiß seinen Namen nicht, und ich kann nichts anderes tun, als es *Dao* nennen." Doch unser Konfuzianismus findet, dass diese Vorstellung noch zu geheimnisvoll ist und nicht wirklich dem *Dao* entspricht. Um so weniger [entspricht ihm die Vorstellung dieser Leute, wonach] über dem Himmel noch ein Herr hinzugefügt wird, den sie mit Statuen darstellen und der einen Willen hat und handelt, der sich einmal an den höchsten und reinsten Orten des Himmels versteckt, dann [248] wieder auf die Welt der Menschen herabsteigt, einmal schuldig gesprochen und verhöhnt wird, dann wieder ins Leben zurückkehrt und in den Himmel aufsteigt.[79]

Es gibt keinen bewussten Willen, der die Welt hervorgebracht hat und sie lenkt. Der Gegensatz zu den christlichen Vorstellungen geht aus den Bemerkungen der Missionare selbst hervor: „Würden sie schließlich verstehen", schreibt Ricci, „dass das *taiji* das substantielle, intelligente und unendliche Urprinzip ist, wären wir uns einig, dass es Gott ist und nichts anderes."[80] Longobardo schreibt in bezug auf die himmlische Ordnung: „Durch ihre Einwirkung werden alle Dinge gewichtig, maßvoll und ihrem Zustand entsprechend gelenkt, doch ohne Intelligenz und Überlegung, sondern nur durch eine Tendenz und eine natürliche Ordnung."[81] Tatsächlich heißt es in den chinesischen Texten, der Himmel handle ohne Absicht (*wuxin*) und völlig unparteiisch: Egoismus ist ihm fremd. Gerade das macht seine Würde und Größe aus. Sein Wirken ist völlig spontan und unpersön-

---

[79] *Pixie jie*, PXJ, V, 19a-20b.
[80] Siehe den auf S. 36f. zitierten Brief Riccis an den Jesuitengeneral von 1604.
[81] N. Longobardo 1701, S. 77.

lich. Die Chinesen sehen darin eine Form höherer Intelligenz, für die Missionare hingegen hängen Wille, Überlegung und Intelligenz eng zusammen.

Um den *taiji*-Begriff zu widerlegen, schreibt Ricci in seiner *Wahren Bedeutung des Herrn des Himmels*: „Ich habe gehört, dass die Edlen der Antike den Herrn des Himmels verehrten und nicht das *taiji*. Wäre dieses *taiji* der Ahne der Zehntausend Wesen, warum haben dann die Heiligen in alter Zeit nicht davon gesprochen?"[82] Darauf antwortet Xu Dashou:

> Wie vermessen von diesen Barbaren, dass sie es wagen, unsere Heiligen auf diese Art zu kritisieren und solche Werke zu drucken, die im Widerspruch zu den Lehren unserer alten Meister stehen! Denn es steht im *Yijing (Buch der Wandlungen)*: „Das *taiji* hat die zwei Prinzipien (*yin* und *yang*) hervorgebracht, aus denen die vier Symbole[83] hervorgegangen sind, diese haben die acht Trigramme[84] hervorgebracht, und diese haben die Zehntausend Wesen erzeugt. ..." Wer wie diese Barbaren spricht, ist von Geburt an blind.[85]

Ricci lehnt es ab, sich mit den chinesischen Vorstellungen auseinanderzusetzen. Sie sind ihm zu fremd: Wie könnte er die Welt als Produkt einer Evolution begreifen. „Ich habe", schreibt er, „[Zhou Dunyis] Diagramm über den ‚kosmischen Ursprung ohne Ursprung' (*wuji er taiji*) gesehen: Das sind nur merkwürdige, zufällig gewählte Symbole."[86] Der Verfasser einer Widerlegung schreibt:

> Die Barbaren sagen: „Euer *taiji* ist nichts als die zwei Schriftzei-**[249]** chen *li* (Organisationsprinzip) und *qi* (ungeschaffene, universale Energie). Es ist nicht vernunftbegabt. Also kann es nicht die zehntausend Umformungen lenken." Darauf antworte ich, dass das *yi* [dem die unendlichen Kombinationen von *yin* und *yang* zu verdanken sind][87] eine natürliche Macht (*benxing*) und vollkommen vernunftbegabt ist. Ohne Überlegung, ohne Absicht, mit absoluter Gelassenheit, ohne Unruhe regiert es, und seine Wirkungen teilen sich mit. Doch lenkt diese Vernunft nicht wirklich die zehntausend Umformungen. Gäbe es ein Wesen, das sie lenkt, wären alle diese Umwandlungen gut und glückvoll, während doch auch schlechte und bittere vorkommen.[88]

---

[82] *TZSY*, S. 404.
[83] Nämlich die Kombinationen 00, 01, 10 und 11.
[84] Die Kombinationen 000, 001 010, 011, 100 101, 110 und 111.
[85] *ZP*, 14a-b.
[86] *TZSY*, S. 405.
[87] *Yi* bedeutet „Wandlung".
[88] *TXZZ*, S. 945f. Über Fehlproduktionen der Natur siehe S. 190f: Es gibt auch Ungeheuer und natürliches Unglück.

Auf der einen Seite steht ein persönlicher, reizbarer und auch barmherziger Gott, der die Welt erschaffen hat, der befiehlt und einzelnes im Leben der Individuen regelt, der eine Geschichte hat, da er zu einem bestimmten Zeitpunkt in einem bestimmten Land auf die Welt gekommen ist. Auf chinesischer Seite dagegen steht die Idee von einem unpersönlichen Himmel, der mit der Ordnung und der unbeschränkten Zeugungskraft der Natur eins ist. Das Funktionieren des Universums selbst hat für die Chinesen etwas Göttliches, doch ist dieses Göttliche der Welt immanent. Weder ein Wesen noch eine Wahrheit können es transzendieren. Xu Dashou stellt gegen die christliche Schöpfung, die er „eine persönliche, von außen kommende Schöpfung aus dem Ungeschaffenen" nennt, die chinesische Vorstellung von der stetigen Umwandlungs-Schöpfung, die „ungeschaffene, unparteiische und spontane Schöpfung".[89]

Gelehrte und Missionare sind nicht nur deshalb uneinig, weil die einen von der Existenz eines Schöpfergottes sprechen und die anderen von einem immanenten Ordnungsprinzip, sondern auch, weil sie grundlegend andere kosmologische Vorstellungen haben: Für die einen ist die Welt ein für allemal erschaffen und in Zeit und Raum begrenzt. Mit dieser Vorstellung ist die These von einem Schöpfergott verbunden. Die anderen denken im Gegenteil die Welt als Produkt einer unaufhörlichen Evolution, in Ausdehnung und Dauer unbestimmt. Xu Dashou schreibt:

> Diese Leute sagen, das Universum bestehe nur aus einer bestimmten Anzahl von Schichten [gemeint sind die Kristallsphären des Aristoteles] und es sei in alle Richtungen räumlich begrenzt. ... Das ist, als wollte man in der großen Leere **[250]** unbedingt Mauern errichten, um sie einzuschränken. Wie könnte es so etwas in der großen Leere geben? ... Sie behaupten sogar, diese Welt sei seit dem Altertum bis heute nur siebentausend Jahre alt und vorher habe es keine Welt gegeben. ... Wer so spricht, nimmt eine Gegenwart an, aber keine Vergangenheit. ... Sie sagen auch, die Zahl der Seelen sei beschränkt und außer ihnen gebe es nicht einen Hauch Leben.[90]

Nicht nur, dass sich dieser Herr des Himmels, der weiser und mächtiger sein soll als alle Heiligen Chinas und alle Buddhas, während sechs Tagen und sechs Nächten abmühen musste, um die Welt zu erschaffen – was zeigt, wie wenig mächtig er ist –, sondern er war auch noch unfähig, den Raum aufzufüllen: Er hat die Hälfte des Raumes außerhalb der neun Kristallsphären gelassen.[91] Und überhaupt machen sich die Barbaren vom Universum ein lächerliches Bild:

---

[89] *ZP*, 14a.
[90] *Ibid.*, 23a-24a.
[91] *Ibid.*, 24b.

> Sie sagen auch, die zwölf Himmel ruhten wie Kugeln ständig im Schoß des Herrn des Himmels. Aber ich frage mich, wo denn der Körper des Herrn des Himmels selbst ruht? Auch sagen sie, das von den Menschen bewohnte Land schwimme auf dem Wasser und mache den kleineren Teil aus, und der Herr des Himmels habe in seiner Barmherzigkeit diesem Schlammball erspart, von den Wassern verschlungen zu werden, um den Menschen eine Stätte zu geben. ... Solchen Unsinn reden sie.[92]

Die Chinesen waren an die Vorstellung gewöhnt, wonach sich die Welt oder die Welten während langer Zeit entwickelt haben. Kein Wunder, dass sie entsetzt waren, wenn die Missionare behaupteten, die Schöpfung habe vor relativ kurzer Zeit stattgefunden. Der buddhistische Mönch Yixing hatte, auf numerologische Überlegungen gestützt, zu Beginn des 8. Jahrhunderts ausgerechnet, dass die Anfänge des gegenwärtigen Universums etwa 97 Millionen Jahre zurückliegen.[93]

Es erstaunt auch nicht, dass die Chinesen Reden vom Weltende oder dem Jüngsten Gericht für Hirngespinste hielten. In seinem Brief an den Zensor Yan Maoyou gibt Huang Zhen eine Version wieder, die wahrscheinlich Pater Alenis Darstellung vom Weltende ziemlich genau entspricht:

> Wenn Himmel und Erde kurz vor ihrem Untergang sind, wird der Herr des Himmels, umgeben von unzähligen himmlischen Geistern, in eigener Person im Raum erscheinen. Da werden alle Toten seit ältester Zeit ihre Seele wiederfinden und wiedergeboren werden. [251] Sie werden einzeln gerichtet werden. Die Guten werden mit ihrem leiblichen Körper ins Paradies zurückkehren und die Schlechten ebenso in die Hölle. Und in alle Ewigkeit wird sich nichts mehr ändern. Dann wird der Himmel, obwohl es ihn noch gibt, sich nicht mehr drehen können. Sonne und Mond werden keinen Glanz mehr haben. Obwohl es noch eine Erde gibt, wird sie nichts mehr hervorbringen können, und alle Pflanzen werden verschwinden. ... Solchen wahnwitzigen Unsinn geben sie von sich.[94]

Der Bericht vom irdischen Paradies und von der Sünde Adams widerspricht der chinesischen Vorstellung, wonach sich Künste und menschliche Ordnung nach und nach entwickelt haben: „Allmählich ist die Wildnis gestaltet worden", schreibt Chen Houguang, „und so haben die Menschen schließlich ihren Platz gefunden. Wir haben noch nie etwas von äußerster Freude zu Beginn und von Leid nachher gehört. Zuerst täuschen und verwirren sie die

---

[92] *ZP*, 37b-38a.

[93] J. Needham 1959, III, S. 119f.

[94] Brief Huang Zhens an Yan Maoyou, *PXJ*, III, 9a-10b. Es gibt jedoch buddhistisch-daoistische eschatologische Überlieferungen, die entfernt dem Thema vom Jüngsten Gericht gleichen. Siehe dazu E. Zürcher 1982.

Leute, dann wollen sie unsere Edlen blenden, um sie für sich einzunehmen."[95]

KRITIK DER BUDDHISTEN

> Jesus secretly studied Buddhism;
> but he could not penetrate its wondrous hidden depths.
> *Taiji jashūron* (1648; G. Elison 1973, S. 231)

Die Missionare waren nicht geneigt, im Buddhismus etwas anderes zu sehen als niedrige Götzendienerei und sich auch nur irgendwie mit einer Lehre auseinanderzusetzen, die ihnen des Teufels schien. Auf einen Brief Yu Chunxis, der ihn auffordert, die buddhistischen Texte zu lesen, bevor er sie angreife, antwortet Ricci: „Seit ich nach China gekommen bin, habe ich nie etwas anderes gekannt als Yao, Shun, den Herzog von Zhou und Konfuzius [also die konfuzianische Tradition], und ich werde daran nichts ändern."[96] Die Missionare erklären oft, sie wollten mit den Bonzen nichts zu tun haben. „Die Unseren müssen so weit wie möglich jeden Kontakt mit dieser niederträchtigen Brut meiden", schreibt Nicolas Trigault.[97]

Für die Missionare besteht diese Religion aus der Verehrung von Statuen und dem widersinnigen Glauben an die Seelenwanderung. Doch sind die Anhänger des Buddhismus in bezug auf Bilder und Statuen nicht größere Fetischisten als die Christen aus Europa, und [252] der Begriff Seelenwanderung ist völlig unsauber, insofern er den Glauben meint, wonach die gleiche Seele nacheinander verschiedenen menschlichen oder tierischen Körpern innewohnt. Denn der Buddhismus verneint die Wirklichkeit des Individuums und die Idee von einer unvergänglichen Seele. Nach der *nirātman*-Theorie – von der Unwirklichkeit des Ich – sind die Wesen nie mehr als etwas vorübergehend Zusammengesetztes. Mit „Transmigration" ist das Wort *saṁsāra* – „Strom" der Geburten und Wiedergeburten – besser übersetzt. Doch Ricci und seine Gefährten kennen nur Pythagoras, und sie denken, der Pythagoreismus sei von Griechenland nach Indien und von Indien nach China und Japan gelangt.

In Wirklichkeit entgingen den Missionaren die philosophischen Grundlagen des Buddhismus vollständig, und hinter dem, was sie einfach für Aber-

---

[95] *Bianxue chuyan*, *PXJ*, V, 6a.
[96] *Bianxue yidu*, zitiert von Ch'en Shou-i 1936.
[97] *HECC*, S. 489. Über die Weigerung der Missionare, mit den Bonzen zu diskutieren, siehe oben S. 100f.

glauben hielten, versteckten sich Postulate, die von den christlichen grundverschieden waren.

Im zweiten Kapitel seiner *Wahren Bedeutung des Herrn des Himmels* macht sich Ricci über die buddhistischen Vorstellungen lustig, wonach das Sein aus dem Nichts entsteht, und er wirft dem Buddhismus vor, sich nur mit dem Nichts zu befassen.[98] Er legt dar, das Nichts sei die absolute Antithese des Seins. Weder die Natur noch die Körper, weder die Lebewesen noch die Substanzen haben sich also aus der Leere (*kong*) entwickeln können – wie die Buddhisten versichern –, auch nicht aus dem Nichts (*wu*) – wie es die Daoisten behaupten.[99]

Doch der Buddhismus lehrt nichts anderes als die Unwirklichkeit der Phänomene und die Existenz eines Absoluten, das jenseits der Bestimmungen ist und mit den Lebenden wesenseins: Jeder besitzt in den Urtiefen seines Geistes eine Buddha-Natur. Der Buddha ist der „Erleuchtete", weil er als erster gesehen hat, dass es falsch ist, an die Wirklichkeit des Ich und der Welt zu glauben und an ihnen festzuhalten, denn so bleibt man während vieler Existenzen nacheinander der Illusion und dem Leiden ausgesetzt. Die fühlbare Welt ist weder Sein noch Nichts: Sie ist reines Blendwerk (*māyā*) und ohne Sein an sich. Sie ist Leere (*śūnya*: *kong*). Das *Dao* der Daoisten – unerschöpfliches Aufnahmegefäß aller Unterschiede und alles Besonderen – ist mit dem buddhistischen Absoluten verwandt, denn es ist Fehlen jeglicher Eigenheit (*wu*).[100] Nur im Zustand tiefster Selbstbesinnung, wenn alle Unterschiede aufgehoben sind, kann das Absolute, wie es sich der Buddhismus vorstellt, erreicht werden.

[253] Die christlichen und die buddhistischen Darstellungen sprechen für sich selbst und enthüllen den grundlegenden Widerspruch zwischen den zwei Religionen: Christus am Kreuz oder heilige Märtyrer aufblickend zum Himmel – sitzende Buddhas, die Augen halb geschlossen, den Blick nach innen gewandt, das Gesicht von einem leichten Lächeln erhellt – zwei verschiedene Gedanken- und Gefühlswelten. Für die Christen gibt es Wahrheit, ewiges Leben und Glück nur außerhalb dieser Welt, im Reich Gottes. Für die Buddhisten ist das Absolute nirgends als in uns. Die christliche Ekstase ist ein dramatischer Kampf zwischen der Seele, die zu Gott strebt, und dem Körper, der sie gefangen hält. Die Buddhisten hingegen kennen den Zustand

---

[98] Ähnlich urteilt Hegel (1837, S. 165): „Das Bewusstsein der moralischen Verworfenheit [der Chinesen] zeigt sich auch darin, dass die Religion des Fo [des Buddha] so sehr verbreitet ist, welche als das Höchste und Absolute, als Gott, das Nichts ansieht und die Verachtung des Individuums als die höchste Vollendung aufstellt."

[99] *TZSY*, S. 401.

[100] So ungefähr lautet die Widerlegung im *Tianxue chupi*, „Erste Widerlegung der himmlischen Lehren", des Mönchs Ruchun, *PXJ*, VIII, 28a-b.

tiefer Selbstbesinnung, in dem der Unterschied zwischen Ich und Absolutem aufgehoben ist. Jeder von uns ist ein Buddha, der nicht um sich weiß, das Absolute ist im Grunde unseres Wesens beschlossen – eine entsetzliche Irrlehre in den Augen der Christen, denn so scheint jedes Individuum ein Gott. Doch ist zu bedenken, dass im Buddhismus die Verwirklichung des Absoluten eben gerade unvereinbar ist mit der Illusion, wonach es ein Ich oder eine individuelle Seele gibt.

In unserer Zeit haben Autoren auf den Unterschied zwischen Buddhismus und Christentum hingewiesen: „Das Schwierigste am Christentum für die Buddhisten ist die Idee von einem persönlichen Gott", schreibt Masao Abe.[101] In der Tat ist einem thailändischen Buddhisten, Buddhadāsa, gemäß „Gott in der religiösen Sprache des Buddhismus[102] weder Person noch Geist noch Körper noch Geist-Körper. Er ist nur eine unpersönliche Natur ohne jegliches Ich. Er hat keine Eigenschaft, keine Form, keine Dimension. ... Er hat keine Eigenheiten, mit denen man ihn definieren könnte." Nun aber besitzt „dieser Gott der Christen, der die Welt geschaffen hat, die Eigenschaften, Gefühle und Gedanken einer Person".[103] Ein wahrer „Gott", geheimnisvolle Macht jenseits aller Beschreibung, hätte sich erniedrigt, wenn er die sichtbare Welt geschaffen hätte.[104]

Außerdem ist für die Christen die Welt eine einmalige und wirkliche Schöpfung, während sie für die Buddhisten ungeschaffen, unwirklich ist und in einem Raum und einer Zeit liegt, die sich ihrerseits durch unendliche Vervielfachung auflösen: Es gibt eine Vielheit von Welten und Zeiten.[105] Mit dieser These argumentierten die buddhistischen Mönche gegen eine auf diese Welt beschränkte [254] Schöpfung. Der Mönch Tongrong gibt vom Universum ein Bild, das auch der heutigen Astronomie zur Ehre gereichte: Die Sterne werden geboren, leben eine Zeit, sterben dann. Und er legt dar, dass

> der Raum, die Welt und die Lebewesen weder Anfang noch Ende haben, wenn man sie nicht an sich und einzeln betrachtet, sondern in ihrer Gesamtheit. So gesehen sind sie unerschöpflich. Sie vermehren sich unablässig und gehen im Verlauf nicht berechenbarer kosmischer Zeitläufe durch Phasen des Werdens (*cheng*), des Bestehens (*zhu*), des Verfalls (*huai*) und der Rückkehr in die Leere (*kong*). Die Welten sind unerschöpflich: Während diese im Werden begriffen ist, verfällt jene. Während sich eine weitere in ihrer stabilen Phase befindet, ist die andere ins

---

[101] Masao Abe 1966, S. 56. Diese und die folgenden Angaben gibt H. Dumoulin 1974.
[102] Es ist wirklich nur eine Ausdrucksweise.
[103] Buddhadāsa 1967, S. 80.
[104] *Ibid.*, S. 83.
[105] C.G. Chang 1971, S. xiv.

> Nichts zurückgekehrt. ... Dass diese Welt verfällt, heißt nicht, dass es alle anderen auch tun. ... Es ist wie bei den Häusern einer Stadt: Wenn einige in einem bestimmten Viertel abgebrannt sind, wird man sie später wieder gleich aufbauen. ... Von weitem gesehen wird sich die Stadt nicht verändert haben, denn man kann nicht erkennen, welche Häuser zerstört gewesen sind und welche nicht. ... Von einem Blickwinkel, der alle Unterschiede umfasst, sind Raum, Lebewesen und Welten unerschöpflich ... und also ohne Anfang und ohne Ende.

Tongrong wirft außerdem Ricci vor, er führe seine Deduktionen und Berechnungen über das Universum und seine Lebewesen *ad absurdum*, da er sich nur an abgeleitetes Wissen und unmittelbare Gegebenheiten halte. Er verstricke sich in dunkle und unverständliche Vorstellungen, von denen er sich dann nicht mehr befreien kann. So etwa seine irrige Annahme eines Herrn des Himmels, der ewig sei und fähig, das Universum und seine Lebewesen hervorzubringen.[106] Es gibt keine *Schöpfung*, denn die Schöpfung war schon immer da, und alles ist geistig. Wer das verstanden hat, begreift das Fühlbare und das Absolute als eins.

Der erste buddhistische Mönch, der auf Riccis Angriffe antwortet, ist der große Meister Zhuhong. Er tadelt die Vorstellungen des Missionars und argumentiert mit der buddhistischen Kosmologie:

> Ein Greis sprach zu mir: „Da sind Leute aus einem fremden Land, die die Lehre vom Herrn des Himmels erfunden haben.[107] Warum übt Ihr nicht Kritik daran?" Ich erwiderte: „Mir scheint, es sei etwas Gutes, wenn man die Menschen lehrt, sie sollen den Himmel achten. Warum sollte ich das kritisieren?" „Aber", sagte der Greis, „diese Leute wollen doch nur unsere Sitten und Gebräuche verändern und **[255]** zugleich unser buddhistisches Gesetz zerstören. Und zahlreiche bedeutende Gelehrte und herausragende Personen unter unseren Freunden schließen sich ihrer Lehre an." Dann zeigte er mir eines ihrer Bücher, da war ich gewillt, einige ihrer Thesen zu widerlegen.
>
> Obwohl diese Leute den Dienst am Himmel preisen, haben sie in Tat und Wahrheit nicht verstanden, was der Himmel ist. Hält man sich an die buddhistischen Sūtren, so ist ihr Herr des Himmels (*Tianzhu*) der König des Himmels *Daoli* [das ist der Himmel der 33 Götter oder *Trāyastriṃsa,* zweiter der sechs Himmel der Welt der Begierden oder *kāmadhātu;* im zweiten Himmel wohnt Śakra Devendra, *tianzhu* genannt,

---

[106] *Yuandao pixie shuo*, *PXJ*, VIII, 6a-7b.

[107] Über den Glauben, dass die Missionare das Christentum erfunden haben, siehe S. 65, 85 und 135, Anmerkung 17.

Übersetzung von *devapati*, das heißt „Herr der Götter"[108]. Es gibt da einen kleinen Kiliokosmos und also tausend Herren des Himmels, darüber einen mittleren Kiliokosmos, also eine Million Herren des Himmels und noch einmal darüber einen großen Kiliokosmos, also eine Milliarde Herren des Himmels. Dem Gesamt dieser Kiliokosmen steht der große Brahmā vor, König der Götter. Jener, den diese Leute Herrn des Himmels, zutiefst verehrungswürdig und den Höchsten nennen, ist im Vergleich mit dem Gott Brahmā wie einer der 1.800 Prinzen des alten China in bezug auf den Himmelssohn der Zhou-Dynastie. Der Herr des Himmels, den sie kennen, ist nur einer unter Milliarden von Herren des Himmels. Und dann kennen sie noch immer nicht die anderen Himmel der Welt der Begierden und darüber die Welt der Formen (*rūpadhātu*) und noch darüber die Welt ohne Formen (*ārūpyadhātu*).

Sie sagen, der Herr des Himmels sei ohne Körper, ohne Farbe und ohne Stimme. Also ist ihr Herr des Himmels nichts anderes als das universale Ordnungsprinzip. Wie könnte er Minister und Völker lenken, Befehle geben, Lohn und Strafen austeilen? Auch wenn diese Leute intelligent sind, haben sie die buddhistischen Sūtren nicht gelesen. Nicht erstaunlich also, wenn sie verkehrt denken.[109]

Man muss noch hinzufügen, dass die Götter – auch ein höchster Gott – den Buddhas notwendigerweise untergeordnet sind, da sie zum Kreislauf der Wiedergeburten und zum Bedingten gehören. Die Wiedergeburt als Gott ist eine von sechs möglichen: als Gott, als Mensch, als *asura* (eine Art Geist), als Höllenwesen, als hungriger Dämon oder als Tier. Nur die Buddhas entgehen dem Bedingten und dem Kreislauf von Geburt und Tod.

Von Huang Zhen aufgefordert, die Thesen der Missionare zu **[256]** widerlegen, bemerkt der buddhistische Mönch Yuanwu („Vollkommene Erleuchtung"),[110] diese Leute bekämpften im Namen eines Herrn des Himmels den Buddhismus, hätten aber nicht die geringste Ahnung von ihm. Deshalb sieht er nicht, wie man sie widerlegen könnte. Da aber diese Leute bewusst nur den Buddhismus angreifen und ihm vorwerfen, dass er alle Lebewesen retten will, wird er trotzdem antworten: Die Missionare sind das typische Beispiel für Leute, die an falschen Ideen festhalten.

---

[108] Das Sanskrit-Wort *deva*, „Gott", ist auf Chinesisch mit *tian*, „Himmel", übersetzt worden. Zhuhong versteht den Ausdruck *tianzhu* im Sinn von „Herr der Götter" – ein Titel, der schon Śakra Devendra zusteht. Die Welt der Begierden oder *kāmadhātu* ist der Aufenthalt der Menschen, der Tiere und gewisser Götter. Er besteht – von unten gesehen – aus acht Höllen, der Erde und sechs Himmeln übereinander.

[109] *Zhuchuang suibi*, III, „Tianshuo" (Über den Himmel), aufgenommen in *PXJ*, VII, 1a-2a.

[110] Yuanwu, war ein namhafter buddhistischer Meister des Tiantong-Klosters von Ningbo in der Provinz Zhejiang. Das Vorwort zu seinem *Biantian shuo* (Über die Unterscheidung der Bedeutungen des Wortes Himmel) stammt vom Anfang des Jahres 1636.

> [Sie] klammern sich an die Idee, dass der Herr des Himmels der Herr des Himmels ist, der Buddha der Buddha, und dass die Lebewesen die Lebewesen sind. ... Sie unterschieden zwischen dem Ich und den anderen, zwischen diesem und jenem, zwischen ja und nein. Da liegt ihr grundlegender Fehler. ... Hielten sie nicht an der Idee von einem Herrn des Himmels fest, würden sie auch nicht an der Idee von einem Buddha festhalten, auch nicht an jener von den Lebewesen, und so würden sie den tiefen Sinn unseres Buddhismus und die Bedeutung des Wortes „alle Wesen retten" zu verstehen beginnen. Wer wie sie den Buddhismus widerlegen will und dabei an falschen Ideen festhält, greift sich selbst an, vernichtet sich selbst, widerlegt sich selbst. Wie es in der Sūtra heißt: „Die Ketzer sind intelligent, aber nicht weise."[111]

Ricci wirft dem Buddhismus vor, auf das Nichts gegründet zu sein, worauf Yuanwu das Vorwort des Kaisers Hongwu zur Sūtra vom Geist (*Hradayasūtra*) zitiert: Der Gründer der Ming-Dynastie legt hier dar, dass der Buddha nicht unwirklich (*kong*: *śūnya*) ist. Unwirklich sind die Phänomene. Was bleibt, wenn man die Phänomene aufgehoben hat, ist die Urnatur, das heißt unsere Buddha-Natur. Yuanwu schreibt:

> Alle Strafen, alle Transmigrationen, kommen daher, dass man seine eigene Natur nicht zu ergründen vermochte und so falsche Ideen hervorbringt. Wenn ihr Herr des Himmels selbst das nicht verstanden hat, ist er eben nichts als ein Individuum, das schwebt und sich wieder festsetzt, hin- und hergetrieben zwischen den drei Welten.[112] Wie könnte er den Menschen eine Seele geben? Diese Leute halten an leeren Worten und Illusionen fest. Sie befriedigen sich, indem sie an Paradiesfreuden denken, statt sich mit dieser so wirklichen und wichtigen Sache abzugeben, die unsere Urnatur ist.[113]

Für den Buddhismus ist alles in der fühlbaren Welt ohne Sein an sich, da es unbeständig und zusammengesetzt ist. Es kann sich also **[257]** wieder zersetzen und damit Schmerz verursachen. Die einzige nicht zusammengesetzte Wirklichkeit ist das Absolute, das die Buddhas nach unzähligen kosmischen Zeitläufen und nach Übersteigen des Relativen erreicht haben. Im *nirvāna* verschmelzen die Wesen mit dem Absoluten, sie steigen aus dem schmerzlichen und immer wiederholten Kreislauf von Geburt und Tod aus, denn sie halten nicht mehr am Relativen fest. Sie sind endgültig erlöst. Davon sind die Christen weit entfernt, denn sie glauben an die Wirklichkeit des Ich und

---

[111] *Biantian shuo*, PXJ, VII, 12a-b.

[112] Welt der Begierden (*kāmadhātu*), Welt der Formen (*rūpadhātu*) und Welt ohne Formen (*ārūpyadhātu*).

[113] *Biantian shuo*, PXJ, VII, 20a-21b und 24a-25b.

der fühlbaren Welt. Sie behaupten, es gebe einen Herrn des Himmels und er habe einen Willen und definierbare Eigenschaften, was zeigt, wie sehr sie dem Irrtum verfallen sind.

Die Lehre vom Herrn des Himmels erscheint dem Mönch Tongrong als das Paradebeispiel für vulgäre Ketzerei, die grundsätzlich am Relativen festhält. Da der Herr des Himmels eine Persönlichkeit und bestimmte Eigenschaften hat (Allmacht, Allwissenheit, Barmherzigkeit), kann er nicht mit dem Absoluten gleichgesetzt werden. Es ist widersprüchlich, wenn man sagt, er sei ohne Anfang und Ende, und ihm gleichzeitig Eigenschaften zuschreibt. Ihr Herr des Himmels entstammt wie alles Übrige ihrer Einbildungskraft, denn alles ist geistig: die Pflanzen, die Tiere, der Himmel und die Erde ... Das alles ist Gegenstand von Unterscheidungen, die das folgernde Denken macht. Hebt man aber das folgernde Denken und die Unterscheidungen auf, gelangt man zum *Dao* (dem Absoluten). Die ganze Erscheinungswelt vermischt sich dann mit dem Absoluten, das ohne Anfang und Ende ist. Wer die Welt als Illusion – als Produkt unserer geistigen Tätigkeit – verstanden hat, wird das Sinnenfällige und das Absolute als eins begreifen.[114]

Auch der Mönch Purun aus Hangzhou sieht in der Lehre vom Herrn des Himmels nichts als eine billige Ketzerei:

> Um gut aufgenommen zu werden, behelfen sich diese Leute mit technischen Kenntnissen und erfinden Wunder, um ihre irrigen Vorstellungen glaubhaft zu machen. Sie haben aber nicht verstanden, dass alles geistig und eine einzige Substanz ist [die Substanz unserer geistigen Natur]. Deshalb halten sie daran fest, dass es außerhalb des Geistes Wirklichkeiten gibt und dass die Zehntausend Wesen und die Welt vom Herrn des Himmels hervorgebracht worden sind.[115]

Xu Dashou denkt, die Barbaren hätten den Ausdruck „ohne Anfang und Ende" aus den buddhistischen Texten gestohlen. Doch der buddhistische Ausdruck bezieht sich auf das Absolute, die wahre **[258]** Substanz alles Phänomenalen. Die Barbaren hingegen brauchen den Ausdruck, um eine bestimmte Eigenschaft des Herrn des Himmels auszudrücken.

Entweder ist dieses „ohne Anfang und Ende" universales Ordnungsprinzip, aber dann ist nicht einzusehen, warum es den Herrn des Himmels hätte hervorbringen sollen. War das jedoch der Fall, dann hat es also eine Zeit gegeben, da dieser nicht existierte. Oder dieses „ohne Anfang und Ende" ist die Weisheit. Dann ist es die Ursubstanz unseres Geistes, etwas, was alle Menschen besitzen und was sich diese Leute nicht einfach aneignen

---

[114] *Yuandao pixie shuo*, *PXJ*, VIII, 4b-5a.
[115] *Zhuzuo ji yuanqi*, *PXJ*, VIII, 21a.

können. Oder dann gehört das „ohne Anfang und Ende" zum logisch fortschreitenden Denken und setzt also Subjekt und Objekt, Augenblick und Dauer voraus. Wie könnte es da weder Anfang noch Ende haben? Und in bezug auf das Dreifaltigkeits-Dogma: Zur These von den drei Seelen des Herrn des Himmels[116] „fügen diese Leute die These von der Nichtidentität und Nichtverschiedenheit der dreieinigen Natur des Herrn des Himmels. Hätte ich die buddhistischen Bücher nicht gelesen, hätte ich das bewunderswert und subtil gefunden. Aber wer sieht denn nicht, dass sie ganz einfach dem Buddhismus die Idee von den drei Körpern des Buddha – Körper des Gesetzes, Körper der Verdienste, Körper der Verwandlungen – genommen und sie völlig falsch ausgelegt haben?" Wenn der Herr des Himmels eine vegetative, eine sensitive und eine vernunftbegabte Seele besitzt, steht eine solche Mischung im Widerspruch zu der ihm nachgesagten Vollkommenheit.[117]

Ähnliche Kritik von Seiten des japanischen Abtrünnigen Fabian Fucan: Der Körper der Verdienste des Buddha steht jenseits aller Unterscheidungen.[118] Er steht also über dem Gott der Fremden, der definierbare Eigenschaften hat. Das Wort *mu* [chinesisch *wu*: Fehlen aller Eigenschaften] werden die Anhänger des Deus[119] nie verstehen können. Wo Weisheit und Tugend ist, gibt es auch Liebe und Hass. Wenn der Deus Liebe und Hass empfindet, verdient er nicht, mit dem buddhistischen „Sosein" gleichgestellt zu werden. Hat der Deus diese oder jene Eigenschaft, so hat er auch Fehler. Die letzte Wirklichkeit ist unsichtbar, unhörbar, unberührbar, unsagbar. Aus diesem Undifferenzierten werden alle Unterschiede geboren. Fucan zitiert dazu das *Daode jing* von Laozi, einen der berühmtesten daoistischen Texte: „Das *Dao* bringt das Eine hervor, das Eine die Zwei, die Zwei die Drei und die Drei die Zehntausend Wesen" (Kap. 42).

[259] Wie schon erwähnt: Der Buddhismus hat die Denker der Song-Zeit beeinflusst, deren Erbe das China des 17. Jahrhunderts ist. Der Neokonfuzianismus war zwar als Reaktion gegen Buddhismus und Daoismus entstanden, die als antisoziale Lehren galten. Dagegen stellten die Denker des 11. Jahrhunderts das Positive und Praktische der klassischen Tradition. Aber sie konnten sich trotzdem nicht von Denkgewohnheiten lösen, die während langen Jahrhunderten die chinesische Tradition geprägt hatten, so dass sie unbewusst buddhistische Begriffe verwendeten und sie mit den klassischen Vorstellungen

---

[116] Über die drei Seelen siehe S. 182ff.

[117] *ZP*, 10a-b.

[118] G. Elison 1973, S. 265f.

[119] Die Jesuiten in Japan hatten eine Umschrift dieses lateinischen Wortes verwendet, um von Gott zu sprechen.

zur Synthese brachten. Das buddhistische Absolute, dieses vollkommene Unbestimmte, zu dem das folgernde Denken keinen Zugang hat, ist mit den chinesischen Begriffen vom *Dao* und dem *li* verschmolzen.[120]

Nach einer grundlegenden These des Neokonfuzianismus gleicht unser Geist im Zustand absoluter Ruhe dem Himmel: Die Regungen sind dann allen Umständen vollkommen angepasst, und zwar weil ihnen jeder Egoismus abgeht und sie völlig spontan sind.

In ihrer Kritik an einem persönlichen Schöpfergott nehmen die Gelehrten ein buddhistisches Thema auf. Wenn er das Absolute ist, dann also auch das reine Unbestimmte, Fehlen jeder Eigenschaft. Hat er Eigenschaften und einen Willen, kann er nicht das Absolute sein. Es wäre jedoch unrichtig, zwischen Buddhismus, Daoismus und Konfuzianismus genau zu unterscheiden – wie das die Missionare taten, die dachten, es handle sich um verschiedene Religionen und Philosophien. Der Buddhismus wurde in China im Zeichen der klassischen Tradition verstanden und ausgelegt, und da den Chinesen der Sinn fürs Systematische fehlt, waren die Wände zwischen den verschiedenen Lehren viel durchlässiger als im Abendland.

DIE INKARNATION

Nicht nur die Idee der Inkarnation machte den Chinesen Schwierigkeiten, sondern schon vorher die widersprüchliche Natur eines Herrn des Himmels, der vom jüdischen Gott – persönlich, zürnend und barmherzig – und zugleich von der griechischen Vorstellung von einem ewigen, absolut vollkommenen Wesen abstammt. Der Verfasser einer Widerlegung der christlichen Thesen schreibt:

> Besitzt dieser große Lenker des Universums, der alles geschaffen hat, **[260]** eine körperliche Substanz? Wenn ja, wer hat ihn dann erschaffen und wo war er, bevor es Himmel und Erde gab? Hat er keine körperliche Substanz, so ist er, was unser Konfuzianismus *taiji* [kosmischen Ursprung] nennt. Doch das *taiji* kann weder Hass noch Liebe empfinden. Und wie könnte er noch von den Leuten verlangen, sie sollten ihm gehorchen? Wie könnte er sie belohnen und bestrafen? ... Aber es kommt

---

[120] P. Demiéville hat gezeigt (1973, S. 49-54), wie das Wort *li*, das ursprünglich die Idee von Auf- und Verteilung der Felder vermittelt hatte, unter dem Einfluss des Daoismus und dann des Buddhismus eine neue Bedeutung erhielt. Im Buddhismus wurde mit *li* das „Sosein" oder Buddha-Natur (*buddhatā*) übersetzt. Laut Demiéville macht Zhu Xi aus dem *li* „ein natürliches, zugleich kosmisches, soziales und moralisches Ordnungsprinzip. Gleichzeitig aber bewahrt er ihm seine buddhistische Bedeutung eines metaphysischen, in jedem von uns immanenten Absoluten."

> noch schlimmer: Sie behaupten, der Herr des Himmels sei auf die Welt herabgestiegen, um als Mensch geboren zu werden. ... Wo war er also, bevor er herabgestiegen ist? War er im Paradies, so hat es das Paradies schon vor dem Herrn des Himmels gegeben. Wie ließe sich da sagen, er habe das Paradies geschaffen? Und wenn man sagt, er habe das Paradies geschaffen, um dort zu wohnen, so wie sich die Menschen ein Haus bauen, um darin zu wohnen, wo hielt er sich auf, bevor es das Paradies gab? Wenn er keinen Aufenthalt hatte, so war er eben mit dem *taiji* identisch und brauchte kein Paradies. Dann ist es aber absurd, dass ein dem *taiji* identisches Wesen auf die Erde herabgestiegen ist, um als Mensch geboren zu werden.[121]

Und es ist nicht normal, dass ein vollkommenes und absolutes Wesen Gefühle und Leidenschaften kennt. Xu Dashou schreibt:

> Wenn der Buddha oder das universale Ordnungsprinzip (*li*) auch nur das geringste Vorrecht für sich behielten, um sich selbst zu verherrlichen, könnte man sie nicht mehr verehrungswürdig nennen, ... da er aber durch seine Macht und die Orte, an denen er sich aufhält, definiert wird, ist der Herr des Himmels nichts als ein Ketzer. Da er sich seinen Freuden und Wutanfällen einfach hingibt, ist er ein lasterhafter Teufel. Außerdem lobt er den Mord [an Tieren] und würdigt den Himmel herab,[122] erniedrigt die Herrscher und stellt die Söhne den Vätern gleich.[123] Er schätzt Geschenke, die aus Eigennutz gemacht werden, lehrt Unzucht[124] und verleumdet unsere Klassiker und Heiligen:[125] Wie ein Unwürdiger ist er, der die größten Verbrechen begangen hat. Wo ist da seine Erhabenheit?[126]

„Wer sagt, ein dem Ich verhaftetes [die Leidenschaften kennendes] Wesen habe den Himmel schaffen können, nimmt an, die Leidenschaften kämen von der Natur", schreibt Xu Dashou weiter[127] und meint damit, dass das himmlische Ordnungsprinzip (*tianli*) vor den Leidenschaften kommt, die den Unvollkommenheiten der Natur entsprungen sind.

[261] Die Missionare hatten die legendäre Überschwemmung zur Zeit des Yao mit der Sintflut gleichgesetzt – wobei sie mit der Chronologie in Schwierigkeiten geraten mussten – und erklärt, diese Katastrophe habe sich

---

[121] *TXCZ*, 1. und 7. Absurdität, S. 914f. und 917f.

[122] Weil er ein bloßes Ding aus ihm macht.

[123] Vgl. S. 146f.

[124] Weil in den Versammlungen der Christen Männer und Frauen gemischt sind.

[125] Vgl. Riccis Kritik und die Verdammung der konfuzianischen Heiligen.

[126] *ZP*, 22a-b.

[127] *Ibid.*, 24a.

ereignet, weil Gott den Menschen zürnte. „Sie sagen", schreibt Xu Dashou, „die Überschwemmung zur Zeit des Yao habe sich ereignet, weil der Herr des Himmels zürnte. Ein vollkommen tugendhaftes Wesen zürnt nicht."[128]

Der Herr des Himmels lässt nur das Gute gelten, das in seinem Namen getan wird, und rettet nur jene, die an ihn glauben. Das beweist, dass er „ein egoistisches Wesen ist, voller Leidenschaften, persönlich und nur auf das Eigene bedacht, und das hundert, tausend, zehntausend Mal mehr als die gewöhnlichen Menschen".[129] Ein solcher Egoismus ist mit dem allumfassenden Mitleid der Buddhas und Bodhisattvas ebenso unvereinbar wie mit der absoluten Unparteilichkeit des Himmels in der chinesischen Tradition. Der Japaner Fucan schreibt:

> Was stark glänzt und strahlt, behält nichts von seinem Glanz für sich. Eine große Güte behält nichts an Liebe für sich. Nun hört dazu die Wort des Deus: „Das ist mein, ganz mein." „Das entspricht vollkommen meiner Erwartung." Dieser Deus besitzt ein Ich und ist voller Launen. Wer glaubt, eine menschliche Laune könne sich mit der Ordnung des Himmels messen, beweist seine abgrundtiefe Ignoranz.[130]

Seine Anweisungen und Warnungen soll der Herr des Himmels den Menschen mitgeteilt haben? – Wer das behauptet, lässt sich auf die Ebene des Aberglaubens herab und folgt einer niedrigen Taktik:

> Konfuzius sagte: „Warum sollte der Himmel sprechen?"[131] Menzius sagte: „Der Himmel spricht nicht. Es genügt ihm, sich durch seine Bewegung und sein Wirken zu offenbaren."[132] Sie aber sagen, der Herr des Himmels habe zu alter Zeit die Zehn Verbote [die Zehn Gebote] von oben übermittelt. Wo ist da der Unterschied zu den Himmelsschriften, die unter den Han und unter den Song gefälscht wurden? [Wer solche Kunstgriffe braucht], will die Leute täuschen und verwirren.[133]

Roger Bastide sah in der Inkarnation ein nicht aufzuhebendes Element, das universalen Wert hat und von jeder Kultur unabhängig ist:

> Der Katholizismus gründet im Dogma der Inkarnation. Es geht deshalb weniger darum, die bestehenden Strukturen [in den Missionsländern] zu zerstören, als ihnen neue Werte zu vermitteln, die **[262]** sie zwar verändern werden, das aber von innen. Es geht also eigentlich darum, ein afri-

---

[128] *ZP*, 3a.
[129] *Ibid.*, 7a-b.
[130] G. Elison 1973, S. 284.
[131] *Lunyu*, XVII, I7.
[132] *Mengzi*, V A5.
[133] *TXCZ*, 7. Absurdität, S. 917.

kanisches oder ein asiatisches Christentum zu schaffen – wie es durch Verkörperung in der griechisch-römischen Kultur schon ein abendländisches Christentum gibt.[134]

So einfach liegen die Dinge vielleicht nicht, und angesichts Chinas kann man sich fragen, ob das Dogma der Inkarnation tatsächlich von den jüdisch-christlichen Vorstellungen zu trennen ist oder ob es nicht notwendig auf den Gegensatz zwischen einem transzendenten Ewigen und einer vergänglichen Welt hinweist, da es eben zwischen diesen beiden vermittelt. Diesen Gegensatz kennen die Chinesen nicht, und er widerspricht allen ihren Traditionen: Also hätten entweder die christlichen Vorstellungen tiefgreifend verändert oder die chinesische Denkweise in neue Bahnen gelenkt werden müssen.

Dass die Missionare ständig auf den Himmel und den Herrscher in der Höhe anspielten, hat ihnen, wie erwähnt, viel Wohlwollen eingetragen. Scheinbar drückten sich diese fremden Männer aus wie die Chinesen, außerdem legten sie Wert auf Sittenstrenge, was den Bedürfnissen der Zeit entsprach. Doch so lange es bei diesen oberflächlichen Ähnlichkeiten blieb, gab es keine Bekehrungen, sondern nur ein völliges Missverständnis. Den Chinesen war ja die Idee von einem der Welt innewohnenden Ordnungsprinzip vertraut, und so stießen sie sich nicht an der christlichen These von der göttlichen Vorsehung. Die Schwierigkeiten begannen mit den Mysterien, die das eigentliche Wesen des Christentums ausmachen. Die Gelehrten waren über „diesen *Yesu*, der angenagelt gestorben ist" entsetzt, ebenso über alles, was nach Magie aussah: Besprengungen mit Weihwasser, Salbungen mit Öl, liturgische Formeln ... Ende des 17. Jahrhunderts schreibt Le Comte:

> Hochstehende Leute oder jene, die etwas auf Wissenschaft geben, geboten mir gewöhnlich bei den Mysterien Einhalt. Vor allem gegen die Dreifaltigkeit und die Inkarnation war ihr Geist aufgebracht. Ein empfindungsfähiger, ein sterbender Gott war für sie nicht weniger als für die Juden etwas Empörendes und eine Art Irrsinn.[135] Die Existenz eines ewigen, obersten, unendlich gerechten und unendlich mächtigen Gottes machte ihnen weniger zu schaffen, und die greifbaren Beweise, die ich dafür erbrachte, hinderten sie oft, sich mit mir in einen Disput einzulassen.[136]

Ein halbes Jahrhundert später ähnliche Bemerkungen von Pater Parennin:

[263] Will man den Großen und Gelehrten dieses Landes predigen,[137] so hat man gewöhnlich keinen Erfolg, wenn man mit den Geheimnissen un-

---

[134] R. Bastide 1956, S. 98.

[135] Doch die Chinesen verwarfen ebenso die jüdische Vorstellung von einem persönlichen, gefühlsbegabten Gott. Siehe oben.

[136] Le Comte, II, Brief an Pater de la Chaize, S. 294.

[137] Das heißt also, dass die Dinge im Volk ganz anders liegen. Vgl. oben S. 103f.

serer heiligen Religion beginnt: Die einen scheinen ihnen dunkel, die anderen unglaublich. Sie sind überzeugt, dass Fremde über Religion nie etwas wissen können, was ihrer großen Lehre vergleichbar ist, und so hören sie uns einen Augenblick zu, dann bringen sie die Rede sogleich auf etwas anderes.[138]

Das wird auch durch die Äußerung bestätigt, die Pater Parennin dem Mandschu-Prinzen Sunu zuschreibt, einem Vetter des Kaisers Yongzheng und Kenner gewisser christlicher Schriften:

... ich war entzückt von der Klarheit und dem guten Aufbau der Schlussfolgerungen, die ein oberstes Wesen, Schöpfer aller Dinge,[139] beweisen, ein Wesen, wie man es nicht größer und vollkommener vorstellen könnte. Nur schon die Darstellung seiner großartigen Attribute freute mich um so mehr, als ich fand, diese Lehre entspreche jener in unseren alten Büchern. Als ich aber zur Stelle kam, wo gelehrt wird, der Sohn Gottes sei Mensch geworden, war ich erstaunt, dass sonst so aufgeklärte Leute zu so viel Wahrheit eine Lehre gefügt hatten, die mir wenig wahrscheinlich schien und meine Vernunft empörte. Je mehr ich darüber nachdachte, um so mehr sträubte sich mein Geist gegen diesen Punkt.[140]

Man erinnerte sich nicht, je so etwas Widersinniges gehört zu haben:

Als die Ming Botschafter nach Westen sandten,[141] über Indien bis nach Arabien, verehrten die Leute in diesen Königreichen nur einen einzigen Himmel.[142] Widerfuhr ihnen ein Unglück oder ein großes Glück, hoben sie die Augen zum Himmel, um zu ihm zu beten, genau so wie man in China dem Himmel Achtung bezeigt. Nie hatte man von einem Herrn des Himmels gehört, der an ein Gerüst in der Form des Schriftzeichens für Zehn angenagelt gestorben ist.[143]

Ganz allgemein verstehen die Chinesen nicht, dass die christlichen Geheimnisse das menschliche Denken übersteigen und man sie deshalb nicht widerlegen kann.

Pater Aleni versichert, dass „einzig der Herr des Himmels vor der ältesten Zeit schon dagewesen ist und niemals altert", worauf Xu Dashou fragt:

---

[138] *LEC*, XXIV, S. 22f., Brief des Paters Parennin vom 28. September 1735 aus Peking.

[139] Kaum wahrscheinlich, dass Sunu an eine Schöpfung *ex nihilo* denkt. Vgl. S. 258f. Parennin lässt Sunu wie einen Europäer sprechen.

[140] *LEC*, XVII, S. 15. Brief des Paters Parennin, Peking, 20. August 1724.

[141] Es handelt sich um die großen Seefahrten zu Beginn des 15. Jahrhunderts, zwischen 1405 und 1433, die bis zum Roten Meer und an die Ostküste Afrikas führten.

[142] Im Gegensatz zu den Missionaren, die von einem „Himmel außerhalb des Himmels" sprachen.

[143] *Lifa lun*, *PXJ*, VI, 22a-b.

„Wer hat denn den Herrn des Himmels geboren?" „Seine Mutter", sagt Aleni. „Er hat eine Mutter, und doch ist er ewig?" Aleni: „Es handelt sich da um den Herrn des Himmels, der auf die Welt gekommen ist, denn es gibt auch einen Herrn des **[264]** Himmels, der aus sich selbst geboren und wirklich ewig ist." „Also fuhr ich fort", schreibt Xu Dashou, „und fragte ihn, ob der Herr des Himmels ein Ordnungsprinzip (*li*) oder ein Mensch sei. Er antwortete nicht. Ich fragte auch, ob der Herr des Himmels anwesend oder abwesend[144] war, bevor er auf die Welt kam. Wieder antwortete er nicht. Worauf stützt Ihr Euch, fragte ich, wenn Ihr sagt, er sei ewig? Der Herr des Himmels ist unfassbar, antwortete er nur. Wenn man ihn fasste, würde man einen ganz großen Fehler begehen."[145]

Für die Gelehrten ist die historisch und örtlich festgelegte Existenz Jesu unvereinbar mit dem allumfassenden Sein des Herrschers in der Höhe oder Herrn des Himmels. Yang Guangxian schreibt:

> Nimmt man an, *Yesu* sei wirklich der Herr des Himmels, dann ist der Herr des Himmels ein Mensch unter Menschen, und man kann ihn nicht mehr Herrn des Himmels nennen. Gäbe es im Himmel wirklich einen Herrn des Himmels, könnte kein Reich zwischen Himmel und Erde seiner Herrschaft entgehen. Er müsste nicht einzig dem Königreich Judäa vorstehen.[146]

Auch Huang Wendao findet es ungerecht, dass der Herr des Himmels in ein bestimmtes Königreich herabgestiegen ist und die anderen im Unglück gelassen hat. Es ist auch nicht logisch, dass er in einem bestimmten Augenblick herabgestiegen ist, weder vorher noch nachher. Und wer hat nach seiner Rückkehr in den Himmel die Menschen weiterhin gerettet?[147] Wie eine Persiflage klingt, was ein chinesischer Autor über ein Gespräch schreibt, das er mit Bekannten geführt haben will:

> Ist der Herr des Himmels wirklich auf die Welt herabgestiegen, um geboren zu werden, fragte jemand. – Das wird bei diesen übelwollenden Barbaren seit langem überliefert, aber es ist wenig glaubhaft. Der Herr des Himmels regiert den Himmel, die Erde und die Zehntausend Wesen, und so hören die Umwandlungsprozesse des Universums keinen Augenblick auf. Wäre er auf die Welt gekommen und hätte hier dreiunddreißig Jahre gelebt, hätten die hundert Götter keinen Herrn mehr gehabt und die Umwandlungsprozesse des Universums bald aufgehört. Himmel, Erde

---

[144] Das heißt sichtbar und mit bestimmten Eigenschaften begabt oder unsichtbar und völlig unbestimmt. Über die Bedeutung der Begriffe *you* und *wu* siehe oben S. 258.
[145] ZP, 23a.
[146] *Pixie lun*, S. 1108f.
[147] *Pixie jie*, PXJ, V, 20a.

und Zehntausend Wesen wären völlig zerstört worden.[148] Das wäre also ganz unverständlich.

Doch einer der Gesprächspartner stellt sich eine Lösung vor:

> Vielleicht gab es einen Herrn des Himmels, der im Himmel geblieben ist, und die Schöpfungs- und Umwandlungspro-[265]zesse des Universums [weiterhin] lenkte, während ein anderer Herr des Himmels herabstieg, um geboren zu werden. In diesem Fall, sagte ich, gäbe es zwei Herren des Himmels. Das wäre genau so unverständlich.

Und der Text fährt fort:

> Wenn der Herr des Himmels auf die Erde herabgestiegen ist, um hier zu leben, so konnte er eben nicht anders: Er musste die Menschen retten. Er wählte zwölf Schüler, die seine Lehre verbreiten mussten. Unter diesen gab es einen, der mit der Lehre befasst und richtig geschult war, aber fremde Riten angenommen hatte. Er war von Hochmut erfüllt und achtete den Herrn des Himmels nicht mehr. Er verklagte ihn bei den Behörden und sagte, der Herr des Himmels habe den Thron des Königs usurpieren wollen, und er müsse die Prügelstrafe erleiden, Hiebe mit einem Rohrstock, eine Dornenkrone tragen, einen Bambuskäfig auf dem Kopf (!). Schließlich starb er angenagelt an ein Gerüst in der Form des Schriftzeichens für Zehn. Dann stieg er zur Hölle hinab, wurde erweckt und stieg wieder zum Himmel hinauf ...[149] – Das nun, sagte ich, ist eine völlig unverständliche Angelegenheit. Wenn der Herr des Himmels die Welt retten wollte, warum hat er nicht einen Heiligen auf die Welt kommen lassen, der das himmlische *Dao* verbreitet hätte, um die Menschen zu retten? Was musste er Qualen leiden und angenagelt sterben? – Der Herr des Himmels, sagte jemand, hatte diese Ereignisse im voraus angekündigt und absichtlich gehandelt. – Das ist nicht möglich.[150] Der Herr des Himmels ist gewiss reine Aufrichtigkeit. Wie könnte der Herr des Himmels nicht reine Aufrichtigkeit sein, wie könnte er mit Absicht [die Leute täuschen]? Außerdem ist der Herr des Himmels von höchster Weisheit. Wie hätte er sich so täuschen können, dass er einen Mann berief, den er nicht hätte berufen sollen?[151]

---

[148] Gleiche Argumentation bei Yang Guangxian. Vgl. oben S. 242f.

[149] Dann ist der Text nicht mehr sehr klar. Vielleicht muss man verstehen, dass „der Herr des Himmels Qualen gelitten hat, um die Leidenden zu lehren, ihre Leiden leichten Herzens zu tragen. So konnte er die Menschen retten, die Hölle verlassen und zum Himmel aufsteigen".

[150] Wörtlich: Das ist nicht wahr.

[151] *Tianxue pouyi*, *PXJ*, V, 10a-11a. Der falsche Mann ist natürlich Judas.

Auch die Erlösung macht Schwierigkeiten. Ein anderer Gelehrter schreibt:

> Sie sagen, der Herr des Himmels habe mit seiner Person die Vergehen von zehntausend Generationen losgekauft. Das ist völlig unverständlich! Da der Herr des Himmels unvergleichliche Majestät und unendliche Barmherzigkeit ist, warum hat er dann die Menschen nicht einfach begnadigt, was musste er ihre Vergehen mit seiner Person loskaufen? ... Und da er fähig war, mit seiner Person die Vergehen der Menschen loszukaufen, warum hat er dann nicht bewirkt, dass sie keine mehr begehen? **[266]** ... Es heißt zwar, er habe alle Vergehen losgekauft, und doch gibt es noch Leute, die in die Hölle geworfen werden, was beweist, dass die Tilgung nicht vollständig war.[152]

Weitere Inkonsequenz der Barbaren: Sie stellen den Herrn des Himmels bildlich dar. Chen Houguang schreibt:

> Der Herrscher in der Höhe kann keine sichtbare Gestalt haben. Er kann also nicht auf Bildern dargestellt werden. Matteo Ricci hat jedoch den *Yesu* aus jenem fernen Land zum Herrn des Himmels gemacht. [Er stellt ihn dar] mit aufgelöstem Haar, dem Holzkragen (!), und er hat ihm ein Phantasiegesicht gezeichnet. Kann man [diese allumfassende Macht] schlimmer beleidigen? „Die Daoisten", so heißt es in den Büchern dieser Barbaren, „haben vom Herrscher in der Höhe Statuen in Menschenform gemacht.[153] Wie aber könnte ein Mensch der erhabene Herrscher in der Höhe sein?" Was sie bei den Daoisten tadeln, preisen sie in ihrer Lehre. Ist das kein Widerspruch?[154]

„Wie könnte der Himmel dargestellt werden?" fragt Jiang Dejing einen Missionar. „Und wenn es möglich wäre, befürchte ich, dass es nicht einfach eure Person mit hervorstehender Nase, eingesunkenen Augen und dichtem Bart ist. ... Der Gelehrte aus dem Abendland", fährt Jiang Dejing fort, „konnte mir nichts erwidern. Einige werden sagen, der Buddha sei aus dem Abendland gekommen und von ihm gebe es Bildnisse, und Ricci sei aus dem großen Abendland gekommen und habe eben auch Bildnisse des *Yesu* gemacht. Und Ricci habe so dem Abendland das große Abendland gegenüberstellen wollen."[155] Einige glauben, die Barbaren hätten ihren Herrn des Himmels nur dargestellt, um den Buddhisten einen Streich zu spielen. Das wäre ihre einzige Entschuldigung.

---

[152] *TXCZ*, 9., 10. und 11. Absurdität, S. 918f.

[153] Es handelt sich um den Jade-Herrscher, eine daoistische Gottheit, die zur Han-Zeit den offiziellen Titel „Herrscher in der Höhe" erhalten hat.

[154] *Einfache Ansichten zur Unterscheidung der Lehren*, PXJ, V, 2b.

[155] Vorwort von Jiang Dejing zum *Poxie ji*, *PXJ*, III, 1b.

Auch wenn die Jesuiten aus Vorsicht nicht sogleich die christlichen Mysterien verkündeten, warfen ihnen ihre Feinde in Europa zu Unrecht vor, sie predigten nur den verherrlichten Christus, nicht aber den leidenden. Über diesen ließen die kleinen Schriften für Katechumenen und Neubekehrte sowie die frommen Bilder keinen Zweifel. Das aber war für die chinesischen Gegner der Missionare genau der Beweis für ihre Verschlagenheit. Yang Guangxian hatte sich solche erbaulichen Schriften und Bilder beschafft und warf den Barbaren ihr Doppelspiel vor: Ricci habe sich wohl gehütet, in seinem Buch zu sagen, dass Jesus mit Schimpf und Schande hingerichtet worden ist, weil er die Gesetze des Landes übertreten hatte. [267] Ricci habe nur geschrieben, dass Jesus „nach Beendigung seines Heilswerks wieder zum Himmel aufgestiegen ist".[156] Yang Guangxian will die Überlegung *ad absurdum* führen:

> Zur Not könnte man sagen, man ehre den Herrscher in der Höhe, ohne Himmel und Erde zu ehren. Aber man kann nicht sagen, man verehre *Yesu* als Herrscher in der Höhe. Zur äußersten Not könnte man sagen, man verehre einen gewöhnlichen Menschen als Heiligen oder als Herrscher in der Höhe. Aber man kann nicht sagen, man verehre als Heiligen oder als Herrscher in der Höhe einen Verbrecher, der sich gegen die Gesetze vergangen hat. ... Jener, den sie Herrn des Himmels nennen, lenkt das Universum. Sie sagen, dass er der Herr des Himmels ist, erkenne man eben daran, dass er das Universum, nicht aber sein eigenes Leben bis zu seinem natürlichen Ende lenken kann! In ihren Büchern über die Lehre sprechen sie von den rechten Gesetzen des *Yesu*. Warum sagen sie nichts von seinem Tod durch Nägel?[157]

„Wenn das ganze Verdienst *Yesu*", schreibt Yang Guangxian an anderer Stelle, „darin bestand, nach einer gerechten Verurteilung angenagelt zu sterben, können alle Schwerverbrecher, die den langsamen Tod erlitten haben oder geköpft oder erdrosselt worden sind, ein gleiches Verdienst für sich in Anspruch nehmen. All das sind irrige Schriften, irrige Reden, im Widerspruch zum universalen Ordnungsprinzip und zum *Dao*. Wie könnte man in China einen einzigen Tag lang so etwas zulassen?"[158]

Yang Guangxian nimmt ein Argument auf, das in den Evangelien den Juden in den Mund gelegt wird:

> Nicht nur war *Yesu* unfähig, die Menschen zu retten, sondern er selbst wurde zur entwürdigendsten Strafe verurteilt. Das soll der Herr sein, der

---

[156] Yang Guangxians Bemerkung ist zutreffend. Vgl. *TZSY*, S. 628.
[157] *Pixie lun*, S. 1126f.
[158] *Ibid.*, S. 1117.

den Himmel geschaffen hat? Nachdem sein Streich misslungen war,[159] hat er sich nicht ruhig der Justiz überlassen, sondern auf den Knien zum Himmel gebetet. ... Wenn er auf den Knien zum Herrn des Himmels gebetet hat, so gibt es wohl unter den Geistern des Himmels einen verehrungswürdigeren als den Herrn des Himmels? Vor wem hätte er sich sonst niedergekniet, zu wem gebetet? Wenn man der Herr des Himmels ist und auf den Knien betet, so ist das der Beweis, dass man nicht der Herr des Himmels ist.[160]

Wie die Inkarnation wird auch das Dogma von Marias Jungfräulichkeit Zielscheibe von Yang Guangxians Spott:

Wenn *Yesu* der Herr des Himmels ist, wer hat ihn dann in **[268]** *Maliyas* Bauch gelegt? Sogar in den phantastischen Geschichten der *Erzählungen von Qi*[161] kommt solch ein Unsinn nicht vor. „Alle Lebewesen werden aus der Vereinigung der männlichen und weiblichen Samen geboren."[162] Das ist bei den Menschen schon immer so gewesen. ... Unter den vier Arten der Geburt[163] ist nur die Geburt aus der Feuchtigkeit eine Geburt ohne Vater und Mutter. Bei allen anderen braucht es einen Vater und eine Mutter. Eine Mutter, aber keinen Vater haben ist etwas, was wohl auch in ihren Ländern nicht gebilligt wird. Um so weniger kann es in allen Königreichen der Erde gebilligt werden [wie sie behaupten]. Auf der Welt kennen einzig die Tiere nur ihre Mutter und ihren Vater nicht. Wie soll man sich vorstellen, dass in ihrer Lehre der Vater überhaupt nicht geachtet wird? Wenn sie ihn aber achten, warum verehren sie dann so sehr das Gespenst eines Mannes, der keinen Vater hatte? Einen vaterlosen Sohn als Heiligen verehren ist so viel wie aus einer Frau ohne Gatten die Gründerin einer Religion zu machen. Da *Maliya Yesu* geboren hat, kann man nicht sagen, sie habe ihn empfangen und sei dabei Jungfrau geblieben. Wie sollte eine Jungfrau freudig damit einverstanden sein, dass sie Mutter wird? Und wer hat je nachgeprüft, ob sie wirklich Jungfrau war? Im *Buch der Riten* steht: „Was im Frauengemach gesagt wird, soll nicht hinausgelangen" und „Von Frauenangelegenheiten spricht man nicht in der Öffentlichkeit".[164] Das, um zu zeigen, dass man in solchen

---

[159] Anspielung auf die Anklage gegen Jesus, er habe die Königsmacht usurpieren wollen.

[160] *Pixie lun*, S. 1117.

[161] Die *Qixie*, im 3. Jahrhundert v.Chr. im *Zhuangzi* erwähnt.

[162] Zitat aus dem *Yijing*, „Xici", *xia*, 4.

[163] Indische und buddhistische Klassifikation. Vgl. *Abhidharmakośa*, Kap. 8. Die vier Geburts-Arten sind: 1. die Geburt aus dem Ei (*aṇḍaja*), 2. die Geburt als Embryo (*jarāyuja*), 3. die Geburt aus der Feuchtigkeit (*saṃsvedaja*), 4. die Geburt durch Umwandlung oder Metamorphose (*upapāduka*).

[164] Zitate aus dem *Liji*, „Neize", I, 12 und „Quli", II, 5.

Dingen diskret sein soll. Von einer jungfräulichen Mutter würde man nicht einmal bei Tieren zu sprechen wagen, aber für diese Leute ist das eine heilige, ruhmvolle Auszeichnung, die sie auf der ganzen Welt ausposaunen. Der Meister *Yesu* und seine Schüler sind nicht einmal Tiere wert. Aber vielleicht wollten sie die Schande, keinen Vater zu haben, damit verhüllen, dass sie von Jungfräulichkeit sprachen: Sie haben sie aber nur stärker ins Licht gerückt.[165]

Wie Vincent Cronin schreibt,[166] sind die Missionare in Indien auf große Schwierigkeiten gestoßen, als sie die Inkarnation als historische Tatsache darstellen wollten. Da für die Inder die Wahrheit jenseits der Welt der Erscheinungen liegt und alles Fühlbare Illusion (*māyā*) ist, kann es für sie keine Geschichte geben, wie wir sie verstehen: Schöpfung und Inkarnation waren als geschichtliche Be-[269]gebenheiten unverständlich. Man konnte sich die Inkarnation nur als *avatar* vorstellen, das heißt als eine unwirkliche Manifestation, ein Spiel und eine Verkleidung der Gottheit. Für die Inder war das Person-Sein und die Geschichtlichkeit Jesu Zeichen für Beschränkung und Unvollkommenheit.

Auch in China wird das Leben Jesu da und dort einem *avatar* gleichgesetzt. Zweierlei ist, steht in einer Schrift gegen die Christen, in bezug auf die Inkarnation möglich: Entweder ist der Herr des Himmels persönlich herabgestiegen, um geboren zu werden, und in diesem Fall ist der Himmel die ganze Zeit ohne Leitung geblieben. Oder der Herr des Himmels ist auf der Erde nur in Gestalt eines *avatar* erschienen. Dann wäre das ein Plagiat der buddhistischen Theorie von den zwei Körpern des Buddha: der wahre Körper (*dharmakāya*) und der Körper der Verwandlung (*nirmāṇakāya*). Doch „dieser einzige *avatar* ist nichts neben dem unvergleichlichen Wunder, das die dutzendemal Hunderte von Tausendmillionen Körper der Verwandlung (der Buddhas) sind".[167]

Für den buddhistischen Mönch Ruchun kann das Leben Jesu kein *avatar* sein. Es beweist im Gegenteil, dass die Transmigration universal ist. Ricci schreibt in seiner großen Abhandlung, die Buddhisten hätten diese Theorie Bidawola (Pythagoras) gestohlen, um damit die Leute zu erschrecken. Bevor der Buddhismus nach China gekommen sei, habe niemand davon gehört; es müsse also etwas Unglaubwürdiges sein. Darauf erwiderte Ruchun, die Transmigration komme eindeutig vom *karma* und vom Unwissen, und

---

[165] *Pixie lun*, S. 1110-1112.
[166] V. Cronin 1959, S. 142. Roberto de Nobili, aus einer vornehmen italienischen Familie, begann Ende 1606 in Madurai in Südindien zu predigen und eine Methode zur Anpassung der christlichen Thesen an die indische Umgebung zu entwickeln, die – *mutatis mutandis* – an Riccis Bemühungen in China erinnert.
[167] *TXCZ*, 8. Absurdität, S. 918.

man brauche deswegen nicht Pythagoras zu bemühen. Es stimme übrigens nicht, dass vor dem Buddhismus niemand von der Transmigration gehört habe, denn es gibt viele Beispiele aus noch früheren Zeiten, wo Menschen in Tiere verwandelt worden sind. Nur den Begriff Transmigration (*lunhui*) gab es noch nicht. Aber den klarsten Beweis für seine Universalität erbringen die Barbaren selbst mit dem, was sie von *Yesu* sagen: Er sei vom Himmel gekommen und als Mensch geboren worden, dann aus der Menschenwelt zur Hölle hinabgestiegen, aus der Hölle als Mensch wiedergeboren worden, dann zum Himmel aufgestiegen. Transmigration, fügt Ruchun hinzu, ist auch die unablässige Folge der Gedanken. Warum meint Ricci, Transmigration gebe es erst, „wo Hörner und ein Fell sind", also die Wiedergeburt als Tier?[168] Jesus ist also für Ruchun nur ein Wesen, das dem Kreislauf der **[270]** Wiedergeburten unterworfen ist. Er ist deshalb geringer als die Buddhas, die endgültig ins *nirvāna* eingegangen sind.

Im Gegensatz zu den Indern glauben die Chinesen an die Wirklichkeit der Welt, außerdem sind sie durchaus geschichtsbewußt, so dass ihnen nicht die Historizität Jesu Probleme aufgibt, sondern seine Doppelnatur: Sie können die Inkarnation nicht als Vermittlung zwischen einem transzendenten Ewigen und einem vergänglichen Diesseits fassen, da ihnen dieser Gegensatz unbekannt ist. Die wohlmeinendsten Gelehrten lösen das Problem, indem sie annehmen, Jesus sei ein Mensch gewesen, der – wie Konfuzius – dank seiner Tugend und Heiligkeit sich mit dem himmlischen Ordnungsprinzip (*tianli*) identifizieren durfte. Longobardo schreibt:

> Doktor Cien Lin-vu, einer unserer Freunde, der oft unsere Patres vom wahren Gott, der auf die Welt kam, um uns zu retten, hatte sprechen hören, konnte ihn sich nie anders vorstellen als eine Art Konfuzius, denn (für die Chinesen) gibt es nur eine allumfassende Natur: Die vollkommensten Menschen ... repräsentieren am besten die universale Natur des Urprinzips, und sie sind vortrefflich, weil sie mit ihm eins sind. Was Jesus für Europa ist, so muss man verstehen, ist Konfuzius für China und Foé [Buddha] für Indien.

Und nachdem Longobardo erklärt hatte, die Europäer befolgten ein Gesetz, das ihnen Gott selbst gegeben hat, antwortete Cien Lin-vu, es sei das gleiche Gesetz wie das des Konfuzius, „denn die zwei Gesetzgeber waren das gleiche wie der Himmel und das Urprinzip". Longobardo wollte antworten, doch Doktor Michael, der berühmte Konvertit Yang Tingyun, hinderte ihn daran, „da er fürchtete, das könnte seinen Freund verletzen, und vor allem,

---

[168] *Tianxue chupi*, PXJ, VIII, 30a-31b und 34b.

weil es wohl schwierig wäre, eine in China so geachtete Auffassung zu widerlegen".[169]

Ähnlich drückt sich ein wichtiger Freund der Missionare aus, der Großsekretär Ye Xianggao (1562–1627), der ihnen immer eine wertvolle Hilfe war. In einer von Yang Tingyun verfassten Auslegung der Zehn Gebote schreibt er laut Longobardo, dass der Herrscher in der Höhe oder Herr des Himmels „sich in China mehrere Male in die Person des Iao (Yao), Xun (Shun), des Konfuzius, mehrerer Könige und sogar mehrerer Privatpersonen inkarniert hat: Er kann sich also auch im Abendland und in der Person des Jesu inkarniert haben, wie das die Jesuiten sagen." Also „ist Jesus im Abendland, was Konfuzius oder jeder andere herausragende Gelehrte in China ist."[170]

[271] Die chinesischen Gelehrten sind wirklich sehr umgänglich: Zu Beginn des 17. Jahrhunderts hätte nicht viel gefehlt und eine Art konfuzianisch-christlicher Synkretismus wäre entstanden, den die scharfsichtigsten Missionare und die chinesischen Gegner der europäischen Lehre mit dem Hinweis bekämpften, dass er widersinnig sei.

Ein Wort noch zur daoistischen Auslegung von Jesus als Verkörperung: Offenbar sehr alte und sehr beliebte spiritistische Praktiken erlaubten den Umgang mit Unsterblichen oder Größen der Vergangenheit. Außerdem kannte die chinesische Tradition keine illusorischen Erscheinungen wie die Körper der Verwandlung der Buddha, sondern Verkörperungen als greifbare Phänomene, festgelegt in Raum und Zeit. Die Verkörperungen aus Fleisch und Blut behaupteten, diese oder jene Gottheit oder historische Persönlichkeit zu sein. Beim Taiping-Aufstand Mitte des 19. Jahrhunderts glaubten die Europäer zunächst gewissen Berichten, laut denen die Taiping Christen waren, und sie dachten, dank Bibellektüre habe sich da ein Wunder ereignet. Doch bald musste man sich eingestehen, dass die Taiping, die bestimmte christliche Vorstellungen und Praktiken angenommen hatten, einigermaßen unorthodoxe Christen waren: Ihr König, Hong Xiuquan, behauptete, der jüngere Bruder Jesu und damit besser als dieser über die neuesten Offenbarungen des Herrschers in der Höhe informiert zu sein. Es war also an ihm, die europäischen Missionare, die an seinen Hof kamen, zu bekehren. Hong Xiuquan stand in ständiger Beziehung mit Gottvater und seinem älteren Sohn. Er oder seine Leute ließen diese bei spiritistischen Séancen herabsteigen und ihre Botschaften direkt weitergeben. So war Hong Xiuquan zwischen April 1848 und Januar 1852 siebenmal mit dem Herrscher in der

---

[169] N. Longobardo 1701, S. 87f.

[170] *Ibid.*, S. 97. Eine Biographie Ye Xianggaos ist in *DMB*, S. 1567-1570 zu finden. [Zu Yang Tingyuns Auslegung der Zehn Gebote, *Xixue shijie chujie*, siehe CCT Database (unter: Xi xue shi jie chu jie). Hier auch weitere Literatur zu Yang Tingyun und Ye Xianggao.]

Höhe (Übersetzung für Gott bei den protestantischen Missionaren, *shangdi*) in Kontakt getreten und dreimal mit Christus. Für Hong war Christus der Erbe des Herrschers in der Höhe, doch hatte er noch mehrere Brüder. Er selbst war nicht Gott, sondern hatte einen unmittelbar nach seinem Vater kommenden Rang inne. „Mein älterer Bruder (Christus)", sagt Hong eines Tages, „hat eindeutig erklärt, dass es nur einen höchsten Gott gibt. Warum haben denn seine Schüler nachher irrtümlicherweise gesagt, Christus sei Gott?"[171]

[272] ERBSÜNDE? GÖTTLICHE VOLLKOMMENHEIT?

> Zu vieles missriet ihm, diesem Töpfer, der nicht ausgelernt hatte! Dass er aber Rache an seinen Töpfen und Geschöpfen nahm, dafür dass sie ihm schlecht gerieten – das war eine Sünde wider den guten Geschmack.
> Nietzsche, *Also sprach Zarathustra* (1975, S. 289)

Die Kritiker der Lehre vom Herrn des Himmels sagten, es sei unmöglich, einen allmächtigen Gott nicht für die Fehler seiner Schöpfung verantwortlich zu machen.

> Wie Konfuzius sagt: „Der Mensch kann die Ordnung des Universums vollenden" und: „Es hängt von uns ab, gut zu sein".[172] Diese Leute hingegen geben alle Schöpfungsgewalt dem Herrn des Himmels. Da er Geister und Menschen schaffen konnte, warum hat er nicht nur gute Geister und anständige Menschen geschaffen? ... Da er alles geschaffen hat, warum hat er sich nicht nur mit dem Guten begnügt? Warum diese Körper aus Fleisch, diese abscheulichen Sitten, diese üblen Dämonen? Warum hat er sie nicht weggelassen? Ein guter Handwerker macht eine gute Arbeit, oder sonst wirft er fort, was er gemacht hat.[173]

Will man ihnen glauben, sagt der Verfasser einer kleinen Schrift, so hat der Herr des Himmels den Menschen völlig gut erschaffen. Das Schlechte ist aus

---

[171] Siehe E.P. Boardman 1952. Die 1919 in Vietnam gegründete caodaistische Religion ist eine Synthese von Elementen aus Christentum, Daoismus und Buddhismus nach dem gleichen Schema. Dem Gründer gemäß hat sich Caodai oder das Höchste Wesen schon in der Person Jesu und des Buddha offenbart. In der caodaistischen Kathedrale von Tay-Ninh nordwestlich von Saigon wurden Konfuzius, Laozi, Buddha, Jesus und ein zum Kriegsgott gewordener chinesischer General (Guandi) sowie ein chinesischer Dichter aus dem 8. Jahrhundert (Li Bai) und der Bodhisattva Guanyin verehrt. Bei spiritistischen Séancen rief man auch Jeanne d'Arc, Victor Hugo, Camille Flammarion, Allen Kardec und Sun Yat-sen.

[172] *Lunyu*, XV, 29 (*ren neng hong dao*), und XII, 1 (*wei ren you ji*).

[173] *TXCZ*, 2. und 5. Absurdität, S. 915f. und 916f.

dem Menschen selbst gekommen. Wie aber hat der Mensch das Schlechte tun können, wenn doch der Herr des Himmels allmächtig ist? Sie sagen, es sei das gleiche wie bei den Eltern, die auch wünschen, dass ihre Kinder anständige Menschen werden. Wenn die Kinder Schlechtes tun, ist es nicht ihr Fehler. Ohne Zweifel. Aber die Eltern sind nicht allmächtig. Sie haben die Kinder einfach geboren und sind nicht verantwortlich für ihren Charakter und ihre natürlichen Anlagen. Beim Herrn des Himmels kann es nicht das gleiche sein: Warum hat er nicht bewirkt, dass die Menschen durch ihren Charakter und ihre natürlichen Anlagen immer vom Schlechten abgehalten werden.[174]

Eine ähnliche Argumentation findet sich beim Verfasser der *Einfachen Ansichten zur Unterscheidung der Lehren:*

> Der Herr des Himmels hat eine in den kleinsten Einzelheiten vollkommene Welt geschaffen. Also hätte er auch die Ahnen der Menschen im höchsten Grad weise und hervorragend schaffen sollen. Warum waren dieser *Yadang* und diese *Ewa* so schlechte Leute? [273] Das ist wie wenn ein Handwerker Gegenstände herstellt, die zu nichts nütze sind: Der Fehler liegt nicht bei den Gegenständen, sondern offenbar ist der Handwerker ungeschickt. Wie kommt es, dass der Herr des Himmels bei der Erschaffung von Himmel, Erde und den Zehntausend Wesen Geschick bewies und bei der Erschaffung des Menschen so ungeschickt war? Wenn wir Chinesen in der Zeit bis zu Pangu[175] und bis zur Trennung von Himmel und Erde [das heißt bis zum Anfang des Universums] zurückgehen, so finden wir in jeder Generation weise Könige wie Fu Xi, Shennong, Huangdi, Yao und Shun, die Himmel und Erde [bei ihrem Werk] halfen. Von Taugenichtsen wie *Yadang* und *Ewa* haben wir noch nie gehört. ... Sie verbreiten betrügerische und obskure Ansichten, um unsere Landsleute zu verwirren und für sich zu gewinnen.[176]

In Tat und Wahrheit, bemerkt Xu Dashou, stellt sich schon mit dem Fall des Satans die Frage nach der Verantwortung des Herrn des Himmels:

> Ich fragte Aleni auch, welchen Ursprungs jener sei, den er den Teufel nennt. „Als der Herr des Himmels zu Anfang die Welt erschuf", antwortete er, „schuf er gleich danach unzählige Geister. Der erste und größte hieß *Luqifu'er*. Er ist der Ahne des Buddha. Er sagte, er habe gleiches Wissen wie der Herr des Himmels, da zürnte der Herr des Himmels und degradierte ihn, indem er ihn zur Hölle schickte. Er ist der heutige Kö-

---

[174] *TXZZ*, S. 947.
[175] In gewissen Legenden der erste Ahne der Menschheit.
[176] *Bianxue chuyan*, *PXJ*, V, 5b-6a.

nig Yāma.[177] Obwohl aber *Luqi*[*fu'er*] zur Hölle geschickt wurde, um dort Qualen zu leiden, gebärdet sich eine Hälfte seiner Seele als Teufel und geht auf der Welt um. Er nimmt den Leuten die guten Gedanken, und sogleich überlässt der Herr des Himmels ihm diese Unglücklichen." Ich sagte: „Bevor die Menschheit geschaffen worden war, musste es doch in der Hölle schon Wesen gegeben haben, da ja der Herr des Himmels die Herrschaft über sie dem Buddha übergab." Aleni antwortete: „In der Tat waren dort schon unzählige herabgesetzte Geister eingesperrt. Es machte also nichts, dass es noch keine Menschen gab." „Aus dem Schuldigsten einen König machen", sagte ich, „und ihn [gleichzeitig] zu Qualen verdammen – was ist denn das für ein Strafgesetz?"[178] Und wenn andererseits Buddha als König Yāma auf der Welt umgeht und nach Belieben über jeden verfügt, so beweist das, dass er dem Herrn des Himmels an Macht überlegen ist. Außerdem zürnt ihm der Herr des Himmels auf ewig. Also ist auch der Gegenstand dieses Zornes ewig. Das beweist, dass er an Kraft dem Herrn des Himmels **[274]** ebenbürtig ist. Und schließlich hat nicht der Herr des Himmels diesen sogenannten Teufel von eigener Hand geschaffen? Wie ist er dazu gekommen? Vorhin habt Ihr gesagt, dass es *Yadang* und *Ewa* an Tugend fehlte. Das lässt sich verstehen: Es waren Menschen [und damit] schon etwas vom Herrn des Himmels entfernt. *Luqi*[*fu'er*] jedoch war der erste durch Umwandlung geschaffene Geist, und er wurde vor allen anderen angeklagt. Daraus ist ersichtlich, dass der Herr des Himmels Quell allen Übels ist und dass es nur recht und billig wäre, ihm alle Vergehen zuzuschreiben. Muss man sich da nicht vor Lachen krümmen![179]

Da der Herr des Himmels vollkommen barmherzig ist, hätte er Adam und Eva warnen müssen, bevor sie das Nicht-Wiedergutzumachende taten. Der Mönch Ruchun schreibt:

> Die Lehre vom Himmel sagt, der Herr des Himmels sei allmächtig, allwissend, Schöpfer und Lenker des Himmels, der Erde und der Zehntausend Wesen. Er hat zuerst *Yadang* und *Ewa*, die Ahnen der Menschheit, geschaffen. Ihre Natur und ihr Körper waren vollkommen, und sie lebten in vollständigem Glück. Doch einmal hatten sie den heiligen Befehlen des Herrn des Himmels zuwidergehandelt, und so verloren sie seine Gunst und litten fortan an Krankheit und Unglück. Sie wären gerne aus diesem Zustand herausgelangt, doch der Weg zum Himmel war ihnen

---

[177] König der Hölle in der buddhistischen Tradition und in der chinesischen Volksmythologie.

[178] Gleiche Bemerkung beim Autor des *TXCZ*, 4. Absurdität, S. 916: Luzifer ist zur Hölle verurteilt worden, und gleichzeitig ist er auf der Welt und verführt die Menschen.

[179] *ZP*, 13a-b.

verboten. Das Verbrechen der Ahnen hat sich auf die ganze Menschheit übertragen, und alle sind davon befleckt. Deshalb haftet den Menschen schon bei ihrer Empfängnis diese Befleckung an, und alle Vergehen nachher kommen von diesem Grundübel.
Widerlegung: Der Herr des Himmels hat also völlig tugendhaften Menschen das Leben verliehen. Warum hat er nicht bewirkt, dass *Yadang* und *Ewa* ihre gute Natur bewahrten und keine Begierden kannten, damit sie zum reinen Quell ihrer zahllosen Nachkommenschaft werden konnten? Im Augenblick, als sich bei diesen ersten Menschen Begierden bemerkbar machten, hätte der Herr des Himmels etwas von seiner Wunderkraft brauchen sollen, um sie vom Schlechten abzuhalten. Wäre ihm das nicht ein Leichtes gewesen? Da er allmächtig und allwissend ist, sollte er doch die Absichten aller Menschen durchschauen. Er hätte ihnen also [die Begierden] nehmen sollen und so alle schützen, die nachher gekommen sind. Dann wären die Menschen von Anfang bis Ende gut gewesen. ... Er hätte das Übel an der Wurzel gepackt. ... Wenn man Unkraut **[275]** ausreißt, gibt man immer darauf acht, es mit der Wurzel zu nehmen. Um eine Krankheit zu heilen, setzt man bei ihren Ursachen an. Wo sich Menschen Mühe geben, greifen sie das Übel immer an, bevor es sich entwickelt hat. Warum hat der Herr des Himmels, der allmächtige, Geschwulste und Aussatz ausbrechen lassen?[180]

Yu Chunxi, ein dem Buddhismus nahestehender Gelehrter und einer der ersten Gegner Riccis, findet, der Herr des Himmels hätte es nicht einmal so weit kommen lassen sollen, dass die ersten Menschen Warnungen brauchten:

Ricci sagt: „Der Körper ist der äußere Mensch. Die Seele ist der innere Mensch. Tiger und Wölfe gefährden den äußeren Menschen, aber sie bringen dem inneren Menschen Frieden [da sie ihn an die Existenz Gottes erinnern]. Alles in allem sind sie dem Menschen nützlich. Ursprünglich taten Tiger und Wölfe dem Menschen nichts. Der Aufstand des Menschen gegen den Herrscher in der Höhe hat sie angezogen."[181] Ich frage mich aber, wie Tiger und Wölfe wussten, dass sich die Menschen gegen den Herrscher in der Höhe aufgelehnt haben. Das hieße, dass diese Tiere über dem Menschen stehen. Wenn der Herr des Himmels mächtig genug ist zu bewirken, dass diese Tiere den Menschen mahnen, warum war er dann nicht fähig zu bewirken, dass der Mensch gar nicht erst gemahnt zu werden braucht. Da Tiger und Wölfe so leicht zu bekehren

---

[180] *Tianxue chupi*, *PXJ*, VIII, 26a-b.
[181] *TZSY*, S. 508.

sind,[182] hätte das Paradies für die Seelen der Tiger und Wölfe eingerichtet werden sollen.[183]

Da der Herr des Himmels ohne einzugreifen das Übel geschehen ließ, fehlt ihm offenbar das Mitleid, sagt der Japaner Fucan: Gott hat Adam und Eva keinen Schutz vor Luzifer gewährt, im Gegensatz zu den Buddhas, die den Menschen vor den Dämonen schützen. Er hat sie sich selbst überlassen, dann hat er sie aus dem *Paraiso terreal* (Paradies auf Erden) verjagt. Und jetzt will er nicht nur Adam und Eva in der Hölle schmoren lassen, sondern alle Menschen.[184] Ruchun schreibt:

> Es heißt, dass der Herr des Himmels damals [nach dem Sündenfall] *Yadang* und *Ewa* am liebsten vernichtet hätte, aber befürchtete, dass es dann keine Menschen mehr geben würde. Warum hat er denn nicht einen neuen, vollkommen guten Menschen geschaffen, da er doch die unerschöpfliche Macht hat, Menschen zu schaffen? Und wenn es heißt, er habe es nicht übers Herz gebracht, das Übel aufzuhalten [indem er die Schuldigen ausmerzte], weil das Übel noch nicht besonders schwerwiegend **[276]** war, wie hat er denn die Dinge untätig sein lassen können, obwohl er doch wissen musste, dass kleine Bäche zu großen Flüssen werden und große Feuersbrünste mit kleinen Flämmchen beginnen?[185]

Es lässt sich auch nicht aufrechthalten, dass der Herr des Himmels dem Menschen, seinem Geschöpf, eine Prüfung hat auferlegen wollen, indem er ihm freie Hand ließ, um zu sehen, ob er der Versuchung widerstehen könne. Als Allwissender musste er doch voraussehen, dass Adam und Eva seine Verbote überschreiten würden. Da er genau wusste, dass sie die Sünde begehen würden, hat er ihnen ganz einfach eine Falle gestellt. Die These vom freien Willen ist mit der Allwissenheit des Schöpfers unvereinbar:

> Wenn es heißt, er habe im voraus gewusst, dass der Mensch nach seiner Erschaffung gewiss einen Fehler begehen würde, er ihm aber freigestellt habe, das Gute oder das Schlechte zu tun, um ihn dann zu belohnen oder zu strafen, so nennt sich das „die Leute im Netz fangen".[186] Wo zeigt er sich da als der Herr [aller Wesen]? Was sollen also die Wörter „allwissend" und „allmächtig"?[187]

---

[182] *Hua* bedeutet umformen, zivilisieren, bekehren.

[183] *Shasheng bian*, *PXJ*, V, 13b.

[184] G. Elison 1973, S. 275.

[185] *Tianxue chupi*, *PXJ*, VIII, 26b-27a.

[186] Anspielung auf eine Stelle im *Mengzi* über Gesetze, die so beschaffen sind, dass sie das Volk bestimmt überschreitet. *Mengzi*, I A7.

[187] *PXJ*, VIII, 27a.

Viele Kritiker zielten auf diesen Widerspruch, der sich aus der Allwissenheit und der Allmacht Gottes ergab: Gott in seiner Allwissenheit, sagt Fabian Fucan, hat nicht voraussehen können, dass die Engel, die er erschaffen hatte, der Sünde anheimfallen würden. Wenn er es nicht gewusst hat, ist widersinnig zu sagen, er sei allwissend. Wenn er es wusste und sie doch erschuf, so ist er ein unheilvolles und grausames Wesen und nicht voller Barmherzigkeit, wie sie sagen. Wenn er allmächtig ist, warum hat er nicht eine Welt ohne Sünde geschaffen? Warum hat er übelwollende Teufel geschaffen? Er hat seine Schöpfung zusammengepfuscht.[188]

Ähnlich schreibt ein chinesischer Autor: Wenn der Herr des Himmels nicht gewusst hat, dass sich Luzifer gegen ihn auflehnen würde, nachdem er von ihm so viel Macht erhalten hatte, so fehlte es ihm eben an Weisheit. Wenn er es gewusst hat, so fehlte es ihm an Güte, da er ja den Luzifer geschaffen hatte. Wem es an Weisheit und Güte fehlt, kann nicht Herr des Himmels genannt werden.[189] Xu Dashou schreibt:

> Die Menschen haben eine beschränkte Intelligenz, und sie wissen nicht recht, wie mit den Teufeln umgehen. Wie ist es möglich, dass der Herr in seiner Allmacht unfähig war, einem Teufel zu verbieten, dass dieser seine Abkömmlinge zum Verbrechen verführt? ... Wenn mittelmäßig intelligente und tugend-[277]hafte Leute unwürdige Söhne haben, ... sagt man, der Himmel habe es so gewollt und sie könnten nichts dafür. Wenn aber ein so göttliches und heiliges Wesen wie der Herr des Himmels in aller Sorgfalt zwei Individuen hervorbringt, die seine ersten Erben sein müssen, und sie dann zu Diebstahl anstiftet, so dass sie die ersten Verbrecher werden – ist denn das ein Verhalten für ein so göttliches und heiliges Wesen? ... Wenn man eine so hohe Würde trägt wie der Herr des Himmels, gerät man nicht in Zorn. Und wenn man bedenkt, wie viele Fehler die ganze Nachkommenschaft [von Adam und Eva] begangen hat, ist es da nicht unlogisch, nur gegen den ältesten Sohn und die älteste Tochter wegen eines einfachen Fruchtdiebstahls in Zorn zu geraten? Ihre wenig tugendhaften Nachkommen können *Yadang* und *Ewa* vorwerfen, sie hätten das Übel begonnen. Aber wenn man weiter sucht, wer war dann am Ursprung? Ich sehe nicht, was der Herr des Himmels da antworten könnte.[190]

Der Herr des Himmels ist unbarmherzig. Der Buddhismus seinerseits zeugt von wahrem Mitleid, da er auch den schlimmsten Verbrecher retten will,

---

[188] *Deus Destroyed*, S. 273.
[189] *TXCZ*, 3. Absurdität, S. 916.
[190] *ZP*, 12b-13a.

während diese Barbaren sagen, wer einmal in die Hölle gekommen sei, bleibe dort in alle Ewigkeit.[191]

Wenn der Herr des Himmels allmächtig ist, wie konnten da die Teufel vermessen genug sein, ihm die Stirn zu bieten:

> Sie sagen, als Kaiser Ming der Han-Zeit (58–75 n. Chr.) von einem Menschen aus Gold[192] geträumt hat, sei das eben der Herr des Himmels gewesen [der ihm erschienen war], aber der Teufel habe diese Erscheinung dem Buddhismus zugespielt. Aber wenn die Macht des Herrn des Himmels unbeschränkt ist, welches Wesen oder Teufel hätte es da wagen dürfen, ihn zu stehlen? Und angenommen, er hätte diese Vermessenheit gehabt, hätte er in kürzerer Zeit bestraft werden sollen, als es braucht, sich umzuwenden. Und schließlich: Warum hat er sich in einem Traum offenbart, dann mehr als tausend Jahre geschlafen und ist erst in unserer Zeit erwacht?[193] Warum hat sich der Herr des Himmels Kaiser Ming damals nicht in Fleisch und Blut gezeigt, und warum hat er nach seiner Hinrichtung so lange gewartet, das zu verkünden?[194]

Wie Fabian Fucan bemerkt, stehen Sündenfall und Strafe in keinem Verhältnis. 1620 schreibt er:

> Ein heiliges Gesetz hatte Adam und Eva verboten, den *maça* zu essen [dieser portugiesische Ausdruck be-**[278]**zeichnete in Japan eine Art Khaki]. Das ist wirklich der Gipfel des Widersinns! Das ist wie eine alte Frau übers Ohr hauen oder ein Kind beschwatzen. Ein Khaki kann weder direkte noch indirekte Ursache sein in einer so wichtigen Angelegenheit wie dem Zugang zum Himmel oder dem Fall in die Hölle. Weder in den fünf Verboten oder zehn Gesetzen des Buddha noch in den buddhistischen Gesetzesbüchern habe ich je eine Vorschrift gesehen, die Khaki verbot.[195]

Xu Dashou schreibt:

> Die Ahnen der Menschheit hatten nur ein geringfügiges Verbrechen begangen, und ihr verurteilt ihre ganze Nachkommenschaft in allen Zeiten zu einer schweren Strafe. Das widerspricht dem Prinzip, wonach sich die Schuld eines Verbrechers nicht auf seine Familie ausdehnt. Dass die ganze Nachkommenschaft am Vergehen des Ahnen teilhaben soll, ist viel weni-

---

[191] *ZP*, 27b.

[192] Vgl. *Hou Hanshu*, „Xiyu", „Tianzhu guo", Abschnitt über Indien. Der Tradition gemäß war dieser Mensch aus Gold ein Buddha.

[193] Die Missionare stellten ihre Zeit, da die Chinesen dank ihnen von der göttlichen Offenbarung erfuhren, gegen alle früheren Zeiten, da sie noch im Irrtum gelebt hatten.

[194] *ZP*, 27b-28a.

[195] G. Elison 1973, S. 275.

ger gerecht als die buddhistische Theorie von der Transmigration, wonach jeder nur die Konsequenzen seiner eigenen Taten zu tragen hat ...

Xu Dashou zitiert folgende Anekdote: Shang Yang, Minister des Fürsten von Qin und Erneuerer der Gesetze von Qin, hatte dem eine erhebliche Belohnung versprochen, der einen großen Baum wegschaffte. Er verfolgte damit kein besonderes Ziel, gewährte aber wie versprochen die Belohnung: „Das hatte man getan", schreibt Xu Dashou, „damit jeder im Reich an die Gesetze glaube. Doch diese schreckliche Strafe für den Diebstahl einer Frucht ist mehr als absurd."[196]

In Tat und Wahrheit hatte Ricci gegen den verbreiteten Glauben angekämpft, wonach gute oder schlechte Taten den Familienstamm in geheimer Weise beeinflussen, und darauf hingewiesen, dass so etwas ungerecht ist.[197] Aber gerade wegen seiner Allgemeingültigkeit schien den Chinesen das Dogma der Erbsünde noch viel sinnwidriger:

Ricci sagt, jeder sei für sein Handeln verantwortlich: „Wenn ich selbst etwas Gutes oder Schlechtes getan habe, wird es der Herr des Himmels gewiss nicht meinen Söhnen und Enkeln vergelten statt mir." Warum aber nimmt dann der Herr des Himmels die Schuld der ersten Ahnen zum Vorwand, das Leid, das daraus entsteht, der unendlichen Folge ihrer Nachkommen aufzuerlegen? Abgesehen von der äußersten Grausamkeit dieser Strafe – ist das nicht schon in vollkommenem Widerspruch zu dem, was er vorher sagte?[198]

Übrigens sind die Strafen für den Sündenfall nicht gerecht verteilt: Den Missionaren gemäß ist der Mann verurteilt worden, das Brot im Schweiße seines Angesichts zu essen, und die Frau, unter [279] Schmerzen zu gebären. „Doch gibt es viele reiche Kerle, die essen, ohne je ein Feld bestellt zu haben, und Frauen ohne Mann und Kinder, die nichts von Geburtswehen wissen."[199]

Der Buddhismus erklärt die sozialen Ungleichheiten und die Verschiedenheit der Schicksale mit den Taten eines früheren Lebens, anders gesagt, mit der Anhäufung von *karma*. Das Christentum kann das offenbar nicht. „Wenn es keine vorangehenden Leben gibt", sagt Xu Dashou zu Pater Aleni, „warum gibt es dann Reiche und Arme, Kleine und Große, langes Leben und Dasein, das viel zu früh endet, und all die anderen so tiefen Spalten

---

[196] ZP, 12a-b.
[197] TZSY, S. 546: „Nach den Gesetzen der alten Könige [Chinas], aber auch der Hegemonen [7. Jh. v.Chr.], soll die Strafe die Nachkommen [des Schuldigen] nicht betreffen."
[198] *Bianxue chuyan*, PXJ, V, 5b.
[199] ZP, 12a. Vgl. TZSY, S. 545.

zwischen den Menschen?" Aleni antwortet: „Daran ist, wie eure konfuzianischen Gelehrten sagen, der Zufall schuld, dem gemäß sich die Urenergie umwandelt." Darauf Xu Dashou:

> Der Konfuzianismus sagt, dass sogar dem Heiligen gewisse Dinge unmöglich sind und dass Himmel und Erde Unvollkommenes hervorbringen können.[200] Denn in der Tat hängt nach Ansicht des Konfuzianismus alles von natürlichen Prozessen ab.[201] Ihr aber sagt in Eurer Lehre, der Herr des Himmels sei allmächtig und Himmel und Erde seien von ihm geschaffen worden. Wie könnten da natürliche Prozesse für ihn ein Hindernis sein? Soll das heißen, dass der Herr des Himmels nicht allmächtig ist?[202]

Und was soll man überhaupt von dieser Welt denken, die der Herr des Himmels erschaffen hat? Soll man seine Schöpfung loben, da in ihr so vieles vollkommen ist, oder beklagen, dass man nur auf Leid und Elend trifft? In der Tat beschwören die Missionare in ihren Reden beide – widersprüchlichen – Bilder herauf, wie bei Chen Houguang nachzulesen ist, der einen Konvertiten auftreten lässt:

> Ich gestehe Euch zu, sagte mein Gastgeber, dass die Pflichttreue gegenüber dem Herrscher und die Achtung vor den Älteren schöne Tugenden sind. Wer aber hat uns eine Natur gegeben, die uns zum Guten befähigt? Die Chinesen reden immer von der Pflege der Tugend und können nicht einmal den Kopf heben, den Herrscher des Himmels sehen und zu diesem barmherzigen Vater um Hilfe beten. Deshalb sind unter ihnen nur so wenige vollkommen tugendhaft. – Lassen wir, sagte ich, die Natur, die zur Tugend befähigt, und sprechen wir lieber vom Durcheinander und den Irrtümern, die Ricci in bezug auf seinen Herrn des Himmels gemacht hat, denn ich will niemanden ohne Beweise glossieren. Einerseits sagt er, der Herr des Himmels habe den Himmel, die Erde und die Zehntausend **[280]** Wesen geschaffen, und zwar einzig zum Wohl des Menschen; dass die Sonne, der Mond und die Sterne am Himmel befestigt sind, um uns zu leuchten; dass die fünf Farben zu unserem Vergnügen geschaffen worden sind, die fünf Töne zu unserer Freude, die Geschmäcke und die Düfte, um uns Mund und Nase zu befriedigen, alle leichten und warmen Materien zu unserem Wohlgefühl; dass wir deshalb dem Herrn des Himmels Dank sagen müssen und all dieses Gut mit Achtung gebrauchen. Andererseits aber sagt er, der Herr des Himmels habe gesehen, wie die Menschen in dieser Welt verkommen, sich nicht um den Himmel, ihre wahre Heimat, kümmern, auch nicht um das so Wichtige, das sie nach diesem Leben erwartet, und so habe sich der Herr des Himmels

---

[200] Wörtlich: gewisse abscheuliche Dinge haben.
[201] Wörtlich: von den Umwandlungen der universalen Energie, *qihua*.
[202] *ZP*, 11a-b.

erbarmt und die Welt mit bitterem Leid gefüllt, damit die Menschen nicht an ihr festhalten. Also hat er gewisse Dinge zum Wohl des Menschen geschaffen und andere zu seinem Unglück. So besteht ein Widerspruch zwischen dem, was der Herr des Himmels für das Leben der Menschen getan hat, und dem, was er getan hat, um sie zu vernichten.[203]

DENKEN UND SPRACHE

[281][204] Die protestantischen Missionare des 19. und beginnenden 20. Jahrhunderts haben sich darüber beklagt, dass es schwierig sei, die christlichen Thesen auf chinesisch darzulegen. „Das Chinesische", schreibt einer dieser Missionare, „ist ein so unvollkommenes und schwerfälliges Werkzeug für den Ausdruck geistiger Wahrheiten!"[205] Ein anderer: „Wie wir gemerkt haben, ist die Sprache selbst ein höchst ungeeignetes Mittel, neue Wahrheiten zu verkünden."[206]

Auf Chinesisch ist es zum Beispiel schwierig zu erklären, worin das Konkrete und Einzelne nicht zufällig, sondern grundlegend vom Abstrakten und Allgemeinen verschieden ist. Solche Vorstellungen, entstanden in flektierenden Sprachen wie Griechisch, Latein oder Sanskrit, haben noch jedem, der sie ins Chinesische übersetzen wollte, Mühe gemacht. Die Strukturen einer Sprache verweisen also auf die Frage nach dem Denken. Die Missionare waren überrascht, bei den Chinesen nicht die gewohnten geistigen Muster zu finden, und sie warfen ihnen vor, sie hätten keine Logik. Logik kommt ja von *logos*.

„Wir fassen einen Gedanken erst, wenn er den Strukturen der Sprache entspricht", schreibt Benveniste, „... was man sagen kann, begrenzt und ordnet, was denkbar ist. Die Sprache liefert die Grundgestalt der Eigenschaften, die der Geist an den Dingen erkannt hat."[207] Benveniste legt dar,

---

[203] *Bianxue chuyan*, *PXJ*, V, 4b-5a.

[204] [Die ersten drei Absätze aus der ersten Auflage der deutschen Übersetzung wurden von Jacques Gernet für diese Neuausgabe ersatzlos gestrichen.]

[205] „In What Form Shall We Give the Bible ...", in *Chinese Recorder* 1890, S. 454, zitiert von A.F. Wright 1953, S. 287.

[206] S. Wells Williams, *The Middle Kingdom* (New York 1888), II, S. 370; A.F. Wright 1953, S. 302, Anm. 4.

[207] E. Benveniste 1966, S. 63-74. Im Sinne von Benvenistes Bemerkungen, doch weniger eindrücklich formuliert, vgl. auch S. Ullmann 1952, S. 300: „Jedes sprachliche System ist zugleich eine Analyse der Außenwelt, die ihm eigen ist und von jener der anderen Sprachen verschieden." Siehe auch E. Cassirer 1929, S. 29: „Die Sprache ist dem Menschen nicht (nur) Mittel, die Welt zu denken und zu verstehen: Sie be-

dass bei Aristoteles die zehn Kategorien den besonderen verbalen und nominalen Kategorien des Griechischen entsprechen: „... was Aristoteles als allgemeine und ewige Gegeben-[282]heiten darstellt, ist nur die begriffliche Projektion eines vorhandenen sprachlichen Zustandes." Und er fügt etwas hinzu, was wesentlich erhellt, worin chinesische und abendländische Weltanschauung verschieden sind:

> Jenseits der aristotelischen Begriffe, über den Kategorien, entfaltet sich der Begriff „Sein", der alles umfasst. Das Griechische besitzt nicht nur ein Verb „sein" (was keineswegs in allen Sprachen notwendig ist), sondern hat dieses Verb auch auf höchst merkwürdige Art gebraucht. ... Die Sprache ließ zu, dass aus dem „Sein" ein objektivierbarer Begriff werde, den das philosophische Denken handhaben, analysieren und einordnen konnte wie jeden anderen.[208]

Da werden zwei Eigenheiten des griechischen – und allgemein des abendländischen – Denkens beleuchtet, die eng mit den Strukturen von Griechisch und Latein zusammenhängen: einerseits, dass es Kategorien gibt, die deshalb selbstverständlich und notwendig erscheinen, weil man sie unbewusst mit der Sprache schon voraussetzt; andererseits, dass im philosophischen und religiösen Denken des Abendlandes der Seinsbegriff wichtig ist. In seiner ganzen Geschichte hat das Abendland jenseits des Scheins das Sein gesucht. Daraus ließe sich folgern, um wieder mit Benveniste zu sprechen, dass „die verschiedenen philosophischen und geistigen Erfahrungen unbewusst von den Einteilungen abhängen, die die Sprache einfach deshalb vornimmt, weil sie Sprache ist und symbolhaft".[209]

Gleiches ließe sich auch von der Beziehung zwischen dem indischen Denken und seinem Ausdruck auf Sanskrit sagen, das ebenfalls eine indoeuropäische Sprache ist und in seiner allgemeinen Struktur dem Griechischen und dem Latein ähnlich. In der indischen Welt sind Grammatiker, Logiker und Philosophen einander nah. Das indische Denken hat zwar andere Wege genommen als das griechische, doch es gründet auch in Kategorien, die der Sprache entstammen, und der Seinsbegriff ist wesentlich. Auch im Sanskrit wird die Existenz durch ein Verb ausgedrückt (Wurzel *as-*), und es gibt Ableitungen dieses Verbs: *sat-* (wirklich, wahr, gerecht, gut) *satya* (wahr, wirklich), *sattva* (Sein, Wirklichkeit, Geist). *Āstikya* heißt Glauben an die Existenz der Gottheit, *nāstikya* ist die Negation des Seins, Nihilismus, Unglauben.

---

stimmt schon seine Schau der Welt und die Art, wie er in dieser Schau lebt." Siehe auch G. Mounin 1963, S. 43-58, dem diese Zitate entnommen sind.

[208] E. Benveniste 1966, S. 71.
[209] *Ibid.*, S. 6.

Die einzige Kultur, in der eine hochstehende philosophische Reflexion überliefert ist und die sich nicht in einer indoeuropäischen Sprache ausgedrückt hat, ist die chinesische. Man könnte sich keinen Sprach-[283]typ vorstellen, der vom Griechischen, Lateinischen oder dem Sanskrit verschiedener wäre. Das Chinesische hat diese merkwürdige Eigenheit, dass es keine grammatikalischen Kategorien besitzt, die durch bestimmte Formen systematisch definiert sind: Nichts unterscheidet ein Verb von einem Adjektiv, ein Adverb von einer näheren Bestimmung, ein Subjekt von einem Attribut. Die Funktionen der Wörter hängen allein von ihrer Stellung im Satz ab.[210] Im Chinesischen gab es auch kein Verb für Existenz, nichts, mit dem sich die Begriffe „Sein" oder „Wesen" übersetzen ließen, die im Griechischen so bequem mit dem Substantiv *ousia* oder dem neutralen *to on* ausgedrückt werden. So gibt es für die Chinesen auch kein Sein als ewige und beständige Realität jenseits der Phänomene. Darauf hat der chinesische Philosoph Liang Shuming hingewiesen, als er in einem 1921 erschienenen Werk eben in diesem Punkt China nicht nur dem Abendland, sondern auch Indien gegenüberstellte:

> In China hat man ganz andere metaphysische Probleme erörtert als im Abendland und in Indien. Die Fragen, die sich das antike Abendland und das antike Indien stellten, sind in China nie zur Sprache gekommen. Gewiss waren die Fragen im Abendland und in Indien nicht die gleichen, doch sind sie sich insofern ähnlich, als sie nach der Wirklichkeit der Welt forschen. Und gerade dort, wo sie einander ähnlich sind, unterscheiden sich Abendland und Indien von China. Hat man in China je gesehen, wie die einen Philosophen monistische, die anderen dualistische und wieder andere pluralistische Anschauungen preisen? Oder wie die einen idealistischen, die anderen materialistischen Vorstellungen anhängen? Die Chinesen haben nie solche Fragen erörtert, die in einer unbewegten, unwandelbaren Wirklichkeit gründen. Die Metaphysik, die in China seit ältester Zeit überliefert ist und die jedem – großen oder kleinen, gehobenen oder alltäglichen – Wissen zugrunde liegt, diese Metaphysik hat immer nur von der Veränderung und überhaupt nicht von einer unbewegten und unwandelbaren Wirklichkeit gehandelt.[211]

Man könnte noch hinzufügen, dass für die Chinesen die einzige beständige Wirklichkeit das *Dao* ist, die spontane Ordnung, die alle Veränderungen lenkt. Zieht man die Gegebenheiten der Linguistik in Betracht, so hat Liang Shuming recht, im Gegensatz zu den [284] meisten heutigen chinesischen Historikern, die vom abendländischen Denken, besonders von den verein-

---

[210] Dieser Satz wurde für die neue deutsche Ausgabe hinzugefügt [Hrsg.].
[211] Liang Shuming 1922, S. 112. Stelle zitiert bei W.T. De Bary 1960, S. 851. [Zur Philosophie von Liang Shuming siehe Z. Wesołowski 1997.]

fachten und dogmatischen Formen des Marxismus, beeinflusst sind. Diese haben übrigens die größte Mühe, die chinesischen Denker in Idealisten und Materialisten einzuteilen. Die abendländischen Kategorien sind auf die chinesischen Umstände eben nicht anwendbar.[212]

Dem Chinesischen fehlt jegliche Flexion:[213] Der Satz wird verständlich durch eine sehr beschränkte Anzahl von Partikeln, Annäherung von Begriffen, die Ähnliches bedeuten, Gegenüberstellung von Begriffen, die Gegenteiliges bedeuten, durch Rhythmus, Parallelität, die Stellung der „Wörter" oder semantischen Einheiten und die Art, wie sie aufeinander bezogen sind. Auf allen Ebenen entsteht die Bedeutung aus der Kombination. Deshalb spielen im chinesischen Denken komplementäre Gegensatzpaare und Bezüge eine vorrangige Rolle und daher vor allem sein grundlegender Relativismus:[214] Etwas hat erst Sinn, wenn es mit seinem Gegenteil zusammengebracht wird, alles hängt ab von Stellung (*wei*) und Moment (*shi*).[215] Diese Denkweise findet sich auch im *Yijing,* dem alten Klassiker, der in China lange Zeit die philosophische Reflexion genährt hat. Die 64 Hexagramme des *Yijing* sind wie eine höhere und reinere Form der Sprache. Sie haben bei den Chinesen den Sinn für das Relative und Geziemende geschärft.

Unsere philosophische Tradition, die so viel dem „Bann bestimmter grammatikalischer Funktionen"[216] verdankt, beruht auf Kategorien, die als universal gelten, und sie arbeitet mit abstrakten und feststehenden Begriffen. Das chinesische Denken hingegen kennt nur Gegensatzpaare und Einteilungen nach Funktion. Es handelt nicht vom Ja und Nein, vom Sein und Nicht-

---

[212] Die Historiker in der Volksrepublik klassifizieren und deuten das chinesische Denken anhand einer These Marx' und Lenins: Es gibt nur zwei Philosophien, den Idealismus und den Materialismus. Eine steht im Dienst der Reaktion, die andere im Dienst der Revolution. Eine verfällt dem Subjektivismus und Individualismus, die andere ist objektiv und kollektiv.

[213] Wenn man davon absieht, dass es in der gesprochenen Sprache einige verschiedene Töne und gewisse Nominalsuffixe gibt, die seit dem 9. Jahrhundert belegt sind. Hier ist jedoch nur von der geschriebenen Sprache die Rede.

[214] Besonders entwickelt war dieser Relativismus bei den daoistischen Denkern und den Sophisten des 4.–3. Jahrhunderts v.Chr. Zu erwähnen ist auch der Einfluss der buddhistischen Mādhyamika-Schule vom 5. Jahrhundert n.Chr. an. Doch ist die Mādhyamika-Dialektik, in der Reihen von Behauptungen gegen widersprüchliche Negationen gestellt werden, von der chinesischen verschieden, in der sich das Gegensätzliche nicht ausschließt.

[215] Die chinesischen Mathematiker des 13. Jahrhunderts stellten Gleichungen auf, in der einzig die Stellung der Zahlen darüber Auskunft gibt, um welche Unbekannte es sich handelt, ob es mehrere gibt, in welcher Potenz sie stehen und ob ihr Vorzeichen negativ oder positiv ist.

[216] Nietzsche 1886, S. 28.

sein, sondern von Gegensätzlichem, das aufeinanderfolgt, sich zusammenfügt und ergänzt. Auch nicht von ewigen Wirklichkeiten, sondern von Möglichkeiten und Tendenzen, von Phasen des Wachsens und des Verfalls. Statt von unabänderlichen Gesetzmäßigkeiten spricht man in China von Entwicklungsschema oder -modell.

Dass den Chinesen geistige Kategorien fehlen, auf die sich unsere Rationalität stützt, heißt nicht, dass sie uns unterlegen sind, sondern dass es sich um eine Denkweise handelt, die wohl durchdringender und geschmeidiger ist. Das Chinesische löst beim Sprechenden andere geistige Vorgänge aus und fördert andere Fähigkeiten als jene, die man im Abendland für wichtig hielt. [285] Die Annäherung an Begriffe und ihre Kombination überwiegt den morphologischen Ausdruck.

Die Missionare waren geschult, mit den Abstraktionen der Scholastik umzugehen, und sie fanden, die Chinesen könnten schlecht logisch denken. „Da sie ja keine Logik haben", schreibt Ricci, „und das moralisch Gute vom natürlich Guten nicht unterscheiden können, ebenso wenig wie das erworbene Gute von jenem, das die Natur gegeben hat."[217] Und Pater Foucquet findet, sie seien „für die Feinheiten der Dialektik wenig befähigt", obwohl sie „zumeist einen sehr guten Kopf haben".[218]

Die Chinesen ihrerseits werfen den Missionaren vor, sie machten „allerlei Schnitte und Trennungen" und verstrickten sich in „unzählige unverständliche Überlegungen".[219] Und wirklich versucht Ricci in seiner *Wahren Bedeutung des Herrn des Himmels* die Chinesen zu lehren, wie man nach den Regeln der Scholastik folgert. Er stellt Wirklichkeiten und Eigenschaften gegeneinander, die unvereinbar sind und sich ausschließen: das Belebte und Unbelebte, das Fühlbare und das Nicht-Fühlbare, das Körperliche und das Unkörperliche, das Organische und das Anorganische, das Vernunftbegabte und das Vernunftlose, Körper und Seele, Substanz und Akzidens ... . Diese Unterscheidungen werden in einem porphyrischen Baum zusammengefasst, mit dem sich alle Dinge der Welt einteilen lassen.[220] Ricci verwendet den ganzen logischen Ballast der mittelalterlichen Scholastik: die vier Ursachen des Aristoteles,[221] die drei Seelen (die Pflanzen-, Tier- und Denkseele),[222] die drei Arten, wie das Höhere das Niedrigere einschließt (bei den Körpern: der größere schließt den kleineren ein; bei den Wesen: die Denk-

---

[217] *FR*, II, S. 77.
[218] Brief des Paters Foucquet aus Nanchang (1701), *LEC*, V, S. 165.
[219] *ZP*, 9a.
[220] *TZSY*, S. 462.
[221] Ibid., S. 390.
[222] Ibid., S. 430.

seele schließt die Tierseele ein; bei den Fähigkeiten: der Herr des Himmels trägt die Natur eines jeden der Zehntausend Wesen in sich),[223] die sieben Arten von Identität,[224] was Anfang und Ende hat (die vergänglichen Körper), was beginnt, aber nicht endet (die von Gott geschaffene Menschenseele), was weder beginnt noch endet (der Herr des Himmels) ... . In der abendländischen Geistesgeschichte ist der Gegensatz von Substanz und Akzidens so grundlegend, dass man sich nur mit größter Anstrengung davon befreien kann. In den indoeuropäischen Sprachen ist dieser Gegensatz zwischen Substantiv und Adjektiv gegeben. Auch da hat wohl die Sprache mitgeholfen, dass man an eine beständige und ideale Wirklichkeit zu glauben begann, die von [286] der unbeständigen Vielheit der fühlbaren Welt unabhängig ist. Den Chinesen hingegen mit ihrer unflektierten Sprache konnte der abstrakte Substanzbegriff nicht ebenso logisch zwingend erscheinen wie den Missionaren des 17. und 18. Jahrhunderts, die in ihrer Sprache das Adjektiv vom Substantiv systematisch unterschieden und die Erben einer langen scholastischen Tradition waren. Die Begriffe Substanz und Akzidens waren aber wichtig, wenn man die christlichen Wahrheiten darlegen wollte, und – so dachten die Missionare – für jedes richtige Denken unbedingt nötig. Um diese Begriffe auszudrücken, brauchte Ricci Umschreibungen wie „was durch sich selbst gegeben ist" (*zilizhe*) für Substanz und „was sich auf anderes abstützt" (*yilaizhe*) für Akzidens. Diese Unterscheidung konnte aus chinesischer Sicht völlig willkürlich und künstlich erscheinen, da die Sprache so etwas nicht andeutet.

Um seine Kategorien zu belegen, gibt Ricci ein Beispiel, das gut zeigt, wie die Sprache am Ursprung des geistigen Schemas steht:

> Betrachten wir den Ausdruck „weißes Pferd", in dem wir die Wörter „weiß" und „Pferd" haben. Das Pferd ist die Substanz [was durch sich selbst gegeben ist] und Weiß ist das Akzidens [was sich auf anderes abstützt]. Auch wenn das Weiß nicht gegeben wäre, gäbe es doch ein Pferd; wäre aber kein Pferd gegeben, könnte da kein Weiß sein. Also ist Weiß das Akzidens. Vergleicht man diese zwei Kategorien, [so] ist alles Substantielle vorrangig und edel und alles Akzidentelle zweitrangig und niedrig.[225]

Das Beispiel mit dem weißen Pferd hat Ricci – oder wahrscheinlicher einer seiner chinesischen Mitarbeiter – vielleicht gewählt, weil er sich an ein berühmtes Paradox des Sophisten Gongsun Long (um 320–250 v.Chr.) erin-

---

[223] *TZSY*, S. 411f. Vgl. auch S. 481f., wo Ricci vier andere Arten von Einschließung darlegt.

[224] *Ibid.*, S. 483.

[225] *Ibid.*, S. 406.

nerte, das heißt: „weißes Pferd ist nicht Pferd" (*baima fei ma ye*).[226] Doch ist zu beachten, dass Gongsun Long die Wörter „weiß" und „Pferd" *gleichsetzt*, weil sie eben im Chinesischen gleichwertig sind. „Das eine", sagt er, „gehört zur Farbe, das andere zur Form." Form und Farbe stehen sich nicht als Substanz und Akzidens gegenüber. „Das Pferd, das nicht mit dem Weiß verbunden ist", schreibt Gongsun Long, „ist das Pferd. Das Weiß, das nicht mit dem Pferd verbunden ist, ist das Weiß" (*ma wei yu bai wei ma; bai wei yu ma wei bai*). Was bei den chinesischen Sophisten unlogisch, ungeschickt oder stockend erscheint, klärt sich, wenn man nicht mehr an unsere geistigen Kategorien, sondern an die Zeichen der chinesischen Sprache denkt.

[287] Ricci ging es um den Beweis, dass der Geist absolut selbständig ist und dass es eine vernunftbegabte Seele gibt, und dazu musste er zwischen Substanz und Akzidens unterscheiden. Der Beweis lag eben darin, dass der Geist abstrahieren kann: Nur der Geist (*shen*), erklärt Ricci, kann das Geistige (*shen*) fassen.

> Will ich eine Sache verstehen, muss ich ihr alles Körperliche nehmen und sie vergeistigen (*shenzhi*), Dann kann ich sie in meinen Geist aufnehmen. Nehmen wir ein gelbes Rind. Will ich seine Natur und eine Substanz begreifen, schaue ich seine Farbe an und sage: das ist nicht das Rind, sondern die Farbe des Rinds. Ich höre es muhen und sage: das ist nicht das Rind, sondern der Ruf des Rinds. Ich esse sein Fleisch und sage: das ist nicht das Rind, sondern der Geschmack des Rinds. Also weiß ich erst, was das Rind ist, nachdem ich ihm alles Körperliche genommen habe, seine Farbe, sein Muhen, seinen Geschmack usw., und nachdem ich es vergeistigt habe.[227]

Diese Ausführung über den Substanzbegriff und die platonische Idee des Rinds wird wohl nicht wenigen Gelehrten die Sprache verschlagen haben.

Vergleicht man die chinesische und die abendländische Vorstellungswelt, wird Benvenistes Analyse bestätigt: Die Struktur der indoeuropäischen Sprachen hat dem griechischen, dann dem christlichen Denken die Idee vermittelt, dass eine transzendente und unwandelbare Wirklichkeit der fühlbaren, vergänglichen Welt gegenübersteht. Jean-Pierre Vernant schreibt:

> Die Welt des griechischen Philosophen setzt im Gegensatz zu jener des chinesischen oder indischen Denkers[228] eine grundlegende Dichotomie zwischen Sein und Werden, dem nur verstandesmäßig Erfassbaren und dem Sinnenfälligen voraus. Er stellt nicht einfach eine Reihe antithetischer Begriffe gegeneinander. Er fasst sie zu gegensätzlichen Begriffs-

---

[226] *Gongsun Longzi*, Kap. 1, vgl. I. Kou Pao-koh 1953, S. 20-24 und 30-36.
[227] *TZSY*, S. 437.
[228] Die Annäherung von China und Indien ist mit Vorsicht aufzunehmen.

paaren, die sich zu einem vollständigen System von Antinomien fügen und zwei einander ausschließende Ebenen der Realität ausdrücken: einerseits das Sein, das Eine, Unwandelbare, Begrenzte, das rechte und gesicherte Wissen, andererseits das Werden, das Viele, das Unbeständige, Unbegrenzte, die abweichende und unsichere Meinung.[229]

Und Platon schreibt:

> So sieh denn, Kebes, ob nicht aus all dem Gesagten hervorgeht, dass dem Göttlichem, dem Unsterblichen, durch Vernunft Erkennbaren, dem Eingestaltigen, dem Unauflöslichen und dem, was stets unveränderlich sich selber gleichbleibt, die Seele am ähnlichsten ist, dass aber dem Menschlichen und Sterbli-[288]chen und Vielgestaltigen und durch Vernunft nicht Erkennbaren, dem Auflösbaren und dem, was nie sich selber gleichbleibt, wiederum der Leib am ähnlichsten ist.[230]

Die Griechen stellten sich einen Himmel der reinen, ewigen Ideen vor, den die Menschenwelt nur verzerrt und grob spiegelt. Im Lauf der Jahrhunderte hat das christliche Denken diese Gegensätze noch verstärkt: Gottesreich und Diesseits, vernunftbegabte, ewige Seele und Körper, der wieder zu Staub wird, schöpferischer Geist und bloße Materie.

Doch sind die Begriffe Sein und Substanz – als Gegensatz zum Werden und dem Sinnenfälligen – keineswegs universal. Es ist nicht mehr selbstverständlich, wenn man von einem Kulturkreis in den anderen tritt. Die chinesischen Wörter verweisen nicht auf unbewegte Abstraktionen, sondern auf dynamische Begriffe, die durch Gegensätzlichkeit und Wechselwirkung definiert sind. Die chinesischen Denker beschäftigen sich nicht mit ewigen Wahrheiten, die von der Vernunft und dem *logos* beleuchtet werden, sondern mit den Phänomenen des Wachstums und des Verfalls. Der chinesische Begriff der menschlichen Natur (*xing*) meint ein der Natur gemäßes Entwicklungsmuster. Deshalb heißt es im *Mengzi,* man müsse „seine Natur erschöpfen": Der Mensch soll die in ihm angelegte Möglichkeit des Guten verwirklichen. Ebenso bezieht sich der so wesentliche *li*-Begriff – „Ordnungsprinzip" – keineswegs auf ein unwandelbares Gesetz außerhalb der Lebewesen und der Welt. Er meint im Gegenteil ein inneres Ordnungs- und Entwicklungsprinzip. Ricci irrte grundlegend, als er im *li* eine Art göttliche Erscheinungsform oder so etwas wie den platonischen *eidos* sah. „Stellen wir uns einen Fuhrmann vor", spottet er, „der im Geist das *li* eines Fuhrwerks hätte. Warum bringt er dann nicht sogleich ein Fuhrwerk hervor?" Darauf lässt er den „chinesischen Gelehrten" der Tradition gemäß antworten: „Es heißt, das *li* [das der universalen Energie innewohnende Ordnungs-

---

[229] M. Detienne und J.-P. Vernant 1974, S. 11.

[230] *Phaidon* (Zürich 1974).

prinzip] habe *yin* und *yang* und die fünf Phasen[231] hervorgebracht und aus diesen Elementen seien danach Himmel und Erde entstanden. Alles ist also Schritt für Schritt auseinander hervorgegangen."[232]

Ricci findet nichts dabei, die chinesische Argumentation wiederzugeben, denn in seinen Augen ist sie sowieso absurd, und das „natürliche Licht" kann sie mit einer einfachen Überlegung zunichte machen: Die Existenz der Welt muss eine Ursache haben, und diese **[289]** Ursache kann nur ein Schöpfergott sein. Doch gerade diese Idee ist den Chinesen lächerlich vorgekommen.[233] Sie fühlten in den Phänomenen der Natur ein spontanes Wirken und konnten sich nicht vorstellen, dass es einen Beweger von außen brauchte, wo natürliche Vorgänge am Werk waren. Warum das Universum von den Kräften trennen, die es beleben: Die Ordnung wohnt der Natur inne. Auch hier stellt sich die Frage nach der Suggestivkraft der Sprache. Kulturkreise, deren Sprachen Subjekt und Objekt des Verbs mit bestimmten Formen genau festlegen, die ein Aktiv und ein Passiv kennen, haben möglicherweise den Gegensatz vom Handelnden und dem Gegenstand der Handlung stärker entwickelt, eine genauere Idee von göttlicher Person, Macht und Kraft gefasst, den handelnden Geist von der bloßen Materie schärfer unterschieden. Im Chinesischen hingegen ist das Subjekt nur das, worüber etwas ausgesagt wird. Es gibt keine festgelegten Formen, die Subjekt, Verb und Objekt verbinden. Jeder chinesische Text klingt im Gesamten unpersönlich. Und – hier lässt sich ein weiterer Schritt von der Sprache zum Denken vollziehen – auch das Wirken der Natur ist für die Chinesen unpersönlich und unparteiisch. Der Himmel handelt ohne Absicht (*wuxin*).[234]

Das heißt aber nicht, jeder Austausch sei zwischen ihnen unmöglich: Matteo Ricci hat die Scholastik des 16. Jahrhunderts in eine Sprache übersetzt, die von einem ganz anderen Geist durchdrungen ist. Und schon lange vor ihm hatten Übersetzer von buddhistischen Texten die Feinheiten der indischen Psychologie und Metaphysik auf chinesisch auszudrücken vermocht. Aber sie haben damit kaum mehr Erfolg bei den Chinesen gehabt.

---

[231] Die fünf Phasen, *wuxing*, werden durch Holz, Feuer, Metall, Wasser und Erde symbolisiert.

[232] *TZSY*, S. 409. Offenbar zu stark beeinflusst von der abendländischen Philosophie, begeht Feng Youlan (1953, II, S. 547) den gleichen Irrtum, indem er das Paar *li/qi* dem aristotelischen Paar Form/Materie annähert.

[233] Siehe oben, S. 259.

[234] [Gemäß der französischen Ausgabe aus dem Jahre 1991 wurde hier die Hälfte des folgenden Absatzes ersatzlos gestrichen.]

ANSTELLE EINER SCHLUSSFOLGERUNG[235]

Die Missionare verstanden Welt, Moral und Philosophie anhand der Trennung zwischen Gottesreich und Diesseits, zwischen ewiger Seele und vergänglichem Körper, zwischen transzendenten Wahrheiten und dem Sinnenfälligen. So traten sie am anderen Ende des eurasischen Kontinents einer gelehrten und hochentwickelten Kultur **[290]** gegenüber, die nicht nur in bestimmten Punkten, sondern gesamt und grundlegend anders war. Statt in einer aufgeteilten Welt, wie sie das Christentum kennt, fanden sich die Missionare in einem umfassenden Universum wieder, in dem alles – herrschende Vorstellungen, Moral, Religion, Politik – so eng verbunden war, dass man das eine nicht anfassen konnte, ohne das andere zu berühren: Eine andere Welt.

Dagegen wird man einwenden, dass sich der Buddhismus sehr gut in China akklimatisiert hat und dass er dort sogar vom IV. bis zum IX. Jahrhundert eine Periode großer religiöse Blüte erlebt hat. Das hat seinen Grund darin, dass er, im Unterschied zum Christentum, seinerseits sich gegenüber allen Kultformen in den Ländern, in denen er sich ausbreitete, tolerant erweisen konnte, während er Buddha als das erste Menschenwesen darstellte, welches die Unwirklichkeit des Selbst und der Welt durchschaut hatte und so dem leidvollen Zyklus der Wiedergeburten und unweigerlichen Sterbens enthoben hatte. Alle Seienden, denen die Natur des Buddha zuteil geworden war, konnten so dazu befähigt werden, der Wiederkehr allen schmerzlichen Leides zu entrinnen.[236]

Im Ritenstreit um 1700 haben die Europäer leidenschaftlich erörtert, ob die chinesischen Zeremonien abergläubisch und mit dem christlichen Glauben unvereinbar oder ob sie rein profan und politisch und also mit ihm vereinbar waren. Da wurde eine sehr allgemeine Frage auf eine Einzelheit reduziert, die nur in abendländischen Köpfen einen Sinn hatte. Die große Frage wäre gewesen, ob sich das Christentum mit einem geistigen und soziopolitischen System vereinbaren ließ, das so grundlegend anders war als die Welt, in der sich der christliche Glaube entwickelt hat und zu der er – ob man will oder nicht – untrennbar gehört.

Die einzelnen Bekehrungen, auch wenn sie vollständig und echt waren, ändern nichts an dieser Frage. Wenn viele Chinesen finden konnten, die Lehre vom Herrn des Himmels bedrohe die ehrwürdigsten Traditionen des

---

[235] [Die Aufteilung und die Hinzufügungen in diesem Teil wurden von Jacques Gernet für diese Ausgabe vorgenommen.]

[236] [Dieser Abschnitt wurde von Jacques Gernet für diese Ausgabe hinzugefügt. Er befindet sich weder in der ersten noch in der zweiten Auflage der französischen Ausgabe. Die Übersetzung aus dem Französischen stammt von Günther Gessinger SVD.]

Landes, die Gesellschaft, die Moral und den Staat, so war das nicht einfach eine fremdenfeindliche Reaktion – wie man oft behauptet hat. Statt im voraus die Argumente der Chinesen abzulehnen, war es wohl richtiger, ihnen einmal das Wort zu geben.

NACHWORT
ZUR ERSTEN DEUTSCHEN AUSGABE

[291] Die in diesem Buch vorgelegten vielfältigen und aufschlussreichen Dokumente seien am Ende noch einmal in einige wesentliche Punkte zusammengefasst.

Die bei uns häufig formulierte Behauptung, die Patres – vorab Ricci – hätten die chinesische Kultur angenommen, verrät die Wünsche und Vorstellungen des 20. Jahrhunderts: Heute, da viele Bräuche und Kulte am Verschwinden sind, bemühen sich die Kirchen mehr denn je, andere Werte als nur die eigenen zu schützen. Diese Haltung ist ziemlich neu, man kann sie nicht auf die Vergangenheit projizieren.

Die Jesuiten in China haben nicht bloß aus kultureller Neugier Sprache und Schrift erlernt: In einem von Gelehrten regierten Land konnten sie nur mit genauen Sprachkenntnissen auf Erfolg hoffen. Und auch für die chinesischen Klassiker interessierten sie sich aus bestimmten Gründen: Man brauchte Argumente und Zitate für die Diskussion mit gebildeten Leuten. Nachdem sie gemerkt hatten, dass die konfuzianischen Mandarine – nicht die Buddhisten oder Daoisten – die wirkliche Macht innehatten, nahmen sich Ricci und seine Nachfolger nicht einmal die Mühe, die buddhistische oder daoistische Lehre etwas gründlicher zu studieren – Beweis genug für den Mangel an echtem Interesse. Um die Aussagen des Zhang Guangtian und des Xu Dashou zusammenzufassen: Die Missionare wollten nicht die Wahrheit suchen, sondern beweisen, dass sie im Besitz der Wahrheit waren.

Dabei sind die Patres Opfer der eigenen Taktik geworden. Sie hielten es für opportun, den Neokonfuzianismus zum Verbündeten und die Buddhisten und Daoisten zum Gegner zu nehmen. Dadurch aber verpflichteten sie sich einer Lehre, die bald gegen sie verwendet wurde. Und sie verbauten sich den Zugang zu den zwei echten Religionen – zum Buddhismus vor allem –, die ihnen wirkliche Hilfe – Toleranz vorausgesetzt – hätten bringen können. Gernet zeigt [292] eindrücklich, wie viele kultische Gemeinsamkeiten Buddhismus und Christentum hatten. Viele Chinesen haben ja sogar behauptet, die Patres hätten ihre Lehre vom Herrn des Himmels den Buddhisten gestohlen und nur geringfügig verändert.

Alles in allem waren die Jesuiten ganz sicher ihrer Zeit voraus. Keine anderen Missionsorden haben sich damals so intensiv mit China beschäftigt. Aber das nützte nur wenig, weil ihnen das eigene Dogma unverrückbar im

Wege stand. So ist ihre größte Leistung auf dem Gebiet der Linguistik, der Kartographie und vor allem der Vermittlung von Informationen über China zu finden. Es ist übrigens interessant, dass Leibniz und Montesquieu zwischen den Zeilen der Missionarsbriefe verschiedene Eigenarten der chinesischen Denkweise richtig gedeutet haben – Eigenarten, die die Missionare, vom kirchlichen Dogma geblendet, an Ort und Stelle gar nicht verstanden hatten. Weiter ist aufschlussreich, dass zum Beispiel der größte Denker des 17. Jahrhunderts, Wang Fuzhi, das Christentum in seinem Riesenwerk mit ganzen fünf Zeilen beiläufig abgelehnt hat. So sehr die Mission bei uns überschätzt wurde und wird: Sie hat im China jener Zeit keine großen Wellen geworfen.

Es ist heute kaum mehr vorstellbar, wie wörtlich die Jesuiten damals die Bibel nahmen. Das konnte bei der überaus starken Tendenz der Chinesen zum Synkretismus nur zu Widersprüchen führen. Die Idee zum Beispiel, dass die Chinesen ursprünglich aus Judäa stammten – weil doch die *ganze* Menschheitsgeschichte in der Bibel zu stehen hat – und dass die Welt in einer Woche geschaffen worden sei, musste heillose Verwirrung stiften, waren doch die Chinesen damals schon überzeugt, dass die Entstehungsgeschichte der Erde in Jahrmillionen zu zählen ist.

Die von Gernet vorgelegten chinesischen Texte zeichnen von der Situation ein nuancierteres Bild als die traditionelle Analyse, die sich einzig auf die europäische Dokumentation stützt. Es wird deutlich, dass die Missionare keinen dauerhaften Erfolg haben konnten, auch dann nicht, wenn ihnen die chinesische Regierung keinerlei Hindernisse in den Weg gelegt hätte. Gerade von diesen Hindernissen ist oft in den abendländischen Kommentaren die Rede: Man versucht, die „Christenverfolgungen" durch die Nachfolger des Kaisers Kangxi für das Scheitern der katholischen Mission in China verantwortlich zu machen. Doch waren denn diese sogenannten Verfolgungen überhaupt ungerecht? Waren es nicht viel-**[293]**mehr nach chinesischem Standpunkt gerechtfertigte Maßnahmen gegen illegale Aktivitäten?

Dieses Thema erhellt glücklicherweise ein Brief, den Pater Jean-Gaspard Chanseaume 1749 aus Macao an die Ursulinerin Madame de Sauveterre de Saint Hyacinte gerichtet hat (*LEC*, XXIII, S. 33f.) und in dem er die Christenverfolgung von 1746 in der Provinz Fujian beschreibt. Der Pater sucht zu beweisen, dass es sich da um eine ungerechte und unerbittliche Unterdrückung des Christentums handelte; in diesem Brief finden sich im Zusammenhang mit diesem Buch noch andere aufschlussreiche Hinweise: So bestätigt er, dass Kaiser Qianlong die Missionsarbeit in der Provinz verboten hatte, dass also die Missionare dort bewusst eine illegale Tätigkeit ausübten. Der Pater schreibt denn auch, dass die Missionare „dort *im Geheimen* arbeiteten". Er ist entsetzt, dass der Vizekönig „Durchsuchungen" angeordnet hat, um die Priester ausfindig zu machen. Das aber ist durchaus normal und gerechtfertigt, und nur dem Pater in seiner Überzeugung, den „einzigen wahren Glauben" zu besitzen und deshalb alles tun zu dürfen, konnte es unverständlich erscheinen. Dann zeichnet er die Anklageschrift gegen die Missionare und den Ablauf der Verhandlungen nach. Dabei fällt folgendes auf.

1. Die vorgebrachten Anklagen sind völlig logisch, und das nicht nur vom chinesischen Standpunkt aus, sondern auch von einem europäischen, der nicht für das Christentum voreingenommen ist. Nämlich: illegale Wohnsitznahme, geheime Aktivitäten, Bildung von illegalen Vereinigungen, Beichte vor Fremden, Einrichtung von Schlupfwinkeln in den Häusern der Christen.
2. Die Richter verteidigen die Missionare gegen den Übereifer der Polizei und berufen einen Experten der Gerichtsmedizin (!), um die auf Kindermord lautende Anklage des Polizeichefs zu entkräften.
3. Gegen den Druck von Seiten der Polizei und des Vizekönigs setzen die Richter sogar ihre Karriere aufs Spiel.
4. Die Richter sind den Foltermethoden der Polizei abgeneigt. Sie verhängen leichte Strafen – Beweis für ihre Toleranz und Objektivität. Erst auf erheblichen Druck durch den Vizekönig persönlich werden zwei Angeklagte – gegen den Willen der Justiz – hingerichtet.

Dieser Brief, der eigentlich die unerbittliche Unterdrückung der Christen aufzeigen will, indessen durch die ehrliche Beschreibung der *Tatsachen* der damaligen chinesischen Justiz ihre Aufrichtigkeit **[294]** attestiert, beweist, dass das Christentum in China nicht deshalb erfolglos geblieben ist, weil man es unterdrückt hat. Schuld daran sind vielmehr die von Gernet so sorgfältig herausgehobenen Unterschiede: in der Weltanschauung, in der Philosophie, in der Lebensauffassung, im Empfinden, in den gesellschaftlichen und religiösen Traditionen usw.

Obwohl im 19. Jahrhundert die Missionsbemühungen – nun auch schon von protestantischer Seite – verstärkt wurden, mussten zwei so verschiedene Männer wie der Lazarist Régis-Evariste Huc (1813–1860)[1] und der Protestant Richard Wilhelm (1873–1930)[2] um die Wende zum 20. Jahrhundert ehrlich zugeben, dass die Chancen, einen Chinesen zum Christen zu machen, äußerst gering sind: Alles spricht dagegen.

---

[1] [Literatur zu und das Verzeichnis der Werke von Régis-Evariste Huc siehe http://kvk.uni-karlsruhe.de]

[2] [Siehe hierzu *Richard Wilhelm (1873–1930). Missionar in China und Vermittler chinesischen Geistesguts. Schriftenverzeichnis – Katalog seiner chinesischen Bibliothek – Briefe von Heinrich Hackmann – Briefe von Ku Hung-ming.* Zusammengestellt von HARTMUT WALRAVENS. Mit einem Beitrag von THOMAS ZIMMER. Collectanea Serica (Sankt Augustin – Nettetal 2008).]

Warum sich einige wenige Chinesen doch bekehrt haben – eine Untersuchung darüber ist noch nicht geschrieben ... Es wäre ein höchst interessanter Forschungsgegenstand für die Psychologie oder Soziologie.[3]

Die Hauptgründe, weshalb es so ist, hatte übrigens schon 1626 der Jesuit Adriano de las Cortes in seinem Bericht über China genannt: Das chinesische Volk besitzt eine uralte Kultur, in welcher es sehr stark verwurzelt ist; es besitzt sehr starke, ebenfalls sehr alte und sehr tief verankerte Werte und es ist – selbst in den niedrigsten Volksschichten – von der Überlegenheit dieser Kultur und dieser Werte zutiefst überzeugt.[4] Wahrlich kein günstiger Boden, um eine neue Religion und neue Werte zu „säen".

JEAN-PIERRE VOIRET

---

[3] [Diesen Satz und den folgenden Abschnitt hat J.-P. Voiret für diese Ausgabe erweitert und ergänzt. Brief an den Hrsg. vom 29. September 2003.]

[4] Siehe P. Girard 2002.

NACHTRÄGE

DIE ERSTEN CHINESISCHEN REAKTIONEN AUF DIE EUROPÄISCHE KULTUR*

JACQUES GERNET

Die ersten wirklichen Kontakte Chinas mit Europa entstanden Ende des 16. Jahrhunderts dank der beginnenden Mission der Jesuiten (1583–1774). Zum ersten Mal setzte ein Austausch zwischen diesen beiden äußersten Punkten des eurasischen Kontinents ein, der für die Geschichte der Religionen, der Wissenschaften, der Technik und der Kunst von gewisser Bedeutung sein sollte. Bis zu dieser Zeit hatten sich China und Europa praktisch ignoriert. Zwar wurden schon vorher auf dem Landweg und über das Meer Waren und Technik ausgetauscht, doch blieb dies ein nur indirekter Kontakt, der sich, hauptsächlich von China ausgehend, über den Nahen Osten nach Europa erstreckte. Das Christentum und andere, aus dem Iran kommende Religionen waren über die Reichsgrenzen bis in die Hauptstadt Chinas vorgedrungen: zunächst, im 7. Jahrhundert, der Nestorianismus (eine im Jahr 431 vom Konzil von Ephesus verurteilte Häresie) und später die katholische Lehre, die gegen 1300 bis in die erste Hauptstadt der Mongolen südlich des Baikal-Sees und nach Peking gelangte. Doch scheinen diese beiden christlichen Lehren hauptsächlich von der nichtchinesischen Bevölkerung angenommen worden zu sein: von Iranern, von Handelsleuten syrischer Sprache, von sesshaft gewordenen Türken und von Mongolen.

Als die ersten Missionare der Gegenreformation Jahrhunderte später im Gefolge der spanischen und portugiesischen Seefahrer in China eintrafen, war jegliche Erinnerung an diese Religionen bereits wieder in Vergessenheit geraten. Erste portugiesische Abenteurer aus Goa wurden bereits 1514 an der chinesischen Küste der Provinz Kanton gemeldet, weitere um 1543 auf einer Insel im Süden Japans. Einige von ihnen ließen sich 1557 auf Macao nieder. Kurze Zeit später ergriffen Spanier von Acapulco aus Besitz von Manila. Doch erst mit der Niederlassung der ersten Jesuiten lernten sich Europa und die Länder des Fernen Ostens etwas besser kennen. Ausschlaggebend hierfür war die besondere jesuitische Strategie der Missionierung: Anders als in Japan, wo sich diese Strategie nur 32 Jahre nach Missionsbeginn

---

* Mit freundlicher Erlaubnis der Redaktion nachgedruckt aus *Oriens Extremus* 40 (1997) 1, S. 1-15. Der Übersetzer und die Quelle werden dort nicht genannt.

(ab 1581) durchsetzte, konzentrierten sich die Jesuiten in China von Anfang (1583) an auf die Bekehrung der Elite. Dazu mussten sie sich den Gepflogenheiten der chinesischen Elite anpassen und sich mit deren klassischen Traditionen vertraut machen. Natürlich hatte man in Spanien und Portugal auch mit dem Gedanken gespielt, die Länder des Fernen Ostens zu erobern und – wie anderswo geschehen – gewaltsam zum Christentum zu bekehren. Doch stand die große geographische Entfernung solchen Plänen entgegen.

Ich werde im folgenden hauptsächlich die Zeitspanne zwischen 1583 und 1644 betrachten, die Zeit zwischen der Niederlassung der beiden ersten Jesuiten Michele Ruggieri und Matteo Ricci in der Provinz Kanton und dem Ende der Ming-Herrschaft, als, verstreut über die verschiedenen Provinzen des Landes, ungefähr 40 Jesuiten in China lebten. Für meine Betrachtungen habe ich einen ungewöhnlichen Blickwinkel gewählt, denn meine Aufmerksamkeit gilt nicht in erster Linie der Missionsgeschichte, sondern China und den Chinesen. In diesem Zusammenhang verkörpert das Christentum einen wichtigen und besonderen Aspekt der europäischen Kultur des 16. und 17. Jahrhunderts. Europa war sozial, politisch, moralisch, religiös wie auch philosophisch deutlich christlich geprägt, und das Christentum vermittelte eine ihm eigene Vorstellung von der Welt, vom Menschen sowie von Zeit und Raum. Dies ist jedoch nicht der einzige zu betrachtende Aspekt, denn die Jesuiten lehrten die Chinesen – wenn auch manchmal nur in rudimentärer Form – auch andere typische Wissensgebiete der europäischen Kultur: Mathematik, Astronomie, Technik, Geographie und einige Grundkenntnisse über Europa. Die Jesuiten waren der einzige geistliche Orden, der sich seinerseits um Kenntnisse über China, seine Geschichte und Traditionen bemühte. Augustiner, Franziskaner und Dominikaner, die weniger zahlreich von den Missionsstationen in Manila nach China kamen, zeigten hierfür keinerlei Interesse, vielleicht weil sie ihren missionarischen Eifer hauptsächlich auf die Bekehrung des einfachen Volkes richteten.

Es gibt zum Thema der Mission in China viele portugiesische, italienische und französische, auch chinesische Quellen. Mit Hilfe chinesischer Gelehrter verfassten die Jesuiten in chinesischer Sprache zahlreiche Werke über Religion, Moral, Wissenschaft, Kosmographie u.a. Die Chinesen selbst schrieben Biographien der Missionare, Einleitungen zu ihren Werken, Lobreden und Verteidigungsschriften, ebenso wie heftige Widerlegungen der christlichen Religion. Die reichhaltige Literatur über die frühe Mission der Jesuiten in China umfasst also nicht nur die Geschichte der Missionare, ihre missionsinternen Auseinandersetzungen und Ordensstreitigkeiten, sondern auch Niederschriften der chinesischen Reaktion auf die Missionare und deren christliche Lehrmeinungen. Auf letzterem Gebiet ist noch viel Forschungsarbeit zu leisten.

Betrachten wir nun zunächst, wie sich die Dinge für die Missionare entwickelten und wie Ricci, der Gründer der Jesuitenmission in China, seine „Bekehrungspolitik" verstand. Als er und Ruggieri sich 1583 in der Nähe von Kanton niederließen, waren sie, wie ihre geistlichen Ordensbrüder in Europa, kahl geschoren. Da sie zudem zölibatär lebten, wurden sie in China als eine neue Art buddhistischer Mönche betrachtet und auch als solche bezeichnet. Dies führte um einen zu seltsamen und ungewollten Missverständnissen in bezug auf die christliche Religion, zum anderen wurde Ricci sehr bald klar, dass die niedere buddhistische Geistlichkeit von der chinesischen Elite verachtet wurde. Die Jesuiten hatten sich jedoch zum Ziel gesetzt, den Kaiser zu bekehren, der, weit entfernt von Kanton, in Peking residierte. Deshalb mussten sie zuerst mit der Elite in Kontakt treten, was sich als Unmöglichkeit erwies, solange sie von dieser als buddhistische Mönche wahrgenommen wurden. Zwölf Jahre nach seiner Ankunft bat Ricci daher seine Vorgesetzten um Erlaubnis, sich einen Bart wachsen lassen und sich wie ein chinesischer Gelehrter kleiden zu dürfen. So erst wurde es ihm möglich, mit den gebildeten und führenden Schichten des Landes in Verbindung zu treten und sich 1601 endgültig in Peking niederzulassen, wo er bis zu seinem Tod im Jahre 1610 blieb. Um in den gebildeten Kreisen anerkannt zu werden, eignete er sich allgemeine Kenntnisse über China und seine Kultur an. Auch übernahm er die komplizierten Höflichkeitsformen der Elite und ließ sich von chinesischen Lehrern in die Klassiker einführen, denen das Studium der Klassiker, wenngleich manchmal zu jener Zeit schlecht gepflegt, bildete die Grundlage aller Gelehrsamkeit. Um den Wissensdrang der Elite zu befriedigen, legte Ricci gleichzeitig Wert darauf, ihren Repräsentanten zu zeigen, dass er in der Literatur und den Wissenschaften auch eine klassische europäische Bildung besaß, die er im Collegio Romano, der großen Lehrstätte der Jesuiten, erworben hatte. Ricci steht so am Anfang eines Vermittlungsprozesses von Grundkenntnissen der europäischen Tradition in chinesischer Sprache. Wegen ihrer Zugehörigkeit zu beiden Kulturen nannte man Ricci und seine Ordensbrüder in China die „Gelehrten des Okzidents".

Ich möchte hier einige Bemerkungen über ein Phänomen machen, das bei Kontakten zwischen verschiedenen Kulturen entsteht und sich bei der Analyse als äußerst vielschichtig und umfangreich erweist. Zwei wichtige Punkte müssen in diesem Zusammenhang hervorgehoben werden, um die chinesische Reaktion besser verstehen zu können. Der erste Punkt bezieht sich auf die Lage, in der sich China zur Zeit der ersten Kontaktaufnahme befand. Der zweite betrifft die chinesischen Traditionen, die sich grundlegend von den europäischen Traditionen des 16. und 17. Jahrhunderts unterschieden.

Ende des 16. Jahrhunderts erlebte China eine politische, soziale, moralische und intellektuelle Krise, die sich bis zur Eroberung Pekings durch die

Mandschu im Jahre 1644 immer mehr zuspitzte. Zunächst einmal gab es die alte, damals aber besonders tiefe Spaltung zwischen Palast und öffentlicher Verwaltung, was die ohnehin schädliche Machtstellung der Eunuchen verstärkte. Ab 1583 verweigerte der Wanli-Kaiser regelmäßige Beziehungen zu den Großen Sekretären und schloss sich immer mehr in seinem Palast ein. Schon bald kam der Kaiser seinen Pflichten dann überhaupt nicht mehr nach. Ein Krieg zwischen Japan und China, der Ende des 16. Jahrhunderts in Korea wütete, leerte die Staatskasse. Hinzu kam der gesteigerte Aufwand des Hofes und der immer kostspieligere Unterhalt der fürstlichen Familien. Zur Behebung dieser finanziellen Krise schickte der Kaiser seit 1596 Eunuchen in die Provinzen, um bei reichen Untertanen Lösegelder zu erzwingen. Jede Ernennung oder Beförderung war nur durch Intrigen möglich. Die Fraktionskämpfe machten jede kontinuierliche Politik unmöglich. Überall herrschte Korruption. Außerdem rückten die Mandschu im Nordosten des Landes vor und bedrohten das Gebiet um Peking. Ab 1627 kam es zu großen Aufständen, die schließlich zum Untergang der Dynastie im Jahre 1644 führten. Man kann daher ohne Übertreibung sagen, dass die ersten Jesuiten zu einem Zeitpunkt nach China kamen, da sich das Land in größter Unordnung befand, und Staat und Gesellschaft im Zerfall begriffen waren.

Als Reaktion auf den Sittenverfall und die Auflösung des Staates entwickelte sich bereits um 1600 eine Reformbewegung unter bestimmten Gelehrten und Staatsbeamten. Diese waren der Überzeugung, dass Staat und Gesellschaft krankten, weil die alten Traditionen nicht mehr respektiert wurden. Seit Mitte des 16. Jahrhunderts war nämlich eine synkretistische Strömung in Mode gekommen, die sich im Laufe des 11. und 12. Jahrhunderts entwickelt hatte und die sogenannten drei Lehren – Konfuzianismus, Buddhismus und Daoismus – vereinigte. Der Einfluss des Buddhismus auf den Neokonfuzianismus hatte sich ab 1500 noch verstärkt. Im 16. Jahrhundert legten die bekanntesten Meister des Neokonfuzianismus die Klassiker nach buddhistischen Vorstellungen aus. Auch die radikalsten Denker unter ihnen waren der Auffassung, dass nur die Befreiung von den Fesseln, welche die Gesellschaft uns auferlegt, zur Erlösung führt – da nach der Lehre des Buddhismus jedes Lebewesen eine Buddha-Natur in sich trägt. Gegen diese synkretistische Strömung erfolgte nun, zur Zeit Riccis, die Reaktion seitens jener reformfreudigen Gelehrten und Staatsbeamten, die den Weg zurück zur Orthodoxie suchten und jede Vermischung mit den Anschauungen des Buddhismus vermieden.

Es muss hinzugefügt werden, dass diese patriotischen Beamten und Gelehrten sich nicht nur um moralische Strenge und Rechtgläubigkeit bemühten, sondern auch danach strebten, Nützliches für Staat und Volk zu leisten. Dieses Streben entsprach einem der Hauptziele der konfuzianischen Tradition. Schon vor der Ankunft der Jesuiten war daher bei einigen dieser Gelehrten und Beamten ein lebhaftes Interesse für Fragen der Verwaltung, der militärischen Strategie und Bewaffnung, für Fragen des Wasserbaus sowie für landwirtschaftliche und handwerkliche Geräte vorhanden.

Wie durch ein Wunder ergaben sich zu Anfang der Missionierung unerwartete Parallelen zwischen den Bestrebungen eines Teils der Elite und den Lehren der Missionare: die gleiche strenge moralische Haltung, das gleiche Interesse für Wissenschaft und Technik, der gleiche Wunsch nach einer Rückkehr zur Rechtgläubigkeit. Die Missionare zitierten ständig in ihren Reden und Schriften die Klassiker und widerlegten den Buddhismus. Ihre Kenntnisse im Bereich der Mathematik, der Astronomie, der Bewaffnung und der Technik vermittelten sie gerade in einer für den chinesischen Staat bedrohlichen Zeit. Mit ihren Lehren entsprachen die Jesuiten im großen und ganzen dem Programm jener patriotischen Reformer, die sich deshalb für die moralischen, praktischen, sozialen und politischen Aspekte der Lehren der Jesuiten interessierten. Die meisten Reformer wussten allerdings nur sehr wenig über das Christentum. Ricci und seinem Ordensbruder Ruggieri wurde gleich zu Beginn klar, dass sie, um das Vertrauen der Elite zu gewinnen, mit Vorsicht vorgehen mussten und sie nicht sofort in die Geheimnisse des Christentums einweihen konnten. Jede Anspielung auf einen höchsten Gott, der zu entehrender Folter verurteilt worden war, musste den Chinesen anstößig erscheinen, und so vermieden es die Jesuiten, den nicht näher Eingeweihten Christus am Kreuz zu zeigen.

Festgehalten werden sollen an dieser Stelle jedoch zunächst das Zusammentreffen der Lehren Riccis mit den Bedürfnissen der damaligen Epoche sowie die Unterstützung, die die reformistische Strömung zu diesem Zeitpunkt der Geschichte in unerwarteter Weise durch die Jesuiten erhielt.

Ich werde hier nicht auf Einzelheiten der schweren Kämpfe eingehen, welche die mit den Eunuchen des Hofes verbündeten korrupten Beamten einerseits, die patriotischen Beamten und Gelehrten andererseits einander lieferten. Die Eunuchen, die eine Art Geheimdienst mit einer eigenen Polizei und eigenen Gefängnissen eingesetzt hatten, waren die schlimmsten Gegner der Reformer. Da die Missionare ihre Hauptstütze gerade unter letzteren, sich für eine Rückkehr zu moralischer Strenge, Orthodoxie und für die Stärkung des Staates einsetzenden Gelehrten und Beamten fanden, war das Schicksal der Jesuitenmission untrennbar mit dem der Reformpartei verbunden. Die erfolgreiche Zeit der Jesuiten begann daher im Jahre 1602, nur ein Jahr nach der Niederlassung Riccis in Peking, mit einem wichtigen Umschwung im politischen und geistigen Leben: Li Zhi (Li Zhuowu), ein als Anarchist geltender Gelehrter und Verteidiger eines konfuzianisch-buddhistischen Synkretismus, wurde festgenommen und brachte sich im Gefängnis um. Seine von den Reformern mit heftiger Empörung abgelehnten Bücher wurden verboten und verbrannt. Bei den öffentlichen Ausschreibungen zur Rekrutierung von Staatsbeamten wurden Aufsätze, in denen sich die Kandidaten auf buddhistische Anschauungen stützten, scharf verurteilt. Die beiden maßgeblichen Magistraten in diesem Zusammenhang waren Freunde Riccis und seiner Ordensbrüder. Ein Jahr später wurden die buddhistischen Mönche, die bis dahin am Hofe Pekings verkehrten, in der Folge eines großen Skandals vertrieben. Den Tod Li Zhis und die Vertreibung der Mönche vom Hof interpretierte Ricci als göttliche Strafe (*castigo divino*). Von diesem Zeitpunkt bis zum Gegenschlag der Eunuchen und ihrer Verbündeten ab 1621, der in der Ermordung der bedeutendsten Reformisten in den Jahren 1624 bis 1625 gipfelte, behielt die Reformpartei einen bedeutenden Einfluss.

Da also die Lehren der Jesuiten den Bedürfnissen und Erwartungen eines Teils der chinesischen Elite entsprachen, fanden Ricci und seine Ordensbrüder von Anfang an große Anerkennung. Zahlreiche Gelehrte und hohe Beamte beurteilten das Leben dieser „Gelehrten des Okzidents" als vorbildlich, ihre Schriften über die Moral als bewundernswert und nützlich für Staat und Gesellschaft – zumal sie auch neue Kenntnisse aus Wissenschaft und Technik vermittelten. Riccis Weltkarte, sein erstaunliches Gedächtnis, seine kleinen Moralschriften sowie seine Widerlegungen des Buddhismus zeitigten weit über den engen Kreis der Bekehrten hinaus ungeheure Erfolge. Hinzu kam, dass Ricci sich öffentlich zum Feind des Buddhismus erklärte und für Konfuzius Partei ergriff. Damit traf er genau den Nerv der Zeit.

Trotz aller Sympathien stießen die Jesuiten genau in dem Moment auf Schwierigkeiten, als sie versuchten, ihre Bekehrungstätigkeit zu erweitern. Zwar wurden ihre Lehren positiv beim einfachen Volk aufgenommen, das sich stark vom äußeren Glanz des katholischen Kultes und von allem, was in seinen Augen Wunderwirkung haben konnte, angezogen fühlte; doch nur sehr wenige Mitglieder der chinesischen Elite ließen sich bekehren. Die Missionshistoriker vertreten im allgemeinen die Ansicht, dass der geringe Erfolg der Jesuiten in China zu jener Zeit auf die feindliche Haltung der buddhistischen Mönche (die selbst von Anfang an Zielscheibe jesuitischer Attacken waren) und ab 1616 auf von der kaiserlichen Verwaltung ausgehende Erschwernisse der Missionstätigkeit zurückzuführen ist. Der Hof sah mit Beunruhigung, wie sich unter der Autorität dieser Fremden im Volk christliche Gemeinschaften bildeten, die sehr bald mit potentiell aufrührerischen Geheimsekten verglichen wurden.

Montesquieu war einer der wenigen, die erkannten, dass – weit mehr noch als der Neid der buddhistischen Mönche oder Schwierigkeiten seitens der Verwaltung – die chinesischen Sitten den Bekehrungsbemühungen entgegenstanden. Hier möchte ich eine Hypothese aufstellen, die ermöglichen soll, tiefer in der Analyse vorzudringen: Gibt es nicht eine allgemeine Ursache, welche die Hindernisse, denen die Missionare begegneten, erklärt? Durch alle ihre Schwierigkeiten zieht sich ja die Unvereinbarkeit der verschiedenen sozialen und geistigen Strukturen Chinas mit Europa jener Zeit wie ein roter Faden. Tatsächlich lassen sich diese Differenzen sowohl in den chinesischen und europäischen Vorstellungen von Religion als auch in den jeweiligen Beziehungen zwischen Politik, Gesellschaft und Religion und nicht zuletzt in den Welt- und Menschenbildern wiederfinden. Betrachten wir nun konkret diese Punkte.

Die ersten Missionare waren sehr überrascht über die Aufgeschlossenheit, mit der die Chinesen ihnen entgegenkommen waren und glaubten daher, es würde ein Leichtes sein, sie zu bekehren. Gelehrte, Mönche und auch das einfache Volk bejahten ohne Rückhalt die Lehren der Missionare und knieten in Ehrfurcht vor den religiösen Bildern der Europäer nieder. Ganz natürlich nahmen sie vor diesen Bildern eine fromme Haltung an, wie bei der Ausübung ihrer eigenen Riten. Ihre Haltung ging jedoch nicht aus der Überzeugung hervor, dass die christliche Religion die einzig wahre sei, sondern in ihren Augen verdiente jeder Kult Anerkennung. Jede Religion konnte dienlich sein, Dogmatismus war ihnen fremd; dafür gibt es zahlreiche Beweise, wie z.B. den schon erwähnten Synkretismus zwischen Konfuzianismus, Buddhismus und Daoismus. Einer der berühmtesten Konvertiten, Yang Tingyun (gest. 1627), soll Bruder Longobardo gegenüber geäußert haben, dass die drei Lehren und das Christentum sehr gut nebeneinander auskommen könnten. Longobardo war empört und schrieb daraufhin über die Chinesen: „Sie verstehen nicht, wie wichtig es ist, dass es bei den Themen, die wir behandeln, nicht den geringsten Irrtum gibt."[1] Viele Chinesen, die die Predigten der Missionare gehört hatten, wollten den christlichen Kult mit ihren eigenen Kulten verbinden und bedauerten, dass die Missionare solches verboten. Ein reicher Abenteurer und chinesischer Pirat, der in seiner Jugend in Macao getauft worden war, hatte z.B. in seiner Festung am Meer eine Kapelle einrichten lassen, in der nebeneinander buddhistische und christliche Statuen standen. Einige Chinesen meinten auch, es sei möglich, die Lehren der Missionare ein wenig abzuändern. Der Shunzhi-Kaiser (1644–1661) sagte zu einem Missionar:

> Sie haben recht, aber wie sollen wir nur all diese Gebote in die Praxis umsetzen? Nehmen Sie ein oder zwei der schwierigsten zurück, mit dem Rest kommen wir dann schon zurecht.[2]

Wir stehen hier vor zwei antithetischen Haltungen: Die Chinesen waren bereit, im Bereich der Religion alles zu akzeptieren und miteinander in Ein-

---

[1] N. Longobardo 1701, S. 21.
[2] Le Comte, „Lettre au Cardinal d'Estrées", II, S. 228.

klang zu bringen. Die Jesuiten hingegen waren entschlossen, alles auszugrenzen, was nicht zu ihrem Glauben gehörte. Den Chinesen war der Gedanke fremd, dass es nur eine einzige wahre Religion geben und alle übrigen falsch sein sollten. Sie stellten sich nicht die Frage, ob eine Religion eine Wahrheit verkündete, sondern nur, ob sie wirksam war und einen guten Einfluss auf die Sitten, die Gesellschaft und die gesamte Natur hatte.

Als Ricci ab 1593 mit chinesischen Gelehrten deren Klassiker las, fiel ihm auf, dass dort von einem „Herrscher in der Höhe" die Rede war und häufig der Bezug zum Himmel hergestellt wurde. Hier sah er bald die Möglichkeit, die chinesischen Klassiker nach christlicher Auffassung auszulegen. Dieser Ansatz war denn auch grundlegend für seine Bekehrungspolitik: Ricci wollte sich direkt auf die klassischen Texte beziehen, ohne die neokonfuzianischen Kommentatoren des 11. und 12. Jahrhunderts zu berücksichtigen, welche von den Jesuiten sehr bald als atheistisch und materialistisch verurteilt worden waren. Auch die zeitgenössischen chinesischen Gelehrten begannen – wenn auch aus ganz anderen Gründen – den Wert der nachklassischen Kommentare in Frage zu stellen und, wie Ricci, die Klassiker selbst zu lesen. In dieser Hinsicht gab es also eine Analogie in der Vorgehensweise: Die Reformgelehrten sowie die Missionare glaubten an die Reinheit eines Urkonfuzianismus. Ricci schien die Chinesen aufzufordern, zum Urkonfuzianismus zurückzukehren; in diesem grundlegenden Missverständnis lag einer der Hauptgründe für Riccis Erfolg. Die Angleichung, die Ricci zwischen dem Christentum, das in China „Lehre des Herrschers des Himmels" genannt wurde, und dem ursprünglichen Konfuzianismus vornahm, schien umso glaubwürdiger, als die Jesuiten die europäischen Länder in einem wunderbaren Licht darstellten: Länder frei von Kriegen, ohne Streitigkeiten, ohne Mord und Diebstahl. Die Chinesen sahen darin den Beweis dafür, dass die christliche Doktrin wirkungsvoll und heilbringend war und somit dem Konfuzianismus sehr nahestand.

Doch die tiefer gründenden Ansichten über die Klassiker und die neokonfuzianischen Kommentare waren unterschiedlich: Die Gelehrten waren auf der Suche nach dem verlorenen Wissen, das die Alten von der harmonischen Ordnung in der Gesellschaft, von Politik und Religion gehabt hatten. Die Missionare hingegen glaubten, in den ältesten Texten die Spuren einer Ur-Offenbarung wiederzufinden, auf die sie sich stützen wollten, um die chinesische Elite zum wahren Glauben zu führen. Deshalb wiesen sie auch auf das hohe Alter und den universalen Charakter der eigenen Religion hin. Obwohl sie innerhalb der Mission wie auch in Europa heftige Kritik erregte, übernahm übrigens die ganze China-Mission – von einigen Einschränkungen abgesehen – diese von Ricci eingeführte Vorgehensweise. Viele Kritiker lehnten zu Recht irgendeine Beziehung zwischen dem chinesischen „Herrscher in der Höhe" und dem christlichen Gott ab.

In der Tat ließ sich die polytheistische Vorstellung der Chinesen vom Himmel oder vom „Herrscher in der Höhe" zu keinem Zeitpunkt mit der eines persönlichen, einzigen Gottes vergleichen, eines Schöpfers des Himmels und der Erde, dessen Gnade und Barmherzigkeit erhofft und dessen Zorn gefürchtet wird. Noch weniger Ähnlichkeiten gab es zwischen der persönlichen Beziehung eines Christen zu Gott und der respektvollen Haltung und vollkommenen Integrität, die die Ausübung der Riten erforderte. Für die Chinesen war der Himmel eine anonyme Macht, gleichermaßen verantwortlich für die allgemeine Weltordnung wie für das individuelle und kollektive Schicksal. „Den Himmel fürchten und achten", wie es die Klassiker forderten, bedeutete, nichts Böses zu tun und sein Schicksal gelassen anzunehmen. Die Chinesen glaubten, dass alle schlechten Taten zwangsläufig bestraft und die guten belohnt würden. Und wenn die Folgen nicht die Handelnden selbst erreichten, so doch – aufgrund der religiösen Kontinuität zwischen den Generationen – deren Nachfahren.

Einer der größten Denker dieser Zeit, Wang Fuzhi (1619–1692), sagte etwas, was uns zwar nicht logisch erscheinen mag, doch aufschlussreich das chinesische Verhalten gegenüber der unsichtbaren Welt charakterisiert:

> Man soll weder behaupten, dass es Geister gibt, noch dass es keine gibt. Besteht man darauf, dass sie existieren, öffnet man jedem Aberglauben und seiner Ausbreitung die Tore. Doch ein kategorisches Ablehnen ihrer Existenz würde den Kulten und Opfern der Tradition die Grundlage entziehen.[3]

Weder sollte man also jeglichen Glauben ablehnen, noch in das gegenteilige Extrem verfallen. Den Missionaren schien solchen Äußerungen Maß und Weisheit zu fehlen, doch im Gegenzug fragte sie der zweite Mandschu-Kaiser, Kangxi: „Warum sorgt Ihr Euch stets um eine Welt, in der Ihr noch gar nicht seid und verachtet die, in der Ihr lebt?"[4]

Die Missionare verkündeten, ihre Religion sei die einzig wahre; und sie verurteilten radikal die religiösen Traditionen der Chinesen, zerstörten die Statuen ihrer Kulte und griffen Buddhismus und Daoismus heftig an. Ohne die buddhistischen Thesen von der Irrealität der Welt und des Ich und von der Buddha-Natur in jedem Lebewesen zu verstehen, attackierten sie die Vorstellung der Transmigration, die ihnen absurd und von Pythagoras übernommen schien. Sie erlaubten den Bekehrten lediglich, ihre Ahnenverehrung fortzuführen, und auch das nur mit gewissen Einschränkungen. Bei einem ausschließlichen Verbot wäre es den Chinesen allerdings unmöglich

---

[3] Wang Fuzhi, *Du Tongjian lun*, Kap. 3, S. 77.
[4] Le Comte, „Lettre au Cardinal de Janson", II, S. 398.

gewesen, das Christentum anzunehmen, da der Ahnenkult aufs Engste mit dem sozialen und religiösen System Chinas verbunden war.

Das Hauptbestreben der Jesuiten lag, wie gesagt, darin, den Kaiser zu bekehren. Die Missionare waren der festen Überzeugung, dass seine Bekehrung die seiner Untertanen nach sich ziehen würde. Doch war die kaiserliche Macht in China ganz anderer Natur als die der ihnen bekannten europäischen Herrscher. Sie verkörperte keine Befehlsgewalt, sondern eine allgemeine Ordnungsmacht hinsichtlich Gesellschaft und Welt, Raum und Zeit und repräsentierte den ganzen religiösen Bereich. Nicht umsonst wurde der Kaiser „Sohn des Himmels" genannt. Er brachte dem Himmel als der höchsten kosmischen und ordnenden Macht, die der Dynastie Legitimität verlieh, regelmäßig Opfer dar, und er selbst verlieh den Göttern – entsprechend den Berichten, die ihm das Ritenministerium vorlegte – Ränge, Titel oder Diplome und entzog sie ihnen gegebenenfalls. Die alte Vorstellung einer Hierarchie der Kulte – kaiserliche, örtliche, private – war zu jener Zeit noch sehr lebendig. Privatpersonen durften dem Himmel keine Opfer bringen, dies war ein kaiserliches Privileg. Daher kam es zu Klagen gegen die Christen, die sich dieses Privileg anmaßten. Doch zugleich konnte alles, was eine religiöse Wirksamkeit zu haben schien, unter Umständen in den offiziellen Kultus integriert werden. Auch gab es eine kaiserliche Schutzherrschaft für fremde Religionen, die mit der diplomatischen Anerkennung der in China niedergelassenen ausländischen Gemeinden verbunden war. Als der Kangxi-Kaiser den Jesuiten, die ihn Mathematik lehrten und ihm als Dolmetscher bei Verhandlungen mit den Russen dienten, seinen Schutz versprach, folgte er einer alten Tradition. Die Jesuiten erlangten seinen Schutz wie vorher, unter anderen Dynastien, das Judentum im 11. Jahrhundert und die aus dem Iran kommenden Kulte im 8. Jahrhundert (Manichäismus, Mazdäismus und Nestorianismus). Kangxi hatte den Jesuiten ein Bild über dem Portal ihrer Kirche in Peking geschenkt, auf das er mit eigener Hand die Worte „Achtet den Himmel" geschrieben hatte. Dies entsprach einer offiziellen Anerkennung der Jesuiten in China, war jedoch kein Vorzeichen künftiger Bekehrung, wie einige Missionare gehofft hatten. Lässt sich aus all dem ein anderer Schluss ziehen als der, dass die kaiserliche Macht zugleich weltlich und religiös war und dass sie für eine höhere Ordnung verantwortlich war, die sich ebenfalls im Weltlichen und Religiösen manifestierte? Die Trennung zwischen der geistlichen Macht des Papstes und der weltlichen Macht der Könige, wie sie in Europa existierte, war den Chinesen völlig unverständlich.

Als einige Beamten die Missionare anklagten, den Staat umstürzen zu wollen, indem sie Geheimsekten gründeten, sahen die Missionare darin bloße Verleumdung. Lehrte das Christentum nicht gerade Unterwerfung und Loyalität gegenüber dem Herrscher sowie Liebe zu den Eltern? Die Jesuiten betonten die in Europa gepflegte fundamentale Unterscheidung zwischen weltlichem Handeln und religiöser Überzeugung. Staatsangelegenheiten zählten nicht zu ihren Aufgaben, sie seien nur gekommen, um China dem wahren Glauben zuzuführen. Ein guter Christ könne zugleich ein guter Untertan sein, das eine widerspräche dem anderen nicht. Einer der Missionare schrieb: „Die heilige Religion Gottes ist das allgemeingültige Gesetz des ganzen Universums. Sie hat die Herzen der Völker berührt, doch die Gesetze der Reiche nicht geändert."[5] Auf diese Weise trennten die Missionare deutlich zwischen dem, was in ihren Augen die unsterbliche Seele und dem, was den vergänglichen Körper betraf, was also Gott und was dem Kaiser gehörte. Diese Trennung war den Chinesen nicht nur unbekannt, sondern sie stand im Widerspruch zu ihrer Vorstellung von einer allgemeingültigen Ordnung, in der sich der Himmel ebenso wie die kaiserliche Macht wiederfanden.

Es gab, wie bereits Ricci bemerkt hatte, überraschende Analogien zwischen China und Europa auf dem Gebiet der Moral, was den großen Erfolg vieler Werke der Jesuiten zu einer Zeit erklärt, als das Bedürfnis nach mehr Ordnung und Strenge groß war. Wie die christliche, hatte auch die chinesische Moral ein stoisches Element: Sie lehrt zu unterscheiden zwischen dem, was in unserer Macht steht und dem, was nicht in unserer Macht steht und verpflichtet den Menschen, sein Schicksal anzunehmen, so hart es auch sein mag. Für Ricci war Konfuzius ein zweiter Seneca. Die chinesische und die christliche Moral fordern den Menschen auf, seine schlechten Eigenschaften zu überwinden. Auch wies Ricci darauf hin, dass es den Chinesen nicht an Frömmigkeit fehle. Auf den Akademien, wo der Kult des Schöpfers gepflegt wurde, herrschte eine religiöse Atmosphäre und strenge Disziplin. Zu jener Zeit war es in China üblich, täglich sein Gewissen zu erforschen. Einige Chinesen schlossen sich zusammen, um sich gegenseitig zum Guten anzuhalten.

Und doch verbargen sich hinter diesen scheinbaren Analogien große Unterschiede. Die chinesischen Gelehrten betrachteten bereits alle Bemühungen um moralische Besserung als frommes Werk. Wenn sie ihr Gewissen erforschten, versuchten sie auf diese Weise, ihre Fehler zu korrigieren und sich besser in die kosmisch-religiöse Ordnung einzufügen. Diese Ordnung äußerte sich in den hierarchischen, aber zugleich auch komplementären Beziehungen zwischen Himmel und Erde, zwischen Herrscher und Untertan, zwischen Vertretern des Kaisers in den Provinzen und der lokalen Bevölkerung, zwischen Vater und Sohn, Mann und Frau und zwischen älterem und jüngerem Bruder. Indem der Mensch in seinem täglichen Leben die Hierar-

---

[5] *LEC* 14, S. 160.

chie dieser Beziehungen respektierte, entwickelte er seine natürlichen Anlagen zum Guten.

Selbst unscheinbare Taten konnten eine religiöse Bedeutung haben. „Ich versuche, Weisheit zu erlangen", sagte Konfuzius, „indem ich mit den einfachsten Dingen der Wirklichkeit anfange. Wer kennt mich, wenn nicht der Himmel?"[6] H.G. Creel schließt zu Recht in seiner Analyse der Gespräche des Konfuzius – und diese Bemerkung gilt für alle Zweige der chinesischen Tradition:

> Tatsächlich ist es unmöglich, Konfuzius zu verstehen, wenn wir nicht erkennen, dass für ihn Ethik, Politik und das ganze Leben untrennbar mit ihrem kosmischen und religiösen Hintergrund verbunden waren.[7]

Im offenen Widerspruch hierzu lehrte das Christentum, dass alle Menschen, Herrscher wie Untertanen, Väter wie Söhne, vor Gott gleich seien. Die chinesische Moral, die vom Naheliegenden ausging, bestand im Respekt vor den als universal angesehenen Normen, die man im Kosmos und in der Gesellschaft wiederfand. Das Christentum hingegen, das seinen Ursprung in einem transzendenten Gott hat, ging vom Höchststehenden aus. Es galt, die eigene Natur zu überwinden, nicht, sich ihr anzupassen, wie es die Chinesen lehrten. Die Christen übten Gewissenserforschung, um Gott um Verzeihung für ihre Sünden zu bitten, und sie nahmen ihre Leiden zur Rettung der Seele auf sich. Da die Chinesen an eine quasi zwangsläufige Verteilung von Gut und Böse glaubten, waren sie entsetzt, als sie von den Missionaren hörten, dass eine Beziehung zwischen dem Glauben an Gott und der Vergebung der Sünden bestand.

Ricci und seine Ordensbrüder lehrten darüber hinaus, dass allein der Mensch eine unsterbliche Seele habe und sich so vom Rest der Schöpfung unterschied. Ganz im Gegensatz dazu hieß es in einem oft zitierten chinesischen Lehrsatz aus dem 11. Jahrhundert: „Der Himmel, die Erde und die unzähligen Lebewesen sind aus ein und demselben Stoff." Der Mensch und das Weltall waren also eins. Daraus ergab sich die Pflicht des Mitleidens mit anderen Lebewesen. Wie im Buddhismus die Buddha-Natur in jedem Menschen und die durch Unwissenheit und Leidenschaft verursachten Verunreinigungen einander gegenüberstanden, so stellte der Neokonfuzianismus den Leidenschaften ein himmlisches Ordnungsprinzip entgegen, eine Art angeborenes Bewusstsein des Guten kosmischen Ursprungs. Wenn die menschliche Natur einmal von allen schlechten Gewohnheiten, die im Laufe des Lebens an ihr haften geblieben waren, befreit war und wenn sie das gestörte Gleichgewicht der „Energie"-Kombinationen, die jedes Individuum bei sei-

---

[6] *Lunyu*, XIV, 37.

[7] H.G. Creel 1935, S. 99.

ner Geburt erhielt, wieder hergestellt hatte, so war diese menschliche Natur gut. Es genügte also, seine Anlagen zum Guten zu pflegen. Wenn ein Absolutes existierte, so lag es im Menschen und nicht außerhalb von ihm.

Zugleich mit der christlichen Auffassung, dass der Mensch eine unsterbliche Seele und einen vergänglichen Körper besitzt, lehrten die Jesuiten die Erschaffung einer in Raum und Zeit begrenzten Welt vor ungefähr 5.500 Jahren. Als Werk Gottes sei sie vollkommen und unwandelbaren Gesetzen unterworfen. Der Himmel, eine rohe Materie, verdanke seine Bewegung allein Gott. Diese Lehre widersprach allen chinesischen Auffassungen von der eigengesetzlichen Dynamik des Kosmos sowie von der kaum spürbaren und doch unabwendbaren Veränderung des Universums im Laufe der Jahrhunderte. Für die Chinesen existierte nichts ewig Währendes, kein Wirken außerhalb der Welt, denn die Welt galt ihnen als das Ergebnis gegensätzlicher und sich ergänzender „Energie"-Kombinationen. Himmel und Erde unterlagen dem Wandel. Im Laufe der Zeiten herausgebildet, würden sie eines Tages wieder untergehen. Darüber hinaus hatten die Chinesen die indische Vorstellung der Unermesslichkeit von Raum und Zeit übernommen. Der chinesische Mathematiker und Astronom Wang Xishan befasste sich im 17. Jahrhundert mit Zeiteinheiten in einer Größenordnung von bis zu Tausenden von Milliarden Jahren. Der Himmel, ausgestattet mit einer regulierenden, unpersönlichen und unparteiischen, zugleich göttlichen und sichtbaren Macht, gab keine Befehle, sein Handeln war lautlos, unmerklich und von Dauer. „Ich möchte nicht reden", sagte Konfuzius, „Spricht etwa der Himmel? Nein, und doch nehmen die vier Jahreszeiten ihren Lauf und pflanzen sich alle Lebewesen fort."[8]

Gewohnt an die Methoden der Scholastik, deren Erneuerung notwendig erschien, um die christlichen Wahrheiten zu beweisen, beklagte sich Ricci darüber, dass die Chinesen nicht zwischen dem Wesentlichen und seinen Akzidenzien zu unterscheiden wüssten. Den Chinesen wiederum schienen die Überlegungen, welche die Jesuiten in ihren religiösen genauso wie in ihren mathematischen Werken anführten, unnützes Geschwätz. Sie zeigten nicht das geringste Interesse an den Beweisführungen, wie sie sich etwa in den von Clavius (1538–1612) neu edierten *Elementen* Euklids finden. Die mathematischen Verfahrensweisen und Generalisierungen konnten für sie nicht aus der Theorie, sondern nur aus der Praxis abgeleitet werden.

Ich habe von einem roten Faden gesprochen, der es möglich machen soll, zwei unterschiedliche Vorstellungskomplexe bezüglich der politischen Macht, dem Verhältnis zwischen Gesellschaft und Religion, der Moral und der Welt, einander gegenüberzustellen. Da ist auf der europäischen Seite

---

[8] *Lunyu*, XVII, 18.

der klare Unterschied zwischen dem Reich Gottes und der irdischen Welt, der Glaube an einen Schöpfergott und Lenker des Universums, der scharfe Gegensatz zwischen der unsterblichen Seele und dem vergänglichen Körper sowie die Vorstellung einer vollkommenen, von Gott geschaffenen Welt. Bestimmte Aspekte des griechischen Gedankenguts klingen hier an: der Glaube an jenseits der Welt der Erscheinungen liegende feste und ewig währende Realitäten, an einen prinzipiellen Gegensatz zwischen dem Wahrnehmbaren und dem Erkennbaren und der absolute Glaube an den Wert der Deduktionen von Logik und Geometrie. Auf chinesischer Seite hingegen steht die Veränderung aller Dinge, das Fehlen einer absoluten und unwandelbaren Wahrheit, die Überzeugung, dass der Mensch integrierter Bestandteil des Kosmos ist und deshalb der Ordnung der Natur entsprechen muss und dass es keinen deutlichen Unterschied zwischen profanen und religiösen Realitäten gibt. Auf beiden Seiten hatten sich Begriffskomplexe und Denkstrukturen zu geschlossenen Systemen herausgebildet.

Ein konsequentes Bestehen auf dem christlichen Gegensatz zwischen ewiger Seele und vergänglichem Körper, zwischen diesseitiger und jenseitiger Welt, hätte in China zu einer wahren Revolutionierung von Staat und Gesellschaft geführt, denn diese Gegensätze implizierten den radikalen Bruch mit einer Vorstellungswelt, die in sich ebenso homogen wie die christliche war. Gott hätte über Herrscher und Eltern gestellt und deren Befehle hätten im Falle eines Konflikts mit dem Willen Gottes verweigert werden müssen. Da die Chinesen eine scharfe Trennung zwischen dem Jenseits und dem Diesseits nicht kannten, konnten sie nicht akzeptieren, dass eine Religion sich aus dem allgemeinen Ordnungssystem löste, um es zu beherrschen, statt sich ihm einzugliedern.

Es bleibt die Frage der Bekehrungen. Man kann nicht anfechten, dass einige chinesische Gelehrte von der christlichen Lehre der Jesuiten tief beeindruckt waren. Alles scheint jedoch darauf hinzuweisen, dass die Bekehrten eine Synthese zwischen der christlichen und der chinesischen Tradition vollzogen. Wie diese Synthese aussah, kann hier nicht diskutiert werden, da in diesem Artikel vor allem die prinzipiellen Schwierigkeiten des Dialogs dargestellt werden sollten.

Chinesen und Missionare gehörten zwei verschiedenen Welten an, die einander fremd waren, und so interpretierte jeder das ihm Unbekannte anhand dessen, was ihm vertraut war. In Anbetracht der unterschiedlichen sozialen, politischen, moralischen, religiösen und intellektuellen Traditionen waren Missverständnisse unvermeidlich. Übersetzungen in beide Richtungen orientierten sich an vertrauten Begriffen. Zu diesem Punkt möchte ich das Zitat eines evangelischen Pastors aus dem Jahre 1908 anführen:

Gibt es eine angemessene Methode, um das Dogma der Dreieinigkeit verständlich zu machen, ohne in groben Materialismus zu verfallen? Wer könnte einen Namen für das Wort Sünde finden, den wir nicht mit dem Gedanken eines Zivilverbrechens oder der Wiedergutmachung von Fehlern aus einem früheren Leben verbinden würden? Wie auch immer man versucht, die Auferstehung zu erklären, Nicht-Eingeweihte werden sie immer als Transmigration verstehen.[9]

Missionare wie auch Chinesen standen in ihren jeweils langen und unterschiedlichen Traditionen. Die Geschichte des Christentums wurde im Laufe der Jahrhunderte durch eine zunehmende Vertiefung bzw. Abstraktion des Gedankenguts geprägt, durch den Beitrag des Stoizismus und des Neo-Platonismus, durch die Trinitätsstreitigkeiten über die Gleichwesenheit von Gott, dem Vater und dem Sohn und über die menschliche und göttliche Natur Christi, durch den Aristotelismus und die mittelalterliche Scholastik und durch die Reaktion der Katholiken auf Renaissance und Reformation. Diese Vielzahl von Traditionen war den Chinesen allesamt gänzlich fremd. Die Geschichte der chinesischen Zivilisation auf dem Gebiet der Geistesgeschichte, der Gesellschaft, der Politik und der Religion erscheint jedoch nicht weniger reich und komplex.

Seit Beginn unseres Zeitalters und besonders seit den fünfziger Jahren, in der Folge der durch die Großmächte erlittenen Demütigungen, sind die Chinesen allerdings damit befasst, ihre eigene Vergangenheit zu zerstören und zu vergessen, um sich ganz in die westliche Tradition einzureihen. Im übrigen hat sich die Welt seit dem 17. Jahrhundert sehr verändert, sowohl in Europa wie auch in China. Und dennoch – wer möchte behaupten, dass die Unterschiede, die sich im Vergleich dieser beiden Welten herauskristallisieren, an Aktualität verloren hätten?

---

[9] „In What Form Shall We Give the Bible?", in: *Chinese Recorder*, 1890, S. 454, zit. nach A.F. Wright 1953, S. 291.

STIMMEN ZUM WERK VON JACQUES GERNET

DIE ANTWORT DER CHINESEN
DIE FRÜHE JESUITENMISSION:
EIN VERSUCH DER INKULTURATION[1]

HEINRICH DUMOULIN SJ (1905–1995)

Der französische Universitätsprofessor Jacques Gernet hat in seinem Buch *Chine et christianisme, action et réaction* (Paris 1982) nicht nur seine reiche sinologische Kenntnis und sein genaues Quellenstudium eingebracht, er schreibt auch als engagierter Schriftsteller, der leidenschaftlich in eine Problematik hineinstößt, die Christen und Nichtchristen, Chinesen und Europäer angeht. Die gut lesbare, jedoch nicht immer wort- und sinngetreue deutsche Übersetzung erschien unter dem Titel *Christus kam bis nach China. Eine erste Begegnung und ihr Scheitern* (Zürich – München: Artemis Verlag 1984). Das Buch handelt von dem wagemutigen Missionsunternehmen des italienischen Jesuiten Matteo Ricci (1552–1610) und seiner Mitbrüder, das gegen Ende des 16. Jahrhunderts (1583) begann und bis in die zweite Hälfte des 17. Jahrhunderts dauerte.

Die frühe Chinamission, insbesondere ihr genialer Gründer Matteo Ricci, wurde in Europa durch zahlreiche Veröffentlichungen bekannt. Die geistesgeschichtliche Bedeutung des Unternehmens würdigte der große Philosoph und Ökumeniker G.W. Leibniz (1644–1716), dessen Essay über die natürliche Theologie der Chinesen auf den Berichten und Briefen der Jesuitenmissionare beruht.[2] Während die westliche Literatur sich bislang ausschließlich auf die Nachrichten der *europäischen* Missionare stützte, bringt Gernet aufgrund seiner Quellenstudien nun die *chinesische* Reaktion auf die Mission zur Sprache. Allerdings gibt es, wie die chinesische Gelehrte Julia Ching [1934–2001], Professor für chinesische Philosophie an der Universität von Toronto (Kanada), schreibt, möglicherweise „mehr als eine chinesische Seite

---

[1] [Diese Besprechung aus der Feder des bekannten Buddhismusexperten erschien ursprünglich in *Christ in der Gegenwart* 39 (1987) 4, S. 29-30 und wird hier mit freundlicher Genehmigung der Redaktion abgedruckt. Sie wurde nur geringfügig angepasst.]

[2] [Siehe hierzu die Arbeit von J. Ching – W.G. Oxtoby 1992.]

des Bildes". Bei Gernet kommen vorwiegend die chinesischen Feinde des Christentums zu Wort, die bestimmt gehört werden müssen. Doch ist das so erarbeitete Bild einseitig. Dem ausgezeichneten Sinologen kann, wie ein Rezensent des Buches schreibt, „volle Qualifikation" für die Darstellung seiner Quellen, jedoch nicht, wie der gleiche Rezensent meint, „Objektivität" bescheinigt werden. Die frühe Chinamission bietet einen Modellfall für die Problematik der Inkulturation, die uns heute so beschäftigt, das heißt also: für die Versuche, den christlichen Glauben in andere Kulturen als die abendländische „einzupflanzen", zu „inkulturieren". Nur mit dieser Frage befassen sich die folgenden Bemerkungen und Erwägungen.

ANPASSUNG

Dieses heute abgegriffene, etwas blasse Wort und die damit bezeichnete Sache stehen am Anfang der Entwicklung, die in unseren Tagen als Inkulturation diskutiert wird. Wenn christliche Mission Sendung zu fremden und schließlich zu allen Völkern besagt, weil die Botschaft universal ist, so muss der Überbringer diese Botschaft in einer für den Adressaten verständlichen, ihm „angepassten" Form vermitteln. Beispielhaft dafür steht am Anfang der Geschichte des Christentums die Rede des Apostels Paulus auf dem Areopag in Athen. Nachdem im 16. Jahrhundert die Europäer auch das fernere Asien entdeckt hatten, sollten im Zuge eines von dem weitschauenden Visitator der Jesuitenmissionen, Alessandro Valignano (1539–1606), ausgearbeiteten Planes die ausgesandten Patres sich um größtmögliche Anpassung an Kultur und Denkweise der asiatischen Völker, besonders der Chinesen bemühen.

Heraus ragt unter den Jesuitenmissionaren, denen der Eintritt ins Reich der Mitte gelang, Matteo Ricci, hoch begabt und geistig wendig, mutig und voller Tatkraft, in den Wissenschaften, zumal in Mathematik und Astronomie beschlagen, ein Mann, der durch sein weites Wissen und sein geradezu phänomenales Gedächtnis, seine Beherrschung der schwierigen chinesischen Sprache Bewunderung erregte und durch seine angenehmen Umgangsformen die Herzen gewann. Leicht erlangte er Zutritt zur Oberschicht, zum Kaiserhof und den Kreisen der hohen Beamten und Gelehrten. War sein Unternehmen ein legitimer Versuch der Anpassung oder „ein Unternehmen der Verführung" („une entreprise de séduction" [S. 25], die deutsche Übersetzung schreibt „Annäherungsversuche" [S. 21], lässt aber keinen Zweifel darüber, dass die Missionare „absichtlich" [S. 62] „verfälschten" [S. 68])?[3]

Gernet gibt „eines der ersten Zeugnisse über Ricci wieder, das vom Philosophen Li Zhi (1527–1602), der für sein unabhängiges Denken ... be-

---

[3] [Die Seitenangaben in diesem Beitrag beziehen sich auf die erste deutsche Ausgabe von Gernets Werk (in der vorliegenden Neuausgabe in eckigen Klammern und fett).]

rühmt war" (S. 241), stammt. Dieser schreibt: „... Ricci kommt aus dem großen Abendland ... Erst als er im Südmeer, in Canton, angekommen war, erfuhr er, dass es in unserem Reich der großen Ming (chinesische Dynastie) zuerst Yao und Shun (Herrscher der Frühzeit), dann den Herzog von Zhou und Konfuzius gegeben hat ... Es gibt kein einziges unter unseren Büchern, das er nicht gelesen hat... Nun ist er vollkommen fähig, unsere Sprache zu sprechen, unsere Schriftzeichen zu schreiben und sich an unsere Anstandsregeln zu halten. Er ist ein höchst beachtenswerter Mensch. ... Von allen, die ich gesehen habe, gleicht ihm keiner. Aber", fährt der Briefschreiber fort, „ich sehe nicht genau, wozu er gekommen ist" (S. 25). Ist die offensichtliche Zurückhaltung Riccis unaufrichtige Taktik?

Ricci selbst hat sein vorsichtiges Vorgehen öfter beschrieben. Wenn er den persönlichen Kontakt mit seinem Partner gefunden hatte, fiel er nicht mit der Tür ins Haus. Er suchte im religiösen Gespräch zuerst die „Fundamente des Glaubens" festzulegen, nämlich „Gott, Schöpfer des Himmels und der Erde, Unsterblichkeit der Seele, Belohnung der Guten und Bestrafung der Schlechten – alles Dinge, die sie bis jetzt weder gekannt noch geglaubt haben" (S. 29). In seinem Hauptwerk *Wahre Bedeutung (der Lehre) des Herrn des Himmels* handelt er vornehmlich von den dem „Licht der Vernunft" zugänglichen Grundwahrheiten, weist aber auf das Offenbarungsgeschehen hin, wenn er schreibt: „Der Herr des Himmels zeigte großes Erbarmen und kam in seiner Person, die Welt zu retten und überall die Wesen zu erwecken" (S. 58). Schrittweise führte er zur christlichen Heilslehre hin. Die „natürliche Religion" nimmt in seinen Schriften den größeren Raum ein, sie ist jedoch zur Frohbotschaft des Evangeliums hin offen.

HEFTIGER GEGENWIND

Riccis behutsames, zielklares Vorgehen brachte reichen Erfolg. „Die Missionare hatten zu Beginn des 17. Jahrhunderts die Sympathie der höheren Klassen im wesentlichen gewonnen" (S. 134). Gernet nennt „die berühmtesten konvertierten Gelehrten, die auch wichtige Posten in der Verwaltung innehatten" (S. 52). Sympathisanten leisteten „wertvolle Unterstützung". „Das war vor allem Riccis Werk, aber auch seine Gefährten und unmittelbaren Nachfolger hatten Anteil daran." Doch – die Frage muss gestellt werden: waren die Bekehrungen echt, erfassten die Neuchristen das Wesen des christlichen Glaubens? Oder ließen sich die wissensdurstigen Chinesen, vorab die Gelehrten, durch die Kenntnisse der Missionare, deren aus Europa überbrachte Instrumente, Uhren, Gemälde, ganz besonders durch Riccis Weltkarte anziehen? Benutzten die Missionare diese „Lockmittel" (S. 70) mit unlauterer Absicht, trifft sie der Vorwurf der Unaufrichtigkeit?

In der Tat erhob sich, nicht schon zu Lebzeiten Riccis, aber bald nach seinem Tod ein heftiger Gegenwind. Der Widerstand verfestigte sich. Gernet häuft die Zeugnisse der Gegner. Es bleibt die Frage, inwieweit die Namen, von denen einige oft wiederkehren, die chinesische Gesellschaft jener Tage repräsentieren. Die Christenfeinde gewinnen in der Darstellung keine deutlichen Konturen. Immer wieder findet sich in den Angriffen der Vorwurf der Unaufrichtigkeit der Missionare. Dies erklärt sich vielleicht teilweise aus der Neuartigkeit des Phänomens, das die Chinesen verwirrte. Wichtiger ist die besondere Beziehung zum alten Konfuzianismus, dem kostbaren Eigengut der chinesischen Tradition, den Ricci und seine Gefährten für sich in Anspruch nahmen.

DIE LEHRE DES HERRN DES HIMMELS

Die geistige Begegnung mit dem Konfuzianismus hat entscheidenden Einfluss auf Riccis missionarisches Wirken ausgeübt. Er schreibt in seinen Erinnerungen: „In keinem der Heidenvölker, um die wir in Europa wissen, hat es weniger der wahren Religion zuwiderlaufende Irrtümer gegeben als im alten China. In der Tat finde ich in ihren Büchern, dass sie stets eine oberste Gottheit verehren, die sie König des Himmels oder Himmel und Erde nennen ..." (S. 32). Ricci spricht hier von den berühmten „Vier Büchern" des Konfuzianismus und den „Fünf Klassikern".

Der Konfuzianismus versetzte, seitdem er im Abendland bekannt wurde, viele Christen in freudiges Erstaunen. Leibniz und seine Zeitgenossen erfuhren mit Entzücken von der hochstehenden natürlichen Religion im alten China. Und christliche Missionare, evangelische und katholische, wie James Legge (1815–1897, englisch), Séraphin Couvreur (1835–1919, französisch) und Richard Wilhelm (1873–1930, deutsch) bereicherten Europa durch tüchtige Übersetzungen der von ihnen hoch geschätzten chinesischen Klassiker.

Was Wunder, dass Ricci zum Konfuzianismus hinfand und dem alten Konfuzius zeit seines Lebens die Treue hielt! Meinte Konfuzius nicht, wenn er vom „Himmel" sprach, den „Herrn des Himmels", wünschte er nicht, wenn er den „Himmel achtete", „dem Himmel diente", des „Himmels Befehl befolgte", seine Schüler möchten wie er den Himmelsherrn ehren? Ricci vollzog die Personifikation spontan, sie erschloss ihm die „wahre Bedeutung des Herrn des Himmels". Und er führte seine gelehrten Schüler zu der gleichen Interpretation. Beim Lesen der Weisheitsbücher der Menschheit sind wir allemal auf Interpretation angewiesen. Es gibt keine allein richtige Auslegung. Hat nicht Konfuzius gesagt: „Warum sollte der Himmel sprechen?" Und Menzius: „Der Himmel spricht nicht ..." Dem religiösen Menschen kündet er vom „unsagbaren Geheimnis" (Karl Rahner). Ob nicht manchen oder gar vielen der „in ihrer Art frommen" gelehrten chinesischen Freunde Riccis das Herz aufging, wenn der verehrungswürdige Abendländer ehrfürchtig vom Herrn des Himmels sprach? Gehört doch die Neigung zum Personalen zum Wesen des Menschen! Yang Tingyun, einer der berühmtesten Konvertiten Riccis, beschließt eine Verteidigung der Missionare mit dem Satz: „Nun führt uns die Lehre vom Herrn des Himmels zum alten Konfuzianismus zurück" (S. 134).

Das zuletzt zitierte Wort bedarf einer Erklärung im Licht der religiösphilosophischen Situation Chinas zur Zeit Riccis. Im Laufe der Jahrhunderte hatte der alte Konfuzianismus zahllose Kommentare gefunden. Heraus ragt das komplexe, philosophisch hochwertige, aber mit der christlichen Weltanschauung unvereinbare System des Neo-Konfuzianismus (11. und 12. Jh.), das sich auf Konfuzius beruft, aber von der schlichten, leicht verständlichen Lehre des Weisen ebenso weit, ja noch weiter entfernt ist als der Form nach zum Beispiel die scholastische Summe des Thomas von den Worten Jesu im Neuen Testament.

Ricci bekämpfte den vom Buddhismus beeinflussten Neo-Konfuzianismus. Er verstand im Grunde beide nicht und betrachtete sie als Verfälschungen der Lehre des alten Konfuzius. Die Missionare taten sich schwer mit den Begriffen und Thesen des Neo-Konfuzianismus. Wie Gernet bemerkt und ausgiebig belegt, entstanden Missverständnisse, Verwirrungen und Gegensätzlichkeiten, ja bittere Polemiken, die den Erfolg der auf Inkulturation abzielenden Initiative Riccis nicht wenig beeinträchtigten. Der Widerstand gegen die „Lehre vom Herrn des Himmels" kreiste nach der intellektuellen Seite um die philosophische Sicht des Neo-Konfuzianismus und um die buddhistische Metaphysik. Die chinesischen Missionare verstanden die Bedeutung der Ausdrücke „Leere" und „Nichts" im Buddhismus ebenso wenig wie ihre Mitbrüder in Japan, die darüber um die Mitte des 16. Jahrhunderts mit Zen-Mönchen diskutierten.

DAS GESAMT DES CHINESISCHEN SYSTEMS

Das chinesische Reich blieb viele Jahrhunderte lang ein geordnetes Ganzes, in dem Politik, Gesellschaft, Wirtschaft, Wissenschaft, Religion und Kultur je ihren Platz hatten und jeder Staatsangehörige gemäß seinem Rang eingestuft war. Dieses Ordnungsgefüge blieb trotz der Dynastiewechsel, äußeren Kriege und nicht selten heftigen inneren Wirren im ganzen intakt, hatte seinen Höhepunkt an Macht während der Tang-Zeit (618–907), bewahrte sein Ansehen unter der Ming-Dynastie (1368–1644), aber ging zur Zeit der Mandschu-Herrscher unaufhaltsam seinem Ende (1912) entgegen. Die Kenntnis dieses geschichtlichen Hintergrundes kann das Verständnis des Missionsunternehmens der Jesuiten in China erleichtern. Nach Riccis Plan sollte das hierarchisch gegliederte China von oben nach unten missioniert werden. Er selbst konzentrierte sein Bemühen auf die Bekehrung der Oberschicht. Doch schon während seiner letzten Lebensjahre und zunehmend während der folgenden Jahrzehnte begannen seine Mitbrüder, nach 1630 auch Missionare aus anderen Orden, in breiten Volksschichten missionarisch zu wirken. Dabei ließ sich das Bestreben nach Anpassung nur schwer durchhalten, zumal die Missionare in wichtigen Fragen verschiedener Meinung waren.

Im Gesamt der chinesischen Zivilisation widerstanden viele Einrichtungen der Christianisierung. Im religiösen Bereich gab es bis ins einzelne gehende Regelungen. Die Opfer, Riten und Bräuche, aber auch die Lebensweise innerhalb der Religionsgemeinschaften war genau festgelegt. Den ersten Zusammenstoß mit den Behörden verursachten von den Missionaren ins Leben gerufene, staatlich nicht kontrollierte Vereinigungen der Neuchristen. Der Prozess, in Nanjing ausgetragen (1616/1617), zeitigte trotz eines günstigen Urteils unerfreuliche Folgen. Die Harmonie war gestört, das zwischenmenschliche Klima verschlechterte sich von nun an unaufhaltsam.

Jene Missionare, die Anpassung grundsätzlich ablehnten, sahen in den religiösen Praktiken des Volkes lauter Götzendienst und Aberglauben. Das war übertrieben, und es konnte die Lage nur verschlimmern, wenn diese Missionare, Kinder des wundergläubigen Barockzeitalters, religiöse Sensationen, üppige Prozessionen, wunderbare Heilungen und ähnliches dem staunenden Volk darboten. Zwar übten weder Buddhisten noch Christen, wenigstens solange sie im Rahmen ihrer Religionen blieben, „Fetischismus" (S. 251), aber allenthalben gab es magische oder an Magie grenzende Praktiken. Die Mission bewegte sich auf dem Niveau des Volkes, das die chinesischen Gelehrten tief verachteten, weshalb Ricci Mission „von unten nach oben" um jeden Preis zu vermeiden wünschte.

DER RITENSTREIT WAR NICHT ENTSCHEIDEND

Der Abstand zwischen den gelehrten Priestern in der Hauptstadt Peking von den Missionaren im Lande wirkte sich im Laufe des 17. Jahrhunderts verhängnisvoll aus. Die kleine Gruppe in der Hauptstadt erfreute sich hohen Ansehens, während die Ausländer in der Provinz auf unüberwindliche Widerstände stießen. Das mäßige Anwachsen der Christenzahl konnte über die Feindseligkeit weiter Kreise der Gesellschaft nicht hinwegtäuschen. Zu den Gegensätzlichkeiten in grundlegenden Fragen kamen Missstände, die den Missionaren täglich in die Augen stachen. Sie reagierten heftig, manchmal zu heftig, und ließen es an der gebotenen Rücksicht und Toleranz fehlen. Zu manchen Übeln konnten sie nicht schweigen. Julia Ching wehrt sich in ihrer eingangs erwähnten Kritik dagegen, dass die Missionare wegen ihrer Ablehnung von Polygamie und Konkubinat getadelt werden. Gehören solche Gewohnheiten etwa zum Wesen der chinesischen Kultur? Sie plädiert für die

Freiheit ihrer Landsleute, Monogamie und sogar Zölibat zu leben (vgl. dazu S. 207, 222ff.).

Das Hauptverdienst des Sinologen Gernet liegt darin, unbekannte Quellen erschlossen zu haben, die schwerwiegende Irrtümer zu korrigieren erlauben. Seine Forschung räumt radikal mit der Legende auf, die erstaunlichen Erfolge der Chinamission im 17. Jahrhundert hätten zur Christianisierung des Riesenreiches geführt, wenn nicht Ritenstreit und römische Entscheidungen die Mission gestoppt und zum Scheitern gebracht hätten. Der Ritenstreit war bestimmt eine unselige Sache. Die Meinungsverschiedenheiten unter den Missionaren wurden in recht unbrüderlicher Weise ausgetragen. Und der Verlauf der Verhandlungen in Rom entsprach keineswegs der Wichtigkeit der Angelegenheit. Viel Schaden wurde angerichtet.

Trotzdem sind Ritenstreit und römische Maßregeln nicht der eigentliche Grund des Misserfolges der frühen Chinamission. Gernets Forschungen reduzieren den Ritenstreit zu einer im Grunde zweitlinigen Episode. Die frühe Chinamission scheiterte – die vorgelegte Dokumentation beweist dies überzeugend – am überwältigenden Widerstand der chinesischen Gesellschaft. Gernet geht einen Schritt weiter und macht den unvereinbaren Gegensatz zwischen dem nach seiner Ansicht wesentlich europäischen Christentum und der ganz anderen chinesischen Denkart verantwortlich. Bevor wir uns diesem Kernpunkt seiner These zuwenden, werfen wir noch einen Blick auf die chinesische Religionsgeschichte.

BEGEGNUNG IM MENSCHLICHEN

Gernet befasst sich im letzten, überaus anregenden Kapitel seines Buches mit dem Problem der Sprache: Das Denken ist von der Sprache geprägt. Die linguistischen Eigenheiten, so führt er aus, machen es schwierig, „die christlichen Thesen auf chinesisch darzulegen" (S. 281). In diesem Umstand sieht er den entscheidenden Grund für das Scheitern der Assimilierungsversuche der Jesuiten. Die europäischen und chinesischen Gesprächspartner vermochten einander nicht richtig zu verstehen.

Das Chinesische ist seiner Struktur nach unbestreitbar von den europäischen Sprachen grundverschieden. Die zum indo-arischen Sprachstamm gehörigen Sprachen Europas besitzen eine ausgeformte Grammatik und Syntax mit reichen Flexionen aller Art. Dagegen stehen im chinesischen Schriftbild die Symbole unvermittelt nebeneinander und fügen sich dem Leser im Kontext zum sinnvollen Ganzen zusammen. Den verschiedenen Sprachen entsprechen je andere Denkschemata. Auch die klassischen Sprachen Indiens sind indo-arischen Ursprunges. Dennoch gelang die Überpflanzung des Buddhismus mit seinem gesamten Schriftgut nach China. Gernet erwähnt anerkennend den Vorgang. Die indischen und chinesischen Buddha-Mönche vollbrachten, indem sie den umfangreichen Kanon der zwei Fahrzeuge aus dem indo-arischen Sprachraum in den chinesischen übertrugen, eine ungewöhnliche Leistung, die ihre Erklärung nicht zuletzt in der Verwandtschaft der buddhistischen Mahāyāna-Metaphysik mit dem Geistesgut des philosophischen Daoismus findet. Das im Daoismus vorgebildete Begriffsgut bot den Übersetzern passende Äquivalente für philosophische Begriffe des Mahāyāna-Buddhismus, so dass sich das religiöse Denken des Buddhismus in vertraute chinesische Ausdrücke gießen ließ. So kamen in völlig verschiedenen Sprachen gleiche oder ähnliche Denkmuster zur Anschauung. Dies ermöglichte den Brückenschlag zwischen der indischen und chinesischen Kultur. Der Assimilierungsprozess brauchte vier oder fünf Jahrhunderte. Langsam verschwand das Fremdheitsgefühl. Der Buddhismus wurde in China zur chinesischen Religion und leistete einen wichtigen Beitrag zur chinesischen Kultur.

Dieses Beispiel zeigt, dass die Sprache, wenn auch das wichtigste, so doch nicht das einzige Kommunikationsmittel zwischen Kulturen ist. Eine geistige Verwandtschaft kann behilflich sein. Reicht nicht noch tiefer als die Ähnlichkeiten zweier Philosophien die Nähe im Humanen, das alle Kulturen der Menschheit verbindet? Das Christentum sucht das Gespräch mit allen Religionen und Kulturen in der Überzeugung von der Möglichkeit einer fruchtbaren Begegnung im Menschlichen. Diese Überzeugung kann auch das Scheitern der frühen Chinamission nicht erschüttern.

UNIVERSALE RELIGION UND PARTIKULÄRE KULTUR

Seit der missglückten Begegnung zwischen Christentum und chinesischer Kultur vor vierhundert Jahren haben sich auf beiden Seiten wichtige Ereignisse zugetragen. Es entstand eine veränderte Situation, die das Thema der Inkulturation neu beleuchtet. Das Christentum hält an dem Anspruch fest, eine Botschaft für die ganze Menschheit zu besitzen, also eine universale Religion zu sein, aber schließt nicht aus, dass andere nichtchristliche Religionen weltweit Gutes wirken. Noch weniger bedeutet der universale Auftrag Starrheit und Unveränderlichkeit angesichts des Gesellschaft und Kultur betreffenden allgemeinen Zeitwandels. Die katholische Kirche glaubt an Pfingstereignisse, die zu dem, was Johannes XXIII. *aggiornamento* nannte, nämlich zu Erneuerung und Verjüngung verhelfen.

Einige der fatalen Missgriffe der Missionare, von denen Gernet berichtet, sollten nach dem Zweiten Vatikanischen Konzil nicht mehr möglich sein. Mit Recht empörten sich die Chinesen gegen die Vorstellung, dass ihre Vorfahren, darunter auch jene hochverehrten weisen und heiligen Männer des alten China, ob der Unkenntnis der christlichen Lehre in Höllen gestürzt seien. Übrigens huldigte Ricci dieser früher bei Missionaren verbreiteten Ansicht nicht, er hegte vielmehr einen erfreulichen Heilsoptimismus, wie der folgende Satz in einem seiner Briefe bezeugt: „Wir können hoffen, dass die göttliche Barmherzigkeit gewährt hat, dass viele ihrer Alten errettet worden sind, weil sie das natürliche Gesetz befolgt haben, und weil ihnen Gott in seiner großen Güte geholfen hat" (S. 326, Anm. 171). Die gleiche Hoffnung hat Ricci auch in einer seiner Schriften ausgedrückt. In seinem Denken spielten die „natürliche Religion" und das „Licht der Vernunft" eine große Rolle, womit er wohl das meinte, was das Zweite Vatikanische Konzil „Gewissen" genannt hat (Konstitution *Lumen gentium,* Nr. 16).

In China brach in der erwähnten Zeitspanne das jahrtausendealte Einheitssystem auseinander. Die chinesische Sprache transportiert heute außer überlieferter Weisheit und einiger Brocken konfuzianisch-daoistischen Denkens mit Eleganz ein erhebliches Quantum westlicher Technologie. Sollte der Eingang des Christlichen in diese wandlungsfähige und für Neues aufnahmebereite Sprache unmöglich sein?

Das Phänomen des Umbruches betrifft in der gegenwärtigen Zeitenwende ganz Ostasien. Im benachbarten Japan habe ich während der Vorkriegsjahre eine konfuzianisch geprägte, von westlichen Einströmungen beeinflusste, in vielen Einzelzügen typische Feudalgesellschaft nach chinesischem Vorbild erfahren, erlebte aber auch, wie nach Kriegsende eine junge Generation die feudalen Strukturen verwarf und demokratische Denkweisen annahm. Die hochgerühmte, in vielem sicher ausgezeichnete konfuzianische Ethik verschwand aus den Schulen und der Öffentlichkeit. Und auch der während der Tokugawa-Zeit (1603–1867) von einem konfuzianischen Gelehrten verfasste, mehrere Jahrhunderte lang gültige „Frauenspiegel" (*Onna daigaku,* wörtlich: „Hohe Schule der Frau"), in dem das unterwürfige Verhalten der Frau gegenüber allen Gliedern der Familie festgelegt ist, fiel in Missachtung.

„Die christliche These von der Gleichheit der Menschen", schreibt Gernet in bezug auf China, „bedroht das ganze System, denn Verhaltensweisen, Moral, gesellschaftliche und familiäre Hierarchie – alles Dinge, von denen letztlich die öffentliche Ordnung abhängt – sind an eine Rollenverteilung zwischen Höher- und Niedriggestellten gebunden" (S. 137). Dieses Ordnungssystem ging unter. Kam ihm jemals letzte Gültigkeit zu? War es nicht ein Irrtum, die christliche These von der Gleichheit der Menschen mit Einschluss der Frau als zerstörerisch anzusehen?

Im gegenwärtigen Kulturwandel Ostasiens kommt das in der christlichen Weltanschauung verwurzelte Ideal einer neuen demokratischen Gesellschaftsordnung zum Zuge. In diesem Prozess spielt das Thema der Inkulturation eine vorrangige Rolle. Die hier angesprochene missionarische Bemühung der christlichen Kirchen ist eingebettet in einen Vorgang von globaler Bedeutung. Das uralte chinesische Riesenreich nimmt neu erwacht seinen Platz in der Welt ein.

JACQUES GERNET UND SEINE THESEN

Heinrich Busch SVD (1912–2002)[*]

Der kühne Versuch einer kleinen Schar katholischer Missionare, das riesige und hochentwickelte chinesische Reich für die Kirche zu gewinnen, ist bei der schweren Zugänglichkeit der chinesischen Quellen bisher im Westen fast ausschließlich aufgrund der Berichte ebendieser Missionare dargestellt und beurteilt worden. In seinem 1982 erschienenen Werk unternimmt es einer der führenden französischen Sinologen, Jacques Gernet, Professor am Collège de France, auch die zu Wort kommen zu lassen, denen die Bemühungen der Missionare galten. Aufgrund der gesamten vorliegenden Literatur – der westlichen und chinesischen, der christlichen und nichtchristlichen – versucht er, ein allseitiges Bild von diesem Zusammentreffen zweier religiöser und kultureller Welten zu zeichnen und die sich dabei ergebenden Missverständnisse aufzudecken. Auf westlicher Seite kommen dabei hauptsächlich die Jesuiten zu Wort. Sie betraten nicht nur als erste das chinesische Missionsfeld und stellten das Hauptkontingent der Arbeiter, sie waren auch fast die einzigen unter den Missionaren, die sich näher mit der chinesischen Kultur vertraut machten und die Auseinandersetzung mit den Vertretern dieser Kultur führten.

In einem ersten Kapitel („Von Sympathie zu Ablehnung") gibt Gernet einen Überblick über die Entwicklung der chinesischen Mission während ihrer kritischen Phase, die von den letzten Jahrzehnten des 16. bis etwa zur Mitte des 17. Jahrhunderts reichte. In dieser Zeit wandelte sich das Verhältnis der führenden Kreise der Beamten und Gelehrten zu den Missionaren und ihrer Lehre von anfänglicher Sympathie und Bewunderung zu einer Haltung kritischer Distanz und offener Feindschaft. Die anfängliche günstige Stimmung war das Ergebnis bewussten Planens.[1] Matteo Ricci und seine Ordensgenossen wollten zunächst die Hochachtung und das Vertrauen der führenden Schichten gewinnen. Deshalb legten sie das buddhistische Mönchs-

---

[*] [Die folgenden Bemerkungen zum Werk von Gernet stammen aus dem Nachlass von P. Heinrich Busch, dem langjährigen Chefredakteur der Zeitschrift *Monumenta Serica*. Sie waren zwar als eine Buchbesprechung vorgesehen, sind aber nie veröffentlicht worden. Sie werden hier als eine gute Zusammenfassung der Thesen von Jacques Gernet mit geringfügigen Veränderungen (u.a. in der Transkription) und Hinzufügungen (z.B. in der Aufteilung) präsentiert.]

[1] Um Aussicht auf Erfolg zu haben, setzte dieses Planen allerdings eine aufrichtige Hochschätzung chinesischer Lebensart und Kultur und ein hohes Maß von Wohlwollen und Einfühlungsvermögen voraus.

gewand, das sie ursprünglich trugen, ab und passten sich in Kleidung und Lebensgewohnheiten weitgehend den gebildeten Chinesen an. Ein gründliches Studium der chinesischen Sprache und Etikette sollte sie befähigen, mit den Gebildeten auf gleicher Ebene zu verkehren. Durch wissenschaftliche und technische Neuigkeiten auf dem Gebiet der Astronomie, Geometrie, Geographie usw. erregten sie die Wissbegier der Chinesen, und durch Werke antiker und christlicher Lebensweisheit zeigten sie, dass ihre Lebensauffassung in vielem der chinesischen ähnlich war. Durch die Drucklegung ihrer von chinesischen Stilisten gefeilten Werke wurden sie bald im ganzen Reich bekannt, angesehene Beamte und Gelehrte schlossen sich ihnen als Schüler an und wurden ihre Freunde, und einige nahmen die gesamte „Lehre" der Fremden an und wurden Christen.

Beim Suchen nach Anknüpfungspunkten für die christliche Lehre in der Weltanschauung der Gelehrten hatte Ricci beachtenswerte Übereinstimmungen zwischen der christlichen und der konfuzianischen Moral festgestellt; und beim Studium der chinesischen Klassiker glaubte er in Aussagen über den Himmel (*Tian*) und den damit gleichgesetzten „Herrscher in der Höhe" (*Shangdi*) den Gott der Bibel erkennen zu können (dessen offizielle chinesische Bezeichnung der früh geprägte und bis heute gültige Name *Tianzhu*, „Herr des Himmels", ist). Er nahm an, dass die alten Chinesen entweder durch den Gebrauch der natürlichen Vernunft zu dieser Gotteserkenntnis gekommen waren, oder dass es sich um einen Rest der Uroffenbarung handelte – eine Möglichkeit, die man bei dem damals von den Exegeten angenommenen Weltalter von 7.000 Jahren durchaus in Betracht ziehen konnte. Da die zur Zeit Riccis maßgebenden Klassikerkommentare eine solche Auslegung der Termini nicht zuließen, berief sich Ricci auf den ursprünglichen Text, dessen Sinn von späteren Kommentatoren korrumpiert worden sei. Das Bestreben Riccis, chinesische Ideen und Bräuche, wenn eben möglich, als mit der christlichen Lehre vereinbar zu interpretieren und zu dulden, zeigte sich auch darin, dass er den obligaten Konfuzius- und Ahnenkult als rein zivile, nichtreligiöse Zeremonien erklärte und unter gewissen Vorbehalten duldete. Mit diesen Zugeständnissen ebnete er zwar manchen Gelehrten den Weg zum Christentum, nahm aber, ohne es zu wissen, eine schwere Hypothek für die Zukunft in Kauf, nämlich die Uneinigkeit der Missionare in der Frage der Erlaubtheit dieser Zeremonien, die schließlich in dem unheilvollen Ritenstreit endete, und die Gefahr falscher religiöser Vorstellungen auf Seiten der chinesischen Christen.

Die Missionsmethode Riccis enthielt noch zwei weitere wichtige Punkte: die radikale Ablehnung des Buddhismus und Daoismus und den vorläufigen Verzicht auf die Evangelisierung des einfachen Volkes. Als einige Missionare schließlich doch öffentlich für das Christentum zu werben und Gemeinden zu bilden begannen, regte sich unter den Beamten und Gelehrten der erste ernsthafte Widerstand gegen die fremde Lehre. Manche von ihnen, die bisher in der „Lehre des Himmelsherrn" eine unverbindliche Lehre gesehen hatte, die Ricci vielleicht selbst erdacht hatte, erkannten nun, dass es sich dabei um eine straff organisierte Religionsgemeinschaft mit festen Glaubenssätzen und Lebensregeln handelte, die für sich Alleingültigkeit beanspruchte und wie manche chinesische Geheimsekten bestrebt war, sich immer weiter auszubreiten. Was die Gelehrten allmählich von den Wunderberichten der fremden Religion wie der Menschwerdung des „Himmelsherrn" erfuhren, schien das Christentum auf eine Stufe mit der von ihnen geringgeschätzten Volksreligion zu stellen.

Man wurde auch misstrauisch gegenüber den Versuchen der Missionare, Verbindungen zwischen ihrer Lehre und der chinesischen Tradition herzustellen. Die von der landläufigen Exegese abweichende Erklärung gewisser Klassikerstellen durch die Missionare empfanden die Gelehrten als eine Zumutung, sie erweckte in ihnen den Argwohn, dass die Ausländer die chinesische Tradition lediglich für ihre eigenen Zwecke benutzen wollten und dass sie letztlich der chinesischen Kultur gleichgültig, wenn nicht feindselig gegenüberstanden.

Selbst hinsichtlich der westlichen Wissenschaft und Technik, die anfänglich eine Hauptattraktion der „Lehre" der Missionare gewesen waren, wurde man mit der Zeit kritischer. Die Verbindung zwischen Wissenschaft und Religion, welche die Lehre des „Himmelsherrn" als auf die Vernunft gegründet ausweisen sollte, ließen viele nicht mehr gelten. „Ablehnung der westlichen Religion unter Beibehaltung der westlichen Wissenschaft" wurde allmählich unter vielen Gelehrten ein Schlagwort. Und in der westlichen Wissenschaft selbst fand man mit der Zeit auch schwache Punkte: so lobte man zwar die Exaktheit der astronomischen Instrumente und Berechnungen, lehnte aber das geozentrische System mit seinen Kristallsphären ab, das die Jesuiten entsprechend den kirchlichen Weisungen noch lange vertraten – hier hielt man sich an die traditionellen chinesischen Vorstellungen, die denen der modernen Wissenschaft tatsächlich näherstehen.

Nach diesem Überblick stellt Gernet in vier weiteren Kapiteln christliche und chinesische Ideen und Haltungen in verschiedenen Problemkreisen einander gegenüber. Die Kapitel tragen die Titel: (II) „Religiosität und Kraft der Tradition" (französisch: „Attitudes religieuses et phénomènes d'assimilation"), (III) „Religion und Politik", (IV) „Chinesische Sittlichkeit und christliche Moral" und (V) „Himmel in China – Gott im Abendland".

Zum Kapitel II

Der christlichen Pflicht, an eine exakt formulierte Wahrheit zu glauben, stand bei den Chinesen ein anscheinender Mangel an religiöser Überzeugung und die Freiheit, aus den Meinungen und Bräuchen der verschiedenen Religionen nach Belieben auszuwählen, entgegen. Gerade die ausgehende Ming-Zeit, in der die Missionstätigkeit begann, erlebte eine Blüte des Synkretismus. Die gegenseitige Offenheit der verschiedenen „Lehren" ging so weit, dass es zum Schlagwort wurde: „Die Drei Lehren (Konfuzianismus, Buddhismus und Daoismus) sind identisch." Nach Gernet suchten auch die christlichen Gelehrten, die drei „großen Säulen" der Anfangszeit (Xu Guangqi, Li Zhizao und Yang Tingyun) nicht ausgenommen, das Christentum mit ihrer bisherigen Weltanschauung, vor allem dem Konfuzianismus, zu verschmelzen, so dass man bei ihnen eher von einem christlichen Synkretismus als einem reinen Christentum reden kann.

Wichtiger als die Frage nach dem theoretischen Wahrheitsgehalt einer Religion war aber für die herrschende Schicht Chinas ihr praktischer Beitrag zur Ruhe und Wohlfahrt der Gesellschaft. Die persönliche Religiosität vieler Gelehrten beschränkte sich auf Ehrfurcht vor den überkommenen offiziellen Riten. Dahinter stand oft ein kosmischer Mystizismus. Sie waren jedem religiösen Fanatismus und Enthusiasmus gegenüber misstrauisch und zur Repression bereit.

Die damaligen buddhistischen Mönche waren vielfach konfuzianisch gebildet und hatten längst ihren sicheren Platz in der chinesischen Gesellschaft und Kultur gefunden. Sie hätten das Christentum ohne weiteres als eine neue Spielart religiöser Betätigung gelten lassen, wenn die Missionare den Alleingeltungsanspruch des Christentums aufgegeben und sie in Ruhe gelassen hätten. Aber „sowohl aus taktischen Gründen wie aus natürlicher Abneigung gegen eine rivalisierende Religion erklärten sich die Jesuiten als Feinde des Buddhismus und Freunde des Konfuzius" (französische Ausgabe, S. 108).[2] Es war eine Entscheidung zugunsten des religiös unterentwickelten Konfuzianismus, den Ricci als eine zivile, moralisch-politische Lehre ansah, die einen guten Unterbau für die christliche Offenbarung abgeben könnte.[3] Ricci griff die Buddhisten an, ohne – wie sie ihm vorwarfen und er selbst zugab – ihre Schriften studiert zu haben. Die Buddhisten antworteten auf die Angriffe der Missionare mit gleicher Münze; ein guter Teil der antichristlichen Litera-

---

[2] Sicher spielte bei der Entscheidung gegen den Buddhismus auch die instinktive Abneigung mit, die damalige Christen gegen alles „Heidnische" und gegen „Götzendienst" empfanden und die sie gerade dort, wo auffällige Ähnlichkeiten zwischen buddhistischen und christlichen Lehren und Bräuchen bestanden, Teufelswerk vermuten ließ. Aber die Quellen enthalten deutliche Hinweise, dass auch rein taktische Überlegungen dabei eine Rolle spielten.

[3] War es aber nicht zugleich eine Entscheidung, hauptsächlich in Kreisen zu arbeiten, die religiös nicht sonderlich aufgeschlossen waren, und nicht in Kreisen, in denen man häufiger Menschen mit einem echten religiösen Interesse begegnete?

tur stammt von buddhistischen Mönchen und ihren Sympathisanten. Die schon von Ricci festgestellten auffälligen Ähnlichkeiten zwischen Christentum und Buddhismus in Lehre, Kult und Institutionen veranlassten beide Parteien, sich gegenseitig geistigen Diebstahl und betrügerische Nachahmung vorzuwerfen.

Bei dem gewöhnlichen Volk war der Prüfstein für die Güte einer Religion ihr praktischer Nutzen. Für Spenden und Ehrungen wurden von den Göttern entsprechende Gunsterweise erwartet. Trotz großer Veränderlichkeit der Namen und Attribute der Götter und trotz gelegentlicher „Maßregelungen" widerspenstiger Geister hingen die Leute an ihren Göttern und gaben bei der Konversion nur ungern die Bilder ihnen nahestehender Götter auf. Das Volk hatte ein lebhaftes Interesse an Personen und Gegenständen mit magischer Wirkkraft. Die Konvertiten übertrugen ihre traditionelle Haltung gegenüber heiligen Dingen und Personen auf die westliche Religion, und diese kam ihren Erwartungen mit Weihrauch und Kreuzzeichen, mit Exorzismen und wunderbaren Heilungen entgegen. Für viele Wunder der Missionare gibt es in den Hagiographien der chinesischen Religionen exakte Gegenstücke. Das berühmteste Beispiel für die Assimilationskraft der Volksreligion ist der Kult von Pater Stephan Faber S.J. (Étienne Le Fèvre, 1598–1659).

Bei vielen Chinesen, die äußerlich den christlichen Glauben annahmen, blieb die herkömmliche Denkweise intakt: religiöse Betätigungen waren für sie – wie für die andern Chinesen – kollektive Angelegenheiten, man erwartete von ihnen vor allem Schutz und Hilfe im alltäglichen Leben der Gemeinschaft, nicht das Heil der individuellen Seele. Gernet bezweifelt, dass vor allem bei der gemeinsamen Taufe ganzer Familien und Dörfer, die oft ohne gründliche Vorbereitung gespendet wurde, jene tiefgehende Entscheidung und Umwandlung, die der christliche Glaube verlangt, wirklich zustande kam.

Zum Kapitel III

Das Verhältnis zwischen Staat und Religion ist im chinesischen Kulturraum durch das dem Kaiser verliehene „Mandat des Himmels" bestimmt. Es gibt dem Herrscher die Macht, die gesamte Lebenssphäre einschließlich der Religion und des „Reiches der Geister" zu organisieren. Für eine Religion wie das Christentum, das eine autonome Sphäre beansprucht, ist in einem solchen System kein Raum. Es nützte wenig, dass die Missionare nicht müde wurden, zu betonen, ihre Religion bedrohe keineswegs die öffentliche Ordnung, sie predige im Gegenteil die Unterordnung unter die Obrigkeit und leite Menschen zur Ausübung der sozialen Tugenden an. Schon wenige Jahre nach Riccis Tod wurde das Christentum öffentlich angeklagt, eine „verkehrte", d.h. eine verdorbene und verderbliche Lehre zu sein, und dieser Vorwurf ist im Grunde seitdem immer bestehen geblieben. Das Werben für das Christentum und die Gründung von christlichen Gemeinden lieferten jederzeit den Anlass für die Anklage auf die Bildung verbotener Vereinigungen. Die Regierung war gegenüber Sekten, die sich unkontrolliert unter dem Volk verbreiteten, immer misstrauisch; tatsächlich sind alle großen Rebellionen der chinesischen Geschichte von solchen Vereinigungen ausgegangen. Die Absonderung der christlichen Gemeinden begünstigte das Entstehen aller Arten von Gerüchten und Verdächtigungen. Man sah im Christentum eine Geheimgesellschaft, einen Fremdkörper, der in Verbindung mit dem Ausland stand und von dort seine Anweisungen und Geldmittel bezog. Gelegentlich wurde auf die Aggression der Europäer in Südostasien hingewiesen, die Missionare wurden verdächtigt, Spione zu sein und eine Invasion Chinas vorzubereiten. Kaiser Kangxi, der die Dienste der Ausländer schätzte und sie nicht entbehren wollte, bestätigte ihnen in seinem sog. Toleranzedikt, dass sie nicht subversiv seien. Doch in der Verärgerung, die der Ritenstreit bei dem Kaiser hervorrief, wurde dieses Zugeständnis wieder zurückgezogen.

Zum Kapitel IV
Auf dem Gebiet der Moral schien zunächst weitgehende Übereinstimmung zwischen Christentum und chinesischer Tradition zu bestehen. Bücher wie Riccis *Traktat über die Freundschaft* (*Jiaoyou lun* 交友論) oder de Pantojas Buch über die Beherrschung der Leidenschaften (*Qike daquan* 七克大全), im Geist des christlichen, von der Stoa beeinflussten Humanismus geschrieben, trafen in Inhalt und Ton die Seelenlage viele Konfuzianer und selbst Buddhisten, und gehörten zu den erfolgreichsten Schriften der Missionare. Man war erstaunt, selbst auf dem Gebiet der Askese bei Übungen wie Abtötung, vor allem Fasten, und Gewissenserforschung große Ähnlichkeiten festzustellen. Allerdings waren Motive und Ziele der Tugendübung auf beiden Seiten sehr verschieden. Das war kein Wunder, da die Ansichten über Wesen und Bestimmung des Menschen und seiner Seele weit auseinandergingen. Die Chinesen glaubten nicht an die Unsterblichkeit der Seele; die von der Scholastik als Grundlage für eine natürliche Unsterblichkeit angenommene Substantialität der Seele lehnten sie ab, sie schien ihnen die Einheit der menschlichen Natur zu sprengen und den Menschen aus der Einheit der „zehntausend Dinge" herauszuheben, die sie sämtlich als Wandlungen oder Kombinationen der einen Weltsubstanz ansahen. Auf dieser Theorie der Einheit aller Dinge in der einen Weltsubstanz beruhte der kosmische Mystizismus der chinesischen Moral. Ihr Ideal war die volle Entwicklung der menschlichen Natur; der Heilige war der Mensch, der seine Natur zur Vollendung bringt, indem er sich mit der Weltordnung identifiziert und die Gesellschaft zu vervollkommnen bestrebt ist. Ricci verstand nach Gernet diese kosmisch-soziale Komponente der konfuzianischen Moral nicht; er lehnte ihre Begründung durch eine immanente Ordnung ebenso ab

wie Spontaneität als höchsten moralischen Wert. Er warf den Chinesen vor, nicht zwischen dem natürlich und dem moralisch Guten zu unterscheiden.

Die christliche Lehre von der ewigen Vergeltung von Gut und Böse stieß bei den Chinesen auf verschiedene Einwände. Die Konfuzianer vertraten die Ansicht, man müsse gut handeln, ohne eine Belohnung zu erwarten. Wenn es schon eine Vergeltung gebe, dann würde sie sich im Fortleben des guten oder bösen Rufes und im Familienschicksal offenbaren. Beim Buddhismus gab es kein Eingreifen eines persönlichen Gottes, sondern nur den Mechanismus des Karmas, der sich in Vergeltungen von begrenzter Dauer auswirkte. Die „schreckliche Alternative" von ewigem Himmel und ewiger Hölle lehnten beide Gruppen ab. Als eine Zumutung empfanden die Nichtchristen die Lehre, dass nur ein durch den christlichen Glauben sanktioniertes Handeln wirklich gut sei und Belohnung verdiene.

Das Unbefriedigende der irdischen Existenz und das Verlangen nach Glück wird von den christlichen Autoren als Beweis für die Existenz eines Ortes des Glücks und weiterhin für die Existenz Gottes gewertet. Dabei schildern sie die irdische Existenz gelegentlich in solch düstern Farben, dass ihnen die Gegner vorwerfen, die Anhänger des „Himmelsherrn" setzten ihre Hoffnung ausschließlich auf die Zukunft und „verabscheuten das (irdische) Leben".

Besonders heikel für die Christen war bei der Verehrung, welche die Chinesen für ihre Ahnen und ihre Heiligen empfanden, die Frage nach deren ewigem Schicksal. Mit Ricci neigten manche Missionare dazu, sich für die Möglichkeit ihres jenseitigen Heils auszusprechen; später versetzte man Nichtgetaufte, welche die Hölle nicht verdienten, in den sog. Limbus der Patriarchen.

Alle buddhistischen und sonstigen Götter sahen die Christen als Dämonen an. Opfer an sie galten als schweres Vergehen, ihre Statuen und sonstigen Kultgegenstände mussten vor der Taufe des Besitzers unnachsichtig zerstört werden. Das Echo solcher Szenen, die den Abscheu der Nichtchristen erregten, geistert durch die Literatur: man schlug den Statuen die Köpfe ab, verbrannte sie oder warf sie in die Latrine. Ähnlich anstößig waren für die Nichtchristen das Verbot und die Unterlassung von der Tradition geheiligter Bräuche wie des Ahnenkults oder der Opfer beim Tod der Eltern und der Bestimmung der Lage ihres Grabes durch den Geomanten. Man warf den Missionaren vor, sie redeten zu viel von der allgemeinen Liebe zu den Menschen und zu wenig von der Liebe zu den Eltern und Vorfahren (einem Hauptpfeiler der konfuzianischen Moral); und man stieß sich an der Lehre, man müsse Gott mehr gehorchen als den Eltern. Man empfand die gleichzeitige Anwesenheit von Personen beiderlei Geschlechts beim Gottesdienst als Verstoß gegen die guten Sitten, und man hatte kein Verständnis für das Gelübde der Jungfräulichkeit und das Verbot des Konkubinats.

Zum Kapitel V
Die christlichen und die chinesischen Vorstellungen von der Gottheit waren nach Gernet schlechthin unvereinbar. Dem persönlichen, rein geistigen, transzendenten Gott der Christen steht der chinesische Himmel oder „Herrscher in der Höhe" als naturgebundene, polytheistische Gottheit gegenüber, wie schon die Paarung des Himmels mit der Erde oder des „Herrschers in der Höhe" mit der Erdgottheit (*Houtu*) zwecks Hervorbringung der Wesen zeigt. Der chinesische Himmel ist Ausdruck einer Ordnung, die zugleich göttlich und natürlich, sozial und kosmisch ist. Der Himmel ist nichts als die Naturordnung, und der „Herrscher in der Höhe" ist nichts als deren Wirkkraft. Wie das Naturgesetz handelt der Himmel unbewusst und spontan.

Die Missionare machten für die Degeneration der ursprünglich reinen Gottesvorstellung, die sie bei den Chinesen annehmen zu können glaubten, den Einfluss des Buddhismus und der Neokonfuzianer der Song-Zeit (10.–13. Jh.) verantwortlich. Tatsächlich hatte das chinesische Denken nach Gernet nie die westliche Unterscheidung zwischen dem durch die Sinne und dem durch den Verstand Wahrnehmbaren oder eine von der Materie unabhängige geistige Substanz, oder die Existenz einer von den Erscheinungen und vorübergehenden Realitäten unabhängigen Wahrheit gekannt. Ricci bekämpfte die chinesische Vorstellung, dass die Weltmaterie mit einer spontanen, unbewussten Intelligenz begabt sei. Die Chinesen hingegen glaubten in den Mechanismen der Natur zu viel Spontaneität erkennen zu müssen, um das Eingreifen eines außerhalb der Natur stehenden, bewusst planenden und schaffenden Agens annehmen zu können. Die Missionare, in den statischen Begriffen der aristotelischen Philosophie wie Materie und Form, Substanz und Akzidens befangen, verstanden die Chinesen nicht, die von jeher in dynamischen Begriffen dachten und den Gegensatz von Sein und Schein nicht kannten. Damit stellt das chinesische Denken nach Gernet die allgemeine Gültigkeit der westlichen Denkformen in Frage; es stellt einen Typ des Denkens dar, der anders, aber nicht weniger original und gültig ist.

In dem chinesischen System ist kein Platz für einen Schöpfer. Daher lehnen die Chinesen den christlichen Glauben an die Erschaffung der Welt ab und machen sich über die Bilder lustig, in denen die Bibel die Schöpfungstat Gottes beschreibt. Dem bewusst und absichtsvoll zu seiner eigenen Ehre schaffenden christlichen Gott setzen sie das spontane, unpersönliche, selbst- und absichtslose Wirken des Himmels bzw. des mit spontaner Intelligenz und Energie begabten Universums entgegen. Die der damaligen biblischen Exegese folgenden kosmologischen und historischen Vorstellungen der Jesuiten erschienen den Chinesen mit Recht als provinziell: die Erschaffung in sechs Tagen, die Zeitspanne von nur 7.000 Jahren, die seit der Entstehung der Welt vergangen sein sollten – eine beschränkte Welt verglichen mit der

Welt der Chinesen, die das Ergebnis einer unaufhörlichen Evolution war, unbegrenzt nach Zeit und Raum.

Noch weniger als die damalige Philosophie der Konfuzianer verstanden die Missionare die Gedankenwelt des Buddhismus. Für sie, beginnend mit Ricci, erschöpfte sich der Buddhismus im Götzenkult und der absurden Lehre von der Seelenwanderung, einer Theorie, die, wie Ricci überzeugt war, von Pythagoras stammte und über Indien nach China gekommen war. Tatsächlich, bemerkt Gernet, ist schon der Ausdruck Metempsychose unangemessen, da der Buddhismus die Realität des Individuums und eine permanente Seele leugnet. Ricci sagte den Buddhisten nach, sie leiteten das Sein aus dem Nichts ab – wobei er unter diesem Nichts oder der Leere die absolute Antithese des Seins verstand. Tatsächlich lehrt der Buddhismus die Irrealität der Welt der Phänomene und die Existenz eines Absoluten, das jenseits jeder Bestimmung und mit den Wesen konsubstantial ist; denn jedes Wesen besitzt auf dem Grund seines Geistes die Buddha-Natur. Dem Buddha der Buddhisten entspricht das Absolute der Daoisten, das *Dao*, der unerschöpfliche Behälter aller Unterschiede und partikulären Realitäten, der selbst – ebenso wie der Buddha – aller Attribute bar ist. Der Buddhist erhofft sich die Erlösung – den Eingang in das *nirvāṇa*, die Vereinigung mit dem Absoluten – dadurch, dass er sich von dem falschen Glauben an die Realität des Ichs und der Welt befreit und dadurch die Anhänglichkeit an das Vergängliche aufgibt. Der Daoist hofft durch Erreichung des Zustandes tiefster Sammlung, in der alle Unterscheidungen dahinschwinden, zu dem Absoluten zu gelangen. Ziel des religiösen Strebens ist für den Christen das Reich Gottes jenseits dieser Welt, für den Buddhisten das Absolute in uns selbst. Das Absolute der Buddhisten ist weder Person noch Geist noch Körper, es besitzt keinerlei Attribute, durch die es sich beschreiben ließe. Der Schöpfergott der Christen dagegen hat nach den Buddhisten Attribute, nämlich Bewusstsein und Gedanken, Wille und Emotionen. Für die Christen ist die Schöpfung einmalig und einzig, für die Buddhisten ist die Welt unerschaffen, unendlich (wenigstens potentiell) nach Ausdehnung und Dauer, aber irreal – sie ist unbeständig und zusammengesetzt, damit dem Zerfall unterworfen und Leiden ausgesetzt. Im Neokonfuzianismus verband sich die Idee des buddhistischen Absoluten mit dem konfuzianischen *li*, dem Prinzip der Weltordnung. So beeinflusste Konfuzianer übernahmen die buddhistische Kritik des christlichen Gottesbegriffs: wenn Gott absolut ist, ist er reine Unbestimmtheit; wenn er Verstand, Wille und andere Merkmale hat, kann er nicht absolut sein.

Noch weniger als mit der Idee eines allmächtigen Schöpfergottes konnten sich die Chinesen mit der Lehre von der Inkarnation, dem Herzstück des christlichen Dogmas, abfinden. Die historische und lokalisierte Existenz des menschgewordenen Gottes schien ihnen unvereinbar mit dem Universalcharakter des Himmels oder des „Herrschers in der Höhe". Besonders stießen sie sich daran, dass der menschgewordene Gott nach den Gesetzen seines Landes verurteilt und schmachvoll hingerichtet worden sein sollte.

Während die Inkarnation als historisches Ereignis von den „Philosophen" bezweifelt wurde, wandten volksreligiöse Kreise die aus Indien eingeführte Idee des Avatāra, des irrealen, nicht historischen Auftretens in einem „Erscheinungsleib", auf Jesus an: so sprechen daoistische Werke von einer Scheininkarnation, bei der sich der „Herrscher in der Höhe" in Jesus inkarniert habe – wie schon zuvor in chinesischen Herrschern der Vorzeit und in Konfuzius.

Es ist nicht verwunderlich, dass die katholische Lehre von der Erbsünde, die auch im Westen vielen Bedenken und Angriffen ausgesetzt war, in China kritisiert wurde. Man glaubte, den Schöpfergott für das Versagen seiner Schöpfung verantwortlich machen zu können; man wandte ein, die Tatsache, dass Gott den Fall des Stammvaters zuließ, spreche gegen seine Güte; man fand die Bestrafung der gesamten Nachkommenschaft Adams aufgrund seines Vergehens ungerecht; man kritisierte, dass Leiden und Unglück, die Folien der Erbsünde, ungleichmäßig auf die Menschen verteilt seien, usw.

Das ist eine kurze Übersicht über den Vergleich zwischen chinesischer und christlicher (katholischer) Welt- und Lebensanschauung, den Gernet aufgrund der westlichen und zum ersten Mal auch umfassender chinesischer Quellen anstellt. Es ist der fesselnde Versuch einer Bestandsaufnahme des beginnenden Dialoges zwischen zwei Weltkulturen, vor allem ihren Religionen, die sich in fast völliger Isolierung voneinander entwickelt hatten. Der Vergleich betrifft eine bestimmte historische Periode und kann nicht ohne weiteres auf die spätere und heutige Zeit angewandt werden; nicht nur China hat sich seitdem in vielem gewandelt (nicht zuletzt infolge der Begegnung mit dem Christentum), auch auf christlicher Seite ist vieles in Bewegung geraten, darunter manches, was die christliche Verkündigung in der Vergangenheit unnötig erschwerte, wie die enge Auslegung der Heilsnotwendigkeit der Kirche und die abweisende Haltung gegenüber anderen Religionen. Der Neokonfuzianismus, die repräsentative chinesische Weltanschauung der behandelten Periode, hat seine Stellung als Staatsorthodoxie des Kaiserreiches längst eingebüßt, und es wird sich zeigen müssen, ob die Strukturen, die er verkörperte und die nach Gernet das chinesische Denken von jeher beherrschten, unverändert weiterbestehen werden. Jedenfalls werden die fundamentalen Probleme, denen die Auseinandersetzung zwischen Christentum und chinesischer Kultur galt, auch in Zukunft Gegenstand der Diskussion (und vielleicht auch gegenseitiger Bereicherung) sein: Grundlage und Charakter der Moral, das Verhältnis von Staat und Religion, göttliche Transzendenz und Immanenz, göttliche und kreatürliche Kausalität usw.

Es ist das Hauptverdienst des Buches von Gernet, dass es aus den einschlägigen Zitaten einen Dialog webt, der im wesentlichen für sich selbst spricht und dem Leser einen zuverlässigen Einblick in diese Auseinandersetzungen gibt, die auch den nichtsinologischen Theologen interessieren dürften.[4] Er wird hier in chinesischer Verkleidung viele der Einwände antreffen, welche die Christentumskritik im Westen seit der Aufklärung vorgebracht hat.

Gernet lässt es nicht bei der Wiedergabe der Texte und ihrer philologisch-historischen Interpretation bewenden. Er glaubt, aus der tiefgehenden Verschiedenheit der Ansichten und Sitten auf einen total verschiedenen Charakter der beiden Kulturen schließen zu können, der es deren Vertretern praktisch unmöglich machte, sich gegenseitig wirklich zu verstehen und mitzuteilen. Die Eigenart des chinesischen Denkens zeigt sich nach Gernet vor allem darin, „dass es sich weigert, eine besondere Ebene der bleibenden Wahrheiten, getrennt von der Welt der Erscheinungen, anzuerkennen und Verstandeserkenntnis von der Sinneswahrnehmung zu trennen".[5] Eine Bestätigung seiner Auffassung findet Gernet bei dem chinesischen Philosophen Liang Shuming, der 1921 schrieb: „Die Metaphysik, die in China seit ältester Zeit überliefert ist und die jedem ... Wissen zugrunde liegt, diese Metaphysik hat immer nur von der Veränderung und überhaupt nicht von einer unbewegten und unwandelbaren Wirklichkeit gehandelt" ([erste] deutsche Ausgabe, S. 283). Gernet glaubt, diesen Unterschied auf grundlegend verschiedene Denkformen zurückführen zu können, die ihrerseits das Ergebnis verschiedener Sprachstrukturen (der indoeuropäischen Sprachen einerseits und des Chinesischen andererseits) sein sollen. Gernet stützt sich hierbei auf die Theorien von Émile Benveniste und anderer Sprachtheoretiker. Was geschieht, wenn Abendländer bzw. Sprecher von indoeuropäischen Sprachen, mit Sprechern des Chinesischen zusammentreffen? „Das Chinesische löst beim Sprechenden andere geistige Vorgänge aus und fördert andere Fähigkeiten als jene, die man im Abendland für wichtig hält. Es geht darum, Be-

---

[4] Nicolas Standaert in seiner Besprechung des Buches in *T'oung Pao* 69 (1983) 1-3, S. 157, sagt: „Ce livre fait surtout connaître les critiques profondes de la philosophie chinoise vis-à-vis des grands thèmes de la théologie chrétienne." [Vgl. den gesamten Wortlaut dieser Rezension in der vorliegenden Ausgabe, S. 355-362.] Peter Ward Fay bemerkt in seiner Besprechung im *Journal of Asian Studies* 42 (1983), S. 920: „The book's attraction for the general public will surely lie in its systematic and detailed juxtaposition of Western and Chinese attitudes and habits of mind."

[5] Französisches Original, S. 323: „L'originalité de la pensée chinoise transparaît à tout moment. Elle se manifeste tout particulièrement dans le refus de distinguer un plan des vérités stables, séparé du monde des phénomènes, et de dissocier le rationnel du sensible." Vgl. [erste] deutsche Ausgabe, S. 281 [dieser Satz wurde in der vorliegenden Ausgabe von J.G. gestrichen].

griffe einander anzunähern und zu kombinieren, und nicht, sie logisch zu zergliedern" (S. 284-285). Daher ist eine wirkliche Verständigung sehr schwierig, wenn nicht unmöglich: „Die Missionare waren geschult, mit den Abstraktionen der Scholastik umzugehen, und sie fanden, die Chinesen könnten schlecht logisch denken. ... Die Chinesen ihrerseits werfen den Missionaren vor, sie machten ‚allerlei Schnitte und Trennungen' und verstrickten sich in ‚unzählige unverständliche Überlegungen'" (S. 285). Gernet findet, dass die chinesische Sprache, sozusagen der Antipode der indoeuropäischen Sprachen, auch Denkformen und eine Weltsicht hervorgebracht hat, die denen des Westens entgegengesetzt sind: „Vergleicht man die chinesische und die abendländische Vorstellungswelt, wird Benvenistes Analyse bestätigt: Die Struktur der indoeuropäischen Sprachen hat dem griechischen, dann dem christlichen Denken die Idee vermittelt, dass eine transzendente und unwandelbare Wirklichkeit der fühlbaren vergänglichen Welt gegenübersteht" (S. 287).[6] Die auf linguistischen Strukturen beruhenden Denkformen sind natürlich rein subjektiv, nur in dem zugehörigen Kulturkreis gültig: „Doch sind die Begriffe Sein und Substanz – als Gegensatz zum Werden und dem Sinnfälligen – keineswegs universal. Es ist nicht mehr selbstverständlich, wenn man von einem Kulturkreis in den anderen tritt" (S. 288). Gernet vertritt seine Theorie mit viel Geist und Wissen; doch ist er vorsichtig genug, sie in seiner Einführung als einen bloßen Versuch zu bezeichnen („Mais il ne s'agit ici que d'un essai");[7] denn er ist sich bewusst, dass große Kulturen wie die chinesische in allen Epochen vielfältige und manchmal auch einander widersprechende Strömungen in sich bergen (und dass eine Bestimmung ihres Charakters daher Gefahr läuft, zu eng und einseitig zu sein). In der Tat, schon die Tatsache, dass die chinesische Kul-

---

[6] Der letzte Satz lautet im französischen Original [von 1982]: „La structure des langues indo-européennes a conduit le monde grec et, à la suite, le monde chrétienne à se former l'idée de réalités transcendantes et immuables opposées aux réalités sensibles et transitoires" (S. 330).

[7] Introduction, S. 13. N. Standaert sagt zu der Theorie von Gernet: „Ces différences linguistiques n'expliquent probablement pas tout" (*loc. cit.*, S. 157). Peter Ward Fay nennt die Theorie eine Annahme und nimmt sie offenbar nicht sehr ernst: „That is the answer Gernet gives to his own question [zu der Frage, ob eine Bekehrung der Chinesen zum christlichen Glauben, bzw. eine „Versöhnung" der chinesischen Kultur mit dem Christentum, möglich war], not so much arriving at it as assuming it (the incorrigible insularity of cultures is announced an the second page), then working out the various levels of mutual incomprehension and mismatch" (*loc. cit.*, S. 919). Und weiter unten: „To argue as Gernet does (in his concluding section) that the language (the linguistic structure) of the West and of China has dictated much of the difference may strike some as farfetched, faddish, or just French. However, I found the actual working out of even this piece of Gernet's parti pris fascinating" (S. 920).

tur stark vom Buddhismus beeinflusst worden ist, der im Gebiet der indoeuropäischen Sprachen entstanden ist, dürfte hier zur Vorsicht mahnen.

Allerdings ist die Absonderung der Kulturen voneinander, die sich aus der Verschiedenheit ihrer Sprach- und Denkformen ergibt, nach Gernet keine absolute, einige wenige Individuen – wie Ricci und vor ihm die Übersetzer buddhistischer Texte – vermögen sie zu durchbrechen. Die große Menge aber wird sich nie über die Schranken, die ihnen die Denkformen ihrer Kultur auferlegen, hinwegsetzen können, am wenigsten in einer Kultur wie der chinesischen, in der die verschiedenen Sphären besonders eng miteinander integriert waren. Die Annahme einer fremden und fremdartigen Religion wie des Christentums hätte also nicht nur ein völliges Umdenken auf dem Gebiet der Religion, sondern die Aufgabe bzw. die Umwandlung der gesamten chinesischen Kultur erfordert.[8]

Die Missionare hatten sich also bei ihrem Vorhaben, China zu bekehren, schlichtweg etwas Unmögliches vorgenommen. „Im Ritenstreit ... wurde eine sehr allgemeine Frage auf eine Einzelheit reduziert, die nur in abendländischen Köpfen einen Sinn hatte. Die große Frage wäre gewesen, ob sich das Christentum mit einem geistigen und sozio-politischen System vereinbaren ließ, das so grundlegend anders war als die Welt, in der sich der christliche Glaube entwickelt hatte und zu der er – ob man will oder nicht – untrennbar gehört" (S. 290).[9] Die Missionare waren also Opfer eines falschen Optimismus, der auf mangelhafter Kenntnis psychologischer und kultureller Strukturen beruhte. „Für die Missionare selbst waren die Chinesen Menschen wie du und ich, nur eben verdorben durch Aberglauben und falsche

---

[8] „Die Missionare verstanden Welt, Moral und Philosophie anhand der Trennung zwischen Gottesreich und Diesseits, zwischen ewiger Seele und vergänglichem Körper, zwischen transzendenten Wahrheiten und dem Sinnfälligen. So traten sie am andern Ende des eurasischen Kontinents einer gelehrten und hochentwickelten Kultur gegenüber, die nicht nur in bestimmten Punkten, sondern gesamt und grundlegend anders war. Statt in einer aufgeteilten Welt, wie sie das Christentum kennt, fanden sich die Missionare in einem umfassenden Universum wieder, in dem alles – herrschende Vorstellungen, Moral, Religion, Politik – so eng verbunden war, dass man das eine nicht anfassen konnte, ohne das andere zu berühren: Eine andere Welt" ([erste] deutsche Ausgabe, S. 289-290).

[9] Über die Verbindung des Christentums mit der abendländischen Kultur sagt Gernet anderswo: „Auch wenn Roger Bastide sagt, das Christentum sei von seiner 'Verkörperung in der griechisch-römischen Kultur' unabhängig, stimmt es doch, dass der wesentliche Unterschied von ewiger Seele und vergänglichem Körper, Gottesreich und Diesseits, die Vorstellung von einem wahren, ewigen, unwandelbaren Gott und das Dogma der Inkarnation den Erben des griechischen Denkens näher lagen als den Chinesen, die ganz andere Traditionen hatten. Die christlichen Vorstellungen mussten ihnen merkwürdig oder unverständlich vorkommen" ([erste] deutsche Ausgabe, S. 7).

Vorstellungen und unglücklicherweise von der Offenbarung nicht erreicht. Man musste ihnen einfach die Augen öffnen. Und wenn das Christentum in China wenig Erfolg hatte und angegriffen wurde, so konnte das nur in hinterhältiger Absicht geschehen ... Was man aber nicht gesehen hat: dass die christliche Religion die Gebräuche veränderte, die überlieferten Ideen in Frage stellte und am Aufbau der Gesellschaft rüttelte" ([erste] deutsche Ausgabe, S. 5-6). Insofern diese Aussage ungerechtfertigte Angriffe auf Chinesen zurückweist, die für ihre angestammte Kultur eintraten, ist ihr zuzustimmen. Was den Schaden betrifft, den die Missionstätigkeit angeblich angerichtet hat, so werden diejenigen, die Kulturen als wesentlich verschieden aber grundsätzlich gleichwertig ansehen, geneigt sein, jede Änderung der Gebräuche, Ideen und gesellschaftlichen Strukturen als unberechtigten Eingriff zu verurteilen. Andere, die an eine Rangordnung der Werte und an absolute Werte, auf die jede menschliche Person Anspruch hat, glauben, werden den Versuch, solche Werte an andere Kulturen zu vermitteln, nicht ohne weiteres für unzulässig halten, solange die Freiheit und die Rechte der betroffenen Personen in vollem Umfang gewahrt werden.

Die Theorie von den überkommenen Denkstrukturen, denen sich der einzelne kaum zu entziehen vermag, macht Gernet skeptisch in Bezug auf die Echtheit von Konversionen. Er ist ehrlich genug, ihre Möglichkeit nicht von vornherein zu leugnen.[10] Doch stellt er gerade bei den prominentesten Konvertiten einen Synkretismus fest, der ihm mit dem Alleingeltungsanspruch des Christentums nicht vereinbar zu sein scheint. Vielleicht darf man hierzu bemerken, dass nicht an erster Stelle die Richtigkeit und Vollständigkeit der bejahten Glaubensinhalte den Christen machen, sondern die unbedingte persönliche Entscheidung für Christus und seinen Weg. Selbst für Yang Tingyun, den man nach der Schilderung von Pater Longobardo für einen vollkommenen Synkretisten halten könnte, hält Abweichungen der andern „Lehren" vom Christentum für Irrtümer; die christliche Religion war also für ihn das maßgebliche Kriterium für die Beurteilung der andern Lehren ([erste] deutsche Ausgabe, S. 80).

Gernet ist in seinem Buch bemüht, den Missionaren Gerechtigkeit widerfahren zu lassen. Seine Sympathie aber gilt offensichtlich den Chinesen und ihrer Kultur, vor allem den Konfuzianern, bei denen er seine eigene Geisteshaltung wiederzufinden scheint: seinen Immanentismus und Relativismus und sein daraus resultierendes Verständnis für Toleranz. Für Menschen, welche die Geschichte der chinesischen Mission nicht durch die Folie im-

---

[10] „Die einzelnen Bekehrungen, auch wenn sie vollständig und echt waren, ändern nichts an dieser Frage" (nämlich an der Frage, ob eine Verbindung oder Verflechtung von Christentum und chinesischer Kultur möglich war) ([erste] deutsche Ausgabe, S. 290).

manentistischer Postulate lesen, bleibt die Frage, die Gernet in seinem Buch zu beantworten versucht, offen; ihnen scheint nicht zuletzt die ansehnliche Zahl chinesischer Christen, die von Beginn der Mission bis heute ihrem Glauben unter größten Opfern treu geblieben sind, die These von der Unbekehrbarkeit der Chinesen in Frage zu stellen.

NICOLAS STANDAERT in *T'oung Pao* LXIX (1983) 1-3, S. 149-157.

Un nouveau livre sur le christianisme en Chine peut-il encore apporter des éléments neufs sur ce thème tellement étudié, probablement même trop étudié vis-à-vis de son importance marginale dans l'histoire chinoise?

Cette fois, M. Gernet aborde le sujet d'un point de vue différent: „Ce livre a pour thème, non pas l'histoire du christanisme en Chine, objet d'innombrables travaux, mais les réactions chinoises à cette religion, domaine relativement neuf. On sait assez bien ce que les missionnaires firent pour convertir les Chinois, on ne sait guère ce que les Chinois eux-mêmes en ont dit" (p. 9).

En général, le livre réunit donc et analyse les opinions des Chinois envers la „doctrine du Maître du Ciel", ainsi que les thèses et interprétations des missionnaires au sujet des conceptions chinoises. La période choisie est le XVIIe siècle, bien que certaines références soient faites aux siècles ultérieurs. En outre, de temps à autre, l'auteur fait référence aux réactions comparables des Japonais. Ainsi, M. Gernet espère contribuer à l'analyse des différences fondamentales entre l'Occident et la Chine sur les conceptions de l'homme et du monde.

L'ouvrage de M. Gernet est trop riche pour qu'en soient discutés et mis en valeur tous les aspects. Nous en avons retenu seulement certains, développés ci-dessous.

Avant tout, il est intéressant de connaître les réactions chinoises durant le premier demi-siècle de la pénétration du christianisme et d'analyser le processus de changement d'une attitude de sympathie à celle de l'hostilité. Il faut souligner en premier les efforts de M. Ricci (1552–1610). Ce missionnaire jésuite avait réussi à attirer de nombreux lettrés autour de lui. Une des raisons de ce succès était la méthode missionnaire d'accommodation" établie par A. Valignano S.J. (1539–1656) et créativement réalisée en Chine par M. Ricci, selon laquelle il fallait s'accommoder à l'autre culture. C'est ainsi qu'après avoir troqué l'habit de bonze bouddhique pour la robe de lettré, Ricci était comme „lettré d'Occident" (*xishi*) le bienvenu aux conférences philosophiques (*jiangxue*). Mais surtout les circonstances de la fin des Ming devaient aider Ricci et ses compagnons. Leurs attaques contre le bouddhisme et l'importance qu'ils attachaient à la rigueur morale coïncidaient avec les tendances de l'époque. Leurs efforts s'appuyaient aussi et peut-être surtout sur un enseignement de type scientifique qui attirait bien de convertis, intéressés aux „études concrètes" (*shixue*) (p. 36). M. Gernet en conclut: „Les premières années du XVIIe siècle furent donc pour les missionnaires une période d'exception. Les critiques étaient encore rares et de nombreux lettrés étaient conquis par le „lettré d'Occident", ravis des analogies qu'ils pensaient découvrir entre ses enseignements et ceux de la tradition chinoise" (p. 38).

Cependant, l'atmosphère générale se modifia peu à peu au cours des vingt années qui suivirent la mort de Ricci (1610). „L'attitude des lettrés changea quand ils furent mieux informés du contenu de la doctrine du Maître du Ciel et quand les fins poursuivies par les missionnaires leur apparurent plus clairement" (p. 62). L'auteur remarque qu'après les environs de 1620, les jésuites n'obtinrent plus de conversions parmi les grands lettrés, ni parmi les hauts fonctionnaires (à part quelques conversions célèbres de la famille impériale des Mandchous). „Cette détérioration du climat s'explique sans doute par des causes diverses: le raidissement qui s'est produit dans la politique des jésuites, leur désir d'aller plus vite en besogne, l'accroissement du nombre des missionnaires, le développement de leurs activités en milieu populaire et, chez les lettrés, une connaissance qui ne se limitait plus aux ouvrages de morale, de controverse antibouddhique et de sciences" (p. 67).

La discussion sur les attitudes religieuses et les phénomènes d'assimilation ouverte par M. Gernet est très importante. Les lettrés chrétiens ne prônaient pas une doctrine chrétienne absolument pure. Ils envisageaient une synthèse entre le système indistinctement profane et religieux du confucianisme et les enseignements moraux, religieux et scientifiques des missionnaires. Ces „études célestes" (*tianxue*) formaient un ensemble aux yeux des Chinois. Ainsi, à la suite du syncrétisme tellement à la mode à la fin des Ming, apparaissait effectivement un syncrétisme entre le confucianisme et le christianisme. Beaucoup de lettrés chrétiens chinois concevaient le christianisme comme un retour au confucianisme de l'antiquité et voyaient dans sa moralité un moyen de retourner à l'harmonie et à la paix de l'âge d'or des trois dynasties antiques (Xia, Yin, Zhou) (p. 99).

M. Gernet prend à ce titre entre autres exemples celui de Yang Tingyun 楊廷筠 (1557–1627), tel qu'il est décrit dans le *Traité sur quelques points de la religion des Chinois* du Père N. Longobardo (1565–1655). Peut-être peut-on regretter que M. Gernet n'ait pas davantage confronté les opinions de Longobardo sur le „Docteur Michel" avec les écrits chinois de Michel Yang Tingyun: le *Tian shi mingbian* 天釋明辯, le *Dai yi pian* 代疑篇 et le *Dai yi xupian* 代疑續篇 ne sont-ils pas une source inépuisable d'idées originales et de thèses syncrétistes et ne révèlent-ils pas que Yang Tingyun est un des seuls lettrés qui s'est profondément intéressé aux conceptions religieuses du christianisme (plutôt qu'à la science)? M. Gernet nous dit que Yang Tingyun pensait à une sorte de syncrétisme entre les „quatres doctrines" (p. 101). Or, Yang Tingyun envisageait, selon nous, davantage un syncrétisme entre le confucianisme et le christianisme. Ses écrits contiennent tant de critiques antibouddhiques qu'ils laissent peu d'ouverture pour un syncrétisme entre le christianisme et le bouddhisme (auquel Yang Tingyun adhérait avant sa conversion).

La position des bouddhistes est bien entendu fondamentale. M. Gernet nous dit que par opposition à leur esprit d'accommodation envers le confucianisme, les missionnaires ont été amenés à prendre une attitude hostile envers les bouddhistes. „C'est à la jalousie des moines bouddhistes qu'ont été souvent attribuées les difficultés que les missionnaires ont rencontrées dans leur oeuvre d'évangélisation. Mais l'hostilité des bonzes et des lettrés bouddhisants n'avait d'autre origine que l'attitude des missionnaires eux-mêmes à leur égard et à l'égard de leur religion (qu'ils considéraient comme superstition diabolique)" (p. 102).

La réaction des gens du peuple chinois à la pénétration du christianisme et le fait que la plupart des missionnaires consacraient toute leur énergie à leur conversion sont des points souvent négligés dans d'autres études. Ici M. Gernet apporte des précisions d'autant plus remarquables que les jésuites ont appliqué au peuple des méthodes tout à fait différentes des procédés rationnels qu'ils utilisaient pour convaincre les lettrés. Les prédications dans les milieux populaires s'accompagnaient de miracles, de magie et d'exorcismes, trois pratiques auxquelles les milieux populaires étaient largement accoutumés. Il faut reconnaitre que ces méthodes ont souvent favorisé des conversions, car elles étaient de même type que celles de la tradition chinoise. „Bien qu'elle ait pu réjouir les missionnaires, la substitution de représentations chrétiennes à des représentations chinoises n'était pas la preuve d'un véritable changement de mentalité" (p. 123). La littérature chrétienne chinoise s'est fait souvent l'écho de tels faits surnaturels. Citons par exemple avec M. Gernet une visite aux enfers d'un converti chinois (p. 127 *sq.*), histoire qui contient beaucoup d'analogies avec les récits édifiants des descentes aux enfers d'inspiration bouddhique et qui illustre bien combien la présentation du christianisme était intégrée à des schémas traditionnels.

Comme c'était la méthode missionnaire de l'époque, les conversions se faisaient souvent „en masse", trop traitées, hélas, d'un point de vue comptable. M. Gernet a raison de remarquer: „Si, du point de vue de la foi, le baptême constitue un acte important et décisif, puisqu'il lave du péché originel et crée ainsi un homme nouveau, si la séparation est radicale entre l'âme plongée dans les ténèbres du paganisme et celle qui a été touchée par la grâce, l'historien ne peut pas, pour sa part, ne pas s'interroger sur le contenu des conversions" (p. 132). Ensuite il analyse le mécanisme des conversions. Remarquons que dans cette partie traitant des gens du peuple chinois, l'auteur a plus employé les sources occidentales (comme les *Lettres édifiantes et curieuses*) que chinoises (telle l'intéressante relation de vie religieuse locale pendant la période 1630–1640, décrite dans le *Kouduo richao* 口鐸日抄 à laquelle plus de vingt-cinq convertis ont contribué).

Très propre à la culture chinoise est l'intrication entre les questions religieuses et les affaires d'Etat. M. Gernet a raison d'y insister: „La religion et la politique, Dieu et César" étaient tout à fait liés. Donc en vénérant le Maître du Ciel, les chrétiens usurpaient en effet un culte qui n'était autorisé qu'à l'empereur. Et, „un culte n'est autorisé que s'il a été officiellement reconnu et intégré à l'hiérarchie des cultes patronnés par l'empereur. C'est ainsi que jadis les cultes bouddhistes et taoïstes furent associés aux cultes officiels de la tradition lettrée. L'empereur octroie des titres aux divinités comme il en octroie aux personnages les plus éminents" (p. 147).

Cette relation entre la morale, la politique et la religion s'exprime bien dans la motivation de certains lettrés pour accepter le christianisme. Insistant sur la moralité, ils y voyaient un moyen de retourner à l'harmonie des trois dynasties. „Le christianisme serait en fait avec quelques additions complémentaires, la vraie doctrine de Confucius et de l'antiquité chinoise" (p. 151). Notons que cette motivation, si elle a été reconnue par Xu Guangqi et Zhang Xingyao, l'a été de même par Li Zhizao, Yang Tingyun et Wang Zheng. Tous ces penseurs ont traduit dans leurs écrits le christianisme en termes confucéens.

Cette relation politico-religieuse est encore mieux illustrée chez les opposants du christianisme. Ils dénoncent cette religion comme hétérodoxe (*xiedao*) ou comme une secte irrégulière avec un grand danger de subversion. Certains Chinois craignaient même que les missionnaires constituassent l'avant-garde d'une armée de barbares, la conversion au christianisme n'étant alors qu'un préalable a une occupation étrangère. Ce thème qui fut auparavant développé par Paul A. Cohen, est approfondi par M. Gernet à l'aide de nombreuses citations provenant de la collection des écrits antichrétiens *Shengchao poxieji* 聖朝破邪集 compilée par Xu Changzhi 徐昌治 et du livre *Bu de yi* 不得已 de Yang Guangxian 楊光先 (1597–1669), un des plus grands opposants des jésuites.

La discussion est encore plus vive lorsque M. Gernet aborde la confrontation entre la morale chinoise et la morale chrétienne. A ce sujet il y a des divergences fondamentales entre les deux traditions.

Mais, en premier lieu, il faut s'arrêter aux „analogies apparentes", puisque certains livres moralisantes comme le *Jiaoyou lun* 交友論 et le *Ershiwu yan* 二十五言 de M. Ricci et le *Qike* 七克 de D. de Pantoja (1571–1618) connurent un grand succès auprès des lettrés, correspondant bien à la tonalité stoïcienne de la morale chinoise. Sur ce point M. Gernet reprend l'excellente thèse de C.A. Spalatin qui a retracé la relation entre le *Ershiwu yan* de M. Ricci et *l'Encheiridion* d'Epictète.[1] „Ces écrits avaient sans doute le charme de la nouveauté, mais ils se recommandaient aussi par tout ce qu'ils évoquaient de traditionnel. Ils rappelaient aux Chinois leurs livres de morale ou de bonne conduite (*shanshu*) et ils étaient les bienvenus à une époque de réaction rigoriste" (p. 192-193).

Ces livres de morale chrétienne coïncidaient en effet bien avec la popularité des *shanshu* à la fin des Ming. On pourrait même prétendre à la limite qu'il existe une sorte de *shanshu* chrétien-chinois. Le livre *Lixiu yijian* 勵脩一鑑[2] 'Miroir de l'exhortation à se cultiver' du converti Li Jiugong 李九功 contient beaucoup de caractéristiques propres au *shanshu* chinois. L'auteur encourage l'homme chinois à faire du bien. Il illustre les vertus par des exemples ou des maximes empruntés aux livres des jésuites et aux oeuvres de convertis chinois. La récompense du bien et la punition du mal dans cette vie et dans l'au-delà y tiennent une grande place. Remarquable également est l'importance que cette oeuvre, ainsi que celle d'autres chrétiens chinois, attache aux 'sept préceptes de la charité' du catéchisme catholique (nourrir les affamés, vêtir ceux qui ont froid, abreuver les assoiffés, guérir les malades, accueillir les voyageurs, délivrer les prisonniers, enterrer les morts). A l'exception de la délivrance des prisonniers, ces sept préceptes correspondaient tous avec ceux qu'on trouve dans les *shanshu* chinois sous le nom des vertus matérielles.[3] Ce n'est donc pas sans raison que Wang Zheng et Yang Tingyun avaient tenté de réunir des lettrés chinois dans des associations caritatives (*renhui* 仁會) centrées sur ces vertus.[4] L'organisation de ces associations de laïcs, établies par les chrétiens chinois eux-mêmes, constitue un autre exemple parfait du mode de l'intégration du christianisme dans la société chinoise.

Au sujet de l'analogie des morales, M. Gernet explique en outre comment une autre vertu tellement à la mode à cette époque, notamment le souci de s'examiner soi-même et de se repentir de ses fautes, bien que son conte-

---

[1] P. 193: Spalatin, C.A., *Matteo Ricci's Use of Epictetus,* Waegwan (Corée), 1975; ou: Spalatin, C.A., „Matteo Ricci's Use of Epictetus' *Encheiridion*", *Gregorianum* 56 (1975), p. 551-557.

[2] Courant, M., *Catalogue des Livres Chinois, Coréens, Japanais, etc.,* Paris, 1912, n° 6876-1878.

[3] Comparez par exemple ces sept préceptes avec la liste des vertus du *Huizuan gongguoge* 彙纂功過格 (1671) (A Synthetic Compilation of ledgers of merit and demerit) citée dans Sakai Tadao, „Confucianism and Popular Educational Works", dans de Bary, W.T. (ed.), *Self and Society in Ming Thought,* New York, 1970, p. 349-350.

[4] Le *Renhuiyue* de Wang Zheng est mentionné par M. Gernet (p. 56) ; pour Yang Tingyun: Ding Zhilin 丁志麟, Aleni, G., 艾儒略, *Yang Qiyuan xiansheng shiji* 楊淇園先生事蹟, 1628, p. 7b-8a (Courant, M., *op. cit.,* n°1016 iv, v.).

nu soit intrinsèquement différent en Chine et dans le christianisme, a pu rapprocher les missionnaires et les lettrés chinois (p. 194 *sq.*).

Et pourtant, concernant les opinions sur l'âme et le corps, la nature humaine et la culture de soi-même, „les différences entre morales chinoise et chrétienne sont radicales, non seulement parce que le christianisme proclame que la nature humaine est corrompue, mais parce que la Chine ignore l'idée de souverain bien, ce qui fait que les démarches sont l'inverse l'une de l'autre" (p. 217).

Les différences entre ces deux morales se manifestent surtout pour ce qui concerne la valeur que les chrétiens attachent à la vie éternelle. Aux yeux de beaucoup de lettrés chinois, les chrétiens détestent la vie. Les confucéens n'avaient pas besoin de l'idée d'une récompense dans un ciel ou d'une punition dans un enfer comme exhortation à faire le bien. Et le caractère définitif des rétributions dans le christianisme leur a semblé tout aussi injuste que le lien établi entre la foi et le salut. C'est surtout l'absolution entière et définitive des fautes et des crimes des hommes, opposée à la damnation des saints et des dieux de la Chine antique, qui a provoqué les réactions véhémentes des Chinois contre le christianisme. Selon les plus hostiles, le christianisme outrageait même les moeurs chinoises. Ils considéraient qu'en plaçant l'amour envers Dieu au-dessus de l'amour envers les parents de même qu'en négligeant les sacrifices aux ancêtres, les missionnaires étaient dépourvus de piété filiale. Au regard des normes chinoises, ils n'avaient non plus ni de compassion ni de pudeur. C'était en quelque sorte renverser l'ordre moral chinois lui-même. En définitive, les jésuites formaient un danger pour la paix du pays.

Ces différences entre la Chine et l'Occident se situaient aussi au niveau philosophique et théologique. Afin de propager leurs idées, les jésuites avaient choisi de les traduire en termes chinois, un grand pas en avant dans la méthode missionnaire de ce temps. C'est ainsi que les missionnaires ont été conduits à accepter la notion de „Ciel" (*tian*) de la Chine antique. Elle leur paraissait identique à la conception de Dieu des chrétiens. Et cela les a amenés à réfuter les „idées corrompues" des penseurs néo-confucéens des XIe–XIIe siècles et celles du bouddhisme. Mais il est important de noter que tant dans l'acceptation que dans la réfutation des idées chinoises, „les missionnaires ont eu recours dans leur augmentation aux notions statiques de la philosophie aristotélicienne: celles de forme, de matière, d'âme, de substance et d'accident ..." (p. 279). Allant plus en avant et confiants dans les „lumières de la raison naturelle", les missionnaires se sont efforcés de mettre en garde les Chinois contre ce qu'ils pensaient être des erreurs de jugement. Ce faisant, ils n'ont pas vu qu'ils étaient en présence d'une conception du monde et en face de pensées fondamentalement différentes des leurs et que ces modes de pensée étaient en rapport avec la morale, les attitudes religieuses, l'ordre social et politique des Chinois. Les Chinois ont édifié leur philosophie sur d'autres bases que les leurs.

Mais les différences entre les qualités de la théologie chrétienne et celles de la pensée religieuse chinoise vont plus loin encore. Puisant dans les textes antichrétiens du *Shengchao poxieji,* M. Gernet analyse profondément les divergences de vue concernant les idées métaphysiques sur les notions de ciel, de dynamisme universel, de création, d'incarnation et de péché originel. Par exemple, l'auteur explique clairement qu'à l'idée des chrétiens d'un Dieu personnel, irritable, miséricordieux, créateur du monde et souverain, commandant et intervenant, les Chinois opposaient celle d'un Ciel impersonnel, se confondant avec la nature, son ordre et son pouvoir indéfini de production (p. 263 *sq.*).

Mais les lettrés, dont beaucoup se sont réjouis de voir des étrangers qui pensaient comme eux et proclamaient qu'il faut respecter le Ciel, mettaient en avance une discussion plus profonde quant aux mystères qui sont l'essence même du christianisme. Par exemple, ils manifestèrent leur réprobation totale au sujet de „ce Yesu qui est mort cloué". „Que Jésus ait été condamné à mort selon les lois de son pays était pour eux objet de scandale et le supplice infamant qu'il avait subi leur semblait incompatible avec la dignité suprême d'un maître de l'univers" (p. 307).

Remarquons que ces critiques spécifiquement chinoises rejoignent là des critiques plus universelles envers le christianisme, comme par exemple la contradiction qui existe entre un Dieu tout-puissant, omniscient, créateur et gouverneur de l'univers, et celle d'un Lucifer qui a pu à la fois se révolter contre Lui et inciter au mal les premiers hommes, Adam et Eve.

„En fin de compte, ce que la critique chinoise des conceptions chrétiennes met en cause, ce sont les catégories mentales et les types d'opposition qui ont joué un rôle fondamental dans la pensée occidentale depuis les Grecs: être et devenir, intelligible et sensible, spirituel et corporel ..." (p. 282). Par contre, „l'originalité de la pensée chinoise se manifeste tout particulièrement dans le refus de distinguer un plan de vérités stables, séparé du monde des phénomènes, et de dissocier le rationnel du sensible" (p. 323).

Pour expliquer ces différences des conceptions chrétiennes et chinoises, M. Gernet se demande si elles ne tiennent pas à l'influence des particularités linguistiques. Selon lui, le développement de la philosophie grecque ou de la scolastique médiévale n'aurait pas été concevable à partir d'une langue telle que le chinois. „Structures et morphologie linguistiques semblent avoir orienté la pensée en Chine et en Occident dans des directions différentes et servi de base au développement de traditions intellectuelles et religieuses qui constituent de vastes ensembles indépendants" (p. 332).

Ces différences linguistiques n'expliquent probablement pas tout. Elles n'excluent pas que d'autres éléments aient pu influencer les deux traditions dans des domaines spécifiques. M. Gernet lui-même propose une théorie liant la structure conceptuelle de Dieu au type de la production économique locale (p. 206-207). En plus, certains personnages et certains faits historiques ont également pu modifier les traditions sur des points précis. Mais M. Gernet a surtout voulu démystifier l'idée que les catégories et conceptions de la philosophie occidentale puissent être universelles: „Notre Raison n'est pas plus universelle que ne l'est la grammaire de nos langues" (p. 323).

Cette grande méditation historique de M. Gernet fera date. Elle s'appuie, pour la première fois à notre connaissance, sur la prise en considération du point de vue chinois sur l'implantation du christianisme en Chine. Confrontant ce premier grand contact entre la culture occidentale et chinoise avec les idées spécifiquement chinoises et les tendances caractéristiques de la fin de Ming, M. Gernet a apporté maintes éléments neufs. Ce livre nous fait surtout connaître les critiques profondes de la philosophie chinoise vis-à-vis des grands thèmes de la théologie chrétienne. Il intéressera autant le spécialiste averti des problèmes chinois que celui vivant de la culture chrétienne. Mais nous pensons aussi que le grand public va pouvoir découvrir dans ce texte sous une forme érudite, un aspect du mystère de la communication entre les peuples. En conclusion, nous reprenons à notre compte la phrase finale de ce livre: „Plutôt que de récuser d'avance leurs arguments, peut-être valait-il la peine de s'instruire auprès d'eux" (p. 333).

*

JULIA CHING in *Monumenta Serica* 35 (1981–1983), S. 669–671.

At a time when the four hundredth anniversary of Matteo Ricci's entry into China is being remembered or celebrated, Jacques Gernet's book fills a timely need of recalling the history of Christian – especially Catholic – mission-history in China, in the light of critical scholarship. Gernet's scholarship is well known. In this book, he carefully cites from his knowledge of nearly all the important works in the Western languages while also referring to the collected writings of Chinese scholars. Not that his book is a new history of the Catholic mission in China. He himself insists that he merely relates the Chinese reactions to this „new" religion, and that, in order to discover what the seventeenth century contacts revealed of the „fundamental differences" (p. 9) between Eastern and Western conceptions regarding man and the world. According to Gernet, the Westerner, and the missionary especially, is „homo theologicus" (p. 11) and went to China to make the Chinese „think right" *(comme il faut),* by learning to distinguish between substance and accidents, soul and body, creator and creature, moral and natural good, logic and dogma, in order to be converted to Christianity. The Chinese, however, were intelligent enough to discover the covert intention of Jesuit enthusiasm, in the case of people like Ricci, not only for spreading the knowledge of Western science but also for finding apparent analogies between the Chinese and the Christian traditions, in what Gernet calls „une entreprise de séduction" (p. 25).

The book contains five chapters. In the Introduction, the author not only states his purpose for writing the book, but gives as well a fairly long section (pp. 5-23) to an analytic description of the kind of records he used and consulted. These include missionary accounts in both Chinese and Western languages, as well as the corps of seventeenth century Chinese writings relating to Christianity dispersed in various genres, including correspondence, prefaces, treatises, by both friends and foes of missionaries. Gernet himself is particularly attracted to the critical writers, and refers as well to anti-Christian polemics in Japanese. Starting from Chapter 1, which shows how Chinese attitudes toward missionaries moved from sympathy to hostility, as they discovered the intention to convert, Gernet goes on to explain and criticize Ricci's project of making use of Confucian classics to prepare for Christian evangelization, and of his polemical exchanges with Buddhist monks. Gernet gives the Rites controversy special examination, and through this, offers his own critique of the policy of cultural adaptation in the mission. He also opposes Chinese morality to Christian morality, moving from the „apparent similarities" to the deeper differences, pointing out how the other-worldly orientation of missionaries was considered by many Chinese as a „detestation" of this life and its values (Ch. 4). His final chapter contrasts and compares the Chinese notion of Heaven with the Christian idea of God, which he finds incompatible (Ch. 5).

In his book, Gernet, a Frenchman, writes not merely as a Sinologist, passionless and *sans parti pris,* but as being passionately involved in giving the world the truth about the other side, which he calls the Chinese side. He is eager to side with the missionaries' foes, for example, with Yang Guangxian (1567-1669), whom he cites repeatedly, and defends against his „Western" biographer in Arthur Hummel's *Eminent Chinese of the Ch'ing Period.* He quotes abundantly from Ricci's catechism („The True Idea of the Lord of Heaven") to show how Ricci tries to persuade his Chinese conversation partner in the book to accept scholastic philosophy and give up Buddhist beliefs as well as Buddhist-influenced Neo-Confucian interpretations of the classical texts. He cites from several of Ricci's opponents among missionaries, such as the Jesuit Longobardi and the Franciscan Antoine de Ste. Marie, usually to agree with their views about the incompatibility between Chinese mentality and Christianity. His basic thesis is that the effort to accommodate Christianity to Chinese culture is not only mistaken, but also an act of deceit, and could warp the fundamental orientation of this culture itself. He explains that while missionaries considered the Chinese language a poor instrument for the spiritual truths they wanted to convey, the Chinese civilization is actually the only one which has a respectable tradition of philosophical reflection not written in an Indo-European language (p. 325). As he rightly puts it, „the Chinese have built their philosophy on bases other than ours" (p. 274). Chinese thought affirms the unity of Heaven and man, accepts a principle of organization inherent in matter, and takes for granted a spontaneous, natural morality, where Christian missionaries insist on scholastic distinctions to uphold the unique transcendence of a personal God and the independence of spirit over matter, as well as a system of religious ethics based on revelation.

Gernet has done well to demonstrate the very real and basic differences between pre-modern Chinese morality and seventeenth century missionary attitudes grounded in the conviction that pagan souls had to be saved from eternal damnation. For him, those who favoured cultural accommodation as missionary policy were „seducers" of Chinese culture, while their opponents who appealed even to Rome for support were at least more honest.

Gernet raises a fundamental question about the relation between language and thought, which this reviewer finds important enough to report and discuss:

> Structures et morphologie linguistiques semblent donc avoir orienté la pensée en Chine et en Occident dans des directions différentes et servi de base au développement de traditions intellectuelles et religieuses qui constituent de vastes ensembles indépendants. Ce n'est pas que toute communication entre eux soit impossible: Matteo Ricci s'est exercé avec succès à traduire la scolastique du XVIe siècle dans une langue dont le génie était à l'opposé... Mais l'aptitude à pénétrer des formes de pensée étrangère n'est jamais le fait que d'un petit nombre; les cas individuels ne remettent pas en cause le caractère irréductible des oppositions générales. Notre Raison n'est pas plus universelle que ne l'est la grammaire de nos langues (p. 332).

As a self-critical statement about the unwarranted triumphalism of Western logic and Christian dogma, this is excellent. As an assumption about the extreme difficulty if not impossibility of communication between cultures as different as that of the West and traditional China, however, this raises other questions which should not be ignored. For, if the meeting of minds is so difficult on account of the uniqueness of the Chinese language, how could the latter become a vehicle for ideas of Western science and technology as well? Would Gernet see no way out, so to speak for Chinese civilization, except to develop itself in its own terms? And what would he have to say about the Japanese language and civilization and the Japanese advancements in science and technology in the same respect?

There is also the historical example of Buddhism, as a non-Chinese religion introduced into the cultural area. Since he accepts it as a Sinicized religion, how is it that he does not grant some measure of possibility for a Sinicized form of Christianity? Is not the policy of cultural accommodation in itself a kind of double-edged sword, which, while aimed at transforming, even warping, Chinese culture, could also transform the Christian message itself? Was that not a reason why Ricci's foes were so concerned about that particular policy? And what does he think of Leibniz' ingenious interpretation of Longobardi's treatise, which actually led to the German philosopher's own *Discourse on the Natural Theology of the Chinese?* Do not Leibniz' ideas show such possibility for mutual transformation, or would any form of transformation be considered by the author as deceit? „Plutôt que de recuser d'avance leurs arguments, peut-être valait-il la peine de s'instruire auprès d'eux" (p. 333). Leibniz not only would have agreed; he had even proposed inviting Chinese missionaries to Europe to teach Europeans about Chinese philosophy. Leibniz, however, believed much more in intercultural communication. In his insistence that only a few could understand each other, Gernet seems to be discouraging many from even trying to understand this unique Chinese civilization of the seventeenth century, his good intentions not withstanding.

Gernet's criticisms of missionaries, while well-founded, appear indiscriminate. He attacks not only the attempt to subvert Chinese culture, but also, consequently, the efforts to promote monogamy and priestly celibacy. Granted that the mistakes missionaries made were real, whether in the name of celibacy, for example, causing concubines to become supportless, and celibacy, especially in the distrust of Chinese priests as being perhaps incapable of remaining celibate. One wonders, however, whether Gernet prefers to have the Chinese continue their practice of polygamy and concubinage. Much more seriously, is not Gernet judging the missionaries in the light of today's standards for cultural encounter? Would it not be fairer to evaluate their historical behaviour against seventeenth century norms, which he does apply to their Chinese counterparts?

After all, there may be more than *one* Chinese side to the picture. Gernet has concentrated on the enemies of the missionary effort, to the neglect of the other side. In this sense, his work is not dialectical enough.

*

PAUL A. COHEN in *Harvard Journal of Asiatic Studies*
47 (1987) 2, S. 674-683.

The first half of the 1980s gave us a veritable feast of new books on the early Jesuit experience in China. Jonathan Spence's *The Memory Palace of Matteo Ricci* (New York: Viking, 1984) assembles in an ingenious way the details not only of the life of the great Jesuit founder but also of the several worlds in which Ricci lived. David Mungello, in his *Curious Land: Jesuit Accommodation and the Origins of Sinology* (Stuttgart: Franz Steiner Verlag Wiesbaden GmbH, 1985), focuses, as the book's title suggests, on the efforts of the Jesuits to find an accommodation between Western Christianity and the civilization of China and the impact that the published results of these efforts had on the first stirrings of sinology in seventeenth-century Europe. In two other studies, Jacques Gernet's *Chine et Christianisme: action et réaction* (Paris: Gallimard, 1982), the English translation of which is the focus of the present review, and John Young's *Confucianism and Christianity: The First Encounter* (Hong Kong: Hong Kong University Press, 1983), the accent is on conflict rather than accommodation, both authors concluding, after extensive reading in the Chinese sources, that Catholic Christianity and the culture of China (more specifically Confucianism in Young's case) were fundamentally and irreconcilably opposed.

Although Gernet and Young arrive at similar conclusions, the paths they take to get there are quite different. Young's account is structured around important individuals (Xavier, Ricci, Xu Guangqi 徐光啟, Yang Guangxian 楊光先) and events (the Nanjing anti-Christian incident of 1616-1617, the Jesuit defense of Christianity, the Rites Controversy), while Gernet's approach is more philosophically oriented, highlighting the contrast between Chinese and Christian views of morality, Heaven/God, the relationship between religion and politics, and so on. Moreover, although Gernet would not dispute Young's claim that the ground of conflict between Confucianism and Christianity was above all intellectual and moral, in accounting for Christianity's difficulties in China, Young gives somewhat more weight to the intractability of Confucianism – "It was the moral absoluteness of the Confucian tradition, supported by a Neo-Confucian metaphysical base, which was responsible for the failure of the first encounter between China and the West"[1] – while Gernet is more inclined to stress the Westerner's inability to compromise: "Instead of rejecting from the start the arguments of the Chinese, it might have been worth taking the trouble to learn from them" (p. 247). As suggested by the line just quoted, Gernet's ultimate em-

---

[1] Young, p. 128.

phasis is on the challenge posed for the Jesuits by the Chinese world, whereas the burden of Young's analysis is on the West's intellectual challenge to China.

One final difference between the approaches of the two scholars is that, although both posit the mutual impenetrability of Chinese and Western civilizations during the late Ming and early Qing, Gernet goes further than Young in articulating a philosophical basis for this impenetrability. The reason the missionaries frequently encountered difficulties of translation, in his view, was "that different languages express, through different logics, different visions of the world and man" (p. 2). "In Chinese, it is, for example, so difficult to express how the abstract and the general differ fundamentally, and not just occasionally, from the concrete and the particular" (p. 239). Gernet even goes so far as to assert that in China the missionaries "found themselves in the presence of a different kind of humanity" (p. 247).

I have grave reservations about the theoretical underpinnings of Gernet's analysis, which, for reasons I will come to presently, I find at bottom self-defeating. The contents of his book are nevertheless thoroughly engrossing. Through extensive translations from the Chinese, he gives us direct entrée to the reactions of both Confucian and Buddhist intellectuals to different facets of Christian doctrine and the Western world view in which it was embedded. Also, as a result of his intimate knowledge of the philosophical and religious traditions of both China and the West, Gernet is able to supply useful and persuasive interpretations of these reactions, greatly enriching our understanding of Chinese intellectual orientations. (See, for example, his presentation of the Buddhist monk Ruchun's attempt to understand the incarnation of Jesus in terms of transmigration, pp. 229-230.)

After an opening chapter in which he details the proselytizing strategies of the Jesuits, early Chinese reactions (mostly negative), and the post-Ricci beginnings of a less accommodationist approach, Gernet in Chapter 2 presents a fascinating account of the various ways in which Christianity and even the missionaries themselves were assimilated into the beliefs and practices of Confucian scholars, Buddhist monks, and the common people. This was still the period in which, as a result both of the missionaries' own tactics and of Chinese unfamiliarity with the new teachings from the West, the identity of Christianity remained blurred in people's minds. On the folk religious level, the Chinese penchant for rampant deification was expressed in the making of Ricci (who had been the first to introduce clocks that chimed the hours) into the patron saint of clockmakers in Shanghai, while on the level of the educated elite the Christian-Confucian syncretic tendencies of such famous converts as Xu Guangqi and Yang Tingyun occasioned more than a little uneasiness among some of their missionary mentors.

As significant numbers of missionaries became less accommodationist after Ricci's day, partly it would appear because of their horror at the kind of Christians a Christianity deeply compromised by Chinese philosophical and cultural categories tended to produce, and as educated Chinese themselves became clearer as to the ways in which Christianity differed doctrinally from both Confucianism and Buddhism, the stage was set for the more stridently hostile reactions that are the focus of Chapters 3-5 of Gernet's study. Chapter 3 explores the difficulties the missionaries got into owing to their radically different conception of the relationship between the religious and the political realms. Given the fundamental distinction in Christian thought between the spiritual and the temporal, it was possible from the Western point of view to be both a good Christian and a loyal subject. The missionaries therefore "often protested their good faith and their submission and devotion to the emperor, declaring that affairs of state did not fall within their domain" (p. 140). In order for this quasicontractual arrangement to work, however, the state for its part had to acknowledge the existence of a spiritual realm that lay outside of and above the sociopolitical order. Since such a distinction was neither comprehensible nor acceptable to the Chinese, with their deep-seated conception of the dominance of the political realm over the religious, Christianity came to be viewed with increasing suspicion and eventually was consigned to the category of the deviant or heterodox.

Chapter 4 begins with a recitation of the apparent analogies between Chinese and Christian morality, but Gernet quickly scotches any thought of a possible basis for genuine reconciliation between the two, informing us that "in fact, the preoccupations of the Chinese were fundamentally different from those of the missionaries" (p. 145). "In the Christian view, the only truth and perfection lie outside this world; man must fight against his own nature, against his body and all its temptations, for the only thing that matters is the salvation of his soul. Chinese morality, in contrast, is founded upon the idea of an immanent order that is present not only in the cosmos and society, but also in man himself" (p. 192).

In the concluding chapter of the book, Gernet finds this same basic and irreducible conflict between Chinese and Christian conceptions of Heaven/God: "The Christian idea of a personal God, now angry, now merciful, who created the world and governs and intervenes in the details of individual existences and who has a history since he became incarnate in a particular place at a particular time, is countered by the Chinese idea of an impersonal Heaven which is at one with the order of nature and its limitless power of production. For the Chinese, there is something divine in the very functioning of the universe, but it is a divine quality that is immanent in the world. There is no being or truth which transcends it" (p. 212).

I have let Professor Gernet speak for himself in the preceding paragraphs partly to convey a sense of the utter consistency with which he maintains his position and partly to demonstrate just how severe and uncompromising this position is in its formulation. "Ultimately," the author tells us in one of his periodic summations, "what the Chinese criticisms of Christian ideas bring into question are the mental categories and types of opposition which have played a fundamental role in Western thought ever since the Greeks: being and becoming, the intelligible and the sensible, the spiritual and the corporeal. Does all this not mean that Chinese thought is quite simply of a different type, with its own particular articulations and its own radical originality?" (p. 208).

This is, indeed, the crucial, bedrock question. And Gernet's affirmative response, with its starkly relativist implications, may possibly be correct. It cannot be *proved* correct, however, any more than the radical counterrelativist position (which, based on the assumption of a common humanity, allows for the possibility of total intercommunication among representatives of sharply different cultures) can be proved correct. For practical purposes, therefore, the issue resolves itself into one of reasonableness and persuasiveness. I do not sense Gernet's interpretation to be reasonable. I definitely do not find it persuasive. In the balance of this review I shall try to indicate why.

First, although readily acknowledging that the opponents of Christianity, on whose writings he relies so heavily, "pursued a sometimes vehement and passionate line that revealed fundamental differences between the two mental universes" (p. 5), Gernet himself all too often accepts this line uncritically as a simple straightforward representation of reality. Since he fails to correct for the possibility that, like impassioned opponents of ideas anywhere, the Chinese enemies of Christianity might have overstated the differences between Chinese culture and the culture of the Christian West, he runs the risk of incorporating such overstatement into his own portrayal of these differences. The uninitiated reader would never guess, for example, from Gernet's account of the harsh Chinese condemnation both of the Western practice of monogamous marriage and of the high moral value Westerners attached to female celibacy that the virtues of monogamy were occasionally extolled by Chinese themselves[2] or that Chinese gazetteers teemed with laudatory accounts of widows who preferred suicide to remarriage. The basis for the positive valuation attached to female chastity by many Neo-Confucians (not to mention Chinese Buddhists) was of course very different from the

---

[2] Paul S. Ropp, "The Seeds of Change: Reflections on the Condition of Women in the Early and Mid Ch'ing," *Signs: Journal of Women in Culture and Society* 2.1 (Autumn 1976): 5-23.

Western Christian justification for this practice. But that is a quite different matter from suggesting, as Gernet does, that female celibacy was uniformly condemned in China as "unnatural" (p. 191). It was indeed condemned as unnatural by some Chinese, but there were other Chinese for whom celibacy represented the highest embodiment of female loyalty and honor – or, in the case of Buddhists, renunciation of worldly attachment.

This brings us to a second (and related) difficulty with Gernet's analysis, which is the author's tendency to depict Chinese (and Western) cultural orientations as if, first, they were fixed for all time and, second, they at any given point in time were basically the same for all segments of society. One wonders how a Xunzi would respond to the statement that "knowing nothing of the radical distinction between reason and the passions, the Chinese were unable to conceive that the mind might be entirely independent of the senses" (p. 149) or what a sincere believer in one of the folk Buddhist sects described by Daniel Overmyer and Susan Naquin[3] would do with the confident assertion that "In China ... religious matters are inseparable from the affairs of state" (p. 108) or that "miracle-workers had always been regarded as troublemakers in China" (p. 125). There are ample indications both in the present work and in Gernet's other writings that the author is conversant with Chinese popular religious traditions. However, in these pronouncements he seems to suspend whatever knowledge he has acquired about these traditions and to view them from the essentially hostile perspective of the Chinese scholar-official elite. Certainly, from the vantage point of a White Lotus sectarian, religious matters occupied a place quite separate from the political sphere and people who worked miracles were treated, not infrequently, with a respect verging on awe.

My sense is that Gernet's tendency to overgeneralize about Chinese cultural orientations and to suggest, rather ahistorically, that these orientations were "fixed" in time is a direct consequence of the cultural-contrast approach that he adopts throughout the book. Since, as I have argued elsewhere,[4] the locus of comparison in such an approach is not the differences between earlier and later points in time within a single culture but the differences between one culture and another (in this case China and the West), attention is naturally riveted to the more stable, ongoing features or properties of a culture – a culture's intrinsic nature – and this in turn encourages a re-

---

[3] See, e.g., Overmyer's *Folk Buddhist Religion: Dissenting Sects in Late Traditional China* (Cambridge: Harvard University Press, 1976), and Naquin's *Millenarian Rebellion in China: The Eight Trigrams Uprising of 1813* (New Haven: Yale University Press, 1976).

[4] *Discovering History in China: American Historical Writing on the Recent Chinese Past* (New York: Columbia University Press, 1984), pp. 189-190.

latively static, unchanging picture of that culture's past. It encourages such a picture; it does not however require it. By paying closer heed to the fissures within Chinese culture and to the changes that occurred in this culture over time, Gernet might have come up with a less schematic – and hence more convincing – portrayal of the late Ming–early Qing intellectual encounter between China and the West.

Let me address, finally, what I see as the most vulnerable part of Professor Gernet's analysis: his linguistic/conceptual relativism. As one who has himself recently been characterized as leaning toward a "relativistic view of historical knowledge,"[5] I raise this issue with a certain amount of trepidation. But it must be raised because Gernet, implicitly throughout his book and explicitly in its concluding pages, advances a linguistic determinism so powerful, at least in potential, as to place in jeopardy any sort of meaningful cross-cultural inquiry or understanding. It is true that the author's statements in support of such a determinism are sometimes softened to a degree, as for example when he suggests that, "taking a language such as Chinese as a starting-point," it "probably" would not "have been possible for Greek philosophy or medieval scholasticism to develop" (p. 239). If Gernet's own assertions are occasionally guarded, however, those of the thinkers he cites with approval and uses to buttress his case are not. Two conspicuous examples are Emile Benveniste ("Language provides the fundamental configuration of the properties that the mind recognises things to possess," p. 240) and Nietzsche, who wrote: "The wonderful family resemblance of all Indian, Greek and German philosophising is easily enough explained. In fact, where there is affinity of language, owing to the common philosophy of grammar – I mean owing to the unconscious domination and guidance of similar grammatical functions – it cannot but be that everything is prepared at the outset for a similar development and succession of philosophical systems" (pp. 238-39).

The trouble with this whole train of reasoning has been pointedly identified by Henry Rosemont in his essay "Against Relativism." If, Rosemont argues, our assumptions, beliefs, and presuppositions about the universe, as well as our very conception of what it is to be human, are "overwhelmingly determined for us by a set of highly specific environmental circumstances ranging from social relations accompanying stages of history and/or culture to the peculiarities of the syntax of our native tongue," acute problems of mutual comprehension are created. These problems, moreover, are created not just for contemporaries operating out of different cultural contexts (such as seventeenth-century China and the seventeenth-century West) who seek to

---

[5] Tongqi Lin, "The China-Centered Approach: Traits, Tendencies, and Tensions," *Bulletin of Concerned Asian Scholars* 18.4 (Oct.–Dec. 1986): 58.

understand each other. They are also created and indeed are "particularly acute for comparative philosophers, who share a concern and commitment to bring Western philosophical perspectives to bear on the study of non-Western textual materials, and vice versa. If ... the producers of those texts came from cultures very different from the contemporary West – and it is obvious that they did – and if the languages in which they wrote have phonetic, syntactic, and semantic properties very different from, say, contemporary English [or French] – and it is obvious that they do – then what reasons can be given for believing that we might ascertain, even in principle, what those texts said to the people who could read them at the time of composition? Can we really translate and interpret Sanskrit, classical Chinese, or other non-Western texts without imposing our own linguistic, cultural, historical, ontological and other categories thereon? Mustn't these texts ultimately be seen as a series of sophisticated Rorschach blots?"[6]

Since Gernet gives us no reason for supposing that the language of twentieth-century Frenchmen is any closer to seventeenth-century Chinese than the languages used by Western missionaries in the seventeenth century, it is hard to understand the logical basis for his apparent confidence that he not only can penetrate the mental categories of the Chinese world of three centuries ago but can describe the fundamental structures of this world accurately and sympathetically in late twentieth-century French. If *he* can do this, we might well ask, why could not Chinese and Westerners of the seventeenth century have done so equally well? Perhaps the answer is that they could have but chose not to. This answer, however, if it has merit, opens up a floodgate of explanatory possibilities that remain unexplored in this book. On a general level, it offers a more optimistic view of the degree of freedom of choice available to human beings in culture-conflict situations. More specifically, it suggests that in the exercise of such freedom people may be guided by a wide range of factors, some of which, like psychology, are rooted in a common human condition. I do not mean here to make the case for the psychological explanation as such; certainly this can be no less reductionist than the argument based on language difference. But an analysis of situations of cultural conflict that gives due weight to more universal factors, such as psychology, does at least allow for the possibility of human beings understanding, describing, and even learning from cultures very different from their own, whereas an analysis that places as much emphasis as Gernet's on language as a barrier to intercultural communication poses a serious threat to this possibility.

---

[6] "Against Relativism," in Eliot Deutsch and Gerald Larson, eds., *Interpreting Across Boundaries: New Essays in Comparative Philosophy* (Princeton: Princeton University Press, 1988), p. 38.

KEITH PRATT in *Bulletin of the School of Oriental and African Studies* 51 (1981) 1, S. 170-172.

In *Christianity in China: early Protestant missionary writings* (ed. Suzanne Wilson Barnett and John King, Cambridge, Mass., 1985, rev. *BSOAS*. L, 3, 1987), nine scholars assessed the presentation of the Christian message and its impact on local Chinese communities through an examination of the Chinese writings of selected nineteenth-century missionaries. In his introduction to that volume, John K. Fairbank wrote that "in need of substantial Sinoforeign attention is the Roman Catholic experience in China of the sixteenth and seventeenth centuries." In Jacques Gernet's *Chine et Christianisme* (Paris, 1982) a major study of that subject already existed, and it is good that an English translation has appeared so quickly. These two books represent a new generation of research into the persistent Western attempt to infiltrate the Chinese religious system, making extensive use of Chinese sources and endeavouring to understand the Chinese reaction to Christianity in their own terms. What they reveal about the Chinese attitude to the Christian message should concern Western churchmen today. In particular, the book under review goes far beyond a description, however detailed, of the religious dialogue between seventeenth-century scholars of East and West, concluding with a provocative thesis on the differences of mental categories in China and the West and the differences in linguistic concepts and frameworks which have so bedevilled missionary teachers. "The structure of Indo-European languages seems to have helped the Greek world – and thereafter the Christian one – to conceive the idea of realities that are transcendental and immutable as opposed to realities which are perceived by the senses and which are transitory ... Chinese thinkers are concerned not with eternal realities revealed by the use of reason and discourse, but rather with the phenomena of growth and decline." The attempt, Garnet implies, to gain a mutual understanding of religious concepts through the use of languages so loaded with apparent affinities but actual barriers (the underlying meaning of Shang Ti, for example), is doomed to failure: "The analogy between Chinese and Christian precepts can be no more than a deceptive appearance, for in Chinese morality there is no such thing as aspiration towards a God external to this world." There is an important point here for the historian of religion, although Christians in China today might take exception to the use of the present tense, and it might further be argued that Gernet dismisses rather lightly the depth of faith professed by educated Chinese converts in the Jesuit period.

In general, the Jesuit missionaries have had a better press than their Protestant successors, and one of the more fascinating but hitherto unsatisfactorily answered questions about their two centuries in China has been the reason for their comparative lack of enduring impact. They were, as every undergraduate knows, understanding in their rather tolerant approach to Chinese rites (it was their rivals the Franciscans and Dominicans, and the Papacy, who were so utterly unreasonable), they concentrated their appeal primarily on the educated elite, and Chinese intellectuals appreciated the chance to hold scientific discussions with them. *China and the Christian impact* offers a more balanced perspective. The concessions made to Confucianism at court were by no means representative of the Christian attitude towards the Chinese religious system as a whole. The idolatry of Buddhism, in particular, they denounced with as much vehemence as did Protestants in the nineteenth century. Opportunities for proselytization among the common people were by no means ignored, indeed to some missionaries they seemed especially inviting: in 1701, for example, Father Foucquet writes from Nanking, "Here, following our Saviour's example, we can point to the effectiveness of our mission, in that we are preaching to the poor. In China, as everywhere else, one finds among them fewer obstacles and more docility in the face of the truths of salvation than one does among the great and powerful of the age." In fact, amongst the poor, the unsophisticated, the rich and the educated alike, some found grounds for the acceptance of Christianity based on a syncretism with Confucianism or Buddhism – an understanding which the more perspicacious missionaries were loath to accept – some on a simplistic view of the religion which put it into the same sort of category as China's own numerous deviant sects. The majority, on the other hand, including many scholars, found the social and intellectual claims of Christianity just too extravagant. Jacques Gernet's splendid use of Chinese writings demonstrates that Chinese powers of logical disputation had come a long way since the fifth–sixth century, when the Buddhist apologist in the *Mou Tzu* had only been able to answer Confucian criticisms by refuting and not disproving them. Now, however, having learned to debate, their earthbound logic all too often made it impossible for them to take the leap of faith demanded by the apparently absurd and paradoxical claims of the foreign creed.

This exhilarating book, exploring so many writings by both missionaries and Chinese converts and critics, makes it plain that the Christian experience during the Jesuit era was one of confrontation with many of the same problems that were encountered in the nineteenth century. In terms of its social content, Christianity ran up against – or was forced up against, as a result of intransigent missionary attitudes – the powerful demands of filial piety and ancestor worship as well as widespread Buddhist customs; its messianic promises were easily confusable with the inducements of Chinese religious sects and were seen as dangerous as well as heterodox. Missionaries in the seventeenth century were accused, just as they were two hundred years later, of paying people to be converted, and worse, of using the organs of dead babies for immoral purposes. Doctrinally, there were barriers to the easy acceptance of the creation story, the incarnation, the resurrection, the concept of original sin and redemption, both because of their own intrinsic illogicality according to the Chinese point of view, and because of their frequent incompatibility with Buddhist teaching. On the whole, the Chinese of the period were spared the wide variety of doctrine and practice which so confused their descendants in the Protestant age. But the wording of Professor Gernet's own comments on Christian doctrine occasionally reveals how difficult it is to define a non-controversial view on issues which educated Chinese were well accustomed to debating. He writes (p. 215) that "Christian ecstasy ... stands in opposition to the Buddhist states of deep calm in which all distinction between the self and the absolute are abolished." Many Christians would take issue with this and with his assertion that "the realization of the absolute within the individual is ... incompatible with the persistence of the illusion that a self or individual soul exists at all." Much depends here on the significance of "realization," and whether it means "achievement" or "appreciation". Elsewhere, however, Gernet seems to distance himself further from the Pauline view of man as the temple of God when he apparently concurs with Ricci's condemnation as heretical of a Chinese suggestion that "the Master of Heaven, the Sovereign on High (*tianzhu shangdi*) is within every being and is one with it" (p. 154). Some of the Jesuit missionaries and, I sense, Professor Gernet, had no time for those who saw similarities between the neo-Confucian concept of the Supreme Ultimate and its spiritual implications, and the Christian understanding of God. Yet this has still seemed fruitful ground for exploration by some in modern times, an area where the chance of some degree of understanding, at least, between the mystical systems of East and West, may be realized.

*

WU XIAOLONG 吴小龙: **Der gescheiterte Dialog.
Jacques Gernet und sein Werk**
Der Konflikt der chinesischen Kultur und des Christentums.[1]
Zusammenfassende Übersetzung der Rezension
in *Jidujiao wenhua xuekan* 基督教文化学刊 1999/2, S. 319-332
von BARBARA HOSTER, unter Mitwirkung von FELIX BOHLEN.

Der Dialog zwischen China und dem Westen, ihr Austausch und ihr Konflikt, sind ein unübersehbares Thema in der neueren chinesischen Geschichte und Geistesgeschichte. Obwohl die anfängliche Begegnung beider Kulturen vielversprechend begann, setzte sie sich doch nicht so hoffnungsvoll fort. In Jacques Gernets wichtiger historischer Darstellung des ersten Kontaktes von chinesischer Kultur und Christentum erkennen wir interessante Irrtümer auf beiden Seiten. Was nach tieferem Verständnis und wechselseitiger Ergänzung aussah, erwies sich als grundsätzliches Missverständnis, die historische Chance eines wirklichen Kulturaustausches und Dialogs scheiterte. So bleibt der Nachwelt nur die Enttäuschung über dieses Scheitern und die Anregung, über die Gründe dafür nachzudenken.

1

Das Christentum war nicht erst gegen Ende der Ming-Zeit nach China gekommen. Bereits während der Tang-Zeit war die „leuchtende Lehre aus Da Qin" (*Da Qin jingjiao* 大秦景教) weit verbreitet. In Dadu (Beijing), der Hauptstadt der Yuan-Dynastie, gab es einen Bischofssitz. Aber diese kurze Blütezeit des Christentums hat in der langen Kulturgeschichte Chinas keine bleibenden Spuren hinterlassen. Erst an der Wende vom 16. zum 17. Jahrhundert kam es zu einer wirklichen Begegnung dieser beiden hochentwickelten, aber sehr verschiedenartigen Kulturen, und es waren die Jesuiten, die diesen Austausch aktiv vorantrieben. Matteo Ricci entwickelte eine geeignete Missionsmethode für China, indem er zunächst von einer breit angelegten Missionierung abriet und statt dessen empfahl, den Dialog mit chinesischen Gelehrten über die fortschrittlichen europäischen Kenntnisse in Astronomie, Kalenderwesen und Technik zu suchen. Indem die Missionare die chinesi-

---

[1] *Zhongguo wenhua yu jidujiao de chongzhuang* 中国文化与基督教的冲撞 (Shenyang: Liaoning renmin chubanshe, 1989), chinesische Übersetzung von *China and the Christian Impact. A Conflict of Cultures* (Cambridge 1985), der englischen Version von Jacques Gernets *Chine et christianisme, action et réaction* (Paris 1982). – Für alle in der Rezension angeführten Textstellen der chinesischen Übersetzung werden die entsprechenden Stellen der vorliegenden deutschen Neuausgabe angeführt. [Anm. Übers.]

schen Klassiker und Literatur studierten, sollten sie die sprachliche Kompetenz zum Dialog mit den Gelehrten erwerben und sich deren Sprache bedienen, um christliche Glaubensinhalte darzulegen. Auf diese Weise sollte das Verständnis der chinesischen Bildungsschicht für das Christentum geweckt werden. Diese „Methode Riccis" erlangte Berühmtheit und erzielte beträchtliche Erfolge. Eine Zeitlang blühte diese für den kulturellen Austausch so förderliche Atmosphäre. Die chinesischen Gelehrten bewunderten die aus Europa mitgebrachten „wunderbaren Maschinen" und die moralische Bildung der Missionare. Doch auf die Dauer konnte dieser freundschaftliche Umgang der chinesischen Gelehrten mit den „besonderen Menschen"[2] aus dem fernen Westen nicht aufrechterhalten werden. Die grundsätzlichen Unterschiede und Widersprüche in den Wertesystemen beider Kulturen, insbesondere in Fragen des Glaubens, ließen sich nicht länger verdecken.

Darüber war sich Matteo Ricci im Klaren. Er versuchte jedoch, die Widersprüche zu umgehen, indem er bewusst die chinesischen Klassiker falsch auslegte, um den Dialog fortzusetzen und die Chinesen an den christlichen Glauben heranzuführen.[3] Listig entdeckte er Gemeinsamkeiten zwischen den chinesischen Begriffen „Himmel" (*tian* 天) und „höchster Herrscher" (*shangdi* 上帝) mit dem christlichen „Gott" (*tianzhu* 天主) und erklärte in seinem Werk *Die wahre Bedeutung des Herrn des Himmels* (*Tianzhu shiyi* 天主实义), dass sich *shangdi* und *tianzhu* nur dem Namen nach unterschieden. In einem Brief[4] erläuterte er seine Vorgehensweise in diesem Werk folgendermaßen: Er wolle nicht die chinesischen Begriffe kritisieren, sondern ihre Übereinstimmung mit dem Begriff *shangdi* erklären. So könne man bei der Auslegung der Klassiker den eigenen Begriffen folgen, ohne die chinesischen übernehmen zu müssen. Um Chinas herrschende Gelehrtenschicht nicht zu beleidigen, solle man keine abweichende Meinung äußern, sondern ihren Begriff des „großen Äußersten" (*taiji* 太极 [i.e., das höchste Prinzip des Kosmos]) als dem allem zugrundeliegenden Prinzip akzeptieren und ihn mit Gott gleichsetzen. Ebenso wollte er die Worte des Konfuzius für seine Zwecke nutzen. Aus seiner Strategie der „Beherrschung des Konfuzianismus" kann man ersehen, dass er die traditionelle Methode der gebildeten Chinesen, ihre eigenen Gedanken mithilfe der *Sechs Klassiker* darzulegen,

---

[2] *Jiren* 畸人, von Matteo Ricci gebrauchte Selbstbezeichnung im Titel seines Werkes *Jiren shi pian* 畸人十篇 (Zehn Schriften eines besonderen Mannes, 1608). – [Anm. Übers.]

[3] Siehe dazu S. 33-39 der vorliegenden Ausgabe („Die Klassiker als Stütze") [Anm. Übers.].

[4] Riccis Brief an den Jesuitengeneral im Jahr 1604 (Biblioteca Casanatense, ms Nr. 2136).

verstanden hatte. Er versuchte auf dieselbe Weise zu zeigen, dass es große Übereinstimmungen zwischen den chinesischen Klassikern und der christlichen Lehre gab – es ist schwer zu sagen, wie viel ehrliche Identifikation mit den Klassikern in dieser irreführenden Auslegung steckt.

Diese Deutungsmethode Riccis stieß auf große Zustimmung bei den chinesischen Gelehrten und Beamten, auch bei den sogenannten „drei Säulen" des Christentums, Xu Guangqi, Li Zhizao und Yang Tingyun. Sie sahen Riccis himmlische Lehre als eine Morallehre an, die der überlieferten Lehre der Weisen Chinas ähnelte.

Gernet schreibt zu der Rezeption der von Missionaren verfassten Werke durch chinesische Konvertiten: „Diese so überraschende Mischung von Moral, Religion und Wissenschaft ist, wie man noch sehen wird, ziemlich häufig: Die Lehren der Missionare bilden für die Chinesen ein Ganzes." (Gernet, S. 49). Eine Hauptzutat dieser Mischung war jedoch die Annahme der Möglichkeit einer gegenseitigen Verständigung zwischen Christentum und Konfuzianismus. In der Rezeption der chinesischen Gelehrten erschien das Christentum wie eine Weiterentwicklung und Ergänzung des Konfuzianismus. Damit schwächte sich das Konfliktpotential, das im Christentum als einer verschiedenartigen Kultur steckte, erheblich ab. Der Zusammenprall der Wertvorstellungen dieser zwei unterschiedlichen Kulturen ließ sich zwar letztendlich nicht verhindern, jedoch hinauszögern, bis sich durch einen weiteren Austausch und ein gegenseitiges besseres Verständnis günstigere Bedingungen für die Konfrontation mit kulturellen Unterschieden eingestellt haben würden. Diese wechselseitige Taktik der Konfliktvermeidung sollte man nicht zu scharf kritisieren. Gernet schreibt dazu: „Es gab eine Art Verschwörung, ein schweigendes Einverständnis zwischen den Gelehrten, die den Missionaren wohlgesinnt waren, und gewissen Missionaren, die zu sehr der Universalität der menschlichen Vernunft vertrauten. So hatte das Durcheinander von chinesischen und christlichen Vorstellungen entstehen können." (Gernet, S. 44). Seiner Ansicht nach gab es sogar Beweise dafür, dass Xu Guangqi, Li Zhizao u.a. sich der grundlegenden Unterschiede zwischen Konfuzianismus und Christentum bewusst waren. Auf jeden Fall gab es zwischen ihnen und Ricci eine unausgesprochene Abmachung darüber, dass nicht die Unterschiede zwischen Chinesen und Ausländern oder ihren jeweiligen Kanons und Gesetzen wichtig waren, sondern eine Art komplementärer Dialog, ein fortgesetzter Austausch und das Vertrauen auf eine vernünftige Kommunikation. Hinzu kam die für chinesische Gelehrte typische gleichmütige Haltung gegenüber religiösen Fragen. Alle diese Faktoren führten dazu, dass sich im 17. Jahrhundert eine harmonische Annäherung zwischen Konfuzianismus und Christentum herausbildete, die Gernet als

„widersinnige Synthese" beschreibt.[5] Dieses harmonische Verhältnis hatte jedoch aus der Sicht des Christentums einen hohen Preis: Man konnte den Chinesen die „Mysterien, die das eigentliche Wesen des Christentums ausmachen" (Gernet, S. 278), wie Erbsünde, Erlösung, Inkarnation und Dreifaltigkeit, nicht erklären, weil die Chinesen diese weder verstehen noch akzeptieren konnten. Daher mussten man es den chinesischen Gelehrten überlassen, den christlichen Glauben nach ihren eigenen Vorstellungen und im Sinne einer „Ergänzung des Konfuzianismus" (*bu Ru* 补儒) auszulegen. Ähnlich der früheren Sinisierung des Buddhismus vollzog sich jetzt eine Sinisierung des Christentums, das als eine Mischung aus der Verehrung des Himmels und der Heiligen, guten Taten und Menschenliebe verstanden wurde. Dazu kam die Rezeption westlicher Naturwissenschaften und Technik wie der Kalenderberechnung, was alles zusammen die sogenannte „himmlische Lehre" ergab. Wäre diese Entwicklung nicht von einem Dynastiewechsel in China unterbrochen worden, hätte sie sich langfristig fortsetzen können. Dann wäre das Christentum neben dem Konfuzianismus, dem Buddhismus und dem Daoismus vielleicht zu einer weiteren in China herrschenden Lehre geworden und alle vier wären zu einer Einheit verschmolzen (*si jiao heyi* 四教合一). Eine andere Art der Rezeption des Christentums war auch den „drei Säulen" des Christentums, Xu Guangqi, Li Zhizao und Yang Tingyun, trotz ihrer Aufgeschlossenheit nicht möglich. Sie besaßen nicht die Weitsicht, dem Christentum diejenigen Merkmale zu entnehmen, die die chinesische Kultur entbehrte, und damit die einheimische Kultur zu transformieren.

Eine solche Glaubensverbreitung, die auf der Angleichung von Glaubensinhalten beruhte, war aber nicht im Sinne der christlichen Missionare und der europäischen Kirche. Selbst Matteo Ricci beabsichtigte mit seiner Missionsmethode nicht, sich mit dem Konfuzianismus zu identifizieren, sondern die Konfuzianer zu seinem eigenen Glauben zu führen. Der Buddhismus hatte seiner Sinisierung nichts entgegensetzen können, da er in seinem Ursprungsland schwach und im Niedergang begriffen gewesen war. Die starke europäische Kirche hingegen konnte die Entstehung einer häretischen sinisierten Kirche nicht zulassen. Dies führte dazu, dass sich der freundschaftliche und offene Dialog und Austausch zwischen chinesischer Kultur und Christentum am Ende der Ming-Zeit nicht weiterentwickeln konnte.

---

[5] In der vorliegenden deutschen Ausgabe (S. 287) lautet die entsprechende Textstelle: „Zu Beginn des 17. Jahrhunderts hätte nicht viel gefehlt und eine Art konfuzianisch-christlicher Synkretismus wäre entstanden, den die scharfsichtigsten Missionare und die chinesischen Gegner der europäischen Lehre mit dem Hinweis bekämpften, dass er widersinnig sei." – [Anm. Übers.]

2

Im chinesischen Denken von der Vergangenheit bis in die Gegenwart gibt es gegenüber religiösen Fragen in der grundsätzlichen Einstellung, der psychologischen Disposition und des gedanklichen Rahmens eine Einheitlichkeit und Kontinuität, die sich lediglich durch ihre Ausdrucksweise und ihren Wortschatz unterscheiden. So halten uns die Reaktionen der Ming-zeitlichen Gelehrten auf das Christentum einen geschichtlichen Spiegel vor. Dazu Gernet (S. 90):

> Für den Unterschied zwischen chinesischer und christlicher Verhaltensweise ist übrigens sehr bezeichnend, was die konvertierten Gelehrten zu Beginn des 17. Jahrhunderts zugunsten der Lehre vom Herrn des Himmels sagen:
>
> – die Lehre der Missionare bezieht sich auf Formulierungen in den Klassikern; sie kehrt zum Konfuzianismus des Altertums zurück;
>
> – sie ist eine Art Rezept für die rechte politische Ordnung; würde jedermann ihre Vorschriften beachten (chinesische Vorschriften übrigens: den Himmel ehren und fürchten), käme das goldene Zeitalter der drei Dynastien (Xia, Yin und Zhou) wieder;
>
> – man wage den Versuch: Die Resultate werden es weisen;
>
> – die „himmlische Lehren" (*tianxue*) umfassen Moral, Wissenschaft und Technik: All das ist dem Reich von Nutzen.

Aus diesen Punkten lässt sich ersehen, dass die Gelehrten das Christentum aus philosophischen, moralischen, technischen und ordnungspolitischen Gesichtspunkten loben, aber nicht aus religiösen. Ihr Rationalismus übersteigt bei weitem ihr religiöses Gefühl. Sie hegen gegenüber letzterem ein tiefes Misstrauen und meinen, dass religiöser Fanatismus im Volk unweigerlich zu Hexerei, Aberglauben und Häresie führt. „Nichts scheint ihnen für die gesellschaftliche Ordnung gefährlicher als religiöse Begeisterung, und nichts sehen sie gern, was dem Gefühl für die Ordnung der Welt und der dazugehörigen Sittlichkeit schaden könnte" (Gernet, S. 91). Diese Einstellung der chinesischen Gelehrten hat verschiedene Gründe: Sie beruht zum einen auf dem Bedürfnis, das die von der Landwirtschaft geprägte Produktions- und Lebensweise in China an die Religion stellt, nämlich dass Religion zum seelischen Trost, zur gesellschaftlichen Aussöhnung, zur sittlichen Zucht und emotionalen Selbstbeherrschung beitragen und damit die Stabilität der bäuerlichen Gesellschaft aufrechterhalten soll. Die Geringschätzung von und Wachsamkeit gegenüber religiösem Eifer war verbunden mit einer rational gefärbten religiösen Gleichgültigkeit der chinesischen Gelehrten. Diese Indifferenz und der Hang zum Synkretismus überraschten und empörten die „an starre Dogmen und Festigkeit des Glaubens gewöhnt[en]" Missionare (Gernet, S. 83). Aufgrund ihrer eigenen religiösen Empfindung war für sie diese rationale und pragmatische Einstellung der Chinesen gegenüber jeglicher Religion nicht akzeptabel. Die Chinesen tolerierten alle Religionen, solange sie die Menschen befriedeten, die gesellschaftliche Stabilität bewahrten und das Volk nicht aufwiegelten. Zweitens war für die chinesischen Gelehrten der Konfuzianismus eine normative Religion, die über allen kleinlichen Glaubensregeln stand, und eine emotionale Bewusstheit, die alle anderen Religionen überstieg. Bestenfalls konnten die anderen Religionen den Konfuzianismus in irgendeiner Hinsicht ergänzen, ihn jedoch niemals übertreffen. Das Verhalten der Konfuzianer gegenüber anderen Religionen ließ sich je nach Situation als stillschweigendes Dulden, offene Aufnahme oder nötigenfalls als Ablehnung beschreiben. Nach dem bekannten Diktum von Xu Guangqi („Wenn wir uns bemühen, diese Lehre [das Christentum] anzupassen, könnte man mit ihr bestimmt den Konfuzianismus stärken und den Buddhismus ersetzen")[6] suchte man im Christentum sittliche Vorschriften, die das konfuzianische Wertsystem ergänzten, sowie kosmisches Wissen und technische Überlegenheit. Doch mussten jene christlichen Wertvorstellungen und deren konkrete organisatorische Ausprägungen, die den Konfuzianismus grundlegend herausforderten, entschieden zurückgewiesen werden. Wie Gernet sagt, lebte die traditionelle Gesinnung bei Xu Guangqi und anderen Konvertiten weiter (vgl. Gernet, S. 139). Während Glauben für Menschen aus dem Westen bedeutet, über die Rettung der Seele nachzudenken, implizierte er für die chinesischen Gelehrten

> dem Menschen den Weg zur Weisheit zu zeigen und ihn zu lehren, wie man mit der immanenten Ordnung des Universums in Harmonie leben kann. Die chinesischen Gelehrten machen die Gewissensprüfung nicht, um den Himmel für ihre Fehler um Vergebung zu bitten, sondern um sich ihrer schwachen Seiten bewusst zu werden und sie zu verbessern. Sie üben nicht Selbstdisziplin, um sich vor Gott zu demütigen, sondern um sich selber besser zu beherrschen und so mit dem „himmlischen Ordnungsprinzip" im Einklang zu sein, das in Natur, Gesellschaft und im Menschen selbst wirksam und zu finden ist, wenn man sein selbstbezogenes und egoistisches Denken aufgibt. In der chinesischen Moral ist die Idee von der individuellen Vervollkommnung grundlegend, während der Christ nur an sein Seelenheil denkt. ... Die Gegenwart hat nur in bezug auf das Jenseits einen Sinn. (Gernet, S. 181-182).

Bei den Chinesen verhält es sich genau umgekehrt, das Himmelreich muss auf Erden verwirklicht werden, sonst ist es wertlos. Ähnliche Differenzen gibt es bei asketischer Praxis und beim Streben nach Selbstvervollkommnung: Bei den chinesischen Gelehrten ist dies nicht mit Gefühlen von Schuld

---

[6] Xu Guangqi, *Taixi shuifa* 泰西水法 [1612], Vorwort.

und Reue verbunden wie bei Menschen aus dem Westen. Sie ist vielmehr ein Mittel, um Weisheit zu erlangen, ein durch sittlichen Idealismus motiviertes Verhalten und ein Instrument der Erweiterung des Selbst. Sie dient der Rettung aller Menschen, nicht der Rettung der eigenen Seele. Ebenso verhält es sich mit der Kritik an der diesseitigen Welt: Die chinesischen Gelehrten interessieren sich nicht für das Himmelreich und das ewige Leben. Die Sorge um die letzten Dinge und das irdische Verhalten müssen sich gegenseitig bestätigen und stützen. In Bezug auf Gott entwickeln die Gelehrten keine von religiösen Gefühlen geprägte Sehnsucht, Bekehrung und Hingabe. Für sie ist Gott der Fixpunkt der Sorge um die letzten Dinge, ein Symbol des sittlichen Vervollkommnungsprozesses. Die Reflexionen über Gott und die Gotteserfahrung stärken die spirituelle Kraft des individuellen Ich. Gott dient dem Ich dazu, seine Ziele zu erreichen, und es ist nicht umgekehrt das Ich, das durch seine Reflexionen und Verdienste Zeugnis über Gott ablegt. Deshalb kann man die Haltung der chinesischen Gelehrten der Ming-Zeit gegenüber dem von den Missionaren verkündeten Glauben lediglich als Rezeption bezeichnen, keineswegs aber als Bekehrung. Diese verschiedenen Arten der „Rezeption" haben die grundlegenden Unterschiede in den Wertvorstellungen beider Kulturen vermischt und die Möglichkeit einer Konfrontation und eines wahren Dialogs zwischen diesen beiden wesensfremden Kulturen zunichte gemacht.

Ironischerweise haben die konservativen Lager auf beiden Seiten die grundlegenden Differenzen beider Kulturen und ihre wechselseitig nicht vermittelbaren und verstehbaren Aspekte viel klarer aufgezeigt. So haben die chinesischen Gegner der christlichen Verkündigung dem Christentum vorgeworfen, den drei Grundregeln und fünf Beziehungen im Konfuzianismus zu widersprechen und das staatliche System zu zerstören. Die kirchlichen Hardliner wiederum haben diejenigen Missionare, die die Methode Riccis in China anwendeten, beschuldigt, die wahre Bedeutung Gottes zu verleugnen. Aber diese beiden Personengruppen, die die grundsätzlichen Unterschiede im Wesen beider Kulturen deutlich aufgezeigt haben, wollten sich dem Dialog verweigern und die Tür für einen Austausch verschließen.

3

Die Missionare um Matteo Ricci am Ende der Ming-Zeit waren hinsichtlich des Einflusses auf die chinesischen Gelehrtenkreise die einzige Gruppe, die sich in die chinesische Kultur integrieren und sinisiertes christliches Gedankengut als einen akademischen Zweig in der chinesischen Geisteswelt hervorbringen konnte. Einige wichtige Faktoren trugen dazu bei: Erstens, die „Missionierung durch Wissenschaft" von Matteo Ricci. Mit seinem ernsthaften Versuch, die chinesische akademische Tradition zu verstehen, erntete Ricci eine ebenso ernsthafte Reaktion der chinesischen Gelehrten. Aufgrund dieser Reaktion knüpften die Missionare Beziehungen zu den herrschenden Kreisen und konnten in China Fuß fassen. Die chinesischen Gelehrten wie Xu Guangqi und andere wiederum konnten auf der Grundlage eines ausreichenden kulturellen Selbstbewusstseins in einen gleichberechtigten Dialog mit dem Christentum eintreten. Spätere chinesische Gelehrte hatten nicht mehr ein solches Glück.

Zweitens, die geistesgeschichtliche Situation Chinas am Ende der Ming-Zeit, die sich aufgrund der Vorherrschaft der Schule des Wang Yangming und des wirklichkeitsnahen Studiums (*shixue* 实学) durch eine gewisse Offenheit gegenüber nicht orthodoxem Gedankengut und durch einen Konfuzianismus auszeichnete, der ein kulturelles Selbstbewusstsein stützte – ganz anders als zweihundert Jahre später am Ende der Qing-Zeit. Deshalb begegneten Xu Guangqi, Li Zhizao und Yang Tingyun, ebenso wie Ye Xianggao, der christlichen Lehre mit einer äußerst gelassenen Haltung, die in unterschiedlichem Maße eine Rezeption von und Identifikation mit dieser Lehre ermöglichte. Diese Haltung unterschied sich von der chinesischen Vorstellung von *Zhong ti xi yong* 中体西用 („Chinesische Lehren als Grundlage, westliche Lehren zur Anwendung") der späten Qing-Zeit, die sich durch die Angst vor dem Verlust der „chinesischen Essenz" auszeichnete. Li Zhizao beschrieb in seinem Werk *Tianxue chuhan* (Erste gesammelte Schriften zur himmlischen Lehre) die aus dem Westen kommende Lehre als Einheit von Morallehre, Philosophie, Naturwissenschaft, Technik und Religion und nannte sie westliche Lehre (*xixue* 西学) oder himmlische Lehre (*tianxue* 天学). In der späten Qing-Zeit unterschied man hingegen die „westlichen Maschinen" (*xiqi* 西器, i.e., die Militärtechnik) von der „westlichen Kunst" (*xiyi* 西艺) und „westlichen Politik" (*xizheng* 西政) und wies die beiden letzteren entschieden zurück.

Drittens war am Ende der Ming-Zeit weder den herrschenden Kreisen noch dem Volk die Bedeutung einer Einführung des Christentums in China klar, deshalb hegte man diesbezüglich auch keine Befürchtungen. „In gelehrten und einflussreichen Kreisen hatte man die Missionare zunächst für sittenstrenge Wissenschaftler, für Feinde des Buddhismus und große Verehrer des Konfuzius gehalten" (Gernet, S. 56). Dies änderte sich jedoch in den zwanzig Jahren nach Riccis Tod, als den Chinesen die Inhalte der christlichen Glaubenslehre und das eigentliche Ziel der Missionare deutlicher wurden. Zu diesem Zeitpunkt mussten sowohl das subjektive Ziel der Missionare, nämlich die Bekehrung der Chinesen zum katholischen Glauben, als auch die von den Missionaren auf einer objektiven Ebene vertretenen Wertvorstellungen zu Konflikten mit der chinesischen Kulturtradition führen.

Der Untergang der Ming-Dynastie und das Eindringen der Mandschu erschütterten das kulturelle Selbstbewusstsein der chinesischen Gelehrten. Die konfuzianische Tradition hatte sie nicht vor der Eroberung durch ein Fremdvolk bewahrt. Daher entwickelte sich bei ihnen die Furcht vor einer weiteren Eroberung durch die neuen Eindringlinge aus dem Westen. Unter den chinesischen Gelehrten entstanden ein abnormes Krisenbewusstsein und eine ausgeprägte Abwehrhaltung, die sich gegen das Christentum richtete. Die Bedeutung des kulturellen Dialogs nahm ab und die Möglichkeit des gedanklichen Austauschs war nicht mehr gegeben. Zwar waren die frühen qingzeitlichen Kaiser Kangxi und Qianlong noch relativ tolerant, doch ein großer Teil der Missionare wurde hauptsächlich wegen ihrer technischen und künstlerischen Fähigkeiten als Fachleute beschäftigt und bedurfte ständig der kaiserlichen Protektion, um nicht von den konservativen Kräften innerhalb der Gelehrten und Beamten angegriffen zu werden (ein Beispiel dafür ist Johann Adam Schall von Bell).

Außerdem wurde von Seiten der Kirche die Methode Riccis allmählich aufgegeben. Man konzentrierte sich statt dessen auf die Gewinnung von Gläubigen, die man den strengen Glaubensregeln unterwarf. Dies entsprach mehr dem missionarischen Geist, schwächte aber den Einfluss der Kirche in chinesischen Gelehrtenkreisen und verringerte die Möglichkeit zu einem Kulturdialog.

Die Verbreitung des Christentums in China traf auf zwei Schwierigkeiten: Legte man Wert auf einen Dialog und Austausch mit der traditionellen chinesischen Kultur, lief man Gefahr, es zu sinisieren und verändern. Wollte man der christlichen Glaubenslehre und den Glaubensregeln treu bleiben, begab man sich in einen Konflikt mit der einheimischen Kultur. Die Möglichkeit zu einer Synthese verschwand so schnell, wie sie aufgetaucht war. Obwohl das Christentum nach dem Ende der Qing-Dynastie wieder auf einen Dialog hoffte, gab es auf chinesischer Seite dazu keine Bedingungen und Gelegenheiten mehr.

BIBLIOGRAPHIE

(Mit * versehene Einträge wurden vom Herausgeber hinzugefügt.)

QUELLEN

Aleni, Giulio, *Xixue fan* 西學凡 (1623), in *Tianxue chuhan* 天學初函, Bd. I.

Bartoli, Daniello, *Dell'historia della Compagnia di Giesù, La Cina*, Roma, 1663, Neuaufl. Torino 1825, Bd. XV-XVIII.

Budeyi 不得已 von Yang Guangxian 楊光先 (1597-1669) in *TZJDCWXXB*, Bd. 3, S. 1071-1306.

Buglio, Ludovico – Gabriel de Magalhães – Ferdinand Verbiest, *Xifang yaoji* 西方要紀 (Das Wesentliche über die Länder des Okzidents), Peking, 1669.

Chen Yuan 陳垣 (Hrsg.), *Kangxi yu Luoma shijie guanxi wenshu yingyin ben* 康熙與羅馬使節關係文書影印本 (Faksimile-Sammlung über die von Rom ausgehenden Gesandtschaften an den Hof des Kaisers Kangxi), Ausg. des Alten Palastes in Peking, 1932.

Gaubil, Antoine, *Correspondance de Pékin 1722-1759*, hrsg. von Renée Simon, Études de philologie et d'histoire 14, Genève: Droz, 1970.

* *Guangyang zaji* 廣陽雜記 von Liu Xianting 劉獻廷 (1648-1695), Beijing: Zhonghua shuju 1957.

Le Comte, Louis, *Nouveaux mémoires sur l'état présent de la Chine*, 3 Bde., von denen der letzte ein Vorwort von Le Comte enthält zur Zweitausgabe seiner *Nouveaux mémoires* und die *Histoire de l'édit de l'empereur de la Chine en faveur de la Religion chrétienne*, Paris, 1696-1700.

Longobardo, Niccolò, *Traité sur quelques points de la religion des Chinois*, Paris, 1701.

Mish, John L., „Creating an Image of Europe for China: Aleni's *Hsi fang ta-wen* 西方答問", *Monumenta Serica* 23 (1964), S. 1-87.

Pixie ji 闢邪集 (um 1643) in *TZJDCWXXB*, Bd. 2, S. 905-960.

Pixie lun 闢邪論 (1659) in *Budeyi*.

Poxie lun 破邪論 von Huang Zongxi 黃宗羲 (1610-1685) in Zhaodai congshu 昭代叢書 (1833), *ji* (Bd. 9, Kap. 15).

Qingshu jingtan 清署經談, von Wang Qiyuan 王啟元, Kap. 16, Peking, 1623.

Ricci, Matteo, S.J, *Jiaoyou lun* 交友論 (Von den freundschaftlichen Beziehungen), 1595.

—, *Ershiwu yan* 二十五言 (Fünfundzwanzig Ansichten), 1604.

—, *Jiren shi pian* 畸人十篇 (Zehn Schriften eines besonderen Mannes), 1608 in *Tianxue chuhan* 天學初函, Bd. 1.

Ruggieri, Michele, *Shengjiao Tianzhu shilu* 聖教天主實綠, Archiv der Gesellschaft Jesu, Rom, Jap. Sin. I, 189 und 190, 1584; (Neubearbeitete Version gegen 1648?), Paris, Bibliothèque Nationale, Fonds chinois, Nr. 6815 bis 6819.

Sainte-Marie, Antoine (Antonio Caballero, genannt Sainte-Marie), *Traité sur quelques points importans de la mission de la Chine*, Paris, 1701 (Anschließend an den *Traité* von Longobardo).

* *Song Yuan xue'an* 宋元學案 von Huang Zongxi 黃宗羲 (1610–1685), Taibei: Zhonghua shuju 1965.

Tianzhu shenpan mingzheng 天主審判明證 (Beweise für die Urteile des Herrn des Himmels), Holzdruck aus dem Fonds chinois Nr. 6881 der Bibliothèque Nationale, Paris.

Wang Fuzhi 王夫之 (1619–1692), *Du sishu daquan shuo* 讀四書大全說, 2 Bde. (10 *juan*). Beijing: Zhonghua shuju 1975.

—, *Du Tongjian lun* 讀通鑑論, Kap. 3. Beijing: Zhonghua shuju 1975.

Wang Zheng 王徵 (1571–1644), *Weitian airen jilun* 畏天愛人極論 (Über das höchste Prinzip der Ehrfurcht vor dem Himmel und der Liebe zu den Menschen), mit einem Vorwort von Zheng Man 鄭鄤 (1594–1638), Paris, Bibliothèque Nationale, Fonds chinois Nr. 6868, Text und Vorwort datiert von 1628.

Yang Tingyun 楊廷筠 (1557–1627), *Xiaoluan bu bingming shuo* 鴞鸞不並鳴說 (Eule und Phönix singen nicht gemeinsam), in *TZJDCWXXB*, Bd. 1.

Yiduan bian 異端辨, in: Gao Panlong 高攀龍, *Gaozi yishu* 高子遺書, Sikuquanshu 四庫全書, *jibu* 集部 231, *ce* 1292, *juan* 3 (Faksimile-Ausgabe hrsg. von Chen Longzheng 陳龍正, Taibei: Taiwan shangwu yinshuguan, 1983).

LITERATUR

BARY, W.T. DE (Hrsg.)
1975   *The Unfolding of Neo-Confucianism*, New York: Columbia University Press, 1975.

BARY, W.T. DE – RICHARD LUFRANO (Hrsg.)
1960   *Sources of Chinese Tradition*, Bd. 2: *From 1600 Through the Twentieth Century*, New York: Columbia University Press, 1960.

BASTIDE, ROGER
1956   „La causalité externe et la causalité interne dans l'explication sociologique", *Cahiers internationaux de sociologie* XXI (1956) 3, S. 77-99.

BENVENISTE, EMILE
1954   „Tendances récentes en linguistique générale", *Journal de psychologie* (1954) Fasz. 1-2, aufgenommen in: *id.* 1966, Bd. 1, S. 3-17.
1958   „Catégories de pensée et catégories de langue", *Etudes philosophiques*, IV (Okt.–Dez. 1958), aufgenommen in: *id.* 1966, Bd. 1, S. 63-74.
1966   *Problèmes de linguistique générale*, 2 Bde., Paris: Gallimard, 1966-1974.
1969   *Le Vocabulaire des institutions indo-européennes*, 2 Bde., Paris: Ed. de Minuit, 1969.

BEONIO-BROCCHIERI, PAOLO (Hrsg.)
1972   [Prospero Intorcetta, S.J. (1625–1696),] *Confucio e il Cristianesimo. Opera in due tomi*, Torino: V. Bona, 1972-1973.

BERLING, JUDITH A.
1980   *The Syncretic Religion of Lin Chao'en*, New York: Columbia University Press, 1980.

BERNARD, HENRI
1935   *Sagesse chinoise et philosophie chrétienne. Essais sur leurs relations historiques,* Tientsin: Hautes études, Mission de Sienshien, 1935.
1937   *Le Père Matthieu Ricci et la société chinoise de son temps (1552–1610)*, Tientsin: Hautes études, Procure de la Mission de Sienshien, 1937.
1945   „Adaptations chinoises d'ouvrages européens: Bibliographie chronologique depuis la venue des Portugais à Canton jusqu'à la Mission Française de Pékin", *Monumenta Serica* 10 (1945), S. 1-57 und S. 309-388.

BOARDMAN, EUGENE P.
1952   *Christian Influence upon the Ideology of Taiping Rebellion, 1851–1864*, Madison, WI: University of Wisconsin Press, 1952.

BREHIER, EMILE
1929　　*Histoire de la philosophie*, Bd. 2: *La philosophie moderne*, Teil 1: *Le Dix-septième siècle*, Paris: F. Alcan, 1929.

BUDDHADĀSA, BHIKKHU INDAPANNO
1967　　*Christianity and Buddhism*, Bangkok: Karn Pim Pranakorn Partenership, 1967.

CASSIRER, ERNST
1929　　„Pathologie de la conscience symbolique", *Journal de psychologie normale et pathologique* 26 (1929), S. 289-336 und 523-566.

CHANG, GARMA C.C.
1971　　*The Buddhist Teaching of Totality: The Philosophy of Hua Yen Buddhism*, University Park, PA: Pennsylvania State University Press, 1971.

CHAVANNES, E.
1898　　*Les Mémoires historiques de Se-ma Ts'ien*, Bd. III/2: *Les Huit Traités* (1898), Paris: Ernest Leroux, 1895–1905.

CH'EN SHOU-I 陳受頤
1935　　„Mingmo Qingchu Yesuhuishi de rujiao guan ji qi fanying" 明末清初耶穌會士的儒教觀及其反應, *Guoli Beijing Daxue guoxue jikan* 國立北京大學國學季刊 V (1935) 2, S. 1-64.
1936　　„Sanbainian qian de jianli Kongjiao lun" 三百年前之建立孔教論, *Zhongyang yanjiuyuan lishi yuyan yanjiusuo jikan* 中央研究院歷史語言研究所集刊 VI (1936) 2, S. 133-162.

* CHING, JULIA – WILLARD G. OXTOBY
1992　　*Moral Enlightenment. Leibniz and Wolff on China* (Monumenta Serica Monograph Series XXVI), Sankt Augustin – Nettetal: Steyler Verlag, 1992.

COHEN, PAUL A.
1961　　„The Anti-Christian Tradition in China", *Journal of Asian Studies* XX (1961) 2, S. 169-180.
1963　　*China and Christianity: The Missionary Movement and the Growth of Antiforeignism, 1860–1870*, Cambridge, Mass.: Harvard University Press, 1963.
1978　　„Christian Missions and Their Impact to 1900", in: *The Cambridge History of China*, Cambridge: Cambridge University Press, 1978, Bd. 10, 1. Teil, S. 543-590.

* COLLANI, CLAUDIA VON
1985　　*P. Joachim Bouvet S.J. Sein Leben und sein Werk* (Monumenta Serica Monograph Series XVII), Sankt Augustin – Nettetal: Steyler Verlag, 1985.

CREEL, H.G.
1935 „Was Confucius Agnostic?", *T'oung Pao* 29 (1935), S. 55-99.

CRONIN, VINCENT
1959 *A Pearl to India: the Life of Roberto de Nobili*, London: Rupert Hart-Davis, 1959.

DEBERGH, MINAKO
1980 „Deux études sur l'histoire du christianisme au Japon", *Journal Asiatique* CCLXVIII (1980) 3-4, S. 395-416.

DEHERGNE, JOSEPH
1957 „Les Chrétientés de la Chine de la période Ming (1581–1650)", *Monumenta Serica* 16 (1957), S. 1-136.
1973 *Répertoire des jésuites en Chine de 1552 à 1800* (Bibliotheca Instituti Historici S.I., Bd. XXXVI), Roma: Institutum Historici S.I. – Paris: Letouzey & Ané, 1973.

DEHERGNE, JOSEPH – LESLIE, DONALD D.
1980 *Juifs de Chine à travers la correspondance inédite des Jésuites du XVIIIe siècle*, Roma: Institutum Historici S.I. – Paris: Les Belles Lettres, 1980.

DELUMEAU, JEAN
1978 *La Peur en Occident, XIVe–XVIIIe siècles: une cité assiégée*, Paris: Fayard, 1978.

DEMIÉVILLE, PAUL
1965 „Momies d'Extrême-Orient", *Journal des Savants* 1 (Paris 1965) 1, S. 144-170.
1967 „Premiers contacts philosophiques entre la Chine et l'Europe", *Diogène* LVIII (Montréal 1967), S. 81-110.
1973 *Choix d'études sinologiques (1921–1970)*, Leiden: Brill, 1973.
1974 „Iconoclasme antibuddhique en Chine", in: *Mélanges d'histoire des religions offerts à Henri-Charles Puech*, Paris: Presses universitaires de France, 1974, S. 17-25.
1980 „Notes on Buddhist Hymnology in the Far East", in: *Buddhist Studies in Honour of Walpola Rahula*, London: Gordon Fraser, 1980, S. 44-61.

DETIENNE, MARCEL – VERNANT, JEAN-PIERRE
1974 *Les Ruses de l'intelligence: la métis des Grecs*, Paris: Flammarion, 1974.

DORÉ, HENRI
1914 *Recherches sur les superstitions en Chine*, IIème partie, Le panthéon chinois [1], Bd. VI, Artikel VIII: „Koan-Ying 觀音", Chang-Hai: T'ou-Sè-Wè, 1914, S. 94-138.

DUDBRIDGE, GLEN
1978 *Legend of Miao-shan* (Oxford Oriental Monographs No. 1), London: Ithaca Press, 1978.

* DUDINK, ADRIAN
2000 „*Nangong shudu* (1620), *Poxie ji* (1640), and Western Reports on the Nanking Persecution (1616/1617)", *Monumenta Serica* 48 (2000), S. 133-265.

DUMOULIN, HEINRICH
1974 *Christianity meets Buddhism* (Religious encounter: East and West), La Salle, IL: Open Court, 1974.

* EBER, IRENE
1999 „The Interminable Term Question", in: Irene Eber *et al.* (Hrsg.), *Bible in Modern China. The Literary and Intellectual Impact* (Monumenta Serica Monograph Series XLIII), Sankt Augustin – Nettetal: Steyler Verlag, 1999, S. 136-161.

ELISON, GEORGE
1973 *Deus Destroyed: The Image of Christianity in Early Modern Japan* (Harvard East Asian Series 72), Cambridge, Mass.: Harvard University Press, 1973.

ÉTIEMBLE, RENÉ
1966 *Les Jésuites en Chine (1552–1773), la querelle des rites présentée par Étiemble ...*, Paris: Julliard, 1966.

FANG HAO 方豪
1970 *Zhongguo tianzhujiaoshi renwu zhuan* 中國天主教史人物傳, 2 Bde., Hong Kong: Gongjiao zhenli xuehui, 1970.

FENG YOULAN [FUNG YU-LAN]
1953 *A History of Chinese Philosophy*, Bd. 2: *The Period of Classical Learning from the 2nd Century B.C. to the 20th Century A.D.*, übers. Derk Bodde, Princeton: Princeton University Press, 1953.

FORKE, ALFRED
1938 *Geschichte der neueren chinesischen Philosophie* (Abhandlungen aus dem Gebiet der Auslandskunde: Reihe B, Völkerkunde, Kulturgeschichte und Sprachen 46, 25), Hamburg: de Gruyter, 1938.

GALLAGHER, LOUIS S.J.
1953 *China in the Sixteenth Century: The Journal of Matthew Ricci, 1583–1610*, New York: Random House, 1953.

GERNET, JACQUES
1972 „À propos des contacts entre la Chine et l'Europe aux XVIIe et XVIIIe siècles", *Acta Asiatica* (Tōkyō) 23 (1972), S. 78-92.
1975 „La politique de conversion de Matteo Ricci et l'évolution de la vie politique et intellectuelle en Chine aux environs de 1600", in: *Sviluppi scientifici, prospettive religiose, movimenti rivoluzionari in Cina*, a cura di Lionelli Lanciotti, Firenze: Olschki, 1975, S. 115-144.

1976 „Philosophie chinoise et Christianisme de la fin du XVIe au milieu du XVIIe siècles", in: *Actes du colloques international de Sinologie, Chantilly, 1974*, Paris: Les Belles Lettres, 1976, S. 13-25.
1979 „Sur les différentes versions du premier catéchisme en chinois de 1584", in: *Studia Sino-Mongolica*, Wiesbaden: F. Steiner, 1979, S. 407-416.
1980 „Christian and Chinese Visions of the World in the Seventeenth Century", *Chinese Science* 4 (1980), S. 1-17.
1981 „Techniques de recueillement, religion et philosophie: à propos du *jingzuo* 靜坐 néo-confucéen", *Bulletin de l'École Française d'Extrême-Orient* LXIX (1981), S. 290-305.
1994 „Politique et religion lors des premiers contacts entre Chinois et missionnaires jesuites", in : *id.*, *L'intelligence de la Chine. Le social et le mental*, Paris: Gallimard, 1994, S. 215-243.

* GIRARD, PASCALE (Übers. und Hrsg.) – MONBEIG, JULIETTE (Übers.)
2001 *Le voyage en Chine d'Adrìano de las Cortes S.J. (1625)* (Collection Magellane), Paris: Chandeigne, 2001.

GOTO MOTOMI 後藤基巳
1979 „Evolution of the Decalogue in China – A Study on History of Chinese Christian Ideologies" (*Memoirs of the Research Department of the Tōyō Bunkō* XXXVII), Tokio 1979, S. 1-31. *MinShin shisō to kirisuto kyō*, Tokio: Kenkyū shuppan, 1979.

GRAHAM, A.C.
1967 „The Background of the Mencian Theory of Nature", *Ts'ing-hua Journal of Chinese Studies* n.s. VI (1967) 1/2, S. 215-274.

GRANET, MARCEL
1922 „Le langage de la douleur d'après le rituel funéraire de la Chine classique", *Journal de psychologie normale et pathologique* XIX (1922) 2, S. 97-118. Wiederaufgelegt in : *id.*, *Études sociologiques sur la Chine*, Paris: Presses universitaires de France, 1953, S. 221-242.

DE GROOT, J.J.M.
1903 *Sectarianism and Religious Persecution in China. A Page in the History of Religions*, 2 Bde., Amsterdam: Müller, 1903–1904; Neuauflage Peking 1940.

HAUDRICOURT, A.G.
1962 „Domestication des animaux, culture des plantes et traitement d'autrui", *L'Homme* II (1962) 1, S. 40-50.

HAVRET, H.
1895 *La Stèle chrétienne de Si-ngan fou*, 3 Bde. (Variétés Sinologiques 7, 12, 20), Chang-hai [Shanghai]: Imprimerie de la Mission Catholique, 1895–1902.

HEGEL, GEORG WILHELM FRIEDRICH
1837   *Vorlesungen über die Philosophie der Geschichte* (Werke, Bd. 12) Frankfurt a.M.: Suhrkamp, 1970.

HOU CHING-LANG
1975   *Monnaies d'offrande et la notion de trésorerie dans la religion chinoise* (Mémoires de l'Institut des Hautes Études Chinoises 1), Paris: Collège de France – Institute des Hautes Études Chinoises, 1975.

HOU WAILU 侯外廬
1960   *Zhongguo sixiang tongshi* 中國思想通史, Bd. IV, B: *Nansong Yuan Ming sixiang* 南宋元明思想, Beijing: Renmin chubanshe, 1960.

HUMMEL, ARTHUR W.
1943   *Eminent Chinese of the Ch'ing Period (1644–1912)*, 2 Bde., Washington: United States Government Printing Office, 1943.

ITO TASSABURO
1972   „The Book Banning Policy of the Tokugawa Shogunate", *Acta Asiatica* XXII (1972), S. 36-61.

JENNES, JOSEPH
1973   *A History of the Catholic Church in Japan from its Beginnings to the Early Meiji Era (1549–1873). A Short* Handbook, Tokio: Oriens Institute for Religious Research, 1973.

* KERN, ISO
1984–1985   „Matteo Riccis Verhältnis zum Buddhismus", *Monumenta Serica* 36 (1984–1985), S. 65-126.
1992   *Buddhistische Kritik am Christentum im China des 17. Jahrhunderts. Texte von Yun Shunxi (?–1621), Zhuhong (1535–1615), Yuanwu (1566–1642), Tongrong (1593–1679), Xingyuan (1611–1662), Zhixu (1599–1655)* (Schweizer Asiatische Studien 11), Bern u.a.: Lang, 1992.

KOU, IGNACE PAO-KOH
1953   *Deux sophistes chinois: Houei Che et Kong-souen Long* (Bibliothèque de l'Institut des Hautes Études Chinoises 8), Paris: Presses universitaires de France, 1953.

LANCASHIRE, D.
1968   „Buddhist Reaction to Christianity in Late Ming China", *Journal of the Oriental Society of Australia* VI (1968–1969) 1-2, S. 82-103.

LEIBNIZ, GOTTFRIED WILHELM
1768   *Gothofridi Guillemi Leibnitii Opera Omnia*, hrsg. von Louis Dutens, 6 Bde., Genf: Apud Fratres des Tournes, 1768, Nachdruck Hildesheim: Olms, 1989.

* LESLIE, DONALD DANIEL
1998 *Jews and Judaism in Traditional China. A Comprehensive Bibliography* (Monumenta Serica Monograph Series XLIV), Sankt Augustin – Nettetal: Steyler Verlag, 1998.

LIANG SHUMING 梁漱溟
1922 *Dong-Xi wenhua ji qi zhexue* 東西文化及其哲學 [Die Kulturen in Ost und West und ihre Philosophien], Shanghai: Shangwu yinshuguan, 1930.

* MALEK, ROMAN (Hrsg.) in Zusammenarbeit mit PETER HOFRICHTER
2006 *Jingjiao. The Church of the East in China and Central Asia* (Collectanea Serica), Sankt Augustin – Nettetal: Steyler Verlag, 2006.

MASAO ABE
1966 „Reply to the Debate on Christianity and Buddhism", *Japanese Religions* IV (1966) 2, S. 26-57.

MASPERO, H.
1927 *La Chine antique*, Paris: E. de Boccard, 1927; neue und überarb. Auflage, Paris: Presses universitaires de France, 1965.

MCMORRAN, IAN
1975 „Wang Fu-chih and the Neo-Confucian Tradition", in: de Bary 1975, S. 413-467.

MISH, JOHN
1964 „Creating an Image of Europe for China: Aleni's *Hsi fang ta-wen* 西方答問", *Monumenta Serica* 23 (1964), S. 1-87.

MONTESQUIEU, CHARLES DE SECONDAT, BARON DE
1748 *De l'esprit des lois*, Genf: Barrillot, 1748; Nachdruck, 4 Bde., Paris: Les Belles Lettres, 1950–1961.

MOUNIN, GEORGES
1963 *Les Problèmes théoriques de la traduction* (Bibliothèque des idées 31), Paris: Gallimard, 1963.

* NICOLINI-ZANI, MATTEO – MALEK, ROMAN
2006 „Preliminary Bibliography on the Church of the East in China and Central Asia", in: Malek – Hofrichter 2006, S. 500-698.

NEEDHAM, JOSEPH
1954 *Science and Civilisation in China*, Cambridge: Cambridge University Press, 1954–2004, 7 vols.

NIETZSCHE, FRIEDRICH
1883–1885 *Also sprach Zarathustra*, Stuttgart: Kröner, 1975.
1886 *Jenseits von Gut und Böse*, Stuttgart: Kröner, 1953.
1888 *Der Antichrist*, München: Wilhelm Goldmann, 1984.

ŌCHŌ ENICHI 横超慧日
1949 „Minmatsu Bukkyō to Kirisutokyō no sōgo hihan" 明末佛教と基督教の互相批判, *Ōtani gakuhō* XXIX (1949) 2, S. 1-20 und 3-4 (1950), S. 18-38.

PANG CHING-JEN
1945 „Documents chinois sur l'histoire des missions catholiques au XVIIe siècle", *Neue Zeitschrift für Missionswissenschaft* 1 (1945) 1, S. 39-43.

PELLIOT, PAUL
1922 [Rez.] *The Arabian Prophet. A Life of Mohammed from Chinese and Arabic Sources. A Chinese-Moslem Work by Liu Chai-lien*, translated by Isaac Mason (Changhai 1921), *T'oung Pao* 21 (1922), S. 413-425.
1930 *L'origine des relations de la France avec la Chine. Le premier voyage de l'„Amphitrite" en Chine* (Paris: P. Geuthner, 1930).
* 1996 *L'inscription nestorienne de Si-ngan-fou.* Edited with Supplements by Antonino Forte (Italian School of East Asian Studies Epigraphical Series 2 / Collège de France, Œuvres Posthumes de Paul Pelliot), Kyoto: Scuola di Studi sull'Asia Orientale – Paris: Collège de France/Institut des Hautes Études Chinoises, 1996.

PETERSON, W.J.
1975 „Fang I-chih: Western Learning and the ‚Investigation of Things'", in: de Bary 1975, S. 369-411.

PFISTER, LOUIS
1932 *Notices biographiques et bibliographiques sur les jésuites de l'ancienne mission de Chine, 1552–1773*, 2 Bde. (Variétés Sinologique 59, 60), Shanghai: Imprimerie de la Mission Catholique, 1932–1934.

SAEKI YOSHIRO
1951 *The Nestorian Documents and Relics in China*, Tokyo: Tōhō bunka gakuin, ²1951.

SPALATIN, CHRISTOPHER A.
1975 *Matteo Ricci's Use of Epictetus* (Waegwan, Korea [Pontificia Universitatis Gregoriana, Roma], 1975). Online-Version: ricci.rt.usfca.edu/25sayings_eng.pdf

* STANDAERT, NICOLAS
2007 *An Illustrated Life of Christ Presented to the Chinese Emperor. The History of* Jincheng shuxiang *(1640)* (Monumenta Serica Monograph Series LIX), Sankt Augustin – Nettetal: Steyler Verlag, 2007.

TAYLOR, RODNEY L.
1978 *The Cultivation of Sagehood as a Religious Goal in Neo-Confucianism: A Study of Selected Writings of Kao P'an-lung (1562–1626)*, Ann Arbor, MI: University Microfilms, 1978.

ULLMANN, S.
1952   *Précis de sémantique française* (Bibliotheca Romanica. Series 1, Manualia et commentationes 9), Bern: Francke, 1952.

* VÄTH, ALFONS S.J.
1991   *Johann Adam Schall von Bell S.J. Missionar in China, kaiserlicher Astronom und Ratgeber am Hofe von Peking 1592–1666. Ein Lebens- und Zeitbild.* Unter Mitwirkung von Louis van Hee S.J. (Monumenta Serica Monograph Series XXV), Sankt Augustin – Nettetal: Steyler Verlag, 1991.

* WÄDOW, GERD
1992   T'ien-fei hsien-sheng lu. *"Die Aufzeichnungen von der manifestierten Heiligkeit der Himmelsprinzessin".* Einleitung, Übersetzung, Kommentar (Monumenta Serica Monograph Series XXIX), Sankt Augustin – Nettetal: Steyler Verlag, 1992.

WEI, LOUIS TSING-SING
1960   *La politique missionnaire de la France en Chine, 1842–1856, l'ouverture des cinq ports chinois au commerce étranger et la liberté religieux*, Paris: Nouvelles éditions latines, 1960.

* WESOŁOWSKI, ZBIGNIEW
1997   *Lebens- und Kulturbegriff von Liang Shuming (1893–1988). Dargestellt anhand seines Werkes* Dong-Xi wenhua ji qi zhexue (Monumenta Serica Monograph Series XXXVIII), Sankt Augustin – Nettetal: Steyler Verlag, 1997.

* WICKERI, PHILIP L.
2004   "The Stone Is a Mirror: Interpreting the Xi'an Christian Monument and Its Implications for Theology and the Study of Christianity in Asia," *Quest* III (2004) 2, pp. 37-64.

WIEGER, LÉON
1913   *Les Pères du système taoiste: I. Lao-Tzeu, II. Lie-Tzeu, III. Tchoang-Tzeu,* Hien-hien [Xianxian], Ho Kien Fou, 1913.

WILLS JR., JOHN E.
1979   „Maritime China from Wang Chih to Shih Lang", in: Wills – Spence 1979, S. 201-238.

WILLS, J.E. – SPENCE, J.D. (Hrsg.)
1979   *From Ming to Ch'ing: Conquest, Region and Continuity in Seventeenth Century* China, New Haven: Yale University Press, 1979.

WILLIAMS, S. WELLS
1883   *The Middle Kingdom*, New York: Scribner, 1883.

WRIGHT, ARTHUR F.
1953   „The Chinese Language and Foreign Ideas", in: *Studies in Chinese Thought*. Ed. A.F. Wright, Chicago: University of Chicago Press, 1953, S. 286-303.

WU PEI-I 吳百益
1979   „Self Examination and Confession of Sins in Traditional China", *Harvard Journal of Asiatic Studies* XXXIX (1979) 1, S. 5-38.

* XU LONGFEI, JOSEPH
2004   *Die nestorianische Stele in Xi'an. Begegnung von Christentum und chinesischer Kultur* (Begegnung 12), Bonn: Borengässer, 2004.

XU ZONGZE 徐宗澤
1958   *Ming-Qing jian Yesuhuishi yizhu tiyao* 明清間耶穌會士譯著提要, Taibei: Zhonghua shuju, 1958.

YAMAGUCHI HISAKAZU 山口久和
1979   „Sonzai kara rinri e: Ō Fushi *Shōsho ingi* no tetsugakuo" 存在から倫理へ―王夫之『尚書引義』の哲學, *Tōhōgaku* LVII (1979), S. 48-61.

YÜ CHÜN-FANG
1981   *The Renewal of Buddhism in China: Chu-hung and the Late Ming Synthesis*, New York: Columbia University Press, 1981.

ZÜRCHER, ERIK
1971   „The First Anti-Christian Movement in China (Nanjing, 1616–1621)", in: *Acta Orientalia Neerlandica: Proceedings of the Congress of the Dutch Oriental Society, Held in Leiden on the Occasion of Its 50th Anniversary, 8th–9th May 1970*, hrsg. von P.W. Pestman, Leiden: Brill, 1971, S. 188-195.
1982   „'Prince Moonlight'. Messianism and Eschatology in Early Medieval Buddhism", *T'oung Pao* 68 (1982) 1-3, S. 1-75.

INDEX MIT GLOSSAR

Chinesische Schriftzeichen für die Dynastien und die erwähnten Kaisernamen sind in der „Zeittafel" aufgelistet.
„Zit." bedeutet, dass der Autor/das Werk auf der angegebenen Seite zitiert wird.
Deutsche Übersetzungen der Titel chinesischer Werke wurden hinzugefügt, soweit sie im Text angegeben sind.

A

Abendland – China 1-5, 25-26, 27 (Anm. 22), 47, 96, 132-135 (*passim*), 138, 189, 197-198, 204, 275, 298-301; siehe auch *da xiyang* 大西洋; *xifang* 西方; *xishi* 西士
Aberglaube 32, 37, 87-88, 91, 93, 109, 111, 113, 139, 142, 223, 228-229, 267-268, 277; siehe auch *xiejiao* 邪教
Abriss über die Weitergabe der himmlischen Lehre, siehe *Tianxue chuangai* 天學傳概
Adam (*Yadang* 亞當) 220, 289-294 (*passim*)
Ahnenkult 36, 48, 66, 71, 132-133, 144, 160 (Anm. 127), 211, 221 (Anm. 176), 226-231, 233, 237, 240, 254
Ai, Han-Kaiser 漢哀帝 (6–1 v.Chr.) 58, 69, 73, 172
Ai Rulüe 艾儒略, siehe Aleni, Giulio
Akademien, siehe *shuyuan* 書院
Aleni, Giulio, S.J. (Ai Rulüe 艾儒略, 1582–1649) 13, 15-16, 24 (Anm. 12), 48, 57, 64, 67-69, 77, 91, 127-128, 137, 158-159, 182, 184-185, 221-222, 229, 252, 260, 266, 279-280, 289-290, 296; siehe auch *Daiyi bian* 代疑編; *Sanshan lun xueji* 三山論學記; *Shengmeng ge* 聖夢歌; *Wanwu zhenyuan* 萬物真原; *Xixue fan* 西學凡; *Xingxue cushu* 性學觕述

Allgemeine Erklärungen zu den Heiligenbildern, siehe *Shengxiang lüeshuo* 聖像略說
Anleitung zur Kritik, siehe *Shengchao zuopi* 聖朝佐闢
Astronomie 17, 27 (Anm. 22), 28-29, 52, 60, 75, 77, 80, 163, 243-244, 269; siehe auch Wissenschaft
Atheismus 34, 37, 42, 45, 49, 83, 87, 183, 251, 253
Auferstehung 62, 116, 119
Aufzeichnungen zur Zerstörung der Irrlehren, siehe *Poxie ji* 破邪集 (*PXJ*)

B

Ba Fanji 巴範濟, siehe Pasio, Francesco
Bai Jin 白晉, siehe Bouvet, Joachim
baima fei ma ye 白馬非馬也 303
Bailian 白蓮 (Weißer Lotus [Sekte]) 142
Bastide, Roger (1898–1974) 3, 277-278
Batavia 13, 152
Bateren (Padre) 18, 148
Bibel 35, 38-39, 40 (Anm. 68), 76 (Anm. 201), 93, 160, 241, 287, 310
Biantian shuo 辨天說 (Über die Unterscheidung der Bedeutungen des Wortes Himmel; Yuanwu 圓悟, *PXJ*) 102 (Anm. 61), 271 (Anm. 110)
Bianxue chuyan 辨學芻言 (Einfache Ansichten zur Unterscheidung der Lehren; Chen Houguang 陳侯光, *PXJ*) zit.: 68-69, 262, 266-267
Bianxue shugao 辯學疏稿 (Xu Guangqi 徐光啟) zit.: 138, 139

Bianxue yidu 辯學遺牘 (Matteo Ricci zugeschrieben) 51 (Anm. 110), 102, zit.: 267
bodhi 62
Bodhidharma 115
Bodhisattva 97, 114, 222, 277
Bonzen (*heshang* 和尚), siehe Mönche, buddhistische
Bouvet, Joachim S.J. (Bai Jin 白 1656–1730) 35 (Anm. 49), 38, 114
bu er guo 不二過 (nicht zweimal den gleichen Fehler machen) 179, 211
bu ming tianxia 布命天下 (seinen Einfluß ausdehnen) 149 (Anm. 72)
Budeyi 不得已 (Nun ist es genug; Yang Guangxian 楊光先) 17-18, zit.: 161-162, 231; siehe auch *Pixie lun* 闢邪論
Buren buyan 不忍不言 (Ich kann nicht länger schweigen; Huang Zhen 黃貞) zit.: 70
buru yifo 補儒易佛 (den Konfuzianismus vervollständigen und den Buddhismus ersetzen) 85
Buch der Lieder, siehe *Shijing* 詩經
Buch der Riten, siehe *Liji* 禮記
Buch der Urkunden, siehe *Shujing* 書經
Buchdruck(kunst) 8, 28 (Anm. 25)
Bücherverbrennung (213 v.Chr.) 37, 39
Buddha(s) 97, 222, 225, 277
Buddhismus
– Im chinesischen Kontext 62, 92-93, 109, 123, 126-127, 136 (Anm. 21), 223 (Anm. 183), 232, 306, 309; siehe auch *dhāraṇī*; Hölle; Paradies; *sanjiao* 三教
– Kritik am ~: christliche ~ 10, 26-27, 35, 37, 86-87, 96, 121, 137, 143, 178; ~ durch Gelehrte 31-32, 47-48, 50-51, 56, 207, 216-217; siehe auch Christentum, Kritik am ~

C

Caballero, Antonio de Santa Maria O.F.M. (Li Andang 利安當, 1602–1669) 12-14, 37, 227-228, 230 (Anm. 214), zit.: 42, 44, 84, 89, 119, 195-196, 206, 231-232, 254; siehe auch *Relatio Sinae sectarum*
Can yuan yi shu 參遠夷疏 (*PXJ*) 143 (Anm. 45)
canpei 參配 (mitarbeiten) 209 (Anm. 133)
Canton (Guangzhou 廣州) 13, 21, 23, 25, 151, 164-165, 196
Caoqi [Caoxi] 漕溪 42 (Anm. 72)
Carvalho, Valentim, S.J. (1559–1630) 29, 41, 183
Cattaneo, Lazzaro, S.J. (Guo Jujing 郭居靜, 1560–1640) 9, 55
Charme, Alexandre de la, S.J. (Sun Zhang 孫璋, 1695-1767) 39; siehe auch *Xingli zhenquan* 性理真詮
Chen Houguang 陳候光 69 (Anm. 171), siehe auch *Bianxue chuyan* 辨學芻言
Chen Liangcai 陳良才 46, 176 (Anm. 10)
Chen Minzhi 47
Chen Shuishi 70
Chen Yi 陳儀 zit.: 47-49 (*passim*), 57
Chen Yuan 陳垣 169 (Anm. 160)
Ch'en Shou-i (Chen Shouyi 陳受頤) 15, siehe auch *Qingshu jingtan*; Wang Qiyuan
Cheng Hao 程顥 49, 70-72, 177, 186, 251, zit.: 245
Cheng Mianzhuang 程綿莊 (Cheng Tingzuo 程廷祚, 1691–1767) 17-18
Cheng Yi 程頤 49, 179 (Anm. 23), 181
Chouren zhuan 疇人傳 (Ruan Yuan 阮元) 17
Christentum
– Im chinesischen Kontext, siehe spezifische Einträge: Adam; Bibel; Dreifaltigkeit; Engel; Eva; Fegefeuer; Gebet(e); Gott, Bezeichnung für; Gott in der Verkündigung; Gottesliebe; Hölle; Inkarnation; Jesus; Kirche/Predigtstätte; Konvertiten; Luzifer; Maria; Missionsmethode; Nestorianismus; Noah; Paradies; Quellen zur Geschichte des ~s in China; Ritenstreit; Schöpfung, Verständnis von; Seele, Verständnis

von; Sünde; Taufen; *tianxue* 天學; *Tianzhujiao* 天主教; Verkündigung des Glaubens
- Kritik am ~: buddhistische ~ 57-58, 63-66, 96, 98-100, 206, 212, 225, 230, 267-275, 285-286, 293-294, japanische ~ 18, 145-146, 290, ~ durch Gelehrte 67-68, 71, 87-88, 130-133, 146-150, 154-156, 212-215, 216-217, 230-231, 246-250, 259, 263, 275-276, 294-296; siehe auch *Budeyi*; *Pixie lun*; *Poxie ji*; *Poxie lun*; *Shengchao zuopi*

chu shi 出世 (die Welt verlassen) 215 (Anm. 153)
Chunqiu 春秋 (Frühlings- und Herbstannalen) 71
cibei 慈悲 (*maītrīkaruṇa*) 62
Clavius 29, 234 (Anm. 232), siehe auch *Jihe yuanben* 几何原本
Clemens IX. 42, 228
cun 存 (bewahren) 203

D

da xiyang 大西洋 (Großes Abendland) 168
Daxue 大學 (Die große Lehre) 178 (Anm. 19)
Dai Zhen 戴震 (1723–1777) 17, 218
Daimyō 大名 (jap. „Fürst") 22, 53
Daiyi bian 代疑編 (Giulio Aleni) 57
Danshui 淡水 12, 163, 165
Dao 道 38, 63-64, 66, 101, 121, 136, 189, 194-195, 205, 212, 218, 245-246, 248, 255-256, 263, 268, 273-275, 281, 283, 299; siehe auch *ren neng hong dao* 人能弘道
Daode jing 道德經 (Laozi 老子) 274
Daoismus 50, 97, 106, 115-116, 182 (Anm. 32), 206, 217, 259, als Volksglaube 111-113, 139; siehe auch *sanjiao* 三教
De Confucio ejusque doctrina tractatus (Niccolò Longobardo) 12, 31 (Anm. 36), 41; siehe auch *Traité sur quelques points de la religion des Chinois*

D'Elia, Pasquale, S.J. (De Lixian 德禮賢, 1890–1963) 9, 102 (Anm. 60), 113 (Anm. 103)
Della entrata della Compagnia di Giesù e Christianità nella Cina 9
Delumeau, Jean (geb. 1923) zit.: 54, 95, 120, 219
Deng Yuhan 鄧玉函, siehe Schreck, Johann Terrentius
dhāraṇī (*tuoluoni* 陀羅尼) 111
di 帝 (Herrscher) 48, 241, 245
Dias, Manuel, S.J. (Yang Manuo 陽瑪諾, 1574–1659) 29, 77-78, 229, 234; siehe auch *Tianwen lüe* 天文略
Dijing jingwu lüe 帝京景物略 (Liu Tong 劉侗) 28 (Anm. 23)
Dingtou 頂頭 12
Dominikaner 4 (Anm. 5), 55 (Anm. 121), 230
Donglin 東林-Akademie 31, 32, 138 (Anm. 31), 176 (Anm. 10), 177
drei Könige (Gründer der allerersten Dynastien) 71
drei Lehren, siehe *sanjiao* 三教
Dreifaltigkeit 62, 95, 244, 274, 278
duode 多得 (Priester) 118

E

Einfache Ansichten zur Unterscheidung der Lehren, siehe *Bianxue chuyan* 辨學芻言
Elison, George 18
Engel (*tianshen* 天神) 12, 41, 44, 86 (Anm. 13), 106, 116, 129, 145 (Anm. 55), 159 (Anm. 123), 183, 229, 242, 254, 293
Ershiwu yan 二十五言 (Fünfundzwanzig Ansichten; Matteo Ricci), 27 (Anm. 21), 65, 177
ertong diyu 兒童地獄 (Hölle der Kinder) 221
Euklid 29, siehe auch Clavius; *Jihe yuanben* 几何原本
Eva (*Ewa* 厄襪) 289-294 (*passim*)

F

Fan Li'an 範禮安, siehe Valignano, Alessandro
fanwei 範圍 (sich einfügen) 209 (Anm. 133)
Fang Hao 方豪 (1910–1980) 16
fang tudi 方土地 (Gott des Erdbodens) 115
Fegefeuer 117, 119, 215 (Anm. 152), 220, 232
Feng Yingjing 馮應京 (1555–1606) 10, zit.: 48 (Vorwort zum *Tianzhu shiyi* 天主實義)
Figuristen 35, 244
Fonti Ricciane 9
Fragen und Antworten zum Abendland, siehe *Xifang dawen* 西方答問
Franziskaner 4 (Anm. 5), 55 (Anm. 121); siehe auch Caballero, Antonio de Santa Maria
Freundschaft 147, 175-176; siehe auch *Jiaoyou lun* 交友論, *Qiuyou pian* 逑友篇
Frühlings- und Herbstannalen, siehe *Chunqiu* 春秋
Fu Fanji 傅汎濟, siehe Furtado, Francisco
Fu Xi 伏羲 49, 162, 222, 289
Fu'an 福安 12, 230
Fujian 福建 12-13, 15, 64, 113 (Anm. 104), 150 (Anm. 76), 163, 227; Konvertiten in ~ 47-48, 57, 67 (Anm. 165), 116, 127, 142 (Anm. 41), 159, 167, 172, 229-230, 310
Fukan (Fucan), Fabian (Fukansai 不干斎 [Buganzhai], ca. 1565–1621) 18, 274, zit.: 147-148, 165, 211, 234, 240, 294
Fuzhou 福州 69 (Anm. 171), 159
fünf Herrscher, siehe *wu di* 五帝
Fünfundzwanzig Ansichten, siehe *Ershiwu yan* 二十五言
Furtado, Francisco, S.J. (Fu Fanji 傅汎濟, 1587–1653) 12, 100; siehe auch *Huanyou quan* 寰有詮

G

Gallagher, Louis J. S.J. (1885–1972) 9
ganying 感應 (Regung und Antwort) 114
Gao Panlong 高攀龍 (1562–1626) 32 (Anm. 39), 177, 178 (Anm. 20), 181, 186, 188, 250; siehe auch *Gaozi yishu* 高子遺書
Gao Yizhi 高一志, siehe Vagnone, Alfonso
Gao'an 杲庵 16 (Vorwort zum *Pixie ji* 闢邪集)
Gaozi 告子 69
Gaozi yishu 高子遺書 (Gao Panlong) 177, zit.: 32 (Anm. 39), 188
Gebet(e) 8, 74, 111, 113, ~ um Heilung 127, ~ um Regen 59, ~ zum Herrn des Himmels 97, 108, 133, 149, 200, 219, 284, 296, ~ zur Abwehr von Tieren/Wind 115-116, 124
Gelehrte(n) 1-2, 32-33, 52, 61, 74-75, Religiosität der ~ 83-92, 179-181, 207, 252-253, 265, 286-287, Ricci und ~ 22-30, 192-194; siehe auch Donglin-Akademie; *shuyuan*
Geschenke (Kuriositäten) 28, 32, 59-60, 63, 109, 153, 157, 163-167
Gespräche des Konfuzius, siehe *Lunyu* 論語
Gollet, Jean-Alexis de (1664–1741) 35 (Anm. 49)
Gongguo ge 功過格 (Regeln [für die Aufzeichnung] der guten und schlechten Taten) 179-180
Gott, Bezeichnung für ~ 34, 36, 63, 244; siehe auch *Shangdi* 上帝; *shangzhu* 上主; *Tianzhu* 天主
Gott in der Verkündigung 10, 22-23, 26, 30, 34-36, 38, 39 (Anm. 64), 97, 108-109, 122-123, 147, 198, 197
Gottesliebe 71, 147, 199-201
Guangdong 廣東 25 (Anm. 16)
Guangxi 廣西 25 (Anm. 16)
Guangzhou fu 廣州府 13
guishen 鬼神 (Dämonen und höhere Geister) 44, 245

Guo Jujing 郭居静, siehe Cattaneo, Lazzaro

H

Ha Daiusu (Von der Vernichtung des Deus; Fukan, ca. 1565–1621) 18
Ha Kirishitan (Gegen die Christen) 18
Hai Yaso (Anti-Jesus; Hayashi Razan 林羅山, 1583–1657) 18
Haining 海寧, siehe Haiyan
Haiyan 海鹽 13 (Anm. 10); siehe auch Jinsu, Kloster
hanyang 涵養 (entwickeln) 203
Hangzhou 杭州 100-101
Hao'an xianhua 蒿庵閒話 (Zhang Erqi 張爾岐, 1612–1678) zit.: 51
Haudricourt, André-Georges (1911–1996) 189
Hayashi Razan 林羅山 (1583–1657) 18
heshang 和尚, siehe Mönche, buddhistische
hetu 河圖 (Flusstafel) 154
Himmel (*Tian* 天) *passim*, besonders 34, 40 (Anm. 68), 46-51, 89, 91, 139-140, 241-251, 260-261, 270-271, 277
Hong Xiuquan 洪秀全 (1814–1864) 62 (Anm. 144), 287-288
houru 後儒 68
Hölle *passim*, besonders 116-120, 185, 206-211, 214-215, 219-222, 232, 238; buddhistische ~n 210-212, 230; konfuzianische Vorbilder in der ~ 208, 219-222; siehe auch Fegefeuer
Huzhou 湖州 15
„Huan mitu" 喚迷途 (Aufruf an die Verirrten) 129 (Anm. 165), 144 (Anm. 48), 215 (Anm. 157)
Huanyou quan 寰有詮 (Francisco Furtado) 77 (Anm. 207)
Huang Baijia 黃百家 (1643–1709) 51 (Anm. 108), 183 (Anm. 35)
Huang Mingqiao 黃鳴喬 (*jinshi* 1604) 140 (Anm. 38)
Huang Wendao 黃問道 24 (Anm. 12); siehe auch *Pixie jie* 闢邪解

Huang Zhen 黃貞 (Tianxiang 天香, aktiv 1633–1635) 15, 65, 218, 271, zit. (aus dem *PXJ*): 58, 91, 149, 212-213, 244-245, 248-249, 252-253; siehe auch Yan Maoyou, Briefe Huang Zhens an ~
Huang Zongxi 黃宗羲 (1610–1695) 181, 183 (Anm. 35), 250, zit.: 50-51
hui 會 50
Huihuo xiedang hou gaoshi 會獲邪黨後告示 (*PXJ*) zit.: 73
huiyue 會約 (Statuten) 24, 50
hun 渾 (gesamthaft) 48, 242
hun 魂 (Seele) 182, 187; siehe auch Seele, Verständnis von ~
huoju 火居 (daoistische Priester) 69
Hydraulik 29, 33, 86, 139; siehe auch *Taixi shuifa* 泰西水法

I

Ignaz, siehe Qu Rukui 瞿汝夔; Sun Yuanhua 孫元化; Zhang Xingyao 張星曜
Inkarnation 3, 62 (Anm. 145), 72, 243, 275-288
Innozenz X. 228
Intorcetta, [Prospero], S.J. (1625–1696) 114, 132

J

Jacques, Charles, S.J. (1688–1728) 11
Jadekaiser (Jade-Herrscher; Yu Di 玉帝) 42 (Anm. 74), 92 (Anm. 33), 282 (Anm. 153)
Japan 7 (Anm. 7), 18, 22, 40, 53, 93 (Anm. 35), 153, 164; siehe auch Fukan (Fucan)
Jenseitsvorstellungen, siehe Fegefeuer; Hölle; Paradies
Jesuiten (S.J.) *passim*, bes. 27-30, 38-42, 53-57, 75-76, 169-171, 252-254, 283, 309-310, ~ und Buddhisten 92-95; siehe auch Ahnenkult; Ritenstreit

Jesus (*Yesu* 耶穌) 58, 62 (Anm. 144), 72, 100, 112, 121, 155, 159 (Anm. 123), 199, 230, 240, 256, 283-284, 286-287, Riccis Hinweis auf ~ 30; siehe auch Inkarnation

ji suo buyu, wu shi yu ren 己所不欲，勿施于人 (*Lunyu*, XII, 2) 175 (Anm. 3)

Jifa 記法 (Mnemotechnische Methode; Matteo Ricci) 32 (Anm. 40)

Jihe yuanben 几何原本 (Elemente der Geometrie; Matteo Ricci und Xu Guangqi 徐光啟) 234 (Anm. 232)

Jiming 際明 (Chan-Meister) 16

Ji'nan 濟南 13, 84

jiren 畸人 („besonderer Mensch"), Ricci als 24

Jiren shi pian 畸人十篇 (Zehn Schriften eines besonderen Mannes; Matteo Ricci) 27 (Anm. 21), 176, 233 zit. (aus den Vorworten): 46, 192

Jiading 嘉定 -Konferenz (1628) 42

Jianchang 健昌 15

Jiang Dejing 蔣德璟 (gest. 1646) 14, 163, zit.: 69, aus dem *PXJ*: 58, 70, 172, 282

Jiangxi 江西 15, 84, 113 (Anm. 104), 150 (Anm. 76)

Jiangzhou 江州 140 (Anm. 36)

jiangxue 講學 (philosophische Konferenzen) 16, 23

jiaoxiong 教兄 (Bruder im Geiste) 147

Jiaoyou lun 交友論 (Von den freundschaftlichen Beziehungen; Matteo Ricci) 27 (Anm. 21), 175-176, 234

Jin Nige 金尼閣, siehe Trigault, Nicolas

jin bu ru gu 今不如古 (Die Gegenwart ist die Vergangenheit nicht wert) 137 (Anm. 25)

jin xin 盡心 (*Mengzi* VII) 196

Jinsu, Kloster (das Guanhui-Chan-Kloster) 14 (Anm. 10)

jing Tian, wei Tian 敬天，畏天 (den Himmel achten/fürchten) 34, 47, 90-91, 138, 149, 172, 195, 241, 246, 270

jing tian zhu guo 敬天祝國 (Ehret den Himmel und erbetet Glück für das Reich) 172

jingjiao houxue 景教後學 136

jingzuo 靜坐 (Sitzen und Stillsein) 180, 191

Juden 34 (Anm. 47), 63, 189, 278; siehe auch Kaifeng 開封

Juxi ji 距西集 (Wehren wir dem Abendländischen; Yang Guangxian 楊光先) 162

K

Kaifeng 開封 (jüdische Gemeinde) 34 (Anm. 47), 63, 172

Kalender(berechnung) 28-29, 52, 55-58 (*passim*), 74 (Anm. 198), 78-80, 131, 139, 162-163, 242-243

Kangxi 康熙 (1661–1722) 57, 91-92, 123, 168-170, 172, 206 (Anm. 124), 232, 310

keji 克己 (sich selbst überwinden) 175

keji fuli wei ren 克己復禮為仁 (*Lunyu*, XII, 1) 175 (Anm. 2)

Kengiroku [Bericht über die Aufdeckung des Betruges] 18

Kirche/Predigtstätte 23, 55 (Anm. 121), 113 (Anm. 104), 127, 141, 167, 237

Kirishitan monogatari [Erzählungen über die Christen] 18

Klassiker 33-39, 41-42, 49, 63, 65-66, 71-72, 157, siehe auch *Chunqiu* 春秋; *Daxue* 大學; *Liji* 禮記; *Lunyu* 論語; Menzius; *Shijing* 詩經; *Shujing* 書經; *Sishu* 四書; *Yijing* 易經; *Zhongyong* 中庸

Kleidung (der Jesuiten) 22, 42 (Anm. 72), 93, 164

Konfuzianer („Sekte des Konfuzius") 23-24

Konfuzianismus 31, 47, 61-74, 89-90, Synthese aus ~ und Christentum 85, 137-139, 143, 204, 286-287; siehe auch Christentum, Kritik am ~ durch Gelehrte; *li* 禮 (Riten,

Index mit Glossar

Höflichkeit); *li* 理 (Ordnungsprinzip); *Lunyu* 論語; Neokonfuzianismus; *suru* 俗儒; Tugenden, konfuzianische; *xing* 性; *zhenru* 真儒

Konfuzius (Kongzi 孔子) 68-69, 70, 88, 89, 154, 194, 286, 287, ~ verehrung 24, 84, 226-228; siehe auch *Lunyu* 論語

Kong Youde 孔有德 (gest. 1652) 15 (Anm. 10)

Konvertiten 29-30, 45-50, 54-56, 116, 126-129, 208, ~ in Streitschriften 261-262, 296-297, ~ und Ahnenkult/Götterkulte 225-227, 229; siehe auch Li Yingshi 李應試; Li Zhizao 李之藻; Li Zubai 李祖白; Sun Yuanhua 孫元化; Taufen; Wang Zheng 王徵; Xu Guangqi 徐光啟; Yang Tingyun 楊廷筠; Zhang Geng 張賡; Zhang Xingyao 張星曜; Zhong Minren; Zhong Mingli 鐘鳴禮

Kyūshū 22

L

Laozi 老子 zit.: 274

Le Comte, Louis S.J. 7 (Anm. 1), 87, Missionsberichte: 4 (Anm. 5), 55 (Anm. 121), 56 (Anm. 123), 107, 115-116, 125, 129, 152, 236, zit.: 38-39, 59, 104-105, 109-110, 121, 123, 127, 160, 166, 169-170, 237-238, 253, 258, 278

Leibniz, Gottfried Wilhelm 12, 257, 310

Lettres édifiantes et curieuses (*LEC*) 7 (Anm. 1), 124

li 里 (Längenmaß, ca. 500 m) 25

li 理 (Ordnungsprinzip) 50, 74-75, 244-247, 255-258, 275-277, 280, 304, ~ und menschliche Begierden (*renyu* 人慾) 61, 216, ~ und *qi* 氣 257-258, 264, 305 (Anm. 232), ~ und *taiji* 太極 263

li 禮 (Riten, Höflichkeit) 71, 188, 203

Li Andang 利安當, siehe Caballero, Antonio de Santa Maria

Li Madou 利瑪竇, siehe Ricci, Matteo

Li Ruzhen 31

Li shuo huangtang huoshi 利說荒唐惑世 (Ricci hat Märchen erfunden, um die Leute irrezuführen; Wei Jun 魏濬, *PXJ*) 81

Li Xitai 利西泰, siehe Ricci, Matteo

Li Yingshi 李應試 223, zit.: 45-46

Li Zhi 李贄 (1527-1602) zit.: 25-26

Li Zhizao 李之藻, Leo (1565-1630) 29, 453, 49 (Vorwort zu *Tianzhu shiyi* 天主實義), 55, 103 (Anm. 64); siehe auch *Tianxue chuhan* 天學初函

Li Zicheng 李自成 60 (Anm. 137)

Lifa lun 曆法論 (*PXJ*) 28 (Anm. 27)

Liji 禮記 (Buch der Riten) 37, 226, 238, zit.: „Neize" 內則 284, „Quli" 曲禮 133, 202, 284, „Tangong" 檀弓 203 (Anm. 110), „Wangzhi" 王制 133, „Zhongni yanju" 仲尼燕居 202; siehe auch *Zhongyong* 中庸

liyi zhi zheng 禮議之爭 (Ritenstreit) 227 (Anm. 201)

lian dan 煉丹 (Zinnober verfeinern) 152

Lianchi 蓮池, siehe Zhuhong 袾宏

lianqing diyu 煉清地獄 (reinigende Hölle) 221, 238

liangneng 良能 (spontane Fähigkeit) 194

liangshan 良善 (spontanes Gute) 193

liangzhi 良知 (angeborenes Wissen) 194 (Anm. 76), 253

lingxi dao 嶺西道 (Amtstitel) 94

Liu Tong 劉侗 (ca. 1593 – ca.1636), siehe *Dijing jingwu lüe* 帝京景物略

Logik 2-4, 36 (Anm. 53), 187, 297-298, 301

Longobardo, Niccolò (Long Huamin 龍華民, 1559-1654) 9, 40-45, 55, 104, 109, zit. (aus *HECC*): 107-108, 111-113; siehe auch *De Confucio ejusque doctrina tractatus*; *Traité sur quelques points de la religion des Chinois*

Lu Ruohan 陸若漢, siehe Rodrigues, João

Luqifu'er 輅齊弗兒, siehe Luzifer

lunhui 輪回 (Transmigration) 267, 272, 285-286, 294-295

Lunyu 論語 (Gespräche des Konfuzius) 175, 199, 232, 242, zit.: 36, 68 (Anm. 168), 88, 149, 190, 191, 194, 248, 249, 254, 277, 288

Luo Mingjian 羅明堅, siehe Ruggieri, Michele

Luo Ruwang 羅如望, siehe Rocha, João de

Luzifer (*Luqifu'er* 輅齊弗兒) 289-290

Luzon 150, 163, 164, 165

M

Ma Ruose 馬若瑟, siehe Prémare, Joseph-Henri Marie de

ma wei yu bai wei ma; bai wei yu ma wei bai 馬未與白為馬；白未與馬 為白 303

Macao (Aomen 澳門) 151 (Anm. 80), 154, 161, 164-165

Magalhães de, Gabriel (1610–1677) 51

Maliya 馬利亞, siehe Maria

Mandschu und das Christentum 56, 231 (Anm. 220), 279

Maria 73, 107, 108, 112, 113, 284

Martini, Martino, S.J. (Wei Kuangguo 衛匡國, 1614–1661) 13, 114-115, 176, 228

Mateer, C.W. zit.: 62

Mathematik 29-30, 75 (Anm. 201), 296 (Anm. 215)

Mechanik 30, 80 (Anm. 216)

menschliche Natur, siehe *xing* 性

Menzius (Mengzi 孟子, ca. 390 – ca. 290) 70, 177, 199, Riccis Kritik an ~ 36, 71, 193-194, zit. (aus dem *Mengzi*): 186, 187-188, 277

mizhou 密咒 (magische Anrufungen) 149 (Anm. 71)

Mingru xue'an 明儒學案 16

Mingshi 明史 16

Missionsmethode 26-33, 65-66, 72-81, 93-96, 103-104, 107-113, 120-121, 141-143, 160-161, 301-303, Wahrnehmung durch Gelehrte 163-166; siehe auch Ritenstreit

Mnemotechnik, siehe *Jifa* 記法

Mozi 墨子 (ca. 470 – ca. 391) 69, 70

Mönche, buddhistische 92-103, 107, 111, 115, 126, 154, 178, 206, 235-236

Mönche [und Priester], daoistische 69, 94, 103, 232; siehe auch *huoju* 火居

Muslime 56 (Anm. 123), 217, 236

N

Nainai 奶奶 (Großmutter) 142

Nan Huairen 南懷仁, siehe Verbiest, Ferdinand

Nanchang 南昌 24, 53, 103

Nangong shudu 南宮署牘 (*PXJ*) zit.: 78-79

Nanjing 南京 10, 12, 53, 56, 84, 187, Prozess von ~ (1616–1617) 15, 58, 73, 78-79, 121-122, 134, 141-145, 148, 153-154, 167, 171, 236-237; siehe auch Rocha; Semedo; Shen Que 沈㴶; Vagnone

Navarette, Domingo O.P. 12

Neokonfuzianismus 4, 31, 37-38, 62, 86-87, 178-183, 191-192, 275; siehe auch Cheng Hao; Cheng Yi; *houru* 後儒; Zhang Zai; Zhou Dunyi; Zhu Xi

Nestorianismus 2 (Anm. 2)

Niejing 孽鏡 (Spiegel gegen Geister; Yang Guangxian 楊光先) 17

Ningbo 寧波 59, 124; siehe auch Yuanwu

Noah 38-39, 160

Nobili, Roberto de, S.J. (1577–1656) 52-53, 113 (Anm. 104), 228, 285 (Anm. 166)

Noël, François, S.J. (Wei Fangji 衛方濟, 1651–1729) 38, 112, 120; siehe auch *Renzui zhizhong* 人罪至重

O

Opfer an Himmel und Erde 44, 48, 70, 88, 97, 131-133, 222, 243, 247, 249 (Anm. 24)

Orden 4, 13, 53, 55 (Anm. 121); siehe auch Dominikaner; Franziskaner; Jesuiten

Ouluoba ren 歐羅巴人 17

P

Palmeiro, S.J. (Visitator für China und Japan) 29

Pantoja, Diego de, S.J. (Pang Diwo 龐迪我, 1571–1618) 27, 41, 46, 60, 90-91, 151, 171, 176; siehe auch *Qike* 七克

Paradies *passim*, besonders 77, 95-96, 116, 119, 129, 153, 206-207, 209-213, 219-222, 266, 272, 276, 292, buddhistische ~e 210-212, 230

Pasio, Francesco, S.J. (Ba Fanji 巴範濟, 1554–1612) 40, 67, 219

Penghu 澎湖 15

Pi Tianzhujiao xi 闢天主教檄 (Chengyong 成勇, *PXJ*) 213 (Anm. 147), zit.: 240

Pixie guanjian lu 闢邪管見錄 (Zou Weilian 鄒維璉, *PXJ*) zit.: 71, 146, 247

Pixie ji 闢邪集 (Gesammelte Werke zur Widerlegung der Irrlehre) 16, zit.: 66

Pixie jie 闢邪解 (Erläuterungen zur Widerlegung der Irrlehre; Huang Wendao 黃問道, *PXJ*) 24 (Anm. 12), zit.: 63-64, 133, 194-195, 202-203, 254, 263, 280

Pixie lun 闢邪論 (Wider die Ketzerei, Teil des *Budeyi* 不得已; Yang Guangxian 楊光先) 162, zit.: 66, 72, 73-74, 134, 154-155, 167, 198, 198-199, 210-211, 230-231, 242-243, 244-245, 254-255, 280, 283-285

Pixie shuo 闢邪說 (Li Can 李燦, *PXJ*) zit.: 72

Pixie zhaiyao lüeyi 闢邪摘要略議 (Zhang Guangtian 張廣湉, *PXJ*) zit.: 226-227

Pingshu 平書 (Wang Yuan 王源) 156

Portugiesen 21, 81 (Anm. 217); siehe auch Macao

Poxie ji 破邪集 (Aufzeichnungen zur Zerstörung der Irrlehren, *PXJ*) 14-15, 70, 100, 247 (Anm. 17), 253 (Anm. 38), zit.: 58, 59, 91, 165, 172, 282

Poxie lun 破邪論 (Über die Zerstörung der Irrlehren) zit.: 51

Prémare, Joseph-Henri Marie de, S.J. (Ma Ruose 馬若瑟, 1666–1736) 35 (Anm. 49), 39

Purun 普潤 61, 213 (Anm. 147), zit. (aus dem *PXJ*): 66, 128, 221, 273

pusa 菩薩 (Bodhisattva) 116

Q

Qike 七克 (Sieben Siege; Diego de Pantoja) 27, 60, 90-91, 176, 181, 202, 233, zit.: 46

Qiqi tushuo 奇器圖說 (Illustrierte Erläuterungen über die merkwürdigen Maschinen aus dem fernen Abendland; Wang Zheng 王徵, Johannes Schreck) 30, 80 (Anm. 216)

„Qiyuan" 漆園 (*Zhuangzi* 莊子) 49

Qian Daxin 錢大昕 (1728–1804) 17

Qingshu jingtan 清署經談 (Wang Qiyuan 王啓元) 16, zit.: 68, 247

qingzui diyu 清罪地獄 (Hölle, in der man für seine Vergehen sühnt) 221

Qu Rukui 瞿汝夔, Ignaz (Qu Taisu 瞿太素, 1549–1611) 29, 42, 103 (Anm. 64), 152, 238 (Anm. 246)

Quyi zhiyan 驅夷直言 (*PXJ*) 163 (Anm. 135)

quan 全 (bewahren) 203

Quanzhou 泉州 13, 116-119 (*passim*), 127, 150

Quellen zur Geschichte des Christentums in China 7-18

R

Rangyi baoguo gongjie 攘夷報國公揭 (*PXJ*) 58 (Anm. 129), 166 (Anm. 148), zit.: 163

Reinkarnation (Seelenwanderung, Transmigration, Wiedergeburt) 62, 98, 119, 185 (Anm. 43), 206-207, 220 (Anm. 174), 235-236, 267, 271, 286; siehe auch *lunhui*

Relatio Sinae sectarum (Antonio de Santa Maria Caballero) 12-13

Religion, Verständnis von 3, ~ bei Gelehrten 83-92, 134-136, 179-181, 195-198, 203-206, 251-254, 259, 263-266, ~ bei Konvertiten/Sympathisanten 43-45, 97-98, 114-117, 121, 123-126, 172-173, ~ bei Missionaren 34-35, 37-38, 48-49, ~ in der Volksreligiosität 103-106; siehe auch Himmel (*Tian* 天); Inkarnation; *li* 理 (Ordnungsprinzip); Schöpfung; Seele; Sünde; *tianli* 天理; *xing* 性

Religionen, chinesische 31-32, 36-37, 38, 81-83, 86-88, 93-95; siehe auch Ahnenkult; Buddhismus; Daoismus; *sanjiao*

ren 仁 (die Menschlichkeit) 49, 67, 71, 188, 196, 198-201, 203

ren neng hong dao 人能弘道 (Der Mensch kann die Ordnung des Universums vollenden) 218, 288 (Anm. 172)

Renhuiyue 仁會約 (Statuten der Vereinigung [zur Förderung] der Menschlichkeit; Wang Zheng 王徵) 50

renyu 人慾 (menschliche Begierden) 61, 178, 180, 191

Renzui zhizhong 人罪至重 (Von der ganzen Schwere der menschlichen Sünde; François Noël) 38

rixing 日省 (tägliche Prüfung) 178

Ricci, Matteo (Li Madou 利瑪竇, 1552-1610) *passim*, bes. 19 (Ill.), ~ über Buddhismus und Daoismus 67, 83, 94, ~ über die Klassiker 33-36, 61-63, Wahrnehmung von ~: 25-26 (Li Zhi 李贄), 31-32 (Li Ruzhen), 46 (Yang Tingyun 楊廷筠), 47 (Chen Yi 陳儀), 57, 64 (Huang Zhen 黃貞), 71, 247 (Zou Weilian 鄒維璉), 149, 282 (Chen Houguang 陳候光), 200-202, 262, 295-297 (*Bianxue chuyan* 辨學芻言), 212 (Tongrong 通容); siehe auch *Ershiwu yan* 二十五言; *Jihe yuanben* 几何原本; *Jiren shipian* 畸人十篇; *Jiaoyou lun* 交友論; *Tianzhu shilu* 天主實錄; *Tianzhu shiyi* 天主實義

Ritenstreit 12-13, 53-54, 227-235

Rocha, João da, S.J. (Luo Ruwang 羅如望, 1565–1623) 16, 66; siehe auch *Shengxiang lüeshuo* 聖像略說

Rodrigues, João, S.J. (Lu Ruohan 陸若漢, 1562?–1633; Tçuzu [der Deuter/Dolmetscher, *tongshi* 通事]) 41

rou yuan 柔遠 (Güte gegenüber Menschen aus der Ferne) 169

ru si 如死 (wie der Tod) 68 (Anm. 168)

Ruan Yuan 阮元 (1764–1849) 17

Ruggieri, Michele, S.J. (Luo Mingjian 羅明堅, 1543–1607) 21-23, 53, 93-94, 104, 107, zit.: 103-104, 111

S

sanjiao 三教 (Buddhismus, Daoismus, Konfuzianismus) 43, 65-68, 71, 83-85, 99, 138, 148, 220, 225, 234-235, 259, 274-275

Sanshan lun xueji 三山論學記 (Giulio Aleni) 16

Schall von Bell, Johann Adam, S.J. (Tang Ruowang 湯若望, 1592–1666) 74, 85, 161, 167, 252; siehe auch *Zhuzhi qunzheng* 主制群徵

Schöpfung, Verständnis von 78, 254-255, 260-267, 281, 288, 296-297; buddhistisches ~ 268-270; siehe auch *tianli* 天理, *zaohua* 造化

Schreck, Johann Terrentius, S.J. (Deng Yuhan 鄧玉函, 1576–1630) 28, 78 (Anm. 216)

Seele, Verständnis von 182-187, 195, 203, 212-216 (*passim*), 226, 235-236, 242, 254, 259, 266-272 (*passim*), 274, 291, 303-304; siehe auch Fegefeuer; Hölle; Paradies; Reinkarnation *shaqing* 殺青 (über Feuer trocknen) 162 (Anm. 132)

Shandong 山東 13, 84

shanshu (Bücher zur Moral) 善書 177

Shangdi 上帝 (Herrscher in der Höhe) *passim*, besonders 34, 40, 42, 44-45, 63, 92, 97, 131-132, 241-242, 247-248, 249, 262, 287-288

Shangdi kao 上帝考 (Untersuchungen über den Herrscher in der Höhe) 48

shangzhu 上主 (Meister in der Höhe) 42 (Anm. 76)

Shaozhou 韶州 29, 53, 104, 108, 109

Shen Que 沈㴶 (Shen Zhongyu 沈仲雨, 1565–1624) 58, 78-79, 114, 134, 141-142, 148, 163, 168, 171, 230

shendu 慎獨 (Selbstbeobachtung) 178

Shenxin shuo 身心說 (Vom Körper und vom Geist, Gao Panlong 高攀龍) 177

sheng 聖 (heilig) 197

Shengchao zuopi 聖朝佐闢 / *Zuopi* 佐闢 (Anleitung zur Kritik; Xu Dashou 許大受, *PXJ*) 15-16, 102, 146-147, zit.: 59, 67, 81, 89-90, 103, 125, 128-129, 132, 134, 145, 150-154 (*passim*), 164-165, 171, 185, 202, 209-210, 222, 226, 235, 238-239, 259, 264, 265, 276-277, 280, 289-290, 293-296

shengjiao 聖教 („heilige Lehre", Christentum) 197

Shengjiao yueyan 聖教約言 (Allgemeines zur heiligen Lehre; João Soerio) 16

Shengmeng ge 聖夢歌 (Gesang von einem heiligen Traum; Giulio Aleni) 136 (Anm. 19)

shengren 聖人 (Heiliger) 197

shengshui 聖水 (Heiliges Wasser) 111

Shengxiang lüeshuo 聖像略說 (Allgemeine Erläuterungen zu den Heiligenbildern; J. da Rocha) 16, zit.: 66

Shi Bangyao 施邦曜 (1585–1644) 230, zit.: 47, 60 (aus dem *PXJ*)

shi fei 事非 (richtig/falsch) 71 (Anm. 181)

shi Tian 事天 (dem Himmel dienen) 34, 47, 69, 75-76, 89, 148-149, 204, 208

Shi'er shenkai 十二深慨 (Zwölf Gründe für tiefste Betroffenheit, *PXJ*) zit.: 106, 157

Shijing 詩經 (Buch der Lieder) 219, zit.: 70 (Anm. 174) („Daya" 大雅, Gedicht „Daming" 大明), 171 (Anm. 165) („Daya", Gedicht „Minlao" 民勞), 218

shixue 實學 („pragmatische Schule") 31

Shih, Joseph S.J. zit.: 2

Shujing 書經 (Buch der Urkunden) zit.: „Wenhou zhi ming" 文侯之命 70 (Anm. 174), „Wucheng" 武成 242 (Anm. 4), „Zhonghui zhi gao" 仲虺之誥 149 (Anm. 72)

shuyuan 書院 (Privatakademien) 23, 24, 50, 175; siehe auch Donglin-Akademie

shuai xing zhi wei dao 率性之謂道 (Der Natur folgen, das nennt man das *Dao*) 189 (Anm. 61)

Shun 舜 63-64, 67, 80, 102, 135, 139, 198, 199, 287; siehe auch Yao 堯; Yu 禹

Shunzhi 順治 (r. 1644–1661) 85, 168

Sishu 四書 (Vier Bücher) 13, 23-25, 36, 37, 63 (Anm. 146), 149, 162, 175, 189, 205; siehe auch *Daxue* 大學; *Lunyu* 論語, Menzius, *Zhongyong* 中庸

Soerio, João, S.J. (Su Ruowang 蘇如望, 1566–1607) 16

Song Yuan xue'an 宋元學案 (Huang Zongxi 黃宗羲) 51 (Anm. 108), zit.: 181

Sprache 2-4, 61-64 (*passim*), 111-113, 259-260, 297-305

Su Ruowang 蘇如望, siehe Soerio, João

suru 俗儒 (Vulgär-Konfuzianer) 38

suwei 素位 (die menschliche Pflicht an seinem Platz erfüllen) 204

Suwen 素問 (medizinisches Werk aus dem chin. Altertum) 49

Suzhou 蘇州 16
Sun Yuanhua 孫元化, Ignaz (1581–1632) 29-30, 45, 55, 56
Sun Zhang 孫璋, siehe Charme, Alexandre de la
Sünde 126, 187, 263, 266, 288-297, chin. Übersetzung für ~ 62, 207-208

T

Tacchi Venturi, Pietro S.J. (1861–1956) 7 (Anm. 1), 9
Taibei 台北 12
Taihu 太湖 15
taiji 太極 35-36, 68-69, 133, 185, 252, 256, 258, 262-264, 275-276; siehe auch *wuji er* ~ 無極而太極
Tainan 臺南 13
Taiwan 台灣 12, 13, 163
Taixi shuifa 泰西水法 (Abhandlung über die Hydraulik im Fernen Westen; Sabatino de Ursis u. Xu Guangqi 徐光啟) 80 (Anm. 216), 85
tanzhi 彈指 (Fingerschnippen) 128 (Anm. 160)
Tang Ruowang 湯若望, siehe Schall von Bell, Johann Adam
Taufen 53, 54, 94-95, 110-111, 118, 123-126, 224-225, Kindertaufe 120, 151, 214-215
Technik 60, 74-77, 80, 85, 139, 156, 163, siehe auch Astronomie; Mathematik; Mechanik; Missionsmethode; *tianxue* 天學; Wissenschaft
Tian 天, siehe Himmel
tiandi wanwu yi ti 天地萬物一體 (Himmel, Erde und die Zehntausend Wesen sind von einer einzigen Substanz) 43 (Anm. 80), 86 (Anm. 10)
Tianjin 天津 13
tianli 天理 (himmlisches Ordnungsprinzip) 62, 178, 180, 191, 196 (Anm. 83), 201 (Anm. 101), 246, 276, 286
tianming 天命 (Mandat des Himmels) 131, 196 (Anm. 83), 243, 248
Tianmu 天母 (Himmelsmutter) 142

Tianru yin 天儒印 (Von der Übereinstimmung zwischen den himmlischen Lehren und dem Konfuzianismus; Antonio de Santa Maria Caballero) 13-14, 37 (Anm. 59)
tianshen 天神 siehe Engel
Tian shi mingbian 天釋明辨 (Zur Unterscheidung zwischen [der Lehre] vom Himmel und dem Buddhismus; Yang Tingyun 楊廷筠) 96 (Anm. 48)
Tianwen lüe 天問略 (Manuel Dias) 77-78
tianxing 天性 (himmlische Natur) 58, 186, 200, 201 (Anm. 101), 217, 247
tianxue 天學 (himmlische Lehre) 30, 48, 74, 85, 90, 138-139, 243; siehe auch *xixue* 西學
Tianxue chuhan 天學初函 (Erste Sammlung der himmlischen Lehren) 49 (Anm. 103), 74, 76-77, 80 (Anm. 216), 90
Tianxue chuzheng 天學初徵 (Erste Fragen zu den himmlischen Lehren, *Pixie ji* 闢邪集) 16, zit.: 96, 133, 208 (Anm. 130), 225, 275-276, 282, 285, 288
Tianxue chuan'gai 天學傳概 (Abriss über die Weitergabe der himmlischen Lehre; Li Zubai 李祖白) 140 (Anm. 38), 161, zit.: 47-48
Tianxue shiyi 天學實義 (Wahre Bedeutung der himmlischen Lehren) 10
Tianxue zaizheng 天學再徵 (Weitere Fragen zu den himmlischen Lehren, *Pixie ji* 闢邪集) 16
Tianzhu 天主 (Herr des Himmels) *passim*, besonders 34, 42 (Anm. 76), 45, 52, 73, 76-77, 92, 96-98, 133, 134, 146, 150, 200-202, 247-249, 270-271, 273, 280-281, 296-297, siehe auch *Shangdi* 上帝
Tianzhu Shangdi 天主上帝 (Herr des Himmels Herrscher in der Höhe) 192
Tianzhu shenpan mingzheng 天主審判明證 (Schlagender Beweis für das Letzte Gericht des Herrn des Himmels) 116 (Anm. 114)

Tianzhu shengjiao shijie zhiquan 天主聖教十誡直詮 (Einfache Erklärungen zu den Zehn Geboten der heiligen Lehre vom Herrn des Himmels; Manuel Dias) zit.: 229

Tianzhu shilu 天主實錄 (Wahrhaftige Aufzeichnungen über den Herrn des Himmels) 8-9, 223 (Anm. 184)

Tianzhu shiyi 天主實義 (Die Wahre Bedeutung [der Lehre] des Herrn des Himmels; Matteo Ricci) 10-11, 23, 34, 37, 41-42, 62-63, 90, Erwähnungen von ~ 26, 36, 46, 56 (Anm. 123), 70, 98 (Anm. 52), 176, 233, 247, zit.: 61, 207, 213-214

Tianzhu shiyi shasheng bian 天主實義殺生編 (Kritik am Recht, Lebewesen zu töten, wie es *Die Wahre Bedeutung des Herrn des Himmels* verkündet; Yu Chunxi 虞淳熙, *PXJ*), 153 (Anm. 88)

Tianzhujiao 天主教 („Lehre vom Herrn des Himmels"), *passim*, besonders 47-50, 63-64, 90, Xu Guangqi über ~: 138-139, Yang Tingyun über ~: 142-143

Tongrong 通容 (1593–1661) 14 (Anm. 10), 273, zit.: 186, 212, 236, 269-270

Traité sur quelques points de la religion des Chinois (Niccolò Longobardo) 12, 41, zit.: 38, 42-46 (*passim*), 85-86, 88, 97, 183, 205, 249, 253-258 (*passim*), 260-261, 263, 286-287; siehe auch *De Confucio ejusque doctrina tractatus*

Traité sur quelques points importants de la mission de Chine (Antonio de Santa Maria Caballero), 12-13, zit.: 42, 44, 84, 89, 119, 196, 206, 228, 232

Transmigration, siehe *lunhui* 輪迴

Tratados historicos, politicos, ethicos de la monarchia de China (Niccolò Longobardo) 12

Trigault, Nicolas, S.J. (Jin Nige 金尼閣, 1577–1628) 9, 158 (Anm. 115), zit.: 54-55, 267

Tugenden, konfuzianische 71, 188, 190, missionarische Kritik an ~ 203,

Vorbilder für ~ 211, 219; siehe auch *ren* 仁; *li* 禮; *yi* 義; *zhi* 智

U

Über die Zerstörung der Irrlehren, siehe *Poxie lun*

Übersetzung 2, 29-30, 61-63, 297-299

Uhren 81, Ricci als Schutzgottheit der Uhrmacher 105, 114; siehe auch Geschenke (Kuriosiäten)

Untersuchungen über den Herrscher in der Höhe, siehe *Shangdi kao* 上帝考

Ursis, Sabatino de, S.J. (Xiong Sanba 熊三拔, 1575–1620) 9, 40-41, 53, 85, 254; siehe auch *Taixi shuifa* 泰西水法

V

Vagnone, Alfonso, S.J. (Gao Yizhi 高一志, 1568–1640) 8, 9, 41, 55, 78, 80 (Anm. 214), 121-122, 140, 141, 145, 148, 153-154, 236

Valignano, Alessandro, S.J. (Fan Li'an 范禮安, 1538–1609) 9, 23 (Anm. 6)

Verbiest, Ferdinand, S.J. (Nan Huairen 南懷仁, 1623–1688) 51, 81 (Anm. 217), 170

Verfolgungen 56, 58, 143-150; siehe auch Nanjing, Prozess von ~

Verkündigung des Glaubens 23, 26, 30, 33-35, 40-41, 73-74, 83, 107-109, 166; siehe auch Gott in der Verkündigung; Taufen

Vier Bücher, siehe *Sishu* 四書

Vieira, Francisco S.J. (?–1619; Visitator für Japan) 41

W

[*Die*] *Wahre Bedeutung* [*der Lehre*] *des Herrn des Himmels*, siehe *Tianzhu shiyi* 天主實義

Wahrhaftige Erläuterungen zur menschlichen Natur und dem Ordnungsprinzip, siehe *Xingli zhenquan* 性理真詮

wansui pai 萬歲牌 (Votivtafel für den Kaiser in Tempeln u. Klöstern) 172
Wanwu zhenyuan 萬物真原 (Giulio Aleni) 260 (Anm. 68)
Wang Chaoshi († 1640) zit.: 60
Wang Jiazhi 王家植 (?–1644) zit.: 46
Wang Qiyuan 王啟元 16, 91, zit.: 67-68, 247, siehe auch *Qingshu jingtan* 清署經談
Wang Yangming 王陽明 (Wang Shouren 王守仁, 1472–1529) 16, 31, 135 (Anm. 17), 179 (Anm. 23), 194 (Anm. 76), 218 (Anm. 167), 253, 257
Wang Zheng 王徵, Philipp (1571–1644) 30, 50, 55, 56, 80 (Anm. 216), 97, 137 (Anm. 22), 138 (Anm. 31), 176; siehe auch *Renhuiyue* 仁會約; *Qiqi tushuo* 奇器圖說; *Weitian airen jilun* 畏天愛人極論
wanghua 王化 (bildender Einfluss der Herrscher) 138
Wei Fangji 衛方濟, siehe Noël, François
Wei Kuangguo 衛匡國, siehe Martini, Martino
wei ren you ji 為仁由己 (Es hängt von uns ab, gut zu sein) 288 (Anm. 172)
Weitian airen jilun 畏天愛人極論 (Wang Zheng 王徵) 137 (Anm. 22)
Weltkarte (Ricci) 27, 28, 29, 60, 82 (Abb.)
Wenwang 文王 (König Wen, Gründer der Zhou-Dynastie [ca. 11. Jh. – 256 v.Chr.]) 49, 57, 219, 221, 238
Weng Zhengchun 翁正春 (1553–1626) 47
Das Wesentliche über die Länder des Okzidents, siehe *Xifang yaoji* 西方要紀
Wissenschaft 27-30, 32-33, 52, 56-58, 74-81, 85-86, 92, 162-163, 168-169; siehe auch Astronomie; Mathematik; Mechanik; Missionsmethode; Technik; *tianxue* 天學
wokou 倭寇 21

wu di 五帝 (fünf Herrscher, Urkaiser Chinas) 71
wuji er taiji 無極而太極 (Kosmischer Ursprung ohne Ursprung) 264
Wulin 武林 (Hangzhou 杭州) 32 (Anm. 39)
wulun 五倫 (fünf zwischenmenschliche Beziehungen) 46 (Anm. 92)
Wuwei 無爲 (Nicht-Handeln[-Sekte]) 142

X

Xifang 西方 (Abendland) 52
Xifang dawen 西方答問 (Fragen und Antworten zum Abendland; Giulio Aleni) 69, 137
Xifang yaoji 西方要紀 (Das Wesentliche über die Länder des Okzidents; Lodovico Buglio *et al.*) 51-52
Xilai Kongzi 西來孔子 („Konfuzius aus dem Abendland", d.i. Aleni) 47 (Anm. 96)
xishi 西士 (abendländischer Gelehrter) 22
Xixue fan 西學凡 (Allgemeines über die abendländischen Lehren, Aleni) 234 (Anm. 230)
Xixue shijie zhujie 西學十誡註解 (Kommentierte Erklärungen zu den zehn Geboten der abendländischen Lehre; Yang Tingyun 楊廷筠) 43 (Anm. 78)
xiao 孝 (kindliche Pietät) 234
Xiaoluan bu bingming shuo 鴞鸞不並鳴說 (Eule und Phönix singen nicht gemeinsam; Yang Tingyun 楊廷筠) 129, 142-143
Xiedu shiju 邪毒實據 (Wahre Beweise der Lästerung) 150 (Anm. 76), zit.: 59, 142, 160, 165
xiejiao 邪教 (ketzerische Lehre, Sekte) 87, 143-144, Christentum als ~ 148-152
xing 性 (menschliche Natur) 182-183, 187-196, 252, 304
Xing ling shuo 性靈說 („Wo erklärt wird, dass die Seele vernunftbegabt ist"; Lodovico Buglio) 182

xingbu 刑部 (Justizministerium) 167

Xingli zhenquan 性理真詮 (Wahrhaftige Erläuterungen zur menschlichen Natur und dem Ordnungsprinzip; Alexandre de la Charme) 39

Xingxue cushu 性學觕述 (Giulio Aleni), zit.: 47, 48-49, 57 (Vorwort von Chen Yi 陳儀)

Xiong Sanba 熊三拔, siehe Ursis, Sabatino de

Xu Changzhi 許長志 (ca. 1580 – nach 1666) 14

Xu Congzhi 許從治 (1574-1632) 14 (Anm. 10)

Xu Dashou 許大受 15, 184-185, 202, 209-210, 213, 222, 225, 229, 235, 238, 239, 259, 261, 264-265, 273, 276-280, 289, 293-296, 309; siehe auch *Shengchao zuopi* 聖朝佐闢

Xu fenshu 續焚書 (Fortsetzung des zu verbrennenden Buches; Li Zhi 李贄) zit.: 25-26

Xu Fuyuan 許孚遠 (1535-1604) 15-16

Xu Guangqi 徐光啟, Paul (1562-1633) 29-30, 45, 55, 56, 80 (Anm. 216), 85-86, 137-139, 176, zit.: 138; siehe auch *Bianxue shugao* 辯學疏稿; *Jihe yuanben* 几何原本; *Taixi shuifa* 泰西水法

Xu Hongru 徐鴻儒 († 1622) 14 (Anm. 10)

Xu Zhijian 許之漸 (1612-1700) 47-48, 161, 164; siehe auch *Tianxue chuan'gai* 天學傳概

xusheng 虛生 (unwirkliches Leben) 212

xusi 虛死 (unwirklicher Tod) 213

xuemai 學脈 157 (Anm. 110)

xueshu 學術 157 (Anm. 110)

Y

Yadang 亞當, siehe Adam

Yalima 亞利馬, siehe Maria

Yan Maoyou 顏茂猷 (Zensor) 15, Briefe Huang Zhens 黃貞 an ~: 57, 64, 68, 148, 155-160 (*passim*), 218-219, 221, 222, 225, 262

Yang Guangxian 楊光先 (1597-1669) 17, 18 (Anm. 15), 162 (Anm. 131), 167 (Anm. 153), 283; siehe auch *Budeyi* 不得已; *Juxi ji* 距西集; *Pixie lun* 闢邪論

Yang Manuo 陽瑪諾, siehe Dias, Manuel

Yang Tingyun 楊廷筠, Michael (1557-1627) 55, 88, 176 (Anm. 10), 178, Synkretismus aus Christentum und *sanjiao* 43-44, 86, 96, 102, 286-287, zit.: 46; siehe auch *Tianshi mingbian* 天釋明辨; *Xixue shijie zhujie* 西學十誡註解; *Xiaoluan bu bingming shuo* 鴞鸞不並鳴說; *Zhifang waiji* 職方外紀

Yangzi 揚子 69, 70, 199

Yao 堯 63-64, 67, 80, 102, 135, 139, 199, 287, 289, ~ und Sintflut 160, 276-277; siehe auch Shun; Yu

Ye Hehua 耶和華 (Jehova) 62 (Anm. 144)

Ye Xianggao 葉向高 (1559-1627) 47, 56, 287

Yesu 耶穌, siehe Jesus

yi 意 (Denken) 216

yi 義 (Pflichtbewusstsein, angemessenes Verhalten) 49, 67, 71, 184, 188, 198, 200, 203

Yiduan bian 異端辨 (Gegen die Irrlehren; Gao Panlong 高攀龍) zit.: 32 (Anm. 39)

Yijing 易經, 39, 209 (Anm. 133), 244, 264, 300, ~, *Xici* 繫辭 35 (Anm. 51), zit. (*Xici*): 195, 204

Yixing 一行 (fl. 8. Jh.) 266

yongku diyu 永苦地獄 (Hölle der ewigen Qual) 221

Yu 禹 154 (Anm. 96), 198; siehe auch Shun; Yao

Yu Chunxi 虞淳熙 (Deyuan 德園, 1553-1621) 15, 51, 57, 90, 152-153, 267, 291; siehe auch *Tianzhu shiyi shasheng bian* 天主實義殺生編

Yuandao pixie shuo 原道闢邪說 (*PXJ*) 270 (Anm. 106)

Yuandun 圓頓 (Vollständige und plötzliche Erweckung [Sekte]) 142

Yuanwu 圓悟 („Vollkommene Erleuchtung", 1566–1642) 14 (Anm. 10), 100-102, zit.: 121, 271-272; siehe auch *Biantian shuo* 辯天說

Yuanxi qiqi tushuo 遠西奇器圖說 (Illustrierte Erläuterungen der seltsamen Maschinen des fernen Westens), siehe *Qiqi tushuo* 奇器圖說

Z

zaohua 造化 (schöpferische Umwandlung) 190, 243, 261, 262

Zeng Shi 曾時 zit.: 70-71 (Vorwort zum *Buren buyan* 不忍不言)

Zhan Ruoshui 湛若水 (1466–1560) 16

Zhang Chao 張潮 zit.: 51, 52; siehe auch *Xifang yaoji* 西方要紀

Zhang Erqi 張爾岐 (1612–1678) zit.: 51; siehe auch *Hao'an xianhua* 蒿庵閒話

Zhang Geng 張賡 (ca. 1570–1646/1647) 127

Zhang Guangtian 張廣湉 (fl. erste Hälfte 17. Jh.) 100-101; siehe auch *Pixie zhaiyao lüeyi* 闢邪摘要略議; *Zhengwang shuo* 證妄說

Zhang Ruitu 張瑞圖 (1576–1641) 46

Zhang Xingyao 張星曜, Ignaz (fl. 18. Jh.) zit.: 138-139

Zhang Zai 張載 (1020–1077) 49, 190; siehe auch *Zhengmeng* 正蒙

Zhangzhou 漳州 (Fujian 福建) 15, 68, Huang Zhen 黃貞 und ~: 70, 158, 253 (Anm. 38)

Zhaodai congshu 昭代叢書 51 (Anm. 108), 52 (Anm. 113)

Zhaoqing 肇慶 21, 22, 23, 25

Zhejiang 浙江 15, 84, 93, 126

zhenru 真儒 (wahre[r] Konfuzianer) 38

Zhengmeng 正蒙 (Die richtige Einführung; Zhang Zai 張載) 51 (Anm. 108), 78 (Anm. 209), 246 (Anm. 12), 258 (Anm. 59)

Zhengwang shuo 證妄說 (Zhang Guangtian 張廣湉, *PXJ*) 102 (Anm. 61)

zhi 智 (Weisheit) 71, 188

zhi si 知死 (den Tod kennen) 68 (Anm. 168)

Zhifang waiji 職方外紀 (Giulio Aleni und Yang Tingyun 楊廷筠) 77

Zhong Minren (Konvertit aus Macao, fl. 17. Jh.) 122

Zhong Mingli 鐘鳴禮 (João Fernandes) 40 (Anm. 69)

Zhong Zhenzhi 鍾振之 (Zhixu Ouyi 智旭蕅益, 1599–1655) 16

Zhongyong 中庸 (Das Buch von der rechten Mitte) 178 (Anm. 19), 209 (Anm. 133), zit.: 72, 189, 194, 195, 204, 205, 209

Zhou Dunyi 周敦頤 (1017–1073) 35 (Anm. 51), 49, 135 (Anm. 17), 264

Zhou Zhikui 周之夔 (fl. 17. Jh.) zit.: 165

Zhoubei suanjing 周髀算經 49

Zhou 周 (gong 公), Herzog von 25, 26, 46, 49, 71, 198-199, 208, 221, 267

Zhu Xi 朱熹 (1130–1200) 32 (Anm. 39), 49, 70, 89, 135 (Anm. 17), 179 (Anm. 23), 183 (Anm. 35), 216, 245, 247, 249 (Anm. 23), 275 (Anm. 120), zit.: 72

Zhuchuang suibi 竹窗隨笔 (Zhuhong 袾宏) 51 (Anm. 110), 102 (Anm. 59), zit.: 270-271 („Tianshuo" 天說)

Zhuhong 袾宏 (Lianchi 蓮池, 1535–1615) 15, 32 (Anm. 39), 41, 51, 57, 84, 90, 102, 180 (Anm. 27); siehe auch Yuanwu; Zhang Guangtian

zhushui 主水 (Zauberwasser) 111

Zhuxie xianju lu 誅邪顯據錄 (*PXJ*) zit.: 154

Zhuyi lunlüe 誅夷論略 (*PXJ*) 68, 209, 249, 250

Zhuzai 主宰 (Oberster Minister) 42 (Anm. 76)

Zhuzhi qunzheng 主制群徵 (Unzählige Beweise, dass der Herr des Himmels die Welt regiert; Johann Adam Schall von Bell) 252

Zhuzuo jiyuan qi 誅左集緣起 (Purun 普潤) zit.: 61, 66, 128

Zhuangzi 莊子 49, zit.: 242

ziming zhong 自鳴鐘 (Glocken, die von sich aus läuten) 28
Zisi 子思 70, 194
zixing 自省 (Selbstprüfung) 178
Zou Weilian 鄒維璉 247 (Anm. 17); siehe auch *Pixie guanjian lu* 闢邪管見錄

Zölibat 11, 69, 95, 239-240
zuigen 罪根 (Wurzel des Schlechten) 117 (Anm. 115)
Zuiyan 罪言 (Die Anklage, *PXJ*) zit.: 58, 156, 181

Zusammengestellt von DIRK KUHLMANN,
unter Mitwirkung von BARBARA HOSTER und ZBIGNIEW WESOŁOWSKI

Collectanea Serica

- ANNE SWANN GOODRICH, *The Peking Temple of the Eastern Peak. The Tung-yüeh Miao in Peking and Its Lore,* with 20 Plates. Appendix: *Description of the Tung-yüeh Miao of Peking in 1927* by JANET R. TEN BROECK. 1964, 331 pp., Illustr.
- STEPHAN PUHL, *Georg M. Stenz SVD (1869–1928). Chinamissionar im Kaiserreich und in der Republik.* Mit einem Nachwort von R.G. TIEDEMANN (London): „Der Missionspolitische Kontext in Süd-Shantung am Vorabend des Boxeraufstands in China". Hrsg. von ROMAN MALEK. 1994, 317 S., Abb. ISBN 3-8050-0350-1
- DAVID LUDWIG BLOCH, *Holzschnitte.* 木刻集. *Woodcuts. Shanghai 1940–1949.* Hrsg. von BARBARA HOSTER, ROMAN MALEK und KATHARINA WENZEL-TEUBER. 1997, 249 S., 301 Abb. ISBN 3-8050-0395-1
- ROMAN MALEK (Hrsg.), *„Fallbeispiel" China. Ökumenische Beiträge zu Religion, Theologie und Kirche im chinesischen Kontext.* 1996, 693 S. ISBN 3-8050-0385-4
- ROMAN MALEK (Hrsg.), *Hongkong. Kirche und Gesellschaft im Übergang. Materialien und Dokumente.* 1997, 564 S., 97 Abb. ISBN 3-8050-0397-8
- ROMAN MALEK (Hrsg.), *Macau: Herkunft ist Zukunft.* 2000, 666 S. ISBN 3-8050-0441-9
- *Gottfried von Laimbeckhoven S.J. (1707–1787). Der Bischof von Nanjing und seine Briefe aus China mit Faksimile seiner Reisebeschreibung.* Transkribiert und bearbeitet von STEPHAN PUHL (1941–1997) und SIGISMUND FREIHERR VON ELVERFELDT-ULM unter Mitwirkung von GERHARD ZEILINGER. Herausgegeben von ROMAN MALEK SVD. 2000, 492 S., Abb. ISBN 3-8050-0442-7
- *Martino Martini S.J. (1614–1661) und die Chinamission im 17. Jahrhundert.* Hrsg. von ROMAN MALEK und ARNOLD ZINGERLE. 2000, 260 S. ISBN 3-8050-0444-3
- CHRISTAN STÜCKEN, *Der Mandarin des Himmels. Zeit und Leben des Chinamissionars Ignaz Kögler S.J. (1680–1746).* 2003, 440 S. ISBN 3-8050-0488-5
- KARL JOSEF RIVINIUS, *Das Collegium Sinicum zu Neapel und seine Umwandlung in ein Orientalisches Institut. Ein Beitrag zu seiner Geschichte.* 2004, 176 S. ISBN 3-8050-0498-2
- ELEANOR MORRIS WU, *From China to Taiwan. Historical, Anthropological, and Religious Perspectives.* 2004, 274 pp. ISBN 3-8050-0514-8
- MARIÁN GÁLIK, *Influence, Translation, and Parallels. Selected Studies on the Bible in China.* 2004, 351 pp. ISBN 3-8050-0489-3
- THORALF KLEIN und REINHARD ZÖLLNER (Hrsg.), *Karl Gützlaff (1803–1851) und das Christentum in Ostasien. Ein Missionar zwischen den Kulturen.* Mit einem Vorwort von Winfried Scharlau †. 2005, 375 S. ISBN 3-8050-0520-2
- ROMAN MALEK (ed.) in connection with PETER HOFRICHTER, *Jingjiao. The Church of the East in China and Central Asia.* 2006, 701 pp. ISBN 3-8050-0534-2
- *Contextualization of Christianity in China. An Evaluation in Modern Perspective.* Ed. by PETER CHEN-MAIN WANG. 2007. ISBN 978-3-8050-0547-0
- *Richard Wilhelm (1873–1930). Missionar in China und Vermittler chinesischen Geistesguts. Schriftenverzeichnis – Katalog seiner chinesischen Bibliothek – Briefe von Heinrich Hackmann – Briefe von Ku Hung-ming.* Zusammengestellt von HARTMUT WALRAVENS. Mit einem Beitrag von THOMAS ZIMMER. 2008. ISBN 978-3-8050-0553-1
- OTTO FRANKE, *„Sagt an, ihr fremden Lande". Ostasienreisen. Tagebücher und Fotografien (1888–1901).* Herausgegeben von RENATA FU-SHENG FRANKE und WOLFGANG FRANKE, 2009, ISBN 978-3-8050-0562-3
- *Light a Candle. Encounters and Friendship with China. Festschrift in Honour of Angelo S. Lazzarotto P.I.M.E.* Ed. by ROMAN MALEK S.V.D. and GIANNI CRIVELLER P.I.M.E. 2010, 564 pp. ISBN 978-3-8050-0563-0
- MIROSLAV KOLLÁR, *Ein Leben im Konflikt. P. Franz Xaver Biallas SVD (1878–1936). Chinamissionar und Sinologe im Licht seiner Korrespondenz.* 2011, 910 S., Abb. ISBN 978-3-8050-0579-1
- JOHN DEFRANCIS, *Die chinesische Sprache. Fakten und Mythen.* 2011, 379 S., Abb. ISBN 987-3-8050-0582-1
- JOHN T.P. LAI, *Negotiating Religious Gaps. The Enterprise of Translating Christian Tracts by Protestant Missionaries in Nineteenth-Century China.* 2012, 382 S., Abb. ISBN 987-3-8050-0597-5

Place order with your local bookseller or:

STEYLER VERLAG
Arnold-Janssen-Str. 28
53757 Sankt Augustin, Germany
Fax: +49-2241-924817
E-mail: verlag@steyler.de
www.monumenta-serica.de

MONUMENTA SERICA
Journal of Oriental Studies

- Founded in 1934 at the Catholic Fu-Jen University in Peking by Fr. Franz X. Biallas, S.V.D. (1878–1936), *Monumenta Serica* is an international journal devoted primarily to traditional China, covering all important aspects of sinology. 58 volumes averaging 500 pages each have been published up to 2010.

- Manuscripts of articles, review and exchange copies should be sent to the Editor.

- A comprehensive *Index to Volumes I–XXXV (1935–1985)* is available.

- The Monumenta Serica Institute also publishes the "Monumenta Serica Monograph Series," and "Collectanea Serica."

- For our publications, see http://www.monumenta-serica.de

- Place order with your local bookseller or with:

    Steyler Verlag
    Arnold-Janssen-Str. 28
    53757 Sankt Augustin, Germany
    Fax: +49-2241-924 817
    E-mail: verlag@steyler.de

INSTITUT MONUMENTA SERICA
Arnold-Janssen-Str. 20, 53757 Sankt Augustin, Germany
Fax: +49-2241-237 486
E-mail: institut@monumenta-serica.de
http://www.monumenta-serica.de

MONUMENTA SERICA MONOGRAPH SERIES
(ISSN 0179-261X)
Edited by ROMAN MALEK, S.V.D. • Institut Monumenta Serica

Vols. I–VIII out of print/vergriffen.

IX. KARL BÜNGER, *Quellen zur Rechtsgeschichte der T'ang-Zeit*, Peiping 1946, Fu Jen Catholic University Press. Neue, erweiterte Ausgabe, mit einem Vorwort von Denis Twitchett. St. Augustin – Nettetal 1996, 535 S. ISBN 3-8050-0375-7

Vols. X–XIV out of print/vergriffen.

XV. CH'EN YÜAN, *Western and Central Asians in China under the Mongols – Their Transformation into Chinese*. Translated and annotated by CH'IEN HSING-HAI and L. CARRINGTON GOODRICH, Los Angeles 1966, 328 pp. Reprint: St. Augustin – Nettetal 1989 (paperback). ISBN 3-8050-0243-2

XVI. YEN YÜAN, *Preservation of Learning. With an Introduction on His Life and Thought*. Translated by MANSFIELD FREEMAN, Los Angeles 1972, 215 pp.

XVII. CLAUDIA VON COLLANI, *P. Joachim Bouvet S.J. – Sein Leben und sein Werk*, St. Augustin – Nettetal 1985, 269 S., Abb. ISBN 3-87787-197-6

XVIII. W. SOUTH COBLIN, *A Sinologist's Handlist of Sino-Tibetan Lexical Comparisons*, St. Augustin – Nettetal 1986, 186 pp. ISBN 3-87787-208-5

XIX. GILBERT L. MATTOS, *The Stone Drums of Ch'in*, St. Augustin – Nettetal 1988, 497 pp., Illustr. ISBN 3-8050-0194-0

XX. LIVIA KÖHN, *Seven Steps to the Tao: Sima Chengzhen's "Zuowanglun"*, St. Augustin – Nettetal 1987, 205 pp. ISBN 3-8050-0195-9

XXI. KARL-HEINZ POHL, *Cheng Pan-ch'iao. Poet, Painter and Calligrapher*, St. Augustin – Nettetal 1990, 269 pp., Illustr. ISBN 3-8050-0261-0

XXII. JEROME HEYNDRICKX (ed.), *Philippe Couplet, S.J. (1623–1693). The Man Who Brought China to Europe*. Jointly published by Institut Monumenta Serica and Ferdinand Verbiest Foundation, Leuven, St. Augustin – Nettetal 1990, 260 pp., Illustr. ISBN 3-8050-0266-1

XXIII. ANNE S. GOODRICH, *Peking Paper Gods. A Look at Home Worship*, St. Augustin – Nettetal 1991, 501 pp., Illustr. ISBN 3-8050-0284-X

XXIV. MICHAEL NYLAN, *The Shifting Center: The Original "Great Plan" and Later Readings*, St. Augustin – Nettetal 1992, 211 pp. ISBN 3-8050-0293-9

XXV. ALFONS VÄTH S.J., *Johann Adam Schall von Bell S.J. Missionar in China, kaiserlicher Astronom und Ratgeber am Hofe von Peking 1592–1666*. St. Augustin – Nettetal 1991, 421 S., Abb. ISBN 3-8050-0287-4 **(out of print / vergriffen)**

XXVI. JULIA CHING – WILLARD G. OXTOBY, *Moral Enlightenment. Leibniz and Wolff on China*, St. Augustin – Nettetal 1992, 288 pp. ISBN 3-8050-0294-7

XXVII. MARIA DOROTHEA REIS-HABITO, *Die Dhāraṇī des Großen Erbarmens des Bodhisattva Avalokiteśvara mit tausend Händen und Augen. Übersetzung und Untersuchung ihrer textlichen Grundlage sowie Erforschung ihres Kultes in China*. Sankt Augustin – Nettetal 1993, 487 S., Abb. ISBN 3-8050-0296-3

XXVIII. NOEL GOLVERS, *The "Astronomia Europaea" of Ferdinand Verbiest, S.J. (Dillingen, 1687). Text, Translation, Notes and Commentaries*. Jointly published by Institut Monumenta Serica, Sankt Augustin and Ferdinand Verbiest Foundation, Leuven, St. Augustin – Nettetal 1993, 547 pp. ISBN 3-8050-0327-7 **(out of print / vergriffen)**

XXIX. GERD WÄDOW, *T'ien-fei hsien-sheng lu. „Die Aufzeichnungen von der manifestierten Heiligkeit der Himmelsprinzessin". Einleitung, Übersetzung, Kommentar*, St. Augustin – Nettetal 1992, 374 S., Abb. ISBN 3-8050-0310-2

XXX. JOHN W. WITEK, S.J. (ed.), *Ferdinand Verbiest (1623–1688): Jesuit Missionary, Scientist, Engineer and Diplomat*. Jointly published by Institut Monumenta Serica, Sankt Augustin and Ferdinand Verbiest Foundation, Leuven, St. Augustin – Nettetal 1994, 602 pp., Illustr. ISBN 3-8050-0328-5

XXXI. DONALD MACINNIS, *Religion im heutigen China. Politik und Praxis*. Deut-

MONUMENTA SERICA MONOGRAPH SERIES

sche Übersetzung herausgegeben im China-Zentrum von ROMAN MALEK. Eine gemeinsame Veröffentlichung des China-Zentrums und des Instituts Monumenta Serica, Sankt Augustin – Nettetal 1993, 619 S. ISBN 3-8050-0330-7

XXXII. PETER WIEDEHAGE, *Das „Meihua xishen pu"* des Song Boren aus dem 13. Jahrhundert. Ein Handbuch zur Aprikosenblüte in Bildern und Gedichten, St. Augustin – Nettetal 1995, 435 S., Abb. ISBN 3-8050-0361-7

XXXIII. D.E. MUNGELLO (ed.), *The Chinese Rites Controversy: Its History and Meaning*. Jointly published by Institut Monumenta Serica, Sankt Augustin and The Ricci Institute for Chinese-Western Cultural History, San Francisco, St. Augustin – Nettetal 1994, 356 pp. ISBN 3-8050-0348-X

XXXIV. *Der Abbruch des Turmbaus. Studien zum Geist in China und im Abendland. Festschrift für Rolf Trauzettel.* Hrsg. von INGRID KRÜßMANN, WOLFGANG KUBIN und HANS- GEORG MÖLLER, Sankt Augustin – Nettetal 1995, 314 S. ISBN 3-8050- 0360-9

XXXV/1-2. ROMAN MALEK (ed.), *Western Learning and Christianity in China. The Contribution and Impact of Johann Adam Schall von Bell (1592– 1666)*, 2 vols. Jointly published by the China-Zentrum and Monumenta Serica Institute, St. Augustin – Nettetal 1998, 1259 pp. ISBN 3-8050-0409-5.

XXXVI. EWALD HECK, *Wang Kangnian (1860–1911) und die „Shiwubao"*. Sankt Augustin – Nettetal 2000, 353 pp. ISBN 3-8050-0432-X

XXXVII. SECONDINO GATTA, *Il natural lume de Cinesi. Teoria e prassi dell' evangelizzazione in Cina nella Breve relatione di Philippe Couplet S.I. (1623–1693)*, Sankt Augustin – Nettetal 1998, 241 pp. ISBN 3-8050-0404-4

XXXVIII. ZBIGNIEW WESOŁOWSKI, *Lebens- und Kulturbegriff von Liang Shuming (1893–1988). Dargestellt anhand seines Werkes* Dong-Xi wenhua ji qi zhexue, Sankt Augustin – Nettetal 1997, 487 S. ISBN 3-8050-0399-4

XXXIX. TIZIANA LIPPIELLO, *Auspicious Omens and Miracles in Ancient China. Han, Three Kingdoms and Six Dynasties*, Sankt Augustin – Nettetal 2001, 383 pp. ISBN 3-8050-0456-7

XL. THOMAS ZIMMER, Baihua. *Zum Problem der Verschriftung gesprochener Sprache im Chinesischen. Dargestellt anhand morphologischer Merkmale in den* bianwen *aus Dunhuang*, Sankt Augustin – Nettetal 1999, 287 S. ISBN 3-8050-0428-1

XLI. ULRICH LAU, *Quellenstudien zur Landvergabe und Bodenübertragung in der westlichen Zhou-Dynastie (1045? – 771 v. Chr.)*, Sankt Augustin – Nettetal 1999, 419 S., Abb. ISBN 3-8050- 0429- X

XLII. TIZIANA LIPPIELLO – ROMAN MALEK (eds.). *"Scholar from the West." Giulio Aleni S.J. (1582–1649) and the Dialogue between China and Christianity*, Sankt Augustin – Nettetal 1997, 671 pp. ISBN 3-8050-0386-2

XLIII. IRENE EBER et al. (eds.), *Bible in Modern China. The Literary and Intellectual Impact*, Sankt Augustin – Nettetal 1999, 470 pp. ISBN 3-8050- 0424-9

XLIV. DONALD DANIEL LESLIE, *Jews and Judaism in Traditional China. A Comprehensive Bibliography*, Sankt Augustin – Nettetal 1998, 291 pp. ISBN 3-8050-0418-4

XLV. JOST OLIVER ZETZSCHE, *The Bible in China: the History of the Union Version or the Culmination of Protestant Missionary Bible Translation in China*, Sankt Augustin – Nettetal 1999, 456 pp. ISBN 3-8050-0433-8

XLVI. *From Kaifeng … to Shanghai. Jews in China.* Ed. by ROMAN MALEK. Joint Publication of the Monumenta Serica Institute and the China-Zentrum, Sankt Augustin – Nettetal 2000, 706 pp., Illustr. ISBN 3-8050-0454-0

XLVII. DOMINIC SACHSENMAIER, *Die Aufnahme europäischer Inhalte in die chinesische Kultur durch Zhu Zongyuan (ca. 1616–1660)*, Sankt Augustin – Nettetal 2001, 472 S. ISBN 3-8050-0455-9

XLVIII. JEONGHEE LEE-KALISCH, *Das Licht der Edlen (junzi zhi guang). Der Mond in der chinesischen Landschaftsmalerei*, Sankt Augustin – Nettetal 2001, 188 S. und 80 S. Abb. ISBN 3-8050- 0457-5

XLIX. SHEN WEIRONG, *Leben und historische Bedeutung des ersten Dalai Lama dGe 'dun grub pa dpal bzang po (1391–1474). Ein Beitrag zur Geschichte der dGe lugs pa-Schule und der Institution der Dalai Lamas*, Sankt Augustin – Nettetal 2002, 476 S., Faksimiles. ISBN 3-8050-0469-9

Monumenta Serica Monograph Series

L/1. ROMAN MALEK, S.V.D. (ed.), *The Chinese Face of Jesus Christ*, vol. 1, Sankt Augustin – Nettetal 2002, 391 pp. ISBN 3-8050-0477-X

L/2. ROMAN MALEK, S.V.D. (ed.), *The Chinese Face of Jesus Christ*, vol. 2, Sankt Augustin – Nettetal 2003, 480 pp. ISBN 3-8050-0478-8

L/3a. ROMAN MALEK, S.V.D. (ed.), *The Chinese Face of Jesus Christ*, vol. 3a, Sankt Augustin – Nettetal 2005, 480 pp. ISBN 3-8050-0524-5

L/3b. ROMAN MALEK, S.V.D. (ed.), *The Chinese Face of Jesus Christ*, vol. 3b, Sankt Augustin – Nettetal 2007, XII, 429 pp. ISBN 978-3-8050-0542-5

LI. WU XIAOXIN (ed.), *Encounters and Dialogues. Changing Perspectives on Chinese-Western Exchanges from the Sixteenth to Eighteenth Centuries*, Sankt Augustin – Nettetal 2005, 406 pp., Illustr. ISBN 3-8050- 0525 -3

LII. CHEN ZHI, *The Shaping of the Book of Songs. From Ritualization to Secularization*, Sankt Augustin – Nettetal 2007, 380 pp., Illustr. ISBN 978-3-8050-0541-8

LIII/1-2. W. SOUTH COBLIN, *Francisco Varo's Glossary of the Mandarin Language*. Vol. 1: *An English and Chinese Annotation of the Vocabulario de la Lengua Mandarina*; Vol. 2: *Pinyin and English Index of the Vocabulario de la Lengua Mandarina*, Sankt Augustin – Nettetal 2006, 1036 pp. ISBN 3-8050-0526-1

LIV. DONALD DANIEL LESLIE – YANG DAYE – AHMED YOUSSEF, *Islam in Traditional China. A Bibliographical Guide*. Sankt Augustin – Nettetal 2006, 398 pp., Illustr. ISBN 3-8050-0533-4

LV. NICOLAS STANDAERT – AD DUDINK (eds.), *Forgive Us Our Sins. Confession in Late Ming and Early Qing China*, Sankt Augustin – Nettetal 2006, 268 pp., Illustr. ISBN 978-3-8050-0540-1

LVI/1-2. Kouduo richao. *Li Jiubiao's Diary of Oral Admonitions. A Late Ming Christian Journal*. Translated, with Introduction and Notes by ERIK ZÜRCHER, Sankt Augustin – Nettetal 2007. ISBN 978-8050-0543-2

LVII. *Zurück zur Freude. Studien zur chinesischen Literatur und Lebenswelt und ihrer Rezeption in Ost und West. Festschrift für Wolfgang Kubin*. Hrsg. von MARC HERMANN und CHRISTIAN SCHWERMANN unter Mitwirkung von JARI GROSSE-RUYKEN, Sankt Augustin – Nettetal 2007. ISBN 978-3-8050-0550-0

LVIII. CHRISTIAN MEYER, *Ritendiskussionen am Hof der nördlichen Song-Dynastie 1034–1093: Zwischen Ritengelehrsamkeit, Machtkampf und intellektuellen Bewegungen*, Sankt Augustin – Nettetal 2008. ISBN 978-3-8050-0551-7

LIX. NICOLAS STANDAERT, *An Illustrated Life of Christ Presented to the Chinese Emperor. The History of Jincheng shuxiang (1640)*, Sankt Augustin – Nettetal 2007. ISBN 978-3-8050-0548-7

LX. *The People and the Dao. New Studies in Chinese Religions in Honour of Daniel L. Overmyer*. Ed. by PHILIP CLART and PAUL CROWE, Sankt Augustin – Nettetal 2009. ISBN 978-3-8050-0557-9

LXI. *Miscellanea Asiatica. Mélanges en l'honneur de Françoise Aubin. Festschrift in Honour of Françoise Aubin*. Edited by DENISE AIGLE, ISABELLE CHARLEUX, VINCENT GOOSSAERT and ROBERTE HAMAYON, Sankt Augustin – Nettetal 2010, 812 pp. ISBN 978-3-8050-0568-5

Place order with your local bookseller or:
STEYLER VERLAG
Arnold-Janssen-Str. 28
53757 Sankt Augustin, Germany
Fax: (02241) 924817
E-mail: verlag@steyler.de

www.monumenta-serica.de